Excel 2016 & VBA POUR LES NULS

Excel 2016 & VBA POUR LES NULS

Greg Harvey & John Walkenbach

FIRST
Interactive

Excel 2016 & VBA pour les Nuls

Cet ouvrage comporte des extraits de : *Excel 2016 pour les Nuls & Programmation VBA pour Excel 2013 et 2016 pour Les Nuls*

Collection dirigée par Jean-Pierre Cano
Traduction : Philip Escartin & Bernard Jolivalt
Mise en page : maged

Edition française publiée en accord avec Wiley Publishing, Inc.

Éditions First, un département d'Édi8
12 avenue d'Italie
75013 Paris
Tél. : 01 44 16 09 00
Fax : 01 44 16 09 01
E-mail : firstinfo@efirst.com
Web : www.editionsfirst.fr
ISBN : 978-2-7540-8761-2
Dépôt légal : 2e trimestre 2016

Imprimé en Italie par La Tipografica Varese Srl, Via Cherso 2, 21100 Varese

Sommaire

Livre II : VBA 335

Introduction

Excel 2016 & VBA pour les Nuls* expose toutes les techniques fondamentales que vous devez connaître pour créer, modifier, mettre en forme et imprimer vos propres feuilles de calcul. En plus de vous montrer ce qu'est une feuille de calcul, ce livre explique comment créer des graphiques et des bases de données, et analyser des données. Dans la seconde partie de ce livre vous serez initié à la programmation VBA qui vous permet d'optimiser tous vos calculs sous Excel.

A propos de ce livre

Ce livre n'a pas été conçu pour être lu de la première à la dernière page. Bien que les chapitres se succèdent dans un ordre à peu près logique, un peu comme si vous appreniez à utiliser Excel dans un centre de formation, chacun des sujets couverts dans un chapitre est indépendant des autres.

Chaque sujet commence par un exposé qui explique son utilité et comment le mettre en oeuvre. A l'instar d'autres logiciels sophistiqués, Excel propose toujours plusieurs moyens d'accomplir une tâche. Pour ne pas vous embrouiller, j'ai délibérément réduit le choix au cheminement le plus efficace. Plus tard, si vous en avez envie, vous pourrez toujours expérimenter d'autres moyens d'y parvenir. Pour le moment, tenez-vous-en à la voie que je décrirai. J'ai essayé autant que possible de vous éviter d'avoir à vous rappeler ce qui est traité ailleurs dans le livre. Cependant, de temps en temps, vous aurez droit à une référence croisée qui vous renverra à une autre section ou chapitre. Le plus souvent, ces références croisées sont censées vous aider à compléter votre information sur tel ou tel sujet, si vous en avez le temps et si cela vous intéresse. Sinon, faites simplement comme si elles n'existaient pas.

Les conventions utilisées dans ce livre

Les informations qui suivent vous expliquent quelque peu comment les choses sont présentées dans ce livre. Les éditeurs appellent cela des *conventions*, mais, contrairement aux conventions politiques américaines, il n'est besoin ni de faire campagne, ni de rameuter les *pom-pom girls*, ni de s'en prendre à l'adversaire.

Excel 2016 est un programme sophistiqué, reposant sur une interface utilisateur à rubans. Le Chapitre 1 du Livre I vous dit tout sur le Ruban et vous apprend à vous sentir à l'aise avec ce système de commandes. Tout au long du livre, vous trouverez des séquences de commandes de Ruban utilisant la codification habituelle dans les livres *Pour les Nuls* dans laquelle le nom de l'onglet du Ruban et le bouton de commande à sélectionner dans cet onglet sont séparés par une barre oblique, comme dans cet exemple :

```
Accueil/Copier
```

Ce qui indique la commande du Ruban par laquelle la sélection en cours (cellules, graphique ou autres) est copiée dans le Presse-papiers de Windows. Dans cet exemple, vous cliquez sur l'onglet Accueil du Ruban (s'il n'est pas déjà affiché), puis sur le bouton Copier de cet onglet (dont l'icône représente deux feuilles de papier côte à côte).

Certaines des séquences de commandes du Ruban nécessitent un peu plus que de cliquer sur un bouton, à savoir sélectionner la commande voulue dans un menu ouvert par un bouton. Dans ce cas, le nom de la commande à sélectionner dans ce menu suit le nom du bouton qui ouvre celui-ci, chaque élément de la séquence étant séparé par une barre oblique, comme ceci :

```
Formules/Options de calcul/Manuel
```

Ce qui indique la séquence de commandes dans le Ruban qui active le mode de recalcul manuel dans Excel : vous cliquez sur l'onglet Formules (s'il n'est pas déjà affiché), puis sur le bouton Options de calcul et, enfin, vous sélectionnez Manuel dans le menu qui apparaît.

À intervalle régulier, vous serez amené à saisir les données manuellement. Lorsque nous vous engageons à saisir une formule, ce que vous devez taper apparaît en **gras.** Par exemple : Tapez **=somme(A2:B2)** signifie que vous devez taper exactement cela, c'est-à-dire le signe « égal », le mot « somme », la parenthèse ouvrante, l'expression « A2:B2 » avec le signe « deux-points » entre les deux ensembles chiffre + lettre et la parenthèse fermante. Enfin, cerise sur le gâteau, vous devrez en plus appuyer sur la touche Entrée pour valider cette formule.

La programmation Excel suppose la saisie de *code*, autrement dit d'instructions qu'Excel devra exécuter. Ces lignes de programmation apparaissent en caractères à espacement constant, comme ici :

```
Range(«A1:A12»).Select
```

Certaines longues lignes de code ne tiennent pas sur la largeur d'une page. Dans ce cas, j'utilise les caractères de continuation standard du VBA : un espace suivi d'un caractère de soulignement. Exemple :

```
Selection.PasteSpecial Paste:=xlValues, _
    Operation:=xlNone, SkipBlanks:=False, _
    Transpose:=False
```

Le code ci-dessus peut être tapé « au kilomètre », sur une seule ligne, en omettant bien sûr les espaces précédant les soulignements, ainsi que les soulignements en question.

N'OUBLIEZ PAS

NdT : La plupart des commandes VBA sont en anglais. Leur première occurrence dans le livre est généralement traduite (la traduction figure entre parenthèses) à moins que le texte ne fournisse immédiatement une explication précise tenant lieu de traduction.

Il m'arrivera de vous demander d'appuyer sur une *combinaison de touches* (ce que l'on appelle aussi un *raccourci clavier*) pour exécuter une action, plutôt que de cliquer sur un bouton dans le Ruban. Un raccourci clavier se présente ainsi : Ctrl + S ou Alt + FS (ces deux raccourcis exécutent la commande Enregistrer). Notez qu'il ne faut pas taper la lettre en majuscule. Lorsqu'il faut appuyer aussi sur la touche Maj, celle-ci est indiquée dans la description du raccourci.

Dans le cas de la touche Alt, vous devez appuyer successivement sur la touche Alt (en la relâchant aussitôt) et sur les touches des lettres qui suivent. Les raccourcis clavier utilisant la touche Alt sont propres à l'interface d'Excel 2016 reposant sur le Ruban et toutes les lettres correspondantes apparaissent à l'écran lorsque vous appuyez sur la touche Alt.

Les raccourcis clavier utilisant la touche Ctrl sont d'origine plus ancienne, mais fonctionnent un peu différemment : vous devez maintenir enfoncée la touche Ctrl tout en appuyant sur la lettre qui suit (là encore, en minuscule). N'appuyez sur la touche Maj que si elle est indiquée dans la description du raccourci.

Excel 2016 ne comporte qu'un seul menu déroulant (le menu Fichier des versions antérieures) et une seule barre d'outils (la barre d'outils Accès rapide). Le menu Fichier s'ouvre en cliquant sur l'onglet Fichier ou en appuyant sur Alt + F. La barre d'outils Accès rapide, avec les quatre boutons qu'elle contient dans la configuration par défaut, se trouve à gauche dans la barre de titre.

Les pictogrammes

Les pictogrammes que voici sont fort judicieusement placés dans la marge pour attirer l'attention sur ce qui vaut ou non la peine d'être lu :

Signale des propos hautement techniques que vous ne voudrez certainement pas lire (sauf si personne ne vous regarde).

Signale une astuce ou toute autre indication utile concernant le sujet en cours.

Rappelle une information dont il vous sera utile de vous souvenir.

Indique ce que vous devez faire pour éviter une catastrophe.

Uniquement pour les personnes qui exploitent Excel 2016 sur un dispositif tactile, comme une tablette Windows ou un smartphone.

Récupérer les fichiers d'exemples VBA

Les exemples de ce livre sont disponibles sur le Web, à l'adresse suivante : `www.pourlesnuls.fr`. Cliquez en bas de la fenêtre sur Téléchargement. Dans la liste des collections, choisissez Pour les Nuls GF Informatique. Il ne vous reste plus qu'à cliquer sur le titre Programmation VBA pour Excel pour les Nuls, puis à sélectionner le fichier (au format ZIP) à télécharger. Décompactez-le à un emplacement de votre choix. Les exemples sont classés par chapitre, soit autant de sous-dossiers.

Disposer de ces fichiers (qui sont classés chapitre par chapitre) vous évitera beaucoup de travail de frappe. Mieux encore, vous pourrez modifier les modules à votre guise et faire autant d'expériences que vous le souhaitez. En fait, il est plus que recommandé de procéder à des essais. C'est en effet le meilleur moyen de se familiariser avec le langage VBA.

Et maintenant, on va où ?

Si vous n'avez encore jamais utilisé un tableur, lisez d'abord le Chapitre 1 du Livre I pour faire connaissance. Il vous permettra de vous familiariser paisiblement avec la nouvelle interface d'Excel 2016, et de vous sentir rapidement à l'aise avec elle. Puis, au fur et à mesure que des questions plus précises se poseront à vous (par exemple «Comment faire pour copier une formule ?»), vous pourrez vous reporter à la table desmatières ou à l'index pour y trouver la section ou la page appropriée, et vous y rendre directement pour y trouver la réponse.

Livre I

Excel

Première partie

Quand faut y aller...

« J'ai déjà utilisé toutes sortes de tableurs, mais c'est celui-ci le meilleur pour dessiner des patchworks. »

Dans cette partie...

- Découvrir le Ruban.
- Se familiariser avec les principaux onglets et boutons de commande.
- Personnaliser la barre d'outils Accès rapide.
- Lancer (et quitter) Excel 2016.
- Obtenir de l'aide.
- Utiliser les principaux boutons et commandes qui gèrent la saisie des données.
- Récupérer un classeur égaré quand les choses tournent mal.

Chapitre 1

Excel 2016 pour son utilisateur

Dans ce chapitre :

- Sélectionner des commandes à partir du Ruban.
- Personnaliser la barre d'outils Accès rapide.
- Les méthodes pour lancer Excel 2016.
- Surfer dans un classeur et une feuille de calcul.

Comme dans les versions précédentes du programme, l'interface utilisateur a été débarrassée de ses menus déroulants, volets et barres d'outils. Tous ces éléments sont remplacés par un bandeau unique placé dans la partie supérieure de la feuille de calcul, appelé Ruban. Les commandes sont réparties dans des groupes logiques les rendant ainsi facilement et rapidement accessibles.

Ajoutez à ce Ruban un onglet Fichier et la barre d'outils Accès rapide, auxquels se joignent quelques volets de tâches (Presse-papiers, Images Clipart et Rechercher) et vous disposez de la version d'Excel la plus facile à utiliser jamais commercialisée. Elle vous offre les moyens les plus commodes de faire des calculs sur vos données, de produire de très beaux rapports financiers aussi bien que d'organiser vos données et d'en faire des graphiques, autrement dit de faire toutes ces choses merveilleuses pour lesquelles vous utilisez Excel.

L'interface utilisateur et son Ruban

Lorsque vous ouvrez Excel, un écran de démarrage représenté à la Figure 1.1 apparaît. Choisissez Nouveau classeur pour ouvrir un classeur vierge ou optez pour un des autres modèles proposés. Si aucun ne fait votre bonheur, n'hésitez pas à surfer sur le Net pour en trouver d'autres. Quand vous aurez exploité le programme pendant un certain temps, vous trouverez, dans le volet gauche, la liste des classeurs que vous aurez récemment utilisés, au cas où vous souhaiteriez les ouvrir de nouveau.

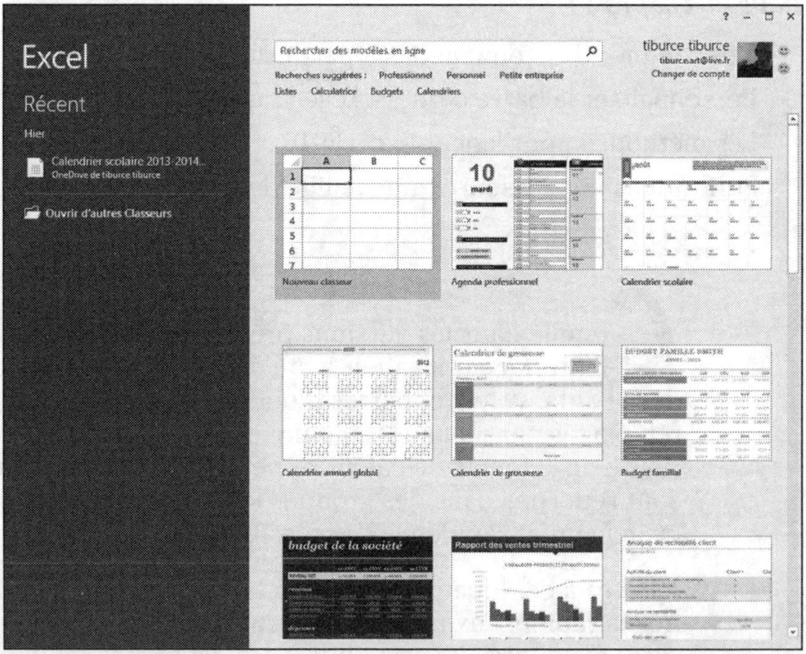

Figure 1.1 : L'écran de démarrage d'Excel 2016 qui vous permet de créer un nouveau classeur vierge, d'utiliser un modèle, comme base, ou encore de rouvrir un classeur que vous avez déjà exploité.

Si vous optez pour Nouveau classeur, le programme vous ouvre un nouveau classeur (qu'il baptise *Classeur1* et qu'il dote d'une feuille de calcul : *Feuil1*) (Figure 1.2).

Cette fenêtre se compose des éléments suivants :

- **L'onglet Fichier**, qui ouvre la fenêtre, dont le volet de gauche, appelé Backstage (les coulisses... comme au

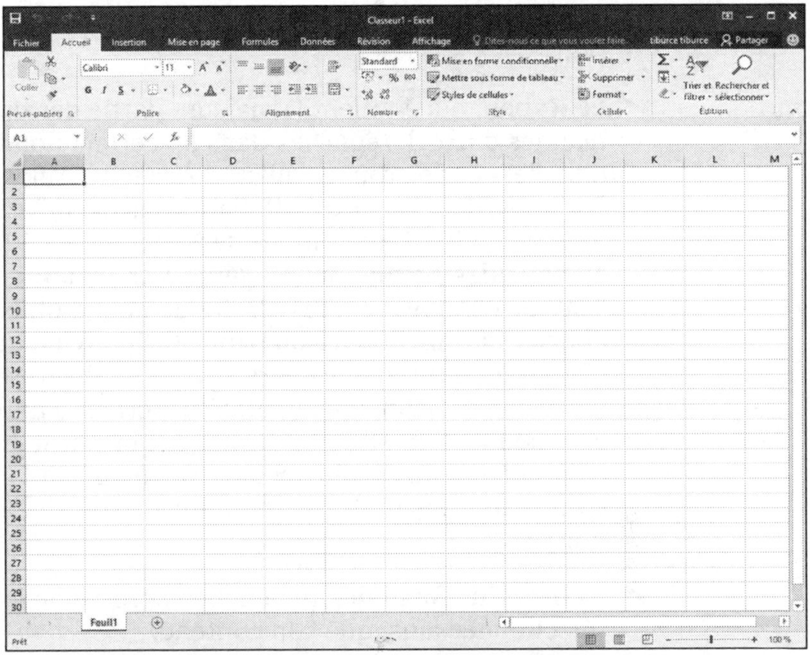

Figure 1.2 : Voilà où vous débarquez après avoir choisi Nouveau classeur dans l'écran de démarrage.

théâtre !) contient toutes les commandes relatives au fichier, notamment Enregistrer, Ouvrir (sélectionné par défaut), Imprimer et Quitter, ainsi qu'un bouton Options qui permet de modifier les paramètres par défaut d'Excel. Vous y découvrirez également le bouton Compte qui donne accès à des informations concernant l'utilisateur du programme. Si vous avez utilisé votre compte Microsoft ou le compte avec lequel vous accédez à Windows, vous aurez la possibilité de travailler conjointement avec OneDrive, le cloud de Microsoft. Vous disposerez ainsi de tous vos documents Excel où que vous soyez dans le monde dès lors que vous disposerez d'une connexion à Internet. La flèche située dans la partie supérieure gauche permet de quitter ces coulisses pour revenir à l'affichage standard de la feuille de calcul.

- **La barre d'outils Accès rapide**, qui contient des boutons sur lesquels vous pouvez cliquer pour accomplir des tâches d'usage courant, par exemple enregistrer votre travail ou bien annuler ou répéter une modification.

- **Le Ruban**, qui contient la majeure partie des commandes d'Excel, réparties dans un certain nombre d'onglets et de groupes allant d'Accueil à Affichage. Sur la partie droite de ce Ruban, vous découvrirez le nom de l'utilisateur. Cliquez dessus pour accéder à des commandes permettant de gérer votre compte d'utilisateur Windows. Juste à droite du nom d'utilisateur, l'onglet Partager ouvre un panneau éponyme qui permet d'ajouter des collaborateurs si vous souhaitez travailler *via* le cloud. Enfin, une émoticône permet d'adresser un commentaire illustré par un visage qui sourit (si vous êtes satisfait du travail accompli), ou qui fait la moue (si vous n'êtes pas tout à fait heureux du travail en question).

- **La barre de formule**, qui affiche l'adresse de la cellule sélectionnée ainsi que son contenu.

- **La zone de feuille de calcul**, qui contient toutes les cellules de la feuille de calcul en cours, identifiées par des en-têtes de colonnes au moyen de lettres sur le bord supérieur et par des en-têtes de lignes utilisant des nombres sur le bord gauche, avec des onglets permettant de sélectionner une autre feuille de calcul du classeur, une barre de défilement horizontale sur le bord inférieur pour se déplacer vers la droite et vers la gauche dans la feuille de calcul, et une barre de défilement verticale sur le bord droit pour se déplacer vers le haut et vers le bas dans la feuille de calcul.

- **La barre d'état**, qui indique dans quel mode se trouve le programme et quelles touches spéciales sont activées, vous permet de sélectionner une autre feuille de calcul et de faire un zoom avant ou arrière sur la feuille de calcul affichée.

Que se passe-t-il en coulisses ?

L'onglet Fichier est situé à gauche de l'onglet Accueil du Ruban, juste sous la barre Accès rapide.

Cliquer sur Fichier donne accès à la vue Backstage. Si vous y validez l'option Informations, vous obtiendrez des données sur l'état du classeur Excel actuellement ouvert et actif (Figure 1.3).

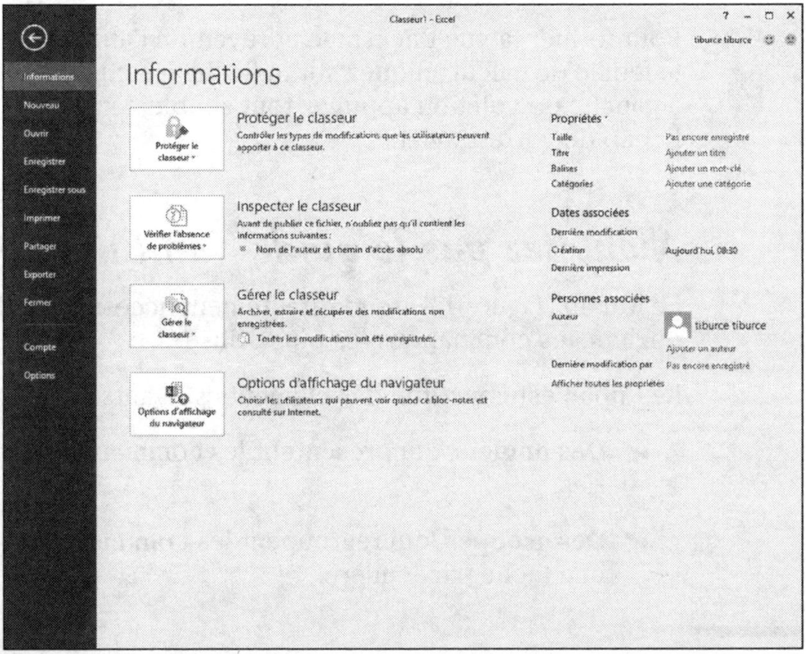

Figure 1.3 : Les commandes disponibles en coulisses à gauche ; les informations à droite.

La fenêtre Informations est divisée en deux parties. Celle de gauche contient de grands boutons servant à modifier les autorisations du classeur et à restreindre sa diffusion. Celle de droite distille des informations sur les propriétés du document, dont certaines, comme Titres, Balises, ou encore Catégorie. Si vous ne pouvez pas modifier l'Auteur originel, vous pouvez en revanche en ajouter un.

Sous l'option Informations se trouvent les commandes Enregistrer, Enregistrer sous, Ouvrir et Fermer, commandes classiques de gestion des fichiers. En avant-dernière position, un bouton Compte vous donne accès, à droite, au volet du même nom. Vous y trouverez des informations sur l'utilisateur, la connexion et le compte Microsoft Office. Enfin, le bouton Options donne accès aux réglages des paramètres d'Excel 2016.

TRUC

Cliquez sur Ouvrir pour ouvrir un classeur que vous avez déjà créé. Excel vous affiche à droite la liste des classeurs récents ; il vous suffit de cliquer, dans la liste, sur le nom du classeur auquel vous voulez accéder.

N'OUBLIEZ PAS

Pour fermer la vue Backstage et revenir à l'affichage normal de la feuille de calcul, cliquez sur la flèche gauche située en haut à gauche du volet ou appuyez tout simplement sur la touche Échap de votre clavier.

N'oubliez pas le guide (du Ruban)

Le Ruban (Figure 1.4) rend directement accessibles, dans des onglets, les commandes les plus utilisées.

Le Ruban est constitué des éléments suivants :

- **Des onglets**, qui présentent les commandes par catégories.
- **Des groupes**, qui regroupent les commandes relatives à une tâche particulière.

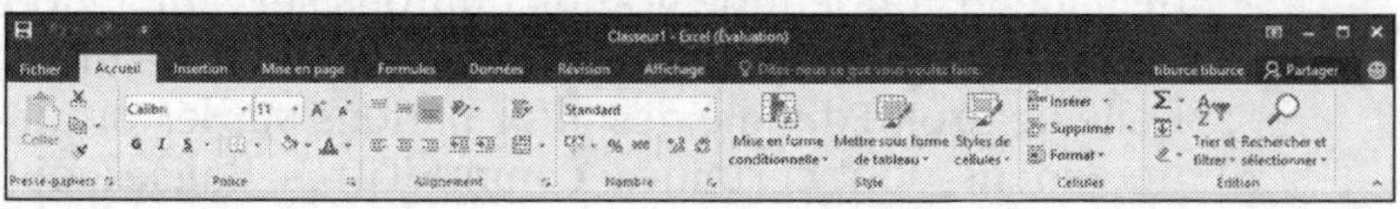

Figure 1.4 : Le Ruban d'Excel se compose d'une série d'onglets contenant des boutons de commande répartis dans différents groupes.

- **Des boutons de commande** qui, dans chaque groupe, vous permettent d'accomplir une action ou d'ouvrir une galerie dans laquelle vous pourrez cliquer sur la miniature de votre choix. Notez que, dans certains onglets, ces boutons sont regroupés en minibarres d'outils.
- **Des déclencheurs de boîte de dialogue** qui, ancrés dans l'angle inférieur droit de certains groupes, vous permettent d'ouvrir une boîte de dialogue qui propose des options supplémentaires.

TRUC

Pour afficher une plus grande surface de votre feuille de calcul dans la fenêtre d'Excel, vous pouvez masquer le Ruban de manière à ce que seuls les onglets apparaissent. Pour ce faire, il suffit de cliquer sur le bouton Options d'affichage du Ruban situé au-dessus de l'onglet Partager. Comme le montre la Figure 1.5, il propose trois commandes d'affichage : Masquer automatiquement le ruban, Afficher les onglets, Afficher les onglets et les commandes.

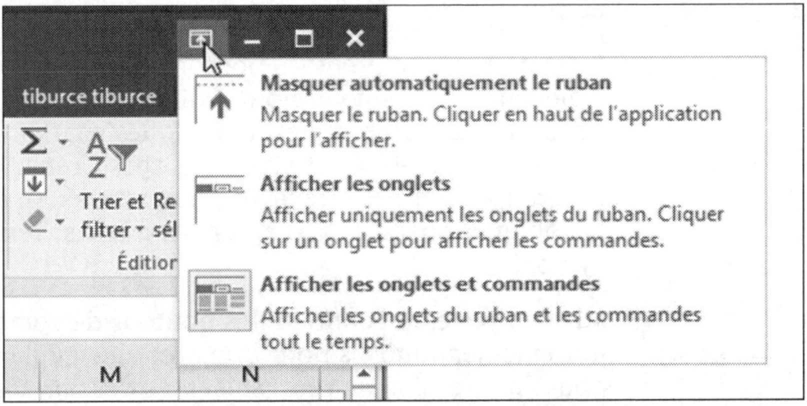

Figure 1.5 : Les options d'affichage du Ruban d'Excel.

Lorsque vous masquez automatiquement le Ruban, il suffit de placer le pointeur de la souris tout en haut de votre écran pour faire apparaître une barre verte horizontale très claire. Cliquez dessus pour afficher les onglets et les commandes. Vous pouvez également double-cliquer sur les trois petits points situés dans la partie supérieure droite de l'interface. Pour réafficher le Ruban, cliquez de nouveau sur le bouton

Options d'affichage du ruban, et choisissez Afficher les onglets et les commandes.

Pour réduire rapidement le Ruban, faites un clic-droit dans un espace vide d'un des groupes de commandes. Dans le menu contextuel qui apparaît, exécutez la commande Réduire le ruban. Seuls les onglets sont alors visibles. Accédez aux commandes en cliquant sur le nom de l'onglet. Pour réafficher le Ruban, il suffit alors de double-cliquer sur le nom d'un onglet.

Les onglets du Ruban

La première fois que vous lancez Excel, son Ruban contient les onglets suivants, de la gauche vers la droite :

- **Accueil**, qui contient les boutons de commande normalement utilisés pour créer, mettre en forme et modifier une feuille de calcul, répartis dans les groupes Presse-papiers, Police, Alignement, Nombre, Style, Cellules et Édition.
- **Insertion**, qui contient les boutons de commande normalement utilisés pour ajouter divers éléments (dessins, tableaux, graphiques, graphiques sparklines, liens hypertextes, en-têtes et pieds de pages), répartis dans les groupes Formes, Tableaux, Illustrations, Graphiques, Graphiques sparklines, Diagrammes, Liens, Texte, et Symboles.
- **Mise en page**, qui contient les boutons de commande normalement utilisés pour préparer une feuille de calcul pour l'impression ou réorganiser les dessins sur une feuille de calcul, répartis dans les groupes Thèmes, Mise en page, Mise à l'échelle et Options de la feuille de calcul et Organiser.
- **Formules**, qui contient les boutons de commande normalement utilisés pour ajouter des formules et des fonctions dans une feuille de calcul ou pour rechercher des erreurs dans une formule, répartis dans les groupes

Bibliothèque de fonctions, Noms définis, Vérification des formules et Calcul.

- **Données**, qui contient les boutons de commande normalement utilisés pour importer, émettre des requêtes, mettre en évidence ou faire un sous-total des données d'une feuille de calcul, répartis dans les groupes Donnés externes, Récupérer et transformer, Connexions, Trier et filtrer, Outils de données, Prévisions et Plan.
- **Révision**, qui contient les boutons de commande normalement utilisés pour vérifier, protéger et effectuer le suivi des modifications d'une feuille de calcul, répartis dans les groupes Vérification, Insights, Langue, Commentaires et Modifications.
- **Affichage**, qui contient les boutons de commande normalement utilisés pour modifier l'affichage de la feuille de calcul, répartis dans les groupes Affichages classeur, Afficher/Masquer, Zoom et Fenêtre.
- **Partager** est placé un peu à l'écart des autres onglets. Lorsque vous cliquez dessus, vous affichez un panneau Partager qui permet d'ajouter un emplacement de stockage distant (cloud) afin de collaborer avec d'autres utilisateurs en y enregistrant vos classeurs.

N'OUBLIEZ PAS

En plus de ces onglets standard, Excel dispose de l'onglet supplémentaire optionnel Développeur, que vous pouvez ajouter au Ruban si vous travaillez avec des macros et des fichiers XML.

Bien que ces onglets standard soient ceux que vous voyez toujours sur le Ruban lorsqu'il est affiché dans Excel, ils ne sont pas tout ce qui peut apparaître dans cette zone. Excel peut également y afficher des outils contextuels lorsque vous travaillez sur un objet que vous avez sélectionné dans la feuille de calcul, par exemple, une image insérée ou un graphique, ou un tableau que vous avez créé. Les noms des outils contextuels pour l'objet sélectionné apparaissent juste au-dessus de l'onglet ou des onglets associés à ces outils.

Par exemple, la Figure 1.6 montre une feuille de calcul dans laquelle on a cliqué sur le graphique afin de le sélectionner. Cette sélection fait apparaître l'onglet Outils de graphique à droite de l'onglet Affichage. Il se compose de deux onglets supplémentaires : Création (sélectionné par défaut) et Format. Notez également que les boutons de commande de l'onglet Création sont répartis dans les groupes Type, Données, Disposition du graphique, et Emplacement.

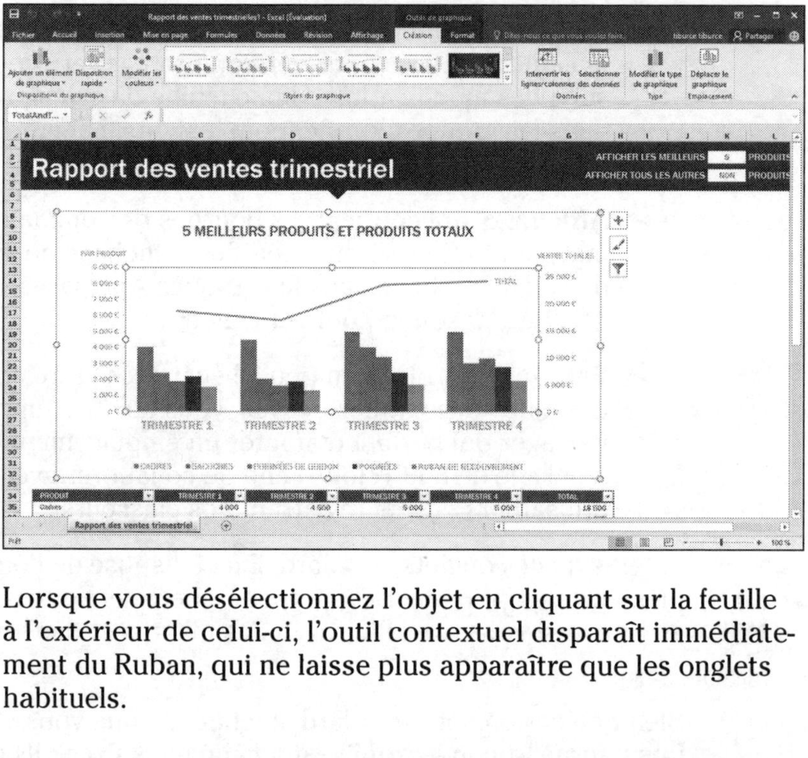

Figure 1.6 : Lorsque vous sélectionnez certains objets dans la feuille de calcul, Excel ajoute au Ruban des outils contextuels avec leurs propres onglets, groupes et boutons.

Lorsque vous désélectionnez l'objet en cliquant sur la feuille à l'extérieur de celui-ci, l'outil contextuel disparaît immédiatement du Ruban, qui ne laisse plus apparaître que les onglets habituels.

Sélectionner des commandes via le clavier et la souris

Excel 2016 est capable de tourner sur une foule de dispositifs distincts. C'est en vous fondant sur le type de matériel que vous exploitez, mais aussi sur les périphériques qui lui sont connectés que vous choisirez la méthode la plus efficace d'invoquer des commandes du Ruban.

Si vous disposez d'un clavier et d'une souris, la méthode la plus simple pour sélectionner une commande du Ruban consiste à cliquer sur l'onglet où elle se trouve, puis sur le bouton qui la représente dans son groupe. Ainsi, pour introduire, dans votre feuille de calcul, une image en ligne, cliquez sur l'onglet Insertion, puis sur le bouton Illustrations et, enfin, sur Images en ligne, ce qui vous garantira l'accès à la boîte de dialogue Insérer des images.

Si vous êtes un as du clavier, voici une autre méthode pour sélectionner facilement des commandes du Ruban : appuyer sur la touche Alt, la relâcher, puis appuyer sur la lettre qui correspond à celle affichée sur l'onglet que vous voulez sélectionner. Lorsque vous enfoncez la touche Alt et la relâchez aussitôt, Excel affiche les touches de raccourci pour tous les onglets du Ruban.

Lorsque vous appuyez alors sur la touche de raccourci d'un onglet, celui-ci apparaît, avec toutes les touches de raccourci des boutons de commande qu'il contient.

Mettons-nous bien d'accord

Avant d'aller plus loin, permettez-nous de spécifier quelques termes incontournables. Quand nous disons *cliquer*, cela signifie enfoncer une fois le bouton principal de la souris (en général, le gauche, à moins que vous n'ayez modifié ce paramètre) ou toucher une fois l'écran avec votre doigt (ou votre stylet) si vous travaillez sur un dispositif tactile. *Double-cliquer*, c'est enfoncer deux fois consécutivement le bouton principal de la souris ou toucher rapidement deux fois l'écran. Opérer un *clic-droit*, c'est enfoncer le bouton secondaire (le droit si vous avez gardé les réglages prédéfinis) ou toucher l'objet et maintenir le contact jusqu'à ce qu'un menu contextuel s'affiche. Enfin, quand nous parlons de *cliquer-glisser* pour réaliser une sélection de cellules, cela veut dire cliquer sur la première, maintenir enfoncé tout en déplaçant la souris jusqu'à la dernière, puis relâcher.

Personnaliser la barre d'outils Accès rapide

Lorsque vous lancez Excel 2016 pour la première fois, la barre d'outils Accès rapide ne contient que les trois (voire quatre) boutons suivants :

- **Enregistrer**, pour enregistrer toutes les modifications apportées au classeur ouvert, avec le même nom de fichier, le même format de fichier et le même emplacement.
- **Annuler**, pour annuler la dernière modification que vous avez effectuée.
- **Répéter**, pour répéter la dernière modification que vous avez effectuée.
- **Personnaliser la barre d'outils Accès rapide** qui permet d'y ajouter ou de supprimer des boutons de commande.

Cette barre est tout à fait personnalisable, Excel vous donnant la possibilité d'y ajouter facilement non seulement n'importe quel bouton du Ruban, mais aussi toutes les commandes que vous voulez, même les plus obscures qui n'apparaissent dans aucun des onglets du Ruban.

TRUC

Par défaut, la barre d'outils Accès rapide apparaît au-dessus des onglets du Ruban, juste à droite de l'icône Excel, qui sert à redimensionner le programme ou le quitter. Pour afficher la barre d'outils sous le Ruban, juste au-dessus de la barre de formule, cliquez sur le bouton Personnaliser la barre d'outils Accès rapide (le bouton contenant un triangle pointant vers le bas, à l'extrémité droite de la barre d'outils Accès rapide) puis, dans le menu local qui apparaît, optez pour Afficher en dessous du Ruban. Vous trouverez cet emplacement plus pratique pour ajouter des boutons à la barre d'outils Accès rapide, lorsqu'ils commenceront à recouvrir le nom du classeur ouvert, qui apparaît à la droite de celle-ci.

Le menu Personnaliser la barre d'outils Accès rapide

Le bouton Personnaliser la barre d'outils Accès rapide vous garantit l'accès à un menu regroupant les commandes suivantes :

- **Nouveau**, pour créer un nouveau classeur.
- **Ouvrir**, pour afficher la boîte de dialogue Ouvrir permettant d'ouvrir un classeur existant.
- **Enregistrer**, pour sauvegarder les modifications apportées au classeur courant.
- **Courrier électronique**, pour accéder à la messagerie.
- **Impression rapide**, pour envoyer la feuille de calcul courante à l'imprimante par défaut.
- **Aperçu et impression**, pour ouvrir les paramètres d'impression dans la vue Backstage, avec un aperçu de la feuille de calcul courante dans la partie droite.
- **Orthographe**, pour effectuer une vérification orthographique de la feuille de calcul courante.
- **Annuler**, pour annuler la dernière modification de la feuille de calcul.
- **Rétablir**, pour réappliquer la modification qui venait d'être annulée.
- **Ordre croissant**, pour trier la sélection de cellules ou la colonne dans le sens alphabétique de A à Z, les chiffres du moins élevé au plus élevé, ou la date de la plus ancienne à la plus récente.
- **Ordre décroissant**, pour trier la sélection de cellules ou la colonne dans le sens alphabétique de Z à A, les chiffres du plus élevé au moins élevé, ou la date de la plus récente à la plus ancienne.
- **Mode tactile/souris**, pour basculer en mode tactile, qui accorde davantage d'espace aux boutons des onglets du

Ruban, afin d'en faciliter l'activation avec le doigt ou le stylet.

Par défaut, seules les commandes Enregistrer, Annuler et Répéter sont cochées et il vous suffit de cocher toutes celles que vous voulez pour en faire apparaître le bouton dans la barre d'outils Accès rapide. Inversement, si vous cliquez dans ce menu sur une commande déjà cochée, la coche disparaît et son bouton disparaît de la barre d'outils.

Ajouter des boutons du Ruban

Pour ajouter un bouton de commande du Ruban à la barre d'outils Accès rapide, ouvrez le menu contextuel du bouton (clic-droit avec la souris ou touchez-maintenez sur dispositif tactile), puis sélectionnez-y l'option Ajouter à la barre d'outils Accès rapide. Excel ajoute aussitôt ce bouton à l'extrémité droite de la barre d'outils Accès rapide, juste avant le bouton de personnalisation de cette barre.

Si vous voulez placer à un autre endroit dans la barre d'outils Accès rapide le bouton que vous venez d'y ajouter, par exemple pour le regrouper avec d'autres boutons, cliquez sur le bouton Personnaliser la barre d'outils Accès rapide, puis sélectionnez Autres commandes dans le menu qui apparaît.

La boîte de dialogue Options Excel s'affiche, avec son onglet barre d'outils Accès rapide (Figure 1.7). Vous y voyez, dans la liste de droite, tous les boutons qui ont déjà été ajoutés à la barre, l'ordre dans lequel ils y apparaissent de gauche à droite correspondant à l'ordre dans lequel ils apparaissent du haut vers le bas dans cette liste.

Pour repositionner un bouton dans la barre d'outils, cliquez dessus pour le sélectionner dans la liste de droite de cette fenêtre, puis cliquez sur la flèche pointant vers le haut ou la flèche pointant vers le bas à droite de cette liste pour le déplacer vers le haut ou vers le bas dans la liste, jusqu'à l'emplacement désiré.

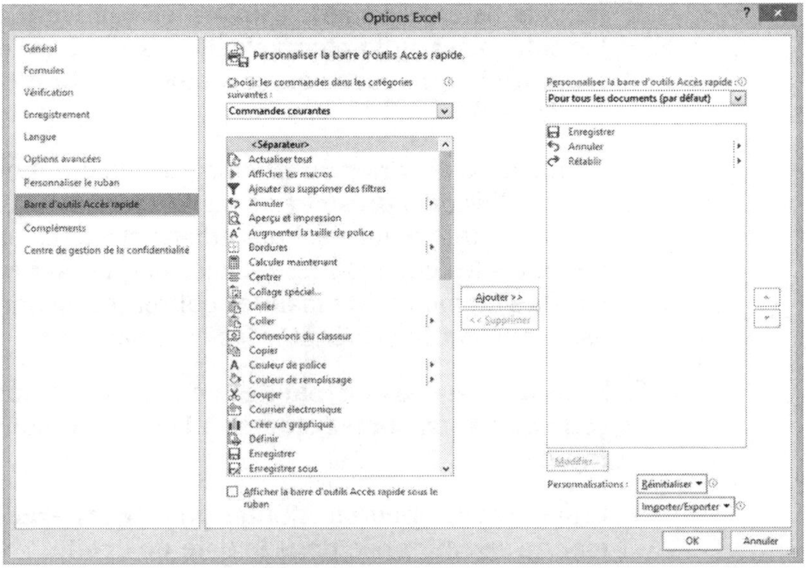

Figure 1.7 : C'est ici qu'Excel vous permet de personnaliser la barre d'outils Accès rapide.

Vous pouvez ajouter des séparateurs dans la barre d'outils pour regrouper des boutons sur la base de leur fonction. Pour cela, cliquez sur <Séparateur> en haut de la liste de gauche dans la boîte de dialogue Options Excel, cliquez sur le bouton Ajouter pour faire apparaître un <Séparateur> dans la liste de droite, puis utilisez la flèche pointant vers le haut ou la flèche pointant vers le bas à droite de la liste de droite pour le positionner à l'endroit voulu.

Pour supprimer un bouton de la barre d'outils Accès rapide, faites un clic-droit sur son icône directement dans cette barre. Dans le menu contextuel qui apparaît, choisissez Supprimer de la barre d'outils Accès rapide.

Ajouter d'autres commandes

L'onglet Personnaliser de la boîte de dialogue Options Excel montré par la Figure 1.7 (cliquez sur le bouton Personnaliser la barre d'outils Accès rapide et sélectionnez Autres commandes dans le menu qui apparaît), vous permet également d'ajouter à la barre d'outils Accès rapide toutes les commandes d'Excel qui ne se trouvent pas dans le Ruban.

1. **Dans la liste déroulante Choisir les commandes dans les catégories suivantes, sélectionnez le type de la commande que vous voulez ajouter à la barre d'outils Accès rapide.**

   Parmi ces catégories de commandes, figurent notamment celles déjà présentes dans la barre d'outils, mais aussi quantité d'autres. Pour afficher la liste complète de toutes les commandes d'Excel, cliquez sur le bouton à droite du menu Commandes courantes en haut de la liste et sélectionnez Toutes les commandes.

2. **Dans la liste des commandes de gauche, cliquez sur celle que vous voulez ajouter à la barre d'outils Accès rapide.**

3. **Cliquez sur le bouton Ajouter pour transférer la commande sélectionnée dans la liste de droite.**

4. **Si vous voulez repositionner le bouton que vous venez d'ajouter, cliquez sur la flèche pointant vers le haut (à droite de la liste de droite), jusqu'à ce qu'il soit à l'emplacement voulu.**

5. **Cliquez sur OK pour fermer la boîte de dialogue Options Excel.**

TRUC

Si vous avez créé des macros que vous utilisez fréquemment et que vous voulez pouvoir lancer directement à partir de la barre d'outils Accès rapide, cliquez sur Macros dans la première section de la liste déroulante Choisir les commandes dans les catégories suivantes, puis sélectionnez le nom de la macro à ajouter et cliquez sur le bouton Ajouter.

S'amuser avec la barre de formule

La barre de formule affiche l'adresse et le contenu de la cellule sélectionnée. L'adresse d'une cellule est définie par la lettre (ou les lettres) de la colonne dans laquelle elle se trouve, suivie immédiatement par le numéro de sa ligne. Ainsi, la cellule A1 est la toute première cellule de la feuille de calcul, occupant son angle supérieur gauche, à l'intersection de la première ligne et de la première colonne. La cellule XFD1048576, qui est la toute dernière, occupe l'intersection de la colonne XFD et de la ligne 1 048 576, dernière colonne et dernière ligne de toutes les feuilles de calcul Excel. Le contenu de la cellule sélectionnée dépend du type des données que vous y avez entrées : du texte ou des nombres si vous n'avez entré qu'un en-tête ou une valeur particulière, une formule si vous avez entré une formule.

La barre de formule se compose de trois parties, de gauche à droite :

- **La zone de nom :** c'est la partie qui affiche l'adresse de la cellule sélectionnée.
- **Les boutons de la barre de formule :** juste après la zone de nom, c'est la zone qui se présente comme un petit ruban bleu commençant par un demi-cercle (que l'on peut déplacer vers la droite ou vers le haut). Elle contient à son extrémité droite le bouton Insérer une fonction (*fx*), auquel viennent s'ajouter les boutons Entrer et Annuler lorsque vous commencez à modifier le contenu de la cellule.
- **Le contenu de la cellule :** juste après la zone des boutons apparaît sur fond blanc le contenu de la cellule, occupant tout le reste de la barre de formule, ce qui permet d'afficher un contenu aussi long que nécessaire.

N'OUBLIEZ PAS

L'importance de la zone du contenu de la cellule dans la barre de formule est qu'elle vous montre toujours le contenu réel de la cellule, même lorsque la feuille de calcul elle-même ne le fait pas. Par exemple, lorsque la cellule contient une formule, Excel affiche dans cette cellule le résultat du calcul correspondant, mais c'est la zone du contenu de la cellule dans la barre de formule qui affiche la formule (laquelle est le véritable contenu de la cellule) et c'est là que vous pouvez modifier cette formule à tout moment. Pour la même raison, lorsque la zone du contenu de la cellule est vide, vous savez que la cellule ne contient rien.

Que faire dans la zone de la feuille de calcul ?

C'est là que la majeure partie des choses se passent, car c'est là que sont affichées les cellules qui sont des zones de saisie de vos données. Ainsi, vous appliquerez vos mises en forme aux cellules et toutes sortes de modifications.

N'OUBLIEZ PAS

N'oubliez pas que pour entrer ou modifier des données dans une cellule, celle-ci doit être sélectionnée. La sélection d'une cellule est identifiée par :

- Le curseur de cellule : c'est la bordure noire épaisse qui entoure la cellule sélectionnée.
- L'adresse de la cellule sélectionnée apparaît dans la zone de nom de la barre de formule.
- L'en-tête de la colonne et l'en-tête de la ligne de la cellule sélectionnée apparaissent en orange, ce qui les met en évidence, par contraste avec les autres.

Naviguer dans la feuille de calcul

Une feuille de calcul Excel contient bien trop de lignes et de colonnes pour que toutes soient affichées en même temps, quelles que soient la taille et la définition de votre écran (ne perdons pas de vue qu'il y a au total 17 179 869 184 cellules dans une feuille de calcul). Excel offre donc de nombreux moyens de déplacer le curseur de cellule dans la feuille de calcul pour atteindre celle que vous voulez modifier :

- Cliquer sur la cellule voulue avec votre souris ou touchez cette cellule avec votre doigt (pour autant qu'elle se trouve dans la zone de la feuille de calcul affichée à l'écran).
- Cliquer dans la zone de nom de la barre de formule, y entrer directement l'adresse de la cellule voulue et appuyer sur la touche Entrée.

- Appuyer sur F5 pour faire apparaître la boîte de dialogue Atteindre, entrer l'adresse de la cellule voulue dans le champ Référence, puis cliquer sur OK.
- Utiliser les touches de curseur selon les indications du Tableau 1.1 pour déplacer le curseur de cellule jusqu'à la cellule voulue.
- Utiliser les barres de défilement horizontale et verticale, respectivement sur le bord inférieur et le bord droit de la fenêtre, pour faire apparaître à l'écran la zone de la feuille de calcul qui contient la cellule voulue, puis cliquer sur celle-ci pour la sélectionner.

Raccourcis clavier pour déplacer le curseur de cellule

Excel offre de nombreux raccourcis clavier pour déplacer le curseur de cellule vers une cellule quelconque. Au fur et à mesure que le curseur de cellule se déplace, la zone de la feuille de calcul qui apparaît à l'écran se déplace en conséquence, de sorte que celui-ci apparaisse toujours à l'affichage. Le Tableau 1.1 rassemble tous ces raccourcis clavier en indiquant les déplacements du curseur de cellule qu'ils produisent. Ces raccourcis clavier utilisent les quatre touches de curseur (←, →, ↑ et ↓) et les touches Page suivante (PgSuiv), Page précédente (PgPréc), Début et Fin ainsi que la touche Ctrl.

Tableau 1.1 : Raccourcis clavier pour déplacer le curseur de cellule.

Raccourci	Le curseur se déplace jusqu'à
→ ou Tab	Cellule voisine de droite.
← ou Maj + Tab	Cellule voisine de gauche.
↑	Cellule voisine du dessus.
↓	Cellule voisine du dessous.
Début	Cellule de la colonne A de la même ligne.
Ctrl + Début	Première cellule (A1) de la feuille de calcul.

Raccourci	Le curseur se déplace jusqu'à
Ctrl + Fin ou Fin, Début	Cellule se trouvant à l'intersection de la dernière colonne non vide et de la dernière ligne non vide de la feuille de calcul (autrement dit, la dernière cellule de ce que l'on appelle la *zone active* de la feuille de calcul).
PgPréc	Cellule se trouvant un écran plus haut dans la même colonne.
PgSuiv	Cellule se trouvant un écran plus bas dans la même colonne.
Ctrl + → ou Fin, →	Première cellule non vide vers la droite dans la même ligne et précédée ou suivie par une cellule vide. Si aucune cellule non vide n'est trouvée, le curseur va jusqu'à la dernière cellule de la ligne.
Ctrl + ← ou Fin, ←	Première cellule non vide vers la gauche dans la même ligne et précédée ou suivie par une cellule vide. Si aucune cellule non vide n'est trouvée, le curseur va jusqu'à la première cellule de la ligne.
Ctrl + ↑ ou Fin, ↑	Première cellule non vide vers le haut dans la même colonne et précédée ou suivie par une cellule vide. Si aucune cellule non vide n'est trouvée, le curseur va jusqu'à la première cellule de la colonne.
Ctrl + ↓ ou Fin, ↓	Première cellule non vide vers le bas dans la même colonne et précédée ou suivie par une cellule vide. Si aucune cellule non vide n'est trouvée, le curseur va jusqu'à la dernière cellule de la colonne.
Ctrl + PgSuiv	Dernière cellule non vide dans la feuille de calcul suivante du même classeur.
Ctrl + PgPréc	Dernière cellule non vide dans la feuille de calcul précédente du même classeur.

Note : Pour les raccourcis clavier qui utilisent les touches de curseur, vous devez utiliser le bloc des touches de curseur sur votre clavier ou bien vous assurer que le verrouillage numérique n'est pas activé si vous utilisez le pavé numérique de votre clavier.

TRUC

Les raccourcis clavier qui combinent la touche Ctrl et la touche Fin avec une touche de curseur apparaissant dans le Tableau 1.1 sont parmi les plus utiles pour se déplacer rapidement dans un grand tableau de cellules ou pour se déplacer d'un tableau à un autre dans une partie de la feuille de calcul qui contient de nombreux blocs de cellules.

Lorsque vous utilisez la touche Ctrl avec une touche de curseur pour vous déplacer d'un bord à un autre dans un tableau ou d'un tableau à un autre dans une feuille de calcul, vous devez maintenir enfoncée la touche Ctrl tout en appuyant sur la touche de curseur concernée (ce qui est indiqué par le signe + dans la définition du raccourci, comme dans Ctrl + →).

Lorsque vous utilisez la touche Fin avec une touche de curseur, vous devez appuyer sur la touche Fin et la relâcher *avant* d'appuyer sur la touche de curseur (ce qui est indiqué par la virgule dans la définition du raccourci, comme dans Fin, →). Lorsque vous appuyez sur la touche Fin et la relâchez, l'indicateur Mode Fin apparaît dans la barre d'état. Excel vous signale ainsi qu'il attend que vous appuyiez sur une des quatre touches de curseur.

Comme vous pouvez maintenir enfoncée la touche Ctrl tout en appuyant sur la touche de curseur dont vous avez besoin, la méthode « Ctrl + touche de curseur » est plus fluide pour naviguer dans des blocs de cellule que la méthode « Fin + touche de curseur ».

N'OUBLIEZ PAS

Vous pouvez utiliser la touche Verr Maj (Verrouillage Majuscule) pour « verrouiller » la position du curseur de cellule dans la feuille de calcul, de manière à faire défiler à l'écran la feuille de calcul avec des touches comme PgSuiv et PgPréc sans changer la position du curseur de cellule (autrement dit, de manière à ce que ces touches se comportent comme les barres de défilement).

Après avoir activé le Verrouillage Majuscule, lorsque vous faites défiler la feuille de calcul avec le clavier, Excel ne sélectionne pas une nouvelle cellule dans la zone affichée. La cellule sélectionnée reste la même, même si elle n'est plus visible à l'affichage. Pour « déverrouiller » le curseur de cellule en utilisant le clavier pour faire défiler la feuille de calcul, vous devez désactiver le Verrouillage Majuscule (soit en appuyant à nouveau sur la touche Verr Maj, soit en appuyant sur la touche Maj, selon le paramétrage de Windows).

Astuces pour les barres de défilement

Pour comprendre comment fonctionne le défilement dans Excel, représentez-vous cette énorme feuille de calcul comme un rouleau de papier enroulé sur une bobine à chaque extrémité. Pour faire apparaître une partie du rouleau qui se trouve cachée sur sa bobine du côté droit, vous rembobinez la bobine de gauche, jusqu'à ce que la partie voulue apparaisse sous vos yeux. Et pour faire apparaître une partie du rouleau qui se trouve cachée sur sa bobine du côté gauche, vous rembobinez la bobine de droite, jusqu'à ce que la partie voulue apparaisse sous vos yeux. C'est le même principe vers le haut et vers le bas.

Vous pouvez utiliser la barre de défilement horizontale qui se trouve sur le bord inférieur de la feuille de calcul pour faire défiler vos colonnes vers la droite ou vers la gauche et la barre de défilement verticale qui se trouve sur le bord droit de la feuille de calcul pour faire défiler vos lignes vers le haut ou vers le bas. Pour faire défiler d'une colonne ou d'une ligne à la fois dans une direction, cliquez sur la flèche de défilement appropriée à l'une ou l'autre extrémité de la barre de défilement correspondante.

N'oubliez pas que vous pouvez redimensionner la barre de défilement horizontale pour la rendre plus longue ou plus courte en faisant glisser le bouton qui apparaît à son extrémité gauche. Gardez à l'esprit que l'espace restant à gauche de la barre de défilement horizontale permet de loger les onglets des feuilles de calcul que contient le classeur.

TRUC

Pour faire défiler très rapidement les lignes et colonnes de votre feuille de calcul, maintenez enfoncée la touche Maj et faites glisser le pointeur de la souris dans la direction appropriée dans la barre de défilement correspondante, jusqu'à ce que la ligne ou la colonne que vous voulez voir apparaisse à l'écran. Lorsque vous maintenez enfoncée la touche Maj, le bouton de défilement devient très petit dès que vous maintenez enfoncé le bouton de la souris après avoir placé le pointeur dessus. En même temps, une info-bulle apparaît, indiquant le numéro de la première ligne ou la lettre de la première colonne affichée.

Si vous disposez d'une souris à molette, vous pouvez l'utiliser pour faire défiler directement. Placez simplement le pointeur de cellule en forme de croix approximativement au centre de la feuille de calcul et maintenez enfoncée la molette de la souris. Le pointeur prend la forme d'une flèche à quatre pointes. Faites alors simplement glisser votre souris dans la direction appropriée (vers la gauche ou vers la droite pour faire défiler les colonnes, vers le haut ou vers le bas pour faire défiler les lignes), jusqu'à ce que la zone voulue de la feuille de calcul apparaisse à l'écran.

Gérer les feuilles du classeur

Chaque nouveau classeur que vous créez dans Excel 2016 contient une seule feuille de calcul vierge. Celle-ci comporte 16 384 colonnes et 1 048 576 lignes (ce qui représente la bagatelle de 51 539 607 552 cellules vierges). Mais si vous avez besoin de feuilles supplémentaires dans votre classeur, il vous suffit de cliquer sur le bouton Insérer une feuille de calcul, juste après les onglets des feuilles de calcul existantes, comme le montre la Figure 1.8.

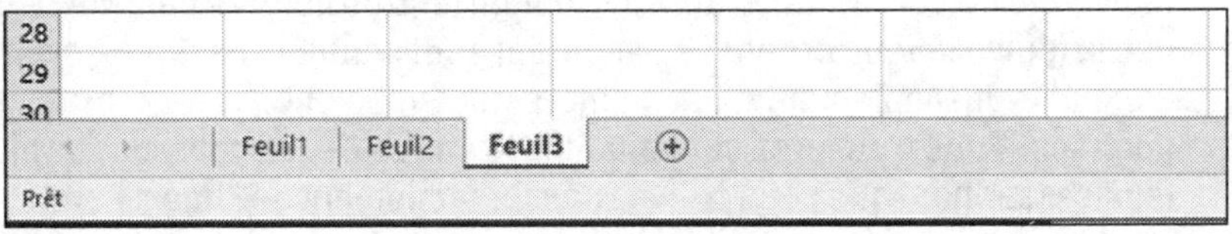

Figure 1.8 : Outils pour la gestion des feuilles.

Dans le coin inférieur gauche de la fenêtre, les boutons de défilement vous permettent de passer d'une feuille à une autre (la précédente ou la suivante) ; ils sont suivis par les onglets des feuilles qui existent déjà dans le classeur, puis par le bouton qui permet d'ajouter une nouvelle feuille. Pour activer une feuille, c'est-à-dire pour la faire apparaître à l'affichage et pouvoir y travailler,

il vous suffit de la sélectionner en cliquant sur son onglet. Excel met en évidence la feuille active en présentant son nom en vert et en gras dans l'onglet correspondant.

TRUC

N'oubliez pas que les raccourcis clavier Ctrl + PgSuiv et Ctrl + PgPréc vous permettent de passer respectivement à la feuille suivante et à la feuille précédente dans votre classeur.

Si votre classeur contient trop de feuilles de calcul pour que tous leurs onglets puissent être affichés en même temps en bas de la fenêtre, utilisez les boutons de défilement situés à gauche des onglets pour les faire défiler et faire apparaître ceux dont vous avez besoin, de manière à ce que vous puissiez alors cliquer sur celui que vous voulez activer.

Pour activer la première feuille d'un classeur, enfoncez la touche Ctrl et cliquez sur le bouton Feuille précédente. Pour afficher la dernière, opérez *via* Ctrl + bouton Feuille suivante.

Pour activer une feuille quelconque, vous pouvez aussi afficher la boîte de dialogue Activer qui répertorie toutes les feuilles de classeur de la première à la dernière : faites un clic-

Une raison d'ajouter des feuilles dans un classeur

Vous vous demandez peut-être pourquoi on pourrait avoir besoin de plusieurs feuilles de calcul dans un classeur, compte tenu du nombre énorme de cellules que la feuille unique proposée par défaut peut contenir. La réponse est que ça dépend tout simplement de la manière dont vous choisissez d'organiser vos données. Vous trouverez souvent plus pratique de les répartir sur plusieurs feuilles (sachant que vous pouvez passer facilement de l'une à l'autre) que de les disséminer sur une grande surface d'une même feuille en vous obligeant à en faire défiler le contenu pour accéder à vos données. Par exemple, si vous faites des budgets pour plusieurs services d'une entreprise, il est plus pratique de disposer d'une feuille pour chaque service. Il vous sera aussi plus facile de cette façon d'imprimer chaque feuille séparément. Enfin, vous pourrez aussi créer une feuille de résumé, consolidant les données des autres.

droit sur les boutons de défilement, puis sélectionnez, dans la liste, la feuille à afficher, et le tour est joué !

N'oubliez pas que, sur dispositif tactile, c'est un toucher maintenu qui remplace le clic-droit. Touchez donc les boutons de défilement avec votre doigt ou avec un stylet jusqu'à ce qu'un cercle apparaisse. Interrompez alors le contact ; le menu contextuel s'affiche aussitôt.

Découvrir la barre d'état

La barre d'état (Figure 1.9) occupe tout le bord inférieur de la fenêtre d'Excel et comporte les zones suivantes :

- **L'indicateur Mode Cellule** indique l'état du programme Excel (Prêt, Entrer, et ainsi de suite), ainsi que toutes les touches spéciales du clavier qui sont activées (Verr Maj, Verr Num et Défilement).
- **Les indicateurs Moyenne, Nombre et Somme** affichent la moyenne et la somme de tous les contenus numériques de l'ensemble des cellules sélectionnées, ainsi que le nombre de ces dernières.
- **Le Sélecteur d'affichage** vous permet de choisir entre trois modes d'affichage pour votre feuille de calcul : Normal (c'est l'affichage par défaut qui ne montre que les cellules avec les en-têtes de lignes et de colonnes) ; Mise en page (qui affiche les règles, les marges et les sauts de page) ; et Sauts de page (qui vous permet de mettre au point la mise en page du document). Pour en savoir plus à ce sujet, reportez-vous au Chapitre 5.
- **Le Curseur de zoom** permet de zoomer en avant ou en arrière dans votre feuille de calcul, en le tirant vers la droite ou vers la gauche.

L'indicateur Verr. Num. (qui n'est pas affiché dans la configuration par défaut) signale que vous pouvez utiliser le pavé numérique de votre clavier pour entrer des valeurs numériques dans la feuille de calcul.

Figure 1.9 : La barre d'état fournit des infos quant à l'état dans lequel se trouve Excel et permet d'afficher la feuille de calcul différemment.

Démarrer et quitter Excel

Cette section envisage l'utilisation d'Excel avec le nouveau système d'exploitation de Microsoft appelé Windows 10.

Lancer Excel depuis le menu Démarrer de Windows 10

Windows 10 marque le grand retour d'un « vrai » menu Démarrer qui avait disparu sous la version 8. Pour agir depuis le menu Démarrer, procédez comme suit :

1. **Cliquez sur le bouton Démarrer situé dans la partie gauche de la barre des tâches.**

2. **Cliquez sur Toutes les applications.**

3. **Faites défiler le contenu de la liste des applications pour localiser Excel sous la lettre E, comme à la Figure 1.10.**

Vous pouvez aussi utiliser le champ Rechercher sur le Web et dans Windows situé à droite du bouton Démarrer pour identifier l'emplacement du programme Excel sur votre ordinateur et le lancer très rapidement :

Figure 1.10 : Lancer Excel depuis le menu Démarrer de Windows 10.

1. **Cliquez dans le champ Rechercher et tapez les deux lettres ex afin que Windows identifie l'emplacement du programme Excel 2016 sur votre ordinateur.**

2. **Cliquez sur l'option Excel 2016, comme à la Figure 1.11.**

Vous pouvez également afficher le contenu du menu Démarrer et taper **ex** pour basculer instantanément en mode de recherche, comme si vous aviez utilisé le champ Rechercher sur le Web et dans Windows.

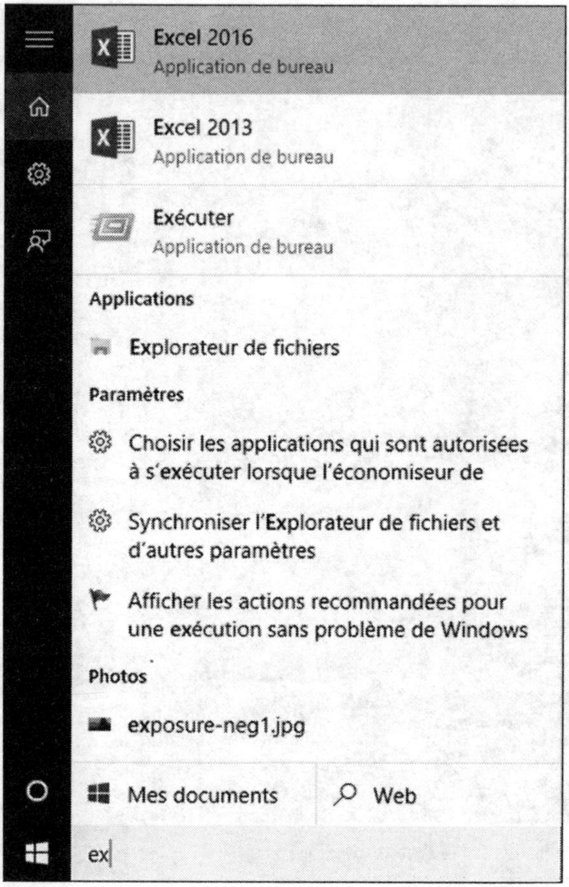

Figure 1.11 : Localiser Excel avec le champ Rechercher sur le Web et dans Windows de Windows 10.

Ajouter Excel au menu Démarrer de Windows 10

Si vous utilisez fréquemment Excel, il sera sans doute pratique de le faire apparaître dans le menu Démarrer de Windows. La marche à suivre :

1. **Cliquez sur le bouton Démarrer, puis sur Toutes les applications.**
2. **Faites défiler le contenu de la liste des programmes pour localiser l'icône Excel 2016.**

3. **Faites un clic-droit sur cette icône et, dans le menu contextuel qui apparaît, exécutez la commande Épingler à l'écran de démarrage, comme l'illustre la Figure 1.12.**

Figure 1.12 : Pour qu'Excel figure en permanence dans l'écran Démarrer de Windows 10.

La vignette d'Excel est alors ajoutée aux vignettes de la partie droite du menu Démarrer, comme le montre la Figure 1.13. Bien entendu, vous pouvez la repositionner comme cela est expliqué dans l'excellent ouvrage *Windows 10 pour les nuls*.

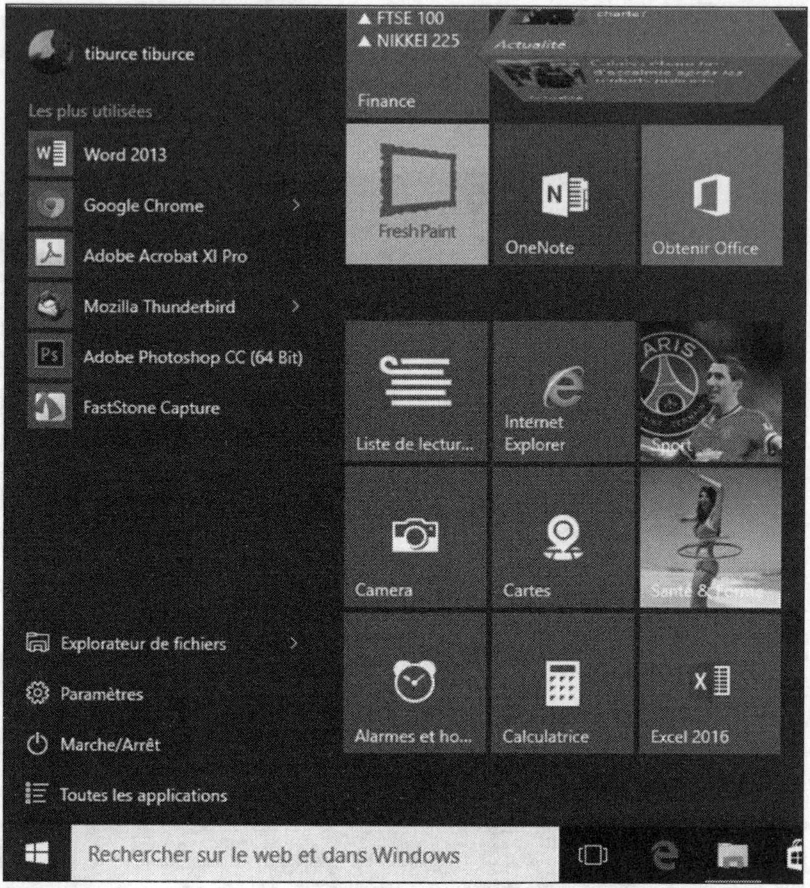

Figure 1.13 : La vignette d'Excel apparaît dans la partie droite du menu Démarrer de Windows 10.

Ajouter Excel à la barre des tâches de Windows 10

Bien qu'à son installation la vignette du programme Excel apparaisse sur la barre des tâches de Windows 10, voici comment l'y ajouter si, pour une raison ou pour une autre, elle n'y figurait pas.

Il suffit pour cela de faire glisser depuis la section Toutes les applications de Windows 10 jusque sur la barre des tâches l'icône d'Excel que vous avez épinglée dans le menu Démarrer ou déposée sur le Bureau (voir les sections précédentes).

Vous pouvez également effectuer un clic-droit sur la vignette et exécuter la commande Épingler à la barre des tâches.

N'OUBLIEZ PAS

L'icône d'Excel reste en permanence dans la barre des tâches. Cliquez dessus pour lancer le programme.

Quitter Excel

Une fois votre travail terminé, vous êtes prêt à quitter Excel ; vous disposez pour cela de plusieurs méthodes :

- Appuyez sur Alt + F4 depuis votre clavier physique ou virtuel.
- Cliquez sur ou touchez le bouton Fermer (X) dans le coin supérieur droit de la fenêtre d'Excel.

Si vous essayez de quitter Excel après avoir travaillé dans un classeur, mais sans avoir enregistré vos dernières modifications, le programme émet une alerte sonore et affiche une boîte d'alerte vous demandant si vous voulez enregistrer vos modifications. Pour les enregistrer avant de quitter Excel, cliquez sur le bouton Oui (pour en savoir plus sur l'enregistrement de vos documents, reportez-vous au Chapitre 2). Si vous ne voulez pas enregistrer vos dernières modifications, cliquez sur le bouton Non.

Chapitre 2

Créer une feuille de calcul

Dans ce chapitre :

- Démarrer un nouveau classeur.
- Entrer des données de trois types possibles dans une feuille de calcul.
- Créer des formules simples.
- Corriger des entrées erronées.
- Utiliser la fonction de correction automatique.
- Faire le total de lignes ou de colonnes avec le bouton Somme automatique.
- Enregistrer votre précieux travail et récupérer les classeurs quand le logiciel ne répond plus.

Maintenant que vous savez démarrer Excel 2016, le moment est venu de passer à l'action sans que cela tourne au cauchemar. Vous découvrirez dans ce chapitre comment entrer toutes sortes d'informations dans toutes ces petites cellules vierges décrites dans le chapitre précédent. Après avoir appris à entrer des données brutes dans la feuille de calcul, vous aborderez ce qui est sans doute la plus importante des leçons : l'enregistrement de toutes ces informations sur le disque afin que vous n'ayez plus à ressaisir tout ça !

La saisie des données

Quand vous lancez Excel 2016, un écran ressemblant à celui de la Figure 2.1 vous est proposé. Il est divisé en deux volets : à gauche, la liste des classeurs que vous avez manipulés récemment et la commande Ouvrir d'autres classeurs ; à droite, les différents modèles qui peuvent vous servir de base.

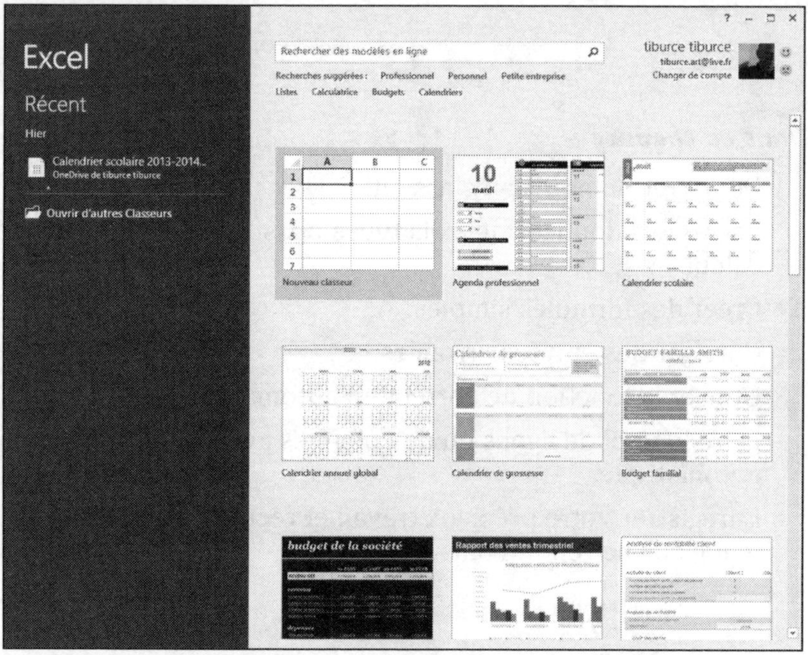

Figure 2.1 : L'écran de démarrage d'Excel 2016, tel qu'il vous est présenté à la mise en service du programme.

Ces modèles s'avèrent très pratiques puisqu'ils comportent déjà des données échantillons et des formatages que vous n'avez qu'à adapter avant de sauvegarder le contenu sous le nom qui vous convient.

La première option du volet droit est Nouveau classeur, qui vous ouvre un classeur résolument vierge. Vous trouvez ensuite les modèles proprement dits, répartis en catégories (budget, liste, inventaire…). Si vous n'y trouvez pas votre bonheur, il vous reste la possibilité d'exploiter le champ Rechercher modèles en ligne avec, pour compléter la fonction, la possibilité de sélectionner, sous le champ, un type de modèle.

Si vous choisissez un modèle (c'est-à-dire n'importe quelle option à part Nouveau classeur et Voir la démo), Excel vous soumet instantanément une version agrandie du modèle en question avec un descriptif succinct. Cliquez sur Créer pour télécharger le modèle. Pour y renoncer, cliquez dans la case de fermeture en haut à droite ou enfoncez la touche Échap.

Vous préférez créer votre propre feuille de calcul ? Optez alors pour Nouveau classeur. Excel s'exécute en vous soumettant un classeur vide nommé Classeur1, constitué d'une seule feuille, baptisée Feuil1. Vous pouvez alors commencer la saisie des données et des formules.

Dans la pratique

Avant de positionner le pointeur de cellule là où la saisie (ou entrée) doit avoir lieu, Excel doit être en mode Prêt ; ce mode est affiché en toutes lettres dans la barre d'état. Mais, dès que vous commencez à saisir des données, Excel passe en mode Entrer (ce mot remplace le mot Prêt, dans la barre d'état). Si le mode Prêt n'est pas actif, appuyez sur la touche Échap.

Dès lors que vous commencez à saisir en mode Entrer, les caractères que vous tapez apparaissent à la fois dans la cellule de la feuille de calcul et dans la barre de formule située au-dessus de la zone des cellules. Tout ce que vous tapez dans une cellule a un effet dans la barre de formule, à commencer par l'apparition des boutons Annuler, Entrer et Insérer une fonction, entre la Zone Nom et la barre de formule.

Au fur et à mesure que vous saisissez des données, Excel les affiche à la fois dans la barre de formule et dans la cellule active de la feuille de calcul, comme l'illustre la Figure 2.2. Le point d'insertion n'est toutefois présent qu'après les caractères affichés dans la cellule.

Les caractères saisis doivent rester dans la cellule. Pour ce faire, le logiciel doit quitter le mode Entrer et revenir au mode

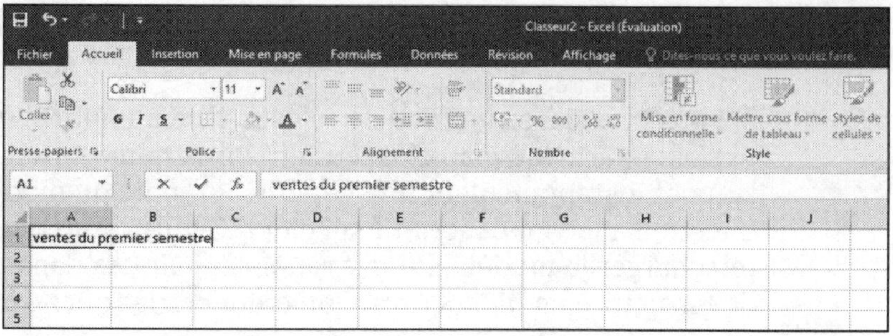

Figure 2.2 : Ce que vous tapez apparaît à la fois dans la cellule active et dans la barre de formule.

Prêt afin que vous puissiez déplacer le pointeur vers une autre cellule et y entrer éventuellement d'autres données.

Pour terminer la saisie et par là même passer du mode Entrer au mode Prêt, vous pouvez, au choix, cliquer sur le bouton Entrer (dans la barre de formule), appuyer sur la touche Entrée de votre clavier. Il est aussi possible d'appuyer sur la touche Tab ou Maj + Tab.

TRUC

Si vous clôturez la saisie *via* une touche quelconque (Entrée, Tabulation, Majuscule + Tabulation), non seulement vous validez cette saisie mais, par la même occasion, vous déplacez la sélection vers une cellule voisine.

Bien que chacune de ces manipulations serve à valider la saisie des données dans une cellule, ce qui s'ensuit diffère quelque peu :

- Si vous cliquez sur le bouton Entrer, dans la barre de formule, la saisie est validée mais le pointeur de cellule reste en place.
- Si vous appuyez sur la touche Entrée, la saisie est validée mais le pointeur se place sur la cellule située juste en dessous.
- Si vous appuyez sur la touche Tab, la saisie est validée, après quoi le pointeur se déplace vers la cellule immédiatement à droite (ce qui équivaut à appuyer sur la touche Flèche droite). L'appui sur Maj + Tab déplace le pointeur vers la cellule immédiatement à gauche (équivalent de la touche Flèche gauche).

Quelle que soit la méthode que vous adoptez pour effectuer une saisie, Excel désactive la barre de formule dès que la frappe est validée en faisant disparaître les boutons Annuler et Entrer. Les données continuent d'être présentes dans la feuille de calcul, à quelques exceptions près que nous évoquerons plus loin dans ce chapitre. Chaque fois que vous sélectionnerez cette cellule, les données seront de nouveau affichées dans la barre de formule.

Si, pendant la saisie – et aussi longtemps qu'elle n'a pas été validée –, vous vous rendez compte d'une erreur, vous pouvez purger et désactiver la barre de formule en cliquant sur le bouton Annuler (celui avec un X) ou en appuyant sur la touche Échap. Mais si vous ne repérez cette erreur qu'après la validation, vous devrez revenir à cette cellule pour la corriger ou supprimer l'entrée (nous verrons ces opérations dans le Chapitre 4) et refaire la saisie.

Tous les types sont les bienvenus

Pendant que vous entrez joyeusement des données dans le tableur, Excel analyse constamment à votre insu le type de ces données et les classe selon les trois types qu'il connaît : du *texte,* une *valeur* ou une *formule.*

Si Excel découvre qu'il s'agit d'une formule, le logiciel la calcule aussitôt, puis affiche le résultat dans la cellule de la feuille de calcul (la formule elle-même reste cependant visible dans la barre de formule). Si la saisie n'a rien d'une formule, Excel détermine s'il s'agit d'un texte ou d'une valeur.

Il effectue cette distinction pour savoir comment aligner ces données dans la feuille de calcul. Les textes sont calés à gauche des cellules tandis que les valeurs sont calées à droite. De plus, comme la plupart des formules se nourrissent de valeurs, en différenciant les textes des valeurs, Excel sait quelles sont les données qui seront admises par une formule et lesquelles ne le seront pas. Disons sans trop nous y attarder qu'il est facile de faire tourner une formule en bourrique en lui donnant à mouliner du texte là où elle attend des valeurs.

Les signes révélateurs d'un texte

Un *texte* n'est rien d'autre qu'une saisie qu'Excel ne reconnaît ni comme formule ni comme valeur. Autant dire que, en ce qui concerne les types de données, il s'agit carrément d'une catégorie fourre-tout. En pratique, la plupart des entrées de texte (appelées aussi *intitulés*) sont des combinaisons de lettres et de ponctuations, ou de lettres et de chiffres. Les textes servent principalement à créer des titres, des en-têtes ou des annotations.

Il est facile de savoir si une saisie a produit un texte, car ce type de données est automatiquement aligné contre le bord gauche de la cellule. Si le texte est plus long que la cellule, il déborde sur la ou les cellules à droite, aussi longtemps que celles-ci sont vides (Figure 2.3).

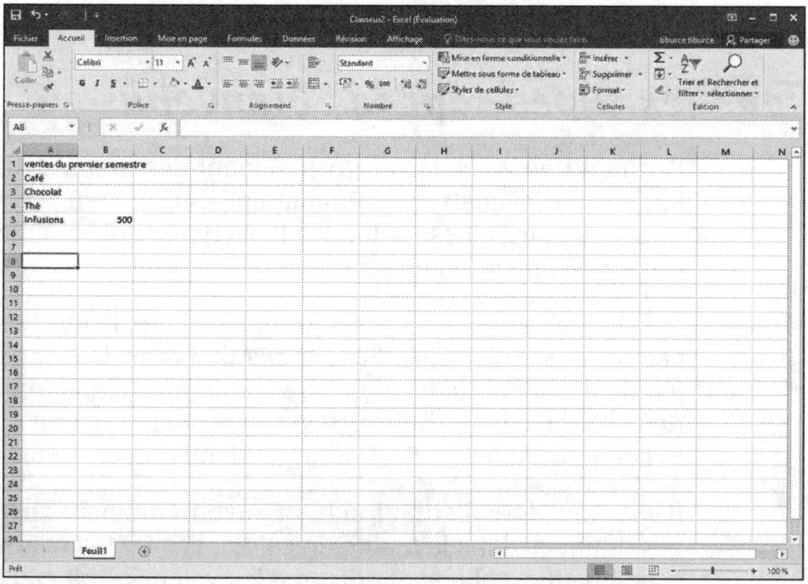

Figure 2.3 : Un texte long déborde à droite de la cellule, sur ses voisines vides.

Si par la suite vous entrez une information dans une cellule sur laquelle du texte a débordé, Excel tronque le texte. Ne vous inquiétez pas, Excel n'a pas du tout coupé le texte, il a simplement évité de l'afficher pour libérer de la place pour les nouvelles données. Pour récupérer la partie masquée du texte, vous devrez élargir la colonne qui le contient (nous verrons comment dans le Chapitre 3).

Comment Excel évalue-t-il les valeurs ?

Les *valeurs* sont les blocs de construction de la plupart des formules que vous élaborerez dans Excel. Il en existe deux sortes : les chiffres qui représentent des quantités (14 unités en stock ou 140 000 euros...) et les chiffres qui représentent une date (le 19 décembre 2013) ou une heure (13:30).

Vous pouvez savoir si Excel a accepté une entrée comme valeur en observant comment il l'a alignée ; une valeur est toujours calée à droite. Si elle est trop grande pour tenir dans la cellule, Excel la convertit automatiquement en *notation scientifique.* Par exemple, la valeur 6E + 08 indique que 6 est suivi par 8 zéros, soit une valeur de 600 millions. Pour obtenir l'affichage d'un nombre scientifique en notation décimale, plus conventionnelle, il suffit d'élargir la cellule (nous verrons comment dans le Chapitre 3).

S'assurer que c'est bien le bon chiffre

Quand vous créez une nouvelle feuille de calcul, vous passez sans doute beaucoup de temps à entrer des nombres qui représentent toutes sortes de quantités, de l'argent que vous avez gagné (ou perdu) à la part du budget professionnel que vous accordez à la machine à café et aux croissants (ah bon, vous n'avez pas le droit de déduire les croissants ?)

Pour entrer une valeur numérique représentant une quantité positive, comme vos revenus de l'année écoulée, vous sélectionnez une cellule, tapez un nombre (par exemple **459600**), puis validez cette saisie avec la touche Entrée ou en cliquant sur le bouton Entrer, et ainsi de suite. Pour entrer une valeur numérique négative, comme les dépenses de café et de croissants, vous tapez d'abord sur la touche - (moins) avant de taper le nombre, **-1750** par exemple (ce qui n'est finalement

Pour Excel, le texte ne compte pas

Faites le test suivant : entrez 10 dans une cellule, puis entrez un texte quelconque dans la cellule du dessous comme les lettres NB ; sélectionnez ensuite ces deux cellules et consultez les infos dans la zone des indicateurs de la barre d'état : MOYENNE indique 2, SOMME indique 10 et NB indique 2 : les deux cellules sélectionnées produisent la somme de 10, prouvant bien que le texte n'est pas pris en considération.

pas beaucoup comparé à ce que vous avez gagné), après quoi vous validez cette entrée.

Si vous avez l'habitude de la comptabilité, vous pouvez placer les chiffres négatifs, comme vos dépenses, entre parenthèses. Vous taperez alors **(1750)**. Remarquez qu'en procédant ainsi Excel convertit automatiquement les parenthèses en signe moins : vous tapez **(1750)** mais Excel affiche -1750 (ne vous inquiétez pas pour vos chères parenthèses, vous verrez au Chapitre 3 comment les récupérer).

Pour des valeurs monétaires comme l'euro, vous pouvez ajouter le symbole monétaire € et séparer les milliers. Dès que vous tapez une valeur suivie d'un signe monétaire, Excel met automatiquement cette valeur en forme.

Pour entrer des valeurs décimales, vous utilisez la virgule (ou le point décimal du pavé numérique, qui est automatiquement converti en virgule par Excel). Au besoin, Excel ajoute automatiquement un zéro avant la virgule ; par exemple, si vous tapez **,34** dans une cellule, elle devient automatiquement 0,34 au moment de la validation. De même, les zéros superflus sont éliminés : taper **12,50** donne 12,5 (mais il est bien sûr possible de forcer la mise en forme pour faire apparaître ces zéros décimaux).

Pour obtenir l'équivalence décimale d'une valeur exprimée sous la forme d'une fraction, il suffit de taper cette valeur fractionnaire. Par exemple, si vous ignorez que 2,1875 est la représentation décimale de 2 et 3/16, tapez simplement **2 3/16** en veillant à placer une espace entre 2 et 3/16. Après avoir validé cette saisie, rien n'a changé dans la cellule, mais dans la barre de formule vous lisez le résultat : 2,1875. Comme vous le découvrirez dans le Chapitre 3, il s'agit là d'une petite astuce qu'utilise Excel pour afficher l'équivalent de 2 3/16 dans la barre de formule.

Si vous entrez des fractions simples comme 3/4 ou 5/8, vous devez les faire précéder d'un zéro suivi d'une espace ; par exemple : 0 3/4 ou 0 5/8. Autrement, Excel penserait que vous saisissez des dates qu'il traduirait respectivement par 03-avr et 05-août.

Quand vous entrez dans une cellule une valeur numérique qui représente un pourcentage, vous avez le choix entre :

- Diviser le nombre par 100 et entrer son équivalent décimal (en décalant la virgule de deux chiffres vers la gauche, comme vous l'avez appris à l'école). Vous tapez par exemple **,12** pour 12 %.
- Entrer le nombre suivi du signe de pourcentage : 12 %.

Quelle que soit la méthode choisie, Excel stocke la valeur décimale dans la cellule (0,12 dans notre exemple). Si vous utilisez le signe de pourcentage, Excel applique la mise en forme correspondante, c'est-à-dire 12 %.

Fixer les décimales

Si vous devez entrer une série de chiffres qui doivent comporter un même nombre de décimales, activez la fonction Décimale fixe d'Excel. Elle s'avère vraiment commode lorsque vous devez saisir des centaines de valeurs financières ou comptables avec deux décimales pour les centimes.

Procédez comme suit pour spécifier le nombre de décimales à afficher pour les nombres que vous entrez :

1. **Cliquez sur Fichier/Options, ou appuyez sur Alt + FV, puis cliquez sur la rubrique Options avancées dans la boîte de dialogue Options Excel.**

2. **Dans la section Options d'édition, cochez la case Décimale fixe.**

   Par défaut, Excel affiche deux chiffres après la virgule. Pour modifier ce paramètre, passez à l'Étape 3. Si vous voulez le conserver, passez à l'Étape 4.

3. **Sélectionnez ou tapez une nouvelle valeur dans le champ Place ou utilisez les boutons fléchés pour l'augmenter ou la réduire.**

   Par exemple, si vous voulez afficher trois décimales, fixer la valeur de Place à 3 donnera : 00,000.

4. **Cliquez sur OK ou appuyez sur Entrée.**

   Excel affiche la mention Décimale fixe dans la barre d'état pour bien indiquer que la fonction Décimale fixe est active.

Après avoir fixé les décimales, Excel ajoute automatiquement la virgule décimale à toutes les valeurs numériques que vous serez amené à entrer. Tout ce que vous avez à faire est de taper des chiffres et de les valider. Par exemple, pour entrer 100,99 dans une cellule lorsque la place de la décimale fixe est 2, vous taperez **10099** sans jamais taper la virgule. Dès que vous validez ces chiffres, Excel fait apparaître 100,99 dans la cellule.

Taper comme avec la bonne vieille calculatrice

Vous pouvez obtenir plus encore de la fonction Décimale fixe en sélectionnant la plage de cellules dans laquelle vous voulez entrer des chiffres et en appuyant ensuite sur la touche Verr Num afin de procéder aux saisies à partir du pavé numérique, comme avec une calculatrice.

En procédant ainsi, tout ce que vous avez à faire pour entrer des plages de données dans les cellules est de les taper et d'appuyer sur la touche Entrée du pavé numérique. Excel insère la virgule au bon endroit, puis décale le pointeur vers la prochaine cellule. Mieux, lorsque vous avez tapé la dernière valeur d'une colonne, appuyer sur Entrée déplace automatiquement le pointeur en haut de la prochaine colonne de la sélection.

Regardez les Figures 2.4 et 2.5 pour voir en quoi la méthode de la calculatrice peut vous être utile. Dans la Figure 2.4, la fonction Décimale fixe est active, avec 2 places décimales et la plage de cellules allant de B2 à D6 est sélectionnée. Vous remarquez aussi que trois entrées ont été faites dans les cellules B3 à B5 et une quatrième, 9,88, est en cours de saisie dans la cellule B6. Pour procéder à cette entrée en mode Décimale fixe, il suffit de taper **988** à partir du pavé numérique.

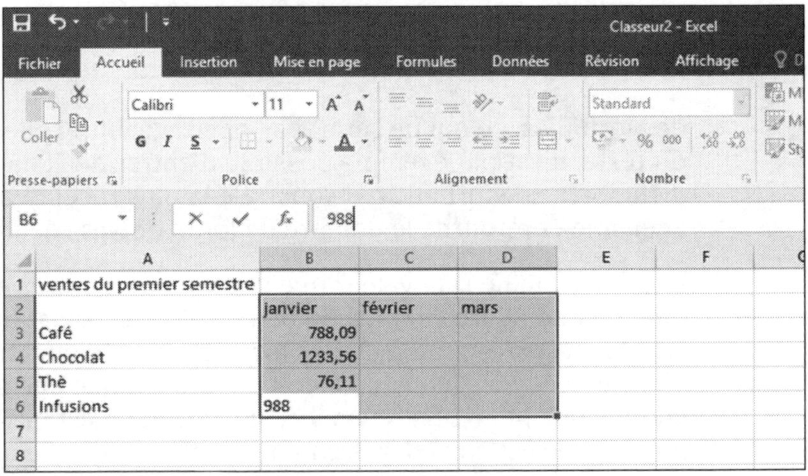

Figure 2.4 : Pour entrer la valeur 9,88 dans la cellule B6, tapez 988 et appuyez sur la touche Entrée.

Dans la Figure 2.5, observez ce qui se passe juste après avoir appuyé sur Entrée (la touche habituelle ou celle du pavé numérique). Excel a non seulement placé la virgule dans la valeur de la cellule B6, mais il a aussi déplacé le pointeur vers la cellule C2, en haut de la colonne suivante.

La saisie des dates et des heures

De prime abord, il peut sembler assez curieux que dans une feuille de calcul les dates et les heures soient considérées comme des valeurs plutôt que comme du texte. La raison en est simple : les dates et les heures peuvent être utilisées dans

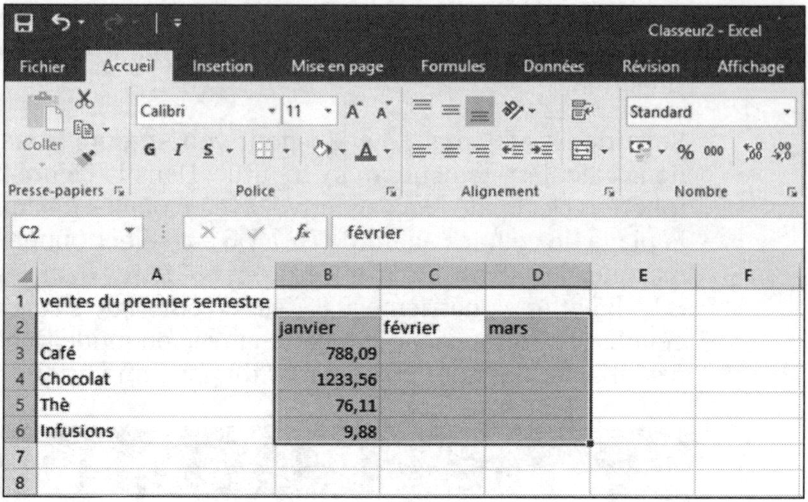

Figure 2.5 : Après activation de la touche pour valider la valeur introduite dans la cellule B6. Le pointeur passe ensuite automatiquement à la cellule C2.

des formules, ce qui ne serait pas envisageable si elles étaient du texte. Il est par exemple possible d'entrer deux dates, puis d'élaborer une formule qui soustraie la plus récente de la plus ancienne et retourne le nombre de jours qui les sépare.

Excel détermine si la valeur que vous venez d'entrer est une date ou une heure, ou bien du texte, selon le format utilisé. Si celui-ci correspond à un des formats de date ou d'heure d'Excel, le logiciel considère ces valeurs comme une date ou comme une heure. En revanche, si le format n'est pas reconnu, l'entrée est considérée comme du texte.

Excel reconnaît les formats d'heure suivants :

3 AM ou PM

3 A ou P (pour AM et PM)

3:21

3:21:04 AM ou PM

15:21

15:21:04

(Les initiales AM et PM, utilisées dans les pays anglophones, sont respectivement celles des termes latins *ante meridiem,* « avant midi » et *post meridiem,* « après midi ». Elles sont utilisées pour différencier les heures dans un système horaire basé sur 12 heures.)

Excel reconnaît les formats de date suivants :

6 novembre 2013 ou 6 novembre 13

6/11/13 ou 6-11-13

6-nov-13, 6/nov/13 ou 6nov13

6/13, 6-nov, 6/nov ou 6nov

06nov ou 06-nov

Les dates au XXIe siècle

Contrairement à ce que vous pourriez penser, l'entrée dans le XXIe siècle n'empêche pas de ne saisir que les deux derniers chiffres d'un millésime. Par exemple, pour entrer la date du 6 janvier 2015 dans une feuille de calcul, vous pouvez taper 6/1/15. Ou encore 15/2/25 pour entrer la date du 15 février 2025.

N'OUBLIEZ PAS

Vous pouvez vous contenter d'entrer uniquement les deux derniers chiffres pour les années inférieures à 2029. Pour les décennies suivantes, les 4 chiffres sont requis. En effet, ce système de datation sur deux chiffres ne fonctionne que pour les trois premières décennies du nouveau siècle, y compris la dernière année du siècle échu, c'est-à-dire de 2000 à 2029. Dès 2030, vous devrez entrer la date sur quatre chiffres.

Cela signifie aussi que, pour saisir les dates des trois premières décennies du XXe siècle, de 1900 à 1929, vous devez taper les quatre chiffres de l'année. Par exemple, pour entrer le 21 juillet 1925, vous saisirez **21/7/1925** dans la cellule. Autrement, si vous vous contentez de taper 25, Excel considérera qu'il s'agit de l'année 2025 et non de 1925 !

Excel affiche toujours les quatre chiffres d'une date dans une cellule ou dans la barre de formule, même si vous n'en avez tapé que deux. Autrement dit, si vous tapez **6/11/04** dans une cellule, Excel affichera néanmoins **06/11/2004** dans la cellule et dans la barre de formule.

Vous saurez ainsi toujours si une date appartient au XXe siècle ou au XXIe siècle, même si vous n'arrivez pas à retenir les dates qui peuvent être entrées sur deux chiffres et celles qui doivent l'être sur quatre (vous apprendrez dans le Chapitre 3 comment formater les dates pour n'afficher que les deux derniers chiffres dans une feuille de calcul).

TRUC

Pour en savoir plus sur les opérations arithmétiques simples à base de dates et d'heures, reportez-vous au Chapitre 3.

Concocter ces fabuleuses formules !

Les formules sont les véritables chevaux de bataille d'Excel. Pour peu qu'une formule ait été correctement élaborée, elle renverra le résultat recherché dès sa validation. Par la suite, elle réagira en temps réel à toutes les modifications apportées aux cellules dont elle dépend.

Vous indiquez à Excel que vous tapez une formule – et non du texte ou une valeur – en commençant la saisie par le signe = (égal). Il précède toutes les formules, même les plus élémentaires comme SOMME ou MOYENNE (reportez-vous à la section « Placer une fonction dans une formule avec l'Assistant Fonction », plus loin dans ce chapitre, pour en savoir plus sur l'utilisation des fonctions d'Excel). D'autres formules simples se basent sur une série de valeurs ou de références de cellules contenant des valeurs. Ces dernières sont séparées par un ou plusieurs des opérateurs mathématiques suivants :

+ Addition

- Soustraction

* Multiplication

/ Division

^ Puissance

Par exemple, pour créer dans la cellule C2 une formule qui multiplie la valeur contenue dans la cellule B2, vous taperez la formule suivante : **=A2*B2**.

Procédez comme suit pour entrer cette formule :

1. **Sélectionnez la cellule C2.**
2. **Tapez l'intégralité de la formule : =A2*B2.**
3. **Appuyez sur la touche Entrée.**

Ou :

1. **Sélectionnez la cellule C2.**
2. **Tapez le signe = (égal).**
3. **Sélectionnez la cellule A2 en cliquant dedans ou en utilisant les touches fléchées.**

   Cette action place la cellule de référence A2 dans la formule, comme le montre la Figure 2.6.

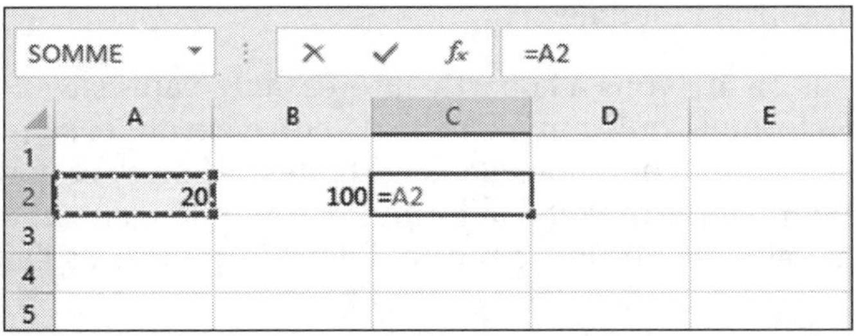

Figure 2.6 : Pour commencer à créer la formule, tapez le signe =, puis sélectionnez la cellule A2.

4. **Tapez * (sur la plupart des claviers, ce caractère se trouve à proximité de la touche Entrée).**

   L'astérisque est le signe de multiplication. Il se substitue au signe « × » appris à l'école.

5. **Sélectionnez la cellule B2 avec la souris ou au clavier.**

   Cette action insère le contenu de la cellule B2 dans la formule, comme le montre la Figure 2.7.

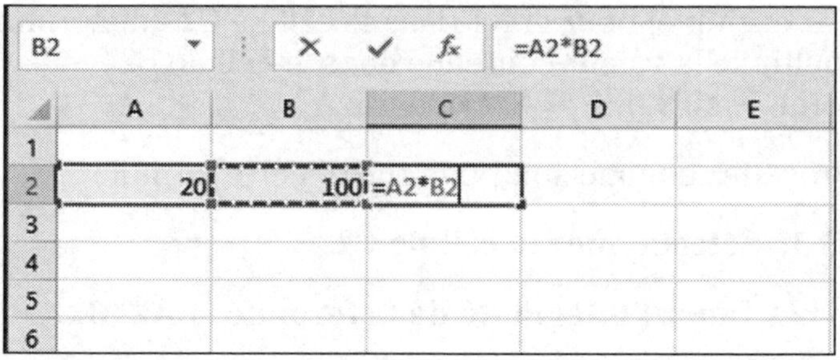

Figure 2.7 : Pour entrer la seconde partie de la formule, tapez *, puis sélectionnez la cellule B2.

6. **Cliquez sur le bouton Entrer pour terminer la formule tout en laissant le pointeur sur la cellule C2.**

   Excel affiche le résultat du calcul dans la cellule C2 ; la formule apparaît dans la barre de formule (voir Figure 2.8).

Après avoir validé la formule =A2*B2 dans la cellule C2, Excel affiche le résultat selon les valeurs actuellement contenues dans les cellules A2 et B2. La grande force du tableur réside dans la possibilité de recalculer immédiatement et automatiquement la formule dès qu'une des cellules dépendant d'une formule est modifiée.

Nous en arrivons à la partie intéressante : après avoir créé une formule qui, comme celle de notre exemple, se réfère à des valeurs contenues dans certaines cellules (et non à des valeurs appartenant à la formule), tout changement apporté à ces valeurs entraîne le recalcul de la formule puis l'affichage

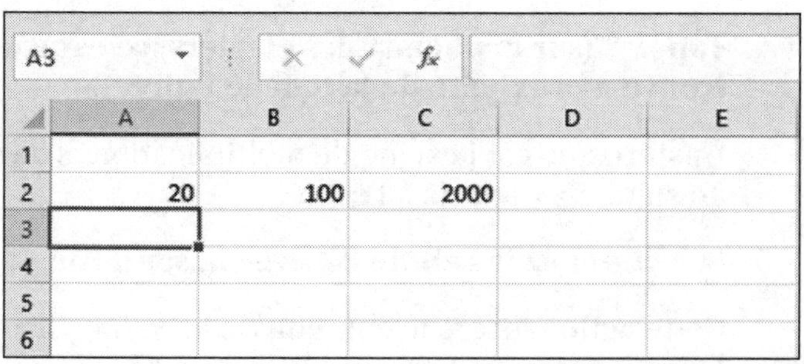

Figure 2.8 : Cliquez sur le bouton Entrer. Excel affiche le résultat dans la cellule C2 ; la formule apparaît dans la barre de formule.

du résultat dans la feuille de calcul. Dans l'exemple de la Figure 2.8, si vous remplacez la valeur de la cellule B2 par 50 au lieu de 100, Excel recalcule la formule et affiche le nouveau résultat dans la cellule C2, soit 1000.

Pour l'avoir, il suffit de pointer

Cette méthode de sélection des cellules à utiliser dans une formule, différente de la frappe de leurs références au clavier, est appelée *pointage*. Sur la plupart des matériels sur lesquels s'exécute Excel 2016, le pointage est non seulement plus rapide que la saisie des références, mais aussi plus sûr, car il élimine tout risque de faute de frappe. Or, la moindre erreur dans la lettre d'une colonne ou le numéro d'une ligne peut avoir des conséquences désastreuses.

La priorité des opérations

De nombreuses formules que vous créerez effectueront plus d'une opération mathématique. Excel les exécute de la gauche vers la droite selon un ordre hiérarchique strict, qui est en fait l'ordre naturel des opérations arithmétiques. La multiplication et la division sont prioritaires sur l'addition et la soustraction et, de ce fait, effectuées en premier, même si ces opérations ne figurent pas en tête dans la formule (lors d'une lecture de gauche à droite).

Étudions la série d'opérations de cette formule :

```
=A2+B2*C2
```

Si la cellule A2 contient le nombre 5, la cellule B2 le nombre 10 et la cellule C2 le nombre 2, Excel évalue la formule de la manière suivante :

```
=5+10*2
```

Dans cette formule, Excel commence par multiplier 10 par 2, ce qui donne 20, puis il ajoute 5, ce qui donne 25.

Si vous tenez à ce qu'Excel effectue l'addition entre les valeurs des cellules A2 et B2 avant de procéder à la multiplication du résultat par la valeur de la cellule C2, vous devez mettre l'addition entre parenthèses, comme suit :

```
=(A2+ B2)*C2
```

La parenthèse indique à Excel que cette opération doit être effectuée avant la multiplication. Dans ce cas de figure où A2 contient 5, B2 contient 10 et C2 contient 2, Excel commence par additionner 5 et 10, ce qui donne 15, après quoi il multiplie ce résultat par 2 pour produire le résultat final 30.

Dans des formules plus alambiquées, vous devrez jongler avec beaucoup plus de parenthèses, en les imbriquant parfois, comme les célèbres poupées russes, pour imposer l'ordre dans lequel les calculs doivent être exécutés. Lorsque des parenthèses sont imbriquées, Excel commence par calculer celle qui est le plus à l'intérieur. Voyons par exemple la formule :

```
=(A4+(B4-C4))*D4
```

Excel soustrait d'abord la valeur de la cellule C4 de celle de la cellule B4, puis il ajoute la différence à la valeur de la cellule A4 et multiplie enfin le résultat par la valeur de D4.

Sans les deux paires de parenthèses imbriquées, livré à lui-même, Excel aurait d'abord multiplié la valeur de la cellule C4 par celle de la cellule D4, puis il aurait ajouté la valeur de la cellule A4 à celle de la cellule B4 avant d'effectuer la soustraction.

TRUC

Ne vous inquiétez pas trop du risque d'oublier une parenthèse lorsque vous en utilisez plusieurs dans une formule. S'il en manque une, Excel affiche une boîte d'alerte et propose de corriger la formule afin d'apparier les parenthèses. Si vous êtes d'accord avec cette correction, cliquez simplement sur le bouton Oui. Quoi qu'il en soit, veillez toujours à utiliser des parenthèses et non des crochets [ ] ou des accolades { }, ce qu'Excel n'apprécie pas du tout (les accolades étant réservées aux calculs matriciels).

Les erreurs de formule

Dans certaines circonstances, la formule la mieux écrite peut faire des siennes une fois qu'elle a été validée. Vous constatez que quelque chose ne fonctionne pas lorsque, au lieu de voir apparaître le résultat attendu, la cellule affiche un étrange message en majuscules précédé d'un dièse (#) et terminé par un point d'exclamation (!) ou, dans un cas bien particulier, par un point d'interrogation (?). Cette bizarrerie est appelée, dans le jargon des tableurs, *valeur d'erreur*. Elle est censée vous avertir qu'un élément – que ce soit dans la formule elle-même ou dans une cellule à laquelle elle se réfère – empêche Excel de procéder au calcul.

TRUC

Quand une de vos formules renvoie une valeur d'erreur, un signal d'alerte (un point d'exclamation dans un losange) apparaît à gauche de la cellule lorsque le pointeur de cellule est situé sur celle-ci. Dans l'angle supérieur gauche de la cellule figure un petit triangle vert. Lorsque vous placez le pointeur de la souris sur ce signal d'alerte, Excel affiche une description sommaire de l'erreur de formule, ainsi qu'un bouton de liste déroulante. Lorsque vous cliquez dessus, un menu contextuel doté de plusieurs options apparaît. Pour obtenir de l'aide en ligne sur cette erreur de formule, notamment des suggestions pour la corriger, cliquez sur l'option Aide sur cette erreur, comme à la Figure 2.9.

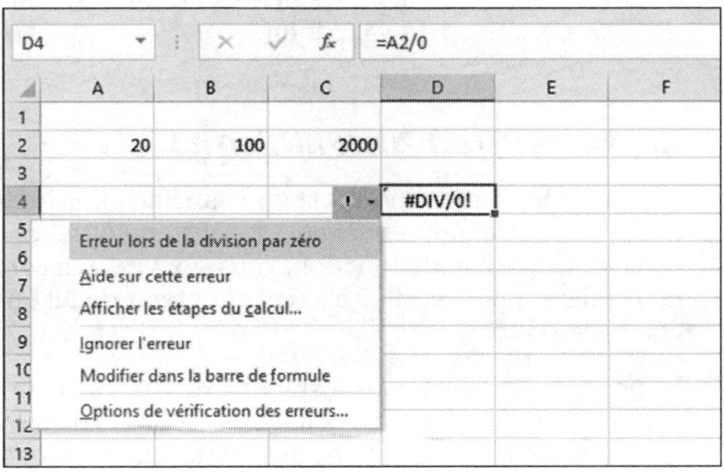

Figure 2.9 : Pour obtenir des explications sur cette erreur.

Le pire avec les valeurs d'erreur est qu'elles peuvent se répercuter dans d'autres formules de la feuille de calcul. Si une formule retourne une valeur d'erreur dans une cellule et qu'une autre formule d'une autre cellule s'y réfère, cette deuxième formule retourne à son tour la même erreur, qui risque d'être reprise ailleurs et ainsi de suite.

Lorsqu'une valeur d'erreur apparaît dans une cellule, vous devez découvrir son origine, puis modifier la formule. Le Tableau 2.1 recense quelques-unes des valeurs d'erreur que vous risquez de rencontrer et indique les causes les plus communes.

Corriger les entrées erronées

Nous visons tous la perfection, mais comme bien peu d'entre nous peuvent s'en prévaloir – en ce qui concerne Excel bien sûr –, nous finissons tous par nous planter plus ou moins. Quand il s'agit d'entrer de grandes quantités de données, la faute de frappe n'attend qu'un moment d'inattention pour s'immiscer dans le travail. Mais, dans notre quête de la feuille parfaite, nous ne sommes pas sans armes. Voici quelques recommandations. La première est de configurer Excel pour qu'il rectifie automatiquement certaines fautes de frappe grâce à la fonction de correction automatique. La seconde est de corriger manuellement les petites erreurs, soit au moment de la saisie, soit après validation.

La correction automatique

La correction automatique est une aubaine pour tous ceux d'entre nous qui ont tendance à répéter toujours les mêmes erreurs. Grâce à cette fonction, vous pouvez signaler vos fautes de frappe favorites à Excel et obtenir de lui qu'il les corrige aussitôt.

La première fois que vous installez Excel, la correction automatique est d'ores et déjà configurée pour corriger les deux premières lettres majuscules des textes que vous entrez (il

Tableau 2.1 : Les valeurs d'erreur susceptibles d'entacher des formules.

Ce qu'affiche la cellule	Cause probable
#DIV/0!	Se produit lorsqu'un élément de la formule doit être divisé par le contenu d'une cellule dont la valeur est 0 ou, ce qui est le plus souvent le cas, lorsque cette cellule est vide. En mathématiques, la division par zéro est une aberration.
#NOM?	Se produit lorsque la formule se réfère à un *nom de plage* (reportez-vous au Chapitre 6 pour en savoir plus à ce sujet) qui n'existe pas dans le classeur. Ce type d'erreur apparaît lorsque vous faites une faute de frappe en tapant le nom ou lorsque du texte utilisé dans une formule n'est pas placé entre guillemets, ce qui laisse croire à Excel qu'il s'agit d'un nom de plage.
#NUL!	Se produit le plus souvent lorsque vous insérez une espace, au lieu du point-virgule utilisé pour séparer les références de cellules utilisées comme arguments pour les fonctions.
#NOMBRE!	Se produit lorsqu'Excel rencontre dans la formule un problème avec un nombre, comme un type d'argument erroné dans une fonction ou un calcul qui produit un nombre trop grand ou trop petit pour être représenté dans la feuille de calcul.
#REF!	Se produit lorsqu'Excel rencontre une référence de cellule non valide. C'est le cas lorsque vous supprimez une cellule utilisée par une formule ou, dans certains cas, quand vous collez des cellules par-dessus celle à laquelle se réfère la formule.
#VALEUR!	Se produit lorsque vous utilisez le mauvais type d'argument ou d'opérateur dans une fonction, ou lors de l'appel à une opération mathématique qui se réfère à des cellules contenant du texte.

met automatiquement la deuxième lettre en minuscule). Il met une majuscule aux noms des jours, ou remplace fort judicieusement un texte erroné par un autre, corrigé.

Vous pouvez à tout moment ajouter vos propres termes à la liste de mots à corriger. Ces textes de remplacement peuvent être de deux types : ceux qui corrigent des fautes de frappe que vous ne pouvez pas vous empêcher de faire et des abréviations ou des acronymes que vous devez tout le temps taper en entier.

Pour déclarer un texte de remplacement :

1. **Cliquez sur Fichier/Options, puis sur la rubrique Vérification dans la boîte de dialogue Options Excel, puis sur le bouton Options de correction automatique.**

   Excel ouvre la boîte de dialogue Correction automatique que montre la Figure 2.10.

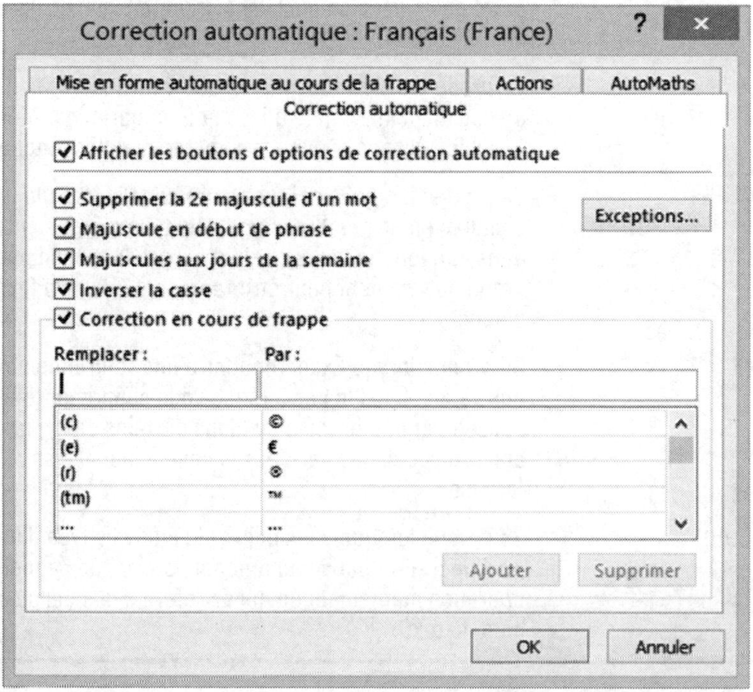

Figure 2.10 : Pour accélérer des saisies compliquées, placez une abréviation du terme ou un diminutif dans le champ Remplacer et le texte complet dans le champ Par.

2. **Dans l'onglet Correction automatique de la boîte de dialogue qui apparaît, entrez le texte ou l'abréviation dans le champ Remplacer.**

3. **Entrez la correction ou la forme complète correspondant à l'abréviation dans le champ Par.**

4. **Cliquez sur le bouton Ajouter ou appuyez sur la touche Entrée afin d'insérer la correction dans la liste.**

5. **Cliquez sur OK pour fermer la boîte de dialogue Correction automatique.**

Les règles de modification d'une cellule

En dépit de la correction automatique, des erreurs peuvent néanmoins se produire. Leur correction varie selon que vous les avez repérées au cours de la saisie ou après validation.

- Si vous avez repéré l'erreur avant d'avoir validé l'entrée, vous pouvez la corriger en appuyant sur la touche Retour Arrière jusqu'à ce que vous ayez supprimé tous les caractères erronés de la cellule. Il ne vous reste plus ensuite qu'à retaper le reste de l'entrée.

- Si vous n'avez découvert l'erreur qu'après coup, vous avez le choix entre le remplacement de toute l'entrée ou la seule correction de l'erreur.

- Si le contenu de la cellule est facile à retaper, vous choisirez sans doute de le remplacer. Pour ce faire, positionnez le pointeur sur cette cellule, tapez la nouvelle entrée, puis validez-la en cliquant sur le bouton Entrer ou en appuyant sur la touche Entrée ou sur une flèche de direction.

- Si l'erreur est facile à corriger mais que l'entrée est longue, vous aurez sans doute intérêt à modifier le contenu de la cellule plutôt que tout retaper. Pour éditer l'entrée, double-cliquez dedans ou appuyez sur la touche de fonction F2.

- L'une et l'autre de ces actions activent la barre de formule qui affiche de nouveau les boutons Entrer et Annuler, tandis que le point d'insertion réapparaît dans la cellule. Notez que, quand vous double-cliquez, le point d'insertion apparaît là où vous avez cliqué ; si vous appuyez sur F2, il apparaît après le dernier caractère de l'entrée.

- Remarquez aussi que, dans la barre d'état, l'indicateur de mode se met sur Modifier. Dans ce mode, vous pouvez utiliser la souris ou les touches fléchées pour déplacer le point d'insertion jusqu'à l'endroit à corriger.

Le Tableau 2.2 contient les touches du clavier que vous pouvez utiliser pour positionner le point d'insertion dans une entrée de cellule et supprimer les caractères indésirables. Pour insérer de nouveaux caractères au point d'insertion, il suffit de les taper. Pour supprimer des caractères au fur et à mesure que vous tapez les nouveaux, appuyez une seule fois sur la touche Insert pour passer du mode d'insertion normal au mode de remplacement, dans lequel les caractères tapés écrasent ceux qu'ils rencontrent. Pour revenir au mode d'insertion normal, appuyez de nouveau sur Insert. Lorsque les corrections auront été faites, vous devrez appuyer sur Entrée afin qu'Excel valide les modifications et les prenne en compte.

Tableau 2.2 : Les touches de modification du contenu d'une cellule.

Touche	Action
Suppr	Supprime le caractère à droite du point d'insertion.
Retour Arrière	Supprime le caractère à gauche du point d'insertion.
→	Décale le point d'insertion d'un caractère vers la droite.
←	Décale le point d'insertion d'un caractère vers la gauche.
↑	Si le point d'insertion est à la fin de l'entrée, il est déplacé à la position qu'il occupait précédemment.
Fin ou ↓	Place le point d'insertion après le dernier caractère de l'entrée.
Origine	Place le point d'insertion avant le premier caractère de l'entrée.
Ctrl + →	Place le point d'insertion devant le prochain mot de l'entrée.
Ctrl + ←	Place le point d'insertion devant le mot précédent de l'entrée.
Inser	Fait passer du mode Insertion au mode Écrasement et inversement.

N'OUBLIEZ PAS

Quand Excel est en mode Modifier, vous devez entrer le contenu d'une cellule modifiée en cliquant sur le bouton Entrer ou en appuyant sur Entrée. Vous ne pouvez utiliser les touches fléchées pour terminer l'entrée que si Excel est en mode Entrer. En mode Modifier, les touches fléchées déplacent le point d'insertion dans la cellule, mais pas du tout le pointeur vers d'autres cellules.

Se débarrasser des corvées de saisie

Avant de conclure la question de la saisie des données, nous estimons devoir vous présenter quelques moyens qui pourront vraiment vous aider à alléger la corvée que représente bien souvent la saisie des données. Il s'agit de la saisie semi-automatique, de la recopie automatique, du remplissage instantané, mais aussi de la manière d'entrer des données dans un groupe de cellules préalablement sélectionné et de répéter la même entrée un certain nombre de fois dans un ensemble de cellules.

La saisie semi-automatique

La fonction de saisie semi-automatique d'Excel ne fera pas tout à votre place, mais elle vous aidera néanmoins à saisir vos données. Dans le but louable de vous décharger des tâches les plus ingrates, les programmeurs de Microsoft ont mis au point une intéressante fonction qui facilite vos saisies.

La *saisie semi-automatique* est une sorte de mémoire qui anticipe la frappe selon ce que vous avez commencé à taper. Elle n'entre en jeu que quand vous tapez du texte, mais pas avec les chiffres ou les formules. Lorsque vous entrez du texte, la saisie semi-automatique recherche si, ailleurs dans la colonne, du texte commençant par les mêmes lettres existe déjà. Si c'est le cas, elle complète aussitôt votre saisie, vous évitant ainsi d'avoir à taper le reste.

Supposons par exemple que nous ayons tapé **Centre culinaire Pigeon vole** dans la cellule A3, puis que le pointeur ait été déplacé vers la cellule A4. Dès activation de la touche C – en majuscule ou en minuscule, cela n'a pas d'importance –, la saisie semi-automatique ajoute aussitôt le restant, soit *_entre culinaire Pigeon vole* juste après le C.

La saisie semi-automatique est parfaite si les cellules A3 et A4 doivent contenir les mêmes entrées. Mais supposons que les entrées commencent par les mêmes lettres, mais qu'elles diffèrent ensuite. La saisie semi-automatique fonctionnera aussi longtemps que les lettres seront identiques – le mot *Centre* en l'occurrence – ; il suffit de continuer à taper. Dès que le texte diffère, comme dans *Centre Jack & Jill*, la saisie semi-automatique cesse dès la frappe du J, car elle n'a plus rien à vous proposer.

La recopie automatique

Bon nombre des feuilles de calcul exigent la saisie de séries de chiffres ou de dates qui se suivent. Vous devrez par exemple entrer les douze mois de l'année dans un classeur, ou numéroter des cellules de 1 à 100.

La fonction de recopie d'Excel, également appelée *recopie incrémentée*, facilite considérablement ces tâches répétitives. Tout ce que vous avez à faire est de taper la première valeur d'une série. Le plus souvent, la recopie automatique se fera un plaisir de remplir les cellules voisines en tirant une poignée de recopie vers la droite pour incrémenter sur une ligne, ou vers le bas pour incrémenter dans une colonne.

TRUC

La poignée de recopie, qui a la forme d'une croix noire, n'apparaît que quand vous placez le pointeur de la souris sur le coin inférieur droit d'une cellule, ou de la dernière cellule si une plage a été sélectionnée. Gardez à l'esprit que, en faisant glisser une sélection de cellules avec le pointeur de souris en forme d'épaisse croix blanche, Excel se contente d'étendre la sélection aux cellules par-dessus lesquelles vous avez tiré le pointeur (voir Chapitre 3). Si vous faites glisser la sélection avec le pointeur en forme de flèche, Excel déplace la sélection (voir Chapitre 4).

Quand vous créez une série avec la poignée de recopie, vous ne pouvez tirer que dans une seule direction à la fois. Il vous est par exemple possible de remplir les cellules situées à droite ou à gauche sur la même ligne que la cellule initiale contenant les données à recopier, ou vers le haut ou le bas de la même colonne. Mais il est exclu d'opérer dans deux directions, par exemple vers la droite, puis vers le bas en tirant la poignée en diagonale.

Lorsque vous actionnez la souris, le logiciel vous tient informé des données qu'il entre dans la dernière cellule de la plage sélectionnée en affichant son contenu à proximité du pointeur, dans une sorte d'info-bulle. Dès que vous relâchez le bouton de la souris après avoir étendu la recopie, Excel crée une série de données dans toutes les cellules que vous avez sélectionnées ou recopie simplement la valeur initiale sans la modifier. À droite de la dernière entrée qu'il vient d'effectuer, Excel affiche un bouton contextuel qui déroule un menu proposant plusieurs options. Elles servent à outrepasser l'option de recopie par défaut par laquelle Excel recopie la valeur de départ dans une plage de cellules et à activer à la place la recopie incrémentée.

Les Figures 2.11 et 2.12 montrent comment utiliser la fonction de recopie automatique pour entrer des mois de l'année sur une ligne, en commençant par janvier dans la cellule B2 et en finissant par juin en G2. Pour ce faire, tapez simplement **Janvier** dans la cellule B2, amenez le pointeur de la souris sur la poignée de recopie située sur le coin inférieur droit de la cellule, puis tirez-la jusque sur la cellule F2, comme le montre la Figure 2.10. Lorsque vous relâchez le bouton de la souris, Excel remplit les cellules avec les différents mois, de février à mai, comme l'illustre la Figure 2.12. Remarquez que les mois ainsi créés restent sélectionnés, ce qui vous laisse une possibilité de modifier la série ; si vous étiez allé trop loin, tirer la poignée de recopie vers la gauche aurait limité la recopie à celle voulue. Ou encore, si vous n'étiez pas allé assez loin, tirer la poignée aurait ajouté des mois.

Vous pouvez aussi utiliser les options du menu contextuel de la recopie automatique, ouvert en cliquant sur le bouton

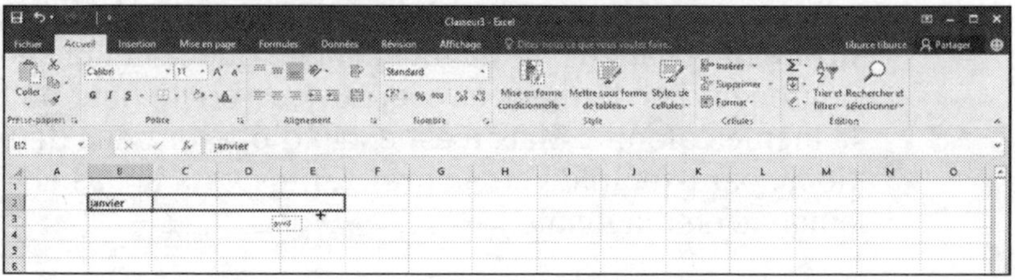

Figure 2.11 : Pour obtenir une série de mois, tapez Janvier dans une cellule, puis tirez la poignée de recopie pour créer automatiquement les autres mois.

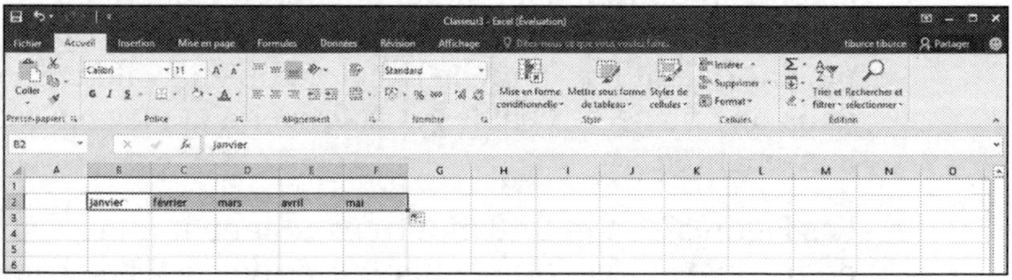

Figure 2.12 : Au moment où vous relâchez le bouton de la souris, Excel remplit les cellules avec les différents mois. Un bouton contextuel affiche un menu permettant de sélectionner un type de recopie.

qui apparaît à proximité de la poignée de recopie et choisir un autre type de recopie que celui proposé par défaut. Pour qu'Excel recopie le mot « janvier » dans chaque cellule, choisissez l'option Copier les cellules, comme à la Figure 2.13. Pour ne recopier que le format de la cellule d'origine (le gras ou l'italique par exemple, ainsi que les couleurs, les bordures, *etc.*), sélectionnez l'option Ne recopier que la mise en forme. Pour recopier les mois sans recopier la mise en forme de la cellule B2, choisissez l'option Recopier les valeurs sans la mise en forme.

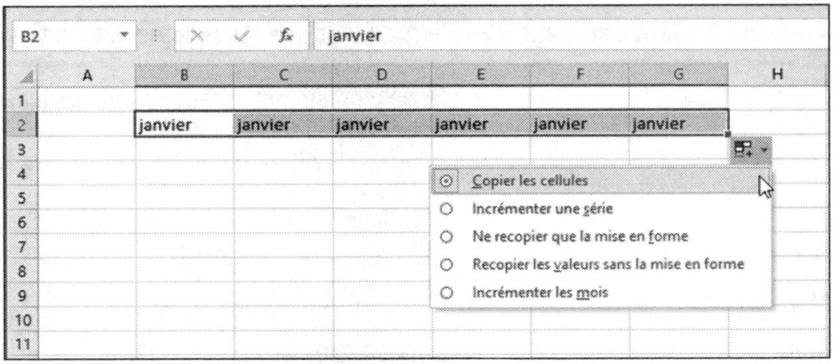

Figure 2.13 : Pour dupliquer le contenu de la cellule par recopie.

Le Tableau 2.3, dans la section suivante, indique les valeurs initiales susceptibles d'être utilisées pour une recopie automatique et les résultats qu'elle produit.

Travailler avec des séries échelonnées

La recopie automatique utilise la valeur initiale sélectionnée (date, heure, jour, année…) pour produire une série. Toutes les séries énumérées dans le Tableau 2.3 varient de 1 (un jour, un mois, une unité…). Il est toutefois possible de faire en sorte que la recopie automatique s'effectue selon une autre valeur en entrant deux valeurs de départ dans des cellules voisines, qui quantifient la modification d'une valeur à une autre. Ces deux valeurs constitueront la sélection initiale que vous étendrez avec la poignée de recopie.

Par exemple, pour démarrer une série le lundi et entrer un jour sur deux dans une ligne, vous taperez **Samedi** dans une cellule et **Lundi** dans la cellule suivante. Après avoir sélectionné ces deux cellules, tirez la poignée de recopie vers la droite aussi loin que nécessaire. Lorsque vous relâchez le bouton de la souris, Excel remplit les cellules avec la série Mercredi, Vendredi, Dimanche, Mardi, et ainsi de suite.

Copier avec la recopie automatique

Vous pouvez utiliser la recopie automatique pour copier un texte sur une plage de cellules, mais sans incrémentation.

Tableau 2.3 : Séries susceptibles d'être créées avec la recopie automatique.

Entrée initiale	Série produite par la recopie automatique
Juillet	Août, Septembre, Octobre...
Juil	Août, Sept, Oct, Nov...
Mardi	Mercredi, Jeudi, Vendredi...
Mar	Mer, Jeu, Ven, Sam...
01/04/2002	02/04/2002, 03/04/2002, 04/04/2002...
Janv-00	Févr-00, Mars-00, Avr-00...
15-Févr	16-Févr, 17-Févr, 18-Févr...
10:00 PM	11:00 PM, 12:00 PM, 1:00 AM
8:01	9:01, 10:01, 11:01, 12:01...
1er trim	2e trim, 3e trim, 4e trim...
Tr1	Tr2, Tr3, Tr4, Tr5, Tr6...
T3	T4, T1, T2, T3, T4, T1...
Produit 1	Produit 2, Produit 3, Produit 4...
1er produit	2e produit, 3e produit...

Pour ce faire, maintenez la touche Ctrl enfoncée tout en cliquant et en tirant la poignée de recopie. Un petit signe « + » apparaît près de la poignée, indiquant qu'une *copie* est en cours, et non une copie incrémentée. Vous pouvez vérifier que l'entrée dupliquée ne change pas en observant l'info-bulle dont le contenu reste identique à celui de la cellule d'origine. Si vous voulez néanmoins incrémenter la recopie, il suffit de cliquer sur le bouton contextuel et de choisir, dans le menu, l'option Incrémenter une série ; les éléments copiés sont aussitôt transformés en série d'éléments numérotés ou successifs.

Alors que maintenir la touche Ctrl enfoncée pendant la recopie automatique empêche l'incrémentation du texte, il en va tout autrement avec les valeurs numériques ! Supposons que vous avez entré le nombre **17** dans une cellule et tiré la poignée de recopie pour remplir les cellules voisines. Dans ce cas, Excel recopie le nombre 17 dans chacune des cellules. Mais si la touche Ctrl est enfoncée, la recopie est incrémentée et donne 18, 19, 20, et ainsi de suite. Si vous avez oublié ce détail et créé une série de nombres incrémentés, alors que vous vouliez simplement recopier le nombre à l'identique dans les cellules, corrigez la manipulation en cliquant sur le bouton contextuel et choisissez l'option Copier les cellules.

Créer une liste personnalisée

En plus de pouvoir varier l'incrémentation d'une série de recopies automatiques, vous pouvez créer vos propres séries. Par exemple, vous vendez des CD de musique classique des compositeurs suivants :

- Chostakovitch
- Gretchaninov
- Rachmaninov
- Rimski-Korsakov
- Rostropovitch
- Tchaïkovski
- Tcherepnine

Au lieu d'avoir à taper sans cesse le nom de chacun de ces artistes chaque fois que vous devez les lister dans une feuille de calcul, vous pouvez en faire une liste personnalisée. Il vous suffira ensuite de taper Chostakovitch dans la première cellule, puis de tirer sur la poignée de recopie pour placer automatiquement tous les autres noms dans les cellules sélectionnées.

Procédez comme suit pour créer une liste personnalisée :

1. **Cliquez sur Fichier/Options, puis sur la rubrique Options avancées. Dans la section Général (faites défiler le volet droit pour y accéder), cliquez sur le bouton**

Modifier les listes personnalisées. La boîte de dialogue Listes personnalisées apparaît (Figure 2.14).

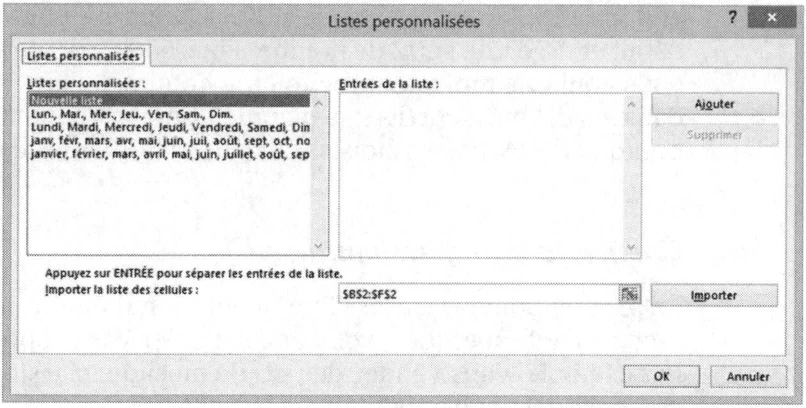

Figure 2.14 : Création d'une liste personnalisée à partir de plages de cellules existantes.

Si vous avez déjà tapé une liste personnalisée dans une plage de cellules, passez à l'Étape 2. Sinon, allez directement à l'Étape 5.

2. **Cliquez dans le champ de texte Importer la liste des cellules, puis sélectionnez, dans la feuille de calcul, la plage de cellules concernées (voyez à ce propos le Chapitre 3).**

   Dès que vous entamez le mouvement, Excel réduit au minimum la boîte de dialogue Options afin qu'elle ne vous gêne pas. Il en rétablit l'affichage classique dès que vous terminez votre sélection.

3. **Cliquez sur le bouton Importer pour copier le contenu des cellules dans la fenêtre Entrées de la liste.**

   Passez à l'Étape 6.

4. **Cliquez dans la fenêtre Entrées de la liste. Tapez ensuite chaque entrée dans l'ordre qui vous convient ; n'oubliez pas de taper sur la touche Entrée après chaque saisie.**

   Après avoir tapé tous les intitulés dans la fenêtre Entrées de la liste, vous pouvez passer à l'étape suivante.

5. **Cliquez sur le bouton Ajouter afin de transférer les éléments dans la liste Listes personnalisées.**

   Créez éventuellement d'autres listes personnalisées en procédant comme nous venons de l'indiquer.

6. **Cliquez sur OK pour fermer la boîte de dialogue Listes pers. et revenir à la boîte de dialogue Options Excel, puis cliquez sur OK ou appuyez sur Entrée pour fermer la boîte de dialogue Options Excel et revenir à la feuille de calcul courante du classeur actif.**

Après avoir ajouté une liste personnalisée dans Excel, il vous suffira simplement de taper la première entrée dans une cellule, puis de tirer la poignée de recopie dans une direction pour que les autres éléments de la liste apparaissent dans la plage de cellules.

TRUC

Si vous n'avez pas l'intention de taper la première ligne, utilisez la fonction de saisie semi-automatique décrite précédemment dans ce chapitre ; créez une entrée sous la forme d'un sigle ou d'un acronyme qui affichera automatiquement le nom complet comme *albb* pour *À la bonne bouffe*.

Vive le remplissage instantané !

Le mode d'autocomplétion d'Excel 2016, le remplissage instantané, est une fonctionnalité qui vous permet de recopier sans effort une partie de donnée d'un endroit vers un autre, le tout sans avoir à créer ou à copier des formules complexes.

Prenons un exemple pour illustrer cette spectaculaire commande. Imaginons une série de noms et de prénoms réunis dans la colonne A d'un tableau. Le but : obtenir, dans la colonne B, les prénoms et, dans la colonne C, les noms.

Voici comment exploiter à cette fin le remplissage instantané :

1. **Tapez Rémy en B2 et validez *via* Entrée ou Flèche vers le bas.**

Excel déplace alors la sélection vers la cellule B3, où il vous suffit de taper la première lettre du prénom suivant pour que Remplissage instantané comprenne immédiatement votre intention.

2. **En B3, tapez A.**

   Aussitôt, la fonction complète le prénom et vous montre qu'elle est prête à en faire autant pour tous les prénoms de la liste (Figure 2.15).

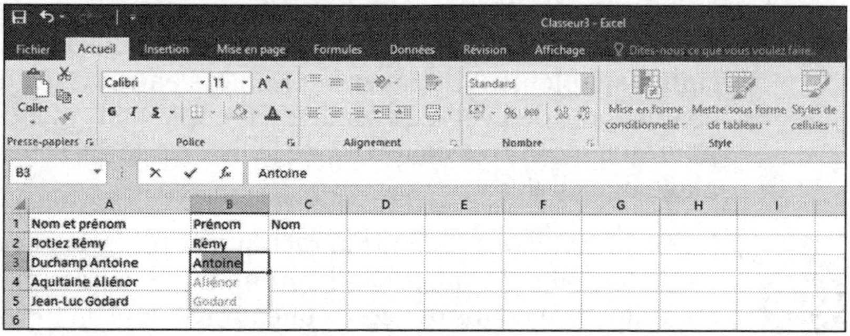

Figure 2.15 : Le remplissage instantané en action.

3. **Confirmez via Entrée ou Flèche vers le bas.**

   Et le tour est joué !

Répétez l'opération pour entrer les noms dans la colonne C : tapez **Potiez** en C2, puis tapez **D** en C3 et concluez par Entrée.

Forcément, dans notre exemple, nous n'avons traité que sept entrées. Mais le travail n'aurait pas été plus lourd si nous avions eu à en traiter des centaines. Une fonction que vous aurez plaisir à exploiter tant elle vous fera gagner du temps.

N'OUBLIEZ PAS

Seul impératif : les données à traiter doivent être présentées de la même manière avec un séparateur identique (espace, virgule, tiret…). Dernière remarque : la fonction est capable de ventiler autre chose que des données texte, comme, par exemple, des références de pièces détachées (style AJ-1234 ou RW-8007).

Insérer des symboles et des caractères spéciaux

Avec Excel, l'insertion de caractères spéciaux est très facile (symboles de devises, marque déposée, copyright, *etc.*). Pour insérer un symbole ou un caractère spécial, cliquez dans le Ruban sur Insertion/Symboles/Symbole, dans le groupe Symboles, pour ouvrir la boîte de dialogue Caractères spéciaux.

Cette boîte de dialogue contient deux onglets : Symboles et Caractères spéciaux. Pour insérer un signe mathématique ou le symbole d'une devise, sous l'onglet Symboles, localisez-le dans la liste, cliquez dessus, puis sur le bouton Insérer. (À la place, vous pouvez également double-cliquer dessus.) Pour insérer des caractères de langue étrangère ou des lettres accentuées appartenant à d'autres jeux de caractères, déroulez la liste Sous-ensemble, puis cliquez sur un nom de sous-ensemble. Ensuite, vous n'avez plus qu'à trouver, dans la zone de liste, le caractère souhaité, puis à cliquer dessus. L'insertion des symboles monétaires ou des signes mathématiques utilisés très souvent (tels que le symbole de l'euro et les signes + ou -) est un jeu d'enfant : ils figurent, toujours sous l'onglet Symboles, dans la section Caractères spéciaux récemment utilisés.

Pour insérer des caractères spéciaux, tels que le symbole de la marque déposée, une marque de paragraphe ou des points de suspension, cliquez sur l'onglet Caractères spéciaux de la boîte de dialogue du même nom. Repérez le caractère dans la liste, cliquez dessus, puis cliquez sur le bouton Insérer (l'insertion par double-clic fonctionne également).

Une fois vos travaux d'insertion achevés, fermez la boîte de dialogue Caractères spéciaux en cliquant sur le bouton Fermer situé dans le coin supérieur droit.

Les entrées de la plage

Si vous devez saisir un tableau de données dans un nouveau classeur, vous vous simplifierez le travail – et votre existence – en sélectionnant d'abord toutes les cellules vides qui devront contenir ces données avant même de procéder à leur entrée. Pour cela, placez le pointeur dans la première cellule de ce qui sera le tableau, puis sélectionnez toutes les cellules dans les colonnes et les lignes voisines (reportez-vous au Chapitre 3 pour apprendre à sélectionner des plages de cellules). Enfin, commencez à entrer la première donnée.

Quand vous sélectionnez une *plage* de cellules avant de commencer à entrer des informations, Excel restreint la saisie des données à cette plage de la façon suivante :

- Le logiciel avance automatiquement le pointeur de cellule à la prochaine cellule de la plage lorsque vous cliquez sur le bouton Entrer ou appuyez sur la touche Entrée pour valider une saisie.
- Dans une plage contenant plusieurs lignes et colonnes, Excel fait descendre le pointeur de cellule dans la colonne afin que vous puissiez procéder aux entrées ; lorsqu'il atteint la dernière cellule dans la partie sélectionnée de la colonne, Excel place le pointeur tout en haut de la prochaine colonne à droite. Si le tableau n'occupe qu'une ligne, le pointeur est décalé de gauche à droite.
- Lorsque vous finissez d'entrer des informations dans la dernière cellule de la plage sélectionnée, Excel positionne le pointeur de cellule sur la première cellule du tableau de données qui vient d'être terminé. Pour désélectionner la plage de cellules, cliquez sur une des cellules de la feuille de calcul, hors du tableau ou à l'intérieur, ou appuyez sur une touche fléchée.

Veillez à ne pas appuyer sur une touche fléchée pour valider la saisie dans une des cellules de la plage sélectionnée, au lieu de cliquer sur le bouton Entrer ou d'appuyer sur la touche Entrée. L'appui sur une touche fléchée désélectionne en effet la plage au moment où Excel déplace le pointeur de cellule. Utilisez une de ces méthodes pour déplacer le pointeur de cellule sans désélectionner la plage :

- Appuyez sur Entrée pour passer à la cellule inférieure puis, le moment venu, passer à la prochaine colonne. Appuyez sur Maj + Entrée pour reculer à la cellule précédente.
- Appuyez sur la touche Tab pour passer à la prochaine cellule de la colonne de droite et descendre ensuite dans la colonne. Appuyez sur Maj + Tab pour revenir à la cellule précédente.
- Appuyez sur Ctrl + . (point du pavé numérique) pour aller d'un coin de la plage à un autre.

La saisie expresse

Quand une même entrée (texte, valeur ou formule) doit apparaître dans plusieurs cellules d'un classeur, vous économiserez beaucoup de temps et d'énergie en la plaçant dans toutes ces cellules en une seule opération. Sélectionnez d'abord la plage de cellules qui doit contenir l'information (comme nous le verrons dans le Chapitre 3, Excel permet de sélectionner plusieurs cellules à la fois), procédez à la saisie, puis validez avec les touches Ctrl + Entrée pour répartir la saisie dans toutes les plages sélectionnées.

N'OUBLIEZ PAS

Pour que cette opération réussisse, vous devez maintenir la touche Ctrl enfoncée au moment où vous appuyez sur Entrée afin qu'Excel puisse répartir la saisie dans toutes les cellules sélectionnées. Si vous oubliez d'appuyer sur Ctrl, Excel ne place les données que dans la première cellule de la plage. Sur le clavier virtuel, touchez Ctrl, puis Entrée.

Vous pouvez aussi accélérer la saisie des données dans une liste comportant des formules en vous assurant que la case Étendre les formules et formats de plage de données est cochée dans la section Options d'édition de la rubrique Options avancées de la boîte de dialogue Options Excel (pour la faire apparaître, cliquez sur Fichiers/Options). Lorsque cette case est cochée, Excel met automatiquement en forme les nouvelles données que vous tapez dans la dernière colonne d'une liste en fonction de la mise en forme existant dans les colonnes déjà remplies et copie les formules présentes dans ces colonnes. Notez cependant que pour utiliser cette nouvelle fonctionnalité, vous devez d'abord manuellement entrer les formules et configurer la mise en forme dans au moins trois colonnes avant la nouvelle colonne.

Améliorer les formules

Précédemment dans ce chapitre, vous avez appris dans la section « Concocter ces fabuleuses formules ! » à créer des formules qui exécutent un certain nombre d'opérations mathématiques simples telles que l'addition, la soustraction, la multiplication et la division. Au lieu de créer des formules complexes à partir de zéro et/ou d'une combinaison plus ou moins compliquée de ces opérations, vous pouvez demander à une fonction d'Excel de se charger de cette tâche.

Une *fonction* est une formule prédéfinie qui exécute un certain type de calcul. Tout ce que vous avez à faire est de fournir les valeurs que cette fonction utilisera pour déterminer le résultat. En jargon de tableur, ces valeurs sont appelées *arguments de la fonction.* À l'instar des fonctions simples, vous pouvez entrer les arguments de la plupart des fonctions soit sous une forme numérique, comme **22** ou **-4,56**, soit, comme c'est souvent le cas, sous la forme d'une référence de cellule (**B10**) ou d'une plage de cellules (**C3:F3**).

Comme pour les formules que vous créez vous-même, chaque fonction doit commencer par le signe = (égal), afin qu'Excel sache que vous allez taper une fonction ou une formule et non du texte. Juste après le signe égal, vous entrez le nom de la fonction (en majuscules ou en minuscules) suivi des arguments indispensables pour que les calculs puissent être effectués. Tous les arguments d'une fonction sont toujours entre parenthèses.

Après avoir tapé le signe égal et commencé à taper les premières lettres du nom de la fonction que vous voulez utiliser, une liste déroulante apparaît juste en dessous de la cellule, vous proposant toutes les fonctions dont le nom commence par les lettres que vous venez de taper. Identifiez le nom de la fonction que vous voulez dans cette liste, double-cliquez dessus et Excel achève de l'entrer pour vous dans la cellule et dans la barre de formule, suivi de la parenthèse ouvrante (() qui précède les arguments de la fonction.

Excel affiche alors, juste en dessous de la cellule, une info-bulle vous indiquant les arguments attendus par la fonction et vous pouvez spécifier la cellule ou la plage de cellules que vous voulez utiliser comme premiers arguments, soit en la pointant avec la souris, soit en tapant ses références. Dans le cas d'une fonction à plusieurs arguments, vous pouvez cliquer sur les cellules successives ou parcourir la plage de cellules avec la souris (en maintenant enfoncé son bouton gauche), ou bien vous pouvez taper manuellement les arguments successifs, sans oublier de les séparer par un point-virgule (;).

Après avoir entré le dernier argument, tapez la parenthèse fermante ()) pour indiquer la fin de la liste des arguments. L'info-bulle contenant le nom de la fonction et la liste de ses arguments nécessaires disparaît. Cliquez ensuite sur le bouton Entrer ou appuyez sur Entrée ou sur une touche fléchée pour valider la fonction et obtenir d'Excel qu'il calcule le résultat.

Placer une fonction dans une formule avec l'Assistant Fonction

Bien qu'il soit possible d'entrer une fonction en la tapant directement dans une cellule, Excel met à votre disposition, dans la barre de formule, un bouton Insérer une Fonction, fort utile pour choisir n'importe laquelle des fonctions intégrées d'Excel. Quand vous cliquez sur ce bouton (après avoir sélectionné la cellule dans laquelle vous voulez insérer la fonction), Excel ouvre la boîte de dialogue Insérer une fonction (voir Figure 2.16) dans laquelle vous pouvez choisir une des fonctions prédéfinies. Après en avoir sélectionné une, Excel ouvre

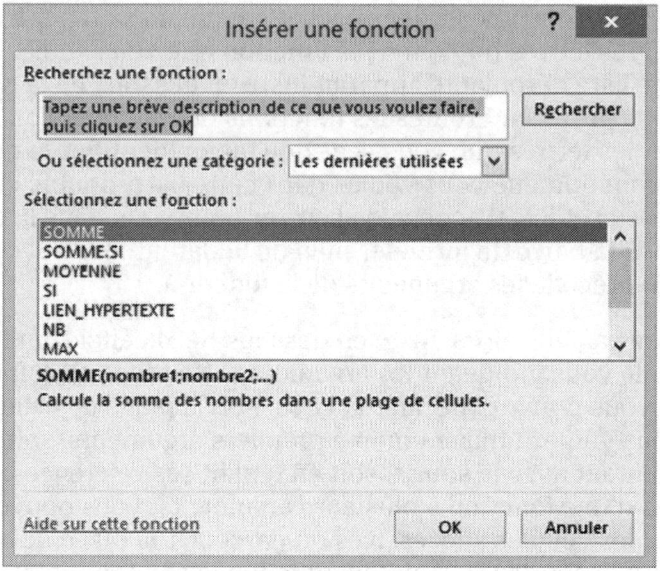

Figure 2.16 : Sélectionnez dans cette boîte de dialogue la fonction à utiliser dans une cellule.

la boîte de dialogue Arguments de la fonction dans laquelle vous spécifiez les différents paramètres à utiliser. Le gros intérêt de cette boîte de dialogue se révèle lorsque vous rencontrez une fonction qui ne vous est pas familière ou est vraiment très complexe (certaines sont plutôt ardues). Vous obtiendrez une aide extrêmement détaillée sur les arguments requis en cliquant sur le lien hypertexte `Aide sur cette fonction`, dans le coin inférieur gauche de la boîte de dialogue.

La boîte de dialogue Insérer une fonction contient trois sections : Recherchez une fonction, Ou sélectionnez une catégorie et Sélectionnez une fonction. Lorsque vous ouvrez la boîte de dialogue, Excel sélectionne automatiquement, dans la liste déroulante des catégories de fonctions, la catégorie Les dernières utilisées. Ces fonctions communément utilisées sont listées dans la fenêtre Sélectionner une fonction.

Si la fonction que vous recherchez ne figure pas parmi les plus récemment utilisées, vous devrez la rechercher dans la catégorie appropriée en déroulant la liste Ou sélectionnez une catégorie. Si vous n'avez aucune idée de la catégorie, tapez une description de ce que vous voulez en faire dans la fenêtre Recherchez une fonction, puis cliquez sur le bouton OK qui se trouve juste à droite ou appuyez sur la touche Entrée. Par exemple, pour localiser la fonction qui totalise des valeurs, il suffit d'entrer le mot **total** dans la fenêtre Recherchez une fonction et de cliquer sur OK. Excel affiche ensuite une liste de fonctions effectuant des totaux. Vous pouvez les examiner chacune en cliquant tour à tour dessus. Quand vous sélectionnez une fonction dans cette liste, la boîte de dialogue Insérer une fonction en présente, en bas, tous les arguments suivis d'une description de ce qu'elle fait.

Après avoir localisé et sélectionné la fonction à utiliser, cliquez sur le bouton OK (tout en bas, à gauche d'Annuler) pour insérer la fonction dans la cellule courante et ouvrir la boîte de dialogue Arguments de la fonction. Elle affiche tous les arguments requis ainsi que ceux qui sont facultatifs. Supposons que vous choisissiez, dans la fenêtre Sélectionnez une fonction, la fonction SOMME (qui est sans aucun doute la plus utilisée), puis que vous cliquiez sur OK. Excel insère aussitôt dans la cellule courante :

```
=SOMME()
```

Cette fonction apparaît aussi dans la barre de formule, après le signe égal. La boîte de dialogue Arguments de la fonction s'ouvre, affichant les arguments de SOMME, comme le montre la Figure 2.17.

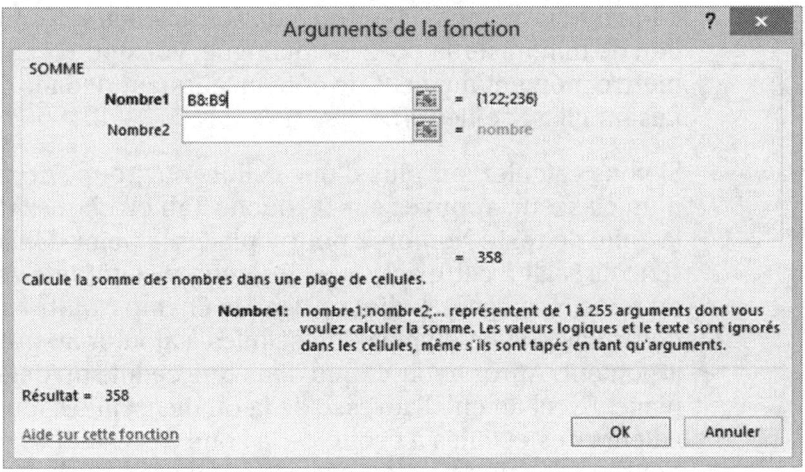

Figure 2.17 : Spécifiez, dans la boîte de dialogue Arguments de la fonction, les arguments à utiliser par la fonction sélectionnée.

Comme vous pouvez le lire dans la boîte de dialogue Arguments de la fonction visible Figure 2.17, vous pouvez sélectionner jusqu'à 255 arguments pour cette fonction. Ce qui n'est cependant pas évident – il y a sûrement un truc, non ? –, c'est que chacun de ces arguments ne se trouve pas forcément dans une seule et même cellule. En fait, la plupart du temps, un seul argument recouvrira un grand nombre de chiffres (sélection multiple) que vous désirez totaliser.

Pour sélectionner le premier argument de la boîte de dialogue, cliquez dans une cellule (ou sélectionnez une plage de cellules) en laissant le point d'insertion dans la zone de texte Nombre1 de la boîte de dialogue Arguments de la fonction. Excel affiche l'adresse de cellule (ou l'adresse de la plage) dans le champ Nombre1, tout en indiquant, en bas à droite de la zone SOMME, le total calculé. Cette même somme apparaît aussi en bas de la boîte de dialogue, en regard de la mention Résultat =.

Rappelez-vous qu'en sélectionnant des cellules, vous pouvez réduire la taille de cette boîte de dialogue afin qu'elle n'affiche que la ligne Nombre1 ; pour ce faire, cliquez sur le bouton Minimiser, à droite de la zone de texte Nombre1. Après avoir sélectionné les cellules à utiliser comme premier argument, vous pouvez de nouveau déployer la boîte de dialogue en cliquant sur le même bouton à droite du champ Nombre1. Au lieu de minimiser la boîte de dialogue, vous pouvez aussi la mettre momentanément de côté en cliquant dedans et en la faisant glisser ailleurs.

Si vous calculez sur plus d'une cellule ou groupe de cellules d'un classeur, appuyez sur la touche Tab ou cliquez dans la zone de texte Nombre2 pour y placer le point d'insertion (Excel réagit à cette action en ouvrant aussitôt une zone de texte Nombre3). Indiquez dans le champ Nombre2 la deuxième cellule ou plage de cellules à ajouter au premier argument. Après avoir cliqué dans une cellule ou défini une plage, Excel affiche l'adresse de la ou des cellules ainsi que les valeurs des cellules à droite de la zone de texte. Les différents boutons de minimisation permettent de réduire la boîte de dialogue en n'affichant que la ligne (Nombre1, Nombre2...) à utiliser.

Après avoir sélectionné les cellules à totaliser, cliquez sur OK pour quitter la boîte de dialogue Arguments de la fonction et placer la fonction SOMME dans la cellule courante.

Modifier une fonction avec l'Assistant Fonction

Vous pouvez utiliser le bouton Insérer une fonction pour modifier une fonction directement dans la barre de formule. Sélectionnez la cellule contenant la formule, puis cliquez sur le bouton Insérer une fonction (celui avec un *fx*, à gauche de la barre de formule).

Sitôt après avoir cliqué sur le bouton Insérer une fonction, Excel ouvre la boîte de dialogue Arguments de la fonction. Pour éditer et modifier les arguments de la fonction, sélectionnez les références de cellule dans la zone de texte appropriée (Nombre1, Nombre2, Nombre3...), puis effectuez les modifications que vous jugez utiles pour telle ou telle cellule ou plage. Rappelez-vous qu'Excel ajoute automatiquement à l'argument courant toute cellule ou plage que vous sélectionnez dans la feuille de calcul. Pour remplacer l'argument courant, vous devez le mettre en surbrillance et éliminer les adresses de cellules en appuyant sur la touche Suppr avant de sélectionner la nouvelle cellule ou plage à utiliser comme argument. Rappelez-vous qu'il vous est à tout moment possible de réduire la boîte de dialogue où de la déplacer si elle occulte des cellules.

Après avoir modifié la fonction, appuyez sur la touche Entrée ou cliquez sur le bouton OK afin de fermer la boîte de dialogue Arguments de la fonction et de mettre la formule à jour dans le classeur.

La somme automatique : l'essayer, c'est l'adopter

Nous nous en voudrions de clôturer cette intéressante discussion sur la saisie des fonctions sans mentionner le bouton Somme présent dans le groupe Édition de l'onglet Accueil du Ruban. C'est le bouton qui porte la lettre grecque sigma (Σ). Ce petit outil vaut son pesant d'or. Outre qu'il est capable de déterminer la somme, la moyenne, le compte, les valeurs maximale et minimale d'une liste, il sait également sélectionner une plage de cellules dans la colonne courante ou dans la ligne, l'utiliser comme argument et entrer automatiquement le résultat du calcul en tant qu'argument dans une fonction. Neuf fois sur dix, Excel sélectionne correctement la plage de cellules à utiliser ; dans le dixième cas, vous pouvez facilement corriger la sélection en tirant le pointeur de cellule par-dessus la plage à calculer.

Cliquez simplement sur le bouton Somme dans l'onglet Accueil du Ruban chaque fois que vous voulez insérer la fonction Somme dans la cellule sélectionnée. Remarquez qu'en sélectionnant l'option Autres fonctions, Excel ouvre la boîte de dialogue Insérer une fonction, comme si vous aviez cliqué sur le bouton *fx*, dans la barre de formule.

Observez dans la Figure 2.18 comment l'outil Somme automatique est utilisé pour calculer le total du vendeur Rémy Potiez à la ligne 2 : placez le pointeur dans la cellule E2, où le total du premier trimestre devrait être calculé, puis cliquez sur le bouton Somme. Excel insère dans la barre de formule la fonction SOMME avec le signe égal et tout le reste, entoure les cellules B2, C2 et D2 avec un rectangle de sélection (un liseré en pointillé animé) et utilise la plage de cellules B2:D2 comme argument de la fonction SOMME. Il ne vous reste plus qu'à valider cette formule en cliquant sur le bouton Entrer dans la barre de formule (ou en appuyant sur la touche Entrée).

Le total apparaît dans la cellule E3 tandis que la fonction suivante est affichée dans la barre de formule :

```
=SOMME(B2:D2)
```

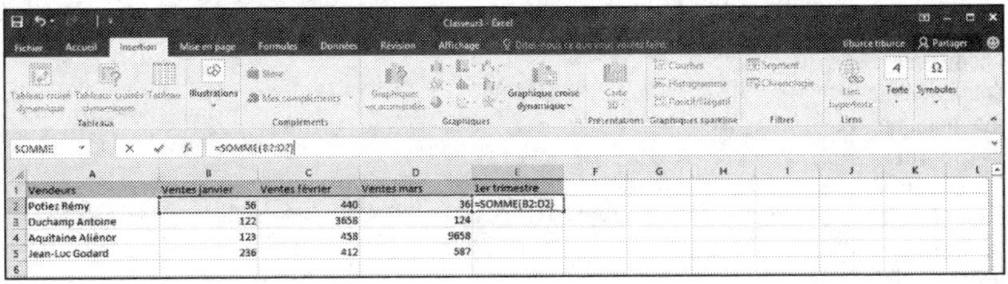

Figure 2.18 : Pour obtenir le total trimestriel du premier vendeur, sélectionnez la cellule E2, puis cliquez sur le bouton Somme automatique.

Après avoir entré la fonction qui totalise les ventes du premier vendeur, vous pouvez copier cette formule pour totaliser les ventes trimestrielles de tous les autres vendeurs en tirant vers le bas la poignée de recopie (c'est la petite croix noire qui apparaît quand vous approchez le pointeur de la souris du coin inférieur droit de la cellule), comme le montre la Figure 2.19, jusqu'à ce que la plage de cellules E3:E5 soit en surbrillance.

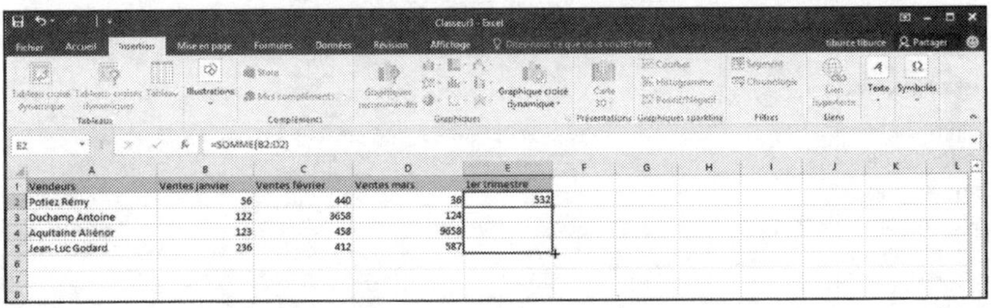

Figure 2.19 : Le total du premier trimestre a été calculé avec l'outil Somme automatique.

Regardez la Figure 2.20 pour voir comment utiliser l'outil Somme automatique pour totaliser, dans la colonne B, les résultats du mois de janvier. Vous devez placer le pointeur de cellule en B6, là où le total doit apparaître. Cliquez ensuite sur l'outil Somme automatique ; Excel place un rectangle de sélection autour des cellules B2 à B8 et entre correctement la plage B3:B6 comme argument de la fonction SOMME.

La Figure 2.21 montre la feuille de calcul après avoir inséré la fonction SOMME dans la cellule B6 et utilisé la fonction de recopie automatique pour reporter la formule vers la droite, dans les cellules C6 et D6. Pour utiliser la recopie automatique, tirez sur la poignée située dans le coin inférieur droit de

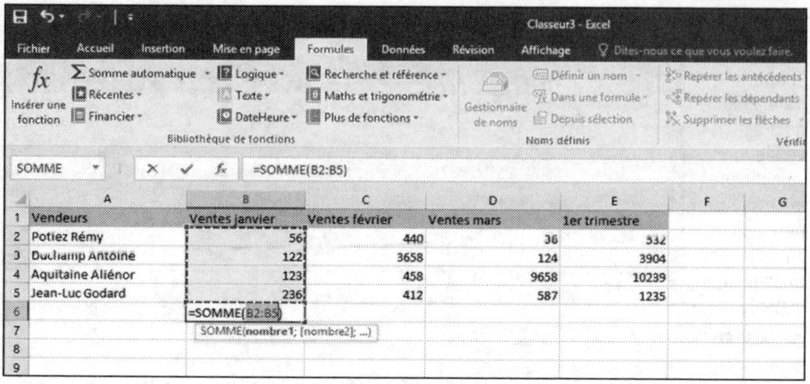

Figure 2.20 : Sélectionnez la cellule B6, cliquez sur l'outil Somme automatique et appuyez sur Entrée pour obtenir le total des ventes de la colonne B pour tous les vendeurs.

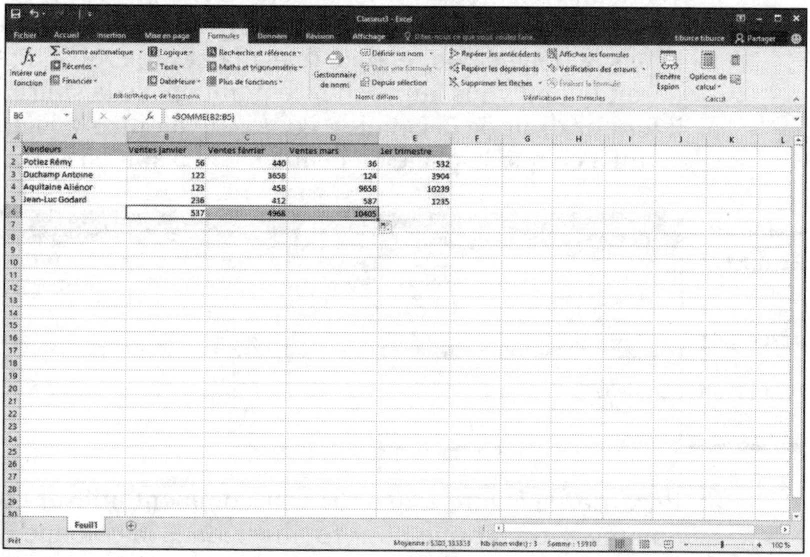

Figure 2.21 : La feuille de calcul après avoir recopié la fonction SOMME à l'aide de la poignée de recopie.

la cellule et tirez-la jusqu'à la cellule E9 ; relâchez ensuite le bouton de la souris.

L'outil Totaux de la fonction Analyse rapide

Que ceux qui trouvent fastidieux d'utiliser la somme automatique, puis de recopier cette fonction Somme *via* la poignée de recopie sachent qu'Excel 2016 a pensé à eux. Sa fonction Analyse rapide et son outil Totaux va les enchanter ! Cette fonction, en effet, est capable de prendre une foule d'actions en charge, comme le formatage conditionnel (Chapitre 3), les graphiques (Chapitre 10) ou encore les tableaux croisés dynamiques (Chapitre 9). Sans compter que l'outil est aussi capable de calculer des sommes de valeurs présentées en colonnes ou en lignes dans vos feuilles de calcul.

Son usage est simple : sélectionnez des cellules (Chapitre 3), puis cliquez sur l'outil Analyse rapide qui s'affiche spontanément dans l'angle inférieur droit de la plage sélectionnée ; une palette apparaît alors directement sous l'outil, qui vous propose une série d'options, allant de Mise en forme à Graphiques sparklines.

Pour ajouter des totaux à une plage de cellules sélectionnées, cliquez tout simplement sur le bouton Totaux, puis positionnez votre pointeur sur la fonction Somme pour obtenir une prévisualisation du résultat (en bas si vous optez pour la première fonction Somme, à droite si vous lui préférez la seconde). Voyez à ce propos la Figure 2.22. Ça vous convient ? Cliquez !

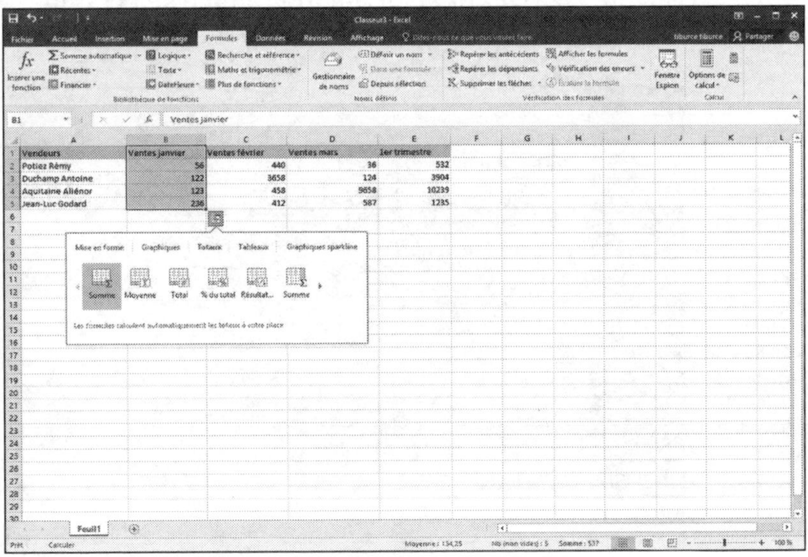

Figure 2.22 : Utilisez l'outil Totaux de la fonction Analyse rapide pour ajouter des totaux dans vos feuilles de calcul.

TRUC

Si, pour une raison ou pour une autre, vous avez du mal à accéder à la palette d'outils de l'Analyse rapide, opérez un clic-droit sur votre sélection de cellules et choisissez Analyse rapide dans le menu contextuel.

Stocker les données en lieu sûr

Une règle d'or : enregistrez vos données à intervalles réguliers. Cela vous évitera de devoir tout recommencer si un problème survient.

TRUC

Pour faciliter les sauvegardes, la barre d'outils Accès rapide d'Excel 2016 contient un bouton Enregistrer, reconnaissable à son icône en forme de disquette 3"1/4. Vous n'avez même pas à cliquer sur l'onglet Fichier pour sélectionner la commande Enregistrer. Encore plus rapide, le raccourci clavier Ctrl + S finit par devenir une seconde nature. N'hésitez pas à l'utiliser, vous n'en abuserez jamais.

Lorsque vous cliquez sur le bouton Enregistrer ou sélectionnez Fichier/Enregistrer pour la première fois avec un nouveau classeur, Excel vous propose la fenêtre Enregistrer sous (Figure 2.23). Par défaut, le programme sélectionne, comme lieu de stockage, le dossier Documents de votre OneDrive.

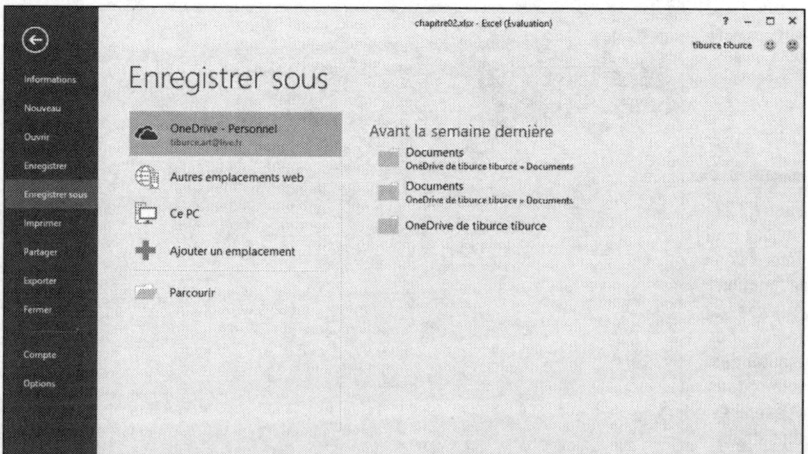

Figure 2.23 : La fenêtre Enregistrer sous vous est proposée lorsque vous invoquez la commande Enregistrer depuis un nouveau classeur.

C'est quoi, ce OneDrive ?

Le nuage (ou le *cloud*), ça vous dit sûrement quelque chose, mais si ça reste relativement nébuleux. OneDrive est le nom qu'a donné Microsoft à l'espace qu'elle réserve, dans le nuage, à ses utilisateurs Windows Live. L'avantage, si vous sauvegardez vos données à cet endroit, c'est qu'elles seront ensuite accessibles depuis n'importe quel poste de travail exploitant Excel 2016 et disposant d'une connexion Internet.

Ainsi, si vous enregistrez sur OneDrive un classeur que vous avez créé au bureau, vous pourrez ensuite le modifier depuis le portable qui se trouve à votre domicile, voire depuis une tablette ou un smartphone au café du coin.

Pour préférer entreposer le classeur localement (c'est-à-dire sur le disque dur de votre ordinateur ou sur un disque virtuel de votre réseau local), cliquez sur l'option Ce PC, placé sous OneDrive.

Dans ce cas, le volet droit vous propose la liste du dossier actif, c'est-à-dire le dossier où est actuellement sauvegardé le classeur, des dossiers récents vers lesquels vous avez récemment sauvegardé des classeurs ainsi que vos disques locaux, votre Bureau et le dossier local Documents.

Si aucune de ces propositions ne vous agrée, cliquez sur Parcourir pour ouvrir la boîte de dialogue Enregistrer sous, où vous pourrez vous exprimer.

Une fois la destination sélectionnée dans cette boîte de dialogue, il vous faut encore y baptiser votre classeur (lui donner un nom plus évocateur que le nom générique Classeur1, Classeur2… attribué provisoirement par Excel) en agissant dans la zone d'édition Nom de fichier, puis lui attribuer un format de fichier *via* le menu local Type.

Une fois ces réglages terminés, cliquez sur Enregistrer ou enfoncez la touche Entrée. Excel procède à la sauvegarde, dans laquelle il inclut toutes les informations de toutes les feuilles de classeur (y compris la position de la cellule active).

Par la suite, vous ne reviendrez à cette fenêtre Enregistrer sous que lorsque vous souhaiterez rebaptiser le classeur ou en enregistrer un exemplaire dans un autre dossier. Vous choisirez alors Fichier/Enregistrer sous plutôt que d'activer le bouton Enregistrer de la barre Accès rapide ou son équivalent clavier, Ctrl + S.

Changer l'emplacement d'enregistrement par défaut

Chaque fois que vous ouvrez la boîte de dialogue Enregistrer sous pour enregistrer le fichier d'un classeur, elle s'ouvre automatiquement sur le dossier spécifié comme Emplacement d'enregistrement par défaut dans l'onglet Enregistrement de la boîte de dialogue Options Excel (Fichier/Options/Enregistrement).

Tant que vous n'avez pas spécifié autre chose, ce dossier par défaut est le dossier Documents associé à votre nom d'utilisateur. Ainsi, par exemple, le chemin d'accès au dossier par défaut dans lequel Excel 2016 enregistre automatiquement mes nouveaux classeurs sur mon ordinateur est :

```
C:\Utilisateurs\Greg\Documents
```

Le dossier Documents n'est pas forcément l'emplacement qui vous convient le mieux pour enregistrer vos nouveaux classeurs. Pour spécifier un autre emplacement d'enregistrement par défaut sur votre ordinateur, suivez ces étapes :

1. **Cliquez sur Fichier/Options/Enregistrement afin d'ouvrir l'onglet Enregistrement de la boîte de dialogue Options Excel.**

   Le chemin d'accès au dossier d'enregistrement par défaut apparaît dans le champ Emplacement d'enregistrement par défaut.

2. **Dans le champ Dossier local par défaut, sélectionnez le chemin d'accès ou une partie de celui-ci.**

Ce que vous saisirez remplacera ce qui est sélectionné dans ce champ. Si vous ne voulez remplacer qu'une partie de ce chemin d'accès, ne sélectionnez que la partie à remplacer. Et si vous avez simplement besoin d'ajouter quelque chose, placez simplement le curseur à la fin du chemin existant.

3. **Modifiez ou remplacez le chemin d'accès pour faire apparaître à sa place celui du dossier que vous voulez spécifier comme emplacement d'enregistrement par défaut.**

4. **Cliquez sur OK pour fermer la boîte de dialogue Options Excel.**

Les différences entre les formats XLSX et XLS

Excel 2016 utilise le format de fichier basé sur XML (que Microsoft appelle officiellement le format Microsoft Office Open XML) apparu dans Excel 2007, vanté comme plus efficace pour enregistrer des données, produisant donc de plus petits fichiers et offrant une meilleure intégration avec les sources de données externes (en particulier s'il s'agit de sources Web utilisant le format XML). Ce format de fichier reposant sur XML porte l'extension de fichier .xlsx – c'est le format par défaut dans lequel Excel enregistre les nouveaux classeurs que vous créez.

Le seul inconvénient de ce nouveau format est que les versions antérieures d'Excel ne sont pas capables de l'ouvrir. Cela signifie que, si vous travaillez avec des gens qui ont besoin d'ouvrir vos classeurs, mais ne sont pas encore passés à Excel 2016, vous devez les enregistrer dans le format de fichier utilisé par les versions 97 à 2003 portant l'extension de fichier .xls. Pour cela, lorsque vous enregistrez pour la première fois un nouveau classeur, ouvrez la liste déroulante Type de fichier dans la boîte de dialogue Enregistrer sous et sélectionnez dans cette liste Classeur Excel 97-2003 (*.xls).

TRUC

Excel 2016 dispose également d'un format binaire, appelé Binary ou BIFF12, portant l'extension .xlsb. Vous pouvez choisir ce format si vous avez des feuilles de calcul vraiment énormes qui doivent être compatibles avec les anciennes versions d'Excel (sélectionnez Classeur Excel binaire (*.xlsb) dans la liste Type de fichier de la boîte de dialogue Enregistrer sous).

Deuxième partie

L'art et la manière de modifier un classeur

« Ah ! La barbe ! Ton graphique en aubergine est tout aussi incompréhensible que ton graphique en pomme de terre ou ton graphique en noix de coco. Tu ne pourrais pas faire un camembert, comme tout le monde ? »

Dans cette partie...

- Sélectionner et formater les données.
- Régler la largeur des colonnes et la hauteur des lignes.
- Réorganiser les données.
- Supprimer des données.
- Exploiter les commandes Couper, Copier et Coller.
- Prévisualiser avant d'imprimer.
- Imprimer tout ou partie d'une feuille.

Chapitre 3

On enjolive tout

Dans ce chapitre :

- Sélectionner les cellules à mettre en forme.
- Mettre en forme un tableau de données avec le bouton Mettre sous forme de tableau.
- Appliquer des formats de nombres à des cellules contenant des valeurs.
- Régler la largeur des colonnes et la hauteur des lignes d'une feuille de calcul.
- Masquer des colonnes et des lignes.
- Mettre en forme une plage de cellules en utilisant l'onglet Accueil du Ruban.

Sachez dès à présent qu'entrer des données dans une cellule et les mettre en forme sont deux choses très différentes. C'est pourquoi, quand vous entrez de nouvelles données dans une cellule, elles adoptent la mise en forme qui a été définie pour cette cellule. Ce qui vous permet de mettre en forme des cellules vides dans lesquelles vous entrerez ultérieurement des données qui seront à ce moment automatiquement mises en forme.

Choisir un groupe de cellules sélectionnées

Une *sélection de cellules* (ou *plage de cellules*) est un ensemble de cellules contiguës susceptibles d'être mises en forme ou modifiées. La petite sélection de cellule, dans une feuille de calcul, se limite à une seule cellule : la cellule dite *active*. Une seule cellule entourée par le curseur de cellule est une sélection d'une cellule. La sélection de cellules la plus vaste comprend toutes les cellules de la feuille de calcul. La plupart des sélections que vous aurez à effectuer se situent dans un moyen terme ; elles concerneront quelques cellules adjacentes disposées en colonne(s) et/ou en rangée(s).

Excel met en évidence une sélection de cellules dans la feuille de calcul en mettant en surbrillance les cellules sélectionnées, à l'exception de la cellule active qui conserve sa couleur normale. La Figure 3.1 montre diverses sélections de cellules de différentes tailles et formes.

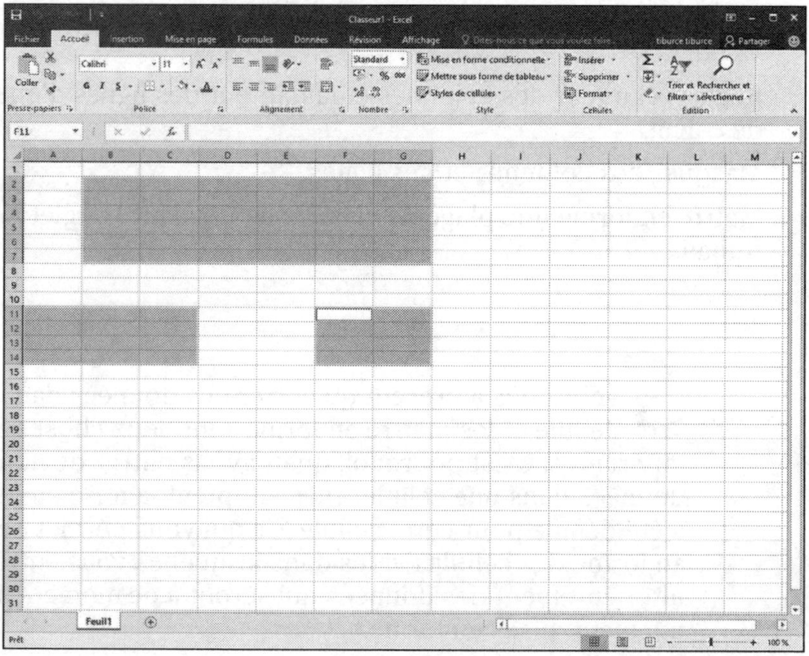

Figure 3.1 : Différentes sélections de diverses tailles et formes.

Les sélections par pointer-cliquer

La souris est l'outil naturel pour sélectionner des plages de cellules : amenez le pointeur de souris (l'épaisse croix blanche) au-dessus de la première cellule, cliquez, puis, bouton de la souris enfoncé, tirez dans la direction où vous désirez étendre la sélection.

- Pour étendre la sélection de cellules vers les colonnes à droite, tirez la souris vers la droite, ce qui met les cellules concernées en surbrillance.
- Pour étendre la sélection vers le bas, tirez vers le bas.
- Pour étendre la sélection à la fois vers le bas et vers la droite, tirez la souris en diagonale vers la cellule située dans le coin inférieur droit de la plage que vous définissez.

Les sélections avec la touche Majuscule

Pour accélérer la sélection des cellules, vous pouvez utiliser la bonne vieille méthode Maj + clic, qui s'effectue de la façon suivante :

1. **Cliquez sur la première cellule de la sélection.**

   La cellule est sélectionnée.

2. **Déplacez le pointeur de la souris vers la dernière cellule de la sélection.**

   Elle est au coin opposé de la première cellule. Ne cliquez pas encore.

3. **La touche Maj enfoncée, cliquez dans la dernière cellule.**

   Lors de ce second clic, Excel sélectionne dans les lignes et dans les colonnes toutes les cellules situées entre la première et la dernière cellule.

Avec la souris, la touche Maj agit comme *touche d'extension* entre le premier objet sélectionné et le second (reportez-vous à la section « Étendre une sélection », plus loin dans ce chapitre). L'utilisation de la touche Maj permet de sélectionner la première et la dernière cellule, ainsi que toutes les cellules qui se trouvent entre elles, ou de sélectionner tous les noms de documents dans la liste d'une boîte de dialogue.

Les sélections de cellules non adjacentes

Pour sélectionner des cellules ou des plages non adjacentes, sélectionnez une cellule ou une plage de cellules. Ensuite, touche Ctrl enfoncée, sélectionnez la deuxième cellule ou plage de cellules. Aussi longtemps que la touche Ctrl est enfoncée, Excel ne désélectionne aucune cellule pendant que vous en sélectionnez d'autres.

La touche Ctrl fonctionne avec la souris en tant que *touche d'addition* d'objets (reportez-vous à la section « Les sélections de cellules non adjacentes au clavier », plus loin dans ce chapitre). La touche Ctrl permet d'ajouter des cellules à une sélection ou de sélectionner des noms épars dans la liste d'une boîte de dialogue, sans risque de désélection intempestive.

Les sélections de grande envergure

Vous pouvez sélectionner toutes les cellules d'une ligne ou d'une colonne, voire toutes les cellules d'une feuille de calcul, en appliquant les techniques suivantes :

- Pour sélectionner toutes les cellules d'une colonne, cliquez dans la lettre qui l'identifie, en haut de la feuille de calcul.
- Pour sélectionner toutes les lignes d'une colonne, cliquez dans son numéro, à gauche de la feuille de calcul.
- Pour sélectionner plusieurs lignes ou colonnes à la fois, faites glisser le pointeur de la souris sur les en-têtes de lignes ou de colonnes.
- Pour sélectionner des lignes et/ou des colonnes qui ne sont pas contiguës, maintenez la touche Ctrl enfoncée tout en cliquant et/ou en tirant dans les en-têtes des lignes et des colonnes à placer dans la sélection.

Pour sélectionner la totalité des cellules d'une feuille de calcul, appuyez sur Ctrl + A ou cliquez sur le bouton de sélection globale. Il se trouve au point de rencontre des en-têtes de lignes et de colonnes, dans le coin supérieur gauche de la feuille de calcul.

Sélectionner des données d'un tableau avec la sélection automatique

Excel propose une méthode de sélection extrêmement rapide, appelée « sélection automatique », pour sélectionner toutes les cellules d'un tableau d'un seul tenant. Procédez comme suit pour utiliser la sélection automatique :

1. **Cliquez dans la première cellule du tableau afin de la sélectionner.**

   Cette cellule se trouve en haut à gauche du tableau.

2. **Maintenez la touche Maj enfoncée tout en double-cliquant, avec le pointeur en forme de flèche, sur le bord droit ou inférieur de la cellule (Figure 3.2).**

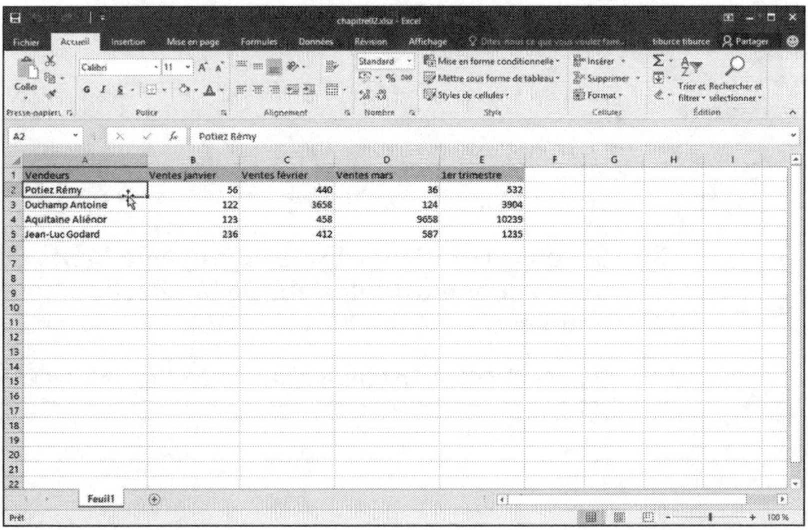

Figure 3.2 : Placez le pointeur de la souris sur le bord droit ou inférieur de la première cellule du tableau.

Double-cliquer sur le *bas* de la cellule, touche Maj enfoncée, étend automatiquement la sélection jusqu'à la dernière cellule en bas de la première colonne, comme le montre la Figure 3.3. Si vous double-cliquez ensuite sur le bord *droit* de la cellule, la sélection est étendue jusqu'à la dernière colonne à droite de la ligne courante.

3a. Si vous avez d'abord sélectionné une colonne, double-cliquez sur le bord droit de la sélection, touche Maj enfoncée (voir Figure 3.3).

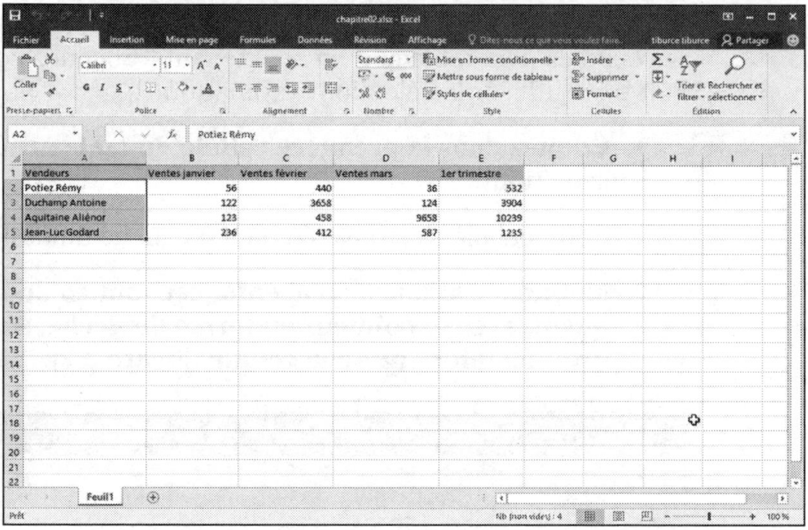

Figure 3.3 : En double-cliquant sur le bord inférieur de la première cellule, touche Maj enfoncée, vous avez étendu la sélection vers le bas.

Vous sélectionnez ainsi les autres colonnes du tableau, comme l'illustre la Figure 3.4.

3b. Si vous avez d'abord sélectionné une ligne, double-cliquez sur le bord inférieur de la sélection, touche Maj enfoncée.

Vous sélectionnez ainsi toutes les lignes restantes du tableau.

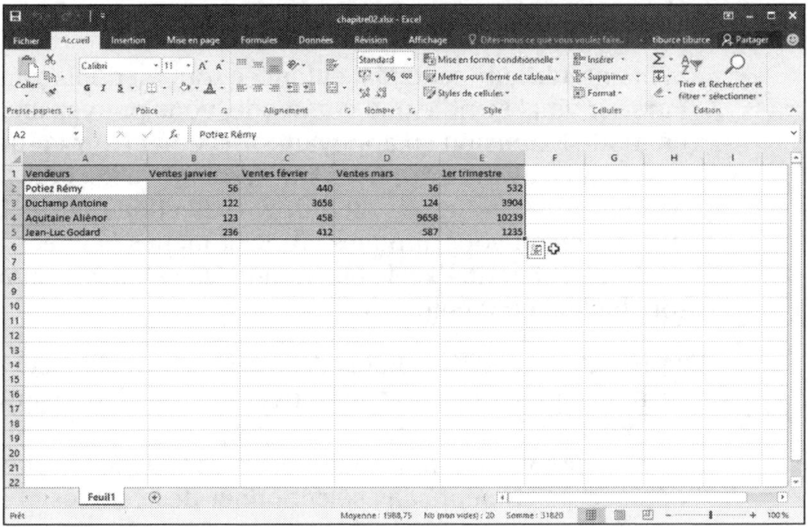

Figure 3.4 : En double-cliquant sur le bord droit de la sélection, touche Maj enfoncée, la sélection s'étend vers les colonnes de droite du tableau.

Les sélections au clavier

Si vous n'aimez pas travailler à la souris, vous pouvez sélectionner des cellules au clavier. À l'instar de la méthode Maj + clic, les techniques de sélection au clavier utilisent les touches fléchées conjointement avec la touche Maj. Les touches de déplacement du curseur de cellule ont été mentionnées au Chapitre 1.

Commencez par placer le curseur dans la première cellule de la sélection puis, touche Maj enfoncée, appuyez sur les touches fléchées appropriées (←, →, ↑, ↓ ou PgPréc et PgSuiv). Ce faisant, Excel ancre la sélection à la cellule courante puis l'étend dans la direction choisie, mettant les cellules sélectionnées en surbrillance au fur et à mesure que vous appuyez sur les touches fléchées.

TRUC

En sélectionnant de la sorte, vous pouvez modifier l'étendue de la plage de cellules aussi longtemps que vous n'avez pas relâché la touche Maj. Dès qu'elle est relâchée, toute action sur une touche fléchée désélectionne aussitôt la plage, réduisant la sélection à la cellule indiquée par le curseur de cellule.

Étendre une sélection

Si maintenir la touche Maj enfoncée tout en déplaçant le curseur vous semble peu commode, vous pouvez mettre Excel en mode Extension en appuyant brièvement sur la touche de fonction F8 avant d'appuyer sur une touche fléchée. Excel affiche alors l'indicateur Étendre la sélection dans la barre d'état. Quand vous appuyez sur les touches fléchées alors que ce mode est actif, Excel sélectionne les cellules comme si la touche Maj était enfoncée.

Après avoir mis les cellules désirées en surbrillance, appuyez de nouveau sur F8 pour désactiver le mode Extension. L'indicateur Étendre la sélection disparaît de la barre d'état et vous pouvez de nouveau utiliser les touches fléchées pour déplacer le curseur sans sélectionner des cellules.

La sélection automatique au clavier

L'équivalent au clavier de la sélection automatique avec la souris que nous venons de voir (section « Sélectionner des données d'un tableau avec la sélection automatique », plus haut dans ce chapitre) combine l'utilisation de la touche F8 ou de la touche Maj avec Ctrl + touche fléchée ou Fin + touche fléchée, pour faire passer le curseur de cellule d'un bloc à un autre, tout en sélectionnant toutes les cellules qui se trouvent sur son chemin.

Procédez comme suit pour sélectionner la totalité d'un tableau de données avec la sélection automatique au clavier :

1. **Placez le curseur de cellule dans la première cellule.**

   Elle se trouve en haut à gauche du tableau.

2. **Appuyez une seule fois sur F8 (ou maintenez la touche Maj enfoncée) puis sur les touches Ctrl + Flèche droite (ou Fin + Flèche droite) pour étendre la sélection aux colonnes de droite.**

3. **Ensuite, appuyez sur Ctrl + Flèche bas (ou Fin + Flèche bas) pour étendre la sélection aux lignes d'en bas.**

Les sélections de cellules non adjacentes au clavier

La sélection de plusieurs plages est un peu plus compliquée au clavier qu'avec la souris, car vous devez passer de l'ancrage du curseur de cellule au déplacement du curseur pour sélectionner la plage, puis à la libération du curseur afin de pouvoir le positionner au début d'une autre plage. Pour libérer le curseur de cellule afin de le positionner ailleurs, appuyez sur Maj + F8. Vous passez ainsi en mode Ajouter à la sélection, qui permet de passer à une autre plage sans sélectionner d'autres cellules. Quand ce mode est actif, l'indicateur Ajouter à la sélection est affiché dans la barre d'état, montrant ainsi que le curseur de cellule est libre.

Appliquez ces étapes générales pour sélectionner plusieurs plages de cellules au clavier :

1. **Placez le curseur dans la première cellule de la première plage à sélectionner.**
2. **Appuyez sur F8 pour enclencher le mode Étendre la sélection.**

   Utilisez les touches fléchées pour sélectionner la première plage de cellules (au lieu d'appuyer sur F8, vous pouvez aussi maintenir enfoncée la touche Maj).

3. **Appuyez sur Maj + F8 pour passer en mode Ajouter à la sélection.**

   L'indicateur Ajouter à la sélection apparaît dans la barre d'état.

4. **Amenez le curseur de cellule à la première plage non adjacente que vous désirez sélectionner.**
5. **Appuyez de nouveau sur F8 pour revenir au mode Étendre la sélection, puis déplacez le curseur de cellule afin de sélectionner une nouvelle plage.**
6. **Si d'autres plages non adjacentes doivent être définies, répétez les Étapes 3, 4 et 5 jusqu'à ce que vous ayez sélectionné toutes les plages à utiliser.**

La sélection de cellules avec Atteindre

Pour éviter la fastidieuse sélection d'une très vaste plage de cellules au clavier, utilisez la fonction Atteindre :

1. **Placez le curseur de cellule dans la première cellule de la plage, puis appuyez sur F8 pour ancrer le curseur de cellule et enclencher le mode Étendre la sélection.**

2. **Appuyez sur la touche F5 ou sur Ctrl + T pour ouvrir la boîte de dialogue Atteindre. Dans le champ Référence de cette boîte de dialogue, entrez l'adresse de la dernière cellule de la plage à sélectionner (celle du coin opposé à la première cellule) et cliquez sur OK ou appuyez sur Entrée.**

N'OUBLIEZ PAS

Comme Excel est en mode Étendre la sélection lorsque vous utilisez Atteindre pour aller à une autre cellule, il ne se contente pas d'envoyer le curseur de cellule à l'adresse spécifiée, mais sélectionne aussi toutes les cellules intermédiaires. Après avoir sélectionné une plage de cellules avec Atteindre, n'oubliez pas d'appuyer de nouveau sur F8 pour sortir du mode Étendre la sélection et empêcher Excel de continuer à sélectionner d'autres cellules dès que vous allez déplacer le curseur de cellule.

La galerie des styles de tableaux

Voici maintenant une technique de mise en forme qui ne nécessite aucune sélection préalable de cellules. En fait, l'outil Mettre sous forme de tableau est si automatique qu'il suffit pour l'utiliser que le curseur de cellule se trouve n'importe où dans le tableau à mettre en forme avant de cliquer sur le bouton Mettre sous forme de tableau dans le groupe Style de l'onglet Accueil du Ruban. Lorsque vous cliquez sur ce bouton, la galerie des styles de tableaux apparaît, les styles s'affichant sous forme de miniatures, celles-ci étant réparties en trois sections : Clair, Moyen et Foncé.

Aussitôt que vous cliquez sur la miniature correspondant au style de votre choix, Excel fait apparaître la boîte de dialogue Mettre sous forme de tableau (Figure 3.5), vous proposant la plage de cellules à laquelle il doit appliquer le style concerné (en marquant le périmètre correspondant dans la feuille de calcul).

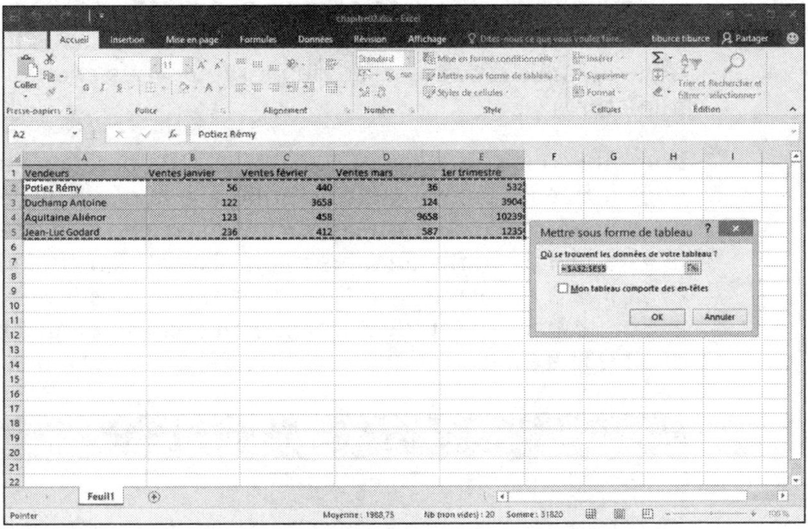

Figure 3.5 : Excel indique l'étendue de cellules à laquelle appliquer le style que vous venez de sélectionner dans la galerie des styles de tableaux.

Cette boîte de dialogue contient un champ intitulé « Où se trouvent les données de votre tableau ? » dans lequel apparaît la plage que vous propose Excel, automatiquement identifiée par lui (et marquée par un contour clignotant dans la feuille de calcul) à partir de la cellule que vous aviez initialement sélectionnée. Elle contient également une case Mon tableau comporte des en-têtes, que vous pouvez cocher pour indiquer à Excel que la première ligne de la plage spécifiée est une ligne d'en-têtes, qui sera donc mise en forme comme telle selon le style sélectionné.

Si Excel n'a pas identifié correctement la plage de cellules à mettre en forme, il suffit de la sélectionner directement dans la feuille de calcul en faisant glisser dessus le pointeur de la souris. La plage correspondante est automatiquement mise à jour dans la boîte de dialogue Mettre sous forme de tableau (qui est par la même occasion devenue Créer un tableau).

N'oubliez pas de cocher (ou de décocher) la case Mon tableau comporte des en-têtes si la première ligne de la plage sélectionnée est une ligne d'en-têtes que vous voulez mettre en forme comme telle (ce qui comporte un bouton de tri et de filtrage pour chaque en-tête de colonne).

N'OUBLIEZ PAS

La galerie des styles de tableaux est inactive si vous avez sélectionné une plage de cellules non adjacentes (elle apparaît lorsque vous cliquez sur le bouton Mettre sous forme de tableau, mais il ne se passe rien lorsque vous cliquez sur une miniature).

Lorsque vous cliquez sur OK dans la boîte de dialogue Mettre sous forme de tableau, Excel applique à la plage de cellules spécifiée la mise en forme que vous avez sélectionnée dans la galerie. Les Outils de table apparaissent dans un onglet Création, à l'extrémité du Ruban ; le tableau est sélectionné et l'outil Analyse rapide se manifeste dans son angle inférieur droit (Figure 3.6).

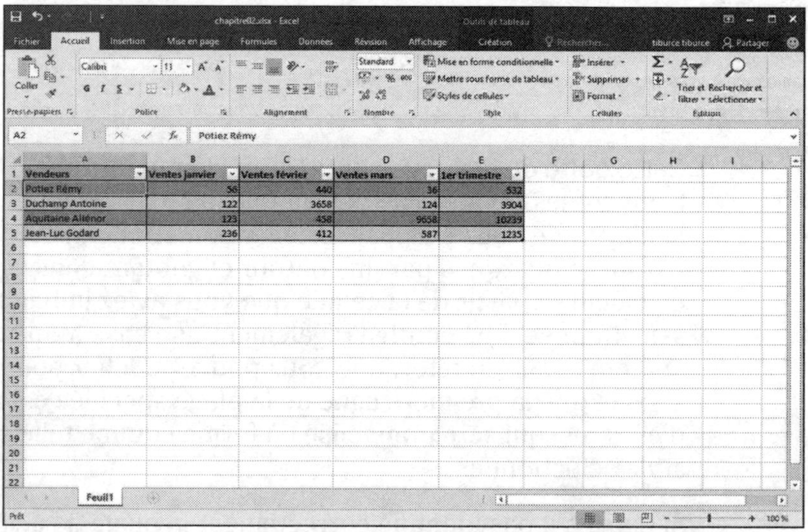

Figure 3.6 : Après avoir appliqué le style de tableau à la galerie, l'onglet Création apparaît sous Outils de table.

TRUC

L'onglet Création contient une palette de Styles rapides permettant de visualiser instantanément l'effet d'une mise en forme sur votre tableau avant même de la lui appliquer. Cliquez sur le bouton Styles rapides (à l'extrémité droite de l'onglet Création) et déplacez simplement le pointeur de la souris au-dessus des miniatures de la palette. Le tableau prend instantanément la mise en forme de la miniature que survole le pointeur. Si nécessaire, faites défiler la feuille de calcul de manière à ce que la palette ne masque pas votre tableau.

En plus de vous permettre de sélectionner facilement une nouvelle mise en forme pour votre tableau, l'onglet Création contient un groupe Options de styles de table, vous proposant un certain nombre de cases à cocher pour personnaliser encore plus la mise en forme que vous avez choisie :

- **Ligne d'en-têtes :** pour activer et désactiver la mise en forme de la ligne d'en-têtes du tableau, comportant notamment pour chaque en-tête un bouton donnant accès à un menu de tri et de filtrage.
- **Ligne des totaux :** quand cette option est activée, Excel ajoute au bas du tableau une ligne supplémentaire faisant le total de chaque colonne.

  Lorsque vous cliquez sur une cellule de cette ligne des totaux, un bouton apparaît à droite de celle-ci, vous donnant accès à un menu dans lequel vous pouvez choisir une autre fonction que la somme (Moyenne, Max, Min, Écart type…) à appliquer aux valeurs de la colonne correspondante.
- **Bandes de lignes :** Excel affiche une mise en forme différente pour les lignes paires et impaires du tableau.
- **Première colonne :** quand cette option est activée, Excel affiche une mise en forme spéciale pour la première colonne du tableau.
- **Dernière colonne :** quand cette option est activée, Excel affiche une mise en forme spéciale pour la dernière colonne du tableau.
- **Colonnes à bandes :** Excel affiche une mise en forme différente pour les colonnes paires et impaires du tableau.

Mettre des cellules en forme avec l'onglet Accueil

Certains tableaux nécessitent une mise en forme plus légère que celles proposées par la galerie des styles de tableaux. Vous pouvez par exemple vouloir simplement mettre en gras les en-têtes de colonnes et souligner la ligne des totaux en bas du tableau (en appliquant simplement une bordure inférieure à cette ligne).

Les boutons de mise en forme qui apparaissent dans les groupes Police, Alignement et Nombre de l'onglet Accueil vous permettent de réaliser de telles mises en forme. Le Tableau 3.1 décrit l'utilisation de chacun d'eux.

Tableau 3.1 : Les boutons de commande de mise en forme dans les groupes Police, Alignement et Nombre de l'onglet Accueil.

Bouton	Fonction
Police	
Police	Affiche un menu déroulant permettant de sélectionner une nouvelle police pour la cellule sélectionnée.
Taille de police	Affiche une liste déroulante de tailles de police parmi lesquelles vous pouvez choisir celle que vous voulez appliquer aux cellules sélectionnées. Vous pouvez aussi entrer manuellement la taille voulue dans ce champ.
Augmenter la taille de police	Applique à toute la sélection (de caractères ou de cellules) la plus petite taille de la police de la sélection augmentée d'un point.
Réduire la taille de police	Applique à toute la sélection (de caractères ou de cellules) la plus petite taille de la police de la sélection diminuée d'un point.
Gras	Met en gras les caractères ou les cellules sélectionnées.
Italique	Met en italique les caractères ou les cellules sélectionnées.

Bouton	Fonction
Souligner	Souligne les caractères ou les cellules sélectionnées.
Bordures	Affiche le menu Bordures, qui vous donne le choix entre toutes les possibilités de bordures.
Couleur de remplissage	Affiche une palette dans laquelle vous pouvez sélectionner une couleur de remplissage pour les cellules sélectionnées.
Couleur de police	Affiche une palette dans laquelle vous pouvez sélectionner une couleur de police pour la sélection (de caractères ou de cellules).
Alignement	
Aligner à gauche	Aligne sur le bord gauche de la cellule le contenu de toutes les cellules sélectionnées.
Centrer	Centre horizontalement dans la cellule le contenu de toutes les cellules sélectionnées.
Aligner à droite	Aligne sur le bord droit de la cellule le contenu de toutes les cellules sélectionnées.
Diminuer le retrait	Réduit d'une tabulation pour toutes les cellules sélectionnées l'espace entre le bord gauche de la cellule et son contenu.
Augmenter le retrait	Augmente d'une tabulation pour toutes les cellules sélectionnées l'espace entre le bord gauche de la cellule et son contenu.
Aligner en haut	Aligne sur le bord supérieur de la cellule le contenu de toutes les cellules sélectionnées.
Aligner au centre	Centre verticalement dans la cellule le contenu de toutes les cellules sélectionnées.
Aligner en bas	Aligne sur le bord inférieur de la cellule le contenu de toutes les cellules sélectionnées.
Orientation	Affiche un menu permettant de sélectionner différentes orientations angulaires du contenu des cellules sélectionnées.

Bouton	Fonction
Renvoyer à la ligne automatiquement	Renvoie automatiquement à la ligne dans les cellules sélectionnées le texte qui est trop long pour tenir dans la largeur de la colonne, sur autant de lignes que nécessaire.
Fusionner et centrer	Fusionne les cellules sélectionnées pour en faire une seule cellule, en ne retenant que le contenu de la première cellule de la sélection qui est centrée horizontalement. Ce bouton permet également d'afficher un menu (en cliquant sur le triangle pointant vers le bas qui l'accompagne) vous permettant de choisir entre plusieurs manières de fusionner des cellules, ou d'annuler la fusion pour revenir à la disposition initiale.
Nombre	
Format de nombre	Affiche le format de nombre appliqué à la cellule active de la sélection. Cliquez sur le triangle pointant vers le bas pour afficher un menu pour sélectionner parmi tous les formats de nombre d'Excel celui que vous voulez appliquer aux cellules sélectionnées (vous pouvez aussi afficher la boîte de dialogue Format de cellule en sélectionnant Autres dans ce menu).
Format Nombre Comptabilité	Applique aux cellules sélectionnées le format Monétaire, qui comporte le séparateur de milliers, l'affichage de deux chiffres après la virgule et le symbole de l'euro (€). La boîte de dialogue Format de cellule vous permet de personnaliser ces paramètres.
Style de pourcentage	Applique aux cellules sélectionnées le format Pourcentage, qui multiplie par 100 la valeur entrée dans la cellule et y ajoute le symbole %, sans afficher de décimales.
Séparateur de milliers	Affiche le contenu des cellules sélectionnées en utilisant le séparateur de milliers.
Ajouter une décimale	Affiche le contenu des cellules sélectionnées avec un chiffre de plus après la virgule.
Réduire les décimales	Affiche le contenu des cellules sélectionnées avec un chiffre de moins après la virgule.

N'OUBLIEZ PAS

Pensez à exploiter les info-bulles qui s'affichent lorsque vous positionnez votre pointeur sur un de ces outils. Ces phylactères ne se contentent pas de vous expliquer à quoi sert la commande ; ils vous renseignent aussi sur les équivalents claviers qui vous permettront de travailler plus rapidement et plus efficacement.

Mettre en forme des cellules à la source avec la minibarre d'outils

L'application d'une mise en forme à une sélection de cellules est même encore plus facile dans Excel 2016 grâce à une petite barre d'outils qu'on appelle plus familièrement, mais très sérieusement, la *minibarre.*

Pour afficher la minibarre, sélectionnez les cellules à mettre en forme (si vous sélectionnez des caractères dans une cellule, vous aurez une minibarre plus petite, ne contenant que les outils de mise en forme de caractères) et opérez un clic-droit sur cette sélection. Le menu contextuel et la minibarre apparaissent à droite (Figure 3.7). Dès que vous sélectionnez un des outils de cette minibarre, le menu disparaît.

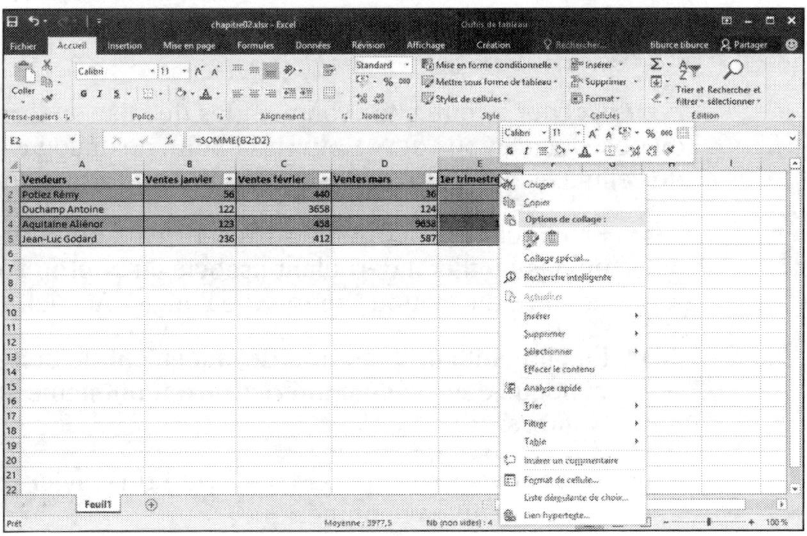

Figure 3.7 : Utilisez les boutons de la minibarre pour modifier la mise en forme des cellules sélectionnées.

Comme vous le voyez dans cette figure, la minibarre contient la plupart des boutons du groupe Police de l'onglet Accueil (à l'exception du bouton Souligné). Vous y trouvez aussi le bouton Fusionner et centrer du groupe Alignement (voyez la section « Modifier l'alignement », plus loin dans ce chapitre) et les boutons Monétaire, Pourcentage, Séparateur de milliers, Ajouter

une décimale et Réduire les décimales du groupe Nombre (voyez la section « Comprendre les formats de nombre », plus loin dans ce chapitre). Cliquez simplement sur ces boutons pour appliquer les mises en forme correspondantes aux cellules sélectionnées.

La minibarre contient également le bouton Reproduire la mise en forme du groupe Presse-papiers de l'onglet Accueil, ce qui vous permet de copier facilement la mise en forme de la cellule active pour l'appliquer à d'autres cellules.

La boîte de dialogue Format de cellule

Bien que les boutons des groupes Police, Alignement et Nombre de l'onglet Accueil vous donnent un accès immédiat aux commandes de mise en forme les plus utilisées, ils sont loin de représenter toutes les commandes de mise en forme d'Excel.

Pour accéder à toutes les commandes de mise en forme dont dispose Excel, vous devez ouvrir la boîte de dialogue Format de cellule en suivant une des trois procédures que voici :

- En cliquant sur l'option Autres formats numériques, tout en bas du menu déroulant associé au bouton Format de nombre du groupe Nombre de l'onglet Accueil.
- En cliquant sur le bouton de lancement de boîte de dialogue dans le coin inférieur droit du même groupe Nombre.
- En appuyant sur Ctrl + Maj + 1 (le 1 du clavier principal, pas celui du pavé numérique).

La boîte de dialogue Format de cellule contient six onglets : Nombre, Alignement, Police, Bordure, Remplissage et Protection. Nous allons, de ce pas, vous montrer comment les utiliser, à l'exception de l'onglet Protection dont nous parlerons au Chapitre 6.

TRUC

Le raccourci clavier qui ouvre la boîte de dialogue Format de cellule, Ctrl + Maj + 1 (le 1 du clavier principal, pas celui du pavé numérique), est bien utile à mémoriser.

Comprendre les formats de nombre

Ainsi que nous l'avons expliqué au Chapitre 2, la saisie des valeurs dans la feuille de calcul définit le type de la mise en forme. Voici quelques exemples :

- Lorsque vous saisissez au clavier un chiffre suivi d'un symbole monétaire reconnu par Windows (par défaut : l'euro et le dollar), Excel applique le format Monétaire.
- Si vous entrez une valeur représentant un pourcentage sous la forme d'un entier suivi du signe %, Excel applique automatiquement le format Pourcentage.
- Si vous entrez une date (les dates sont aussi des valeurs) en respectant un des formats intégrés, comme 11/06/02 ou 11-juin-02, le logiciel affecte un format de nombre Date et lui attribue une valeur interne spéciale qui est la représentation de cette date.

Bien qu'il soit possible de mettre les valeurs en forme de cette manière au cours de la saisie, ce qui est nécessaire pour les dates, vous n'êtes pas obligé de procéder de la sorte. Vous pouvez à tout moment affecter un format de nombre à un groupe de valeurs avant ou après les avoir entrées. À vrai dire, formater les nombres après les avoir saisis est souvent le moyen le plus efficace, car la procédure s'effectue en deux étapes seulement :

1. **Sélection des valeurs nécessitant une mise en forme.**

2. **Sélection du format de nombre à appliquer, soit en utilisant les boutons de mise en forme de l'onglet Accueil, soit en utilisant l'onglet Nombre de la boîte de dialogue Format de cellule.**

Même si vous êtes vraiment très doué pour la frappe et préférez entrer directement les valeurs sous leur forme définitive, vous devrez néanmoins recourir aux formats de nombre pour faire en sorte que les valeurs calculées par les formules correspondent à d'autres valeurs que vous aurez entrées ; en effet Excel applique un format de nombre Standard – celui que la boîte de dialogue Format de cellule définit comme « n'ayant pas de format de nombre spécifique » – à toutes les cellules qu'il calcule, ainsi qu'à toutes les entrées qui ne correspondent pas à un de ses formats de nombre. Le plus gros problème du format de nombre Standard est qu'il a la désagréable habitude de supprimer tous les zéros qui précèdent un nombre et aussi ceux qui suivent les décimales, d'où l'impossibilité de les aligner parfaitement dans les colonnes, selon la virgule décimale.

Ce triste comportement est visible sur la Figure 3.8, qui représente un tableau de résultats commerciaux sans qu'aucune valeur n'ait été mise en forme. Remarquez comme les chiffres se calent maladroitement contre le bord droit selon le nombre de décimales, sans aucun alignement sur la virgule décimale. Cette mauvaise présentation est causée par le format de nombre Standard d'Excel. Le seul moyen d'y remédier est de choisir un format de nombre plus rationnel.

Appliquer un style Monétaire

Du fait de la nature financière de la plupart des feuilles de calcul, vous serez sans doute amené à utiliser le format Monétaire plus souvent qu'un autre. C'est une mise en forme très facile à appliquer, puisqu'il vous suffit pour cela de cliquer sur le bouton Monétaire dans l'onglet Accueil du Ruban.

N'oubliez pas que le format Monétaire ajoute le symbole de l'euro (€), affiche la valeur avec deux décimales et utilise le séparateur de milliers. De plus, si vous saisissez une valeur entre parenthèses, elle sera considérée comme négative et affichée avec un signe moins (-).

Comme le montre la Figure 3.9, seules les cellules qui ont été sélectionnées (plage E2:E5) ont reçu le format Monétaire. Il a été appliqué en cliquant sur le bouton Monétaire du groupe Nombre de l'onglet Accueil (son icône montre un billet de banque et des pièces).

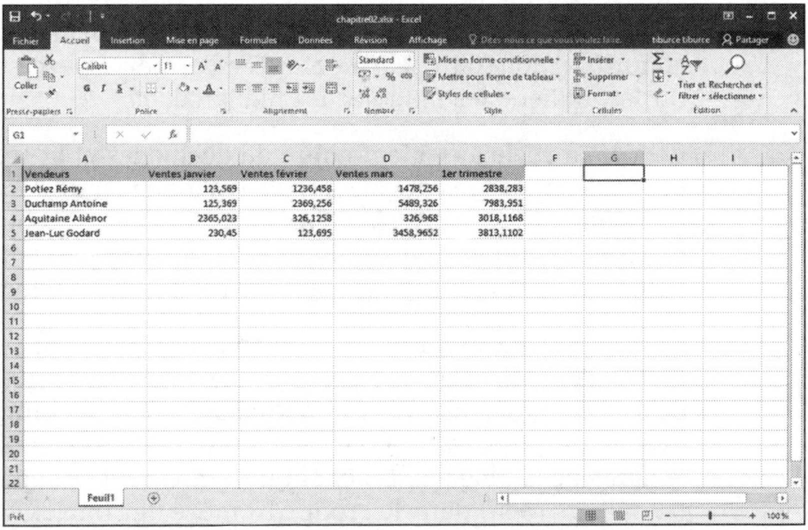

Figure 3.8 : Les nombres comportant des décimales ne s'alignent pas correctement lorsque le format de nombre Standard est utilisé.

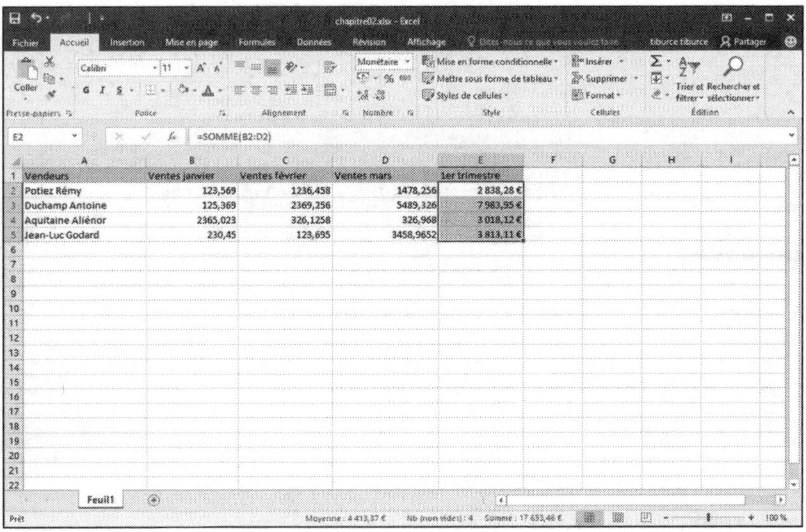

Figure 3.9 : Les totaux ont été présentés en euro en cliquant sur le bouton Monétaire de l'onglet Accueil.

Bien qu'il soit possible de mettre toutes les valeurs du tableau en format Monétaire, il en résulterait une surabondance de signes euro. Nous ne l'avons donc fait apparaître que dans les totaux.

Présenter les cellules avec le style Séparateur de milliers

Le format Séparateur de milliers est une excellente alternative au format Monétaire, car, comme ce dernier, il permet de séparer les milliers, les millions, les milliards, *etc.*

Ce format règle aussi le nombre de décimales et la représentation des nombres négatifs, mais il n'affiche aucun symbole monétaire. Observez, à la Figure 3.10 comment le bouton d'activation du format Séparateur de milliers, présent dans l'onglet Accueil du Ruban, a affiché les nombres sélectionnés.

Le format Séparateur de milliers convient très bien pour des résultats commerciaux comme ceux de la Figure 3.10. C'est ce format que nous avons appliqué aux cellules contenant les ventes mensuelles. Pour cela, nous avons sélectionné les cellules de la plage B2:D5 et cliqué sur le bouton Séparateur de milliers (000) dans le groupe Nombre de l'onglet Accueil.

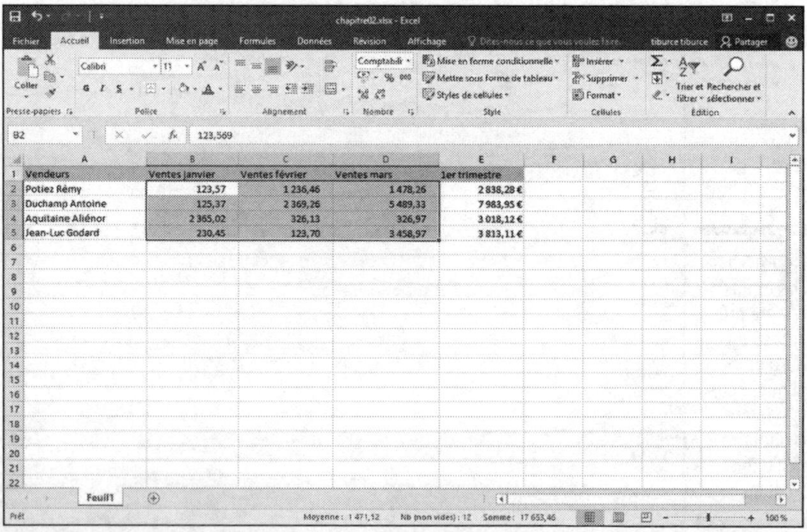

Figure 3.10 : Les chiffres des ventes viennent d'être mis en forme avec le bouton Séparateur de milliers.

Remarquez, Figure 3.10 comment le format Séparateur de milliers gère les décimales ; les chiffres sont désormais parfaitement alignés sur la virgule décimale et surtout par rapport à la virgule qui se trouve dans les totaux mis en forme avec le format Monétaire. Ils ont même été légèrement décalés vers la gauche pour parfaire l'alignement.

Le format Pourcentage

De nombreuses feuilles de calcul contiennent des pourcentages (taux d'intérêt, de croissance, d'inflation, *etc.*). Pour entrer un pourcentage dans une cellule, commencez par cliquer dessus pour la sélectionner, cliquez sur le bouton Style de pourcentage dans le groupe Nombre de l'onglet Accueil, entrez directement le pourcentage voulu s'il est supérieur à 1 (par exemple, entrez **12** pour 12 %) et appuyez sur Entrée. Si vous avez entré par exemple **12** ou **54**, vous voyez apparaître 12 % ou 54 % dans la cellule. Pour entrer un pourcentage inférieur à 1 %, vous devez entrer la valeur numérique correspondante (par exemple, .005 pour 0,5 %). Dans ce cas, vous verrez apparaître 1 % dans la cellule, car le format Pourcentage n'affiche que les valeurs entières. Ce qui n'empêche pas, naturellement, de voir apparaître, dans la barre de formule, la valeur exacte que vous avez entrée, sous forme de pourcentage (dans l'exemple précédent, 0,5 %).

En revanche, si vous appliquez le format Pourcentage à une cellule après y avoir entré une valeur, celle-ci est multipliée par 100 pour être convertie en pourcentage (si vous appliquez le format Pourcentage à une cellule qui contient la valeur 12, vous voyez apparaître 1 200 % dans la cellule).

Pour entrer une série de pourcentages dans une feuille de calcul, le plus commode est donc d'utiliser la première méthode : sélectionner la plage de cellules, cliquer sur le bouton Style de pourcentage pour lui appliquer le format Pourcentage et entrer directement les pourcentages.

La Figure 3.11 montre la situation inverse où des valeurs calculées par une formule ont été converties en pourcentage par l'application aux cellules correspondantes du format pourcen-

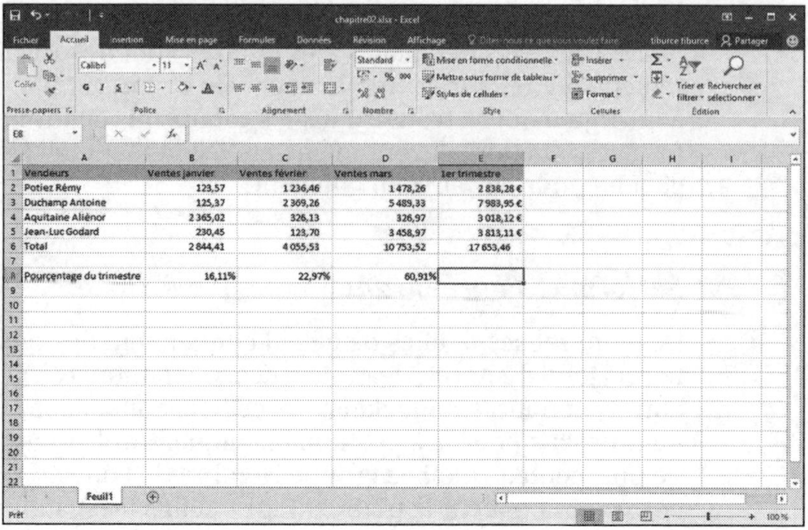

Figure 3.11 : Les pourcentages ont été mis en forme avec le format Pourcentage.

tage. C'est ce que vous pouvez voir dans la ligne 7 de cette feuille de calcul, qui montre le ratio, calculé par une formule, du total des ventes par mois par rapport au total des ventes du trimestre (cellule E6). Donc, ces valeurs ont été converties en pourcentage par application aux cellules correspondantes du format Pourcentage après y avoir entré les formules.

Définir les décimales

Il est possible d'augmenter et de réduire le nombre des décimales d'un nombre ayant reçu un format Monétaire, Séparateur de milliers ou Pourcentage en cliquant tout simplement sur les boutons Ajouter une décimale et Réduire les décimales. Ces deux commandes se trouvent dans le groupe Nombre de l'onglet Accueil.

Chaque fois que vous cliquez sur le bouton Ajouter une décimale (celui avec une flèche pointée vers la gauche), Excel place une autre décimale après la virgule.

Les valeurs qui se cachent sous une mise en forme

Ne vous laissez pas induire en erreur par les formats qui enjolivent la présentation des cellules d'une feuille de calcul. Comme le ferait tout bon illusionniste, un format peut changer l'apparence d'une valeur comme par magie, mais en réalité le chiffre brut que vous avez entré reste immuable. Supposons qu'une formule retourne la valeur suivante :

```
25,6456
```

Supposons maintenant que vous mettiez en forme la cellule qui contient ce chiffre avec l'outil Monétaire. La valeur est affichée sous la forme :

```
25,65 €
```

Ce changement peut vous inciter à penser qu'Excel a arrondi la deuxième décimale à la valeur supérieure. En réalité, le logiciel n'a arrondi que l'*affichage* de la valeur ; la cellule contient toujours la valeur 25,6456. Si vous utilisez le contenu de cette cellule dans une formule, rappelez-vous qu'Excel utilise toujours la valeur véritable pour ses calculs, celle qui est stockée dans la mémoire et non celle qui apparaît à l'écran sous une forme ou sous une autre.

Comment ferez-vous pour que la valeur mise en forme soit la même que la valeur utilisée pour le calcul ? Excel peut satisfaire à votre demande en une seule étape. Sachez qu'il s'agit d'une opération irréversible. Il est en effet possible d'utiliser pour le calcul les valeurs affichées, mais avec une mise en forme particulière, en cochant une seule case. Mais vous ne pourrez pas revenir aux valeurs précédentes en la désactivant.

Puisque vous insistez pour connaître ce truc, voici comment il faut procéder :

1. **Assurez-vous que toutes les cellules de la feuille de calcul ont été mises en forme avec le nombre de décimales que vous désirez.**

Cette étape doit être accomplie avant de convertir l'affichage de la précision des valeurs dans la feuille de calcul.

2. **Cliquez sur Fichier/Options/Options avancées.**
3. **Dans la section Lors du calcul de ce classeur, cochez la case Définir le calcul avec la précision au format affiché.**

   Excel affiche une boîte d'alerte vous disant La précision pour ces données sera définitivement perdue.

4. **Cliquez sur OK ou appuyez sur Entrée pour confirmer.**

Dates et heures dans les calculs

Au Chapitre 2, nous avons indiqué qu'il était très simple de créer des formules qui calculent le temps écoulé entre deux dates ou deux heures. Le hic est qu'Excel affiche automatiquement le résultat du calcul au format date ou heure. Par exemple, si vous entrez 15-8-04 dans la cellule B4, 15/4/04 dans la cellule C4 et, dans la cellule E4, la formule suivante permettant de trouver le nombre de jours écoulés entre les deux dates :

```
=B4-C4
```

Excel renvoie le résultat de 122 déguisé en 01/05/1900 dans la cellule E4. Pour remettre en forme ce résultat, vous devez affecter le format Nombre à la cellule E4 (ouvrez le menu du bouton Format de nombre dans le groupe Nombre de l'onglet Accueil et sélectionnez Nombre). La valeur 122 remplace alors 01/05/1900, indiquant que 122 jours se sont écoulés entre les deux dates.

Il en va de même avec les formules calculant le temps écoulé entre deux heures. Vous devez modifier le format de la cellule abritant le résultat. Prenons un exemple : vous saisissez 8:00 AM dans la cellule C8, 4:00 PM dans la cellule D8 et, dans la cellule E8, la formule suivante permettant de calculer le nombre d'heures écoulées entre ces deux instants :

```
=D8-C8
```

Il vous faut là aussi transformer au format Standard le résultat de la cellule E8, qui apparaît automatiquement sous la forme 8:00 AM. Une fois converti, le résultat est de 0,333333333 à la place de 8:00 AM, soit sa fraction sur une période de 24 heures. Pour obtenir le nombre d'heures correspondant, il suffit de multiplier 0,333333333 par 24, ce qui donne 8.

Un coup d'œil sur les différents formats de nombre

Excel prend en charge d'autres formats que Monétaire, Séparateur de milliers et Pourcentage. Pour les utiliser, sélectionnez la cellule ou la plage à mettre en forme, puis cliquez dedans avec le bouton droit de la souris. Dans le menu contextuel qui apparaît, sélectionnez l'option Format de cellule (ou appuyez sur Ctrl + Maj + 1 [le 1 du clavier principal]). Dans les deux cas, la boîte de dialogue Format de cellule apparaît.

Dans la boîte de dialogue Format de cellule, cliquez sur l'onglet Nombre puis sélectionnez le format désiré dans la liste Catégorie. Certains, comme Date, Heure, Fraction et Spécial, proposent un choix encore plus étendu de formats. D'autres, comme Nombre et Monétaire, possèdent leur propre boîte permettant de paramétrer la mise en forme. Chaque fois que vous sélectionnez un format, Excel affiche dans la zone Exemple la présentation de la première cellule de la plage sélectionnée. Si cet aperçu vous convient, cliquez sur OK ou appuyez sur Entrée pour appliquer la mise en forme choisie aux cellules sélectionnées.

La catégorie Spécial de la boîte de dialogue Format de cellule, onglet Nombre, contient des mises en forme très particulières. Les formats que voici vous intéresseront certainement :

- **Sécurité sociale :** divise automatiquement les treize chiffres du numéro INSEE mentionnant le sexe, l'année de naissance, le mois, le lieu ainsi que les deux codes à trois chiffres. Exemple : 1 68 05 75 123 456.

- **Code postal :** conserve les zéros qui précèdent un nombre (important pour entrer des codes postaux comme 04120 ou 07000).
- **Numéro de téléphone :** sépare les dix chiffres des numéros de téléphone français deux par deux, en plaçant une espace entre chaque groupe (exemple : 01 40 21 46 20). D'autres options mettent en forme les numéros de téléphone belges, canadiens, luxembourgeois, marocains et suisses.

Ces mises en forme spéciales sont extrêmement commodes lorsqu'il s'agit de créer des bases de données avec Excel, qui exigent souvent la saisie d'un grand nombre de codes postaux, de numéros de téléphone ou de numéros INSEE.

Régler les colonnes

Si Excel 2016 ne se charge pas lui-même de régler la largeur des colonnes, vous n'aurez aucune difficulté à le faire par vous-même. Le moyen le plus simple de les ajuster consiste à appliquer la largeur la plus appropriée grâce à la commande Ajustement automatique. Elle demande à Excel de réduire ou d'augmenter la largeur des colonnes selon le contenu le plus long qui s'y trouve.

Procédez comme suit pour appliquer un ajustement automatique aux colonnes :

1. **Placez le pointeur de la souris sur la bordure grise de droite de l'en-tête de la colonne, tout en haut de la feuille de calcul.**

   Le pointeur de la souris se transforme en double flèche pointant vers la gauche et vers la droite.

2. **Double-cliquez.**

   Excel ajuste automatiquement la largeur de la colonne selon la donnée la plus longue qui s'y trouve.

L'ajustement automatique peut être appliqué à plusieurs colonnes à la fois. Il suffit de sélectionner toutes les colonnes à régler (si elles sont adjacentes, cliquez et tirez dans leur en-tête ; sinon, touche Ctrl enfoncée, cliquez dans les différents en-têtes). Après avoir sélectionné les colonnes, double-cliquez sur n'importe quelle bordure de droite d'un en-tête.

L'ajustement automatique ne produit pas toujours le résultat escompté : un titre très long qui déborde sur les autres cellules, à droite, est exagérément élargi.

TRUC

Si l'ajustement automatique ne vous convient pas, au lieu de double-cliquer, tirez la bordure de droite de l'en-tête jusqu'à ce que vous ayez obtenu la largeur désirée. Cette méthode manuelle est parfaite pour régler plusieurs colonnes à la fois. La largeur de celle que vous ajustez sera répercutée sur toutes celles qui sont sélectionnées.

Vous pouvez aussi fixer la largeur des colonnes à partir du menu affiché par le bouton Format du groupe Cellules de l'onglet Accueil. La section de ce menu concernant la largeur de colonne contient les trois options suivantes :

- **Largeur de colonne :** fait apparaître la boîte de dialogue Largeur de colonne, dans laquelle vous pouvez spécifier le nombre de caractères à afficher dans la colonne. Cliquez sur OK après avoir entré la valeur voulue.
- **Ajuster la largeur de colonne :** ajuste automatiquement la largeur de la colonne ou des colonnes de la sélection pour que le contenu le plus long y tienne en entier.
- **Largeur par défaut :** fait apparaître la boîte de dialogue Largeur standard, dans laquelle vous pouvez spécifier la largeur standard des colonnes, en nombre de caractères. Cliquez sur OK après avoir entré la valeur voulue.

Ajuster les lignes

Le réglage de la hauteur des lignes est comparable à celui de la largeur des colonnes, à ce détail près que vous serez moins souvent amené à ajuster des lignes que des colonnes. Excel modifie en effet automatiquement la hauteur de ligne selon les entrées, notamment lors d'un changement de taille de police ou d'un retour à la ligne à l'intérieur d'une cellule. Ces cas seront évoqués dans la section « Modifier l'alignement », plus loin dans ce chapitre. La plupart des modifications de hauteur de ligne sont effectuées pour augmenter l'espace réservé au titre d'un tableau sans ajouter des lignes vides (nous y reviendrons dans la section « De haut en bas », plus loin dans ce chapitre).

Pour augmenter la hauteur d'une ligne, tirez le bas de l'en-tête de ligne jusqu'à ce que vous ayez obtenu la hauteur désirée, puis relâchez le bouton de la souris. Pour réduire la hauteur d'une ligne, inversez la manipulation en faisant remonter le bas de l'en-tête. Pour appliquer un ajustement automatique, double-cliquez sur la bordure inférieure de l'en-tête.

Comme pour les colonnes, vous pouvez aussi ajuster la hauteur des lignes sélectionnées en utilisant ce même menu du bouton Format du groupe Cellules de l'onglet Accueil :

- **Hauteur de ligne :** fait apparaître la boîte de dialogue Hauteur de ligne, dans laquelle vous pouvez spécifier la hauteur de ligne (en points). Cliquez sur OK après avoir entré la valeur voulue.
- **Ajuster la hauteur de ligne :** ajuste automatiquement la hauteur de la ligne ou des lignes de la sélection pour que le contenu le plus long y soit entièrement affiché.

On la voit, on ne la voit plus !

Un détail amusant concernant les lignes et les colonnes : il est possible de les réduire à tel point qu'elles semblent avoir disparu de la feuille de calcul ! Ce comportement est très pratique pour masquer des données. Supposons qu'une feuille de calcul contienne la liste des employés et leur salaire ; vous avez besoin de ces chiffres pour calculer un budget, mais vous ne tenez pas à ce que ces données sensibles apparaissent dans le rapport imprimé. Au lieu de perdre du temps à déplacer la colonne des salaires hors de la zone à imprimer, il suffit de masquer la colonne au moment de l'impression.

Masquer et afficher des colonnes

Bien qu'il soit possible de masquer des lignes et des colonnes manuellement, Excel propose une méthode autrement plus rapide et efficace, par l'option Masquer & afficher du menu du bouton Format du groupe Cellules de l'onglet Accueil. Supposons que vous deviez masquer la colonne B d'une feuille de calcul parce qu'elle contient des informations sensibles ou sans rapport avec le sujet. Pour masquer cette colonne, suivez ces étapes :

1. **Cliquez sur une cellule quelconque de la colonne B pour la sélectionner.**
2. **Cliquez sur le bouton Format du groupe Cellules de l'onglet Accueil pour faire apparaître son menu.**
3. **Dans ce menu, sélectionnez Masquer & afficher/Masquer les colonnes.**

La colonne *s'évanouit* ! Toutes les informations de la colonne B disparaissent de la feuille de calcul. Remarquez notamment la succession des lettres des en-têtes de colonnes : A, C, D, E… Il manque la lettre B.

TRUC

Vous obtiendriez le même résultat en cliquant dans l'en-tête de la colonne avec le bouton droit de la souris et en choisissant, dans le menu contextuel, l'option Masquer.

Supposons maintenant que vous ayez imprimé la feuille de calcul et qu'il vous faut modifier une des entrées de la colonne B. Procédez comme suit pour réafficher la colonne :

1. **Placez le pointeur de la souris sur l'en-tête de la colonne A, puis tirez-le vers la droite pour sélectionner les colonnes A et C.**

En tirant de A à C, vous incluez la colonne B dans la sélection. Ne cliquez surtout pas sur A *et* C, touche Ctrl enfoncée, car vous omettriez la colonne B.

2. **Cliquez sur le bouton Format du groupe Cellules de l'onglet Accueil pour faire apparaître son menu.**

3. **Dans ce menu, sélectionnez Masquer & afficher/Afficher les colonnes.**

Excel fait réapparaître la colonne B ; les trois colonnes A, B et C sont sélectionnées. Pour les désélectionner, cliquez sur n'importe quelle cellule de la feuille de calcul.

TRUC

Il est aussi possible de réafficher la colonne B en sélectionnant les colonnes A à C, en cliquant sur l'une d'elles avec le bouton droit de la souris et en choisissant la commande Afficher dans le menu contextuel.

Masquer et afficher des lignes

La procédure est exactement la même pour masquer et afficher des lignes que pour masquer et afficher des colonnes, à la seule différence qu'après avoir sélectionné les lignes voulues, il suffit de sélectionner Masquer & afficher/Masquer les lignes (au lieu de Masquer les colonnes) et Masquer & afficher/Afficher les lignes (au lieu de Afficher des colonnes) dans le menu affiché par le bouton Format de l'onglet Accueil.

N'OUBLIEZ PAS

N'oubliez pas que vous pouvez aussi cliquer du bouton droit sur la ligne ou les lignes sélectionnées pour sélectionner Masquer ou Afficher dans le menu contextuel qui apparaît.

Du côté de la police

Quand vous ouvrez une nouvelle feuille de calcul, Excel assigne une même police à la même taille à toutes les entrées auxquelles vous procédez. Le programme utilise la police Calibri de 11 points (en typographie, le corps d'une police, c'est-à-dire sa taille, est exprimé en points). Bien que cette police convienne parfaitement pour la saisie, vous serez tenté d'en choisir d'autres pour agrémenter les titres et les en-têtes de vos tableaux.

Si vous ne tenez pas à conserver la police standard utilisée par Excel, vous pouvez en spécifier une autre dans l'onglet Général de la boîte de dialogue Options Excel (Fichier/Options). Dans la section Lors de la création de classeurs, sélectionnez la police que vous voulez utiliser par défaut en la choisissant dans la liste déroulante Toujours utiliser cette police. Sélectionnez également si nécessaire la taille que vous voulez utiliser par défaut dans la liste déroulante Taille de la police (vous pouvez aussi l'entrer manuellement).

La plupart des choix concernant la police peuvent être effectués directement depuis le groupe Police de l'onglet Accueil, ce qui évite d'avoir à afficher la boîte de dialogue Format de cellule.

- Pour appliquer une nouvelle police à une cellule ou à une plage, cliquez sur le bouton fléché du champ Police, dans le groupe Police de l'onglet Accueil. Sélectionnez ensuite le nom de la police à utiliser. Remarquez qu'Excel affiche le nom de chaque police avec sa typographie réelle, ce qui facilite le choix.
- Pour modifier la taille de la police, cliquez sur le bouton fléché du champ Taille de police, dans le groupe Police de l'onglet Accueil et sélectionnez une nouvelle taille dans la liste.

Vous pouvez aussi appliquer du **gras**, de l'*italique*, un soulignement ou ~~barrer~~ des données. Le groupe Police de l'onglet Accueil contient les boutons permettant d'appliquer ou de supprimer les trois premiers styles ; remarquez que ces boutons reçoivent un fond orange (au lieu du bleu habituel) chaque fois que vous sélectionnez une cellule dont le contenu a reçu l'attribut correspondant. Lorsque vous cliquez sur un de ces boutons afin de supprimer le style dans la cellule sélectionnée, il reçoit à nouveau le fond bleu qui indique que la cellule sélectionnée n'a plus l'attribut correspondant.

Vous procéderez probablement à la plupart des modifications de police à partir de l'onglet Accueil du Ruban, mais il vous sera parfois plus commode de les faire sous l'onglet Police de la boîte de dialogue Format de cellule.

L'onglet Police de la boîte de dialogue Format de cellule réunit tous les paramètres de police, y compris les styles (gras, italique…), les effets (barré, exposant et indice) et les couleurs. Si vous devez effectuer plusieurs modifications de police dans une sélection, travailler avec cet onglet Police sera beaucoup plus rapide et rationnel. La boîte de dialogue contient d'ailleurs une fenêtre d'aperçu qui montre l'effet – à l'écran du moins – des différents paramètres.

Pour changer la couleur de police dans des cellules sélectionnées, cliquez sur le triangle pointant vers le bas du bouton Couleur de police dans le groupe Police de l'onglet Accueil et sélectionnez la couleur que vous voulez appliquer au texte des cellules dans la palette qui apparaît. N'oubliez pas que, selon le principe des Styles rapides, il vous suffit de placer le pointeur sur une couleur dans la palette pour voir le texte des cellules sélectionnées prendre la couleur correspondante. Pour appliquer effectivement la couleur choisie, cliquez dessus.

Modifier l'alignement

Lorsque vous commencez à saisir des entrées, leur alignement dans les cellules dépend de leur type. Tous les textes sont alignés à gauche et toutes les valeurs à droite. Vous pouvez cependant modifier cette disposition à votre guise.

Le groupe Alignement de l'onglet Accueil contient trois outils d'alignement : Aligné à gauche, Au centre et Aligné à droite. Ils disposent le contenu de la cellule ou d'une plage exactement comme vous le désirez. À droite de ces boutons d'alignement, se trouve le bouton Fusionner et centrer.

Ce bouton mérite d'être connu, car il sert à centrer instantanément un titre sur toute la largeur d'un tableau. La Figure 3.12

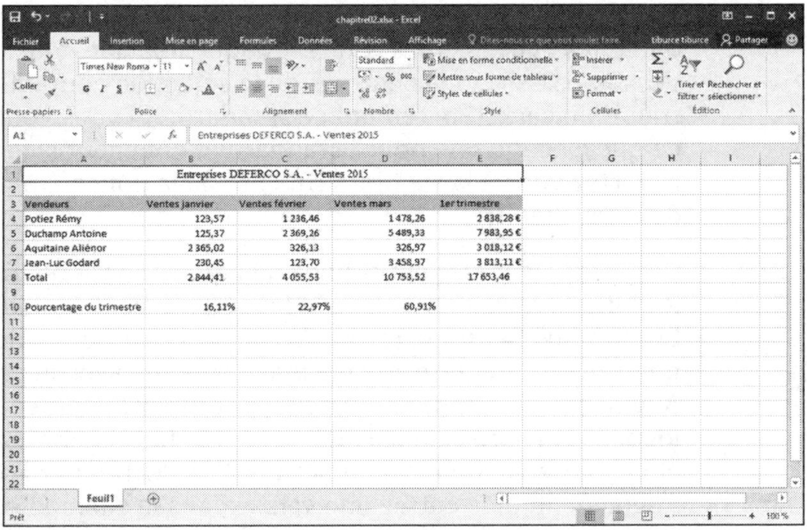

Figure 3.12 : La feuille de calcul après le centrage du titre sur les colonnes A à E.

montre comment l'utiliser. Dans cette figure, le titre « ENTREPRISES DEFERCO S.A. - VENTES 2015 » (ancré en A1) déborde, comme il est assez long, sur la cellule de droite (soit B1). Pour centrer ce titre au-dessus du tableau, qui s'étend des colonnes A à E, sélectionnez la plage de cellules A1:E1 puis, dans le groupe Alignement de l'onglet Accueil, cliquez sur le bouton Fusionner et centrer.

Observez le résultat : dans la ligne 1, les cellules des colonnes A à E ont été fusionnées en une seule cellule et le titre a été parfaitement centré dans cette « supercellule » qui s'étend d'un côté à l'autre du tableau.

TRUC

Si vous devez de nouveau scinder une cellule fusionnée en cellules distinctes, sélectionnez-la, puis cliquez tout simplement à nouveau sur le bouton Fusionner et centrer dans le groupe Alignement de l'onglet Accueil.

Les retraits

Excel permet de mettre des entrées en retrait dans les cellules. Pour ce faire, cliquez sur le bouton Augmenter le retrait, dans le groupe Alignement de l'onglet Accueil. Ce bouton est reconnaissable à l'icône montrant une flèche repoussant quelques lignes vers la droite. Chaque fois que vous cliquez dessus, Excel met les entrées de la sélection courante en retrait d'un caractère (en police standard). Si vous voulez savoir ce que c'est qu'une police standard et comment la modifier, reportez-vous à la section « Du côté de la police », plus haut dans ce chapitre.

Un retrait peut être supprimé en cliquant sur le bouton Réduire le retrait ; il se trouve immédiatement à gauche du bouton Augmenter le retrait. Vous pouvez aussi modifier le nombre de caractères du décalage effectué avec le bouton Augmenter le retrait ; pour ce faire, ouvrez la boîte de dialogue Format de cellule (Ctrl + Maj + 1 [le 1 du clavier principal, pas celui du pavé numérique]), sélectionnez l'onglet Alignement, puis entrez une valeur dans le champ Retrait, soit en la tapant, soit en actionnant le bouton rotatif.

De haut en bas

L'alignement à gauche, centré ou à droite concerne le positionnement de l'entrée par rapport aux bords gauche et droit de la cellule, c'est-à-dire horizontalement. Vous pouvez aussi aligner le texte par rapport aux bords haut et bas de la cellule, soit verticalement. Par défaut, toutes les entrées sont placées en bas de la cellule, mais il est possible de les centrer verticalement ou de les placer contre le bord supérieur des cellules.

Pour modifier l'alignement vertical dans une plage de cellules sélectionnées, ouvrez la boîte de dialogue Format de cellule (Ctrl + Maj + 1 [le 1 du clavier principal, pas celui du pavé numérique]), puis cliquez sur l'onglet Alignement ; enfin, sélectionnez Haut, Centré, Bas, Justifié ou Distribué dans la liste déroulante Vertical.

La Figure 3.13 montre, dans la feuille des ventes de la société Deferco, le titre du tableau après qu'il a été centré verticalement (ce texte avait été centré horizontalement sur plusieurs colonnes avec la commande Fusionner et centrer ; la hauteur de la ligne 1, qui est par défaut de 15 points, a été augmentée à 36 points).

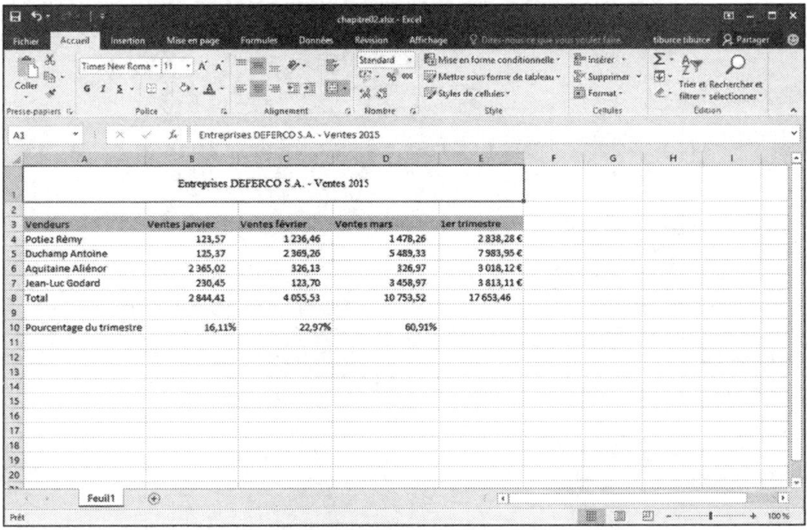

Figure 3.13 : La feuille de calcul après le centrage vertical du titre du tableau.

Gérer le renvoi à la ligne

Dans les tableaux, le placement des titres dans les colonnes a toujours posé un problème ; il fallait souvent les abréger pour éviter d'avoir à élargir les colonnes pour les faire tenir dedans. Dans Excel, ce problème peut être évité grâce à la fonction de renvoi à la ligne. La Figure 3.14 montre une nouvelle feuille de calcul dans laquelle les produits et la société qui les commercialise viennent d'être encodés sans formatage.

La Figure 3.15, pour sa part, propose les mêmes titres, mais après validation du renvoi à la ligne automatique. De fait, dans cet exemple, les titres ont été mis en forme avec l'option Renvoyer à la ligne automatiquement, afin qu'ils tiennent chacun dans leur cellule.

Pour obtenir la présentation de cette Figure 3.15, sélectionnez les cellules contenant les titres (de A1 à C1), puis cliquez sur le bouton Renvoyer à la ligne automatiquement dans le groupe Alignement de l'onglet Accueil.

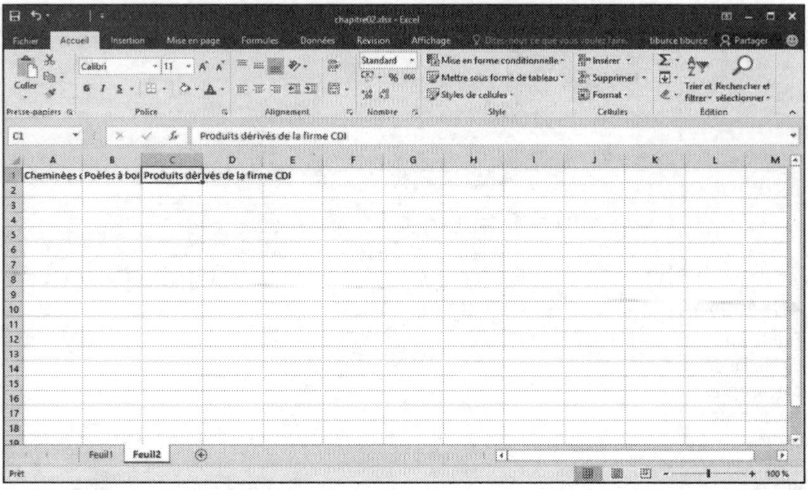

Figure 3.14 : Avant l'action.

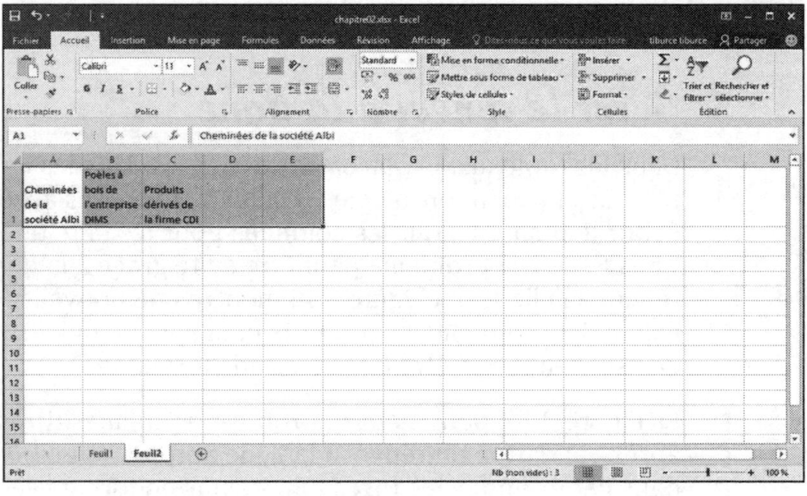

Figure 3.15 : Après activation de l'option de renvoi automatique.

Le renvoi à la ligne empêche les textes longs de déborder sur les cellules voisines. Pour recevoir les lignes supplémentaires, le logiciel augmente automatiquement la hauteur de ligne.

Quand vous sélectionnez l'option Renvoyer à la ligne automatiquement, Excel continue à utiliser les alignements verticaux et horizontaux que vous avez spécifiés pour la cellule. Notez que vous pouvez utiliser n'importe quelle option d'alignement de l'onglet Alignement de la boîte de dialogue Format de cellule : Gauche (avec ou sans retrait), Centré, Droit (avec ou sans retrait), Justifié ou Centré sur plusieurs colonnes. Vous ne pouvez toutefois pas utiliser l'option Recopié. Présente dans la liste déroulante Horizontal, l'option Recopié sert à répéter une entrée sur toute la largeur de la cellule.

Pour obtenir un renvoi à la ligne justifié sur les bords gauche et droit de la cellule, sélectionnez l'option Justifié dans la liste déroulante Horizontal de l'onglet Alignement de la boîte de dialogue Format de cellule.

TRUC

Un long texte peut être séparé en plusieurs lignes en y plaçant le point d'insertion, dans la cellule ou dans la barre de formule, et en appuyant sur les touches Alt + Entrée. Excel agrandit la ligne contenue dans la cellule, ainsi que la barre de formule, puis commence une nouvelle ligne. Dès que vous appuyez sur Entrée pour valider la saisie ou la modification, Excel effectue automatiquement le renvoi à la ligne selon la largeur de la colonne et l'emplacement du point d'insertion.

Incliner les données

Au lieu de définir un renvoi à la ligne pour les textes saisis dans les cellules, vous préférerez peut-être modifier leur orientation en les inclinant dans un sens ou dans un autre. Dans la Figure 3.16, le changement de direction des titres a donné un effet plus intéressant qu'un simple renvoi à la ligne.

Cet exemple montre une rotation à 90° vers le haut (dans le sens inverse des aiguilles d'une montre). Remarquez que cette opération a entraîné un ajustement de la largeur des colonnes.

Pour faire pivoter le contenu des cellules, sélectionnez d'abord la plage A1:C1, puis cliquez sur le triangle pointant vers le bas du bouton Orientation (dans le groupe Alignement de l'onglet Accueil). Dans le menu qui apparaît, sélectionnez Rotation du texte vers le haut.

La Figure 3.17 montre maintenant les mêmes titres orientés à 45°. Pour obtenir ce résultat, sélectionnez cette fois Rotation dans le sens inverse des aiguilles d'une montre dans ce même

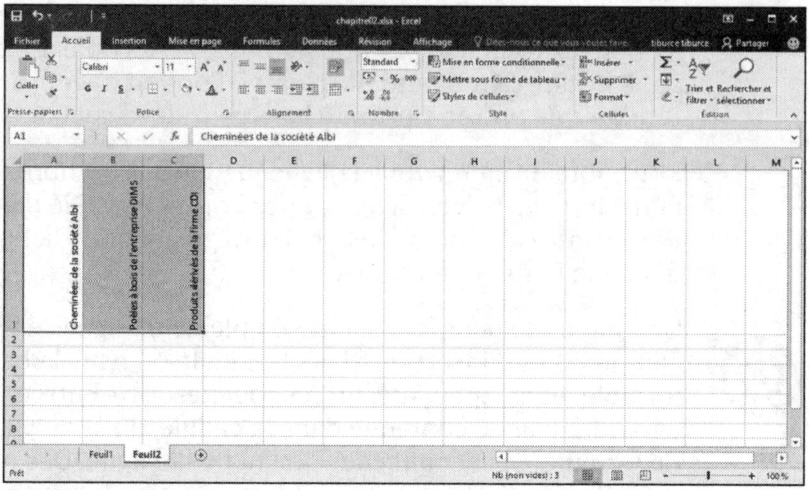

Figure 3.16 : Les titres ont été inclinés à 90° dans le sens inverse des aiguilles d'une montre.

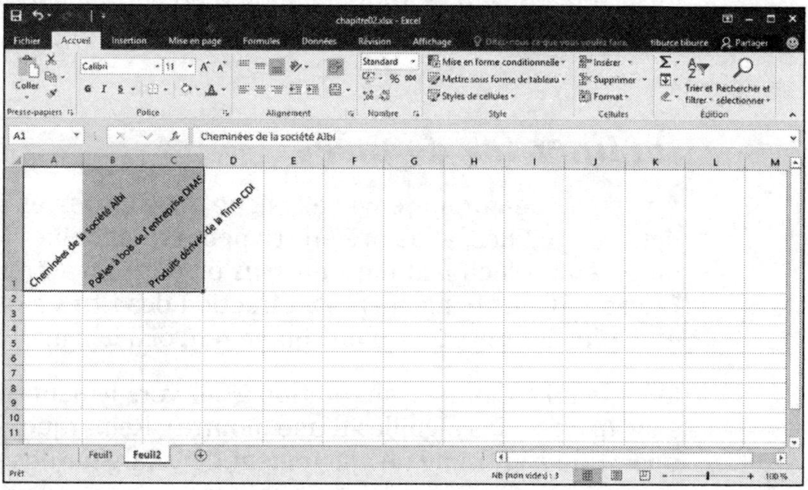

Figure 3.17 : Les titres ont été inclinés à 45° vers le haut.

menu du bouton Orientation (après avoir sélectionné la même plage A1:C1, naturellement).

Un texte peut être incliné à d'autres valeurs que 45 ou 90 degrés. Après avoir sélectionné le texte à faire pivoter, sélectionnez Format de cellule – Alignement dans le menu du bouton Orientation du groupe Alignement de l'onglet Accueil pour ouvrir la boîte de dialogue Format de cellule avec l'onglet Alignement au premier plan, et utilisez la section Orientation de cet onglet pour spécifier l'angle voulu.

Pour cela, cliquez à l'endroit voulu dans le demi-cercle ou entrez directement l'angle voulu en degrés dans le champ qui se trouve en dessous.

N'OUBLIEZ PAS

Vous pouvez définir n'importe quelle inclinaison, de 90° vers le haut à 90° vers le bas, soit en tapant la valeur exacte dans le champ Degrés, soit en actionnant l'aiguille du cadran.

TRUC

Pour placer le texte verticalement de telle manière que les lettres soient empilées les unes sur les autres, cliquez sur le rectangle montrant le mot « Texte » ainsi disposé, à gauche du cadran.

Ajuster

Pour éviter qu'Excel élargisse les colonnes pour y faire tenir les entrées (pour afficher l'intégralité d'un tableau de données à l'écran ou l'imprimer sur une seule feuille), utilisez la commande Ajuster.

Cliquez sur l'onglet Alignement de la boîte de dialogue Format de cellule (Ctrl + Maj + 1 [le 1 du clavier principal, pas celui du pavé numérique]) et cochez la case Ajuster. Excel réduit la taille de la police dans les cellules sélectionnées, ce qui lui évite d'avoir à modifier la largeur des colonnes. Sachez cependant que vous risquez de vous retrouver avec des textes illisibles. Notez aussi qu'il est impossible d'appliquer simultanément les options Renvoyer à la ligne automatiquement et Ajuster ; la sélection de l'une désélectionne aussitôt l'autre.

Boîtes à bordures

Le quadrillage que vous apercevez dans une feuille de calcul sert simplement à mieux visualiser les lignes et les colonnes dans lesquelles vous travaillez. Vous pouvez choisir de l'imprimer avec vos données ou non (en cochant la case Imprimer du groupe Options de la feuille de calcul dans l'onglet Mise en page du Ruban).

Vous pouvez mettre en évidence certaines parties de la feuille de calcul ou d'un tableau à l'aide de bordures ou en appliquant un effet d'ombrage aux cellules. Ne confondez pas les *bordures* que vous définissez vous-même avec le *quadrillage* correspondant aux lignes et aux colonnes de la feuille de calcul. Les bordures sont toujours imprimées, indépendamment du fait que vous décidiez ou non d'imprimer le quadrillage.

TRUC

Pour mieux voir les bordures que vous ajoutez à des cellules, supprimez l'affichage du quadrillage. Pour cela, ôtez la coche de la case Afficher de la section Quadrillage du groupe Options de la feuille de calcul dans l'onglet Mise en page du Ruban.

Pour ajouter des bordures à une sélection de cellules, cliquez sur le triangle pointant vers le bas du bouton Toutes les bordures du groupe Police de l'onglet Accueil et sélectionnez, dans le menu qui apparaît (Figure 3.18), le type de bordures que vous voulez appliquer à votre sélection.

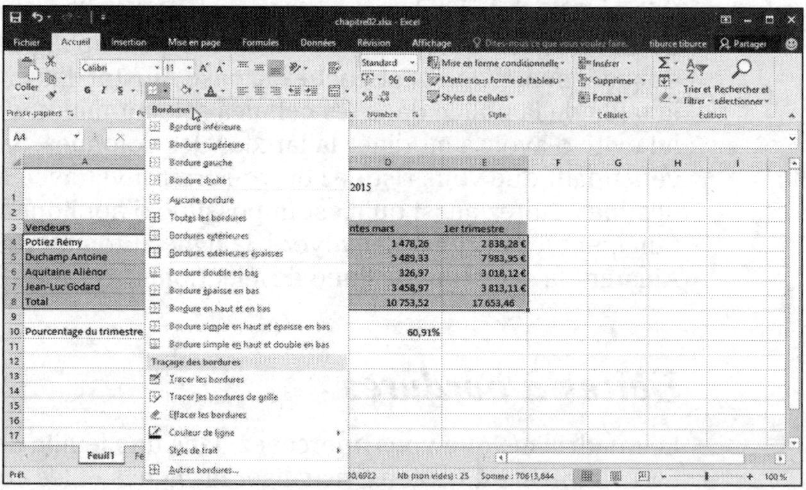

Figure 3.18 : Dans le menu du bouton Toutes les bordures, sélectionnez le type de bordures à appliquer à la sélection.

Rappelez-vous ces préceptes lorsque vous définissez des bordures :

- Pour que les bordures ne soient tracées qu'autour de la sélection, sélectionnez Bordures extérieures ou Bordure épaisse en encadré dans le menu du bouton Toutes les bordures.

- Pour que les bordures apparaissent autour de chacune des cellules de la plage sélectionnée, choisissez Toutes les bordures dans ce menu.

Pour changer le type de trait, l'épaisseur ou la couleur de la bordure que vous appliquez à une sélection de cellules, vous devez ouvrir la boîte de dialogue Format de cellule et cliquer sur son onglet Bordure (sélectionnez Autres bordures dans le menu du bouton Toutes les bordures ou appuyez sur Ctrl + Maj + 1 [le 1 du clavier principal, pas celui du pavé numérique]) et cliquez sur l'onglet Bordure dans la boîte de dialogue Format de cellule qui apparaît).

Pour changer le type de trait, sélectionnez celui qui vous convient dans la section Ligne de cet onglet. Pour changer la couleur, cliquez sur le bouton Couleur dans cette section Ligne et sélectionnez la couleur qui vous convient dans la palette qui apparaît. Pour définir les contours de la bordure, utilisez les boutons de la section Présélection et de la section Bordure (qui vous montre aussi le résultat de ce que vous sélectionnez). Pour appliquer à la sélection ce que vous venez de choisir, cliquez sur OK.

N'OUBLIEZ PAS

Pour vous débarrasser d'une bordure, vous devez sélectionner les cellules correspondantes et choisir Aucune bordure dans le menu du bouton Toutes les bordures du groupe Police de l'onglet Accueil.

Couleurs de remplissage, motifs et dégradés

Vous pouvez aussi mettre en évidence des zones de votre feuille de calcul en appliquant une couleur de remplissage, un motif ou un dégradé aux cellules correspondantes.

TRUC

Si vous avez une imprimante en noir et blanc, vous allez restreindre vos choix à des nuances de gris légères dans la palette de couleurs, sinon le contenu des cellules sera pratiquement illisible une fois imprimé.

Pour appliquer une nouvelle couleur de remplissage à une sélection de cellules, vous pouvez cliquer sur le triangle pointant vers le bas du bouton Couleur de remplissage du groupe Police de l'onglet Accueil et sélectionner la couleur voulue dans la palette qui apparaît. Selon le principe des Styles rapides, cette palette vous permet de voir l'effet sur les cellules sélectionnées lorsque vous placez simplement le pointeur de la souris sur une couleur avant de la sélectionner.

Pour appliquer un nouveau motif à une sélection de cellules, vous devez ouvrir la boîte de dialogue Format de cellule (Ctrl + Maj + 1 [le 1 du clavier principal, pas celui du pavé numérique]) et cliquer sur l'onglet Remplissage. Dans cet onglet, cliquez sur le bouton Motif pour faire apparaître la palette des motifs et faites-y votre sélection. Pour appliquer une couleur au motif sélectionné, cliquez sur le bouton Couleur (juste au-dessus du bouton Motif) et sélectionnez la couleur voulue dans la palette qui apparaît. Pour appliquer aux cellules sélectionnées le motif ainsi défini, cliquez sur OK.

Si vous voulez ajouter un dégradé de couleurs dans une direction ou une autre aux cellules sélectionnées, cliquez sur le bouton Motifs et textures dans l'onglet Remplissage de la boîte de dialogue Format de cellule. La nouvelle boîte de dialogue qui apparaît contient un seul onglet Dégradé, contenant plusieurs options pour définir ce dégradé.

Après avoir spécifié la première et la deuxième couleur et l'orientation du dégradé, vérifiez que le résultat vous convient dans l'exemple affiché dans le coin inférieur droit de cette boîte de dialogue et cliquez sur OK pour revenir à la boîte de dialogue Format de cellule. Le dégradé que vous venez de définir y apparaît maintenant dans la section Exemple. Pour voir le résultat sur votre sélection, il vous faut maintenant l'appliquer en cliquant sur le bouton OK.

Faites-le avec style

Les styles intégrés d'Excel 2016 vous permettent de formater vos tableaux en un tournemain. Vous les trouverez sous le bouton Styles de cellules du groupe Style de l'onglet Accueil du Ruban (Figure 3.19).

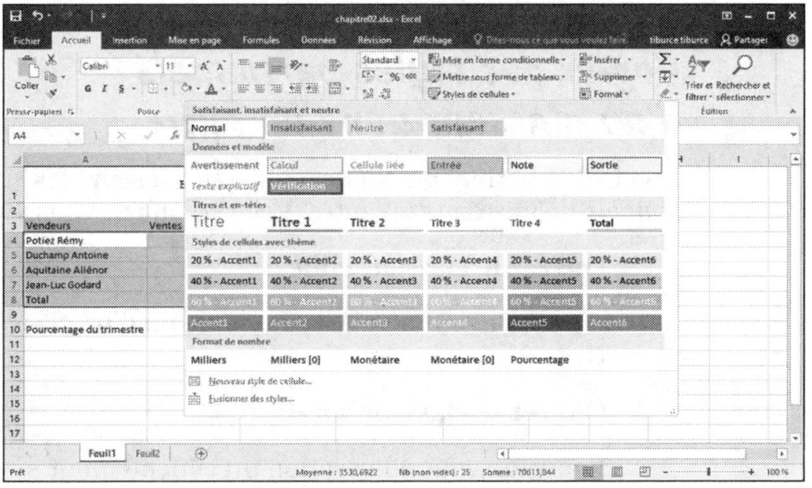

Figure 3.19 : Les styles prédéfinis d'Excel 2016.

L'usage est simple : opérez une sélection de cellules, puis accédez à cette liste de styles prêts à l'emploi et faites votre choix.

Créer un style personnel

Lancez-vous : attribuez, à une sélection, tous les formatages souhaités (police, taille, couleur, gras, italique, souligné, remplissage, motif, bordures, orientation…) ; cliquez ensuite sur Styles de cellules, puis sur Nouveau style de cellule. Dans la boîte Style qu'Excel vous ouvre suite à cette action, remplacez le nom générique Style 1 par un nom plus évocateur, puis cliquez sur OK.

Excel ajoute alors un exemplaire de votre nouveau style à une section, qu'il baptise Personnalisé et ajoute dans la fenêtre

Styles de cellules. C'est ici que vous sélectionnez ce style lorsque vous souhaiterez l'appliquer à une sélection.

N'OUBLIEZ PAS

Les styles que vous ajoutez ainsi à un classeur n'y sont définitivement associés qu'après la prochaine sauvegarde. N'oubliez pas d'activer le bouton Enregistrer de la barre d'outils Accès rapide ou d'invoquer son équivalent clavier, Ctrl + S.

Copier des styles personnels d'un classeur dans un autre

Excel vous permet de copier, dans un classeur, des styles personnels définis dans un autre. Voici comment vous y prendre :

1. **Ouvrez le classeur cible.**

   Il peut s'agir d'un classeur vierge ou d'un classeur existant.

2. **Ouvrez le classeur source.**

   Reportez-vous à la section précédente pour savoir comment créer des styles personnels.

3. **Réactivez le classeur cible.**

   Cliquez sur son icône depuis la barre des tâches de Windows ou utilisez la combinaison Alt + Tab pour naviguer parmi les éléments ouverts et pouvoir sélectionner celui qui vous intéresse.

4. **Activez le bouton Styles de cellules du groupe Style de l'onglet Accueil, puis, dans la fenêtre correspondante, validez, tout en bas, l'option Fusionner des styles.**

   Excel ouvre la boîte de dialogue Fusionner des styles.

5. **Sélectionnez, dans la liste, le classeur source, puis confirmez par OK.**

Dès que vous licenciez la fenêtre, Excel ajoute les styles du classeur source à la rubrique Personnalisé de la fenêtre des styles du classeur actif. N'oubliez pas de sauvegarder pour que ces styles restent où vous venez de les mettre.

Vous simplifier la vie avec l'outil Reproduire la mise en forme

Imaginez que vous avez attribué à une cellule tous les formatages dont vous aviez envie et puis vous vous rendez compte que vous auriez dû traiter de la même façon d'autres cellules de la feuille.

Certes, vous pouvez créer un style personnel comme la section précédente vous a appris à le faire. Mais il y a une autre façon d'agir.

Inutile, en effet, de créer un style ou, au pire, de répéter toute la démarche puisqu'Excel 2016 vous propose un outil qui, baptisé fort à propos Reproduire la mise en forme, vous permet de reporter sur une sélection de cellules tous les formatages appliqués à une cellule source.

Dans la pratique :

1. **Appliquez à une cellule source toutes les mises en forme souhaitées (police, alignement, bordure, couleur...).**

2. **Sélectionnez cette cellule, puis cliquez sur l'outil Reproduire la mise en forme que vous trouverez dans le groupe Presse-papiers de l'onglet Accueil.**

   Le pointeur se transforme en un signe + accompagné, à droite, d'un petit pinceau. La cellule sélectionnée, pour sa part, est mise en évidence par un pourtour qui clignote.

3. **Avec ce pointeur particulier, sélectionnez les cellules auxquelles vous souhaitez appliquer le formatage de la cellule source.**

Dès que vous relâchez le bouton de la souris, Excel applique aux cellules cibles tous les attributs de mise en forme de la cellule source.

Si votre intention est de reporter la mise en forme sur plusieurs groupes de cellules, verrouillez l'outil en cliquant deux fois dessus depuis l'onglet Accueil. Après sélection de la cellule source, désignez successivement les différents groupes de cellules ciblcs. Quand vous aurez terminé, vous désactiverez l'outil en recliquant dessus depuis son onglet.

Pensez à exploiter cet outil si vous voulez réaffecter à une sélection le formatage de base : il vous suffit de choisir, comme cellule source, une cellule de la feuille que vous n'avez pas formatée.

Mise en forme conditionnelle

Voilà qui est intéressant ! La mise en forme conditionnelle vous permet d'affecter un formatage à une sélection en fonction de son contenu, tout l'intérêt étant que, si les valeurs changent, le formatage change aussi spontanément, sans que vous ayez à intervenir.

Dès que vous invoquez la commande Mise en forme conditionnelle (groupe Style – onglet Accueil), un menu local vous propose les options suivantes :

- **Règles de mise en surbrillance des cellules :** donne accès à un sous-menu qui vous permet de mettre en surbrillance les cellules qui contiennent certaines valeurs, textes ou dates, qui comportent des valeurs supérieures ou inférieures à une valeur donnée ou qui sont comprises dans une fourchette donnée de valeurs. Ce sous-menu vous permet en outre de traiter les cellules qui comportent un texte donné (comme Oui, Non ou Peut-être dans une liste) ou une date donnée (comme une échéance).
- **Règles des valeurs plus/moins élevées :** déroule aussi un sous-menu qui permet de formater différemment,

dans la sélection, les valeurs les plus élevées ou les plus basses, les pourcentages et les valeurs supérieures ou inférieures à la moyenne.

- **Barres de données :** vous propose une palette comportant différentes couleurs de remplissage en uni ou en dégradé que vous pouvez appliquer à la sélection pour symboliser l'importance des valeurs les unes par rapport aux autres.
- **Nuances de couleurs :** vous soumet également une palette proposant jusqu'à trois couleurs de remplissage que vous pouvez appliquer à la sélection pour symboliser l'importance des valeurs les unes par rapport aux autres.
- **Jeux d'icônes :** vous déroule une série de palettes d'icônes que vous pouvez appliquer à la sélection pour symboliser l'importance des valeurs les unes par rapport aux autres.
- **Nouvelle règle :** donne accès à la boîte de dialogue Nouvelle règle de mise en forme où vous pouvez définir une règle personnalisée.
- **Effacer les règles :** vous permet d'effacer les règles de mise en forme conditionnelle soit de la sélection soit de la feuille entière (voire du tableau ou du tableau croisé dynamique).
- **Gérer les règles :** donne accès à la boîte de dialogue Gestionnaire des règles de mise en forme conditionnelle dans laquelle vous pouvez modifier ou supprimer des règles ainsi qu'en changer l'ordre de préséance en les faisant glisser vers le bas ou vers le haut dans la zone impartie.

Formater avec l'outil Analyse rapide

Voilà un moyen bien pratique de faire du formatage conditionnel, d'autant que cette nouvelle fonction d'Excel 2016 vous permet de prévisualiser l'effet de votre choix avant de l'appliquer à la sélection.

Pour exploiter cette fonction, sélectionnez les données de votre tableau que vous souhaitez mettre en forme, puis activez l'outil Analyse rapide (en bas à droite de la sélection). Par défaut, c'est son option Mise en forme qui est activée ; il vous suffit donc de désigner la commande à appliquer pour apprécier immédiatement l'effet de cette commande sur la plage en surbrillance (Figure 3.20).

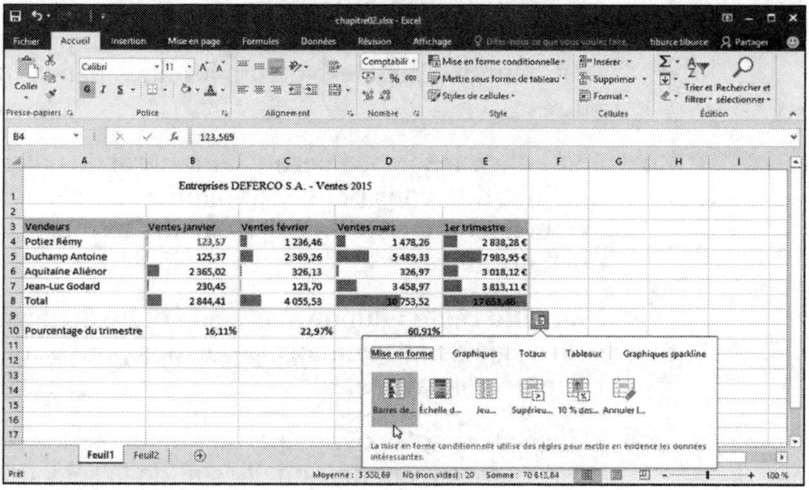

Figure 3.20 : L'option Barres de données et son effet sur la feuille en arrière-plan.

Si vous cliquez sur Supérieur à, Excel vous adresse la boîte de dialogue du même nom dans laquelle vous pouvez définir le seuil (à gauche) et la couleur de remplissage (à droite).

Les autres options de formatage conditionnel ne provoquent l'apparition d'aucune fenêtre, Excel se bornant, dans ces cas, à appliquer la première option (par défaut) du formatage sélectionné.

Chapitre 4

Procéder à des modifications

Dans ce chapitre :

- Ouvrir un classeur en vue de le modifier.
- Annuler vos erreurs.
- Déplacer et copier par glisser-déposer.
- Copier des formules.
- Déplacer et copier par Couper, Copier et Coller.
- Supprimer des entrées dans des cellules.
- Supprimer et insérer des lignes et des colonnes.

Dans ce chapitre, vous découvrirez comment appliquer ces modifications en toute sérénité dans un classeur. La copie et le déplacement des données ainsi que l'insertion et la suppression des lignes et des colonnes sont des tâches faciles à maîtriser. Ce qui est un peu plus ardu à comprendre, c'est l'effet de ces actions sur la feuille de calcul. Mais ne vous en faites pas ! Si un changement compromet votre travail, vous pourrez toujours recourir à la fonction d'annulation pour revenir en arrière et vous retrouver en terrain plus familier.

S'ouvrir aux changements

Avant de commettre l'irréparable – c'est-à-dire d'effectuer des modifications… –, vous devez, bien sûr, ouvrir Excel. Pour ouvrir un classeur, vous avez le choix entre cliquer sur Fichier/Ouvrir, appuyer sur Alt + FV ou utiliser les raccourcis clavier des versions précédentes d'Excel, soit Ctrl + O ou Ctrl + F12.

N'OUBLIEZ PAS

Quand vous utilisez la combinaison de touches Ctrl + F12, contrairement aux autres méthodes, Excel 2016 court-circuite la fenêtre Ouvrir et vous propose d'emblée la boîte de dialogue du même nom. C'est super à condition que le classeur auquel vous voulez accéder se trouve dans le dossier actuellement ouvert (il s'agit, par défaut, du dossier Documents du dossier Bibliothèques de votre disque dur, à moins que vous n'ayez ouvert des fichiers stockés dans un autre dossier ou sur un autre disque pendant votre séance de travail).

Si vous venez tout juste de mettre Excel en service et n'avez donc encore ouvert aucun classeur, vous pouvez sélectionner celui que vous voulez ouvrir dans la liste Récent du volet gauche. Pensez à exploiter le lien Ouvrir d'autres classeurs si celui que vous cherchez ne figure pas dans la liste qui vous est soumise.

La fenêtre Ouvrir

Dans la fenêtre Ouvrir telle qu'elle se présente lorsque vous y accédez pour la première fois (Figure 4.1), c'est l'option Classeurs (utilisation récente) qui est validée dans le volet gauche. Si celui que vous cherchez à ouvrir n'est pas répertorié dans le volet droit, désignez, à gauche, un autre emplacement :

- **OneDrive :** pour ouvrir un classeur que vous avez sauvegardé dans un dossier de votre Windows Live OneDrive. (Pour en savoir plus à ce sujet ou pour ouvrir un compte, rendez-vous sur le site `https://onedrive.live.com/about/fr-fr/`.) Dès que vous validez cette option, le volet droit recense les dossiers de votre OneDrive auxquels vous avez récemment accédé. Cliquez sur OneDrive – Personnel pour afficher la boîte de dialogue Ouvrir qui donne accès à tous les dossiers de votre OneDrive.

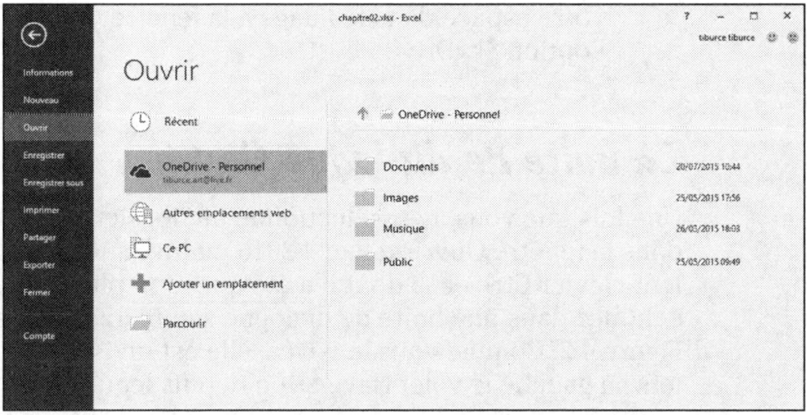

Figure 4.1 : Valider l'option OneDrive de la fenêtre Ouvrir pour ouvrir un classeur en ligne.

- **Ce PC :** pour accéder aux classeurs que vous avez stockés sur votre disque dur ou sur un disque réseau auquel vous avez accès. Validez cette option pour répertorier, à droite, tous les classeurs qui se trouvent à cet endroit et que vous avez exploités récemment. Vous pourrez aussi désigner le Bureau (Windows 10) et le dossier Documents. Enfin, cliquez sur Document en haut du volet droit, comme dans le cas précédent, pour accéder, *via* la boîte de dialogue Ouvrir, à d'autres dossiers de ce disque et aux autres disques durs de votre ordinateur.

- **Autres emplacements Web :** permet de définir un espace de stockage distant dans lequel vous enregistrez un classeur pour la première fois.

- **Ajouter un emplacement :** pour ajouter un site SharePoint ou un emplacement à partir duquel votre compte OneDrive vous autorise à ouvrir des fichiers. La validation de cette option provoque, à droite, l'affichage de deux sous-options : Office 365 SharePoint et OneDrive. Choisissez la première pour vous connecter à un site SharePoint pour lequel vous possédez un identifiant et un mot de passe qui vous permettent d'ajouter les dossiers correspondants à la fenêtre Ouvrir sous l'option Ordinateur. Préférez OneDrive pour vous connecter à votre compte Windows Live (pour lequel vous possédez à la fois un identifiant et une clé d'accès) afin d'ajouter votre espace dans le nuage à la fenêtre Ouvrir, sous l'option SkyDrive.

La boîte de dialogue Ouvrir

Une fois que vous avez sélectionné un dossier et un disque dans la fenêtre Ouvrir d'Excel 2016 ou invoqué l'équivalent clavier Ctrl + F12 dont il a été question plus haut, vous échouez dans une boîte de dialogue semblable à celle de la Figure 4.2. Comme vous le voyez, elle est divisée en deux volets : à gauche le volet Navigation depuis lequel vous pouvez décider d'ouvrir un nouveau classeur et, à droite, le volet principal qui vous propose les icônes de tous les sous-dossiers du dossier courant ainsi que tous les documents qu'Excel est en mesure d'ouvrir.

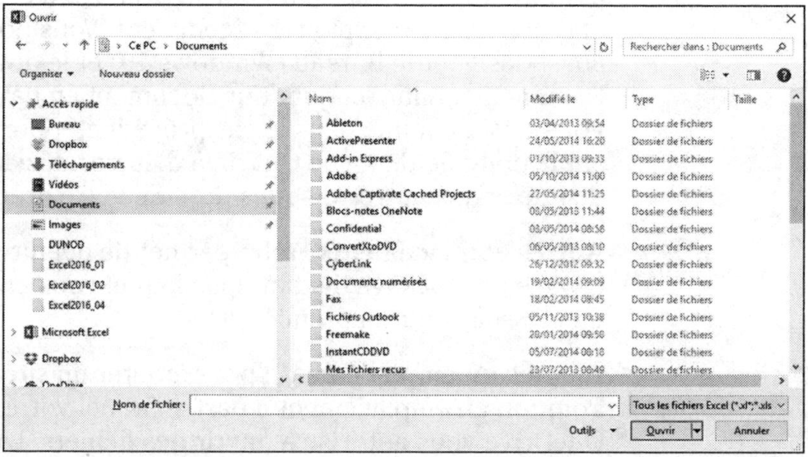

Figure 4.2 : Utiliser la boîte de dialogue Ouvrir pour naviguer jusqu'au classeur que vous voulez ouvrir.

Le dossier qui est affiché lorsque la boîte de dialogue Ouvrir apparaît est soit celui qui est spécifié comme Emplacement d'enregistrement par défaut dans l'onglet Enregistrement de la boîte de dialogue Options Excel, soit le dernier que vous avez ouvert pendant la séance de travail en cours, soit celui auquel vous avez accédé *via* la fenêtre Ouvrir.

Pour ouvrir un classeur qui se trouve dans un autre dossier, cliquez sur le lien correspondant dans la section Accès rapide du volet de navigation, ou cliquez sur le triangle pointant vers le bas à droite de Ce PC puis parcourez vos disques durs et autres dossiers dans la liste qui apparaît.

Si vous ouvrez un nouveau dossier pour lequel aucun fichier n'apparaît dans le volet de droite (alors que vous savez qu'il n'est pas vide), cela signifie simplement qu'il ne contient aucun fichier d'un type qu'Excel est capable d'ouvrir directement (classeurs, modèles et macros). Pour afficher tous les fichiers du dossier, qu'Excel puisse ou non les ouvrir directement (c'est-à-dire sans aucune conversion), cliquez sur le bouton indiquant les types de fichiers affichés et sélectionnez Tous les fichiers dans la liste déroulante qui apparaît.

Lorsque l'icône du classeur que vous voulez ouvrir apparaît dans la boîte de dialogue Ouvrir, vous pouvez ouvrir ce classeur en cliquant sur son icône puis en cliquant sur le bouton Ouvrir, ou tout simplement en double-cliquant sur son icône.

Modifier le nombre de fichiers récents

Excel 2016 tient à jour la liste des 25 derniers fichiers que vous avez ouverts dans la liste Classeurs (utilisation récente) du volet droit de la fenêtre Ouvrir quand l'option Classeurs (utilisation récente) est validée à gauche. Vous pouvez contrôler le nombre de fichiers de cette liste :

1. **Choisissez Fichier/Options/Options avancées pour accéder à la boîte de dialogue Options Excel.**

2. **Faites défiler jusqu'à visualiser la rubrique Afficher.**

3. **Modifiez, comme bon vous semble, la valeur de la case Afficher ce nombre de classeurs récents ou utilisez aux mêmes fins les flèches de défilement placées à droite de la case d'édition.**

4. **Cliquez sur OK ou enfoncez la touche Entrée pour fermer la fenêtre des options d'Excel.**

N'OUBLIEZ PAS

Entrez **0** si vous ne souhaitez pas qu'Excel vous propose cette liste.

Validez l'option Accéder rapidement à ce nombre de classeurs récents pour qu'Excel affiche les quatre classeurs les plus récents sous la forme de commandes du menu Fichier en mode Backstage. En agissant de la sorte, vous pourrez accéder à ces fichiers en validant la commande correspondante, même lorsque la fenêtre Ouvrir ne sera pas affichée. N'hésitez pas à adapter le nombre de classeurs ainsi traités en vous exprimant dans la case d'édition correspondante.

Ouvrir plusieurs classeurs

Si vous avez l'intention de travailler sur plusieurs classeurs, ouvrez-les directement : depuis la boîte de dialogue Ouvrir, sélectionnez, dans la liste, les classeurs que vous voulez ouvrir, puis cliquez sur Ouvrir ou validez *via* la touche Entrée.

Pour réaliser cette sélection, si les classeurs concernés sont contigus, cliquez sur le nom du premier d'entre eux, puis enfoncez la touche Maj et maintenez-la dans cette position tandis que vous cliquez sur le dernier à sélectionner. En revanche, si les classeurs à sélectionner ne sont pas contigus, utilisez la touche Ctrl : cliquez sur le premier classeur à marquer, enfoncez la touche Ctrl et maintenez-la enfoncée, puis cliquez successivement sur les autres classeurs à inclure dans la sélection.

Une fois de retour dans l'interface classique du programme, vous pourrez passer d'un classeur ouvert à un autre en cliquant sur son nom depuis la barre des tâches ou en utilisant la combinaison Alt + Tab pour afficher les vignettes des éléments ouverts et faire votre choix. (Le Chapitre 7 vous explique plus en détail comment travailler avec plusieurs classeurs simultanément.)

Rechercher des classeurs

Le seul problème que vous puissiez rencontrer quand vous tentez de charger un fichier *via* la boîte de dialogue Ouvrir est de savoir où se trouve ce fichier. Tout est parfait aussi longtemps que le nom du fichier apparaît parmi ceux listés dans la fenêtre de la boîte de dialogue ; mais que faire si le fichier est invisible et semble se cacher dans les mystérieuses profondeurs de l'arborescence des dossiers ?

Vous vous tournerez alors vers le champ Rechercher dans que vous trouverez dans l'angle supérieur droit de la boîte de dialogue Ouvrir.

Entrez-y des caractères qui se trouvent dans le nom du classeur ou dans le classeur lui-même.

Au fur et à mesure que Windows trouve des fichiers correspondant à vos critères de recherche, les noms de ceux-ci (classeurs Excel, mais aussi modèles et macros) apparaissent dans la boîte de dialogue Ouvrir. Dès que le classeur que vous recherchez apparaît, vous pouvez l'ouvrir en double-cliquant sur son icône, ou en cliquant dessus puis sur le bouton Ouvrir.

Encore plus sur les annulations

Avant de vous lancer dans la réalisation d'une feuille de calcul, vous devez connaître la fonction d'annulation et savoir comment elle peut rétablir la situation si jamais vous vous êtes fourvoyé. Le bouton Annuler de la barre d'outils Accès rapide est une commande à facettes multiples. Quand vous supprimez par exemple le contenu d'une cellule ou d'une plage avec la commande Effacer du même menu, l'info-bulle du bouton Annuler devient Effacer (Ctrl + Z). Si vous déplacez une entrée avec les commandes Couper et Coller, l'info-bulle du bouton Annuler devient Coller.

En dehors du bouton Annuler dans la barre d'outils Accès rapide, vous pouvez utiliser le raccourci clavier Ctrl + Z qui fait exactement la même chose.

TRUC

Le bouton Annuler de la barre d'outils Accès rapide réagit à toutes les actions que vous entreprenez. Si vous vous rendez compte après coup qu'il fallait annuler – c'est-à-dire après avoir appliqué d'autres commandes entre-temps –, vous devrez déployer le menu déroulant qui lui est associé (en cliquant sur le triangle pointant vers le bas qui l'accompagne), pour y sélectionner l'action à annuler. Cette action, ainsi que toutes celles qui ont suivi (et qui apparaissent au-dessus dans le menu), sont annulées.

Rétablir et Répéter

Après avoir appliqué la commande Annuler, Excel rend la commande Rétablir (ou Répéter selon la commande que vous avez appliquée juste avant) accessible. Si vous supprimez une entrée en appuyant sur la touche Suppr et cliquez ensuite sur le bouton Annuler dans la barre d'outils Accès rapide (ou appuyez sur Ctrl + Z, ce qui revient au même), l'info-bulle suivante apparaît en dessous du bouton Rétablir lorsque vous placez dessus le pointeur de la souris :

```
Effacer        Ctrl + Y
```

Quand vous appliquez la commande Rétablir, Excel refait ce que vous venez d'annuler. Autrement dit, Excel revient en arrière d'une action, comme si elle n'avait pas été exécutée.

Que faire s'il est impossible d'annuler ?

C'est souvent quand vous estimez qu'il serait prudent de rétablir le classeur le plus important que vous vous apercevez avec horreur que la commande Annuler ne fonctionne pas tout le temps. Bien qu'il soit néanmoins possible d'annuler la dernière suppression de cellule erronée, un déplacement ou une recopie inconséquente, vous ne pourrez pas revenir sur un enregistrement de fichier. D'où l'intérêt de la commande Enregistrer sous, qui permet de conserver un exemplaire du classeur tel qu'il était au moment de l'ouverture ou du dernier enregistrement.

Excel ne signale malheureusement jamais qu'il est sur le point d'entreprendre une action sur laquelle il ne pourra pas revenir, ou alors trop tard. Après avoir commis l'irréparable, vous placez le pointeur de la souris sur le bouton Annuler en croyant pouvoir annuler ce que vous venez de faire et vous lisez : « Impossible d'annuler » (d'ailleurs, le bouton Annuler apparaît en grisé dans la barre d'outils Accès rapide pour indiquer que cette commande n'est pas accessible).

La seule exception à cette règle est quand le logiciel vous prévient (et vous avez intérêt à en tenir compte). Lorsque vous choisissez une commande qui peut normalement être annulée, sauf dans les circonstances présentes, à cause d'un manque de mémoire vive, par exemple, ou parce que l'annulation affecterait trop profondément la feuille de calcul, Excel le sait et affiche une boîte d'alerte qui signale le manque de mémoire et demande s'il faut quand même exécuter la commande. Si vous cliquez sur le bouton Oui, sachez que la commande sera appliquée sans aucune chance de revenir en arrière ; si vous découvrez par la suite que la ligne supprimée contient une formule essentielle, dont vous ne connaissez plus la teneur, vous ne pourrez pas recourir à la commande Annuler pour rattraper votre bourde. Dans ce cas, la seule chance de vous en tirer est de fermer le fichier (Fichier/Fermer), mais SANS enregistrer vos modifications.

Le bon vieux glisser-déposer

Une des premières techniques de modification que vous vous devez de connaître est le *glisser-déposer*. Comme le suggère son nom, il s'agit d'une manipulation effectuée à la souris et qui consiste à choisir une cellule ou une plage sélectionnée et à faire glisser cette sélection ailleurs dans la feuille de calcul. Bien que le glisser-déposer serve essentiellement à déplacer des entrées simples, vous pouvez l'utiliser pour déplacer des plages entières.

Procédez comme suit pour déplacer une cellule ou une plage de cellules :

1. **Sélectionnez une cellule ou une plage de cellules.**
2. **Placez le pointeur de souris sur un bord de la ou des cellules sélectionnées.**

La transformation du pointeur en flèche à quatre pointes indique que vous pouvez commencer à faire glisser la cellule ou la plage.

3. **Faites glisser la cellule ou la plage sélectionnée jusqu'à sa destination.**

   Faites glisser la sélection en déplaçant la souris, bouton gauche enfoncé.

   Pendant le déplacement, vous faites en réalité glisser le contour des cellules, ce qui vous permet d'avoir une idée de l'emplacement qu'elles occuperont. C'est uniquement au moment où vous relâchez le bouton de la souris que le déplacement du contenu des cellules se produit effectivement.

   Faites glisser le contour jusqu'à sa destination exacte (l'info-bulle qui accompagne le pointeur indique la plage de cellules de destination).

4. **Relâchez le bouton de la souris.**

   Les données figurant dans la ou les cellules apparaissent aussitôt à leur nouvel emplacement.

Les Figures 4.3 et 4.4 montrent un déplacement de cellules. Dans la première, la plage A10:D10 (elle contient les pourcentages par mois) a été sélectionnée afin d'être déplacée vers la ligne 12 et libérer ainsi de la place pour les chiffres des ventes de deux nouveaux vendeurs qui n'avaient pas été pris en compte lors de la création de ce classeur. Dans la Figure 4.4, les chiffres des ventes ont été déplacés.

Notez que les arguments de la fonction SOMME, dans les cellules B12 à D12, ne tiennent pas compte de la modification lorsque vous vous contentez de déplacer celles-ci : ils couvrent toujours les lignes 3 à 8. Toutefois, dès que vous commencez à entrer des valeurs dans les cellules B9 à D9 et B11 à D11, Excel met à jour automatiquement les arguments de la fonction SOMME dans les cellules B12 à D12. Ainsi, par exemple, la formule SOMME(B3:B8) de la cellule B12 devient, comme par magie, SOMME(B3:B11).

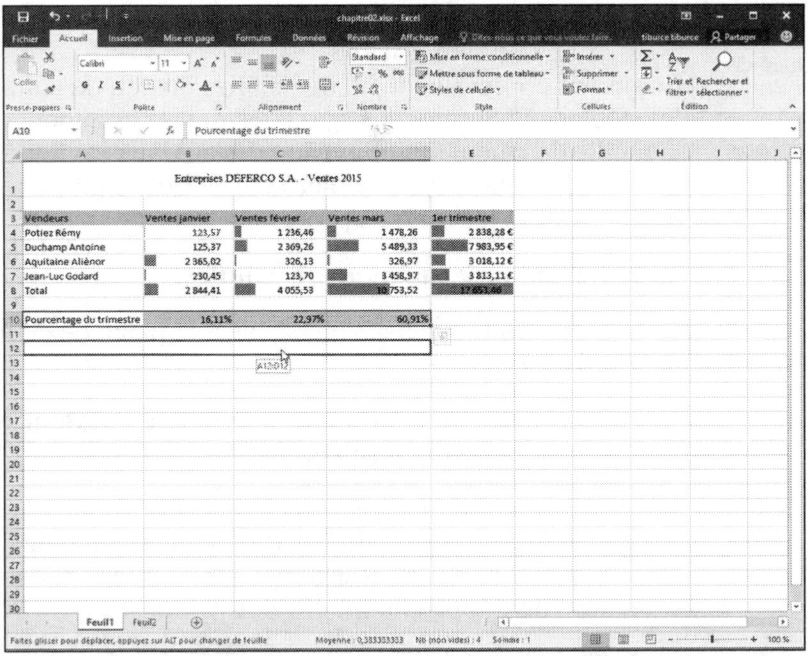

Figure 4.3 : Une plage sélectionnée est en cours de déplacement.

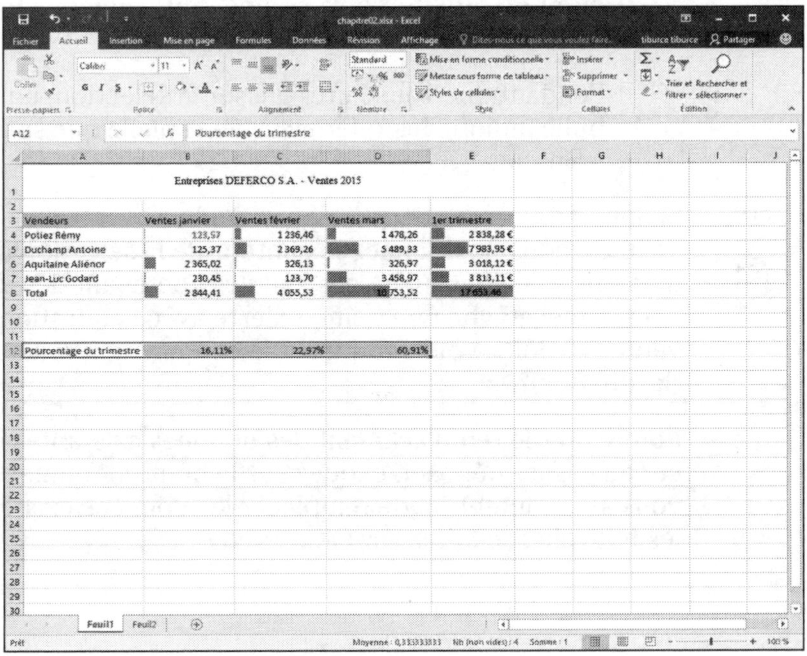

Figure 4.4 : La plage sélectionnée vient d'être déposée à son nouvel emplacement.

La copie par glisser-déposer

Comment copier une ligne de cellules au lieu de simplement les déplacer ? Supposons que vous deviez commencer, dans la feuille de calcul, un nouveau tableau dans les lignes situées plus bas. Il vous faudra copier la ligne de cellules contenant les titres mis en forme en procédant ainsi :

1. **Sélectionnez la ligne de cellules.**

   Dans les Figures 4.3 et 4.4, c'est la plage de cellules A12:D12.

2. **La touche Ctrl enfoncée, amenez le pointeur de la souris au bord de la sélection.**

   Le pointeur se transforme en flèche blanche accompagnée, en haut à droite, d'un petit signe plus (+). Il indique que le glisser-déposer effectuera une copie et non un déplacement.

3. **Tirez la sélection par sa bordure, jusqu'à l'emplacement où elle doit être copiée, puis relâchez le bouton de la souris.**

   Pendant que vous faites glisser la sélection, une infobulle indique les références de la plage que survole le pointeur.

ATTENTION !

Si, lors d'un glisser-déposer pour déplacer ou copier des cellules, vous positionnez le contour de la sélection de telle manière qu'il chevauche des cellules contenant des données, Excel affiche une boîte d'alerte avec la question suivante : « Voulez-vous remplacer le contenu des cellules de destination ? ».

Pour éviter le remplacement des données existantes et renoncer au glisser-déposer, cliquez sur le bouton Annuler. Mais si vous avez l'intention de remplacer les données existantes par les nouvelles, cliquez sur OK.

Insérer par glisser-déposer

À l'instar des redoutables Klingons de *Star Trek*, les feuilles de calcul d'Excel ne font jamais de prisonniers. Dès que vous amenez une entrée sur une cellule occupée, cette entrée supplante sans vergogne celle qui s'y trouvait.

Pour insérer la ligne en cours de déplacement parmi d'autres lignes qui contiennent des données sans supprimer les données existantes, maintenez la touche Maj enfoncée pendant le glisser-déposer. Si vous copiez, vous devrez faire preuve de dextérité en maintenant à la fois les touches Ctrl et Maj enfoncées.

Lorsque la touche Maj est enfoncée, le contour de la sélection que vous aviez manipulée jusqu'à présent est remplacé par une barre d'insertion qui se déplace entre les lignes et/ou les colonnes. Elle matérialise l'emplacement où se fera l'insertion si, à ce moment, vous relâchez le bouton de la souris. Dans ce cas, Excel insère une ligne ou une colonne et déplace les cellules existantes vers des cellules vides.

J'ai pourtant maintenu la touche Maj enfoncée comme vous l'aviez dit…

L'insertion par glisser-déposer est une des fonctions les plus délicates à réussir. Parfois, vous faites exactement ce qu'il faut et vous voyez néanmoins apparaître la boîte d'alerte qui vous prévient qu'Excel s'apprête à remplacer des données existantes au lieu de les décaler. Si cela se produit, cliquez sur le bouton Annuler. Il est fort heureusement possible d'insérer des données avec les commandes Couper et Coller (reportez-vous à la section « Faire de la place avec la commande Insérer », plus loin dans ce chapitre), sans avoir à se soucier du comportement de la barre d'insertion.

La recopie automatique des formules

La copie par glisser-déposer, en maintenant la touche Ctrl enfoncée, est utile lorsqu'il faut recopier une série de cellules adjacentes ailleurs dans la feuille de calcul. Mais très souvent vous aurez à ne recopier qu'une seule formule dans plusieurs cellules voisines qui doivent exécuter le même type de calcul, comme totaliser des chiffres dans des colonnes. Ce type de copie de formule, très courant, ne peut pas être fait par un glisser-déposer. Il faut recourir à la recopie automatique, décrite dans le Chapitre 2, ou aux commandes Copier et Coller (reportez-vous à la section « Le couper-coller numérique », plus loin dans ce chapitre).

TRUC

Pensez à exploiter la commande Totaux de l'outil Analyse rapide. Vous pouvez en effet l'utiliser pour calculer une somme sous une série de valeurs en colonne ou à droite d'une série de valeurs en ligne. Dans la pratique, sélectionnez la plage à traiter, cliquez sur l'outil Analyse rapide, puis sur Totaux ; ensuite, choisissez le bouton Somme placé au début de la palette pour totaliser les colonnes dans une nouvelle ligne dans le bas du tableau et/ou le bouton Somme placé à la fin de la palette pour totaliser les lignes dans une nouvelle colonne à la droite du tableau.

Revenons à la recopie automatique pour copier une formule dans une plage de cellules. La Figure 4.5 montre la feuille de calcul de la société Deferco avec tous les vendeurs, mais cette fois avec uniquement le pourcentage de janvier.

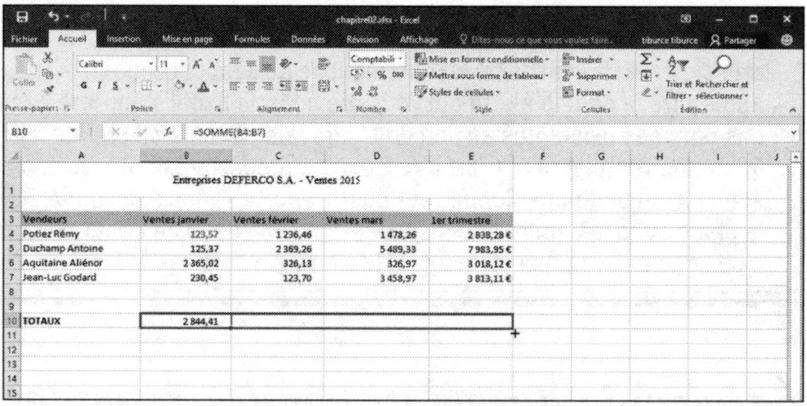

Figure 4.5 : Copie d'une formule dans une même ligne grâce à la recopie automatique.

La Figure 4.6 montre la feuille de calcul après avoir fait glisser la poignée de recopie sur la plage de cellules C10:E10 à partir de la cellule B10 (qui contient la formule à copier).

Absolument relatif et inversement

Référez-vous à la Figure 4.6 pour voir la feuille de calcul après la recopie de la formule d'une cellule dans la plage C10:E10. La cellule B10 est active. Remarquez comment Excel gère la recopie des formules. La formule d'origine, dans la cellule B10, est :

```
=SOMME(B4:B7)
```

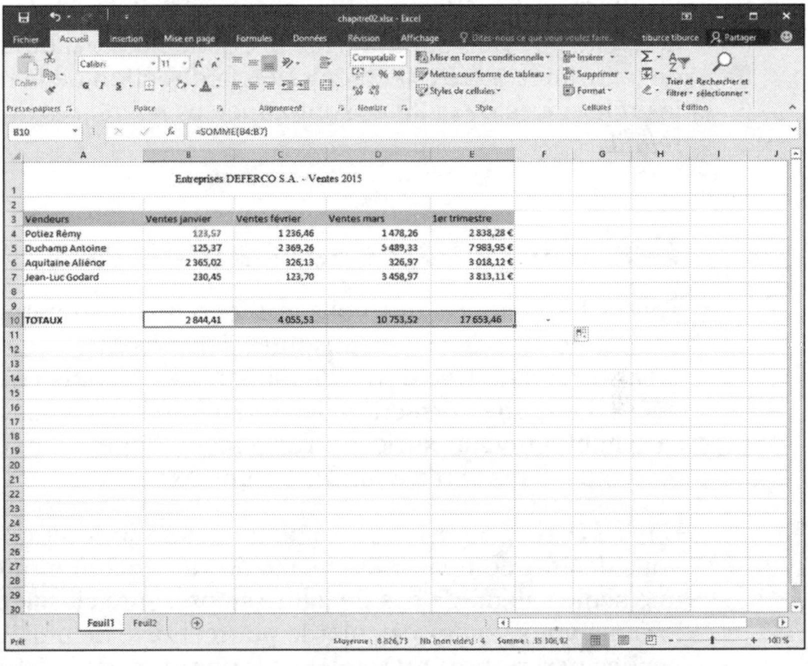

Figure 4.6 : La feuille de calcul après la recopie de la formule totalisant les mois.

Lorsque cette formule est recopiée dans la cellule voisine, C12, Excel la modifie légèrement à cet emplacement :

```
=SOMME(C4:C7)
```

Excel a en effet rectifié la référence de colonne, qui est passée de B à C, car la recopie s'est faite de la gauche vers la droite.

Quand vous copiez une formule dans une plage qui s'étend vers le bas sur plusieurs lignes, Excel modifie les numéros de lignes en conséquence, au lieu des lettres de colonnes, selon l'emplacement de chaque recopie. La cellule E4 de la feuille de calcul de la société Deferco contient la formule suivante :

```
=SOMME(B4:D4)
```

Quand vous recopiez cette formule vers le bas, dans la cellule E5, Excel la modifie de la manière suivante :

```
=SOMME(B5:D5)
```

Excel ajuste la référence de ligne afin qu'elle corresponde à la nouvelle position dans la ligne 5. Comme cette modification de la formule a été effectuée selon la direction de la recopie, les références de cellules sont appelées *références de cellules relatives.*

Certaines choses sont absolues

Toutes les formules que vous créez contiennent naturellement des références de cellule absolues, à moins que vous en décidiez autrement. Du fait que la plupart des recopies de cellule nécessitent une correction de leurs références, vous aurez rarement à revenir sur cet arrangement. Cependant, de temps en temps, vous serez confronté à une exception.

Une des exceptions les plus communes se produit lorsque vous désirez comparer une plage de valeurs différentes avec une seule valeur. Ce cas de figure se présente classiquement lorsque vous voulez calculer le pourcentage de plusieurs parties par rapport au total. Par exemple, dans la feuille de calcul de l'entreprise Deferco, vous rencontrez cette situation en créant et recopiant une formule qui détermine chaque pourcentage mensuel par rapport au total trimestriel de la cellule E10.

Supposons que vous vouliez entrer ces formules dans la rangée 12 de la feuille de calcul, en commençant par la cellule B12. La formule qui, dans cette cellule, calcule le pourcentage des ventes de janvier par rapport au trimestre est sans détour :

```
=B10/E10
```

Cette formule divise le total des ventes de janvier, dans la cellule B10, par le total trimestriel de la cellule E10 (on ne saurait faire plus simple…). Mais regardez ce qui se passerait si vous tiriez la poignée de recopie d'une cellule vers la droite pour recopier la formule dans la cellule C12 :

```
=C10/F10
```

L'ajustement de la première référence de cellule, qui passe de B10 à C10, est bien celui que nous attendions. Mais l'ajustement de la deuxième partie des références de cellule, qui passe de E10 à F10, est désastreux. Non seulement vous n'obtenez pas le calcul du pourcentage des ventes de février, mais vous vous retrouvez en prime avec l'horrible erreur `#DIV/0!` dans la cellule C12.

Pour éviter qu'Excel n'ajuste inconsidérément une référence de cellule lors d'une recopie, vous devez convertir la référence. De relative, elle doit devenir absolue. Pour cela, appuyez sur la touche de fonction F4 juste après avoir entré la référence de la cellule. Excel signale qu'une référence de cellule est absolue en plaçant, devant la lettre de la colonne et le numéro de la ligne, le signe dollar ($). Regardez par exemple la Figure 4.7 : la cellule B12 contient la formule correcte pour effectuer la recopie dans la plage C12:D12, soit :

```
$1=B10/$E0
```

Examinez la feuille de calcul après que cette formule a été répétée dans la plage C12:D12 avec la poignée de recopie et la cellule C12 sélectionnée (Figure 4.8). Remarquez la formule suivante dans la barre de formule :

```
$1=C10/$E0
```

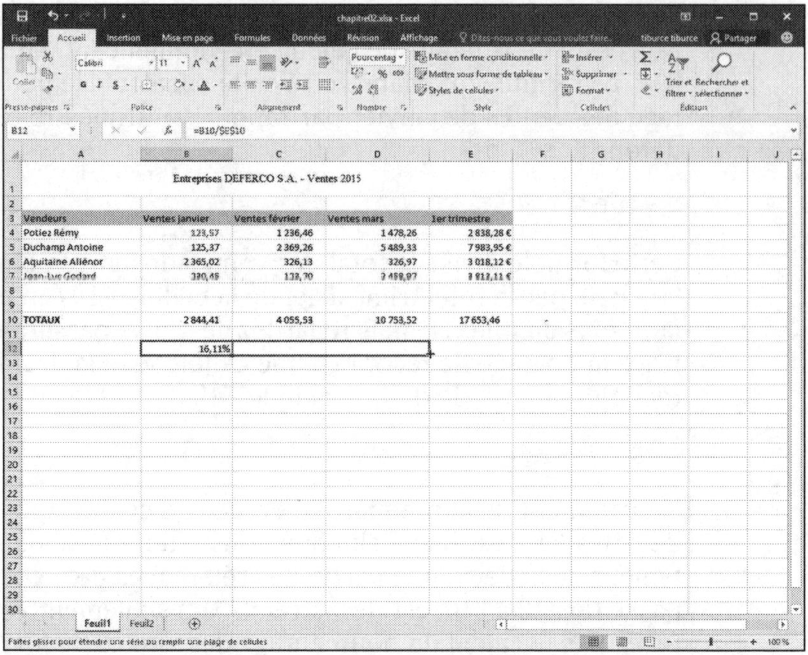

Figure 4.7 : Recopie d'une formule avec une référence de cellule absolue.

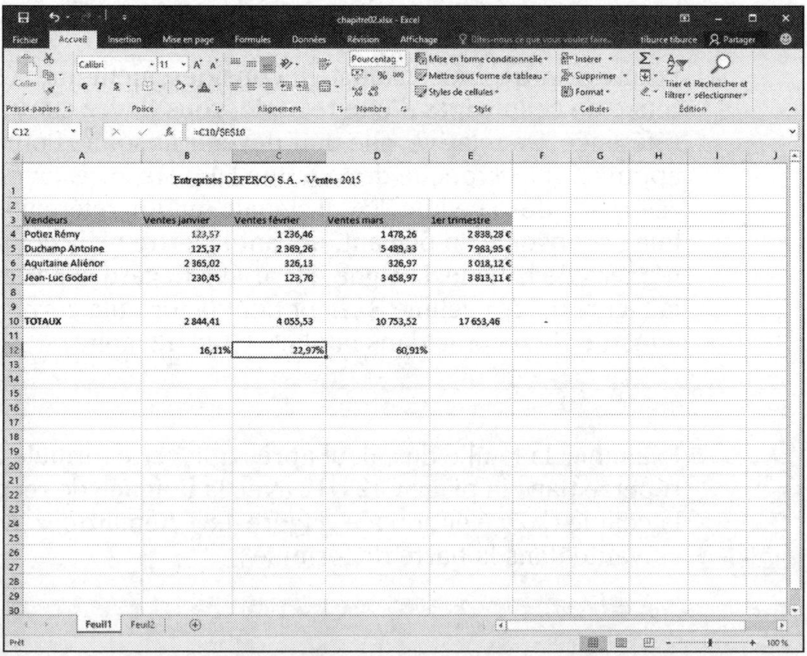

Figure 4.8 : La feuille de calcul après la recopie d'une formule conte-nant une référence de cellule absolue.

Parce que E10 a été modifiée en $E$10 dans la formule originale, toutes les recopies conservent cette même référence de cellule, qui est immuable.

TRUC

Si vous avez commis une erreur en recopiant une formule dans laquelle une ou plusieurs références de cellules auraient dû être absolues et non relatives, modifiez la formule d'origine de la manière suivante :

1. **Double-cliquez sur la cellule contenant la formule, puis cliquez dans la barre de formule ou appuyez sur la touche de fonction F2 pour la modifier.**

2. **Placez le point d'insertion dans la référence à convertir en référence absolue.**

3. **Appuyez sur la touche F4.**

4. **Lorsque la modification est terminée, cliquez sur le bouton Entrer, dans la barre de formule, puis recopiez la formule corrigée dans les cellules erronées grâce à la poignée de recopie.**

Le couper-coller numérique

Au lieu d'utiliser le glisser-déposer ou la recopie automatique, vous pouvez recourir aux bonnes vieilles commandes Couper, Copier et Coller pour déplacer ou recopier des informations dans une feuille de calcul. Ces commandes utilisent le Presse-papiers comme relais pour les informations que vous avez coupées ou collées ; elles y restent en attendant d'être collées quelque part. Ce procédé permet non seulement de déplacer ou copier des données dans n'importe quelle feuille de calcul ouverte dans Excel, mais aussi dans d'autres logiciels tournant sous Windows, comme Word par exemple.

Procédez comme suit pour déplacer une cellule ou une plage avec les commandes Couper et Coller :

1. **Sélectionnez les cellules à déplacer.**

2. **Cliquez sur le bouton Couper (les ciseaux) dans le groupe Presse-papiers de l'onglet Accueil.**

   Vous pouvez aussi utiliser le raccourci clavier Ctrl + X.

   Quel que soit votre choix, Excel entoure la ou les cellules avec un *rectangle de sélection* qui se présente sous la forme d'une ligne animée en pointillé. Le message suivant apparaît dans la barre d'état :

   ```
   Sélectionnez une destination et appuyez sur ENTRÉE ou cliquez
   sur Coller.
   ```

3. **Déplacez le curseur de cellule ou sélectionnez la cellule en haut à gauche de la nouvelle plage dans laquelle vous désirez déplacer les données.**

4. **Appuyez sur Entrée pour terminer le déplacement.**

   Vous pouvez aussi cliquer sur le bouton Coller dans le groupe Presse-papiers de l'onglet Accueil, ou utiliser le raccourci clavier Ctrl + V.

Remarquez qu'en indiquant la plage de destination, vous n'avez pas à sélectionner un agencement de cellules vides correspondant, dans sa forme, à la sélection que vous déplacez. Du moment que vous indiquez à Excel où se trouve la cellule située en haut à gauche de la plage de destination, il saura se débrouiller pour le reste.

La copie d'une sélection de cellule(s) avec les commandes Copier et Coller s'effectue de la même manière qu'avec les commandes Couper et Coller. Après avoir sélectionné la plage à copier, vous bénéficiez même d'un plus grand choix pour le stockage des données dans le Presse-papiers. Au lieu de cliquer sur le bouton Copier dans le groupe Presse-papiers de l'onglet Accueil, ou de sélectionner Copier dans le menu contextuel de la cellule, vous pouvez utiliser le raccourci clavier Ctrl + C.

Ça colle pour vous

L'avantage de la copie des données dans le Presse-papiers avec les commandes Copier et Coller est que les informations ainsi mises de côté peuvent être collées à plusieurs reprises. Assurez-vous simplement, après avoir appuyé sur Entrée pour terminer la première opération de copie, de cliquer sur le bouton Coller dans le groupe Presse-papiers de l'onglet Accueil ou de choisir la commande Coller (dans le menu contextuel), ou d'appuyer sur Ctrl + V.

Quand vous utilisez la commande Coller, Excel copie la sélection dans la plage que vous lui avez indiquée sans supprimer le rectangle de sélection qui court autour de la sélection originale. Il indique ainsi que vous pouvez continuer à choisir d'autres plages de destination, que ce soit dans le même document ou dans un autre.

Après avoir sélectionné la première cellule de l'autre plage dans laquelle vous désirez coller la sélection, choisissez de nouveau la commande Coller. Vous pouvez continuer de la sorte en collant la sélection à volonté. Après avoir effectué la dernière copie, appuyez sur la touche Entrée au lieu de choisir la commande Coller. Si vous avez oublié d'appuyer sur Entrée et choisi Coller, éliminez le rectangle de sélection en appuyant sur la touche Échap.

Les options de collage

Juste après avoir cliqué sur le bouton Coller, dans le groupe Presse-papiers de l'onglet Accueil (ou avoir appuyé sur Ctrl + V), pour coller des données que vous avez copiées – et non coupées – dans le Presse-papiers, Excel affiche à l'extrémité de la plage collée un bouton Options de collage doté de son propre menu déroulant. Quand vous cliquez sur ce bouton ou si vous appuyez sur la touche Ctrl, une palette semblable à celle de la Figure 4.9 apparaît. Elle contient trois groupes d'options : Coller, Coller des valeurs, Autres options de collage.

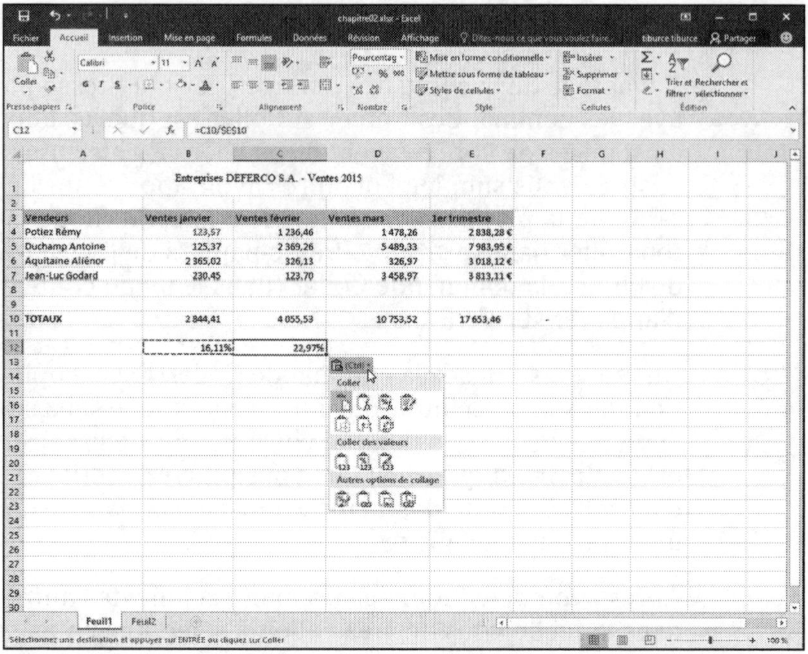

Figure 4.9 : Cliquer sur le bouton des options de collage ou appuyer sur Ctrl déploie une palette donnant accès à de nombreuses options de collage.

Les options de la palette sont les suivantes :

- **Coller (E) :** colle tout dans les cellules sélectionnées (formules, mise en forme, *etc.*).
- **Formules (U) :** colle tous les textes, nombres et formules dans les cellules sélectionnées, sans la mise en forme.
- **Mise en forme des formules et nombres (O) :** colle les mises en forme de nombre affectées aux valeurs copiées, ainsi que les formules.
- **Conserver la mise en forme source (C) :** copie la mise en forme des cellules originales et la colle dans les cellules de destination (ainsi que les entrées copiées).
- **Aucune bordure (B) :** colle tout dans les cellules sélectionnées, mais sans copier de bordures.
- **Conserver les largeurs de colonnes sources (O) :** la largeur des colonnes dans la plage de destination est

mise à la largeur des colonnes de la plage source lors de la copie.

- **Transposer (T) :** change l'orientation des entrées collées. Par exemple, si les données se trouvent dans une seule colonne, elles seront copiées dans une seule ligne.
- **Valeurs (V) :** ne colle que le résultat produit par chacune des formules de la plage source.
- **Mise en forme des valeurs et nombres (A) :** ne colle que les résultats calculés de toutes formules ainsi que les mises en forme affectées aux étiquettes, valeurs et formules. Cela signifie que toutes les étiquettes et valeurs dans les cellules de destination reçoivent la même mise en forme que celles de la plage source, bien que les formules originales soient perdues et que seules les valeurs calculées (les résultats des formules) sont conservées.
- **Mise en forme des valeurs et de la source (E)** : colle les résultats calculés de toutes les formules ainsi que les mises en forme des cellules source.
- **Mise en forme (R)** : Excel ne colle que les mises en forme, pas les entrées.
- **Coller avec liaison (N)** : crée des liens de formule dans la plage de destination afin que toute modification effectuée dans la plage source soit immédiatement répercutée dans les cellules correspondantes, à destination.
- **Image (I)** : ne colle que les images présentes dans la sélection de cellules copiées.
- **Image liée (I)** : colle un lien vers les images, dans la sélection de cellules copiées.

N'OUBLIEZ PAS

Les options de la palette Options de collage sont contextuelles. Elles dépendent directement du type de cellules préalablement copiées dans le Presse-papiers Office. De plus, il est possible d'accéder à cette même palette d'options de collage en cliquant sur le menu déroulant situé juste sous le bouton

Coller du Ruban au lieu de cliquer sur le bouton apparaissant en bas à droite de la plage de cellules collées dans la feuille de calcul, ou encore d'appuyer sur la touche Ctrl.

Coller à partir du volet Presse-papiers Office

Le Presse-papiers d'Office est capable de stocker de nombreux éléments coupés ou copiés provenant de tout programme fonctionnant sous Windows, pas seulement Excel. Cela signifie que vous pouvez continuer à coller des cellules du Presse-papiers vers un classeur, même si vous en avez fini avec un déplacement ou une copie, et ce si vous avez appuyé sur la touche Entrée au lieu d'utiliser la commande Coller.

Pour ouvrir le volet Presse-papiers Office, cliquez sur le bouton lanceur de boîte de dialogue, dans le coin inférieur droit du groupe Presse-papiers de l'onglet Accueil. Le volet Presse-papiers Office apparaît dans la partie gauche de la fenêtre d'Excel, comme le montre la Figure 4.10.

Pour coller un élément du Presse-papiers dans une autre feuille de calcul que celle d'où provenaient les données, cliquez sur l'élément présent dans le volet afin de le coller à l'emplacement du curseur de cellule.

Remarquez qu'il est possible de coller tous les éléments stockés dans le Presse-papiers dans la feuille de calcul courante en cliquant sur le bouton Coller tout, en haut du volet Presse-papiers Office. Pour vider le volet de tous les éléments qui s'y trouvent, cliquez sur le bouton Effacer tout. Pour ne supprimer qu'un élément en particulier du Presse-papiers, placez le pointeur de la souris sur cet élément dans le volet Presse-papiers Office jusqu'à ce qu'un bouton de menu contextuel apparaisse. Cliquez ensuite sur ce bouton et, dans le menu, choisissez l'option Supprimer.

TRUC

Pour faire apparaître automatiquement le volet Presse-papiers Office après avoir utilisé deux fois la commande Couper ou la commande Coller, sélectionnez Afficher le Presse-papiers

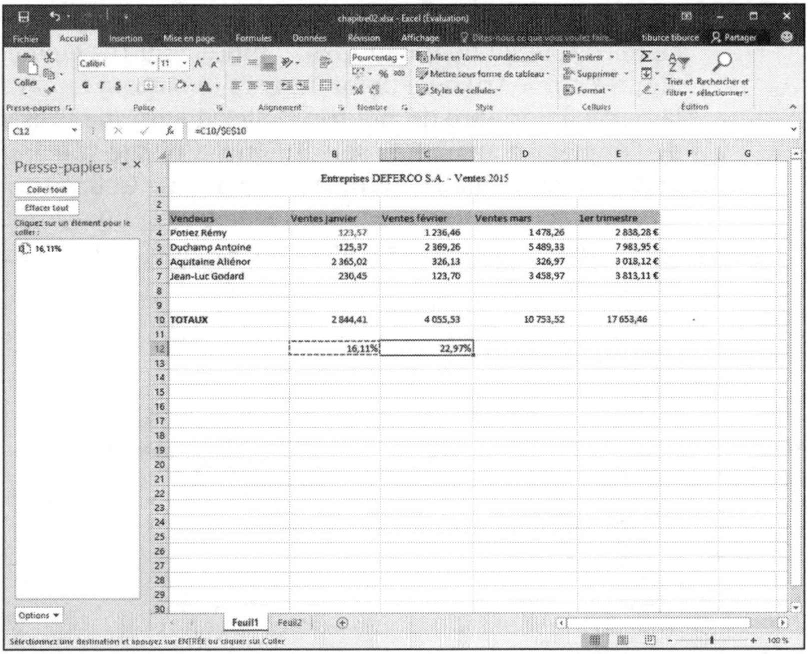

Figure 4.10 : Le volet Presse-papiers Office apparaît dans la partie gauche de la fenêtre d'Excel.

Office automatiquement dans le menu Options du Presse-papiers. Pour faire apparaître le Presse-papiers Office lorsque vous appuyez deux fois de suite sur Ctrl + C (en pratique, maintenez enfoncée la touche Ctrl tout en appuyant deux fois de suite sur la touche C), sélectionnez dans ce même menu l'option Afficher le Presse-papiers Office lorsque Ctrl + C est utilisé deux fois. Pour fermer le Presse-papiers Office, cliquez sur son bouton de fermeture, dans son coin supérieur droit.

Qu'est-ce qu'il a de spécial, ce coller ?

Normalement, à moins que vous n'alliez farfouiller dans les options de collage décrites précédemment dans ce chapitre, Excel copie toutes les informations dans la plage de cellules sélectionnée, c'est-à-dire les valeurs, textes, formules et mises en forme. Si vous le désirez, utilisez la commande Collage spécial pour spécifier que seules les entrées doivent être copiées (sans mise en forme) ou que seule la mise en forme doit être copiée (sans les entrées).

Pour coller des éléments particuliers d'une sélection de cellules tout en ne tenant pas compte d'autres éléments, cliquez sur le triangle pointant vers le bas qui apparaît dans la partie inférieure du bouton Coller du groupe Presse-papiers de l'onglet Accueil, puis sélectionnez Collage spécial dans le menu qui s'affiche. La boîte de dialogue Collage spécial apparaît (Figure 4.11), dans laquelle vous pouvez sélectionner ce que vous voulez coller en cliquant sur le bouton radio correspondant :

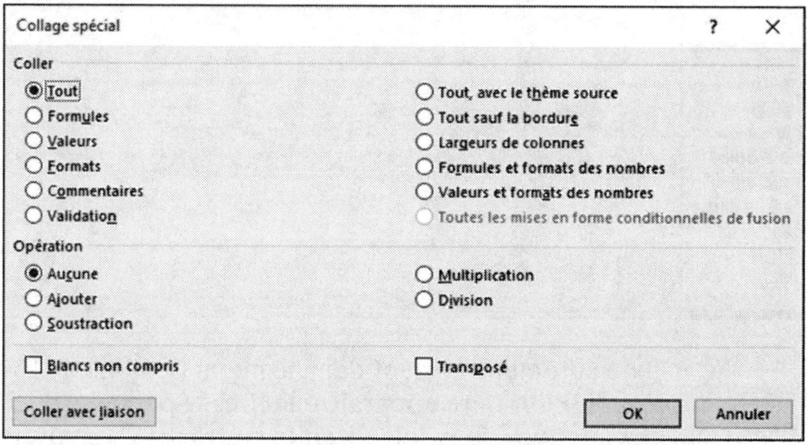

Figure 4.11 : Les options de collage spécial permettent de coller sélectivement tel ou tel élément des cellules sélectionnées.

- **Tout :** Excel choisit cette option pour coller toutes les informations (notamment les formules, mises en forme…) dans la sélection de cellules.
- **Formules** : tous les textes, nombres et formules de la sélection courante sont collés, mais sans leur mise en forme.
- **Valeurs :** convertit toutes les formules de la sélection courante aux valeurs qu'elles ont calculées.
- **Formats :** ne colle que les mises en forme de la sélection de cellules courante, sans se préoccuper des entrées.
- **Commentaires :** ne colle que les notes que vous avez attachées aux cellules (des sortes de Post-it électroniques que nous étudierons dans le Chapitre 6).

- **Validation :** ne colle que les règles de validation de données dans la plage de cellules que vous avez configurée avec la commande Validation de données. Cette commande permet de définir une valeur ou une plage de valeurs autorisée pour une cellule ou un ensemble de cellules.
- **Tout, avec le thème source :** colle tout le contenu de la cellule qui a été copiée, y compris le style de cellule avec lequel celle-ci est mise en forme.
- **Tout sauf la bordure :** colle toutes les informations de la sélection, hormis les éventuelles bordures.
- **Largeurs de colonnes :** applique la largeur des colonnes des cellules copiées aux cellules de la plage de destination.
- **Formules et formats des nombres :** reproduit les formats de nombre appliqués aux nombres et aux formules.
- **Valeurs et formats des nombres :** convertit les formats aux valeurs qu'ils ont produites et recopie les formats de nombre affectés aux valeurs copiées.
- **Aucune :** normalement, Excel active ce bouton, indiquant qu'aucune opération ne sera appliquée entre les données que vous avez coupées ou copiées dans le Presse-papiers et celles qui seront collées dans la plage de cellules.
- **Ajouter :** ajoute les données copiées dans le Presse-papiers aux entrées figurant dans les cellules de destination.
- **Soustraction :** retranche les données copiées dans le Presse-papiers de celles des cellules de destination.
- **Multiplication :** multiplie les données copiées dans le Presse-papiers avec les entrées des cellules de destination.

- **Division :** divise les données copiées dans le Presse-papiers par les entrées des cellules de destination.
- **Blancs non compris :** cochez cette case afin qu'Excel ne copie aucune cellule vide. De cette manière, une cellule vide ne pourra pas se substituer à une cellule contenant des données.
- **Transposé :** lorsque cette case est cochée, Excel change l'orientation des cellules collées. Cette option est précieuse lorsque les données d'origine sont, par exemple, disposées sur une seule ligne et que vous préférez les disposer sur une colonne.

À propos des suppressions

Une étude d'Excel ne saurait être complète sans apprendre à se débarrasser des données que contiennent les cellules. Il existe deux sortes de suppression dans une feuille de calcul :

- **Vider une cellule :** la cellule est simplement vidée de son contenu, sans être véritablement supprimée, ce qui peut affecter la mise en place des cellules environnantes.
- **Supprimer une cellule :** la suppression élimine tout ce qui constitue une cellule, y compris son contenu et sa mise en forme. Lorsque vous supprimez une cellule, Excel doit déplacer les cellules environnantes afin de combler le vide provoqué par la disparition.

Vider une cellule

Pour se débarrasser uniquement du contenu d'une sélection de cellules sans supprimer les cellules elles-mêmes, sélectionnez une plage et appuyez sur la touche Suppr.

Si vous voulez être plus précis, cliquez sur le bouton Effacer dans le groupe Édition de l'onglet Accueil (il représente une gomme) et sélectionnez une des commandes suivantes dans le menu qui apparaît :

- **Effacer tout :** toutes les entrées de la sélection sont supprimées, ainsi que toutes les mises en forme et les commentaires.
- **Effacer les formats :** seules les mises en forme sont supprimées dans la sélection.
- **Effacer le contenu :** efface uniquement le contenu de la sélection (texte ou valeur), exactement comme la touche Suppr.
- **Effacer les commentaires :** seuls les commentaires sont supprimés dans la sélection.
- **Effacer les liens hypertextes :** supprime tous les liens hypertextes actifs dans la plage sélectionnée, mais conserve le texte auquel ils étaient liés.

Virez-moi toutes ces cellules

Pour supprimer une sélection de cellules au lieu de seulement les vider de leur contenu, cliquez sur le triangle pointant vers le bas du bouton Supprimer du groupe Cellules de l'onglet Accueil, et sélectionnez Supprimer les cellules dans le menu qui apparaît. La boîte de dialogue Supprimer s'affiche, vous proposant différentes possibilités pour remplacer les cellules que vous allez supprimer :

- **Décaler les cellules vers la gauche :** c'est l'option par défaut. Les cellules situées à droite de celles qui ont été supprimées sont déplacées vers la gauche pour combler le vide produit.
- **Décaler les cellules vers le haut :** les cellules situées sous celles qui ont été supprimées sont déplacées vers le haut.
- **Ligne entière :** toutes les lignes de la sélection courante sont supprimées.

- **Colonne entière :** toutes les colonnes de la sélection courante sont supprimées.

TRUC

Si vous savez que vous voulez déplacer les cellules restantes vers la gauche en supprimant les cellules de la sélection, vous pouvez cliquer simplement sur le bouton Supprimer du groupe Cellules de l'onglet Accueil. L'effet est exactement le même que sélectionner la première des trois options ci-dessus dans la boîte de dialogue Supprimer.

Si vous savez à l'avance que vous voudrez supprimer des lignes ou des colonnes entières de la feuille de calcul, vous pouvez les sélectionner en cliquant dans les en-têtes, puis en opérant un clic-droit sur la sélection et en choisissant Supprimer dans le menu qui apparaît.

N'OUBLIEZ PAS

Pour supprimer des lignes ou des colonnes entières, il n'est pas nécessaire de sélectionner les lignes ou les colonnes elles-mêmes. Il suffit que des cellules leur appartenant soient sélectionnées. Après avoir sélectionné des cellules appartenant aux colonnes ou aux lignes à supprimer, cliquez sur le triangle pointant vers le bas du bouton Supprimer du groupe Cellules de l'onglet Accueil, et sélectionnez Supprimer des colonnes dans la feuille ou Supprimer des lignes dans la feuille dans le menu qui apparaît.

ATTENTION !

La suppression de lignes ou de colonnes entières est risquée, à moins que vous soyez certain qu'elles ne contiennent pas de valeurs à conserver. Rappelez-vous qu'en supprimant par exemple toute la ligne A, vous supprimez en réalité toutes les informations de cette ligne dans les colonnes A à XFD, alors que vous ne voyez que quelques-unes de ces colonnes. De même, si vous supprimez une colonne entière, vous supprimez toutes les informations de cette colonne contenues dans les lignes 1 à 1 048 576.

Faire de la place avec la commande Insérer

Pour ces cas inévitables où vous devrez glisser de nouvelles entrées dans une région déjà bien remplie de la feuille de calcul, vous aurez intérêt à insérer les nouvelles cellules plutôt que de vous lancer dans les délicats déplacements et réorganisations de plusieurs plages de cellules. Pour insérer une nouvelle ligne, sélectionnez les cellules – dont beaucoup sont d'ores et déjà occupées – près desquelles les nouvelles cellules doivent être placées, puis cliquez sur le triangle pointant vers le bas dans le bouton Insérer du groupe Cellules de l'onglet Accueil, et sélectionnez Insérer des cellules dans le menu qui apparaît. La boîte de dialogue Insertion de cellules s'affiche, vous proposant les options suivantes :

- **Décaler les cellules vers la droite :** quand vous cliquez sur le bouton OK ou appuyez sur la touche Entrée, les cellules existantes sont décalées vers la droite afin de libérer de la place pour les cellules qui seront créées.
- **Décaler les cellules vers le bas :** c'est l'option par défaut. Elle demande à Excel de décaler les cellules vers le bas au moment où vous cliquez sur le bouton OK ou appuyez sur la touche Entrée.
- **Ligne entière** et **Colonne entière :** insertion de lignes ou de colonnes entières. Il est inséré autant de lignes ou de colonnes qu'il y a de lignes ou de colonnes sélectionnées au moment de cliquer sur le bouton OK ou d'appuyer sur la touche Entrée.

TRUC

Si vous savez que vous voulez déplacer les cellules existantes vers la droite pour faire de la place aux nouvelles cellules insérées, vous pouvez cliquer simplement sur le bouton Insérer du groupe Cellules de l'onglet Accueil. Il en résulte exactement le même effet que de sélectionner la première des trois options ci-dessus dans la boîte de dialogue Insertion de cellules.

Chapitre 5

Imprimer le chef-d'œuvre

Dans ce chapitre :

- Prévisualiser les pages avant l'impression.
- Imprimer rapidement à partir de la barre d'outils Accès rapide.
- Imprimer toutes les feuilles de calcul d'un classeur.
- N'imprimer que certaines cellules d'une feuille de calcul.
- Modifier l'orientation des pages.
- Imprimer la totalité d'une feuille de calcul sur une seule page.
- Modifier les marges d'un rapport.

Pour la plupart des gens, l'impression est la finalité d'une feuille de calcul (on est loin de la notion du « bureau sans papier » que promettait la bureautique). Toutes les saisies, mises en forme, vérifications de formules, bref, toutes les opérations que vous effectuez avec un tableur ne sont que des préparations à l'impression des informations.

Dans ce chapitre, vous découvrirez combien il est facile d'imprimer des rapports avec Excel 2016 grâce à la fenêtre Imprimer, à l'Aperçu d'impression et à l'onglet Mise en page du Ruban. Quelques règles simples vous permettront d'obtenir une présentation irréprochable des documents, dès la première fois que vous les envoyez à l'imprimante (et pas la deuxième ou la troisième).

Un coup d'œil à la page en mode Mise en page

Le mode d'affichage Mise en page d'Excel 2016 procure une visibilité immédiate sur la mise en page d'une feuille de calcul. Pour activer ce mode d'affichage, cliquez simplement sur le bouton Mise en page dans la barre d'état (l'icône du milieu parmi les trois qui se trouvent juste à gauche de la glissière du zoom). Vous pouvez aussi cliquer, dans le Ruban, sur le bouton Mise en page, sous l'onglet Affichage. Lorsque vous passez en mode Mise en page, comme le montre la Figure 5.1, Excel affiche une règle horizontale et une règle verticale, respectivement au-dessus et à gauche des lettres de colonnes et des numéros de lignes. Dans la zone d'affichage de la feuille de calcul, vous voyez également apparaître les marges de la page telles qu'elles seront sur le papier, avec les en-têtes et les pieds de page si vous en avez défini, et les sauts de page, naturellement. Vous pouvez utiliser le zoom pour voir apparaître plusieurs pages à la fois sur votre écran.

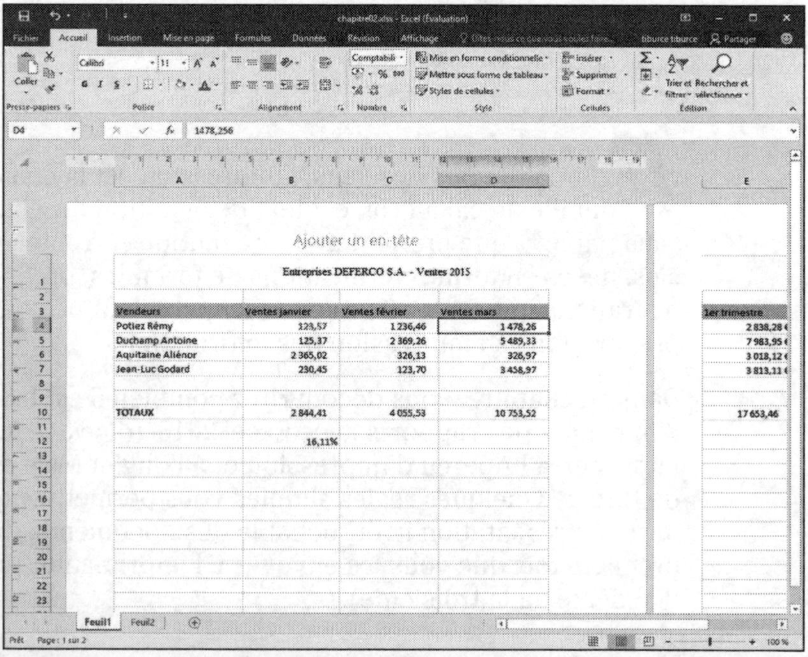

Figure 5.1 : Affichage d'une feuille de calcul en mode Mise en page.

TRUC

Pour voir combien de pages sont nécessaires pour imprimer votre feuille de calcul, tirez le curseur de zoom vers la gauche, dans la barre d'état, jusqu'au moment où toutes les données de la feuille apparaissent à l'écran et tiennent dans la même feuille.

N'OUBLIEZ PAS

Excel affiche les règles en utilisant l'unité par défaut, c'est-à-dire les centimètres. Pour changer l'unité, ouvrez la boîte de dialogue Options Excel sur l'onglet Options avancées (Fichier/Options Excel/Options avancées) et sélectionnez l'unité de votre choix dans la liste déroulante Unités de la règle de la section Afficher.

Vous êtes libre de masquer ou d'afficher les règles dans le mode Mise en page. Pour cela, cliquez sur le bouton Afficher/Masquer dans l'onglet Affichage du Ruban et cliquez sur la case Règle pour la cocher ou la décocher.

Agir dans la fenêtre Imprimer

Pour ne pas gâcher inutilement du papier, imprimez la feuille de calcul directement à partir de la fenêtre Imprimer de l'affichage Backstage en cliquant sur Fichier/Imprimer ou bien en appuyant sur Ctrl + P ou sur Ctrl + F2. Comme le révèle la Figure 5.2, la fenêtre Imprimer montre, d'un seul coup d'œil, tous les paramètres d'impression ainsi qu'un aperçu des pages.

TRUC

Vous pouvez, si vous le souhaitez, ajouter un bouton Prévisualiser et Imprimer à la barre d'outils Accès rapide qui ouvre cette fenêtre Imprimer de l'affichage Backstage. Pour ce faire, cliquez sur le bouton de personnalisation de cette barre et choisissez, dans le menu local, l'option Aperçu et Impression ; le bouton correspondant sera ajouté en bout de barre d'Accès rapide, prêt à être sollicité.

Vous pouvez utiliser la fonction d'aperçu avant l'impression de la fenêtre Imprimer pour imprimer une feuille de calcul, une partie de feuille de calcul ou le classeur tout entier. Vous devrez gérer les sauts de page lorsque le document à impri-

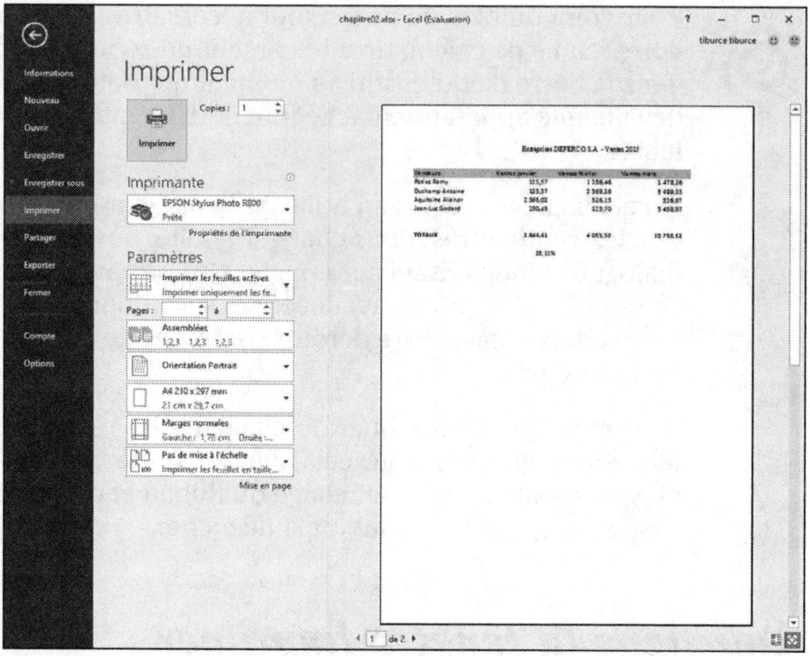

Figure 5.2 : La fenêtre Imprimer regroupe les paramètres d'affichage et propose un aperçu.

mer ne tiendra pas sur une seule feuille de papier. L'aperçu montre exactement comment les données seront réparties sur la ou les feuilles au moment de l'impression. Au besoin, vous pouvez retourner dans la feuille de calcul afin d'y effectuer des changements à partir de l'onglet Mise en page du Ruban (ou en réglant directement la largeur des colonnes dans la feuille de calcul) avant d'envoyer le document vers l'imprimante.

Le contenu d'une page est à peine lisible dans la fenêtre Imprimer. Pour agrandir l'aperçu à la taille réelle afin de vérifier des données, cliquez sur le bouton Zoom sur la page, en bas à droite. La Figure 5.3 montre la première page d'une feuille de calcul zoomée de la sorte.

Après avoir agrandi l'aperçu, actionnez les barres de défilement pour accéder à ses diverses parties. Pour revenir à l'affichage de la feuille de calcul toute entière, cliquez de nouveau sur le bouton Zoom sur la page. Le nombre de pages à imprimer est indiqué en bas à gauche de l'aperçu. Si le document

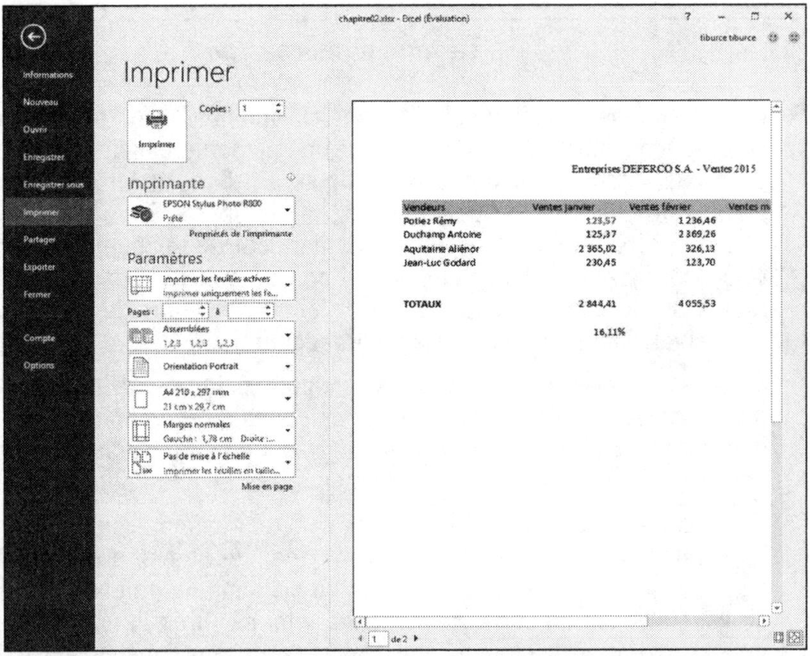

Figure 5.3 : Zoom sur votre feuille de calcul.

compte plusieurs pages, cliquez sur les boutons fléchés de part et d'autre du compteur pour les parcourir.

TRUC

Cliquez sur le bouton Afficher les marges, à gauche du bouton Zoom sur la page, pour voir comment les données occuperont la feuille de papier. Les marges sont réglables en plaçant le pointeur de la souris dessus ; lorsqu'il se transforme en poignée, cliquez et tirez pour les régler. Nous y reviendrons à la section « Soigner les marges », plus loin dans ce chapitre.

Après avoir vérifié le document, vous configurerez les paramètres suivants :

- Le bouton **Imprimer** et le champ **Copies** : cliquez dessus pour imprimer la feuille de calcul en autant d'exemplaires qu'indiqué dans le champ Copies.
- Le menu **Imprimante** : il sert à sélectionner une imprimante ou un fax. Excel affiche toujours, dans ce menu, le nom de l'imprimante par défaut définie dans Windows.

La zone d'impression

Excel comporte une fonctionnalité spéciale appelée Zone d'impression. Pour l'utiliser, commencez par sélectionner une plage de cellules dans la feuille de calcul. Ensuite, dans le Ruban, cliquez sur l'onglet Mise en page puis, dans le groupe Mise en page, cliquez sur le bouton Zone d'impression et choisissez Définir. Cela fait, Excel imprimera cette sélection chaque fois que vous imprimez la feuille de calcul, soit en cliquant sur le bouton Impression rapide, si vous l'avez ajouté à la barre d'outils Accès rapide, soit en cliquant sur Fichier/Imprimer ou en utilisant le raccourci Ctrl + P.

Après avoir défini la zone d'impression, cette plage de cellules est la seule qui puisse être imprimée, quelle que soit par ailleurs la configuration définie dans les menus Paramètres de la fenêtre Imprimer, et ce jusqu'à ce que vous choisissiez l'option Annuler dans le menu Mise en page/Zone d'impression.

Vous pouvez aussi définir et annuler une zone d'impression dans l'onglet Feuille de la boîte de dialogue Mise en page (pour ouvrir cette boîte de dialogue, cliquez sur le lanceur de boîte de dialogue du groupe Mise en page de l'onglet Mise en page, dans le coin inférieur droit de ce groupe). Pour cela, cliquez dans le champ Zone d'impression dans l'onglet Feuille de cette boîte de dialogue et sélectionnez dans la feuille de calcul la (ou les) plage(s) de cellules que vous voulez définir comme zone d'impression. N'oubliez pas que vous pouvez cliquer sur le bouton qui se trouve à l'extrémité droite de ce champ pour minimiser la boîte de dialogue Mise en page et sélectionner plus facilement les cellules voulues (cliquez à nouveau sur ce même bouton pour faire réapparaître la boîte de dialogue en entier). Pour annuler une zone d'impression, ou simplement retirer une ou plusieurs plages de cellules d'une zone impression, dans la boîte de dialogue Mise en page, sélectionnez les plages voulues dans le champ Zone d'impression et appuyez sur la touche Suppr.

- Les menus **Paramètres** : le premier de ces menus sert à définir ce qu'il faut imprimer. Vous avez le choix entre Imprimer les feuilles actives (préalablement sélectionnées), Imprimer le classeur entier ou Imprimer la sélection. Sous le menu, vous pouvez indiquer les numéros des pages à imprimer, de la première à la dernière du lot.

Les autres menus permettent d'imprimer recto verso (si l'imprimante est capable de gérer cette fonction), d'imprimer les pages assemblées, lorsque plusieurs exemplaires sont tirés, ou non assemblées (toutes les pages 1, puis toutes les pages 2 et ainsi de suite). Le menu Orientation permet d'imprimer la page dans le sens normal, en hauteur (Portrait) ou en largeur (Paysage).

Imprimer la feuille de calcul

Tant que vous utilisez les paramètres d'impression par défaut d'Excel pour imprimer votre feuille de calcul, l'impression dans Excel 2016 sera pour vous un jeu d'enfant. Pour commencer, ajoutez le bouton Impression rapide dans la barre d'outils Accès rapide : cliquez sur le triangle pointant vers le bas à l'extrémité droite de celle-ci et sélectionnez Impression rapide dans le menu qui apparaît.

Une fois que le bouton Impression rapide apparaît dans la barre d'outils Accès rapide, vous pouvez cliquer dessus pour imprimer directement la feuille de calcul affichée, y compris les images et les graphiques (mais sans les commentaires que vous avez pu ajouter aux cellules), sans passer par la boîte de dialogue Imprimer. Pour en savoir plus sur les commentaires dans les cellules, reportez-vous au Chapitre 6. Pour en savoir plus sur les images et les graphiques, reportez-vous au Chapitre 8.

Quand vous cliquez sur le bouton Impression rapide, Excel envoie directement la tâche d'impression correspondante dans la file d'attente de l'imprimante par défaut, qui est en quelque sorte le messager qui envoie les tâches d'impression à l'imprimante. Excel affiche alors (très fugitivement, à moins que vous ayez vraiment un très gros fichier) une boîte de dialogue Impression pour vous informer de la progression de l'envoi de cette tâche d'impression à la file d'attente de l'imprimante (en affichant un message du genre *Impression de la page 2/3 « Nom du fichier » en cours sur Nom de l'imprimante*). Une fois que cette boîte de dialogue a disparu, c'est-à-dire dans la plupart des cas avant que vous ayez eu le temps de lire ce message, vous pouvez vous remettre au travail dans Excel.

Au cas où vous voudriez annuler l'impression, la boîte de dialogue Impression contient un bouton Annuler. Si vous êtes aussi rapide que Lucky Luke, cliquez sur ce bouton. Dans le cas contraire, vous devez faire comme tout le monde, c'est-à-dire ouvrir la boîte de dialogue de l'imprimante pour y annuler la tâche d'impression :

1. **Cliquez du bouton droit sur l'icône d'imprimante qui apparaît dans la Zone de notification de la barre des tâches de Windows (juste à gauche de l'affichage de l'heure) lorsqu'une tâche d'impression se trouve dans la file d'attente, et sélectionnez le nom de l'imprimante utilisée pour l'impression de votre document dans le menu qui apparaît.**

   La boîte de dialogue des tâches d'impression en cours pour cette imprimante apparaît.

2. **Cliquez du bouton droit sur l'icône de l'imprimante et, dans le menu déroulant, choisissez Ouvrir toutes les imprimantes actives.**

   Cela ouvre la boîte de dialogue de l'imprimante, avec les tâches d'impression dans la file d'attente (sous l'en-tête Nom du document).

3. **Sélectionnez la tâche d'impression à annuler.**

4. **Choisissez Document/Annuler (ou équivalent) dans le menu qui apparaît, puis cliquez sur Oui pour confirmer.**

5. **Attendez que la tâche d'impression disparaisse de la liste, puis cliquez sur le bouton de fermeture de la boîte de dialogue et revenez à Excel.**

Mettre en page la feuille de calcul

La détermination de la disposition des pages à imprimer est un peu complexe. Heureusement, les boutons de commande du groupe Mise en page de l'onglet Mise en page du Ruban donnent un contrôle presque total sur la disposition de vos pages.

Les trois groupes de boutons de l'onglet Mise en page vous permettent de définir la disposition de vos pages exactement comme vous le voulez : le groupe Mise en page, le groupe Mise à l'échelle et le groupe Options de la feuille de calcul, que nous allons décrire dans les sections qui suivent.

TRUC

Pour visualiser l'effet des modifications que vous apportez aux paramètres de mise en page, cliquez sur le bouton Mise en page de la barre d'état pour afficher la feuille de calcul en mode Mise en page. Vous pourrez ainsi vous rendre compte immédiatement de l'effet produit par votre utilisation des boutons de l'onglet Mise en page.

Utiliser les boutons du groupe Mise en page

Le groupe Mise en page de l'onglet Mise en page contient des boutons importants :

- **Marges :** ce bouton permet de sélectionner une des trois configurations de marges prédéfinies, ainsi que d'ouvrir la boîte de dialogue Mise en page avec l'onglet Marges au premier plan pour définir des marges personnalisées.
- **Orientation :** ce bouton permet de basculer entre le mode Portrait et le mode Paysage pour définir les pages de documents dans la feuille de calcul.
- **Taille :** ce bouton permet de sélectionner une des tailles de papier prédéfinies, ainsi que de faire apparaître la boîte de dialogue Mise en page avec l'onglet Pages au

premier plan pour spécifier une taille de papier personnalisée et d'autres paramètres de page.

- **Zone d'impression :** ce bouton permet de définir et d'annuler une zone d'impression (voyez à ce sujet l'encadré « La zone d'impression », précédemment dans ce chapitre).
- **Sauts de page :** ce bouton permet d'insérer ou de supprimer des sauts de page.
- **Arrière-plan :** ce bouton ouvre la boîte de dialogue Feuille d'arrière-plan, dans laquelle vous pouvez sélectionner le fichier graphique d'une image ou d'une photo qui sera utilisée comme arrière-plan pour toutes les feuilles de calcul du classeur (notez que ce bouton devient Supprimer l'arrière-plan lorsqu'une image d'arrière-plan a déjà été sélectionnée).
- **Imprimer les titres :** ce bouton ouvre la boîte de dialogue Mise en page avec l'onglet Feuille au premier plan, dans lequel vous pouvez définir des lignes de la feuille de calcul comme devant être imprimées en haut de chaque page, et des colonnes comme devant être imprimées à gauche de chaque page, en tant que titres pour le rapport.

Soigner les marges

Quand vous créez un nouveau classeur, Excel lui applique les paramètres de marge par défaut, c'est-à-dire les marges Normales dans le menu affiché par le bouton Marges de l'onglet Mise en page (Haut et Bas : 1,91 cm ; Gauche et Droite : 1,78 cm ; En-tête et Pied de page : à 0,76 cm du bord de la page).

En dehors des paramètres de marges Normales, Excel vous permet de sélectionner directement deux autres configurations de marges standard à partir du menu du bouton Marges de l'onglet Mise en page :

- **Larges** (Haut et Bas : 2,54 cm ; Gauche et Droite : 2,54 cm ; En-tête et Pied de page : à 1,27 cm du bord de la page).
- **Étroites** (Haut et Bas : 1,91 cm ; Gauche et Droite : 0,64 cm ; En-tête et Pied de page : à 0,76 cm du bord de la page).

Il vous arrivera souvent d'avoir un rapport qui occupe juste un peu plus que la surface d'une page à l'impression, de telle sorte qu'une ou deux colonnes ou un petit nombre de lignes se retrouvent sur une autre page. Avec un peu de chance, il vous suffira de sélectionner les marges standard Étroites pour que l'ensemble tienne sur une seule page.

Si ça ne suffit pas, vous pouvez essayer de définir des marges personnalisées, que ce soit dans l'onglet Marges de la boîte de dialogue Mise en page ou en faisant glisser avec la souris les repères des marges dans l'affichage Aperçu avant impression. Pour faire tenir plus de colonnes sur une page, réduisez les marges droite et gauche. Pour faire tenir plus de lignes, réduisez les marges du haut et du bas.

Pour ouvrir la boîte de dialogue Mise en page avec l'onglet Marges au premier plan (Figure 5.4), cliquez sur la commande Marges personnalisées, tout en bas du menu du bouton Marges de l'onglet Mise en page et entrez les paramètres voulus dans les champs correspondants (vous pouvez aussi utiliser les boutons qui se trouvent dans ces champs pour augmenter ou réduire la valeur).

TRUC

Pour que les données de la page soient automatiquement centrées sur la page à l'impression, cochez la case Horizontalement, ou la case Verticalement, dans la section Centrer sur la page de cet onglet, ou les deux. Les données seront alors centrées à l'impression entre les marges spécifiées.

Lorsque vous cochez la case Afficher les marges dans l'onglet Aperçu avant impression de l'affichage Aperçu avant impression pour pouvoir ajuster manuellement les marges, les repères des colonnes apparaissent également, ce qui vous permet d'ajuster également la largeur des colonnes (ce que

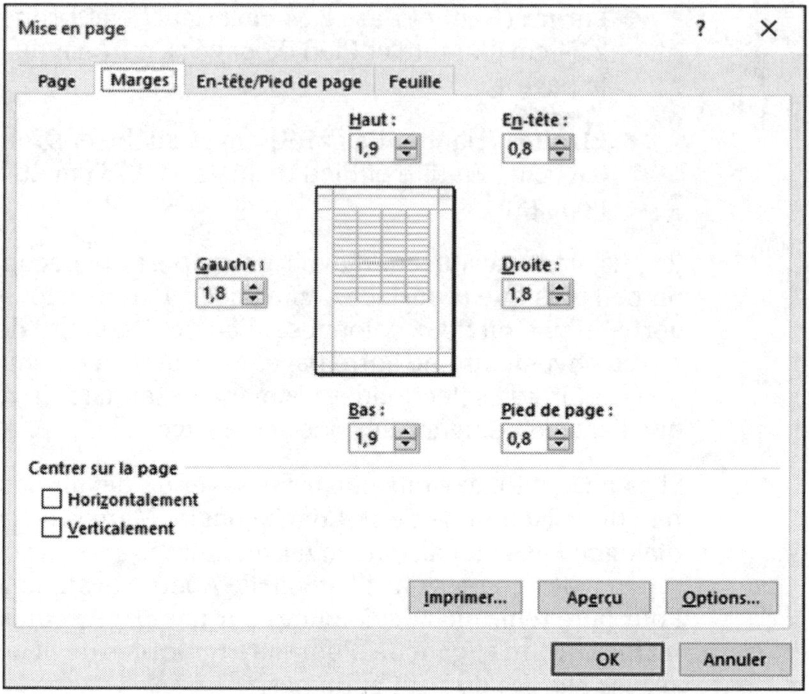

Figure 5.4 : Utilisez l'onglet Marges de la boîte de dialogue Mise en page pour définir des marges personnalisées.

montre la Figure 5.5). Pour modifier une marge, placez le pointeur de la souris sur le repère correspondant (le pointeur prend la forme d'une flèche à double pointe) et faites-le glisser dans la direction voulue. Lorsque vous relâchez le bouton de la souris, Excel affiche la page avec la nouvelle marge que vous venez de définir. Selon que vous réduisez ou que vous augmentez une marge, la page peut gagner ou perdre des lignes ou des colonnes. Utilisez la même méthode pour ajuster la largeur des colonnes : faites glisser les repères correspondants.

Portrait ou paysage ?

Le menu du bouton Orientation du groupe Mise en page de l'onglet Mise en page contient les deux options suivantes :

- **Portrait :** c'est l'option par défaut, qui correspond à l'usage habituel d'une feuille de papier. La page est plus haute que large.

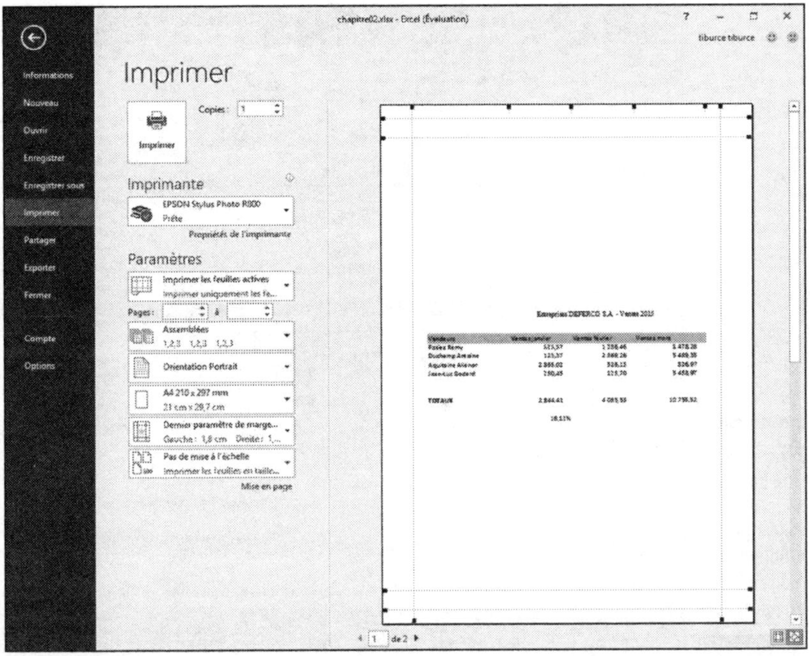

Figure 5.5 : Après avoir coché la case Afficher les marges, faites glisser les repères pour régler les marges.

- **Paysage :** c'est l'inverse, quand on fait tourner la page de 90 degrés. La page est plus large que haute.

Comme il est courant qu'un tableau soit assez large et comme les tableaux sont l'usage principal des feuilles de calcul, l'orientation Paysage, qui permet de faire tenir un plus grand nombre de colonnes sur la feuille, vous sera souvent plus pratique que l'orientation Portrait pour imprimer vos feuilles de calcul.

Dans la Figure 5.6, vous pouvez voir une liste en mode Paysage affichée en mode Mise en page. Excel peut faire tenir davantage de colonnes sur la page en mode Paysage qu'en mode Portrait. Mais comme il y a corrélativement moins de lignes sur une page, celles-ci s'étendent sur un plus grand nombre de pages qu'en mode Portrait.

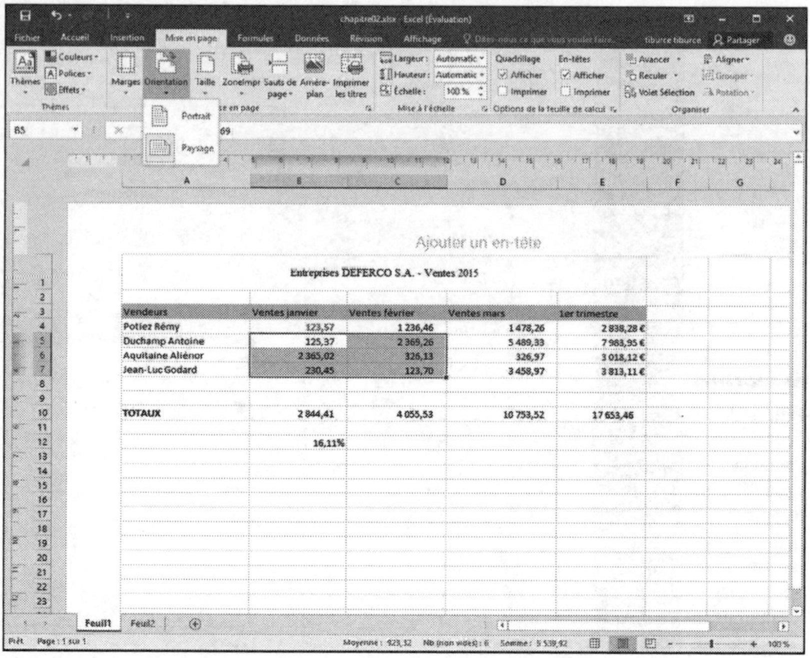

Figure 5.6 : Une liste en mode Paysage affichée en mode Mise en page.

Définir les titres à imprimer

La fonction Imprimer les titres d'Excel vous permet de répéter sur chaque page d'un rapport l'impression de certaines lignes et/ou de certaines colonnes, ce qui est particulièrement utile pour les lignes et colonnes d'en-tête d'un tableau qui s'étend sur plusieurs pages.

N'OUBLIEZ PAS

Ne confondez pas les titres à imprimer avec l'en-tête et le pied de page d'un rapport. Bien que les uns comme les autres soient imprimés sur toutes les pages, l'en-tête et le pied de page sont imprimés respectivement dans la marge supérieure et la marge inférieure de la page, alors que les titres à imprimer le sont dans le corps du rapport.

Pour définir des lignes et des colonnes comme titres à imprimer pour un rapport, suivez ces étapes :

1. **Dans l'onglet Mise en page du Ruban, cliquez sur le bouton Imprimer les titres.**

La boîte de dialogue Mise en page apparaît, avec l'onglet Feuille au premier plan (Figure 5.7).

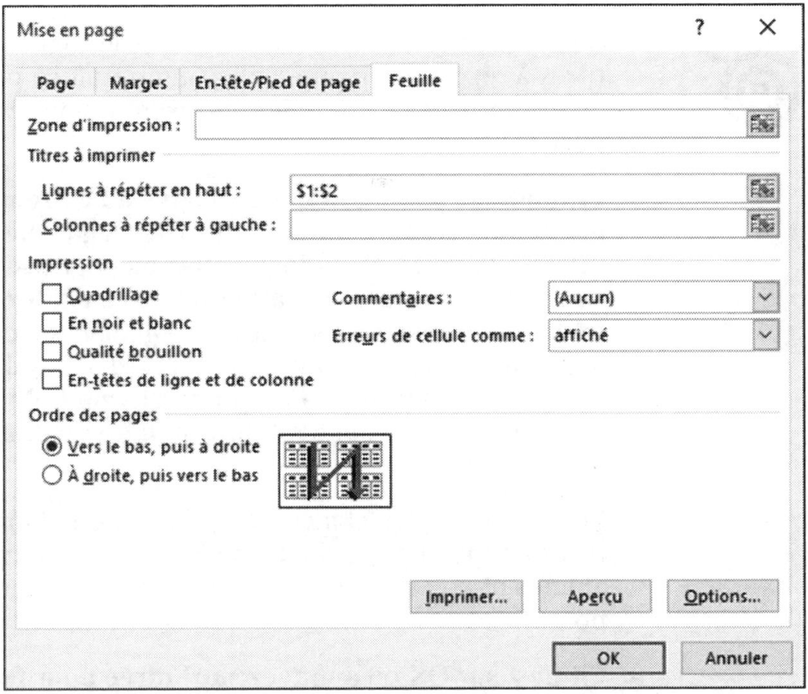

Figure 5.7 : La ligne d'en-tête est à présent répétée en haut de chaque page imprimée.

Pour définir des lignes comme titres à imprimer, allez à l'Étape 2a. Pour définir des colonnes comme titres à imprimer, allez à l'Étape 2b.

2a. Cliquez sur le bouton qui se trouve à l'extrémité droite du champ Lignes à répéter en haut pour minimiser la boîte de dialogue Mise en page ; sélectionnez avec la souris dans la feuille de calcul les lignes que vous voulez voir se répéter en haut de chaque page dans le rapport imprimé, puis cliquez à nouveau sur le bouton du champ Lignes à répéter en haut pour rétablir la boîte de dialogue Mise en page.

Dans l'exemple de la Figure 5.7, nous avons cliqué sur le bouton de minimisation à droite du champ Lignes à répéter en haut pour minimiser la boîte de dialogue

Mise en page et avons sélectionné les lignes 1 et 2 dans la feuille de calcul. Excel a donc affiché l'indication : dans le champ Lignes à répéter en haut.

TRUC

Remarquez qu'Excel met en évidence les lignes des titres à répéter en haut en plaçant un trait en pointillé animé entre ces titres et les autres informations du rapport.

2b. **Cliquez sur le bouton qui se trouve à l'extrémité droite du champ Colonnes à répéter à gauche pour minimiser la boîte de dialogue Mise en page ; sélectionnez avec la souris dans la feuille de calcul les colonnes que vous voulez voir se répéter à gauche de chaque page dans le rapport imprimé (Figure 5.7), puis cliquez à nouveau sur le bouton du champ Colonnes à répéter à gauche pour rétablir la boîte de dialogue Mise en page.**

Remarquez qu'Excel met en évidence les colonnes des titres à répéter à gauche en plaçant un trait en pointillé animé entre ces titres et les autres informations du rapport.

3. **Cliquez sur OK ou appuyez sur Entrée pour fermer la boîte de dialogue Mise en page.**

Les traits en pointillé indiquant les limites des lignes et des colonnes à répéter disparaissent de la feuille de calcul.

N'OUBLIEZ PAS

Pour désactiver les titres à imprimer d'un rapport lorsque vous n'en avez plus besoin, ouvrez la boîte de dialogue Mise en page avec l'onglet Feuille au premier plan, supprimez le contenu des champs Lignes à répéter en haut et Colonnes à répéter à gauche, puis cliquez sur OK ou appuyez sur Entrée.

Utiliser les boutons du groupe Mise à l'échelle

Si votre imprimante offre des options de mise à l'échelle, vous allez en découvrir la commodité. Il est en effet possible de faire tenir une feuille de calcul sur une seule page en sélectionnant 1 page dans les listes déroulantes Largeur et Hauteur du groupe Mise à l'échelle de l'onglet Mise en page. Lorsque ces options sont sélectionnées, Excel ajuste automatiquement l'échelle de la zone à imprimer pour que l'ensemble tienne sur une page à l'impression.

Après avoir sélectionné ces options, si vous vous apercevez en affichant l'Aperçu avant impression que le résultat est trop petit pour être lisible, cliquez sur le bouton Mise en page dans l'onglet Aperçu avant impression pour faire apparaître la boîte de dialogue Mise en page avec l'onglet Page au premier plan, dans lequel l'option Ajuster vous permet de modifier le nombre de pages en largeur et en hauteur auquel Excel doit ajuster la taille de votre document à l'impression. Utilisez pour cela les deux champs de l'option Ajuster.

Plutôt que d'essayer de tout faire tenir sur une page, voyez comment se présente votre feuille de calcul si vous la faites tenir sur deux pages en largeur. Essayez ceci : sélectionnez 2 pages dans la liste déroulante du bouton Largeur du groupe Mise à l'échelle de l'onglet Mise en page et conservez 1 page dans la liste déroulante du bouton Hauteur. Vous pouvez aussi faire l'inverse en voyant comment se présente votre feuille de calcul si vous la faites tenir sur deux pages en hauteur : sélectionnez 2 pages dans la liste déroulante du bouton Hauteur et conservez 1 page dans la liste déroulante du bouton Largeur.

Après avoir essayé les options d'ajustement en largeur et en hauteur, vous conclurez peut-être que vous ne voulez pas de mise à l'échelle pour l'impression. Pour l'annuler, sélectionnez simplement Automatique dans les deux listes déroulantes Largeur et Hauteur du groupe Mise à l'échelle de l'onglet Mise en page. Vous voyez alors que le champ du bouton Mettre à l'échelle (juste en dessous des deux précédents) est à nouveau disponible et affiche 100 %.

Les cases Imprimer dans le groupe Options de la feuille de calcul

Le groupe Options de la feuille de calcul contient deux cases très utiles, toutes deux nommées Imprimer (aucune des deux n'étant cochée par défaut) : la première dans la colonne Quadrillage, la seconde dans la colonne Titres.

- Pour imprimer votre rapport avec le quadrillage des lignes et des colonnes, cochez la case Imprimer dans la colonne Quadrillage.
- Pour imprimer votre rapport avec les numéros de lignes et les lettres de colonnes sur toutes ses pages, cochez la case Imprimer dans la colonne Titres.

TRUC

Si vous voulez que votre rapport imprimé soit aussi proche que possible de la manière dont il se présente à l'écran, cochez ces deux cases. Ces options sont particulièrement utiles lorsque vous avez besoin d'identifier les références des cellules sur la version imprimée (par exemple, pour les mettre à jour plus facilement dans la feuille).

Troisième partie

S'organiser et rester organisé

Dans cette partie...

- Apprendre à naviguer dans vos feuilles de calcul.
- Ajouter des commentaires.
- Rechercher et remplacer.
- Ajouter (et supprimer) des feuilles dans un classeur.
- Ouvrir plusieurs affichages d'une même feuille pour comparer des zones distinctes.
- Déplacer des données à l'intérieur d'un même classeur, voire d'un classeur à un autre.

Chapitre 6

Maintenir l'ordre dans la feuille de calcul

Dans ce chapitre :

- Zoomer en avant et en arrière.
- Fractionner la fenêtre d'un classeur en deux ou quatre volets.
- Figer les lignes ou les colonnes des titres.
- Attacher un commentaire à une cellule.
- Nommer des cellules.
- Rechercher et remplacer des données.

Chaque feuille de calcul d'Excel offre énormément de place pour vos informations ; par défaut, chaque classeur vous ouvre une feuille unique. Mais, comme un écran ne peut en montrer qu'une petite partie, la maintenance de ces informations n'est pas une mince affaire.

Dans ce chapitre, vous découvrirez quelques techniques efficaces pour garantir cette maintenance. Vous apprendrez comment attirer l'attention sur une partie d'une feuille de calcul en zoomant dedans, ou comment diviser la fenêtre d'un document en plusieurs volets montrant simultanément diverses parties d'une même feuille et aussi comment afficher en permanence certaines lignes et colonnes.

Coup de zoom sur les cellules

Bon... Qu'allez-vous faire si votre directeur traîne les pieds pour vous offrir l'écran 22 pouces qui vous éviterait d'user vos yeux sur de minuscules caractères à peine lisibles et de faire défiler la feuille à tout bout de champ parce que trop peu de cellules sont visibles ? Vous utiliserez le curseur de zoom, toujours disponible dans la barre d'état. Il suffit de le tirer vers la gauche pour réduire et voir plus de cellules, et de le tirer vers la droite pour agrandir ce que vous voyez.

La Figure 6.1 montre l'agrandissement d'une feuille de calcul à 200 %, soit le double de l'affichage normal. Pour appliquer ce rapport d'agrandissement à une feuille, faites glisser vers la droite le curseur de zoom jusqu'à ce que l'indicateur numérique affiche 200 % (juste à gauche du curseur). Vous pouvez aussi cliquer sur le bouton Zoom dans l'onglet Affichage et sélectionner 200 % dans la boîte de dialogue Zoom qui apparaît. Une chose est sûre, c'est que vous n'aurez pas à mettre de lunettes pour lire le contenu des cellules ! Le seul problème avec un tel agrandissement est que vous ne voyez plus beaucoup de cellules à l'écran.

La Figure 6.2 montre la même feuille de calcul, mais avec une réduction à 50 %, soit la moitié de la taille normale. Pour obtenir cette valeur de zoom, faites glisser vers la gauche le curseur de zoom jusqu'à ce que l'indicateur numérique affiche 50 %.

Avec une réduction à 50 %, la seule chose qui est sûre, c'est que plus rien n'est lisible ! Remarquez que cet affichage permet néanmoins de bénéficier d'une vue très élargie sur la feuille de calcul.

La boîte de dialogue Zoom (Affichage/Zoom) offre le choix de cinq facteurs d'agrandissement (200, 100 soit l'affichage normal, 75, 50 et 25 %). Si ces valeurs ne vous conviennent pas, vous avez deux autres possibilités :

- Pour utiliser des facteurs d'agrandissement plus élevés ou plus réduits que ceux proposés (par exemple 400 % ou 10 %) ou intermédiaires (par exemple 150 % ou 85 %),

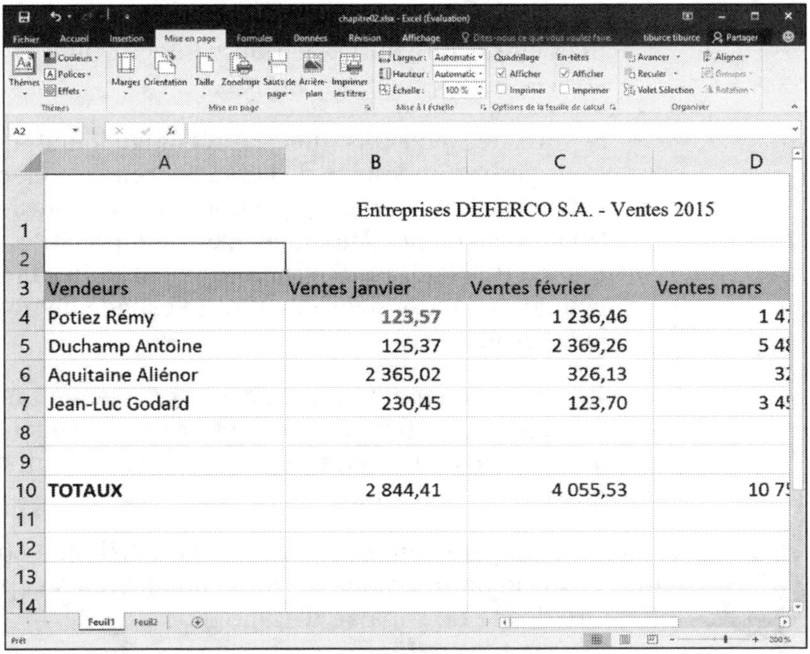

Figure 6.1 : Zoom à 170 % dans une feuille de calcul.

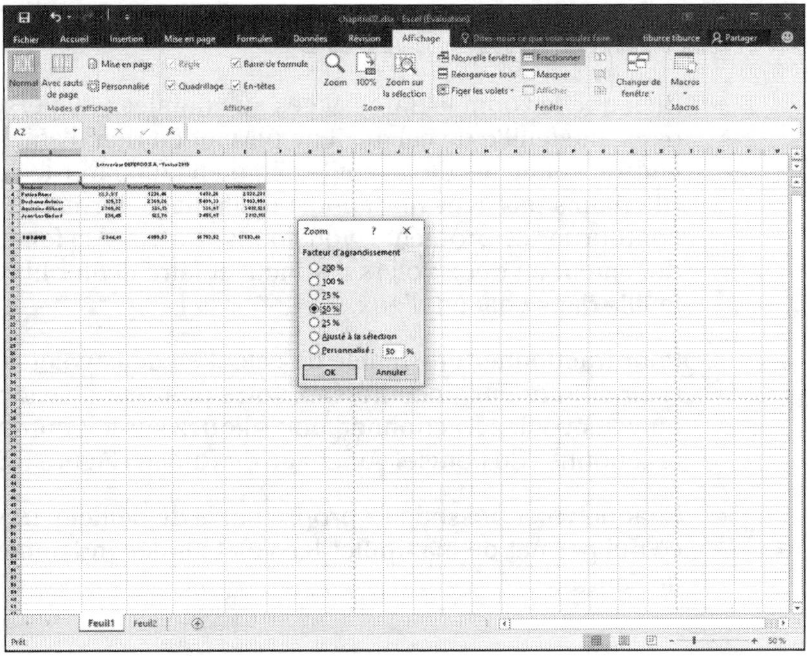

Figure 6.2 : La même feuille de calcul avec le zoom à 50 % et la boîte de dialogue Zoom.

sélectionnez le bouton Personnalisé dans la boîte de dialogue Zoom, entrez le pourcentage voulu et cliquez sur OK ou appuyez sur Entrée.

- Si vous ne savez pas quel pourcentage il faut appliquer pour cadrer une plage de cellules donnée, sélectionnez cette plage et cliquez sur le bouton Zoom sur la sélection dans l'onglet Affichage. Excel adapte automatiquement le facteur d'agrandissement pour afficher les cellules sélectionnées dans tout l'espace disponible de la fenêtre.

Pour revenir rapidement au taux d'agrandissement normal (100 %), cliquez exactement sur le petit trait vertical qui indique le centre de l'espace de déplacement du curseur de zoom dans la barre d'état.

TRUC

Vous pouvez également ouvrir la boîte de dialogue Zoom en cliquant sur le pourcentage de zoom affiché dans la partie inférieure droite de la barre d'état.

Fractionner une fenêtre

Bien que le zoom facilite l'accès aux données dispersées dans une feuille de calcul, il ne permet en rien d'afficher deux endroits éloignés de la feuille afin d'en comparer le contenu (du moins pas avec un rapport d'affichage normal). Pour contourner ce problème, vous pouvez diviser la fenêtre d'un document en deux volets distincts et faire défiler librement la feuille dans chacun d'eux.

Pour fractionner une feuille de calcul en deux volets (supérieur et inférieur), positionnez votre pointeur à l'endroit où vous voulez fractionner, puis cliquez sur le bouton Fractionner de l'onglet Affichage du Ruban (Figure 6.3).

Chaque volet possède sa propre barre de défilement verticale, ce qui permet de manipuler les volets indépendamment l'un de l'autre.

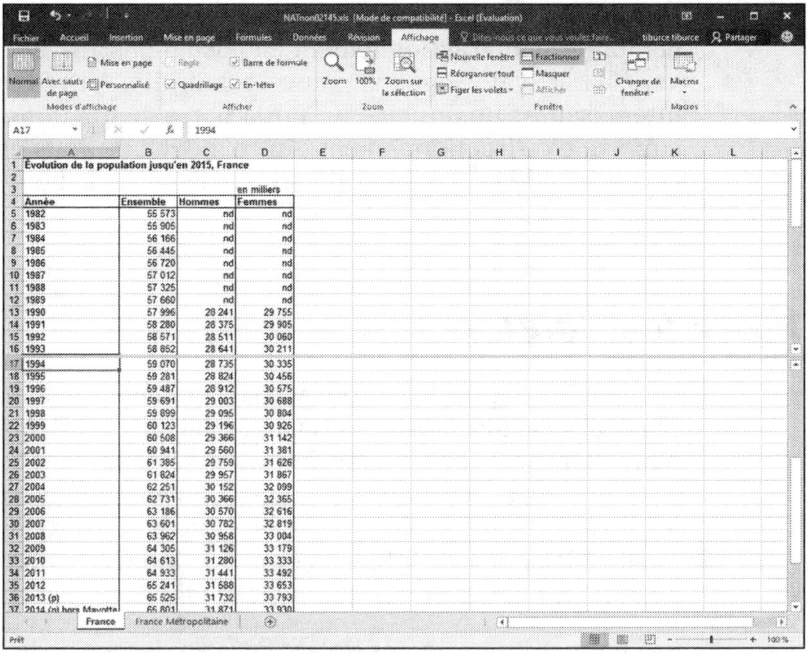

Figure 6.3 : Sélectionnez l'emplacement du futur fractionnement, puis cliquez sur le bouton Fractionner.

C'est la cellule désignée avant le fractionnement qui en détermine directement les aspects :

- Pour fractionner en deux volets horizontaux, positionnez le pointeur dans la colonne A de la ligne où vous voulez que le fractionnement intervienne.
- Pour fractionner en deux volets verticaux, positionnez le pointeur dans la ligne 1 de la colonne où vous voulez que le fractionnement intervienne.
- Pour fractionner en quatre volets – deux horizontaux et deux verticaux -, sélectionnez la cellule supérieure gauche.

Lorsque le fractionnement est effectif, il est symbolisé par un fin trait gris clair. Placez votre pointeur sur ce trait et il prend la forme d'un outil de fractionnement (deux barres noires parallèles desquelles partent, de part et d'autre, des pointes fléchées).

Utilisez ce pointeur particulier pour modifier, si nécessaire, l'amplitude du fractionnement en faisant glisser vers le haut, vers le bas, vers la gauche ou vers la droite. Autre technique intéressante : un double-clic sur la barre de fractionnement supprime ce fractionnement. Autre moyen de vous en défaire : la commande Fractionner du groupe Fenêtre de l'onglet Affichage.

Figer les volets

Les volets sont parfaits pour visualiser simultanément plusieurs parties éloignées d'une feuille de calcul. Mais ils peuvent aussi servir à figer des titres, en haut de la feuille ou à gauche, de sorte que les données peuvent défiler tandis que les titres restent en place. Les volets figés sont particulièrement utiles pour les tableaux dont les données s'étendent loin au-delà des lignes et des colonnes affichées à l'écran.

La Figure 6.4 montre des volets figés au-dessus de la ligne 5 : en haut, le titre général de la feuille, puis deux lignes vierges, puis la ligne comportant « en milliers » dans la cellule D3, et enfin les intitulés des colonnes de la ligne 4.

Procédez comme suit pour figer des volets comme nous l'avons fait pour la Figure 6.4 :

1. **Sélectionnez la première cellule située sous les lignes à figer.**

   Ici, il s'agit de la cellule A5.

2. **Ensuite, figez : dans le groupe Fenêtre de l'onglet Affichage, cliquez sur le bouton Figer les volets et sélectionnez Figer les volets dans le menu qui apparaît.**

Quand Excel fige les volets, les barres de fractionnement se transforment en traits fins.

Voyez dans la Figure 6.5 ce qui se produit lors d'un défilement vers le bas de la feuille de calcul alors que les volets sont figés.

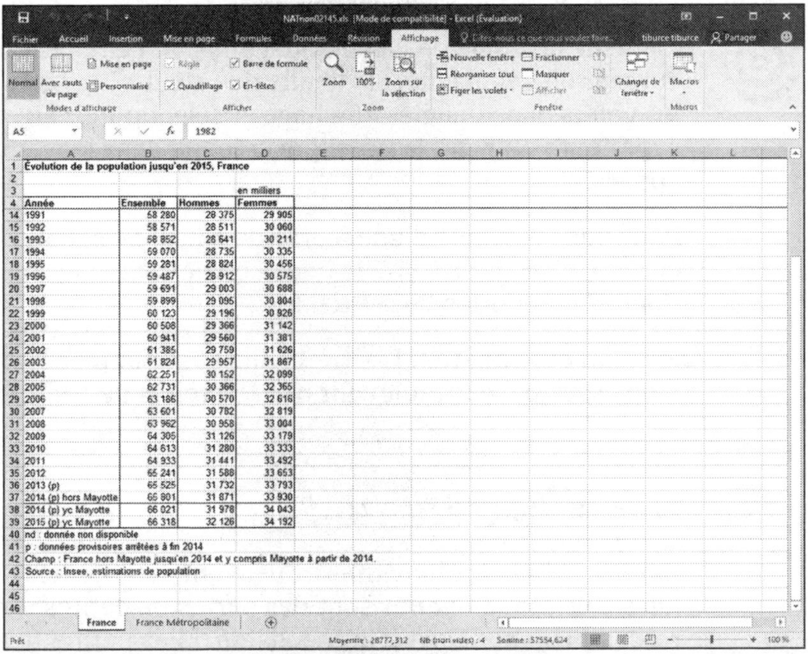

Figure 6.4 : Les volets figés immobilisent les quatre premières lignes.

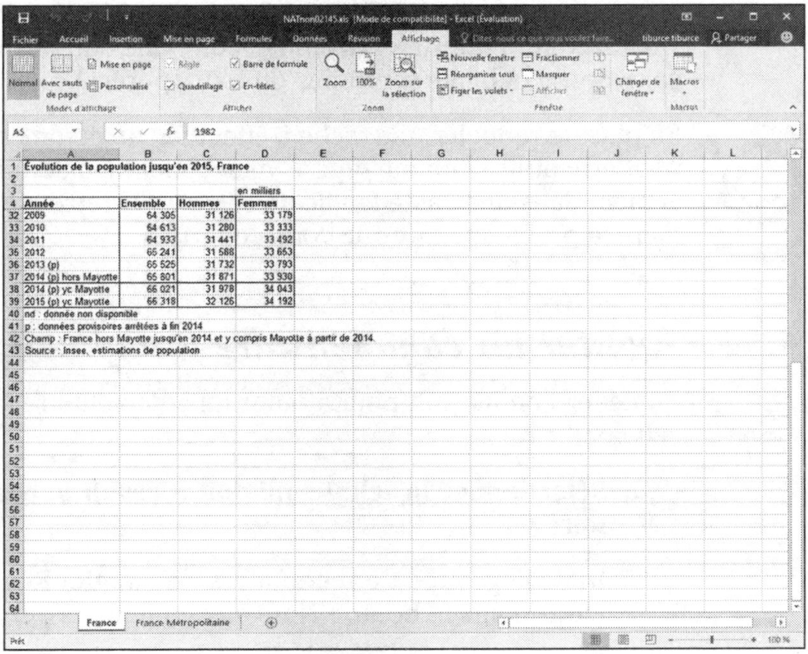

Figure 6.5 : Quand les volets sont figés et qu'on fait défiler vers le bas, les en-têtes de colonne restent visibles.

Pour figer uniquement la première ligne ou la première colonne de la feuille de calcul, quel que soit l'emplacement du curseur de cellule dans la feuille de calcul, cliquez sur Figer les volets dans l'onglet Affichage et sélectionnez Figer la ligne supérieure ou Figer la première colonne dans le menu qui apparaît.

Pour que les volets d'une feuille de calcul ne soient plus figés, cliquez sur Figer les volets dans l'onglet Affichage, et sélectionnez Libérer les volets dans

le menu qui apparaît. Les traits fins sont remplacés par d'épaisses barres, indiquant que les volets ne sont plus figés.

Les notes électroniques

Dans Excel, des commentaires peuvent être ajoutés à des cellules. Les *commentaires* sont des sortes de petites notes qui ressemblent aux Post-it autocollants. Elles permettent d'insérer des pense-bêtes pour rappeler, par exemple, que telle ou telle valeur n'est qu'une estimation, ou qu'il faut vérifier une valeur avant d'imprimer la feuille, voire une date d'anniversaire dont l'oubli ne serait pas du tout apprécié.

En plus de rappeler une tâche à effectuer, un commentaire peut être utilisé comme repère visuel pour signaler un emplacement dans une vaste feuille de calcul et le retrouver facilement la prochaine fois que vous l'ouvrirez.

Ajouter un commentaire à une cellule

Procédez comme suit pour ajouter un commentaire à une cellule :

1. **Sélectionnez la cellule qui doit recevoir le commentaire.**

2. **Dans le groupe Commentaires de l'onglet Révision, cliquez sur le bouton Nouveau commentaire.**

Une nouvelle zone de texte apparaît (Figure 6.6). Elle contient le nom de l'utilisateur de l'onglet Général de la boîte de dialogue Options Excel. La barre d'insertion clignote au début de la ligne qui suit le nom.

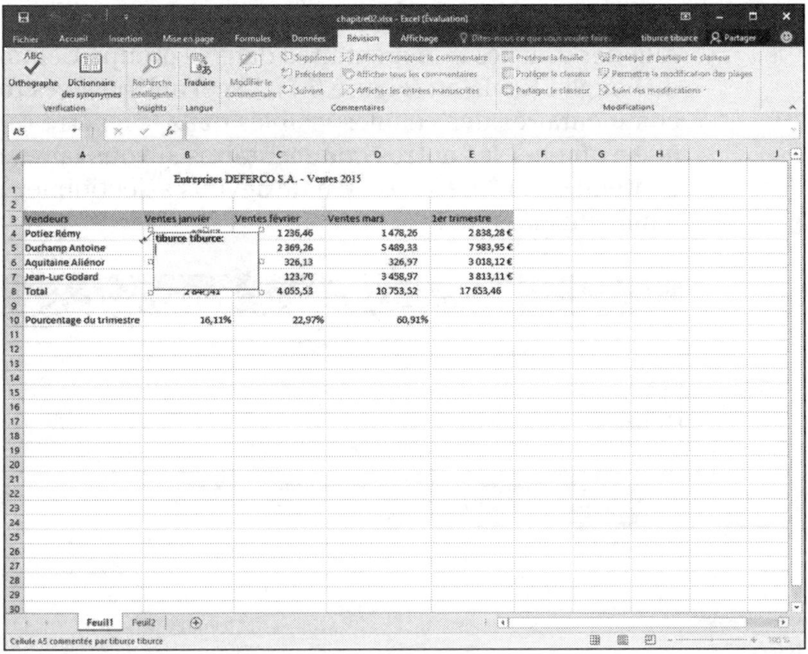

Figure 6.6 : Ajout d'un commentaire à une cellule.

3. **Tapez le texte du commentaire.**
4. **Cliquez hors de la zone de texte.**

   Excel signale que la cellule comporte un commentaire en plaçant un petit triangle rouge dans le coin supérieur droit.

5. **Pour afficher un commentaire, il suffit de placer le pointeur en forme d'épaisse croix blanche au-dessus de la cellule correspondante.**

Réviser les commentaires

Lorsqu'un classeur contient un grand nombre de commentaires, vous ne voudrez sans doute pas promener le pointeur de la souris au-dessus de chacun d'eux pour les lire tour à tour. Il est beaucoup plus commode de cliquer sur le bouton Afficher tous les commentaires dans le groupe Commentaires de l'onglet Révision (Figure 6.7). Excel affiche alors tous les commentaires des cellules visibles dans la fenêtre (et continue à afficher les autres commentaires si vous faites défiler le contenu de la fenêtre, ou même si vous sélectionnez une autre feuille du classeur).

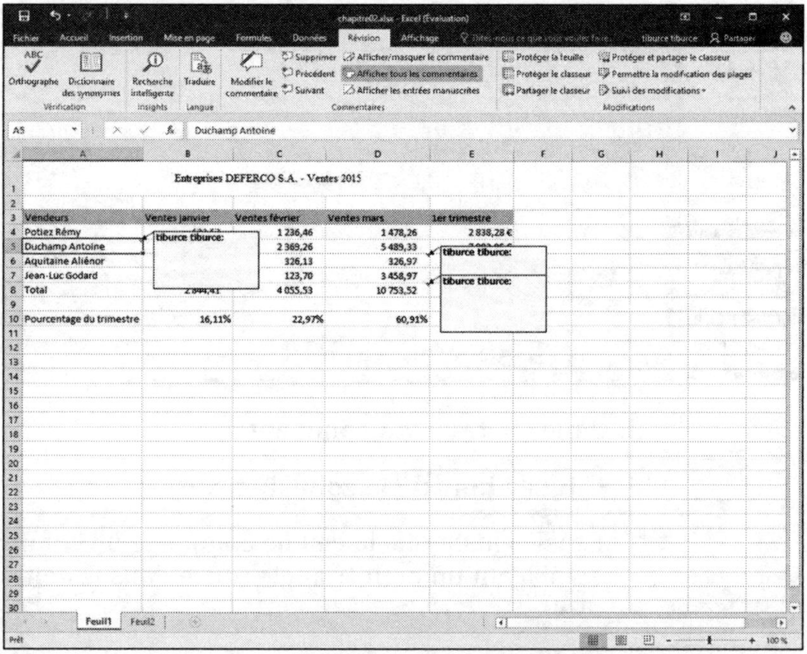

Figure 6.7 : Le bouton Afficher tous les commentaires montre tous les commentaires des cellules visibles dans la fenêtre.

Lorsque c'est l'onglet Révision du Ruban qui est au premier plan, il est possible de passer d'un commentaire à un autre en cliquant sur les boutons Suivant et Précédent dans le groupe Commentaires de cet onglet. Dès que vous atteignez le dernier commentaire d'un classeur, une boîte d'alerte demande s'il faut poursuivre la révision des commentaires depuis le début (ce que vous pouvez accepter en cliquant sur OK). Lorsque vous avez affiché tous les commentaires, il vous suffit pour les masquer après les avoir tous révisés de cliquer à nouveau sur le bouton Afficher tous les commentaires.

Modifier les commentaires

Pour modifier un commentaire, vous devez commencer par l'afficher et y placer le curseur d'insertion. Pour l'afficher, vous disposez des différents moyens que nous venons de voir (le plus simple étant de cliquer sur la cellule correspondante, puis sur le bouton Afficher/masquer le commentaire dans l'onglet Révision), après quoi il vous suffit de cliquer dedans pour y placer le curseur d'insertion. Mais il existe un moyen plus simple : cliquez du bouton droit sur la cellule du commentaire et sélectionnez Modifier le commentaire dans le menu qui apparaît, comme à la Figure 6.8.

Pour modifier l'emplacement d'un commentaire par rapport à sa cellule, commencez par afficher le commentaire par un des

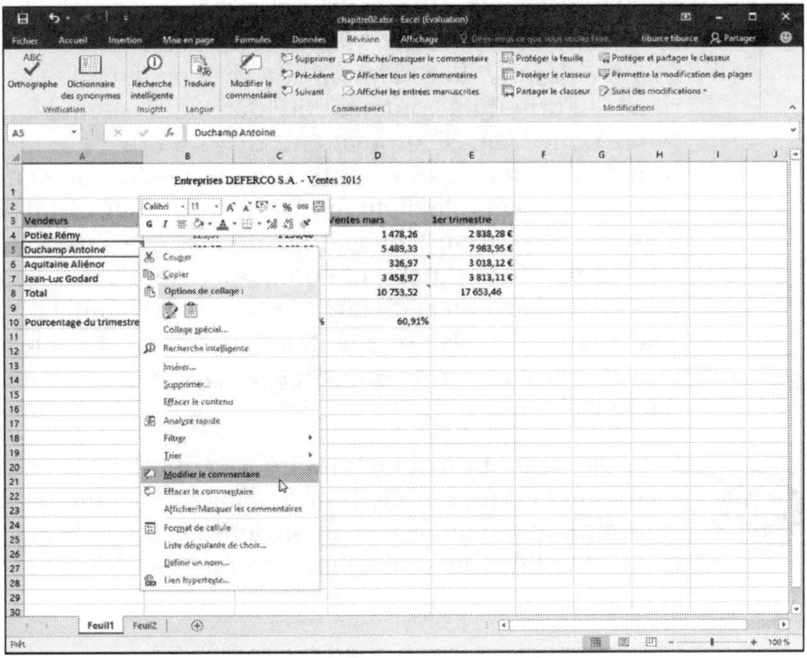

Figure 6.8 : Exécutez la commande Modifier le commentaire du menu contextuel.

moyens que nous avons vus plus haut, puis amenez le pointeur de la souris sur une des bordures hachurées. Lorsqu'il se transforme en flèche à quatre pointes, vous pouvez faire glisser le commentaire ailleurs dans la feuille de calcul. Au moment où vous relâchez le bouton de la souris, Excel redessine la flèche qui relie le coin supérieur gauche du commentaire à la cellule.

Pour modifier les dimensions de la zone de texte du commentaire, placez le pointeur de la souris sur une des poignées de redimensionnement (ce sont les petits ronds blancs que vous voyez tout autour de la zone de commentaire) de manière qu'il prenne la forme d'une flèche à double pointe et tirez-la dans la direction appropriée, vers l'extérieur du commentaire pour augmenter sa surface, vers l'intérieur pour la réduire. Dès que vous relâchez le bouton de la souris, Excel redessine la zone de texte du commentaire à la taille ainsi définie. Les retours à la ligne du texte qui s'y trouve sont pris en charge par Excel.

Pour changer la police du texte d'un commentaire, commencez par afficher celui-ci par un des moyens décrits plus haut et sélectionnez le texte dont vous voulez changer la police. Cliquez ensuite du bouton droit sur le commentaire et sélectionnez Format de commentaire dans le menu qui apparaît (vous pouvez aussi appuyer sur Ctrl + Maj + 1 ; le 1 du clavier principal, comme pour ouvrir la boîte de dialogue Format de cellule). La boîte de dialogue Format de commentaire (qui n'est qu'une variante de la boîte de dialogue Format de cellule) apparaît, comportant l'unique onglet Police. Vous pouvez y sélectionner non seulement la police et sa taille pour le texte sélectionné dans le commentaire, mais aussi tous les attributs de mise en forme que vous pouvez appliquer au contenu d'une cellule.

TRUC

Pour supprimer un commentaire, sélectionnez la cellule qui le contient et cliquez sur le bouton Effacer le commentaire dans le groupe Commentaires de l'onglet Révision. Excel supprime le commentaire ainsi que l'indicateur rouge dans le coin de la cellule.

Vous pouvez aussi supprimer tous les commentaires : cliquez sur le bouton Effacer (la gomme) du groupe Édition de l'onglet Accueil et sélectionnez Effacer les commentaires dans le menu qui apparaît.

Les cellules nommées

En attribuant des noms évocateurs aux cellules et aux plages, vous faciliterez considérablement l'accès aux informations importantes de la feuille de calcul. Plutôt que d'essayer d'associer des informations à des coordonnées abstraites, vous leur donnerez un nom. En nommant une plage, vous nommerez du même coup une sélection de cellules que vous pourrez imprimer ou importer dans d'autres logiciels Office, comme Word ou Access. En outre, ce qui est très commode, vous pourrez utiliser les noms de cellules avec la commande Atteindre.

Nous avons toujours aimé exploiter cette possibilité de nommer les cellules et les plages avec les précédentes versions d'Excel, sur ordinateur de bureau ou sur ordinateur portable. Aujourd'hui, avec cette nouvelle version d'Excel prévue pour dispositifs tactiles, comme les tablettes et les smartphones, nous l'apprécions encore davantage. Même si expérience d'autrui n'instruit pas, faites-nous confiance : cette fonction vous fera gagner un temps précieux dans l'exploitation de vos feuilles de calcul.

Ah ! Si j'avais un nom...

Lorsque vous attribuez un nom à des cellules ou à des plages, vous devez respecter les règles suivantes :

- Les noms de plages de cellules doivent commencer par une lettre, jamais par un chiffre.

  Par exemple, au lieu de 01Profits, utilisez Profits01.

- Ces noms ne peuvent pas contenir d'espaces.

Au lieu de l'espace, utilisez le caractère de soulignement (celui de la touche 8 du clavier alphanumérique, en minuscule) pour séparer des mots. Exemple : au lieu de Profit 01, utilisez Profit_01. Les caractères accentués et la cédille sont utilisables.

- Des coordonnées de cellule ne peuvent jamais être utilisées comme noms.

  Une cellule ne peut pas être nommée T1, car cette formulation est celle d'une référence de cellule valide. Utilisez plutôt T1_ventes, par exemple.

Pour nommer une cellule ou une plage de cellules, suivez ces étapes :

1. **Sélectionnez la cellule ou la plage à nommer.**
2. **Cliquez sur l'adresse de la cellule courante qui apparaît dans la Zone Nom, à l'extrémité gauche de la barre de formule.**

   Excel sélectionne l'adresse de la cellule dans la Zone Nom.

3. **Tapez le nom que vous voulez donner à la cellule ou à la plage sélectionnée.**

   Veillez à bien respecter les règles de nom que nous venons de stipuler.

4. **Appuyez sur Entrée.**

Pour sélectionner une cellule ou une plage nommée, cliquez sur son nom dans la liste déroulante de la Zone Nom (pour faire apparaître cette liste, cliquez sur le triangle pointant vers le bas à l'extrémité droite de la Zone Nom).

Vous pouvez aussi cliquer sur le bouton Rechercher de l'onglet Accueil et sélectionner Atteindre dans le menu local qui apparaît. Ensuite, sélectionnez l'élément nommé que vous voulez atteindre dans la boîte de dialogue Atteindre (Figure 6.9) avant de confirmer par OK. Pour faire apparaître

Figure 6.9 : La boîte de dialogue Atteindre.

la boîte de dialogue Atteindre, vous pouvez aussi appuyer sur la touche F5.

Nommer cette formule !

Les noms de cellules sont non seulement commodes pour identifier et localiser des cellules et des plages dans une feuille de calcul, mais ils sont aussi très utiles pour manipuler des formules. Supposons que la cellule K3 contienne une formule simple qui calcule ce qui vous est dû en multipliant vos heures de travail pour un client (dans la cellule I3) par votre rémunération horaire (dans la cellule J3). Vous taperez normalement cette formule dans la cellule K3 sous la forme :

```
=I3*J3
```

Mais si vous attribuez le nom *Heures* à la cellule I3 et le nom *Tarif_horaire* à la cellule J3, la formule se présentera dans la cellule K3 sous la forme :

```
=Heures*Tarif_horaire
```

Il va de soi que pour tout le monde cette formulation est bien plus compréhensible que =I3*J3.

Pour entrer une formule contenant des noms de cellules plutôt que des références de cellules, vous procéderez comme suit :

1. **Nommez les cellules comme nous venons de l'indiquer.**

   Pour cet exemple, vous nommerez la cellule I3 **Heures** et la cellule J3 **Tarif_horaire**.

2. **Placez le curseur de cellule sur la cellule qui recevra la formule.**

   Il s'agit en l'occurrence de la cellule K3.

3. **Tapez le signe = (égal) pour indiquer à Excel que ce qui suit est une formule.**

4. **Sélectionnez la première cellule à laquelle la formule se réfère en cliquant dessus (ou en déplaçant le curseur de cellule jusqu'à son emplacement).**

   Dans cet exemple, vous sélectionnez Heures en sélectionnant la cellule I3.

5. **Tapez l'opérateur arithmétique à utiliser dans la formule.**

   Il s'agit ici de l'opérateur de multiplication * (astérisque). Reportez-vous au Chapitre 2 pour connaître les autres opérateurs arithmétiques d'Excel.

6. **Sélectionnez la deuxième cellule à laquelle la formule se réfère. Procédez comme à l'Étape 4.**

   Il s'agit de la cellule Tarif_horaire, soit la cellule J3.

7. **Cliquez sur le bouton Entrer dans la barre de formule ou appuyez sur la touche Entrée pour terminer la formule.**

   Excel affiche la formule de la cellule K3, soit =Heures*Tarif_horaire.

Les constantes nommées

Certaines formules utilisent des valeurs constantes (par exemple une taxe au taux de 5,5 % ou un rabais de 10 %). Si vous ne voulez pas les entrer dans des cellules afin de les utiliser ensuite dans des formules, vous pouvez créer des plages de noms contenant ces valeurs, que vous utiliserez dans vos formules.

Par exemple, pour créer une constante nommée *Taux_TVA* de 5,5 %, vous procéderez ainsi :

1. **Dans le groupe Noms définis de l'onglet Formules du Ruban, cliquez sur le bouton Définir un nom.**

2. **Dans la boîte de dialogue Nouveau nom qui apparaît, tapez le nom (Taux_TVA, dans notre exemple) dans le champ Noms.**

3. **Si vous voulez que cette constante nommée soit définie uniquement pour une feuille du classeur et non pour le classeur entier, sélectionnez le nom de la feuille dans la liste déroulante Zone.**

   Par défaut, c'est l'option Classeur qui est sélectionnée dans cette liste, ce qui signifie que cette constante nommée pourra être utilisée dans toutes les feuilles du classeur. Ce n'est que dans le cas particulier où vous voulez au contraire qu'elle ne soit utilisable que dans une feuille et pas dans les autres que vous devez vous préoccuper de la sélectionner ici.

4. **Cliquez dans le champ Fait référence à. Remplacez l'adresse qui s'y trouve par la valeur 5,5 % (avec ou sans espace, Excel comprend).**

5. **Cliquez sur OK pour fermer la boîte de dialogue Nouveau nom.**

Après avoir assigné une constante à un nom en utilisant cette méthode, vous pouvez l'utiliser dans les formules que vous créez dans la feuille de calcul en adoptant une de ces deux procédures :

- Tapez dans la formule le nom auquel vous avez assigné la constante à la place de la valeur requise.
- Insérez le nom dans la formule en cliquant, dans l'onglet Formules, sur le bouton Utiliser dans la formule et en sélectionnant le nom de la constante voulue dans la liste qui apparaît.

Quand vous copiez une formule qui utilise un nom contenant une constante, la valeur reste inchangée dans toutes les recopies de la formule obtenues avec la poignée de recopie automatique. Autrement dit, dans une formule, le nom se comporte comme une adresse de cellule absolue (reportez-vous au Chapitre 4 pour en savoir plus sur les recopies de formules).

Qui cherche trouve

Si vous n'arrivez vraiment pas à localiser une information spécifique, vous pouvez demander à la fonction Rechercher d'Excel de la trouver pour vous. Dans l'onglet Accueil, cliquez sur le bouton Rechercher et sélectionner et sélectionnez Rechercher dans le menu qui apparaît.

Dans le champ Rechercher (de l'onglet Rechercher) de la boîte de dialogue Rechercher et remplacer qui apparaît, entrez le texte ou la valeur que vous recherchez et cliquez sur le bouton Suivant ou appuyez sur Entrée pour lancer la recherche. Si vous voulez spécifier des critères de recherche supplémentaires, cliquez sur le bouton Options dans cette boîte de dialogue pour faire apparaître les options correspondantes (comme le montre la Figure 6.10).

Lorsque vous recherchez une entrée de texte avec la fonction Rechercher et remplacer, demandez-vous toujours si ce texte ou ce chiffre est seul dans sa cellule ou s'il est une partie d'un terme ou d'une valeur. Par exemple, si vous lancez une recherche sur les caractères **CA** et que vous n'avez pas coché la case Totalité du contenu de la cellule, Excel trouvera les

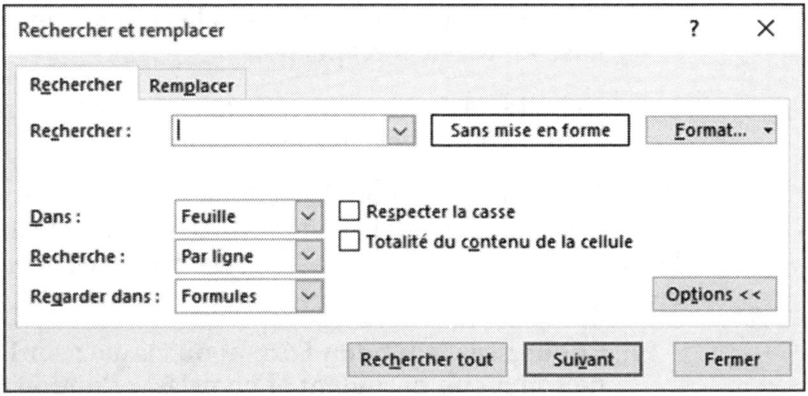

Figure 6.10 : Utiliser les commandes de la boîte de dialogue Rechercher et remplacer pour localiser une entrée.

occurrences de CA dans « Canada », « sarbacane », « canettes », « décalé » et ainsi de suite.

Si vous cochez la case Totalité du contenu de la cellule, Excel ne retournera que les occurrences où le mot CA est seul dans la cellule.

Lorsque vous effectuez une recherche sur du texte, vous pouvez spécifier si Excel doit différencier ou non les majuscules et les minuscules. Par défaut, Excel ne tient pas compte de la casse des caractères. Pour qu'il fasse la différence, vous devez cocher la case Respecter la casse (visible après avoir cliqué sur le bouton Options de la boîte de dialogue Rechercher et remplacer).

Si les textes ou les valeurs recherchés ont reçu une mise en forme particulière, vous pouvez demander à Excel d'en tenir compte.

Procédez comme suit pour qu'Excel recherche une mise en forme particulière dans la feuille de calcul :

1. **Cliquez sur le bouton déroulant à droite du bouton Format, dans la boîte de dialogue Rechercher et remplacer et choisissez l'option Choisir le format à partir de la cellule.**

   La boîte de dialogue Rechercher et remplacer disparaît temporairement. Excel ajoute une pipette au pointeur de souris normal.

2. **Cliquez avec le pointeur dans la cellule contenant la mise en forme à respecter.**

   La boîte de dialogue Rechercher et remplacer réapparaît après avoir prélevé la mise en forme.

Procédez comme suit pour sélectionner la mise en forme à respecter en utilisant la boîte de dialogue Rechercher le format (qui est identique à la boîte de dialogue Format de la cellule) :

1. **Cliquez sur le bouton Format ou cliquez sur le bouton de son menu déroulant et choisissez l'option Format.**
2. **Dans la boîte de dialogue Rechercher le format qui apparaît, sélectionnez dans les différents onglets les options de mise en forme à respecter (elles sont décrites dans le Chapitre 3), puis cliquez sur OK.**

Quand vous utilisez une de ces deux méthodes de recherche d'une mise en forme, le bouton Sans mise en forme, situé entre la zone de texte Rechercher et le bouton Format, se transforme en aperçu (ce mot y figure au centre) qui montre toutes les options de mise en forme prélevées dans une cellule ou définies dans la boîte de dialogue Rechercher le format.

Si vous recherchez des valeurs dans la feuille de calcul, faites bien attention aux différences entre les formules et les valeurs. Par exemple, si une cellule contient la valeur 3 582 € et si vous tapez **3582** dans le champ Rechercher suivi de l'appui sur Entrée, Excel affiche une boîte d'alerte contenant le message suivant :

```
Microsoft Office Excel ne trouve pas les données que vous recherchez.
```

Un examen attentif révélera sans aucun doute que la valeur qui apparaît dans la cellule est en réalité calculée par une formule telle que :

```
=I24*J24
```

En fait, le nombre 3582 ne figure nulle part en tant que tel. Pour qu'Excel puisse localiser n'importe quel type de valeur 3582 dans la feuille de calcul, vous devez remplacer l'option

Formules, dans la liste déroulante du champ Regarder dans, par l'option Valeurs.

Pour restreindre la recherche uniquement à du texte ou à des valeurs contenues dans des commentaires, choisissez l'option Commentaires dans la liste déroulante Regarder dans.

Si vous ne connaissez pas l'orthographe exacte d'un mot ou la valeur précise que vous recherchez, vous pouvez recourir aux *caractères de substitution* ; ils remplacent un ou plusieurs caractères. Utilisez le point d'interrogation (?) à la place d'un seul caractère inconnu et l'astérisque (*) à la place d'un ou plusieurs caractères inconnus. Supposons que vous ayez entré ce qui suit dans le champ Rechercher, avec l'option Regarder dans Valeurs :

```
7*4
```

Dans cette formulation, qui n'est pas une multiplication (le signe = est absent), l'astérisque compte pour n'importe quel chiffre, qu'il y en ait un seul ou plusieurs. De ce fait, Excel s'arrête à toutes les cellules contenant des valeurs comme *74 704* (l'astérisque se substitue au zéro), *7 5234* (l'astérisque se substitue à la chaîne de caractères 523) et trouve même une occurrence comme *67856 Strasbourg cedex 04.*

Si vous effectuez une recherche dans laquelle l'astérisque est l'opérateur de multiplication et non un caractère de substitution, faites précéder la recherche par un tilde (~), comme ci-dessous :

```
~*4
```

Cet arrangement permet de trouver dans la feuille de calcul toutes les formules comportant une multiplication par quatre.

L'entrée qui suit recherche toutes les occurrences de *Jan, Janvier.* (Le point d'interrogation est un caractère de substitution qui remplace un seul caractère à cet emplacement précis, et non plusieurs caractères comme le fait l'astérisque.)

```
J?n*
```

Normalement, Excel n'effectue la recherche que dans la feuille de calcul courante. Pour qu'elle s'effectue dans toutes les feuilles du classeur, vous devez sélectionner l'option Classeur (dans la liste déroulante Dans).

Quand Excel a trouvé une occurrence du texte ou de la valeur dans une cellule, il sélectionne cette cellule tout en laissant la boîte de dialogue Rechercher et remplacer visible à l'écran (vous pouvez la déplacer si elle occulte les cellules qui vous intéressent). Pour rechercher la prochaine occurrence du texte ou de la valeur, cliquez sur le bouton Suivant ou appuyez sur Entrée.

Par défaut, Excel effectue la recherche dans la feuille de calcul ligne par ligne. Pour que la recherche se fasse par colonne, sélectionnez Par colonne dans la liste déroulante Sens. Pour inverser la direction de la recherche et revenir à une occurrence précédente des caractères recherchés, maintenez enfoncée la touche Maj tout en cliquant sur le bouton Suivant.

Nul n'est irremplaçable

Si vous effectuez une recherche pour remplacer une entrée par une autre, vous pouvez automatiser cette opération grâce à l'onglet Remplacer de la boîte de dialogue Rechercher et remplacer. Si, dans l'onglet Accueil, vous sélectionnez Remplacer au lieu de Rechercher dans le menu du bouton Rechercher et sélectionner, ou si vous appuyez sur Ctrl + H, Excel ouvre la boîte de dialogue Rechercher et remplacer directement sous l'onglet Remplacer. Tapez le texte ou la valeur à remplacer dans le champ Rechercher, puis entrez le texte ou la valeur à lui substituer dans le champ Remplacer par.

Quand vous entrez un texte de remplacement, tapez-le exactement tel qu'il doit apparaître dans la cellule. Autrement dit, si vous voulez remplacer toutes les occurrences de *Jan* par *Janvier*, tapez dans la zone de texte Remplacer par :

```
Janvier
```

Veillez à bien mettre le J en majuscule dans le champ Remplacer par. En revanche, comme la recherche de texte ne tient pas compte des majuscules et des minuscules (à condition de ne pas avoir coché la case Respecter la casse, qui n'apparaît qu'après avoir cliqué sur le bouton Options pour déployer les commandes supplémentaires de la boîte de dialogue), vous pouvez très bien entrer ceci dans le champ Rechercher :

```
Jan
```

Après avoir spécifié ce qu'il faut remplacer et par quoi, comme dans la Figure 6.11, vous pouvez demander à Excel d'effectuer les remplacements au cas par cas ou globalement. Pour procéder à tous les remplacements en une seule opération, cliquez sur le bouton Remplacer tout.

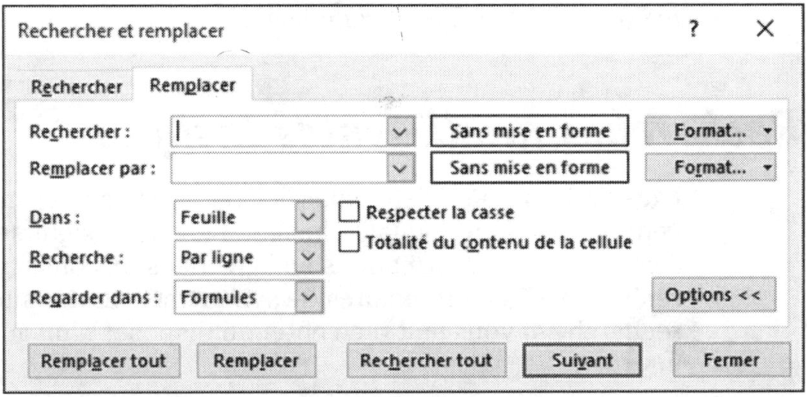

Figure 6.11 : Les options de l'onglet Remplacer servent à substituer des textes ou des valeurs.

ATTENTION !

Soyez très prudent quand vous effectuez un rechercher/remplacer global, car lancée inconsidérément, cette commande peut engendrer une énorme pagaille en remplaçant des parties de titres, de formules ou d'autres éléments que vous n'aviez pas du tout l'intention de modifier. Cela dit, respectez toujours cette règle d'or :

> N'entreprenez jamais un rechercher/remplacer sur une feuille sans l'avoir préalablement enregistrée.

Avant de commencer, assurez-vous aussi que la case Totalité du contenu de la cellule est cochée (elle n'est visible qu'après avoir cliqué sur le bouton Options). Si elle n'était pas cochée alors que vous comptez remplacer le contenu entier des cellules et non une partie, vous risqueriez de vous retrouver avec bon nombre de remplacements indésirables.

N'OUBLIEZ PAS

Si vous avez néanmoins fait une fausse manœuvre et semé la pagaille, cliquez sur le bouton Annuler dans la barre d'outils Accès rapide ou appuyez sur Ctrl + Z.

Pour voir chaque occurrence avant de la remplacer, cliquez sur le bouton Suivant ou appuyez sur Entrée. Excel sélectionne la prochaine cellule dont le contenu correspond à ce qui a été entré dans la zone de texte Rechercher ; pour procéder au remplacement, cliquez sur le bouton Remplacer. Pour sauter l'occurrence, cliquez sur le bouton Suivant afin de poursuivre la recherche. Lorsque les opérations sont terminées, cliquez sur le bouton Fermer pour quitter la boîte de dialogue Rechercher et remplacer.

Recherches intelligentes Insights

Excel 2016 permet d'effectuer des recherches dites intelligentes *via* la fonctionnalité Insight. Le volet Insight servira à chercher des informations en ligne dans des ouvrages de référence, des dictionnaires de synonymes ou des sites de recherche. Il vous faut bien entendu disposer d'un accès Internet.

Pour ouvrir le volet Insight (Figure 6.12), cliquez sur le bouton Recherche Intelligente du groupe Insights de l'onglet Révision. Excel effectue une recherche en fonction du contenu de la cellule sélectionnée. Pour en savoir davantage sur chaque rubrique affichée, cliquez sur le lien Plus.

Excel localise des documents, des images, des vidéos, c'est-à-dire dire toutes sortes d'informations en rapport avec le contenu de la cellule. Le moteur de recherche de Microsoft, Bing, est à l'origine des données ainsi trouvées.

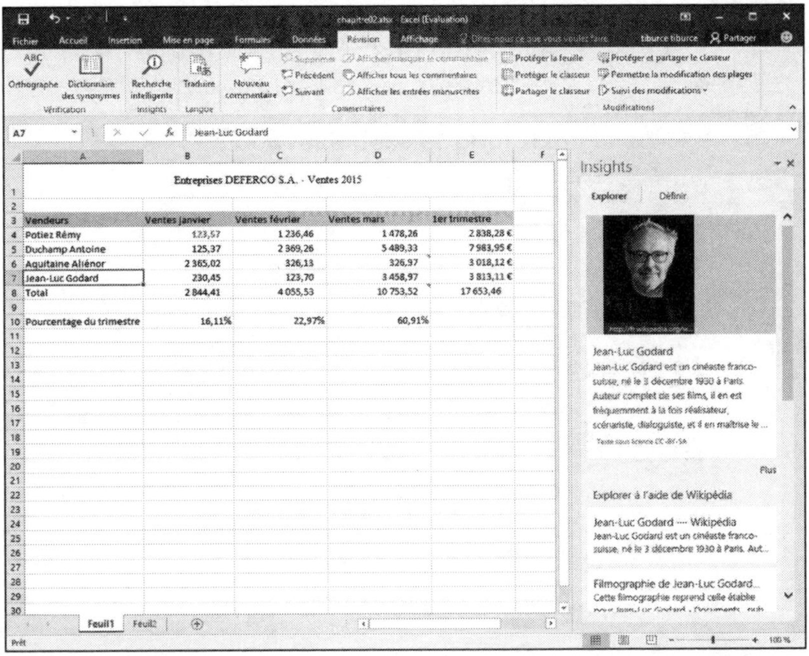

Figure 6.12 : Rechercher des informations en ligne.

Chapitre 7

Gérer des feuilles de calcul multiples

Dans ce chapitre :

- Aller d'une feuille à une autre dans un classeur.
- Ajouter ou supprimer des feuilles dans un classeur.
- Sélectionner des feuilles pour des modifications groupées.
- Nommer judicieusement les onglets des feuilles.
- Réorganiser les feuilles d'un classeur.
- Afficher des parties de différentes feuilles.
- Comparer deux feuilles en côte à côte.
- Copier ou déplacer des feuilles d'un classeur à un autre.

Quand vous débutez dans l'utilisation d'un tableur, vous avez bien assez à faire avec une seule feuille de calcul (et un classeur d'Excel en contient trois dès sa création), si bien que la seule idée de travailler simultanément avec plusieurs feuilles vous rebute. Mais avec un peu de pratique, vous découvrirez que travailler sur plusieurs feuilles n'est pas beaucoup plus compliqué qu'avec une seule.

Jongler avec plusieurs feuilles de calcul

Vous devez certes apprendre comment travailler avec plusieurs feuilles de calcul à la fois, mais il est tout aussi important, sinon plus, de savoir pourquoi se lancer dans de telles opérations. Le cas de figure le plus courant est celui où vous vous retrouvez face à un certain nombre de feuilles de calcul, le contenu de chacune pouvant se référer aux autres et appartenant donc logiquement au même classeur. Prenons, par exemple, le cas d'une entreprise qui commercialise ses produits par l'intermédiaire de plusieurs distributeurs. Pour garder une trace des ventes annuelles de tous ces distributeurs, vous pourriez créer un classeur contenant une feuille de calcul pour chacun d'eux.

En plaçant les résultats commerciaux de chaque distributeur sur différentes feuilles d'un même classeur, vous bénéficierez des avantages suivants :

- Pouvoir entrer les données communes à toutes les feuilles de ventes (si vous sélectionnez leur onglet) en ne les tapant qu'une seule fois dans la première feuille de calcul (voir la section « Les modifications simultanées », plus loin dans ce chapitre).
- Pour faciliter la création de la première feuille de calcul pour les ventes du premier distributeur, vous pouvez programmer des macro-commandes pour le classeur courant, qui vous seront fort utiles pour créer les feuilles de calcul des autres. Une *macro-commande* est une suite de tâches répétitives qui ont été enregistrées afin de les réutiliser facilement et rapidement.
- Toutes les informations de ventes de chaque distributeur peuvent être imprimées en une fois (reportez-vous au Chapitre 5 pour savoir comment imprimer des feuilles de calcul en particulier ou la totalité d'un classeur).
- Il est facile de créer des graphiques qui comparent les données de ventes provenant de différentes feuilles de calcul (détails au Chapitre 10).

Passer d'une feuille à une autre

Chaque classeur que vous créez contient une seule feuille de calcul nommée *Feuil1*. Ce nom s'affiche dans un onglet, en bas à gauche de la fenêtre du classeur. Pour ajouter une autre feuille au classeur, cliquez sur le signe + placé à droite de cet onglet. Une nouvelle feuille est ainsi créée, qui se voit attribuer le nom générique *Feuiln* où n représente le nombre de feuilles déjà présentes dans le classeur + 1.

Pour passer d'une feuille à une autre, il suffit de cliquer sur l'onglet de la feuille de calcul que vous désirez voir. Excel la place sur le dessus de l'empilement ; son contenu est alors visible dans la fenêtre du classeur. Il est facile de savoir quelle feuille est affichée car, sur son onglet, son nom apparaît en gras et l'onglet semble placé au-dessus des autres et faire partie de la feuille.

Un problème se pose quand il y a tellement de feuilles dans le classeur que tous les onglets ne sont plus visibles. Comment, en effet, cliquer sur un onglet que vous ne voyez pas ?

Pour résoudre ce problème, Excel propose deux boutons de défilement qu'il place dans la barre d'état, à gauche du premier onglet. Utilisez-les pour visualiser les onglets qui vous intéressent :

- Cliquez sur le bouton Onglet suivant (celui avec le triangle pointant vers la droite) pour décaler les onglets d'un cran vers la gauche. Maintenez la touche Maj enfoncée pendant le clic pour faire défiler plusieurs onglets à la fois. Maintenez la touche Ctrl enfoncée pendant le clic pour afficher le dernier groupe d'onglets, notamment le dernier de la série.

- Cliquez sur le bouton Onglet précédent (celui avec le triangle pointant vers la gauche) pour décaler les onglets d'un cran vers la droite. Maintenez la touche Maj enfoncée pendant le clic pour faire défiler plusieurs onglets à la fois. Maintenez la touche Ctrl enfoncée pendant le clic pour afficher le premier groupe d'onglets, notamment le premier de la série.

- Opérez un clic-droit sur le bouton Onglet suivant ou Onglet précédent pour afficher la boîte de dialogue Activer (Figure 7.1), qui affiche la liste des feuilles du classeur et vous permet de sélectionner celle qui vous intéresse.

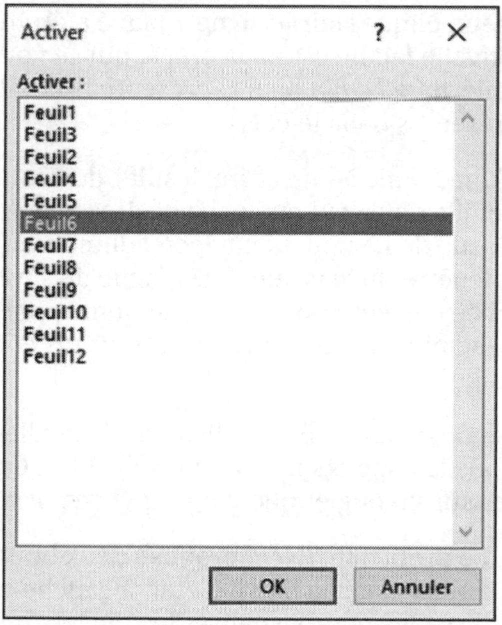

Figure 7.1 : Un clic-droit sur un des deux boutons de défilement provoque l'affichage de cette fenêtre qui recense les feuilles du classeur et vous en assure l'accès.

N'OUBLIEZ PAS

N'oubliez pas que faire défiler des onglets ne les sélectionne pas. Vous devrez cliquer sur l'onglet de la feuille que vous désirez afficher.

Vous n'avez pas envie de passer votre temps à faire défiler la liste des onglets ? Faites donc glisser vers la droite la poignée de la barre de défilement horizontale (la série verticale de trois points placée juste après le bouton Nouvelle feuille) afin d'augmenter la zone réservée à l'affichage des onglets (au détriment de la longueur de la barre de défilement horizontale). Si cette barre ne vous intéresse pas, vous pourrez afficher un maximum d'onglets en vous en débarrassant. Pour ce faire, déplacez sa poignée vers la droite jusqu'à ce qu'elle rejoigne la barre de fractionnement verticale.

Accéder à une feuille avec le clavier

Vous pouvez vous dispenser de cliquer sur les petits boutons de la barre d'onglets et aller de feuille en feuille avec les touches du clavier. Pour passer à la suivante, appuyez sur Ctrl + PgSuiv. Pour passer à la précédente, appuyez sur Ctrl + PgPréc. Ces raccourcis sont d'autant plus utiles qu'ils fonctionnent même si les onglets ne sont pas visibles dans la barre de défilement.

Pour rétablir la barre de défilement à sa taille normale, tirez la barre de fractionnement d'onglet vers la gauche ou, ce qui est plus rapide et efficace, double-cliquez dessus.

Les modifications simultanées

Chaque fois que vous cliquez sur un onglet de feuille de calcul, vous sélectionnez la feuille et la rendez active, ce qui permet d'en modifier les cellules. Il vous arrivera toutefois de vouloir sélectionner plusieurs feuilles à la fois pour les modifier simultanément. Quand plusieurs feuilles sont sélectionnées, toute modification apportée à la feuille courante, comme la saisie d'une information dans une cellule ou une suppression de données, s'effectue *ipso facto* sur les mêmes cellules de toutes les feuilles sélectionnées.

En d'autres termes, supposons que vous deviez créer trois feuilles dans un nouveau classeur qui contiennent chacune les noms des douze mois de l'année, en commençant par la ligne 3 de la colonne B. Avant de taper **Janvier** en B2, puis d'utiliser la poignée de recopie automatique comme nous l'avons décrit dans le Chapitre 2 pour générer automatiquement les onze autres mois, vous sélectionnerez les trois feuilles de calcul *Feuil1*, *Feuil2* et *Feuil3*. En procédant ainsi, Excel insère les noms des mois de l'année dans les trois feuilles à la fois lors de la saisie. Rapide et efficace, n'est-ce pas ?

De même, supposons que vous vouliez vous débarrasser, dans un autre classeur, des feuilles Feuil2 et Feuil3. Au lieu de cliquer sur l'onglet Feuil2 et de sélectionner Supprimer une feuille dans le menu du bouton Supprimer de l'onglet Accueil, puis de cliquer sur l'onglet Feuil3 et de répéter cette manipulation, sélectionnez les deux feuilles à éliminer, puis sélectionnez Supprimer une feuille dans le menu du bouton Supprimer de l'onglet Accueil.

Pour sélectionner plusieurs feuilles de calcul à la fois, vous disposez de plusieurs choix :

- Pour sélectionner un groupe de feuilles de calcul dont les onglets se suivent, cliquez sur le premier onglet puis faites-les défiler jusqu'à ce que le dernier onglet à sélectionner apparaisse. Maintenez enfoncée la touche Maj et cliquez sur le dernier onglet. Tous les onglets à partir du premier clic sont sélectionnés. C'est la bonne vieille méthode du Maj-clic.
- Pour sélectionner des feuilles éparses, cliquez sur l'onglet de la première d'entre elles puis, touche Ctrl enfoncée, cliquez sur les autres onglets des feuilles à sélectionner.
- Pour sélectionner toutes les feuilles d'un classeur, cliquez avec le bouton droit de la souris sur l'onglet de la feuille à activer puis, dans le menu qui apparaît, choisissez Sélectionner toutes les feuilles.

Excel indique les feuilles sélectionnées en mettant les onglets en blanc (mais le nom de la feuille active est en gras) et en affichant, dans la barre de titre d'Excel, la mention [Groupe de travail] après le nom du fichier.

Ajouter des feuilles de calcul à un classeur

Pour certains d'entre vous, la feuille de calcul unique proposée par défaut suffit largement, mais pas pour d'autres. C'est le cas lorsqu'une entreprise possède une dizaine de filiales ou si vous calculez fréquemment des budgets pour une vingtaine de services, ou encore si vous devez gérer les notes de frais d'une quarantaine de représentants.

Il est très facile d'ajouter des feuilles de calcul à un classeur ou d'en supprimer. Excel en accepte jusqu'à 255. Cliquez simplement sur le bouton Nouvelle feuille (signe +), qui apparaît juste à droite du dernier onglet.

Pour insérer plusieurs feuilles de calcul d'un seul coup dans un classeur, sélectionnez d'abord un groupe comportant autant d'onglets que de feuilles que vous désirez ajouter en commençant à l'emplacement où elles devront être ajoutées. Puis, dans le groupe Cellules de l'onglet Accueil, cliquez sur le triangle pointant vers le bas du bouton Insérer et sélectionnez Insérer une feuille dans le menu qui apparaît.

Pour supprimer une feuille de calcul d'un classeur, suivez ces étapes :

1. **Faites un clic-droit sur l'onglet de la feuille de calcul à supprimer.**
2. **Dans le menu contextuel qui apparaît, exécutez la commande Supprimer.**

   Dans le groupe Cellules de l'onglet Accueil, cliquez sur le triangle pointant vers le bas du bouton Supprimer et sélectionnez Supprimer une feuille dans le menu qui apparaît.

   Vous obtiendrez le même résultat *via* le bouton Supprimer du groupe Cellules de l'onglet Accueil. Cliquez sur le triangle pointant vers le bas et exécutez la commande Supprimer une feuille dans le menu qui apparaît.

   Rappelez-vous toujours que la suppression d'une feuille de calcul est un des cas où vous ne pourrez pas recourir à la fonction Annuler pour revenir en arrière.

Pour supprimer plusieurs feuilles de calcul d'un classeur, sélectionnez-les, puis faites un clic-droit sur l'une d'elles. Dans le menu contextuel qui apparaît, choisissez Supprimer.

Cette fois encore, vous pouvez passer par le bouton Supprimer du groupe Cellules de l'onglet Accueil.

D'autres noms pour les feuilles

Les noms qu'Excel attribue par défaut aux feuilles de calcul, *Feuil1*, *Feuil2*, *Feuil3*..., ne brillent pas par leur originalité et n'évoquent en rien ce que contiennent ces feuilles. Il est fort heureusement facile de renommer l'onglet d'une feuille de calcul d'une manière un peu plus évocatrice. Ce nom peut comporter jusqu'à 31 caractères.

Procédez comme suit pour renommer un onglet de feuille de calcul :

1. **Double-cliquez sur l'onglet de la feuille ou cliquez dessus avec le bouton droit de la souris et, dans le menu contextuel, choisissez l'option Renommer.**

   Le nom actuel de la feuille de calcul est sélectionné.

Des noms brefs et concis

Bien qu'Excel accepte jusqu'à 31 caractères pour les noms des onglets (espaces comprises), il est recommandé de choisir des noms aussi courts que possible pour les deux raisons suivantes :

- La première est que, plus le nom est long, plus l'onglet l'est aussi. Et plus les onglets sont longs, moins vous pouvez en faire apparaître. Et moins vous voyez d'onglets, plus vous avez à les faire défiler pour accéder à celui que vous voulez.
- La seconde est que si vous devez créer des formules qui vont chercher des données dans d'autres feuilles de calcul (nous verrons comment dans la section « En SOMME()... », plus loin dans ce chapitre), vous devrez taper le nom des feuilles dans la formule, car Excel s'en sert pour référencer les cellules. C'est le seul moyen qu'il possède pour différencier la cellule C1 de la feuille de calcul Feuil1 de cette même cellule C2 dans Feuil2. Or, si les noms de feuilles sont longs, la formule la plus simple remplira la barre de formule, même si elle se réfère seulement à une ou deux autres feuilles de calcul.

Bref, respectez la règle générale qui stipule que plus un nom de feuille est court, mieux c'est et n'oubliez pas que deux feuilles de calcul du même classeur ne peuvent pas porter le même nom.

2. **Remplacez le nom actuel de la feuille de calcul en tapant le nouveau nom.**
3. **Appuyez sur la touche Entrée.**

   L'onglet de feuille affiche maintenant son nouveau nom.

Des onglets en couleurs

Excel permet d'affecter différentes couleurs aux onglets des feuilles de calcul, par exemple du rouge pour signaler des feuilles de calcul nécessitant une vérification immédiate ou du bleu pour les feuilles déjà vérifiées.

Pour colorier un onglet de feuille, cliquez dessus avec le bouton droit de la souris, sélectionnez l'option Couleur d'onglet dans le menu qui apparaît, puis sélectionnez la couleur voulue dans la palette qui s'affiche. Le nom de la feuille de calcul active apparaît d'abord souligné dans la couleur choisie. Mais dès que vous sélectionnez un autre onglet, celui qui a été coloré apparaît dans la couleur choisie ; si celle-ci est sombre, le texte de l'onglet est affiché en blanc afin d'améliorer sa lisibilité.

N'OUBLIEZ PAS

Pour ôter la couleur d'un onglet, procédez comme pour la mise en couleurs, mais en sélectionnant Aucune couleur dans la palette.

Modifier l'ordre des feuilles de calcul

Il vous arrivera de vouloir modifier l'ordre dans lequel les feuilles de calcul se présentent dans le classeur. Il suffit, pour cela, de faire glisser l'onglet de la feuille que vous désirez déplacer. Pendant ce déplacement, le pointeur se transforme en une icône en forme de feuille qui accompagne la flèche ; un repère indique l'emplacement où sera déposé l'onglet lorsque vous relâcherez le bouton de la souris (Figures 7.2 et 7.3).

TRUC

Si vous maintenez la touche Ctrl enfoncée tout en déplaçant un onglet, Excel insère une copie de la feuille de calcul à

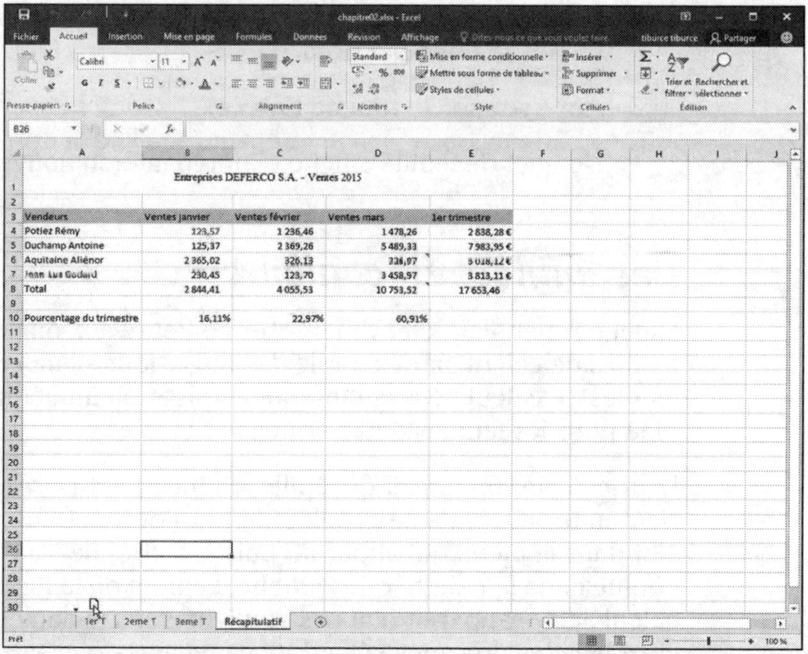

Figure 7.2 : L'onglet Récapitulatif en cours de déplacement.

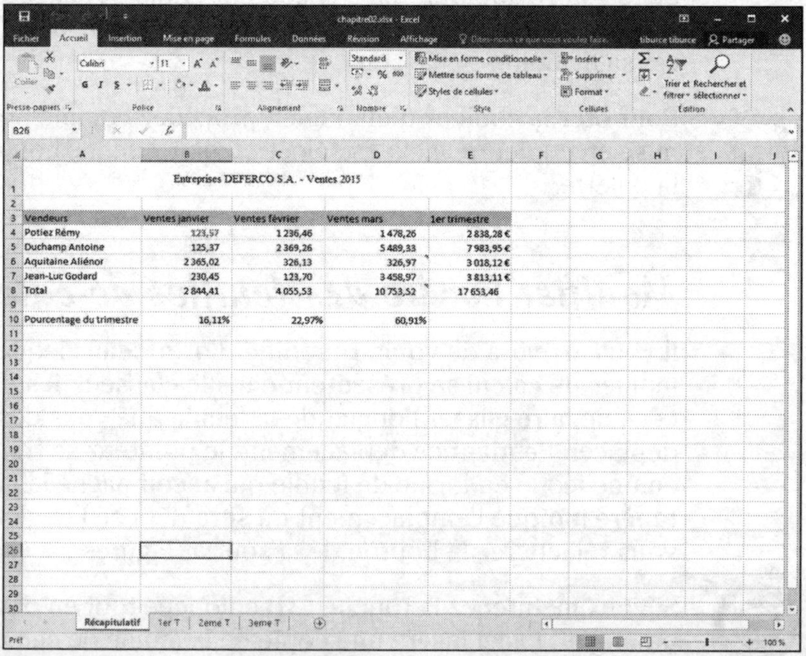

Figure 7.3 : L'onglet Récapitulatif après déplacement.

l'emplacement où vous relâchez le bouton de la souris. Pendant cette manipulation, le pointeur est accompagné d'un signe + (plus). La copie possède le même nom que la feuille originale suivi de la mention (2).

Par exemple, si vous copiez la Feuil5, la nouvelle feuille de calcul sera nommée *Feuil5 (2)*. L'onglet peut bien sûr être renommé pour afficher un nom un peu moins ésotérique (cette manipulation est décrite dans la section « D'autres noms pour les feuilles », un peu plus haut dans ce chapitre).

Vous pouvez aussi déplacer ou copier des feuilles de calcul dans le classeur en sélectionnant la feuille à déplacer ou à copier et en choisissant, dans le menu contextuel, l'option Déplacer ou copier. Dans la boîte de dialogue Déplacer ou copier, cliquez sur le nom de la feuille avant laquelle la feuille active doit être déplacée ou copiée.

Pour déplacer la feuille active juste avant la feuille que vous venez de sélectionner dans la boîte de dialogue Déplacer ou copier, cliquez simplement sur le bouton OK. Pour effectuer une copie, cochez d'abord la case Créer une copie, en bas de la boîte de dialogue, puis cliquez sur OK. Si une copie a été faite, et non un déplacement, Excel ajoute un numéro d'ordre à l'onglet. Par exemple, si vous avez copié la feuille de calcul Pertes et Profits, l'onglet de la copie aura pour nom *Pertes et Profits (2)*.

Ouvrir des fenêtres sur vos feuilles de calcul

De même qu'il est possible de fractionner une feuille de calcul en deux volets permettant de voir et de comparer deux parties éloignées d'une même feuille, comme nous l'avons expliqué dans le Chapitre 6, un classeur peut être divisé en fenêtres de feuilles de calcul qui peuvent ensuite être disposées à votre gré pour voir différentes parties de chacune des feuilles.

Pour ouvrir des feuilles de calcul dans différentes fenêtres, vous devez créer de nouvelles fenêtres de classeur qui s'ajouteront à celle qu'Excel ouvre automatiquement dès que vous accédez à un classeur. Vous sélectionnerez ensuite la feuille de calcul à afficher dans la nouvelle fenêtre. Ces opérations s'accomplissent de la manière suivante :

1. **Dans le groupe Fenêtre de l'onglet Affichage, cliquez sur le bouton Nouvelle fenêtre pour créer une deuxième fenêtre du même classeur, puis cliquez sur l'onglet que vous voulez afficher dans cette deuxième fenêtre (reconnaissable à la mention :2 ajoutée par Excel au nom du classeur dans la barre de titre de la fenêtre).**

2. **Cliquez à nouveau sur le bouton Nouvelle fenêtre pour créer une troisième fenêtre, puis cliquez sur l'onglet que vous voulez afficher dans cette troisième fenêtre (reconnaissable à la mention :3 ajoutée par Excel au nom du classeur dans la barre de titre de la fenêtre).**

3. **Continuez ainsi comme à l'étape précédente pour créer une nouvelle fenêtre, en sélectionnant à chaque fois dans la nouvelle fenêtre l'onglet de la feuille de calcul qui devra y être affichée pour être comparée avec les autres.**

4. **Dans le groupe Fenêtre de l'onglet Affichage, cliquez sur le bouton Réorganiser tout, puis sélectionnez l'option de réorganisation que vous voulez dans la boîte de dialogue Réorganiser (décrite ci-après) qui apparaît.**

La boîte de dialogue Réorganiser contient les options suivantes :

- **Mosaïque :** Excel dispose les fenêtres côte à côte à l'écran, dans l'ordre où vous les avez ouvertes. La Figure 7.4 montre un arrangement à quatre fenêtres.
- **Horizontal :** Excel redimensionne les fenêtres à une même taille et les superpose, comme le montre la Figure 7.5.
- **Vertical :** Excel redimensionne les fenêtres à une même taille et les juxtapose, comme l'illustre la Figure 7.6.

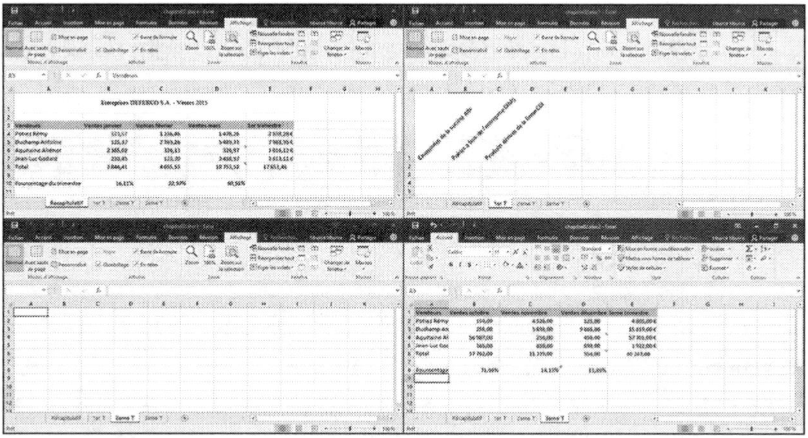

Figure 7.4 : Disposition de quatre fenêtres de feuilles de calcul avec l'option Mosaïque.

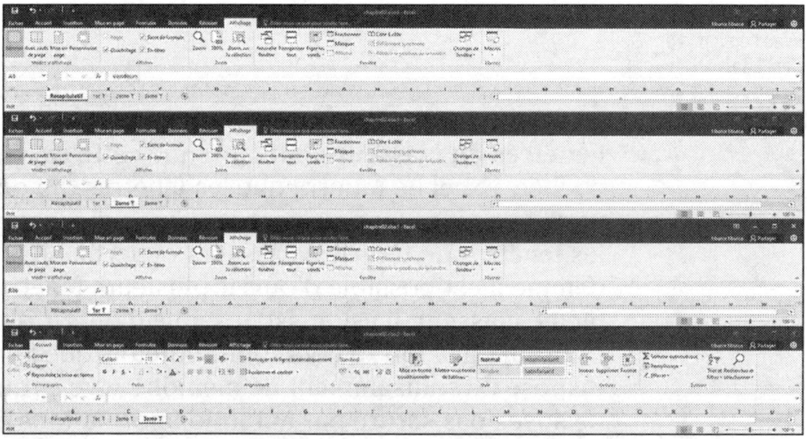

Figure 7.5 : Superposition de quatre fenêtres de feuilles de calcul avec l'option Horizontal.

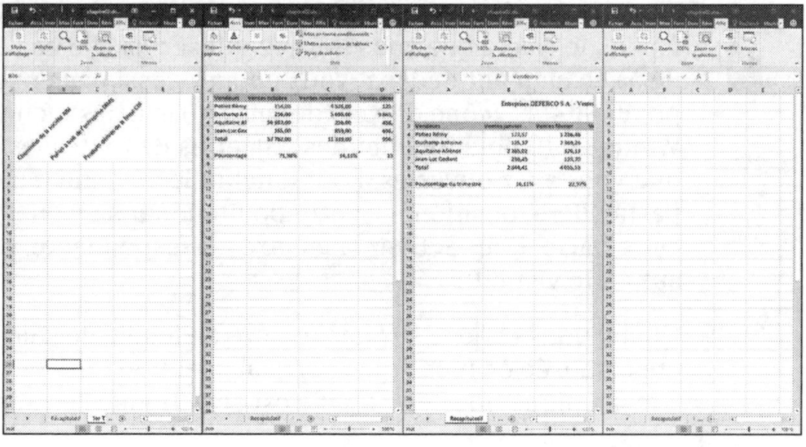

Figure 7.6 : Juxtaposition de quatre fenêtres de feuilles de calcul avec l'option Vertical.

- **Cascade :** Excel redimensionne les fenêtres et les empile en léger décalage les unes par rapport aux autres (Figure 7.7).

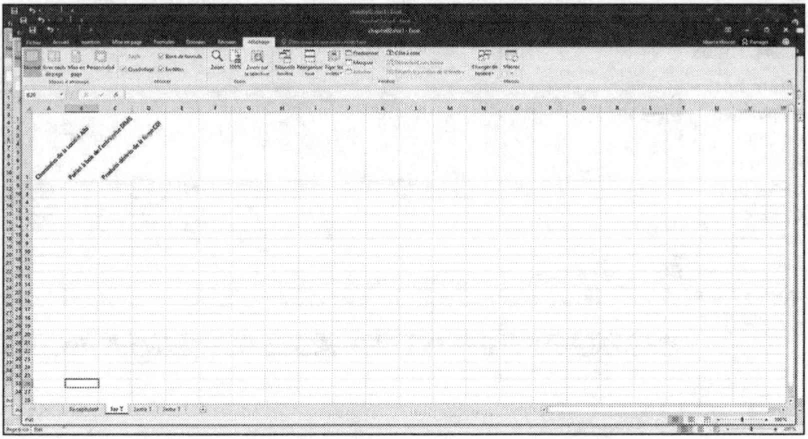

Figure 7.7 : Empilement de feuilles de calcul obtenu avec l'option Cascade.

- **Fenêtres du classeur actif :** lorsque cette case est cochée, Excel ne montre que les fenêtres qui ont été ouvertes dans le classeur courant. Sinon, il affiche toutes les fenêtres de tous les classeurs ouverts. Eh oui, tout comme il est possible d'ouvrir plusieurs fenêtres d'un même classeur, il est aussi possible d'ouvrir plusieurs classeurs à la fois, à condition toutefois que l'ordinateur dispose de suffisamment de mémoire vive et que vous ne soyez pas saturé par autant d'informations à gérer.

N'OUBLIEZ PAS

Après avoir choisi une disposition, activez la fenêtre de la feuille de calcul que vous désirez utiliser (si elle ne l'est pas déjà) en cliquant dedans. Vous pouvez aussi placer votre pointeur sur l'icône d'Excel depuis la barre des tâches de Windows 10 pour afficher des vignettes de toutes les fenêtres que vous avez ouvertes. Pour afficher le contenu d'une fenêtre particulière, positionnez votre pointeur sur sa vignette dans cette barre. Pour activer la fenêtre correspondante, cliquez sur cette vignette.

Quand vous cliquez sur une fenêtre de feuille de calcul qui a été disposée en mosaïque, verticalement ou horizontalement, Excel indique que cette feuille est sélectionnée en signalant la cellule active et en mettant en surbrillance ses titres de colonnes et de lignes. Quand vous cliquez sur la barre de titre d'une feuille de calcul disposée en cascade, elle se place spontanément en haut de la pile et sa cellule active est signalée.

Il est possible de zoomer temporairement dans une fenêtre et de l'afficher dans la totalité de l'espace de travail en cliquant sur le bouton Agrandir de sa barre de titre. Quand vous avez fini de travailler en mode agrandi, rétablissez-la à sa taille précédente en cliquant sur le bouton Niveau inférieur de la fenêtre.

TRUC

Pour sélectionner avec le clavier la prochaine fenêtre réorganisée en mosaïque, horizontalement ou verticalement, ou placer sur le dessus de la pile la prochaine fenêtre d'une disposition en cascade, appuyez sur Ctrl + F6. Pour sélectionner la fenêtre précédente, appuyez sur Ctrl + Maj + F6. Notez que ces raccourcis clavier fonctionnent même lorsque ces fenêtres ont été agrandies dans l'espace de travail d'Excel.

Quand vous fermez une des fenêtres réorganisées en cliquant sur le bouton Fermer dans la barre de titre (celui avec un X) ou en appuyant sur Ctrl + W, Excel ne redimensionne pas les autres fenêtres pour combler le vide. De même, si vous créez maintenant une nouvelle fenêtre en cliquant sur le bouton Nouvelle fenêtre de l'onglet Affichage, Excel ne réorganise pas la disposition pour l'intégrer. Il se contente de la placer pardessus les autres.

Pour combler le vide laissé par la fermeture d'une fenêtre, ou pour en intégrer une nouvelle, cliquez sur le bouton Réorganiser tout dans l'onglet Affichage pour ouvrir la boîte de dialogue Réorganiser, puis cliquez sur OK ou appuyez sur Entrée (le dernier bouton radio utilisé est toujours sélectionné ; si vous voulez changer de disposition, vous devrez choisir une autre option de réorganisation).

Lorsque vous enregistrez le classeur, Excel enregistre l'arrangement courant des fenêtres avec le fichier, en même temps que toutes les autres modifications. Pour ne pas enregistrer la réorganisation, fermez toutes les fenêtres sauf une (en cliquant tout simplement sur leur bouton de fermeture dans leur coin supérieur droit, mais vous pouvez aussi les sélectionner et appuyer ensuite sur Ctrl + W), puis cliquez sur le bouton Agrandir de la dernière fenêtre. Sélectionnez ensuite l'onglet sur lequel le classeur devra s'ouvrir la prochaine fois que vous le chargerez, puis enregistrez le fichier.

Comparer deux feuilles de calcul en côte à côte

Vous pouvez utiliser la commande Côte à côte de l'onglet Affichage pour comparer en côte à côte deux fenêtres préalablement ouvertes. Lorsque vous cliquez sur ce bouton, Excel superpose automatiquement les deux fenêtres (comme si vous aviez sélectionné l'option Horizontal dans la boîte de dialogue Réorganiser) ainsi que le montre la Figure 7.8.

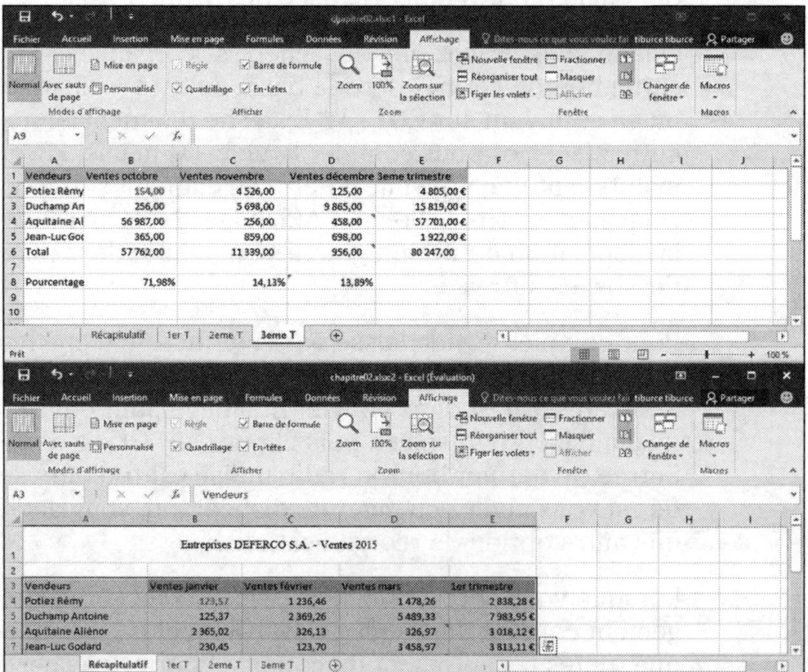

Figure 7.8 : Comparez deux feuilles de calcul côte à côte.

Si plus de deux fenêtres sont ouvertes lorsque vous cliquez sur le bouton Côte à côte, Excel ouvre la boîte de dialogue Comparer en côte à côte dans laquelle vous pouvez sélectionner la fenêtre qui sera comparée à la fenêtre active. Dès que vous cliquez sur OK, Excel affiche la fenêtre active à côté de celle que vous venez de sélectionner.

Juste en dessous du bouton Côte à côte, dans le groupe Fenêtres de l'onglet Affichage, vous disposez de deux commandes utiles pour comparer deux fenêtres en côte à côte :

- **Défilement synchrone :** lorsque ce bouton est actif (c'est-à-dire lorsqu'il apparaît sur fond orange, ce qui est le cas par défaut), dès que vous actionnez dans une fenêtre la barre de défilement horizontale ou verticale de la fenêtre active, le mouvement est répercuté dans l'autre fenêtre. Pour être en mesure de faire défiler uniquement la fenêtre active, cliquez sur le bouton Défilement synchrone (s'il est actif) pour le désactiver.
- **Rétablir la position de la fenêtre :** après un redimensionnement manuel de la fenêtre active, cliquez sur ce bouton afin de restaurer la disposition des deux fenêtres, propice à une comparaison en côte à côte.

Transférer des feuilles de calcul d'un classeur vers un autre

Dans certains cas, vous devrez déplacer ou copier une feuille de calcul dans un autre classeur. Voici la procédure à suivre :

1. **Ouvrez le classeur contenant la ou les feuille(s) de calcul à transférer ainsi que le classeur de destination.**
2. **Sélectionnez le classeur contenant la ou les feuille(s) de calcul à déplacer ou à copier.**

   Pour sélectionner le classeur, cliquez sur son bouton dans la barre des tâches de Windows.
3. **Sélectionnez la ou les feuille(s) à déplacer ou à copier.**

Pour sélectionner une seule feuille de calcul, cliquez sur son onglet. Pour sélectionner un groupe de feuilles adjacentes, cliquez sur le premier onglet puis, touche Maj enfoncée, cliquez sur le dernier onglet. Pour sélectionner des feuilles non adjacentes, cliquez sur un premier onglet puis, touche Ctrl enfoncée, cliquez sur les onglets des autres feuilles.

4. **Cliquez du bouton droit sur l'onglet ou sur un des onglets sélectionnés et sélectionnez Déplacer ou copier dans le menu qui apparaît.**

   Excel ouvre la boîte de dialogue Déplacer ou copier (Figure 7.9), dans laquelle vous préciserez s'il faut déplacer ou copier la ou les feuille(s) sélectionnée(s) et à quel endroit.

Figure 7.9 : Cette boîte de dialogue permet de copier ou de déplacer des feuilles de calcul d'un classeur ouvert vers un autre, ouvert lui aussi.

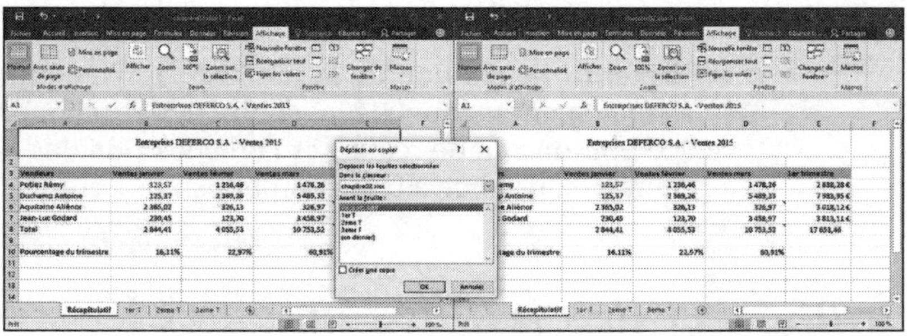

5. **Dans la liste déroulante Dans le classeur, sélectionnez le nom du classeur dans lequel vous désirez déplacer ou copier la ou les feuille(s) de calcul.**

   Si vous voulez déplacer ou copier les feuilles sélectionnées dans un nouveau classeur au lieu d'un classeur existant, choisissez l'option Nouveau classeur, tout en haut de la liste déroulante.

6. **Dans la liste Avant la feuille, sélectionnez le nom de la feuille de calcul du classeur de destination avant laquelle les feuilles déplacées ou copiées doivent être**

placées. Si vous voulez les placer à la fin, choisissez l'option En dernier.

7. **Si vous voulez copier et non déplacer les feuilles sélectionnées, cochez la case Créer une copie.**

8. **Cliquez sur OK ou appuyez sur Entrée pour terminer l'opération de déplacement ou de copie.**

Si vous préférez une méthode plus directe, vous pouvez déplacer ou copier des feuilles entre des classeurs ouverts en faisant glisser les onglets sélectionnés de l'un à l'autre. Notez que cette technique fonctionne aussi bien avec une seule feuille qu'avec plusieurs à la fois.

TRUC

Pour faire glisser une feuille de calcul d'un classeur vers un autre, les deux classeurs doivent être ouverts. Cliquez sur le bouton Réorganiser tout dans l'onglet Affichage, puis choisissez une disposition (en mosaïque, horizontale ou verticale). Avant de fermer la boîte de dialogue Réorganiser, assurez-vous que la case Fenêtres du classeur n'est pas cochée.

Après avoir réorganisé les fenêtres du classeur, faites glisser l'onglet de feuille d'un classeur vers un autre. Pour copier une feuille plutôt que de la déplacer, maintenez la touche Ctrl enfoncée pendant la manipulation. Pour placer la feuille où bon vous semble dans le classeur de destination, cliquez sur le petit triangle noir de l'onglet et faites-le glisser jusqu'à l'emplacement où vous voulez déposer la feuille. Relâchez alors le bouton de la souris ou éloignez votre doigt ou votre stylet de l'écran tactile.

ATTENTION !

Cette opération par glisser-déposer est justement une de celles qui sont irréversibles, car impossibles à annuler. Cela signifie que si vous avez déplacé par erreur une feuille de calcul dans le mauvais classeur, vous devrez effectuer la procédure inverse pour la ramener là où elle était.

Les Figures 7.10 et 7.11 illustrent combien il est facile de déplacer ou de copier une feuille de calcul d'un classeur à un autre par un simple glisser-déposer.

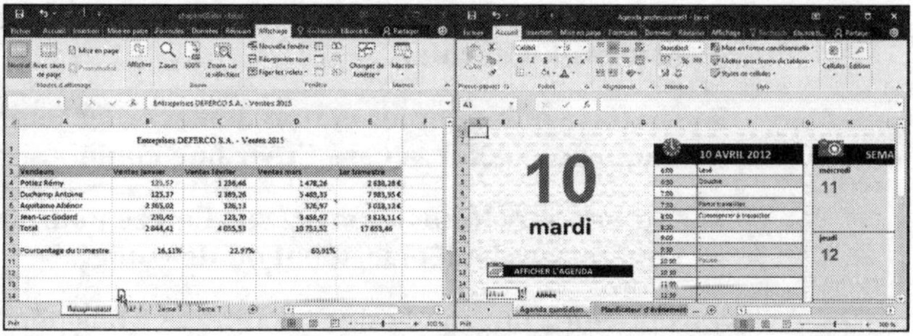

Figure 7.10 : Déplacement d'une feuille de calcul d'un classeur à un autre.

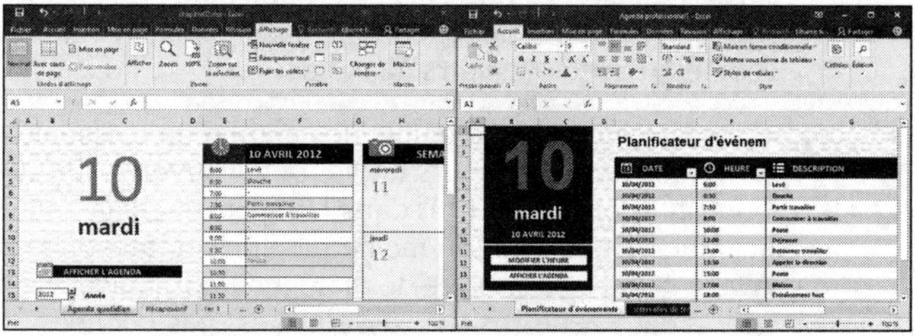

Figure 7.11 : La feuille de calcul Planificateur d'évènements a été copiée du classeur de droite dans le classeur de gauche.

La Figure 7.10 montre deux fenêtres de classeur côte à côte. Pour déplacer la feuille de calcul d'un classeur vers un autre, il suffit de sélectionner son onglet, puis de le faire glisser jusqu'à son nouvel emplacement. Pour effectuer une copie – l'original reste alors en place –, procédez de même, mais maintenez la touche Ctrl enfoncée.

Regardez à présent la Figure 7.11 pour voir les classeurs juste après avoir relâché le bouton de la souris. Comme vous le constatez, la feuille de calcul Planificateur d'évènements a été transférée vers le classeur de gauche. Notez qu'elle a disparu du classeur de droite ; si la touche Ctrl avait été maintenue enfoncée au cours de l'opération, elle aurait été dupliquée au lieu d'être déplacée.

En SOMME( )...

Nous nous en voudrions de ne pas vous présenter la fascinante fonctionnalité qui permet de créer une *feuille récapitu-*

lative récapitulant tous les totaux des valeurs calculées dans d'autres feuilles du classeur.

Le meilleur moyen de vous montrer comment créer une feuille récapitulative est de vous décrire, étape par étape, comment récapituler les résultats de différentes sociétés en calculant des totaux.

Voici comment vous y prendre :

1. **Dans notre classeur exemple baptisé « Projection de revenus » qui fournit les projections de revenus pour trois sociétés, baptisées respectivement Société A, Société B et Société C (Figure 7.12), nous commençons par ajouter une nouvelle feuille de calcul que nous plaçons après les autres et que nous nommons Total général.**

   Pour savoir comment insérer une nouvelle feuille, reportez-vous à la section « Ajouter des feuilles de calcul à un

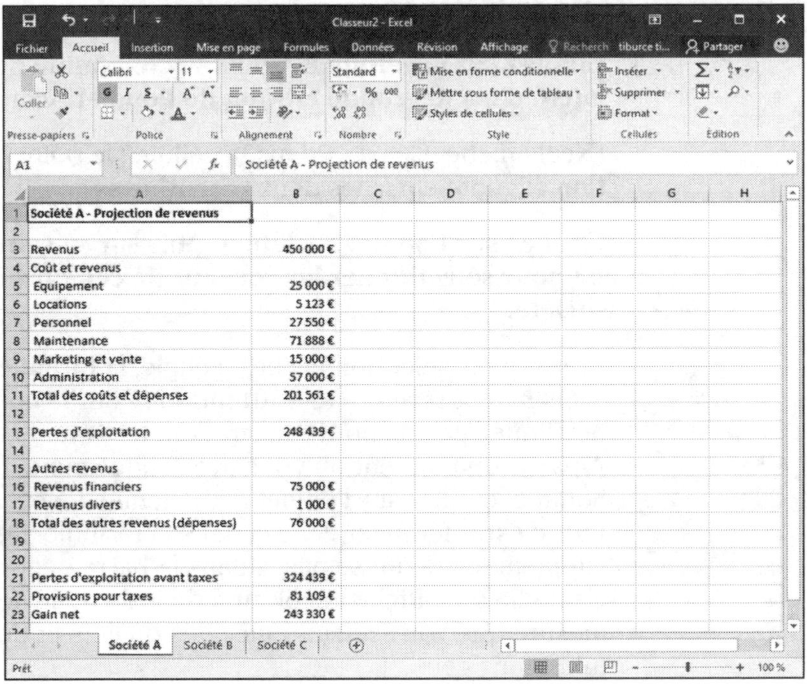

Figure 7.12 : Notre classeur et ses trois onglets.

classeur », dans ce chapitre. Pour savoir comment renommer une feuille, reportez-vous à la section « D'autres noms pour les feuilles », toujours dans ce chapitre.

2. **Nous introduisons la mention « Récapitulatif » dans la cellule A1 de cette nouvelle feuille.**

   Il suffit de sélectionner cette cellule et de taper le texte.

3. **Depuis la feuille d'une des sociétés, nous copions la plage des intitulés, soit A3 :A23 et la collons au même emplacement dans la feuille Total général.**

   Pour cela, il suffit de sélectionner la plage de cellules et d'appuyer sur Ctrl + C, puis de cliquer sur l'onglet Total général, de sélectionner dans celui-ci la cellule A3 et d'appuyer sur Ctrl + V.

Vous êtes maintenant prêt à créer la formule maître SOMME qui totalise les résultats des trois sociétés en commençant par la cellule où s'affichent les revenus, soit la cellule B3 de la feuille Total général :

1. **Cliquez sur la cellule B3, puis sur le bouton Somme ancré dans le groupe Édition de l'onglet Accueil.**

   Excel affiche `=SOMME()` dans la cellule ; le point d'insertion clignote entre les deux parenthèses.

2. **Cliquez sur l'onglet Société A, puis sur sa cellule B3 pour sélectionner les revenus de cette première société.**

   Après avoir sélectionné cette cellule, la formule devient `=SOMME('Société A'!B3)`. Attention ! Pour le constater, ne cliquez pas de nouveau sur l'onglet Total général. À partir du moment où vous avez cliqué sur le bouton Somme, cliquer sur l'onglet d'une feuille ou sur une cellule, c'est référencer celle-ci dans la formule. Regardez simplement ce qui se passe dans la barre de formule ; c'est elle qui affiche l'évolution de la formule au fur et à mesure que vous sélectionnez des onglets et des cellules dans ceux-ci.

3. **Juste avant la parenthèse fermante, introduisez un signe plus (+) pour pouvoir introduire un nouvel argument. Ajoutez ensuite cet argument en cliquant sur l'onglet de la Société B, puis en cliquant, dans cette feuille, sur la cellule B3.**

   La barre de formule affiche maintenant `=SOMME('Société A'!B3+'Société B'!B3)`.

4. **Répétez l'opération pour la Société C.**

   À la fin de cette procédure, la formule SOMME est devenue `=SOMME('Société A'!B3+'Société B'!B3+'Société C'!B3)`.

5. **Enfin, validez en enfonçant la touche Entrée.**

   La somme de toutes les valeurs des cellules B3 des onglets des trois sociétés apparaît dans la cellule B3 de l'onglet Total général, comme l'illustre la Figure 7.13.

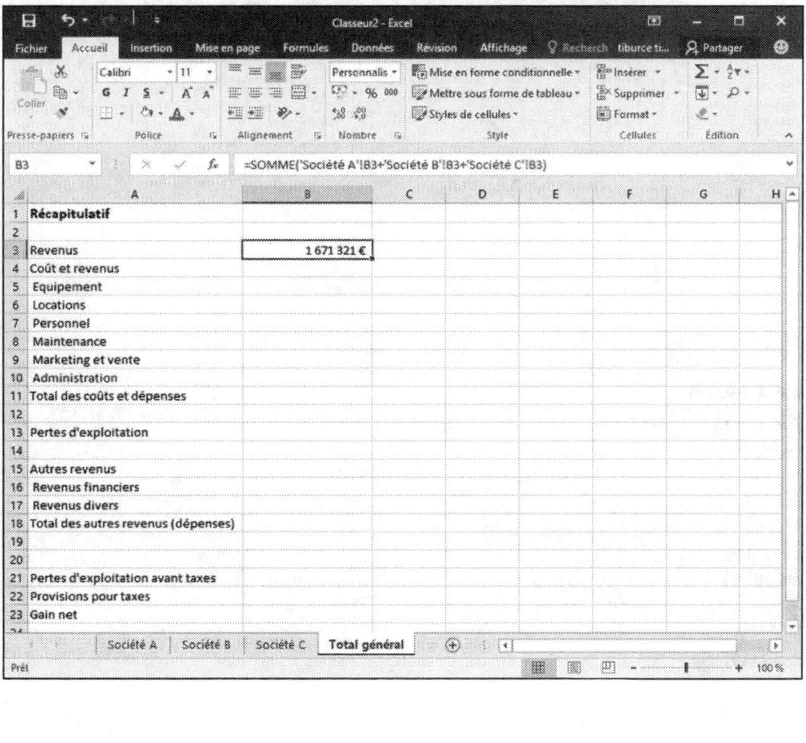

Figure 7.13 : La feuille de calcul telle qu'elle apparaît après la récupération par la fonction SOMME des résultats des dix distributeurs.

Il ne reste plus qu'à utiliser la recopie automatique pour copier la formule maître de la cellule B3 dans toutes les autres cellules jusque tout en bas, c'est-à-dire jusqu'à la cellule B23, en procédant comme suit :

1. **La cellule B3 étant sélectionnée, approchez le pointeur de la souris de son angle inférieur droit pour faire apparaître la poignée de recopie automatique, puis faites glisser celle-ci jusqu'à B23.**

   La formule de la cellule B3 est recopiée dans les autres cellules. Le bouton des options de recopie automatique apparaît ; vous n'en avez pas besoin ici (si vous voulez faire disparaître ce bouton, il vous suffit de modifier une cellule quelconque). Les cellules totalisatrices sont mises à jour automatiquement (à moins que vous ne soyez en mode de recalcul manuel).

2. **Relâchez le bouton de la souris.**

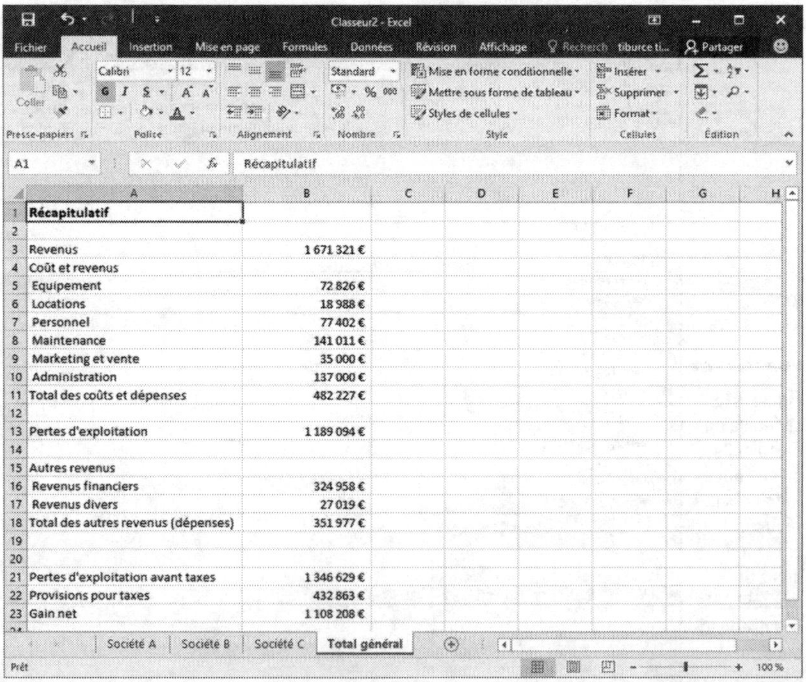

Figure 7.14 : La feuille de récapitulation totalise les valeurs de toutes les autres feuilles du classeur.

La formule de la cellule B3 est recopiée dans toutes les cellules du tableau contenant des résultats, les références aux cellules des autres feuilles étant automatiquement mises à jour par Excel.

3. **Touche Ctrl enfoncée, cliquez dans les cellules qui n'ont pas lieu de contenir de formules récapitulatives (B4, B12, B14, B15, B19 et B20 dans notre exemple) et appuyez sur la touche Suppr afin d'effacer leur contenu.**

La Figure 7.14 montre la feuille de calcul Total général telle qu'elle résulte de toutes ces opérations. Cela fait, n'oubliez pas d'enregistrer le classeur (Ctrl + S ou Fichier/Enregistrer).

Quatrième partie

Plongeon dans l'analyse de données

« J'ai commencé à lancer des scénarios 'Que se passerait-il si...', du genre : 'Que se passerait-il si j'en avais marre de ce travail minable et si je détournais un peu d'argent de l'entreprise vers un compte offshore ?' »

Dans cette partie...

- Analyser les informations pour dégager les tendances qui vous permettront de profiter des opportunités et d'éviter les écueils.
- Envisager plusieurs scénarios grâce à l'outil Valeur cible.
- Découvrir les tableaux croisés dynamiques.

Chapitre 8

Mais que se passerait-il si... ?

Dans ce chapitre :

- Analyser des scénarios qui dépendent d'une ou deux variables.
- Rechercher une valeur cible.
- Étudier différentes hypothèses avec le Gestionnaire de scénarios.

Ce serait une grave erreur que de prendre Excel pour une simple calculatrice de luxe tout juste destinée à briller dans des opérations plus ou moins statiques. Car ce programme excelle (ben oui...) aussi dans des analyses plus dynamiques : demandez-lui ce qui se passerait si tel ou tel paramètre variait. Tel le Bon Génie sortant de la lampe d'Aladin, il exaucera immédiatement votre vœu. De telles analyses permettent d'explorer les possibilités offertes par une feuille de calcul en entrant diverses valeurs certaines, probables voire hypothétiques dans une même équation afin d'observer les résultats des différentes variantes.

Jouer avec les tables de données et les hypothèses

Une table de données permet d'entrer une série de valeurs possibles qu'Excel connectera ensuite à une même formule. Il existe deux types de tables de données : les tables à une seule variable, qui évaluent une formule en affectant une série de valeurs à un paramètre donné et les tables à deux variables, qui opèrent sur le même principe mais, cette fois, en testant deux paramètres simultanément.

Les deux techniques font appel à la même boîte de dialogue. Vous la trouverez dans l'onglet Données du Ruban. Dans le groupe Prévisions, choisissez l'icône Analyse de scénarios, puis Table de données. Le formulaire Table de données propose deux champs : Cellule d'entrée en ligne et Cellule d'entrée en colonne.

Lorsque vous créez une table basée sur une seule variable, vous désignez, dans la feuille de calcul, une cellule qui va, selon le cas, servir d'entrée en ligne (si la série des valeurs possibles est saisie horizontalement, dans une succession de colonnes sur la même ligne) ou d'entrée en colonne (si la série des valeurs possibles est disposée verticalement dans une succession de lignes appartenant à une même colonne).

Quand vous créez une table à deux variables, vous devez désigner deux cellules. L'une définira l'entrée en ligne – les valeurs possibles sont disposées horizontalement dans des cases adjacentes –, l'autre les entrées en colonne : les valeurs possibles sont disposées verticalement.

Créer une table de données à une variable

La Figure 8.1 présente une feuille évaluant les ventes en 2016 à partir des résultats de l'année précédente. L'estimation apparaît dans la cellule B5. Elle est calculée en prenant le résultat des ventes pour 2015 et en lui appliquant le taux de croissance espéré pour 2016, obtenu en multipliant le total de l'année précédente ancré en B2 par le pourcentage de croissance introduit en B3. La cellule B5 contient donc la classique formule :

```
=B2+(B2*B3)
```

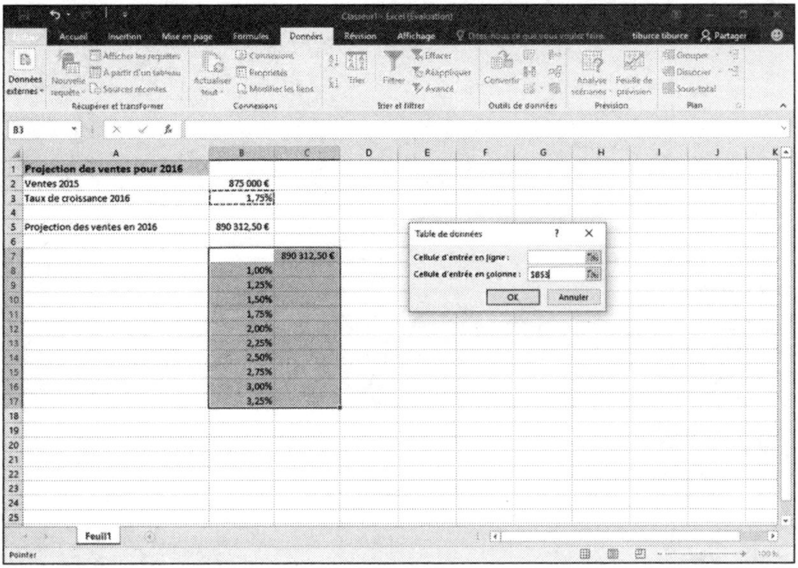

Figure 8.1 : Projection des ventes avec une colonne de taux de croissance possibles pour une table de données à une seule variable.

Pour utiliser des noms plutôt que des références, nous avons commencé par sélectionner la plage A2:B5. Nous avons ensuite ouvert l'onglet Formules du Ruban, puis cliqué sur la commande Depuis sélection. Nous avons alors accepté la proposition par défaut : Colonne de gauche. Nous avons finalement réintroduit la formule en B5 pour qu'elle utilise désormais les intitulés des valeurs, ce qui donne :

```
=Ventes_2015+(Ventes_2015*Taux_de_croissance_2016)
```

Comme vous pouvez le constater sur la Figure 8.2, nous avons saisi une colonne de taux de croissance possibles – et réalistes – allant de 1 % à 3,25 %. Ces valeurs se trouvent dans la plage B8:B17. Nous avons procédé comme suit pour créer la table de données à une variable de la Figure 8.3.

1. **Commencez par copier en C7 la formule originale entrée en B5. Pour cela, cliquez sur C7, tapez sur la touche =, puis cliquez sur B5 afin d'obtenir =Projection_des_ventes_en_2016. Validez la formule.**

   Cette copie de la formule de base est maintenant l'en-tête de colonne de la table de données. Elle va servir à

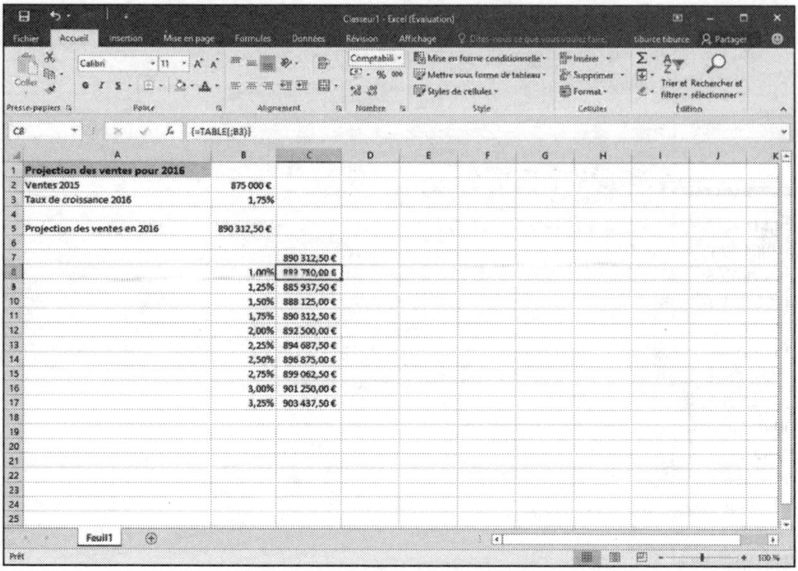

Figure 8.2 : Projection des ventes une fois la table de données à une variable créée dans la plage C8:C17.

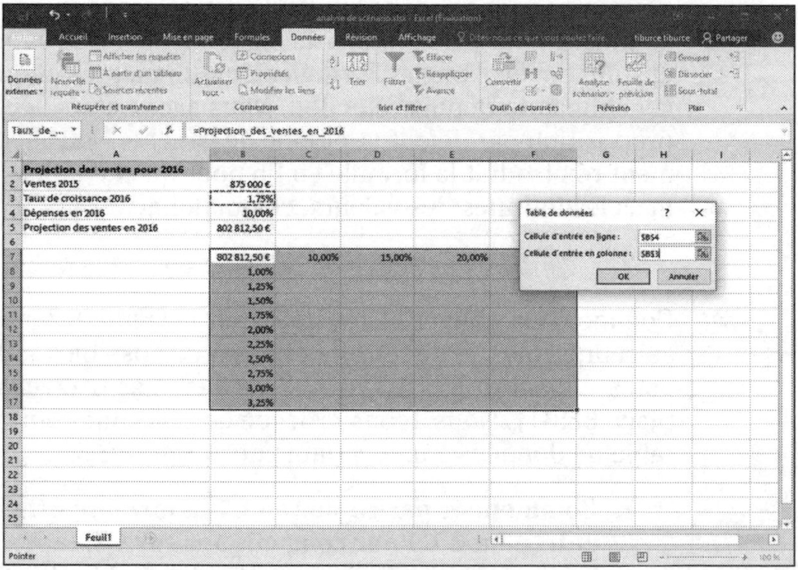

Figure 8.3 : Projection des ventes avec une série de croissances et de pourcentages de dépenses possibles servant à créer une table de données avec deux variables.

insérer, dans le calcul, la série de taux définie dans la plage B8:B17.

2. **Sélectionnez la plage B7:C17.**

La sélection comprend à la fois la formule qui vient d'être copiée et l'ensemble des taux de croissance.

3. **À partir du Ruban, cliquez successivement sur Prévisions, Analyse de scénarios et Table de données.**

   Excel ouvre la boîte de dialogue Table de données.

4. **Cliquez dans le champ Cellule d'entrée en colonne. Cliquez ensuite sur la cellule B3, autrement dit celle qui contient le taux de croissance annuel défini à l'origine.**

   Excel insère, dans la boîte de dialogue, l'adresse absolue de cette cellule, soit $B.

5. **Cliquez sur OK pour licencier la boîte de dialogue.**

   Excel crée aussitôt la table de données de la plage C8:C17 en insérant, dans chacune de ses cellules, une formule qui utilise la fonction `TABLE`. Chaque copie de cette formule se sert du taux de croissance qui se trouve dans sa colonne de gauche pour évaluer un montant de ventes possible.

6. **Sélectionnez la cellule B5, puis ouvrez l'onglet Accueil. Dans le groupe Presse-papiers, cliquez sur l'outil Reproduire la mise en forme. Sélectionnez ensuite la plage C7:C17. La mise en forme de la cellule B5 est appliquée à la totalité de cette plage.**

   De cette manière, toute notre table de données affichera les estimations sous forme de valeur monétaire en euros.

Deux points importants que vous devez retenir à propos de cet exemple :

- Si vous modifiez un des taux de croissance de la plage B8:B17, Excel actualise immédiatement la valeur correspondante dans la table de données. Dans le cas de tables importantes, il est plutôt souhaitable que cette mise à jour soit effectuée uniquement lorsque vous appuyez sur la touche F9 (Calculer maintenant) ou sur la combinaison de touches Maj + F9 (Calculer la feuille). Pour cela, activez l'onglet Formules. Dans le groupe Calcul, choisissez la commande Options de calcul ; cochez alors le mode Automatique, sauf dans les tables de données.

- Si vous tentez de supprimer une des formules `TABLE` de la plage C8:C17, Excel vous envoie un avertissement vous informant qu'il est impossible de modifier une partie d'une table de données. Si vous voulez vraiment supprimer ou effacer quelque chose, vous devrez d'abord sélectionner la totalité de la table, soit la plage C8:C17 dans notre exemple.

Créer une table de données à deux variables

Comment créer maintenant une table de données à deux variables ? Tout simplement en remplissant cette fois les deux champs de saisie de la boîte de dialogue. Il vous faut une cellule d'entrée en ligne (les valeurs possibles sont placées dans des colonnes successives sur la première rangée de la table) et une cellule d'entrée en colonne (les valeurs possibles pour la seconde variable sont superposées dans la première colonne de la table). Il ne vous manque plus que la formule à évaluer. Elle doit se trouver à l'intersection de la ligne d'entête et de la première colonneable.

La Figure 8.3 illustre ce type de situation. Dans cette nouvelle version de notre évaluation des ventes, nous utiliserons deux variables pour calculer le résultat escompté en 2016. Il y a d'abord un taux de croissance qui est un pourcentage d'augmentation appliqué aux ventes de l'année précédente ; cette valeur se trouve en B3 (la cellule nommée Taux_de_croissance_2016). Jusque-là, rien de neuf. La seconde variable est un pourcentage de frais calculé à partir des ventes de l'année 2015. Il est enregistré dans la cellule B4 (appelée ici Dépenses).

La formule originale de la cellule B5 devient un peu plus complexe :

```
=Ventes_2013+(Ventes_2013*Taux_de_croissance_2014)
-(Ventes_2013*Dépenses_en_2014)
```

Pour définir la table de données à deux variables, nous avons ajouté une ligne représentant un pourcentage de dépenses possibles dans la rangée C7:F7. Elle est associée à une série de taux de croissance en B8:B17. Nous avons ensuite recopié la cellule Projection_des_ventes_en_2016 de B5 en B7. La formule en B7 est donc :

```
=Projection_des_ventes_en_2016
```

Quelques étapes vont suffire à créer la table de données à deux variables présentée à la Figure 8.4 :

1. **Sélectionnez la plage B7:F17.**

   Cette plage comprend la copie de la formule originale ainsi que toutes les cellules correspondant aux pourcentages de dépenses et aux taux de croissance.

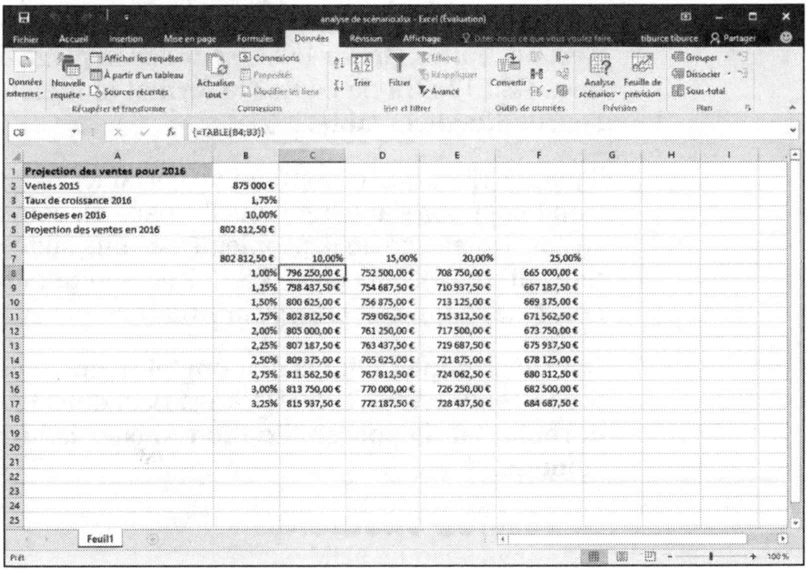

Figure 8.4 : Projection des résultats une fois la table de données à deux variables créée dans la plage C8:F17.

2. **Cliquez dans le Ruban sur l'onglet Données, puis sur le bouton Analyse de scénarios et, enfin, sur Table de données.**

   Excel ouvre la boîte de dialogue Table de données ; le point d'insertion clignote dans le champ Cellule d'entrée en ligne.

3. **Cliquez sur la cellule B4 pour entrer l'adresse absolue de la source. L'expression $B$4 apparaît dans le champ.**

4. **Activez ensuite le champ Cellule d'entrée en colonne. Cliquez cette fois sur la cellule B3 pour afficher son adresse absolue ($B$3) dans la boîte de dialogue.**

5. **Cliquez sur OK pour licencier la boîte de dialogue Table de données.**

   Excel remplit les cellules vides de la table de données avec une formule TABLE qui utilise B4 comme entrée de ligne B4 et B3 comme entrée de colonne.

6. **Cliquez sur la cellule B7, puis sur l'icône Reproduire la mise en forme du groupe Presse-papiers de l'onglet Accueil. Faites glisser le curseur sur la plage de cellules C8:F17 afin de copier le format monétaire vers l'ensemble de la table.**

   Il peut arriver que le contenu de certaines cellules soit trop long pour s'afficher dans l'espace disponible. Dans ce cas, Excel signale le problème par une suite de caractères dièse (#). Si la plage C8:C17 est toujours sélectionnée, l'étape qui suit corrige la situation.

7. **Dans le groupe Cellules de l'onglet Accueil, cliquez sur la commande Format. Choisissez, dans le menu déroulant qui apparaît, l'option Ajuster la largeur de colonne.**

Chercher la cible

Lorsque vous vous posez une question du style Que se passerait-il si… ?», il se peut très bien que vous ayez en tête un certain objectif. Par exemple : Quel taux d'augmentation de mon chiffre d'affaires dois-je atteindre ? » Ou encore : Si je veux gagner telle somme, quel doit être le volume des ventes ?». C'est précisément pour répondre à ce genre d'interrogation qu'Excel met à votre disposition une fonctionnalité baptisée *Valeur cible*.

La commande Valeur cible se trouve dans le menu Analyse de scénarios (sous l'onglet Prévisions du Ruban). Pour l'utiliser, vous devez sélectionner la cellule qui contient la formule devant retourner le résultat escompté (dans la boîte de dialogue Valeur cible, c'est la *cellule à définir*), puis indiquer la valeur à atteindre et, enfin, spécifier l'emplacement du paramètre qu'Excel doit faire varier pour répondre à vos souhaits (dans le champ Cellule à modifier de la boîte de dialogue).

Les Figues 8.5 et 8.6 illustrent l'utilisation de la fonction Valeur cible dans une feuille contenant des projections de ventes pour l'année 2016. Votre but : déterminer le montant des ventes nécessaires pour que le solde après achats des produits et autres dépenses atteigne, pour le premier trimestre de l'année, une valeur de 300 000 €.

Pour déterminer l'augmentation des ventes dont vous avez besoin pour que le solde net soit de 300 000 €, commencez par sélectionner la cellule B7. C'est elle qui contient la formule magique qui calcule la prévision pour le premier trimestre 2016. Activez alors l'onglet Données, cliquez dans le Ruban sur le bouton Analyse de scénarios, puis sur Valeur cible.

Cette action ouvre la boîte de dialogue Valeur cible (reportez-vous à la Figure 8.5). Du fait que B7 est la cellule active, vous trouvez déjà sa référence dans le champ Cellule à définir. Activez ensuite le champ Valeur à atteindre ; saisissez votre objectif, soit **300000**. Activez à présent le champ Cellule à modifier et cliquez sur la cellule B3 (celle qui contient les ventes du premier trimestre). Son adresse absolue ($B$3) apparaît dans la boîte de dialogue.La Figure 8.6 montre ce qui se

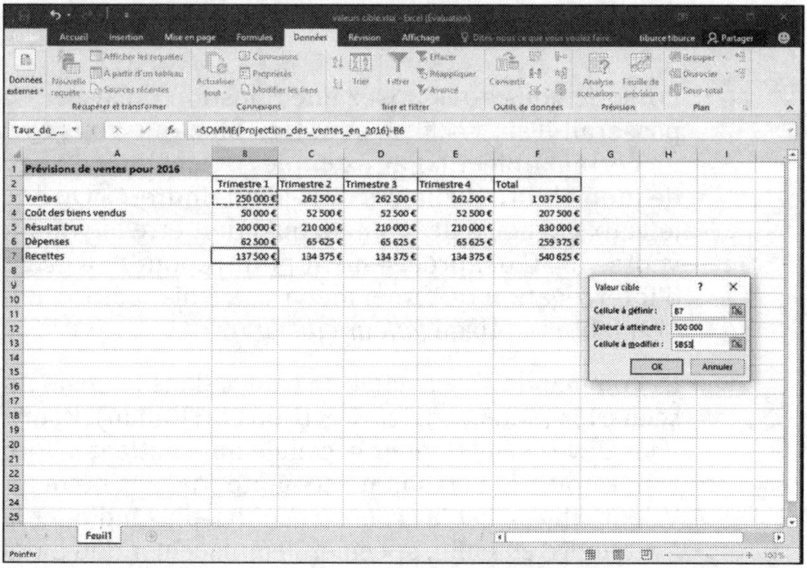

Figure 8.5 : Utilisez la valeur cible pour déterminer le volume de ventes permettant d'atteindre un certain solde net.

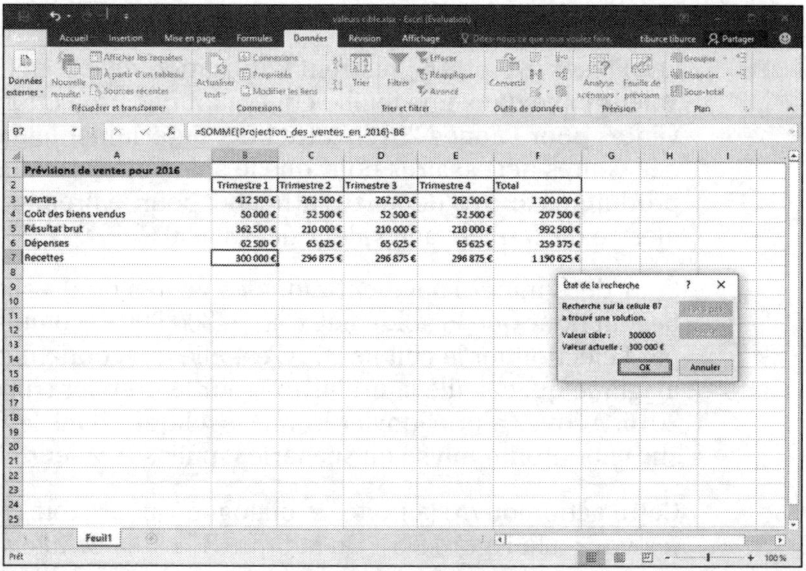

Figure 8.6 : La valeur cible est atteinte.

passe après avoir cliqué sur OK. Excel a recalculé la valeur du paramètre B3 jusqu'à ce que le solde B7 atteigne le montant désiré. Vous pouvez constater qu'il vous faudra passer de

50 000 à 412 500 € pour que la cellule B7 affiche les 300 000 € attendus.

Si vous voulez conserver les nouvelles données fournies par la fonction Valeur cible, il vous suffit de cliquer sur le bouton OK de la boîte de dialogue État de la recherche. Pour revenir aux anciennes valeurs, cliquez simplement sur Annuler.

TRUC

Si vous avez choisi de valider le calcul, appuyez sur Ctrl + Z (ou cliquez sur le bouton Annuler de la barre d'outils Accès rapide) pour revenir au point de départ. Et si vous changez à nouveau d'avis, vous n'avez qu'à appuyer sur Ctr + Y (ou à cliquer sur le bouton Rétablir de la même barre). Le résultat de la valeur cible réapparaîtra instantanément. Une vraie bascule…

Examiner des hypothèses avec le Gestionnaire de scénarios

Le Gestionnaire de scénarios d'Excel permet de créer et de sauvegarder des jeux de valeurs produisant différents résultats dans la feuille de calcul. Vous donnerez un nom à ces scénarios (par exemple, Hypothèse haute, Hypothèse catastrophique ou Hypothèse la plus favorable). Comme les scénarios sont enregistrés avec le classeur, vous pouvez utiliser leurs valeurs pour jouer au jeu du « quoi-si ». Il suffira d'ouvrir le gestionnaire et de demander à Excel d'afficher le scénario voulu.

Les scénarios en place, il est possible d'obtenir un état récapitulatif montrant les paramètres associés à chaque hypothèse, de même que les résultats qu'ils produisent.

Définir des scénarios

Pour créer un scénario, vous devez identifier les diverses cellules dont la valeur peut (ou doit) varier dans chaque hypothèse. Vous sélectionnez alors ces cellules avant de cliquer successivement sur l'onglet Données du Ruban, puis sur le bouton Analyse de scénarios et, enfin, sur Gestionnaire de scénarios.

La Figure 8.7 montre la feuille de prévisions des ventes pour 2016 après que nous avons nommé les cellules d'hypothèses (G3, baptisée Croissance_Ventes, G4, baptisée CBVpour « Coût des BiensVendus » et G6, baptisée Dépenses) et ouvert la boîte de dialogue Gestionnaire de scénarios

Dans notre exemple, trois scénarios ont déjà été définis en cliquant à chaque fois sur le bouton Ajouter, en définissant un nom, puis en spécifiant les valeurs que doivent prendre nos cellules :

- **Hypothèse la plus favorable :** des ventes qui augmentent de 5 % (Croissance_Ventes), un coût des achats (CBV) de 20 % et des frais (Dépenses) qui s'accroissent de 25 %.

- **Hypothèse haute :** les ventes augmentent de 8 % (Croissance_Ventes), le coût des achats (CBV) de 18 % et les frais (Dépenses) de 20 %.

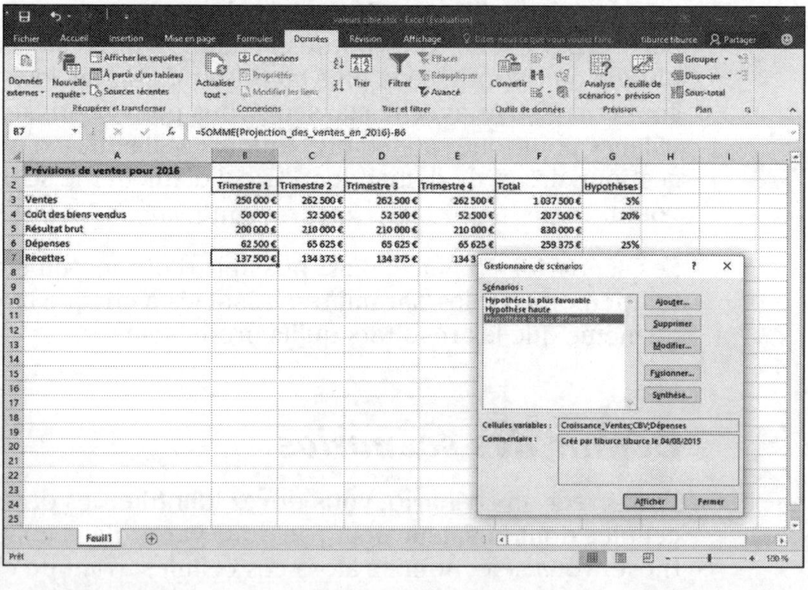

Figure 8.7 : Ajout de scénarios à la feuille Prévisions.

- **Hypothèse la plus défavorable :** cette fois, les ventes augmentent de 2 % (Croissance_Ventes), le coût des achats (CBV) de 25 % et les frais (Dépenses) de 35 %.

Pour créer le premier scénario, nous avons cliqué sur le bouton Ajouter de la boîte de dialogue Gestionnaire de scénarios. Dans la fenêtre Ajouter un scénario, nous avons saisi comme nom **Hypothèse la plus favorable**, puis sélectionné les cellules variables, soit G3, G4 et G6.

À ce stade, Excel affiche la boîte de dialogue Valeurs de scénarios dans laquelle vous êtes censé fournir les paramètres souhaités dans les trois champs Croissance_Ventes, CBV et Dépenses, à savoir :

- **0,05** dans le champ Croissance_Ventes ;
- **0,20** dans le champ CBV ;
- **0,25** dans le champ Dépenses.

Après quoi, il ne reste plus qu'à cliquer sur OK.

TRUC

Avant de commencer à créer vos scénarios, donnez toujours un nom aux cellules variables (si vous avez oublié comment procéder, reportez-vous au Chapitre 6). De cette manière, Excel affichera le nom de ces cellules à la place de leur adresse dans la boîte de dialogue Valeurs de scénarios, ce qui, vous en conviendrez, est tout de même plus explicite.

Lorsque vous avez validé vos variables, résistez à la tentation de cliquer sur OK (Excel revient à la boîte de dialogue Gestionnaire de scénarios). Nous avons de nouveau cliqué sur Ajouter pour regagner immédiatement la fenêtre Gestionnaire de scénarios où nous comptons en définir deux supplémentaires. En voici les paramètres :

Deuxième scénario :

- **Hypothèse haute** dans le champ Nom du scénario ;
- **0,08** dans le champ Croissance_Ventes ;
- **0,18** dans le champ CBV ;

- **0,20** dans le champ Dépenses.

Troisième scénario :

- **Hypothèse la plus défavorable** dans le champ Nom du scénario ;
- **0,02** dans le champ Croissance_Ventes ;
- **0,25** dans le champ CBV ;
- **0,35** dans le champ Dépenses.

Nos trois hypothèses apparaissent désormais dans la liste Scénarios.

Pour demander à Excel de recalculer nos projections de ventes 2014 en fonction des différentes évaluations, il suffit de sélectionner le nom du scénario voulu, puis de cliquer sur le bouton Afficher.

N'OUBLIEZ PAS

Une fois vos scénarios définis, n'oubliez pas de sauvegarder le classeur dès que vous avez refermé la boîte de dialogue Gestionnaire de scénarios. De cette manière, les scénarios seront enregistrés en même temps que votre fichier. Vous les aurez ainsi à portée de main chaque fois que vous ouvrirez le classeur. Il vous suffira pour cela de rappeler le gestionnaire, de choisir un scénario et de cliquer sur Afficher.

Produire une synthèse

Une fois tous vos scénarios définis, vous pouvez demander à Excel de produire un rapport de synthèse, comme celui représenté à la Figure 8.8. Cet état affiche les valeurs variables et les valeurs résultantes non seulement pour chaque scénario associé à la feuille, mais également pour le contenu des cellules tel qu'il se présente au moment où vous générez la synthèse.

Pour produire une synthèse, ouvrez la boîte de dialogue Gestionnaire de scénarios (onglet Données du Ruban, puis

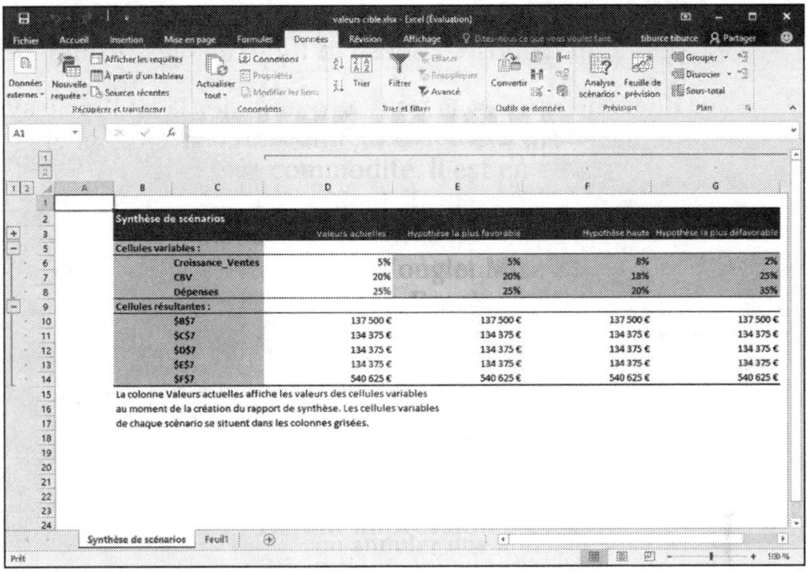

Figure 8.8 : La synthèse des scénarios montre l'impact des hypothèses sur les projections de ventes pour 2016.

Analyse de scénarios, puis enfin Gestionnaire de scénarios). Cliquez alors sur le bouton Synthèse.

La boîte de dialogue Synthèse de scénarios vous offre le choix entre deux modes : Synthèse de scénarios (c'est la version statique) et Scénario du rapport de tableau croisé dynamique. Comme nous reviendrons sur les tableaux croisés dans le prochain chapitre, c'est ici le premier choix qui retient notre attention.

La plage de données à afficher dans la synthèse est définie dans le champ Cellules résultantes. Si la proposition par défaut d'Excel ne vous convient pas, sélectionnez la série de cellules qui devront apparaître dans la synthèse. Dans notre exemple, il s'agit de la dernière ligne de la table, soit la plage B7:F7 (les soldes des quatre trimestres, plus le total annuel).

Après avoir cliqué sur OK, Excel crée le rapport de synthèse en prenant les valeurs changeantes de chaque scénario, plus celles qui se trouvent actuellement dan les celules « souches ». Il affiche le tout dans une nouvelle feuille de calcul qu'il baptise Synthèse de scénarios. Les paramètres apparaissent sous la légende Cellules variables. Les valeurs calculées sont disposées sous l'intitulé Cellules résultantes.

Bien entendu, vous pouvez renommer la feuille de synthèse, la déplacer dans le classeur, puis enregistrer celui-ci.

Chapitre 9

Jouer avec les tableaux croisés

Dans ce chapitre :

- Comprendre les tableaux croisés.
- Créer un tableau croisé avec l'outil Analyse rapide et la commande Suggestions de tableaux croisés dynamiques.
- Créer un tableau croisé manuellement.
- Formater.
- Trier et filtrer les données.
- Modifier la structure et la disposition.
- Créer un graphique croisé.

Les *tableaux croisés dynamiques* constituent une espèce particulière de tableaux de synthèse, spécifiques à Microsoft Excel. Ils sont particulièrement utiles pour synthétiser des valeurs prises dans une liste de données (ou provenant d'une base de données), car ils font leurs tours de magie sans que vous ayez à créer des formules pour effectuer ces opérations. Ils vous permettent aussi d'examiner et d'analyser facilement et rapidement les relations inhérentes à leurs sources de données (qu'il s'agisse de séries de valeurs traitées directement sous Excel, ou de tables lues dans des bases de données externes gérées à l'aide d'un programme autonome tel que Microsoft Access, ou de données de sources comme indows Azure MarketPplace.

Grâce aux tableaux croisés, il est possible de disposer différemment les données traitées, y compris après les avoir générées. C'est d'ailleurs cette capacité à adapter à la volée l'agencement des données, en opérant une rotation sur les en-têtes de lignes et de colonnes, qui a donné à l'origine leur nom aux tables *pivot*, ntre-tempsentretemps des *tableaux croisés dynamiques*. Si vous visualisez mieux les relations entre données quand elles sont présentées graphiquement, Excel permet tout aussi bien de créer des graphiques croisés dynamiques à partir d'un des nombreux modèles pris en charge par Excel.

Analyser des données grâce aux tableaux croisés dynamiques

Les tableaux croisés dynamiques sont extrêmement intéressants, car ils vous permettent de synthétiser des données en utilisant une belle variété de fonctions (même si la totalisation avec SOMME est celle qui reste la plus courante). Lorsque vous définissez un tableau croisé dynamique (ce que nous allons faire dans la prochaine section), vous avez plusieurs décisions à prendre : quelle sera la fonction de regroupement, quelles seront les colonnes (ou les champs) auxquelles cette fonction s'appliquera et quelles seront les colonnes (ou champs) avec lesquelles ces calculs seront (justement) croisés.

Les tableaux croisés sont parfaits pour croiser (on s'y attendait !) une série de données avec une autre. Par exemple, vous pouvez créer un tableau croisé à partir d'une table provenant d'une base de données Employés, de manière à totaliser les salaires des différentes catégories professionnelles par service ou site.

Créer un tableau croisé avec l'outil Analyse rapide

L'outil Analyse rapide fait de la création de tableaux croisés dynamiques un jeu d'enfant. Pour prévisualiser différents types de structures de ce genre qu'Excel compose sur la base des données consignées dans une table ou dans une liste, contentez-vous de suivre la procédure décrite ci-après :

1. **Sélectionnez, dans la table ou dans la liste, les données à traiter (en incluant les en-têtes de colonne).**
2. **Cliquez sur l'outil Analyse rapide qui se manifeste en bas à droite de la zone sélectionnée.**

   Ce faisant, vous accédez à la palette correspondante, dont l'onglet Mise en forme est sélectionné par défaut.

3. **Activez l'onglet Tableaux.**
4. **Comme le montre la Figure 9.1, Excel ouvre le volet Champs de tableau croisé dynamique.**

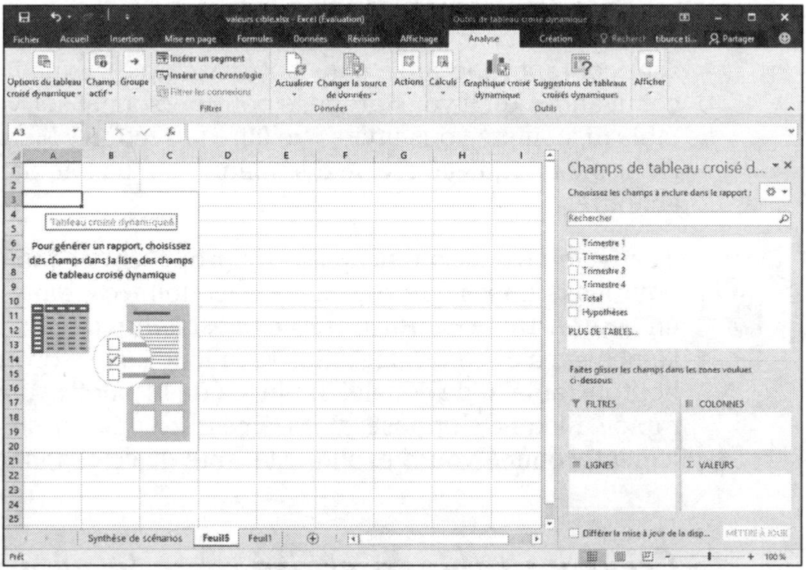

Figure 9.1 : Pour créer votre tableau croisé dynamique.

5. **Cochez les champs à inclure dans le tableau.**

   La Figure 9.2 montre que le tableau se constitue à mesure des champs cochés.

Remarquez que le tableau a échoué dans une feuille rien qu'à lui, qu'Excel a placée devant toutes les autres feuilles du clas-

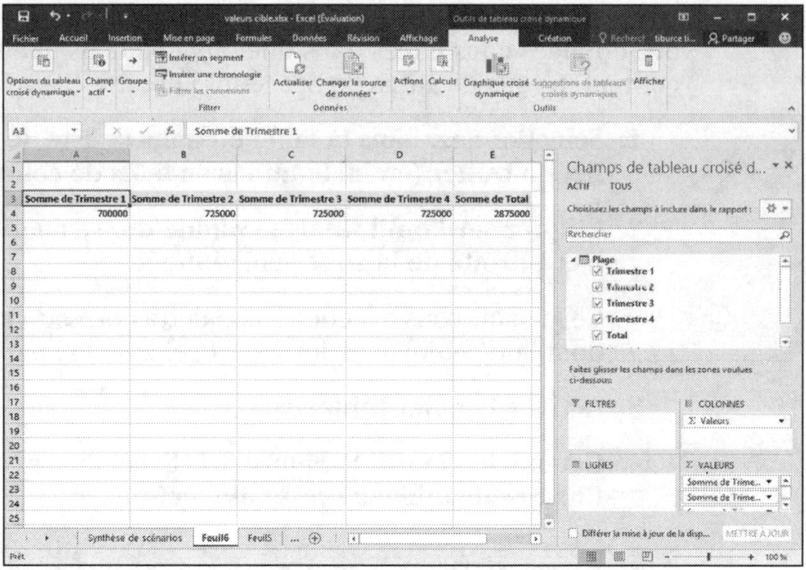

Figure 9.2 : La feuille ajoutée et son tableau croisé dynamique.

seur courant (une seule dans notre exemple). Exploitez les commandes qu'il vous propose pour personnaliser votre tableau, comme vous invite à le faire la section « Mettre en forme un tableau croisé dynamique », plus loin dans ce chapitre.

N'OUBLIEZ PAS

Il arrive qu'Excel soit incapable de proposer des tableaux pour les données que vous avez sélectionnées. Dans ce cas, un bouton Tableau croisé stérile (c'est-à-dire ne provoquant l'affichage d'aucune suggestion) s'affiche juste à droite du bouton Tableau de l'onglet Tableaux de la palette Analyse rapide. Rien ne s'oppose, alors, à ce que vous agissiez manuellement, comme vous l'explique la suite de ce chapitre.

Créer un tableau croisé avec la commande Suggestions

Autre façon d'agir rapidement et efficacement : la commande Suggestions de tableaux croisés dynamiques. Voici comment l'exploiter :

1. **Sélectionnez une cellule de la plage de données à représenter.**

   Vous pouvez désigner n'importe quelle cellule si vos données sont disposées en lignes et en colonnes contiguës.

2. **Activez le bouton Tableaux croisés dynamiques de l'onglet Insertion du Ruban.**

TRUC

Il s'agit du bouton dont le libellé est au pluriel, situé à droite de celui dont le libellé est au singulier.

   Excel affiche la boîte de dialogue Suggestions de tableaux croisés dynamiques. À gauche, plusieurs tableaux vous sont proposés avec, à droite, l'aperçu de l'option validée en regard.

3. **Cliquez sur la suggestion qui vous intéresse, puis cliquez sur OK.**

Dès que vous validez, Excel crée le tableau correspondant dans une feuille à part, qu'il place devant toutes les autres. Étant donné que ce tableau est sélectionné, le volet Champs de tableau croisé dynamique surgit à droite. Comme annoncé plus haut, il regroupe les outils de mise en forme que nous détaillerons plus tard.

Créer manuellement

Si les proposiExcel ne vous agréent conviennent pas, créez le tableau manuellement. Ne dit-on pas qu'on n'est jamais si bien servi que par soi-même ? Deux moyens d'agir : commencer par créer le tableau dont la disposition se rapproche le plus de ce que vous recherchez ou partir carrément de zéro, ce qui, parfois, est préférable.

Lancez-vous : ouvrez la feuille de calcul contenant la liste des données à synthétiser, sélectionnez une cellule quelconque, puis cliquez sur le bouton de commande Tableau croisé dynamique sous l'onglet Insertion du Ruban, comme à la Figure 9.3.

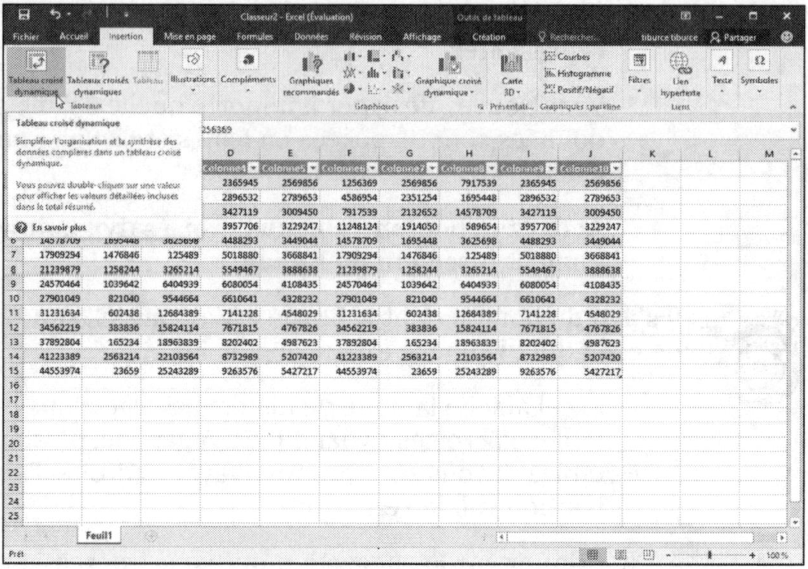

Figure 9.3 : Créez manuellement un tableau croisé dynamique.

Suite à cette action, Excel dévoile la boîte de dialogue Créer un tableau croisé dynamique et sélectionne l'intégralité des données (un trait clignotant en témoigne). Si nécessaire, vous pouvez ajuster cette sélection en vous exprimant dans le champ Tableau/Plage de la rubrique Sélectionner un tableau ou une plage (Figure 9.4). Par défaut, Excel introduit le nouveau tableau croisé dynamique dans une feuille distincte qu'il ajoute au classeur. Si vous préférez l'insérer sur la feuille courante, validez l'option Feuille de calcul existante. Dans ce cas, spécifiez, dans le champ Emplacement, l'adresse de la première cellule du tableau. (Évitez que le tableau n'écrase des données !)

Si vos données proviennent d'une source externe créée avec un gestionnaire de base de données comme Access, cochez l'option Utiliser une source de données externe, puis cliquez sur Choisir la connexion et sélectionnez une connexion dans la fenêtre Connexions existantes. Sachez qu'Excel 2016 est capable d'analyser des infos issues de tables multiples mises en relation.

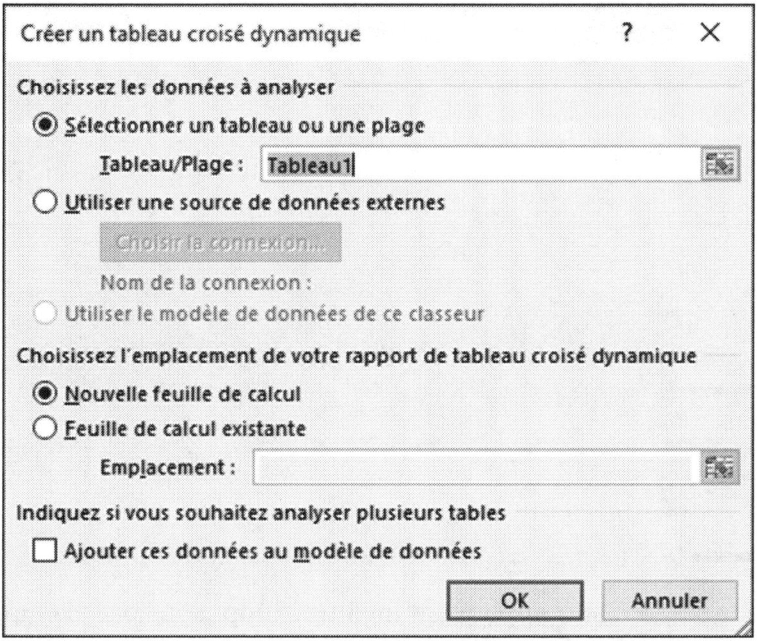

Figure 9.4 : Indiquez, dans la boîte de dialogue Créer un tableau croisé dynamique, les données source et l'endroit où vous souhaitez que le tableau échoue.

Une fois que vous avez indiqué, dans la boîte de dialogue Créer un tableau croisé dynamique, les données source ainsi que l'emplacement du futur tableau, il ne vous reste plus qu'à indiquer les champs à inclure dans le tableau. Excel constitue alors la structure vierge du tableau et affiche, dans la partie droite de l'interface, le volet Champs de tableau croisé dynamique (Figure 9.5).

Chaque entrée est précédée d'une case à cocher vide ; c'est la raison pour laquelle, à ce stade, le tableau est toujours vierge. En bas, quatre zones permettent de faire glisser des noms de champs sur les éléments proposés : filtres, lignes, colonnes et valeurs.

À ce stade, et comme expliqué ci-dessus, il ne vous reste qu'à désigner les champs que vous voulez voir figurer dans le tableau. Pour ce faire, il suffit de faire glisser leurs noms vers une des quatre zones du bas :

- **Filtres :** cette zone contient des champs qui vous permettent de regrouper les données du tableau croisé en

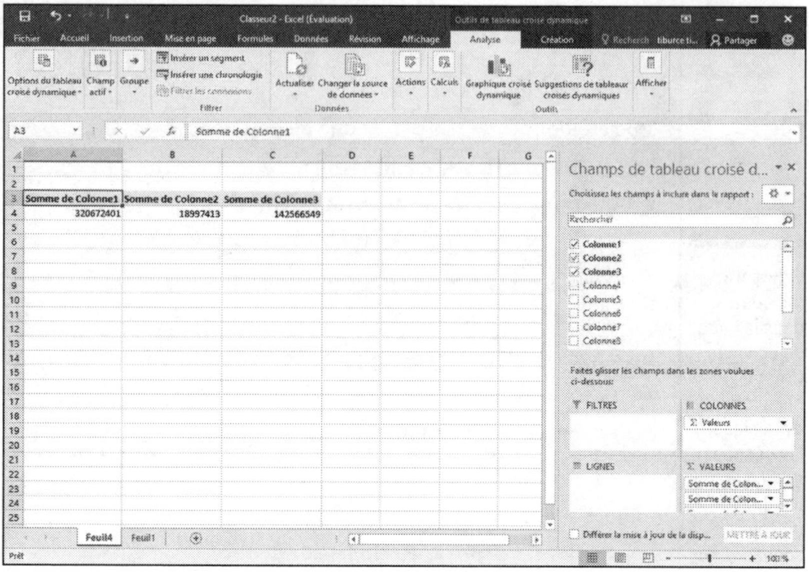

Figure 9.5 : Le futur tableau et le volet de droite.

leur appliquant un filtre. Supposons par exemple que vous vouliez étudier l'évolution des ventes sur plusieurs années. En faisant glisser un champ Année sur la fenêtre Filtre du rapport, vous pourrez afficher les valeurs année par année ou pour toute la période représentée par votre liste de données.

- **Colonnes :** cette zone contient les champs qui déterminent la disposition des données dans les colonnes du tableau croisé.
- **Lignes :** cette zone contient les champs qui déterminent la disposition des données dans les lignes du tableau croisé.
- **Valeurs :** cette zone contient les champs qui déterminent les données représentées dans les cellules du tableau, autrement dit celles qui sont sommées (par défaut) dans sa dernière colonne.

Dans notre exemple, nous pourrions décider de mettre les filiales en filtres, les vendeurs et les produits en lignes, les régions en colonnes et les trois premiers mois de l'année en valeurs. Nous obtiendrions ainsi un tableau permettant de connaître les chiffres de vente par vendeur, ventilés verticalement par article et horizontalement par région (Figure 9.6).

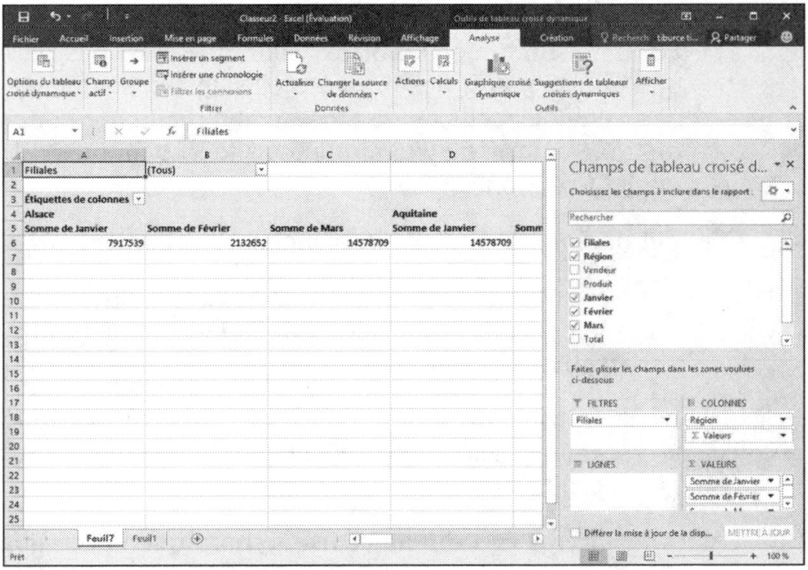

Figure 9.6 : Le tableau tel qu'issu de nos choix.

Dès le début de la procédure, un onglet Outils de tableau croisé dynamique fait son apparition dans le Ruban ; il propose deux sous-onglets, baptisés respectivement Analyse et Création, le sous-onglet Analyse étant sélectionné. Vous y trouverez une foule de commandes intéressantes, notamment dans le menu local du bouton Afficher :

- **Liste des champs :** affiche ou masque le volet Liste de champs du tableau croisé dynamique, à droite de la fenêtre.
- **Boutons +/- :** affiche ou masque les boutons servant à étendre (+) ou réduire (-) en regard des champs particuliers (en colonne comme en ligne) et qui servent à montrer ou cacher les totaux de ceux-ci dans le tableau.
- **En-têtes de champ :** affiche ou masque les noms des champs affectés aux étiquettes de colonnes ou de lignes dans le tableau croisé.

Mettre en forme un tableau croisé dynamique

Formater un tableau croisé dynamique n'est pas plus compliqué que formater des données classiques. Il suffit de cliquer dans une des cellules du tableau afin d'afficher l'onglet Outils de tableau croisé dynamique dans le Ruban, puis d'activer son onglet Création.

Cet onglet regroupe trois groupes de commandes :

- **Disposition :** pour ajouter des sous-totaux ou des totaux généraux et pour modifier l'agencement global du tableau.
- **Options de style de tableau croisé dynamique :** pour affiner l'aspect grâce à la galerie de styles affichée à droite.
- **Styles de tableau croisé dynamique :** pour appliquer des styles au tableau en cliquant sur la vignette correspondante.

Personnaliser le style du tableau croisé dynamique

Profitez de l'aperçu dynamique pour juger immédiatement de l'effet des différentes variantes : positionnez le pointeur de votre souris sur une vignette de la galerie pour apprécier le résultat.

Une fois que vous avez ainsi appliqué un style prédéfini, vous pouvez le personnaliser grâce aux cases à cocher du groupe Options de style de tableau croisé dynamique. Vous pouvez, par exemple, pour ajouter du contraste, introduire des lignes à bandes pour séparer par un trait les lignes d'un tableau qui n'emploie pas les couleurs alternées (le but étant bien entendu d'en améliorer la lisibilité). C'est simple : il vous suffit de cliquer sur l'option correspondante. L'option du dessous vous permet d'appliquer le même traitement aux colonnes. Si le résultat n'est pas satisfaisant, contentez-vous de décocher la case.

Formater les valeurs d'un tableau croisé dynamique

Pour appliquer aux totaux de votre tableau croisé dynamique un format numérique particulier, procédez comme suit :

1. **Cliquez, dans le tableau, sur la cellule qui contient les mots « Somme de », suivis du nom du champ dont les valeurs sont totalisées (dans notre exemple, « Somme de Janvier »). Cliquez ensuite sur le bouton Champ actif de l'onglet Analyse sous Outils de tableau croisé dynamique et choisissez Paramètres de champs.**

   Excel ouvre la boîte de dialogue Paramètres des champs de valeurs.

2. **Cliquez, en bas à gauche, sur Format de nombre.**

   L'onglet Nombre de la boîte de dialogue Format de cellule s'affiche.

3. **Dans la liste Catégorie, choisissez le format numérique que vous voulez appliquer à vos totaux.**

4. **Si vous le souhaitez, modifiez les options du format sélectionné (nombre de décimales, symbole monétaire, mode d'affichage des valeurs négatives, etc.) dans la partie droite de la fenêtre.**

5. **Cliquez une première fois sur OK pour regagner la boîte de dialogue précédente ; cliquez une seconde fois pour regagner le tableau.**

Trier et filtrer les données du tableau croisé dynamique

Lorsque vous créez un nouveau tableau croisé dynamique, Excel ajoute automatiquement des flèches dans les cellules correspondant aux champs du filtre et des étiquettes (colonnes et lignes). Ces boutons de filtrage permettent de restreindre l'étendue des entrées en retirant certaines données, ou encore de trier les éléments en ligne et/ou en colonne.

Si vous avez ajouté au tableau plusieurs champs dans les cases Étiquettes, Excel ajoute également des boutons de réduction (-) qui servent à masquer temporairement le sous-total correspondant à un champ secondaire particulier. Lorsque vous avez ainsi réduit des informations, le bouton devient un + (expansion) sur lequel il suffit de cliquer pour afficher de nouveau les sous-totaux.

Filtrer le rapport

Les boutons les plus importants dans un tableau croisé dynamique sont probablement ceux qui sont ajoutés au(x) champ(s) Filtres du rapport. En choisissant une des options attachées à l'un de ces boutons de filtrage, seul le jeu de données vérifiant ce critère apparaîtra dans le tableau.

Notre exemple utilise comme filtre du rapport le champ Filiales. Nous pouvons donc facilement distinguer les chiffres d'affaires par filiale. Voyons comment. Cliquez sur le bouton de filtrage dans la cellule qui suit l'intitulé Filiales. Dans la liste qui apparaît, sélectionnez la filiale qui vous intéresse, puis cliquez sur OK pour n'afficher les résultats que de cette cellule particulière.

N'OUBLIEZ PAS

Lorsque vous appliquez ce filtre, Excel affiche la valeur choisie dans le champ Filiale. Il remplace également la flèche par un symbole d'entonnoir afin de vous rappeler que seules certaines des données source sont actuellement affichées dans le tableau.

Pour revenir à l'ensemble des données, sélectionnez à nouveau l'option (Tous) du champ Filtre et validez par OK.

Filtrer des lignes et des colonnes

Les boutons de filtrage associés aux étiquettes des colonnes et des lignes vous permettent d'appliquer des filtres à des groupes particuliers, voire, parfois, à des entrées individuelles des données source.

Pour filtrer les éléments présents dans les lignes ou les colonnes, cliquez sur l'étiquette concernée, puis, dans le menu local, décochez l'option Sélectionner tout pour désactiver toutes les coches de cette rubrique. Il vous suffira ensuite de cocher la ou les entrée(s) dont vous voulez voir les données.

Comme précédemment, Excel remplace le bouton fléché de la colonne ou de la ligne que vous venez de filtrer par une icône d'entonnoir. Il vous prévient ainsi que seules certaines valeurs sont affichées dans le tableau. Pour revenir à la situation d'ensemble, cliquez à nouveau sur le bouton de filtrage, puis sur l'option (Sélectionner tout) et confirmez.

La Figure 9.7 montre notre tableau croisé dynamique une fois filtrés le champ Filiales (de manière à n'afficher que les informations relatives à la filiale C), le champ en ligne Produit (pour ne montrer que les ventes de confiture) ainsi que le champ en colonne Région (pour ne traiter que la région Alsace).

Filtrer avec des segments

Les segments (*slicers*) sont des outils qui permettent de filtrer les tableaux croisés dynamiques. Faciles à créer et à exploiter, ils sont capables d'effectuer un filtrage sur plusieurs champs (voire de les lier à des champs d'autres tableaux croisés dynamiques présents dans le classeur).

L'ajout de segments dans le tableau croisé dynamique s'effectue en deux temps :

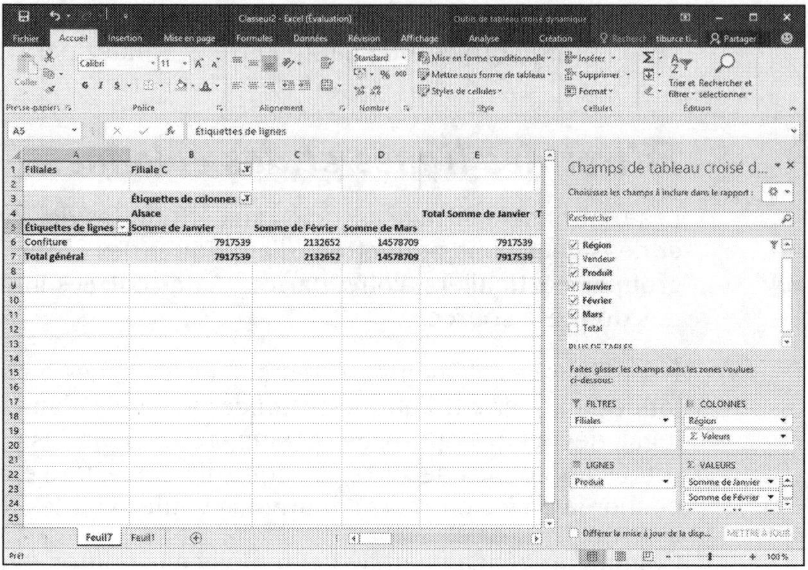

Figure 9.7 : Le tableau croisé dynamique après un filtrage opéré sur trois champs.

1. **Sélectionnez une cellule du tableau croisé dynamique, puis, dans le groupe Filtrer du sous-onglet Analyse de l'onglet Outils de tableau croisé dynamique, cliquez sur Insérer un segment.**

   Excel ouvre la boîte de dialogue Insérer des segments, qui regroupe le nom de tous les champs du tableau.

2. **Cochez tous les champs que vous voulez utiliser pour le filtrage et pour lesquels vous désirez appliquer un segment ; confirmez par OK.**

   Excel introduit les segments sous la forme d'objets graphiques (voyez, à ce propos, le Chapitre 10), à raison d'un segment par champ sélectionné.

Une fois les segments créés, utilisez-les pour filtrer les données en sélectionnant simplement les critères qu'ils proposent. (Notez qu'en maintenant enfoncée la touche Maj, vous pourrez sélectionner plusieurs critères contigus et, grâce à la touche Ctrl, plusieurs critères non contigus.) Une fois la sélection des critères réalisée, le tableau croisé en arrière-plan réagit immédiatement.

La Figure 9.8 nous permet, par exemple, de limiter l'affichage à l'activité de la filiale C dans la région Alsace pour les ventes de confiture réalisées par le vendeur Marcel.

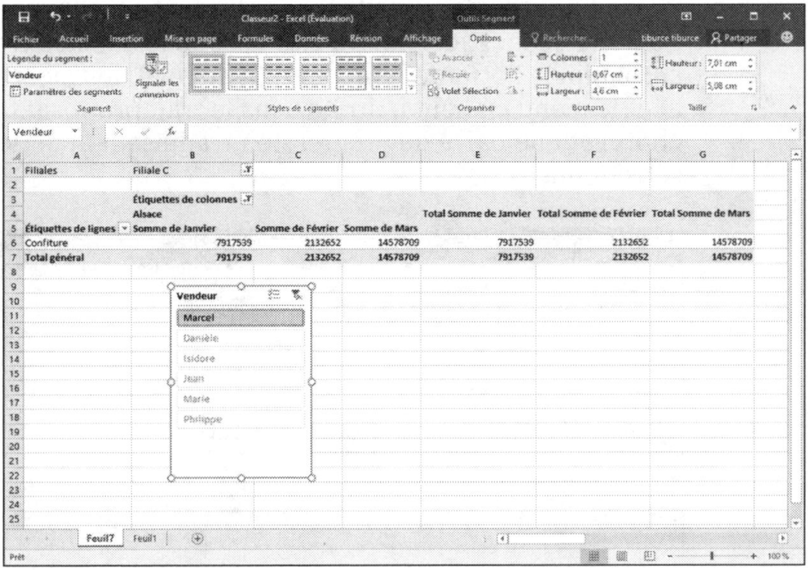

Figure 9.8 : Le tableau croisé dynamique interrogé grâce à un segment.

N'OUBLIEZ PAS

Comme les segments sont des objets graphiques, vous pouvez les déplacer, les redimensionner et même les supprimer. Pour supprimer un segment d'un tableau croisé dynamique, cliquez dessus pour le sélectionner, puis enfoncez la touche Suppr.

Filtrer avec des chronologies

Les chronologies s'apparentent à des segments : elles fonctionnent en effet selon le même principe, à cette différence près qu'elles concernent uniquement des champs date et permettent de filtrer les données du tableau qui ne se situent pas à une période donnée.

Dans la pratique : sélectionnez une cellule du tableau (qui doit, pour la circonstance, comporter des champs date), puis, dans le groupe Filtrer du sous-onglet Analyse de l'onglet Outils de tableau croisé dynamique, cliquez sur Insérer une chronologie. Cette action provoque l'affichage de la boîte de dialogue

Insérer une chronologie, qui répertorie tous les champs date susceptibles d'être utilisés par la fonction. Cochez celui qui vous intéresse, puis cliquez sur OK.

Pour obtenir la Figure 9.9, nous avons sélectionné le champ Date livraison. Excel nous a alors proposé une fenêtre de chronologie flottante reprenant, par défaut, les mois de l'année (le menu en haut à droite sous le trait proposant d'autres choix) et une barre de progression traduisant la période sélectionnée.

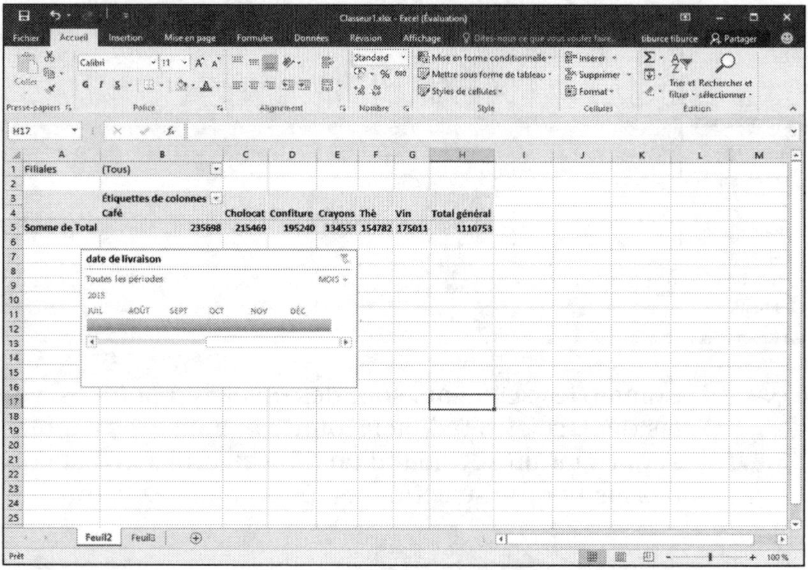

Figure 9.9 : Un tableau croisé dynamique filtré grâce à une chronologie.

Notez que, dès que vous créez une chronologie, un onglet Outils chronologie s'implante dans le Ruban ; son unique sous-onglet, Options, regroupe, bien entendu, différentes options de mise en forme.

Trier le tableau croisé dynamique

Le contenu d'un tableau croisé dynamique peut être réorganisé instantanément en le triant selon une ou plusieurs colonnes et/ou lignes. Pour modifier l'ordre de présentation des données, cliquez sur le bouton de filtrage correspondant au champ à trier ; choisissez, en haut de la liste, le mode de tri souhaité, croissant ou décroissant.

Selon le cas, l'option Trier de A à Z classera les données dans l'ordre alphabétique ascendant s'il s'agit de noms, de la plus petite à la plus grande valeur s'il s'agit de nombres, ou encore de la plus ancienne à la plus récente dans le cas de dates. L'option Trier de Z à A inverse le classement (ordre alphabétique descendant, de la plus grande à la plus petite valeur ou de la date la plus récente à la plus ancienne).

Modifier un tableau croisé dynamique

Les tableaux croisés sont bien plus dynamiques que les tableaux de données classiques, car ils sont très simples à manipuler et à éditer. Changer les champs que vous voulez regrouper ou totaliser est aussi facile à faire que de les ajouter lors de la création du tableau. De surcroît, vous pouvez instantanément restructurer le tableau croisé en faisant glisser ses champs actuels vers un autre emplacement. Si on ajoute à cela la possibilité de sélectionner une nouvelle fonction de calcul statistique, vous aurez une bonne idée de ce qu'est un tableau de données réellement dynamique !

Modifier les champs du tableau croisé dynamique

Pour modifier les champs utilisés dans un tableau croisé, vous devez tout d'abord en afficher la liste (si elle ne l'est pas) :

1. **Cliquez dans n'importe quelle cellule du tableau.**

   Excel ajoute au Ruban l'onglet Outils de tableau croisé dynamique et ses deux onglets contextuels, Analyse et Création.

2. **Activez l'onglet Analyse afin d'en développer le contenu.**

3. **Cliquez sur le bouton Afficher, puis sur Liste des champs.**

   Excel ouvre le volet Champs de champs de tableau croisé dynamique, dans lequel il recense les champs actuellement utilisés ainsi que les zones auxquelles ils sont affectés.

Procédez à présent aux modifications souhaitées :

- Pour supprimer un champ, faites glisser son nom en dehors de sa zone de dépôt (Filtres, Lignes, Colonnes et Valeurs), c'est-à-dire sur la feuille ou sur la liste des champs. Relâchez le bouton de la souris lorsque le pointeur se dote d'une croix. Vous pouvez aussi désactiver la case correspondante dans la liste Choisissez les champs à inclure dans le rapport.
- Pour déplacer un champ existant à l'intérieur du tableau, faites glisser son nom d'une zone de dépôt vers une autre.
- Pour ajouter un champ au tableau, faites glisser son nom depuis la liste Choisissez les champs à inclure dans le rapport vers la zone de dépôt souhaitée (Filtres, Lignes, Colonnes ou Valeurs). Cas particulier : si vous désirez insérer le champ dans la zone Lignes, il suffit de cocher sa case dans la liste du haut.

Faire pivoter les champs

Si les tableaux croisés s'appelaient autrefois « tables pivot », ce n'est pas pour rien. Vous pouvez, en effet, restructurer votre tableau en permutant les lignes et les colonnes.

Supposons, dans notre exemple, que nous souhaitions intervertir Région et Produit pour présenter les premières en ligne et les seconds en colonne. La marche à suivre : depuis le volet Champs de tableau croisé dynamique, faites glisser le champ Région de la zone Colonnes vers la zone Lignes, puis répétez l'opération avec le champ Produit depuis Lignes vers

Colonnes. Et le tour est joué ! Excel traite automatiquement le tableau pour en refléter la nouvelle organisation.

TRUC

Plutôt que de transiter par le volet de droite, vous pouvez agir directement dans le tableau proprement dit. Un prérequis toutefois : avant d'agir, vous devez mener l'action suivante : activez l'onglet Analyse sous Outils de tableau croisé dynamique, cliquez sur le premier bouton, soit Options du tableau croisé dynamique, puis choisissez Options dans le menu local ; dans la fenêtre Options du tableau croisé dynamique, commencez par activer l'onglet Affichage, puis cochez Disposition classique du tableau croisé dynamique (glisser de champs dans la grille) ; terminez par OK.

Modifier la fonction de calcul du tableau croisé dynamique

Par défaut, Excel utilise la bonne vieille fonction `SOMME` pour créer les sous-totaux et les totaux généraux des valeurs numériques traitées dans le tableau.

Cependant, certains tableaux croisés nécessitent le recours à une autre opération de calcul (moyenne, dénombrement…). Pour changer de fonction, opérez un clic-droit sur l'en-tête Somme de [champ] à l'intersection, dans le tableau, de la première colonne de champ et de la première ligne de champ. Dans le menu déroulant qui s'affiche suite à cette action, choisissez Paramètres des champs de valeurs (Figure 9.10).

Vous voilà en mesure de choisir un type de calcul dans la liste des fonctions de synthèse :

- **Nombre :** dénombre la quantité d'enregistrements pour une catégorie particulière (notez qu'il s'agit de la fonction par défaut si vous utilisez des champs de texte comme contenu pour votre tableau croisé).
- **Moyenne :** calcule la moyenne arithmétique des valeurs des champs pour la catégorie et le filtre courants.

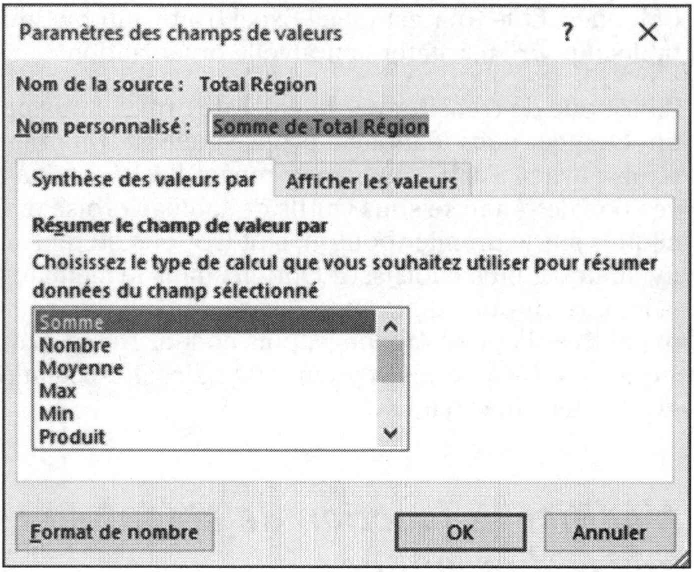

Figure 9.10 : La boîte de dialogue Paramètres des champs de valeurs.

- **Max :** calcule la plus grande des valeurs des champs pour la catégorie et le filtre courants.
- **Min :** calcule la plus petite des valeurs des champs pour la catégorie et le filtre courants.
- **Produit :** calcule le produit des valeurs des champs pour la catégorie et le filtre courants. Toutes les entrées non numériques sont ignorées.
- **Chiffres :** affiche le nombre de valeurs numériques pour la catégorie et le filtre courants. Toutes les entrées non numériques sont ignorées.
- **Ecartype :** affiche la déviation standard des valeurs des champs pour la catégorie et le filtre courants.
- **Ecartypep :** affiche la déviation standard pour la population correspondant aux champs pour la catégorie et le filtre courants.
- **Var :** affiche la variance des valeurs des champs pour la catégorie et le filtre courants.

- **Varp :** affiche la variance pour la population correspondant aux champs pour la catégorie et le filtre courants.

Une fois la nouvelle fonction sélectionnée, cliquez sur OK. Excel l'applique instantanément aux données des cellules du tableau.

Créer des graphiques croisés dynamiques

Le tableau croisé en place, vous pouvez créer le diagramme qui lui correspond afin de visualiser graphiquement vos données. C'est facile :

1. **Sous l'onglet Outils de tableau croisé dynamique, cliquez sur Analyse, puis sur Outils, et enfin sur Graphique croisé dynamique.**

   Souvenez-vous que l'onglet Outils de tableau croisé dynamique possède deux sous-onglets : Analyse et Création, qui se manifestent spontanément dès que vous cliquez dans une des cellules du tableau.

2. **Dans la boîte de dialogue Insérer un graphique, cliquez sur la vignette correspondant au type de graphique à créer ; confirmez par OK.**

Dès validation, Excel introduit deux objets sur la même feuille que celle où se trouve le tableau :

- Un **graphique croisé dynamique** du type que vous venez de sélectionner. Ce graphique *incorporé* peut facilement être déplacé ou redimensionné à l'aide de ses poignées (reportez-vous au Chapitre 10 pour savoir comment procéder).
- Un onglet contextuel **Outils de graphique croisé dynamique** qui propose trois sous-volets : Analyse, Création et Format, qui vous permettent, à divers titres, de personnaliser votre graphique.

Déplacer un graphique croisé vers sa propre feuille

Par défaut, Excel introduit les nouveaux graphiques croisés dynamiques dans la même feuille que leur tableau source. Cependant, il est souvent plus facile de personnaliser et de modifier un graphique lorsqu'il se trouve sur sa propre feuille :

1. **Sous Outils de graphique croisé dynamique, cliquez sur Création.**

   Si vous ne voyez pas cet onglet, c'est que le graphique n'est pas sélectionné ; sélectionnez-le en cliquant dessus.

2. **Cliquez sur Déplacer le graphique dans le groupe Emplacement.**

   Excel ouvre la boîte de dialogue Déplacer le graphique.

3. **Cliquez sur Nouvelle feuille.**

4. **(Facultatif) Renommez la feuille de destination en entrant un intitulé plus explicite que le nom générique (Graphique1).**

5. **Cliquez sur OK.**

La Figure 9.11 montre un histogramme groupé déplacé vers une feuille indépendante.

Filtrer un graphique croisé dynamique

Lorsque les données d'un tableau croisé dynamique sont représentées sous la forme d'un diagramme classique (histogramme, barres, lignes…) reposant sur un axe *x* (abscisses) et un axe *y* (ordonnées), les étiquettes des lignes du tableau, ou *catégories,* se trouvent en bas du graphe. Les étiquettes de colonnes du tableau deviennent les *séries* de données qui sont transcrites dans la légende. Les valeurs proprement dites du

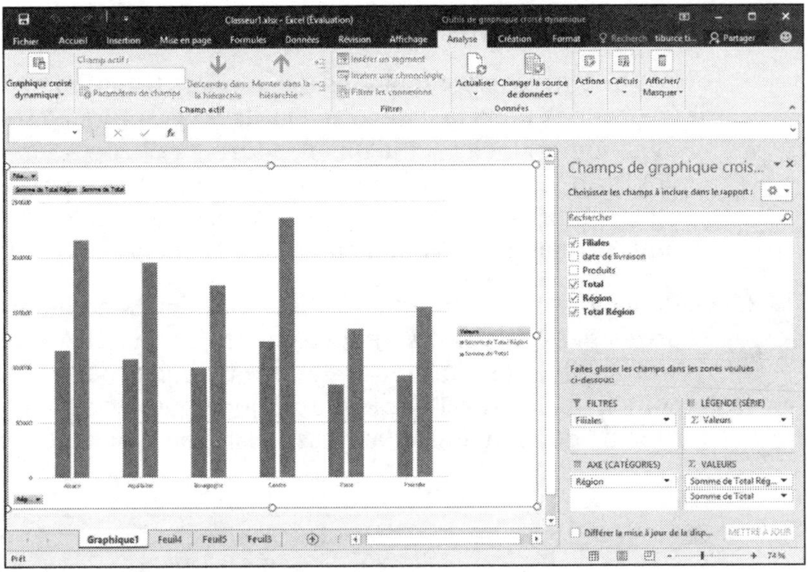

Figure 9.11 : Un graphique à colonnes après migration vers sa propre feuille.

tableau sont représentées le long de l'axe vertical *y*, à gauche (il s'agit dans notre exemple des produits).

Les listes Filtres déroulantes du graphique permettent de choisir la nature des données que vous voulez y représenter. Tout se passe exactement comme pour les tableaux du même type. Désactivez l'option (Sélectionner tout), puis cochez les champs à représenter graphiquement :

- **Champs Axe (catégories)** pour filtrer les catégories représentées le long de l'axe des abscisses.
- **Champs Légende (série)** pour filtrer les séries de données montrées dans les barres (ou sur les lignes) qui forment le corps du graphique et sont répertoriées dans la légende.
- **Filtre du rapport** pour filtrer la liste des valeurs traitées dans le graphique (celles qui déterminent l'échelle de l'axe des ordonnées).
- **Valeurs** pour filtrer les valeurs représentées dans le graphe.

Formater un graphique croisé dynamique

Les boutons de commandes des onglets Création et Format (regroupés dans la catégorie Outils de graphique croisé dynamique) facilitent la mise en forme et la personnalisation des graphes. Utilisez le premier pour sélectionner un nouveau style, voire un nouveau type de graphique. Exploitez le second pour formater individuellement les éléments du graphe).

Pour plus d'informations sur les boutons de commandes proposés par ces onglets, reportez-vous au Chapitre 10 consacré aux graphiques classiques. Le menu contextuel qui s'affiche suite à un clic-droit sur le graphique vous propose le même type de commandes et autorise le même type d'actions.

Chapitre 10

L'art subtil des graphiques

Dans ce chapitre :

- Créer des graphiques bien présentés en quelques clics.
- Personnaliser un graphique à l'aide des outils d'Excel 2016.
- Représenter les données visuellement par des graphiques sparklines.
- Ajouter une zone de texte et des flèches à un graphique.
- Insérer un clipart dans une feuille de calcul.
- Ajouter des objets WordArt et SmartArt à une feuille de calcul.
- Imprimer un graphique sans imprimer le restant de la feuille de calcul.

Comme le disait Confucius, « une image vaut mille mots » (ou, dans notre cas, mille chiffres). Dans un tableur, les graphiques augmentent non seulement l'intérêt pour des chiffres dont la lecture serait autrement fort ennuyeuse, mais ils mettent aussi en évidence des anomalies qui passeraient inaperçues si l'on ne regardait que des séries de valeurs. La création de graphiques est si facile dans Excel 2016 que vous pourrez aisément en essayer plusieurs et choisir celui qui illustre le plus efficacement vos données (en d'autres termes, l'image qui raconte le mieux votre histoire singulière).

Créer des graphiques d'aspect professionnel

Quelques mots encore sur les graphiques avant de découvrir comment les réaliser dans Excel. Vous vous rappelez les efforts méritoires de votre professeur de mathématiques pour vous apprendre à tracer des graphes en traçant des valeurs sur les axes *x* et *y* d'une feuille de papier millimétré ? Évidemment, vous aviez l'esprit ailleurs à ce moment-là. De toute façon, vous vous demandiez bien en quoi ces graphiques pourraient vous être utiles plus tard, dans votre vie professionnelle.

Eh bien, nous y voilà ! Il est vrai qu'Excel automatise la quasi-totalité du processus de création des graphiques. Mais vous ne pouvez pas vous dispenser de savoir ce qui différencie un axe *x* d'un axe *y*, ne serait-ce qu'au cas où Excel n'orienterait pas le graphique comme prévu. Afin de rafraîchir votre mémoire et de faire plaisir à votre vieux prof de maths, sachez que l'axe *x* est horizontal et usuellement situé en bas du graphique, alors que l'axe *y* est vertical et ordinairement situé à gauche du graphique.

Dans la plupart des graphiques basés sur ces deux axes, Excel place les catégories le long de l'axe, en bas du tracé, et leurs valeurs relatives le long de l'axe *y* à gauche. L'axe *x* est parfois appelé *axe de temps*, car il est souvent utilisé pour indiquer des durées comme les mois, les trimestres, les années, *etc*.

N'OUBLIEZ PAS

Encore un point à ne pas oublier : les valeurs de la feuille de calcul qui sont représentées dans un graphique sont liées à celui-ci de façon dynamique. Autrement dit, toute modification apportée à une de ces valeurs sera immédiatement répercutée dans le graphique.

Excel fournit beaucoup de fonctionnalités pour créer rapidement et facilement vos graphiques. Mais, dans tous les cas, la règle d'or est la suivante : commencez systématiquement par indiquer au programme les données à représenter graphiquement en sélectionnant une des cellules de la feuille à traiter. Si vous souhaitez limiter la représentation à quelques valeurs de cette feuille, sélectionnez d'abord ces valeurs ainsi que leurs intitulés.

Agir avec l'outil Graphiques recommandés

Personnellement, c'est la fonction Graphiques recommandés d'Excel 2016 que nous privilégions pour tracer nos graphes. Vous la trouverez dans l'onglet Insertion du Ruban. Lorsque vous l'invoquez, le programme vous ouvre la boîte de dialogue Insérer un graphique, représentée à la Figure 10.1 ; c'est, par défaut, son onglet Graphiques recommandés qui est sélectionné. N'hésitez pas à tester différents graphiques en cliquant sur leur type dans le volet gauche de la fenêtre. Quand vous avez trouvé celui qui vous convient, il vous suffit de cliquer sur OK pour créer un graphe et l'incorporer à la feuille de calcul sous-jacente.

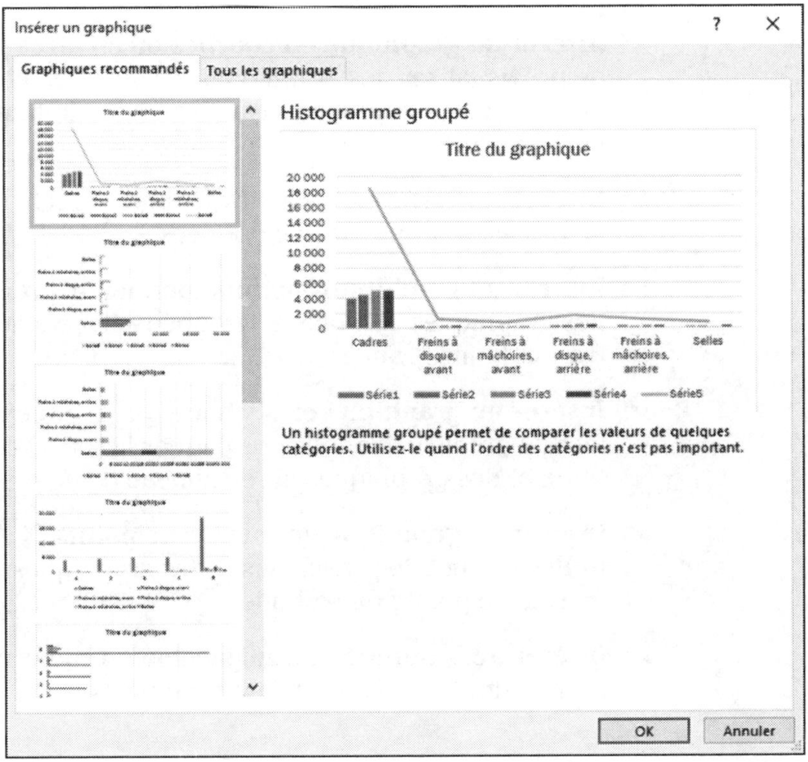

Figure 10.1 : L'onglet Graphiques recommandés de la fenêtre Insérer un graphique.

Agir depuis le Ruban

À droite du bouton Graphiques recommandés se trouve une série d'icônes regroupées sous la mention Graphiques. Toutes sont équipées d'un dérouleur de menu local grâce auquel vous aurez accès à une flopée de types de graphes :

- **Insérer un histogramme ou graphique à barres** permet de prévisualiser des graphiques 2D ou 3D à colonnes verticales, mais aussi de prévisualiser des graphiques 2D ou 3D à colonnes horizontales.
- **Insérer un graphique hiérarchique** pour comparer des ensembles ou bien représenter des colonnes hiérachisées.
- **Insérer un graphique Cascade ou boursier** permet de prévisualiser des graphiques boursiers en 2D et en cascade.
- **Insérer un graphique en courbes ou en aires** permet de prévisualiser des graphiques 2D ou 3D en courbes. Permet également de prévisualiser des graphiques 2D ou 3D en aires.
- **Insérer un graphique statistique** afin d'afficher une analyse statistique de vos données.
- **Insérer un graphique combiné** permet de prévisualiser des graphiques 2D colonne groupée – ligne et aire empilée – colonne groupée.
- **Insérer un graphique en secteurs ou en anneaux** permet de prévisualiser des graphiques 2D et 3D en secteurs et des graphiques 2D en anneaux.
- **Insérer un graphique en nuages de points (X, Y) ou en bulles** permet de prévisualiser des graphiques 2D en nuages de points ou en bulles.
- **Insérer un graphique en surface ou en radar** pour une représentation 2D ou 3D de vos données.

Si la prévisualisation vous convient, il vous suffit de cliquer sur l'icône du menu local pour tracer le graphe et l'incorporer à la feuille de calcul située en arrière-plan.

Si vous hésitez quant au modèle de graphe capable de représenter au mieux vos données, ne passez pas votre temps à prévisualiser tous ces modèles ; agissez plutôt depuis l'onglet Tous les graphiques de la fenêtre Insérer un graphique (Figure 10.2) qui vous permet de tester toutes sortes de modèles de graphes. Vous accéderez à cette fenêtre *via* le bouton Afficher tous les graphiques, qui occupe l'angle inférieur droit du groupe Graphiques de l'onglet Insertion du Ruban.

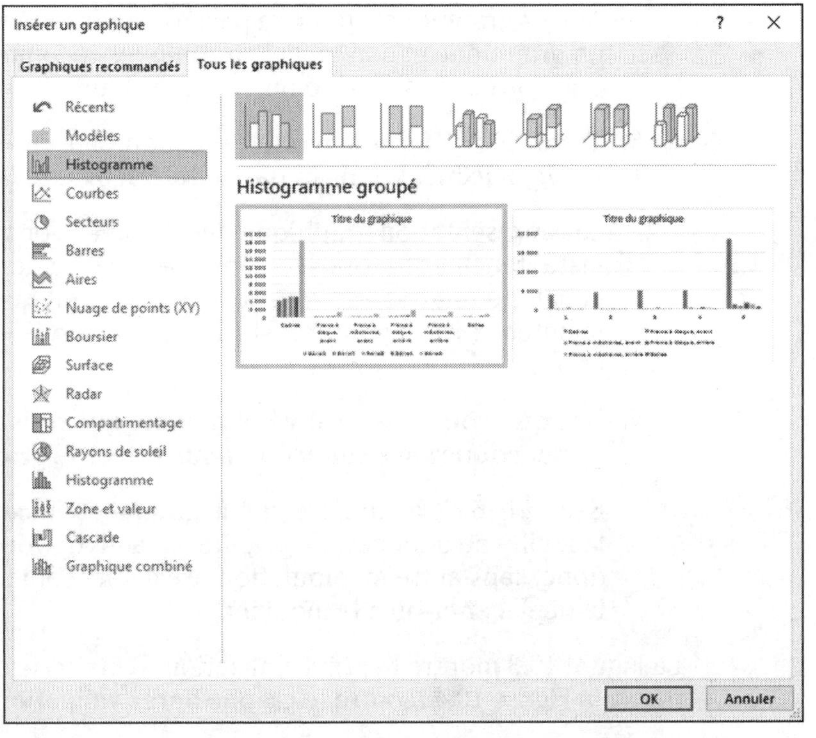

Figure 10.2 : L'onglet Tous les graphiques autorise une foule de prévisualisations.

Agir avec l'outil Analyse rapide

Imaginons (scénario déjà évoqué plus haut) que vous souhaitiez limiter la représentation graphique à une sélection de données plutôt qu'à une feuille entière. Pensez alors à exploiter l'outil Analyse rapide en le manipulant comme suit :

1. **Cliquez sur le bouton Analyse rapide (qui s'affiche en bas à droite de votre sélection).**

   Ce clic vous donne accès à la palette correspondante où l'onglet Mise en forme est sélectionné par défaut.

2. **Activez l'onglet Graphiques.**

   Excel propose, dans le bas de la palette, une série d'options qui, toutes, vous permettent de visualiser vos données avec un modèle précis de graphe. Le bouton Autres graphiques, pour sa part, ouvre la fenêtre Insérer un graphique et son onglet Graphiques recommandés que nous avons déjà commenté plus haut.

3. **Testez les différents modèles disponibles en cliquant sur leur icône depuis la partie inférieure de la palette.**

   La représentation graphique des données vous est alors instantanément proposée dans une zone au-dessus de la palette Analyse rapide et elle le reste tant que vous maintenez votre pointeur sur l'icône du modèle de graphe.

4. **Dès que vous avez trouvé le modèle qui vous intéresse, cliquez sur son icône pour tracer le graphique.**

   Excel 2016 s'exécute, traçant le graphe et l'incorporant à la feuille de données. Ce graphe est activé ; vous pouvez donc, sans autre manipulation préalable, commencer à le déplacer et/ou à le modifier.

La Figure 10.3 montre la prévisualisation d'une série de données ; la Figure 10.4 montre le graphe après validation.

Dès qu'un graphique est créé, il est automatiquement actif et sélectionné. Pour le positionner à un autre endroit que celui où il s'est implanté par défaut, contentez-vous de cliquer-glisser. Par ailleurs, notez que les valeurs représentées restent sélectionnées dans la feuille de calcul, les têtes de colonnes étant entourées d'un trait rouge, les libellés des lignes, en mauve et les valeurs proprement dites, en bleu. Notez encore qu'un onglet Outils de graphique a fait son apparition dans le Ruban ; il regroupe lui-même deux onglets, baptisés respectivement Création et Format.

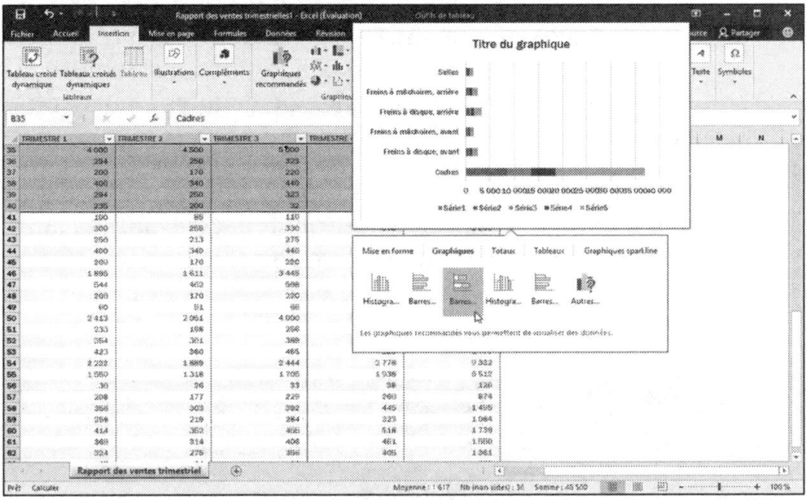

Figure 10.3 : Prévisualisation des ventes de la zone 1 en graphique à secteurs.

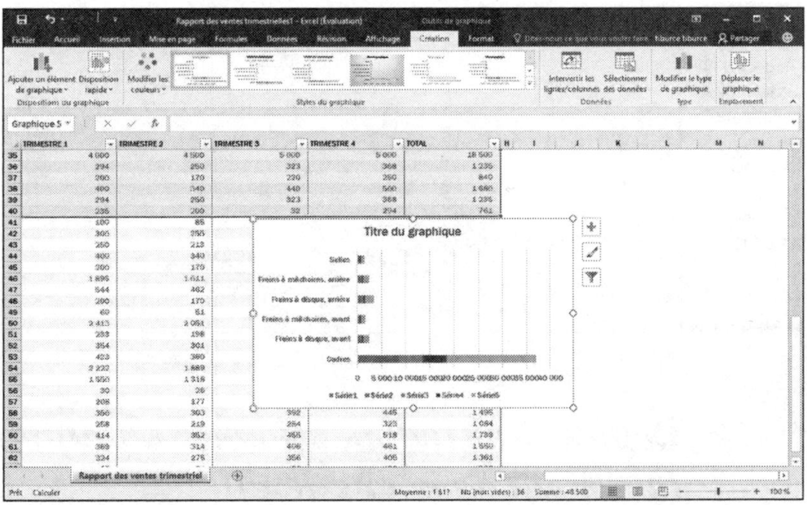

Figure 10.4 : Le graphique obtenu après avoir cliqué sur le modèle.

Tracer un graphique sur une feuille indépendante

Si vous désirez qu'un graphique s'affiche sur une feuille indépendante plutôt que de flotter par-dessus celle où figurent les données, cliquez sur une des données à représenter (ou opérez une sélection si vous entendez restreindre la représentation à une plage donnée de cellules), puis enfoncez la touche F11.

Excel génère alors un graphique dans une feuille graphique qu'il baptise Graphique1 et qu'il place avant les autres feuilles du classeur, en première position (Figure 10.5). Ce graphique indépendant se manipule exactement comme un graphique incorporé.

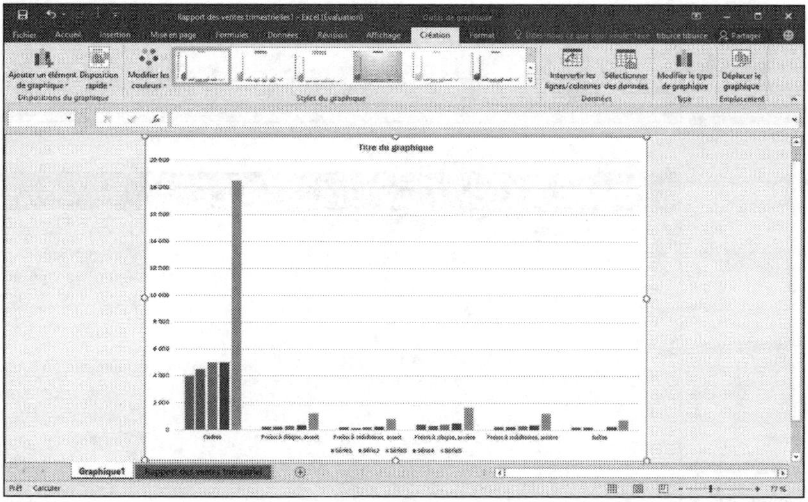

Figure 10.5 : Un graphique indépendant qui apparaît sur une feuille rien qu'à lui, placée devant les autres onglets du classeur.

Déplacer et redimensionner un graphique incorporé dans une feuille

Un graphique qui vient tout juste d'être créé peut facilement être déplacé ou redimensionné puisqu'il est sélectionné. (Vous pouvez savoir si un objet – diagramme ou autre – est sélectionné grâce au cadre doté de *poignées* (des carrés aux coins et au milieu des côtés de l'objet) qui l'entoure.)

De plus, quand un graphique est sélectionné, trois outils se manifestent sur sa droite :

- **Éléments du graphique** (signe +) pour modifier les éléments du graphe, comme le titre, la légende, le quadrillage ou les lignes de tendance.
- **Styles de graphique** (pinceau) pour modifier le formatage et le thème couleur.
- **Filtres du graphique** (entonnoir) pour modifier les valeurs représentées ou leurs libellés en abscisse ou en ordonnée.

Lorsqu'un graphique incorporé est actif, vous pouvez facilement le déplacer ou le redimensionner :

- Pour déplacer le graphique, placez le pointeur de la souris quelque part au-dessus du fond (là où apparaît une croix) et faites glisser l'objet vers un nouvel emplacement.
- Pour redimensionner le graphique (par exemple parce qu'il semble déformé), placez le pointeur de la souris au-dessus d'une de ses poignées (il doit alors afficher une flèche à deux têtes). Cliquez et faites glisser afin d'agrandir ou de rétrécir le graphique. Le résultat dépend bien sûr de la poignée active et du sens de votre mouvement.

Quand le graphe occupe la taille et la position qui vous conviennent, désélectionnez-le en cliquant dans n'importe quelle cellule de la feuille en dehors de la zone du graphe. Ses poignées disparaissent ainsi que les outils correspondants du Ruban.

N'OUBLIEZ PAS

Pour sélectionner de nouveau le graphe, cliquez dessus. L'onglet contextuel Outils de graphique et toutes ses options refont leur apparition.

Déplacer un graphique incorporé vers une feuille rien qu'à lui

Par défaut, Excel incorpore un nouveau graphique sur la même feuille que les données représentées (à moins d'appuyer sur la touche F11). Mais il est souvent plus facile de travailler avec un graphique autonome, c'est-à-dire placé dans sa propre feuillc. Voyons comment obtenir ce résultat :

1. **Sélectionnez le graphique, puis cliquez sur le bouton Déplacer le graphique de l'onglet Création sous Outils de graphique.**

   La boîte de dialogue Déplacer le graphique apparaît.

2. **Validez l'option Nouvelle feuille.**
3. **(Facultatif) Dans le champ Nouvelle feuille, remplacez le nom générique (Graphique) par un intitulé plus évocateur.**
4. **Cliquez sur OK pour refermer la boîte de dialogue et afficher le graphique dans sa propre feuille.**

TRUC

Après avoir personnalisé un graphique placé dans une feuille spécifique, vous pouvez décider de le renvoyer vers la série de données qu'il représente. Dans ce cas, cliquez de nouveau sur le bouton Déplacer le graphique. Activez cette fois l'option Objet dans. Sélectionnez alors le nom de la feuille de destination dans la liste déroulante associée. Validez.

Personnaliser vos graphiques grâce à l'onglet Création

Utilisez les boutons de l'onglet Création (sous l'onglet contextuel Outils de graphique) pour personnaliser l'aspect de votre nouveau graphique. Cet onglet héberge plusieurs groupes de commandes :

- **Dispositions du graphique :** cliquez sur Ajouter un élément de graphique pour ajouter des éléments à vos graphes, comme un titre, des étiquettes de données, une légende… Vous trouverez la liste de ces éléments dans le menu local correspondant. Utilisez la commande Disposition rapide (placée juste à droite) pour modifier facilement la présentation des données.

- **Styles du graphique :** cliquez sur Modifier les couleurs pour dérouler un menu local qui vous propose des thèmes couleur répartis en deux catégories, couleurs et monochromes. Juste à droite, une série de styles de graphes vous permet de rapidement formater ces entités.
- **Données :** le bouton Intervertir les lignes/colonnes échange immédiatement les données utilisées dans le graphique pour représenter respectivement les séries (légendes) et les catégories (axe *x*). Avec la commande Sélectionner des données, vous pouvez non seulement redéfinir totalement les séries et les catégories, mais aussi les intervertir, ou encore spécifier une autre plage de données.
- **Type :** le bouton Modifier le type de graphique ouvre la fenêtre du même nom dans laquelle vous pouvez désigner un autre type de graphe pour représenter vos données.
- **Emplacement :** cliquez sur ce bouton Déplacer le graphique pour le placer dans une nouvelle feuille de graphique ou dans une autre feuille de calcul.

Personnaliser les éléments du graphique

Le bouton Éléments du graphique (le signe « + » placé à droite quand le graphe est sélectionné) vous propose une série d'éléments susceptibles d'être ajoutés. Cliquez sur ce bouton pour dévoiler cette liste, puis cochez les éléments à ajouter. Décochez ceux que vous ne voulez plus voir.

Pour intervenir sur un élément, positionnez votre pointeur à droite de son nom dans ce menu local de manière à faire apparaître le triangle signalant un sous-menu ; agissez ensuite dans ce sous-menu.

Prenons un exemple. Pour intervenir sur le titre d'un graphe, cliquez sur le bouton Éléments du graphique alors que le graphe est sélectionné, puis cliquez sur le petit triangle qui apparaît à droite de la mention Titre du graphique afin d'accéder aux sous-options disponibles, en l'occurrence :

- **Au-dessus du graphique :** ajoute ou repositionne le titre de manière qu'il soit centré au-dessus de la zone de traçage.
- **Superposé centré :** ajoute ou repositionne le titre de manière à ce qu'il apparaisse en haut et au centre de la zone de traçage.
- **Autres options :** ouvre le volet Mettre en forme le titre du graphique dans la partie droite de l'interface. Exploitez les commandes qui y sont mises à votre disposition pour définir le remplissage et le contour du texte, des effets éventuels, des trames et des bordures, *etc.*

Ajouter des étiquettes de données

Les étiquettes de données identifient les valeurs des données représentées. Pour ajouter ces valeurs au graphique actif, cliquez sur le bouton Éléments du graphique, puis cochez Étiquettes de données et fournissez quelques précisions dans le menu local correspondant (qui se déroule quand vous cliquez sur le triangle qui s'affiche en regard quand vous déplacez votre pointeur à droite de la commande) :

- **Centrer :** place les étiquettes au centre de chaque *point* de donnée.
- **Bord intérieur :** place les étiquettes près de l'extrémité de chaque point de donnée et à l'intérieur de celui-ci.
- **Intérieur base :** place les étiquettes en bas de chaque point de donnée.

- **Bord extérieur :** place les étiquettes près de l'extrémité de chaque point de donnée et à l'extérieur de celui-ci.
- **Légende de données :** associe à chaque point de données une zone texte dans laquelle figurent l'étiquette et sa valeur.
- **Autres options :** ouvre le volet Format des étiquettes de données dans la partie droite de l'interface. Vous pouvez alors personnaliser totalement l'apparence des étiquettes en vous servant des options Contenu, Position, Remplissage et Contour du texte…

Ajouter une table de données

À la place d'étiquettes qui risquent de surcharger le graphique, il peut être intéressant d'insérer, en bas de celui-ci, une table qui montre la valeur de toutes les données que vous tracez.

Pour obtenir ce résultat, servez-vous une fois de plus du bouton Éléments du graphique ; cochez Table de données et exprimez-vous dans le menu local :

- **Avec symboles de légende :** demande à Excel de dessiner une table de données en bas du graphique en ajoutant, à gauche du nom des séries, un petit carré (le même que dans la légende) rappelant la couleur utilisée dans le graphique.
- **Aucun symbole de légende :** idem que ci-dessus, mais sans légende.
- **Autres options :** ouvre le volet Format de table de données dans la partie droite de l'interface. Exploitez les commandes disponibles à cet endroit pour formater votre table.

La Figure 10.6 montre le graphique après insertion d'une table de données. Remarquez la présence des symboles de légendes.

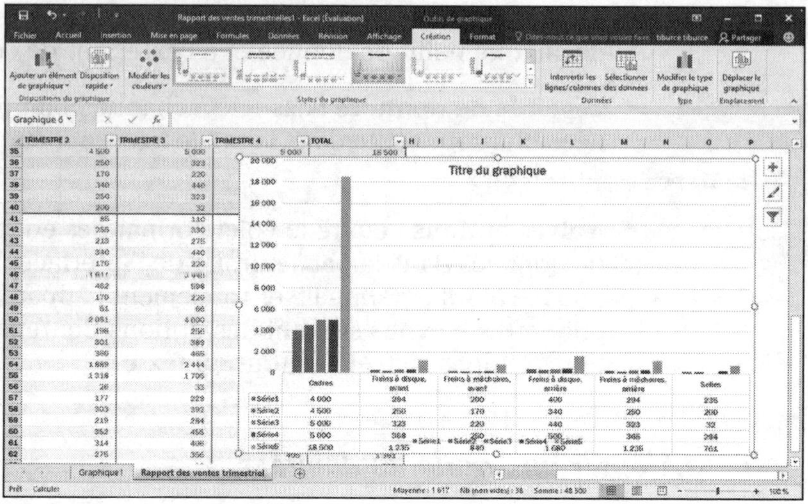

Figure 10.6 : Histogramme incorporé dans une feuille, avec table de données et symboles de légendes.

Modifier les titres génériques d'un graphique

Lorsqu'Excel ajoute des titres à un nouveau graphique, il leur donne un nom générique comme Titre du graphique ou Titre de l'axe (aussi bien pour les abscisses que pour les ordonnées). Pour remplacer ces intitulés peu parlants, cliquez à l'intérieur du graphique sur le titre voulu. Vous pouvez également sélectionner le type de titre dans le menu local Éléments du graphique que vous trouverez en tête du groupe Sélection active de l'onglet Format sous l'onglet majeur Outils de graphique. L'élément est ainsi sélectionné dans le graphe ; les poignées qui s'affichent autour en témoignent.

Une fois le titre activé, vous n'avez plus qu'à cliquer dedans et à l'éditer comme vous le feriez pour une cellule quelconque. Il est aussi possible de remplacer totalement le texte en faisant un triple clic. Pour insérer une nouvelle ligne dans le titre, cliquez simplement à l'endroit où le saut doit intervenir, puis appuyez sur la touche Entrée.

N'OUBLIEZ PAS

Le titre modifié, cliquez n'importe où sur le graphique pour annuler la sélection (ou sur la feuille de calcul si vous voulez revenir à vos données).

Formater les titres

Utilisez l'aperçu dynamique pour juger de l'impact dans le graphique de telle police ou de telle taille de caractères avant d'appliquer une mise en forme. Activez l'onglet Accueil et servez-vous des listes Police ou Taille de police et placez le pointeur de la souris au-dessus d'une proposition (cela fonctionne également avec la couleur du texte ou du fond).

Pour personnaliser davantage vos titres, recourez aux boutons de commandes de l'onglet Format (sous Outils du graphique). Pour mettre en forme tout le champ de texte qui contient le titre, cliquez sur un des boutons suivants dans le groupe Styles de formes :

- **Styles de formes :** vous trouvez ici une galerie de vignettes qui propose des styles prédéfinis s'appliquant à la fois au texte et à son cadre.
- **Remplissage :** permet de choisir dans une liste déroulante une nouvelle couleur pour le cadre du titre.
- **Contour :** choisissez ici une nouvelle couleur pour le contour du cadre de texte.
- **Effets :** cette liste permet d'appliquer un effet au cadre du titre (Ombre, Réflexion, Lumière, Bordure arrondie, et ainsi de suite).

Pour ne mettre en forme que le texte, vous disposez des boutons du groupe Styles WordArt :

- **Styles WordArt :** les vignettes de cette liste déroulante décorent le texte à partir d'un modèle WordArt prédéfini.

- **Remplissage du texte :** affiche une liste de couleurs et de motifs de remplissage qui s'appliqueront à l'intérieur des caractères du texte WordArt.
- **Contour du texte :** affiche une liste de couleurs et de styles de trait qui s'appliqueront au contour des caractères du texte WordArt.
- **Effets du texte :** choisissez dans cette liste un effet (ombrage, réflexion ou encore lumière) qui finira de donner à votre titre un aspect dynamique et professionnel.

Formater les axes x et y

Lorsqu'il doit représenter un grand nombre de données, Excel fait un minimum d'efforts pour mettre en forme les valeurs qui apparaissent sur l'axe *y* (ou sur l'axe *x* pour certains types de graphiques comme les histogrammes empilés 3D ou les nuages de points).

Si la présentation par défaut des axes ne vous convient pas, vous pouvez facilement l'adapter à vos souhaits :

1. **Cliquez sur l'axe x (ou sur l'axe y) directement dans le graphique. Vous pouvez également vous servir de la liste déroulante située en haut et à gauche du groupe Sélection active de l'onglet Format (dans les Outils du graphique). Choisissez alors une des options Axe Horizontal (Catégories) ou Axe Vertical (Valeurs).**

   Excel active l'objet choisi et fait apparaître ses poignées de sélection.

2. **Toujours dans le groupe Sélection active, cliquez maintenant sur le bouton Mise en forme de la sélection.**

   Excel ouvre le volet Format de l'axe dans la partie droite de l'interface avec la rubrique Options d'axe sélectionnée.

3. **Pour modifier l'échelle d'un axe, l'apparence de ses graduations et son mode d'intersection avec l'autre axe, définissez les réglages voulus dans cette rubrique Options d'axe.**

   Vous disposez ici de nombreux choix permettant de fixer la plage des valeurs, d'inverser le sens de celles-ci, d'appliquer une échelle logarithmique, d'afficher des unités (par centaines, milliers, millions, *etc.*) et de diviser les valeurs par ces unités, de repositionner les graduations sur l'axe, ou encore de modifier le point d'intersection entre l'axe des abscisses (catégories) et l'axe des ordonnées (valeurs).

4. **Pour paramétrer le style d'affichage des valeurs numériques sur l'ensemble de l'axe, cliquez sur Nombre, puis sélectionnez une catégorie avant de préciser les options associées à ce format.**

   Par exemple, pour afficher les nombres avec une espace entre les milliers et sans partie décimale, choisissez la catégorie Nombre, cochez la case Utiliser le séparateur de milliers et entrez 0 dans le champ Décimales.

5. **Pour changer la disposition et l'orientation des étiquettes sur l'axe sélectionné, cliquez sur l'icône Taille et propriétés sous Options d'axe, puis agissez dans les rubriques Alignement vertical et Orientation du texte.**

6. **Cliquez dans la case de fermeture du volet pour vous en débarrasser.**

N'OUBLIEZ PAS

Quand vous appliquez de nouvelles options pour l'axe sélectionné, Excel montre sur le graphique ce qu'elles vont donner. Cependant, ces modifications ne seront validées qu'après fermeture du volet.

TRUC

Pour personnaliser la police ou d'autres attributs de texte pour l'axe actif, vous disposez, comme d'habitude, des boutons de l'onglet Accueil (voir le Chapitre 3).

Plus loin avec les graphiques

Les diagrammes ne sont pas les seuls objets graphiques susceptibles d'être ajoutés à une feuille de calcul. Excel permet d'utiliser d'autres objets visuels, comme des zones de texte, des cliparts, des images importées, qu'il s'agisse de photographies numériques, de documents numérisés ou encore de sources chargées directement depuis l'Internet.

Outre ces éléments, Excel 2016 autorise la création de titres WordArt décoratifs de formes extrêmement variées, ainsi que des diagrammes organisationnels appelés SmartArt.

Des minigraphiques avec les sparklines

Votre tableur vous propose un type d'information graphique appelé sparkline, qui représente les tendances ou les variations d'un ensemble de données. Les sparklines sont de minuscules graphiques dont la taille est approximativement celle du texte qui les entoure. Ils sont de la taille des cellules de la feuille de calcul auxquelles ils se rapportent et peuvent être d'un de ces types :

- **Courbe :** elle représente la valeur relative des données sélectionnées dans la feuille de calcul.
- **Histogramme :** les données sélectionnées dans la feuille de calcul sont représentées par un petit histogramme.
- **Positif/Négatif :** les données sélectionnées dans la feuille de calcul apparaissent sur un graphique dans lequel les gains sont représentés par des colonnes positives bleues, et les pertes par des colonnes négatives rouges.

Utiliser l'outil Analyse rapide

Dans Excel 2016, cet outil vous permet, en effet, d'ajouter en toute facilité des graphiques sparklines à vos feuilles de calcul.

Tout ce que vous avez à faire, c'est de sélectionner, dans le tableau, les données à représenter, d'activer l'outil Analyse rapide puis, dans la palette correspondante, de cliquer sur Graphiques sparklines et, finalement, de faire un choix parmi les trois options proposées qui sont Courbes, Histogrammes et Positif/Négatif (Figure 10.7). Positionnez votre pointeur sur une de ces variantes pour apprécier le résultat de la commande dans la feuille sous-jacente ; cliquez quand vous êtes satisfait du résultat.

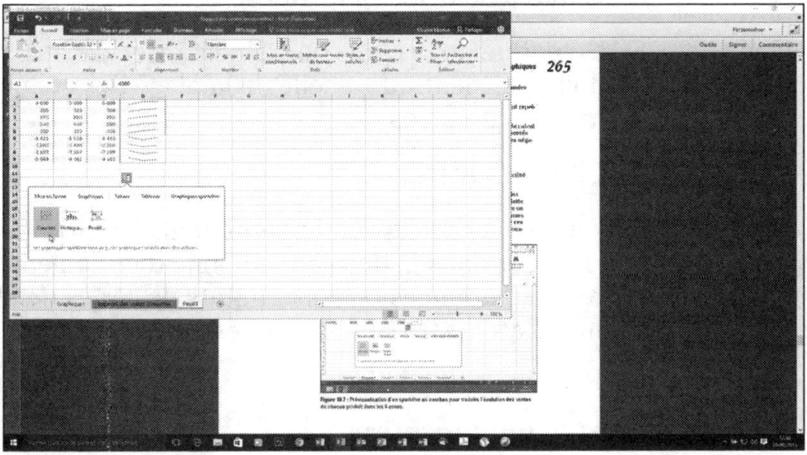

Figure 10.7 : Prévisualisation d'un sparkline en courbes pour traduire l'évolution des ventes de chaque produit dans les 4 zones.

Utiliser le Ruban

Moins révolutionnaire, la technique suivante vous permet d'arriver à vos fins en mettant en œuvre des procédés éprouvés :

1. **Dans la feuille de calcul, sélectionnez les données à représenter par un graphique sparkline.**

2. **Dans le groupe Graphiques sparklines de l'onglet Insertion, cliquez sur le type de sparkline désiré.**

   Excel ouvre la boîte de dialogue Créer des graphiques sparklines. Elle contient deux champs :

- Plage de données : contient les références de la plage de données que vous venez de sélectionner à l'Étape 1.
- Plage d'emplacements : vous indiquez, dans ce champ, la cellule ou la plage de cellules dans laquelle les sparklines doivent apparaître.

3. **Cliquez sur le bouton à droite du champ Plage d'emplacements, puis sélectionnez la cellule ou la plage de cellules pour les sparklines.**

   L'étendue de la plage de cellules réservée aux sparklines doit être identique à celle de la plage des cellules contenant les données.

4. **Cliquez sur OK.**

TRUC

Comme les sparklines sont de petite taille, vous pouvez fort bien les placer dans la dernière colonne d'un tableau. De cette manière, les tendances ou les résultats de séries de chiffres sont immédiatement visibles et interprétables.

Formater un sparkline

Quand un ou plusieurs sparklines sont sélectionnés, Excel affiche un onglet Outils Sparkline dans le Ruban, doté d'un unique sous-onglet baptisé Création.

Celui-ci regroupe une série de boutons qui vous permettront de choisir le type, le style et la mise en forme de vos sparklines. Le dernier groupe, appelé tout bêtement Groupe, permet de réunir un ensemble de sparklines dans un seul groupe partageant les mêmes axes et/ou valeurs maximales et minimales (le choix est effectué dans le menu local du bouton Axe). Cette commande est extrêmement commode lorsqu'un ensemble de sparklines doit partager les mêmes paramètres de graphique afin de représenter les tendances des données de manière égale.

N'OUBLIEZ PAS

Vous ne pourrez pas vous défaire d'un sparkline en sélectionnant les cellules où il apparaît, puis en activant la touche

Suppr. Agissez plutôt de la manière suivante : opérez un clic-droit sur ces cellules, puis, dans le menu contextuel, choisissez Graphiques sparklines/Supprimer les graphiques sparklines sélectionnés.

Des messages plus efficaces avec les zones de texte

Les *zones de texte* sont des cadres dans lesquels vous pouvez ajouter des explications afin (par exemple) de commenter certains détails de vos graphiques. Elles sont un peu comme les commentaires de cellules d'une feuille de calcul (comme expliqué au Chapitre 6), à ceci près qu'une zone de texte est visible en permanence et peut être associée à une flèche pointant vers l'élément auquel elle se rapporte.

Dans la Figure 10.8, nous avons ajouté une zone de texte à notre graphique indépendant.

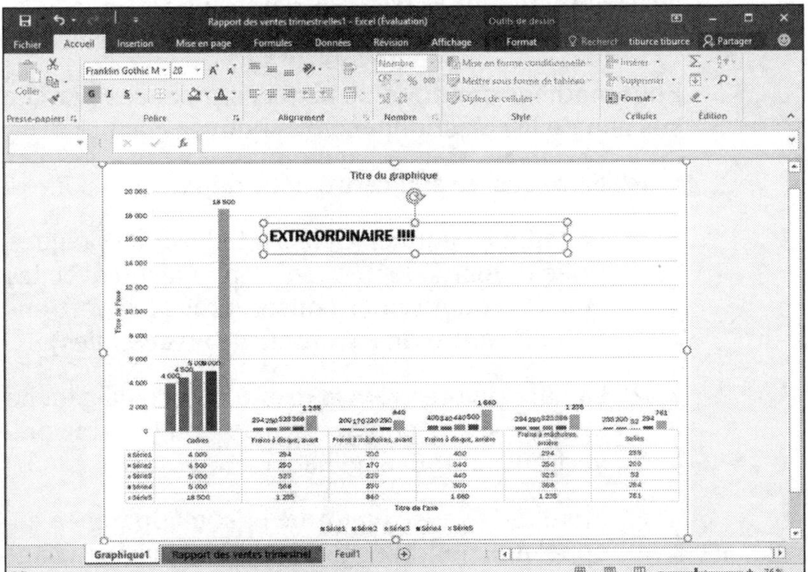

Figure 10.8 : Les résultats du produit TYU943 sont époustouflants !

Ajouter et mettre en forme une zone de texte

Voyons comment procéder. Si le graphique est déjà sélectionné, activez l'onglet Format sous Outils de graphique, puis, dans la rubrique Insérer des formes, choisissez Zone de texte.

Pour ajouter une zone de ce type alors que le graphique n'est pas sélectionné, ouvrez l'onglet Insertion du Ruban, puis choisissez Zone dc texte sous le bouton Texte.

Le pointeur de la souris prend la forme d'une ligne verticale barrée vers le bas d'un petit trait horizontal. Cliquez à l'emplacement qui sera le premier coin de la zone de texte. Faites ensuite glisser le pointeur pour tracer le cadre. Lorsque vous relâchez la souris, Excel dessine un rectangle entouré de poignées qui délimite la forme et la taille de la zone.

Le point d'insertion est automatiquement positionné au début du texte, en haut à gauche de la zone. Tapez le texte qui doit figurer dans le cadre. Il est automatiquement renvoyé à la ligne chaque fois que la marge droite est atteinte. Vous pouvez aussi appuyer sur Entrée pour créer un retour à la ligne. Le texte saisi, cliquez hors de la zone pour la désélectionner.

Pour modifier une zone de texte, commencez par cliquer dessus afin de la sélectionner. Vous pouvez ensuite :

- Faire glisser son cadre pour déplacer la zone de texte.
- La redimensionner en faisant glisser la poignée appropriée (éventuellement en combinaison avec les touches Maj, Ctrl ou Alt pour conserver les proportions, la position du centre ou l'accrochage aux cellules).
- La faire pivoter vers la droite ou vers la gauche en faisant glisser sa poignée de rotation (c'est le petit cercle vert qui se trouve en haut).
- Modifier sa mise en forme et son apparence en faisant appel aux multiples boutons dédiés à cet usage (notamment dans le groupe Styles de formes du sous-onglet Format des outils de dessin, ou encore à partir de

l'onglet Accueil pour formater tout ou partie du texte de la zone).

- La supprimer en cliquant sur son périmètre et en appuyant sur la touche Suppr (vérifiez d'abord que les tirets qui délimitent le contour deviennent des traits pleins et que le point d'insertion n'apparaît pas dans le texte).

Ajouter une flèche à une zone de texte

Pour mettre en évidence un point particulier, il peut être utile d'associer à la zone de texte une flèche qui pointera directement vers l'objet que vous voulez mettre en valeur. Voici comment procéder :

1. **Cliquez sur la zone de texte que vous souhaitez doter d'une flèche.**

   Les poignées apparaissent sur les bords de la zone et l'onglet Format des outils de dessin fait irruption dans le Ruban.

2. **Activez cet onglet, puis, dans le groupe Insérer des formes, cliquez sur l'icône qui représente une flèche (c'est la troisième en partant de la gauche).**

   Dès que vous avez sélectionné ce bouton, le pointeur de la souris prend la forme d'une petite croix.

3. **Cliquez là où vous voulez ancrer le point de départ de la flèche, puis faites glisser jusqu'à la position où vous voulez qu'elle se termine. Relâchez alors le bouton de la souris.**

   Aussitôt, Excel dessine deux points, l'un à la base de la flèche sur la zone de texte, l'autre du côté de la pointe. Le contenu du groupe Styles de formes change pour afficher une galerie de styles de lignes.

4. **Cliquez sur le bouton Autres, dans le coin inférieur droit de la galerie des styles de formes. En passant**

le pointeur de la souris au-dessus des vignettes, vous pouvez juger dynamiquement de l'effet du style sur la flèche.

5. **Cliquez sur la vignette du style à appliquer à la nouvelle flèche.**

Excel redessine la flèche en temps réel, en utilisant le style en cours. L'objet reste sélectionné, avec des poignées à chaque extrémité. Vous pouvez alors modifier la flèche :

- Déplacez-la en faisant glisser son contour (ou en appuyant sur les touches de direction du clavier).
- Réglez sa longueur en tirant la poignée du côté de la pointe.
- Changez la forme de la pointe ou l'épaisseur de la hampe en choisissant une option à votre convenance dans les listes déroulantes Contour de forme et Effets sur la forme de l'onglet Format. Vous pouvez aussi cliquer sur la flèche avec le bouton droit de la souris pour ouvrir son menu contextuel. Choisissez alors la commande Format de la forme (Ctrl + 1 donne directement le même résultat). Dans la boîte de dialogue qui apparaît, choisissez les réglages les mieux adaptés à vos besoins dans les rubriques Remplissage, Couleur du trait, Style de trait, Ombre, Format 3D et Rotation 3D.
- Effacez la flèche en appuyant sur la touche Suppr.

Télécharger des images en ligne

Avec Excel 2016, c'est l'enfance de l'art d'intégrer des images en ligne dans vos feuilles de calcul. La boîte de dialogue Insérer des images vous permet de lancer une recherche sur Office.com ou d'exploiter le moteur de recherche Bing pour explorer le Web entier en quête d'illustrations. Et si ça ne suffit pas, vous pouvez encore télécharger des images que vous avez enregistrées dans le nuage, sur votre OneDrive Windows.

Dans la pratique, activez l'onglet Insertion du Ruban, puis cliquez sur Illustrations, puis, enfin, sur Images en ligne. Excel ouvre la boîte de dialogue Insérer des images (Figure 10.9), qui regroupe les options suivantes :

- **Recherche d'images Bing :** pour utiliser Bing dans le but de trouver des images sur le Web.
- **OneDrive de... :** pour télécharger des images sauvegardées sur votre OneDrive.

Figure 10.9 : Les options de la fenêtre Insérer des images.

Insérer des images clipart

Pour illustrer les documents que vous créez avec vos programmes Office, Microsoft met à votre disposition plus de 150 000 images appelées *cliparts*. Il y a en a tant que le site de Microsoft les regroupe par catégories.

Pour localiser les images qui vous intéressent, utilisez la boîte de dialogue Insérer des images dont il a été question plus haut, et tapez dans le champ Rechercher sur Bing un mot-clé qui décrit le type d'image que vous recherchez. Validez *via* la touche Entrée ou *via* le bouton Rechercher (la loupe), placé en bout de champ.

Excel affiche alors une liste de vignettes de toutes les « illus » correspondant à votre recherche ; positionnez votre pointeur sur ces vignettes pour en apprendre davantage à leur sujet, à savoir leur nom complet et, en bas à gauche, leur taille exprimée en pixels (Figure 10.10).

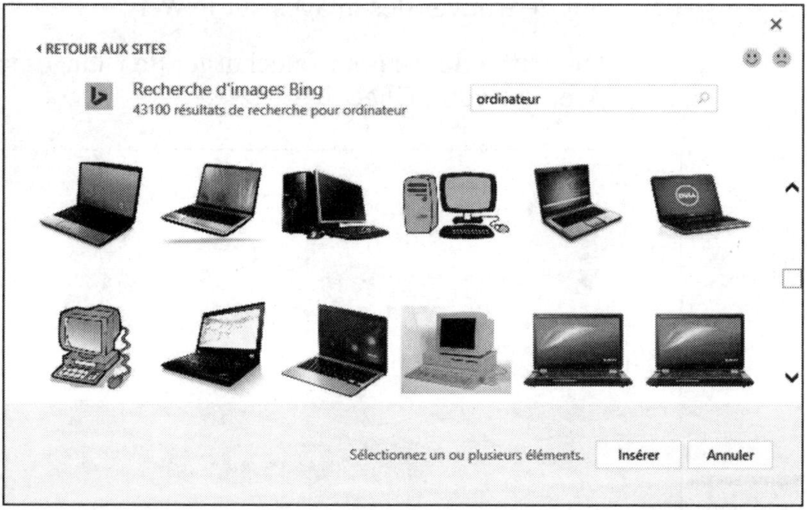

Figure 10.10 : Mot-clé et propositions de Bing.

Pour mieux voir une illu sélectionnée, cliquez sur la loupe qui apparaît alors dans son angle inférieur droit. L'illu ainsi traitée s'affiche en plus grand au centre de la boîte tandis que celles placées en arrière-plan sont grisées pour vous permettre de concentrer votre attention sur l'illu affichée au milieu. Cliquez dans la case de fermeture de cet affichage pour revenir à la liste complète.

Pour insérer une de ces illus dans votre feuille de calcul, cliquez deux fois sur sa vignette si elle n'est pas sélectionnée ; contentez-vous de cliquer sur Insérer ou d'enfoncer la touche Entrée si elle l'est.

Insérer des images stockées localement

Si l'illu que vous souhaitez utiliser se trouve sur votre disque dur ou sur un disque réseau auquel vous avez accès, introduisez-la dans votre feuille en cliquant sur le bouton Images sous

Illustrations dans l'onglet Insertion du Ruban. Ce clic provoque l'ouverture de la boîte de dialogue Insérer une image (qui fonctionne exactement comme n'importe quelle autre fenêtre d'ouverture de fichier). Sélectionnez-y un dossier, puis un fichier ; terminez en cliquant sur Insérer.

TRUC

Pour importer une image réalisée dans un autre programme graphique, mais qui n'est pas enregistrée dans son propre fichier, il suffit de la copier vers le Presse-papiers depuis l'application source (appuyez sur Ctrl + C), de revenir ensuite à votre feuille de calcul, de placer le curseur là où le document doit apparaître, puis de coller, à cet endroit, le contenu du Presse-papiers (appuyez sur Ctrl + V ou cliquez sur le bouton Coller, à gauche de la barre d'accueil dans le Ruban).

Éditer les illus importées

Lorsque vous introduisez une image dans une feuille de calcul, elle est automatiquement sélectionnée. Les poignées de sélection affichées sur son périmètre en témoignent (Figure 10.11). Pour la désélectionner, il suffit de cliquer en dehors.

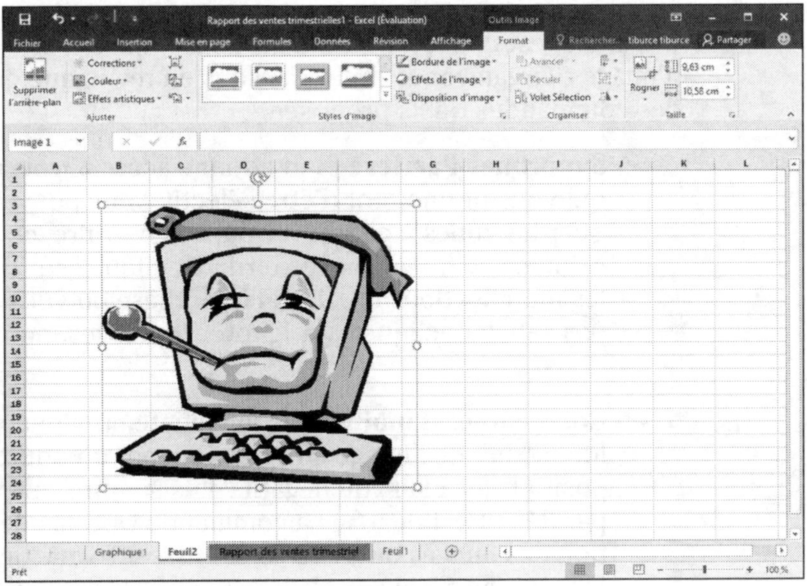

Figure 10.11 : Une image prête à être éditée.

Lorsqu'une image clipart ou une illu importée est sélectionnée, vous pouvez opérer les modifications suivantes :

- Déplacer l'image en faisant glisser son cadre pour la positionner ailleurs sur la feuille.
- Redimensionner l'image en faisant glisser ses poignées (n'oubliez pas qu'il est possible de conserver les proportions, de fixcr le centre ou de forcer l'ajustement aux cellules en utilisant simultanément les touches Maj, Ctrl et/ou Alt).
- Faire pivoter l'image en faisant glisser sa poignée de rotation (le cercle gris placé au-dessus du cadre) vers la droite ou vers la gauche.
- Supprimer l'image en appuyant sur la touche Suppr.

Formater les illus importées

Lorsqu'une illustration est active, Excel ajoute au Ruban un onglet contextuel baptisé Outils Image, qui propose une série de commandes dans son sous-menu unique intitulé Format.

Cet onglet est divisé en quatre groupes : Ajuster, Styles d'images, Organiser et Taille. Passons en revue quelques-unes des commandes qu'ils proposent :

- **Supprimer l'arrière-plan :** donne accès à trois boutons qui vous permettent d'être sélectif. Vous pouvez marquer les zones à conserver ou, au contraire, celles à supprimer. Quand vous avez terminé, cliquez sur Conserver les modifications ou, dans l'hypothèse où vous n'êtes pas satisfait, cliquez sur Ignorer toutes les modifications.
- **Corrections - Luminosité :** augmente ou diminue la luminosité de l'image en sélectionnant un pourcentage positif (plus clair) ou négatif (plus sombre). La valeur par défaut est de 0 %. La commande Options de correction des images ouvre le volet Mise en forme de l'image. Vous pouvez y ajuster la luminosité plus finement en

faisant glisser un curseur ou en entrant directement une valeur de pourcentage.

- **Corrections - Contraste :** fonctionne exactement comme la luminosité, mais évidemment cette fois pour ajuster le contraste de l'image.
- **Couleur - Recolorier :** ouvre un menu déroulant qui vous permet de « peindre » l'image sous la forme de nuances d'une couleur de base ou encore de définir une couleur transparente (qui laissera donc apparaître le contenu sous-jacent).
- **Compresser les images :** ouvre la boîte de dialogue du même nom, qui vous permet de compresser au choix les images actuellement sélectionnées ou toutes celles qui sont insérées dans la feuille. En limitant notamment la résolution interne des objets graphiques, vous diminuerez quelque peu la taille de fichier de votre classeur Excel.
- **Remplacer l'image :** ouvre la boîte de dialogue Insérer des images. Vous pouvez remplacer l'illustration courante par un autre fichier graphique. Dans ce cas, Excel appliquera automatiquement la taille et le format de l'ancienne image à sa remplaçante.
- **Rétablir l'image :** supprime toutes les modifications apportées à l'image et la rétablit telle qu'elle se présentait au moment de son insertion dans la feuille de calcul.
- **Effets artistiques :** applique des effets esthétiques qui modifient considérablement l'image.

N'OUBLIEZ PAS

Vous pouvez également modifier la présentation d'un clipart ou d'une photographie grâce au volet Mise en forme de l'image (Ctrl + 1). Sélectionnez alors les options désirées dans les différentes rubriques du volet.

Pour affiner et personnaliser l'aspect de vos illustrations, vous disposez également des boutons du groupe Styles d'image. Cliquez sur une des vignettes de la galerie pour appliquer à l'image courante de nouvelles options de style et d'orientation. Vous pouvez également modifier d'autres réglages à l'aide des boutons Bordure de l'image, Effets de l'image et Disposition d'image qui vous déroule une palette à la mode SmartArt.

Ajouter des formes prédéfinies

Outre les images issues du Web ou locales, Excel vous autorise à insérer, dans vos feuilles de calcul et dans vos feuilles graphiques, des formes prédéfinies que vous trouverez dans la liste Formes du bouton Illustrations de l'onglet Insertion (Figure 10.12).

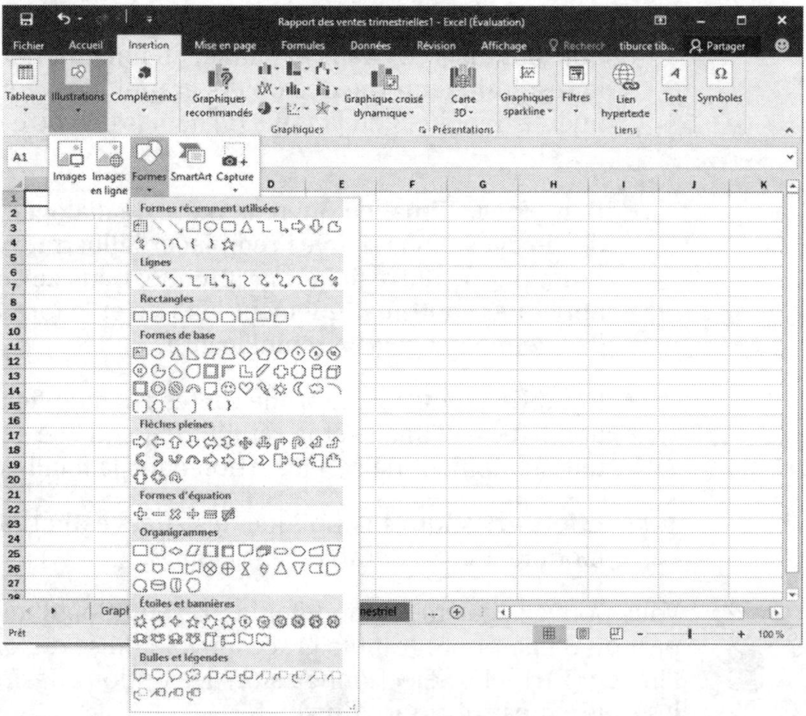

Figure 10.12 : Choisissez la forme dans cette palette, puis tracez-la dans la feuille.

La palette est divisée en neuf sections : Formes récemment utilisées, Lignes, Rectangles, Formes de base, Flèches pleines, Formes d'équation, Organigrammes, Étoiles et bannières et, enfin, Bulles et légendes.

Quand vous cliquez sur une vignette de cette palette, le curseur se transforme en croix. Cliquez au point de départ, puis tirez pour donner les dimensions voulues à la forme.

Après avoir relâché le bouton de la souris, la forme que vous venez de tracer reste sélectionnée. Cet état se traduit par la présence des poignées de redimensionnement et de la poignée de rotation (le petit cercle placé au-dessus de l'objet). De plus, Excel active l'onglet Format (sous l'onglet contextuel Outils de dessin). Vous pouvez alors utiliser la galerie des styles de formes (ou d'autres boutons de commandes) pour finaliser à votre gré l'aspect de l'objet. Pour annuler la sélection, il suffit de cliquer n'importe où en dehors du dessin de la forme.

Travailler avec WordArt

Si la quantité de découpages prédéfinis disponibles dans la galerie des formes ne vous satisfait pas encore, vous pouvez toujours ajouter du texte décoratif. Pour cela, ouvrez l'onglet Insertion et cliquez sur le bouton WordArt du groupe Texte.

Voyons comment procéder pour insérer des titres « graphiques » dans vos feuilles de calcul :

1. **Cliquez sur le bouton Texte de l'onglet Insertion puis, dans le sous-menu correspondant, cliquez sur WordArt.**

   Excel affiche la galerie des styles WordArt.

2. **Cliquez sur la vignette correspondant au style que vous désirez utiliser.**

   Excel insère au centre de la feuille une zone de texte contenant les mots Votre texte ici. Bien entendu, la mise en forme que vous venez de choisir est déjà appliquée au texte.

3. **Saisissez le texte à utiliser dans la feuille de calcul.**

Dès que vous commencez à taper les caractères, Excel efface la légende par défaut et la remplace par votre propre prose.

4. **(Facultatif) Pour formater l'arrière-plan de la zone de texte, faites appel à l'Aperçu dynamique de la galerie Styles de formes (sous l'onglet Format des outils de dessin).**

   L'onglet Format est ajouté au Ruban lorsque vous sélectionnez un texte WordArt. S'il n'est pas activé automatiquement, cliquez sur cet onglet pour accéder aux options de mise en forme.

5. **L'aspect du texte WordArt finalisé, les dimensions et l'orientation établies grâce aux poignées, il ne reste plus qu'à cliquer n'importe où dans la feuille de calcul pour désélectionner l'objet.**

Par défaut, Excel ajuste automatiquement la forme au texte. Autrement dit, il adapte au besoin les dimensions du cadre afin qu'il englobe la totalité du titre. Vous pouvez désactiver ce comportement en ouvrant la boîte de dialogue Format de la forme. Cliquez sur l'icône Taille et propriétés. Ensuite, dans la rubrique Zone de texte, décochez l'option Ajuster la forme au texte.

N'OUBLIEZ PAS

L'objet WordArt créé, vous pouvez modifier le style des caractères du titre. Pour cela, sélectionnez tout ou partie du texte, puis choisissez une police et une taille de caractères à partir de l'onglet Accueil (comme vous le feriez pour un texte standard).

Diagrammes intelligents avec SmartArt

Les objets SmartArt d'Excel 2016 sont des outils qui vous permettent de réaliser facilement et rapidement des listes, des diagrammes et des organigrammes. Les diagrammes et autres schémas SmartArt sont fournis dans une grande variété de configurations qui vous permet de combiner formes graphiques prédéfinies, textes et images. Vous avez maintenant à portée de main tout ce qu'il vous faut pour représenter listes, processus, relations, cycles, *etc.*

Pour insérer un objet SmartArt dans une feuille de calcul, cliquez sur SmartArt dans la palette qui se déroule lorsque vous invoquez le bouton Illustrations de l'onglet Insertion. La boîte de dialogue Choisir un graphique SmartArt se manifeste (Figure 10.13). Sélectionnez une catégorie dans le volet de gauche, puis cliquez sur la vignette de la liste ou du diagramme que vous voulez utiliser dans la partie centrale de la fenêtre. Validez.

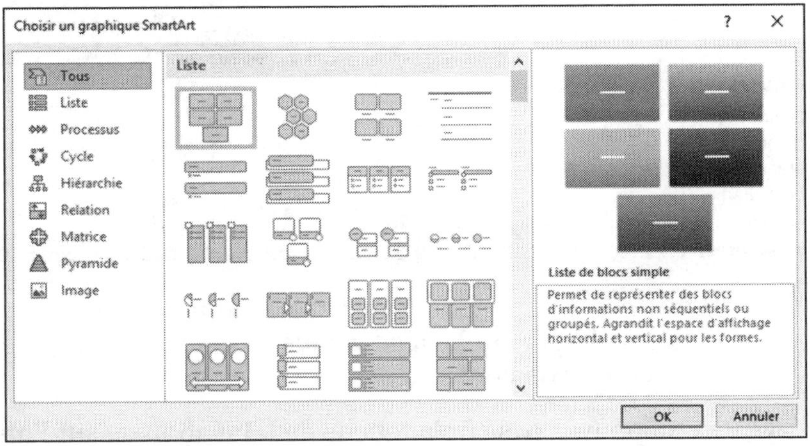

Figure 10.13 : La boîte de dialogue Choisir un graphique SmartArt.

Excel insère dans la feuille la structure de base de l'objet choisi et affiche à sa gauche une fenêtre intitulée *Tapez le texte ici*. Chaque élément de cette structure affiche par défaut la légende [Texte]. Il suffit de cliquer sur un cadre pour personnaliser cet intitulé (Figure 10.14). Dans le même temps, l'onglet contextuel Outils SmartArt ouvre ses deux sous-onglets : Création et Format. Le premier propose des dispositions et des styles servant à personnaliser l'objet que vous venez d'insérer ; le second permet d'en affiner l'aspect.

Saisir le texte d'un graphique SmartArt

Pour remplir le texte de la première section d'une nouvelle liste ou d'un nouveau diagramme, cliquez simplement dans le

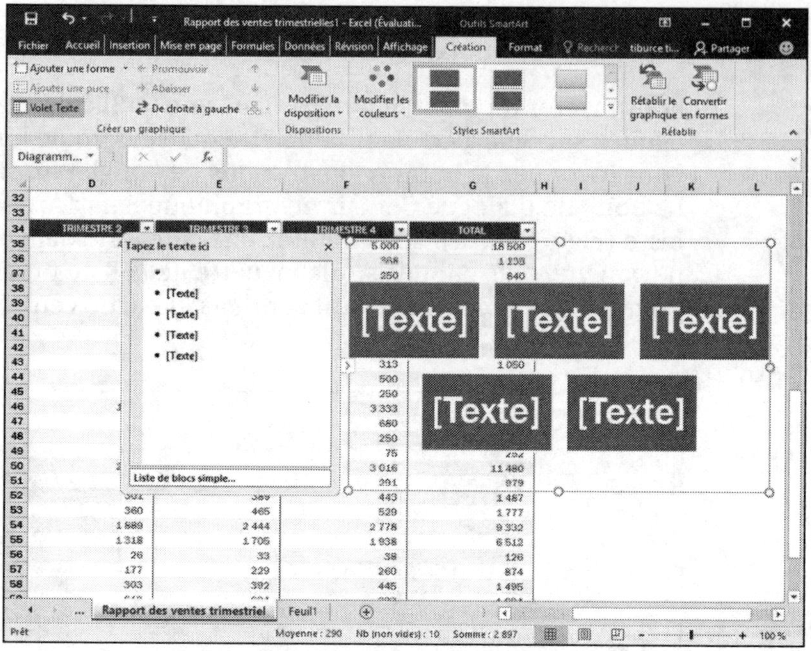

Figure 10.14 : Un organigramme en cours de création.

cadre correspondant et saisissez l'intitulé. Vous pouvez également cliquer sur la ligne voulue de la fenêtre *Tapez le texte ici* et éditer son contenu.

N'appuyez pas sur la touche de tabulation ou sur Entrée pour terminer une saisie dans une liste ou un diagramme SmartArt. La touche Entrée insère en effet une nouvelle section au même niveau hiérarchique s'il s'agit par exemple d'un organigramme. Quant à la touche de tabulation, soit elle ne fait rien de particulier, soit elle met en retrait le niveau hiérarchique courant, soit encore elle sélectionne l'entité suivante dans le groupe d'objets formant la liste ou le diagramme.

Lorsque vous avez terminé la saisie des intitulés, vous pouvez cliquer sur la case de fermeture de la fenêtre *Tapez le texte ici*. Pour l'afficher à nouveau, cliquez sur le bouton fléché qui apparaît alors au milieu du bord gauche de la liste ou du diagramme.

Si la liste ou le diagramme SmartArt comporte plus de sections qu'il ne vous en faut, vous pouvez supprimer les éléments graphiques inutiles en cliquant sur leur contour (les poignées habituelles vous indiquent quel est l'objet courant) puis en appuyant sur la touche Suppr.

Formater un graphique SmartArt

Le texte des légendes étant saisi, il est temps de s'occuper de la mise en forme du graphique. Pour formater le texte, commencez par sélectionner tous les objets de la liste ou du diagramme qui doivent prendre le même aspect (il suffit pour cela de cliquer successivement sur ces objets tout en appuyant sur la touche Ctrl). Servez-vous alors des boutons appropriés du groupe Police (sous l'onglet Accueil du Ruban).

Pour améliorer ou redéfinir l'aspect visuel des éléments graphiques, utilisez les groupes Dispositions et Styles SmartArt de l'onglet Création des outils SmartArt :

- Cliquez sur le bouton Autres dispositions du bouton Modifier la disposition du groupe Dispositions. Choisissez alors une vignette dans la galerie pour sélectionner une liste ou un diagramme totalement différent.
- Cliquez sur le bouton Modifier les couleurs du groupe Styles SmartArt, puis sur une des vignettes représentant un modèle de couleur.
- Cliquez sur le bouton Autres de la galerie affichée dans le groupe Styles SmartArt. Choisissez alors une nouvelle présentation à l'aide des vignettes qui vous sont proposées.

Faire une capture d'écran

Excel permet de créer des captures d'écran, c'est-à-dire des instantanés de ce qui se trouve sur le Bureau et d'incorporer ces éléments graphiques dans une feuille de calcul.

Pour capturer le contenu d'une fenêtre du Bureau ou de n'importe quel autre objet qui s'y trouve, commencez par afficher l'élément en question. Ensuite, basculez vers Excel, et cliquez sur l'onglet Insertion du Ruban, puis, dans le groupe Illustrations, cliquez sur Capture, puis sur Capture d'écran. Excel s'éclipse pour laisser la vedette à la fenêtre tandis que le pointeur de la souris se transforme en réticule. Tout l'écran est recouvert d'un voile blanchâtre.

Cliquez et tirez de manière à englober la partie de l'écran à utiliser dans Excel. La partie sélectionnée apparaît avec toutes ses couleurs.

Relâchez le bouton de la souris et le bloc de pixels qui vient d'être sélectionné est aussitôt transféré dans la feuille de calcul active. Il y apparaît comme n'importe quel autre graphisme (clipart, photo, dessin…).

Excel enregistre la capture d'écran avec la feuille de calcul. En revanche, il n'offre aucun moyen de l'enregistrer dans un fichier à part afin de l'utiliser avec une autre application. Une astuce permet cependant de contourner cette déficience : sélectionnez la capture d'écran dans Excel et copiez-la dans le Presse-papiers. Dans une autre application, utilisez la commande Coller pour récupérer la capture d'écran.

Le thème du jour

Les thèmes d'Excel servent à appliquer une mise en forme cohérente à tous les éléments texte et graphiques qui se trouvent dans une feuille de calcul. Il suffit pour cela de cliquer sur la vignette du thème que vous souhaitez utiliser. La galerie correspondante est accessible dans le groupe justement appelé Thèmes, à gauche dans l'onglet Mise en page du Ruban.

L'aperçu dynamique permet de juger de l'effet d'un thème sur les graphiques de votre feuille. Survolez simplement les vignettes avec le pointeur de la souris avant de cliquer à l'endroit voulu.

Les thèmes d'Excel associent par défaut trois éléments : un schéma de couleur, un jeu de polices (pour le corps et les en-têtes) et, enfin, un style d'effet graphique. Chacun de ces éléments peut être personnalisé en cliquant sur leurs boutons de commandes respectifs dans le groupe Thèmes :

- **Couleurs :** sélectionnez, dans la galerie, un nouveau jeu de couleurs en cliquant sur la vignette voulue. En bas de la palette, l'option Personnaliser les couleurs vous permet de personnaliser chaque composant du jeu et de sauvegarder le résultat sous un nom suffisamment descriptif.
- **Polices :** sélectionnez un jeu de polices en cliquant sur la vignette correspondante. En bas de la palette, l'option Personnaliser les polices ouvre une fenêtre dans laquelle vous pouvez choisir parmi d'autres polices les titres et le corps des textes. Sauvegardez votre combinaison sous un nom évocateur.
- **Effets :** sélectionnez un jeu d'effets graphiques en cliquant sur une des vignettes de la palette.

TRUC

Pour enregistrer l'ensemble de vos définitions personnelles (couleurs, polices et effets), utilisez le bouton Thèmes du Ruban. Vous pourrez ensuite appliquer cette mise en forme dans d'autres classeurs afin d'uniformiser vos présentations. Choisissez la commande Enregistrer le thème actif, en bas du menu déroulant. Une boîte de dialogue portant le même nom s'affiche ; éditez le nom de fichier par défaut (Thème1), (mais n'effacez pas l'extension .thmx), puis cliquez sur Enregistrer. Excel ajoute votre jeu de couleurs, polices et effets à la palette des thèmes dans une rubrique intitulée Personnalisé. Vous pourrez, par la suite, activer cette vignette pour appliquer le thème à n'importe quel classeur actif.

Contrôler le recouvrement des objets

Au cas où vous ne l'auriez pas remarqué, nous vous informons que les objets graphiques « flottent » au-dessus des cellules de la feuille de calcul. La plupart de ces objets (y compris les graphiques de données) sont *opaques :* ils cachent (sans effacer ni remplacer) les informations sous-jacentes. Si vous déplacez un élément graphique et qu'il vient en recouvrir partiellement un autre, celui qui se trouve sur la couche supérieure masque celui placé en dessous, exactement comme si vous posiez une feuille de papier sur une autre. La plupart du temps, vous allez donc devoir vous assurer que vos graphiques ne masquent pas des données (ou d'autres graphiques) que vous voulez voir apparaître.

Excel 2016 met deux techniques à votre disposition pour vous permettre de déplacer un objet graphique vers une autre couche :

- Pour le déplacer vers le haut ou vers la couche supérieure, choisissez Avancer ou Mettre au premier plan dans le menu local Avancer du groupe Organiser du sous-onglet Format de l'onglet Outils Image, Outils de dessin ou Outils SmartArt, selon le cas. Pour le déplacer vers le bas ou vers la couche inférieure, utilisez les articles Reculer ou Mettre à l'arrière-plan dans le menu local Reculer, voisin du précédent.

- Dernier article de ce même menu, Volet Sélection affiche, à droite, le volet du même nom. Utilisez les triangles placés à droite des boutons Afficher tout et Masquer tout : le premier, orienté vers le haut, vous permet de déplacer l'objet sélectionné d'un plan vers le haut ; l'autre fait l'inverse. Si nécessaire, cliquez à plusieurs reprises, en fait jusqu'à ce que l'objet graphique occupe la position qui vous convient dans la pile.

La Figure 10.15 montre comment ce volet fonctionne. Nous avons ajouté sur la feuille un clipart, une image importée et une forme. Comme vous le voyez dans le volet Sélection, l'objet Image 12 (écran) occupe le plan intermédiaire ; celui baptisé Explosion 1 11 (l'étoile) occupe le premier plan tandis que celui intitulé Image 14 (une tablette graphique) occupe le plan inférieur. Pour modifier cette mise en pile, utilisez donc les triangles placés en regard des deux boutons Afficher tout et Masquer tout.

Figure 10.15 : Une feuille de calcul qui propose plusieurs objets qui, chacun, occupe un plan de la pile.

TRUC

Pour donner à vos graphiques des noms plus parlants, cliquez sur la ligne correspondante dans le volet Sélection, puis saisissez un intitulé personnalisé et confirmez *via* la touche Entrée.

Grouper des objets graphiques

Il est parfois utile de regrouper plusieurs objets graphiques. Dans ce cas, le groupe se comporte comme s'il n'était formé que d'un seul élément. En procédant ainsi, vous pourrez déplacer ou redimensionner l'ensemble des composants du groupe en une seule opération. L'exemple type est celui d'une zone de texte associée à une flèche.

Pour procéder à un tel regroupement, cliquez sur chacun des objets voulus tout en maintenant enfoncée la touche Ctrl. Cette technique peut d'ailleurs aussi être employée dans le volet Sélection. Quand vous avez terminé, activez si nécessaire l'onglet contextuel des outils (de dessin ou encore d'image) et cliquez, dans le groupe Organiser, sur le bouton

Grouper (c'est le second à droite en partant du haut, celui qui affiche un symbole représentant deux carrés entrelacés). Dans le menu déroulant qui apparaît, choisissez alors l'option Grouper.

Vous obtenez un résultat identique en faisant un clic-droit sur un des objets sélectionnés. Ensuite, dans le menu contextuel qui apparaît, choisissez Grouper/Grouper.

Par la suite, lorsque vous cliquerez sur ce « méga-objet », un cadre et des poignées apparaîtront autour de l'ensemble du groupe. Cette nouvelle hiérarchie sera également visible dans le volet Sélection.

Pour déplacer ou redimensionner indépendamment des objets appartenant à un groupe, séparez-les en cliquant dessus et en choisissant Grouper/Dissocier sous les onglets Outils de dessin, puis Format ou sous les onglets Outils Image, puis Format. Regroupez-les ensuite si vous le désirez.

Vous trouverez une commande identique *via* le menu contextuel précité.

Masquer des objets graphiques

Le volet Sélection ne vous permet pas seulement de gérer la mise en pile de vos objets ; il vous permet aussi d'en contrôler l'affichage ou le masquage.

Pour ouvrir ce volet, sélectionnez un objet graphique présent sur votre feuille, puis cliquez sur le sous-onglet Format de l'onglet Outils (complété du type d'objet) et cliquez sur le bouton Volet Sélection du groupe Organiser.

Masquez les objets que vous ne souhaitez pas voir en cliquant sur l'œil en regard de leur intitulé. Pour traiter de la sorte tous les objets présents, préférez le bouton Masquer tout.

Pour réafficher un objet masqué, cliquez sur le trait qui a remplacé l'œil et le tour est joué. Vous l'aurez deviné : le bouton Afficher tout réactive tous les objets graphiques de la feuille.

Attention : si vous masquez tous les objets, puis refermez le volet Sélection, vous n'avez plus aucun moyen de réaccéder à ce panneau puisqu'il n'y a plus d'éléments graphiques à sélectionner et donc plus d'ouverture possible de cet endroit où est logée la commande d'affichage.

Pas de panique ! Si vous vous retrouvez dans cette inconfortable situation, commencez par annuler votre action précédente si vous vous rendez compte de votre bourde juste après l'avoir commise. Dans le cas contraire, vous pourrez toujours créer un graphique quelconque, le sélectionner et, grâce à lui, regagner le volet Sélection et son bouton très convoité Afficher tout. Vous effacerez ensuite l'élément qui vous aura sauvé la mise. Ouf ! Vous avez eu chaud !

N'imprimer que les graphiques

Supposons que vous vouliez imprimer un graphique incorporé (indépendamment des données qu'il trace et des autres objets éventuellement présents sur la feuille). Pour parvenir à vos fins, commencez par ouvrir le volet Sélection (voir la section précédente qui détaille cette procédure), puis vérifiez que tous les objets graphiques sont bien visibles en cliquant, si nécessaire, sur le bouton Afficher tout ou en activant l'icône de l'œil pour chaque entrée de la liste.

Ensuite, depuis la feuille de calcul, cliquez sur le graphe à imprimer, puis choisissez Fichier/Imprimer (ou enfoncez les touches Ctrl + P). La boîte de dialogue Imprimer s'affiche ; elle propose, dans son volet droit, une prévisualisation du graphique concerné.

Si vous souhaitez modifier sa taille et/ou son orientation, exploitez les réglages disponibles dans la rubrique Paramètres. Accédez également, aux mêmes fins, à la fenêtre Mise en page en activant, depuis cette fenêtre d'impression, le lien Mise en page proposé sous la rubrique Paramètres. (Autre accès à cette boîte de dialogue depuis la feuille de calcul : le bouton lanceur (en bas à droite) du groupe Mise en page de l'onglet Mise en page.)

Agissez dans l'onglet Page de cette fenêtre pour régler le format du papier et l'orientation. Préférez l'onglet Graphique si vous désirez contrôler la qualité d'impression et/ou opter pour un tirage noir et blanc sur imprimante couleur.

Cliquez sur OK pour regagner la fenêtre précédente. (Si vous avez ouvert la fenêtre Mise en page depuis le Ruban, c'est le bouton Imprimer qu'il faut invoquer à cette fin.) Si tout vous paraît bien, lancez l'impression en cliquant sur Imprimer.

Livre II

VBA

Première partie

Débuter avec la programmation VBA sous Excel

"On est là pour nettoyer le code".

Dans cette partie…

- À la rencontre de Visual Basic pour les Applications.
- Quelques exemples de choses que vous pouvez faire avec VBA.
- Excel et la Machine à remonter le temps.
- Une session de programmation Excel « comme si vous y étiez ».
- Excel et la sécurité des macros.

Chapitre 1

C'est quoi, le VBA ?

Dans ce chapitre :

- Vue d'ensemble de VBA.
- Découvrir à quoi sert VBA.
- Avantages et inconvénients du VBA.
- Les dernières infos à propos du VBA
- Une brève histoire d'Excel.

Si vous êtes pressé de vous lancer dans la programmation en VBA, retenez vos chevaux encore un peu. Ce chapitre est entièrement consacré à l'apprentissage par la pratique. Il contient cependant quelques informations de fond qui vous aideront dans votre formation à la programmation Excel. Autrement dit, ce chapitre pose les jalons de tout ce qui va suivre et vous donne une idée globale de ce qu'est la programmation VBA. Mais, rassurez-vous, tout cela n'est pas aussi ennuyeux que vous pourriez le penser, et je vous demande donc de résister à la tentation de sauter directement au Chapitre 2.

Alors, c'est quoi le VBA ?

Le VBA, initiales de *Visual Basic pour Applications*, est un langage de programmation développé par Microsoft (la société qui tente de vous vendre une nouvelle version de Windows tous les deux ou trois ans). À l'instar des autres logiciels de Microsoft Office, Excel comprend le langage VBA (et cela ne vous coûte pas plus cher). Bref, le VBA est le langage de programmation qui permet à des gens comme vous et moi de développer des programmes capables de contrôler Excel.

Imaginez une sorte de robot intelligent qui sache tout sur Excel. Ce robot est capable de lire des instructions et de piloter Excel extrêmement vite et de manière totalement précise. Lorsque vous voulez que ce robot exécute une certaine action, vous commencez par écrire une série d'instructions rédigées dans un code spécial. Vous transmettez ensuite ces instructions au robot, et vous vous asseyez tranquillement en sirotant un verre de limonade pendant qu'il les exécute. Ce code, ou plutôt ce langage, particulier, c'est VBA. Par contre, je me dois de vous dire qu'il n'y a pas un *vrai* robot dans Excel, et qu'il est inutile de compter sur lui pour vous servir à boire.

À propos de la terminologie

La terminologie de la programmation Excel n'est pas toujours claire. Par exemple, VBA est un langage de programmation, mais c'est aussi un langage de macros. Le code VBA que vous écrivez et qui est exécuté dans Excel est-il une *macro* ou un *programme ?* Les procédures VBA étant souvent appelées « macros » dans l'aide d'Excel, nous nous en tiendrons à cette terminologie. Mais il m'arrivera parfois de parler de programme.

Vous rencontrerez aussi souvent, dans ces pages, les termes *automatiser, automatisation* et leurs variantes. Comme vous vous en doutez, si vous avez écrit une macro qui colore un fond de cellule, imprime la feuille de calcul puis supprime le fond de couleur, vous avez *automatisé* ces trois actions.

À propos, ne signifie pas « Manipulations Assurément Calamiteuses Répétées Outrageusement ». Le terme provient du grec , « grand ». Il se peut que, lorsque vous serez devenu un véritable expert dans l'art de la programmation de macros, il s'applique également à l'état de votre compte bancaire…

Que peut-on faire avec VBA ?

Vous n'apprendrez rien de nouveau lorsque je vous dirai qu'Excel sert à d'innombrables tâches dont voici un modeste aperçu :

- Gérer un budget et simuler des prévisions.
- Analyser des données scientifiques.
- Créer et éditer des factures et des formulaires.
- Créer des graphiques à partir d'ensembles de données.
- Gérer des listes de clients, de résultats scolaires ou d'idées de cadeaux, *etc.*

Nous pourrions allonger la liste à l'infini ou presque. Tout ça pour dire qu'Excel sert à une *foultitude* de choses. Chaque lecteur de ce livre a ses propres besoins et ses propres attentes. Mais tous ont en commun *la nécessité d'automatiser certaines fonctions d'Excel*. C'est là que VBA entre en jeu.

Vous pourriez par exemple créer un programme VBA qui importe, met en forme puis imprime le rapport des ventes du mois. Après avoir développé et testé le programme, vous exécuterez la macro grâce à une seule commande qui effectuera à votre place toutes ces longues séries de procédures. Au lieu de vous battre avec de fastidieuses successions de commandes, vous laissez faire Excel pendant que vous vous tournez les pouces (mais vous avez certainement bien mieux à faire) et vous retrouver sur Facebook en un rien de temps.

Dans les sections qui suivent, vous découvrirez quelques usages courants des macros VBA. L'une ou l'autre d'entre elles devrait attiser votre curiosité.

Insérer des kyrielles de texte

Si vous devez systématiquement entrer dans une feuille de calcul le nom de votre société, son adresse ou encore ses coordonnées téléphoniques, vous pouvez créer une macro pour le faire à votre place. Mais il est possible d'étendre ce concept beaucoup plus loin. Par exemple, vous pourriez développer une macro qui saisisse automatiquement les noms de tous les représentants travaillant pour la société.

Automatiser les tâches répétitives

Supposons que, responsable des ventes, vous deviez rédiger chaque mois le rapport qui calmera les angoisses de votre patron. Si cette tâche est toujours la même, vous la confierez à un programme VBA. Votre patron sera impressionné par la qualité et la cohérence de vos rapports. Un jour ou l'autre, il finira bien par vous proposer un poste plus gratifiant (on peut toujours rêver...).

Exécuter des actions à répétition

Si vous devez appliquer une même action dans, disons, une bonne douzaine de classeurs Excel différents, vous avez intérêt à enregistrer une macro lorsque vous effectuez cette action la première fois, puis à laisser cette macro la répéter pour les onze autres classeurs. Excel ne se plaindra jamais de ces ennuyeuses répétitions de tâches. L'enregistrement d'une macro, c'est un peu comme capturer une vidéo, la caméra en moins. Et la batterie n'a jamais besoin d'être rechargée.

Créer une commande personnalisée

Vous avez souvent recours aux mêmes successions de commandes dans les menus d'Excel ou dans son ruban ? Vous gagnerez du temps en développant une macro qui les réunit toutes en une seule commande personnalisée, que vous lancerez d'une seule touche ou d'un seul clic sur un bouton. D'accord, le gain sera sans doute assez minime. Mais vous éviterez ainsi des erreurs possibles, et le type du bureau d'à côté sera vraiment admiratif.

Créer des boutons personnalisés

Vous pouvez personnaliser la barre d'accès rapide en y ajoutant vos propres boutons qui exécuteront d'un clic les macros que vous écrivez. Les gens qui travaillent dans les bureaux sont souvent impressionnés par les boutons qui font des choses magiques. Et si vous voulez réellement qu'ils vous portent aux nues, ajoutez aussi des boutons au ruban. Ils n'en reviendront pas.

Développer de nouvelles fonctions de calcul

Bien qu'Excel soit pourvu de centaines de fonctions prédéfinies (comme SOMME et MOYENNE), vous pourrez créer vos propres fonctions personnalisées qui simplifieront considérablement vos formules. Vous serez étonné de constater combien c'est facile. Mieux encore, vos fonctions personnalisées apparaîtront dans la boîte de dialogue Coller une fonction, comme si elles avaient toujours fait partie d'Excel. Là, c'est le SAMU qu'il faut appeler pour ranimer vos collègues tombés en pâmoison.

Créer des compléments pour Excel

Vous connaissez probablement certaines des macros complémentaires (ou plus simplement *compléments*) livrées avec Excel, comme l'Utilitaire d'analyse. Le langage VBA vous permettra de construire les vôtres. Par exemple, j'ai développé mon propre complément, intitulé *Power Utility Pak*, uniquement en VBA. Et plein de gens me paient pour pouvoir l'utiliser. Eh oui...

Créer une application complète entièrement régie par la macro

Si vous disposez d'assez de temps, vous pourrez recourir au langage VBA pour créer des applications complètes de grande envergure, avec des boîtes de dialogue, une aide en ligne et toutes sortes de gadgets (mortel pour un employé de bureau moyen). D'accord, il ne sera pas possible d'aller jusque-là dans le cadre de ce livre, mais je vous le signale pour bien vous faire comprendre que VBA est extrêmement puissant.

Avantages et inconvénients du VBA

Après avoir lu ce qui précède, VBA résonne à vos oreilles comme le Saint Graal, mais il faut savoir qu'il a aussi son côté obscur.

Les avantages du langage VBA

Quasiment tout ce qu'il est possible de faire dans Excel peut être automatisé. Il suffit pour cela d'écrire les instructions qu'Excel devra exécuter. L'automatisation des tâches présente de nombreux avantages :

- Excel exécute toujours les tâches de la même manière (dans la plupart des cas, cette régularité est une bonne chose).
- Excel exécute les tâches plus rapidement que vous ne le feriez manuellement (à moins d'avoir des doigts extraordinairement agiles et une souris plus rapide que Speedy Gonzales).
- Si vous savez bien programmer les macros, Excel exécute toujours les tâches sans erreur (en ce qui me concerne, je ne saurais en dire autant…).

- Si tout a été conçu correctement, les tâches peuvent être démarrées par quelqu'un qui ne connaît rien à Excel.
- Il est possible de demander à Excel d'exécuter des tâches autrement impossibles à mettre en œuvre. Génial pour devenir le type le plus populaire du bureau.
- Lorsque la tâche est longue et demande du temps, vous n'avez plus à vous morfondre devant l'ordinateur. Allez plutôt faire un brin de causette près de la machine à café. On y apprend toujours des choses intéressantes.

Les inconvénients du langage VBA

Toute médaille ayant son revers, il est honnête que nous nous attardions sur les désavantages réels ou potentiels du VBA :

- Vous devez apprendre la programmation VBA (mais c'est bien dans ce but que vous avez acheté ce livre, n'est-ce pas ?). Fort heureusement, ce n'est pas aussi difficile que vous pourriez le craindre.
- Les personnes qui désireraient utiliser vos programmes VBA doivent posséder Excel. Il serait fabuleux de pouvoir transformer d'un simple clic une application VBA/Excel en un logiciel indépendant, mais ce n'est pas possible (et cela ne le sera probablement jamais).
- Parfois, les choses tournent mal. Autrement dit, vous n'aurez jamais la certitude que votre programme VBA fonctionnera dans tous les cas de figure. Bienvenue dans le monde enchanté du débogage (et du support technique si d'autres personnes se servent de vos macros).
- Le VBA n'est pas figé. Comme vous le savez, Microsoft améliore sans cesse Excel. Même si Microsoft fait de grands efforts pour que les versions successives restent compatibles, vous découvrirez peut-être un jour que le code longuement concocté pour l'actuelle version d'Excel est inutilisable avec une version future.

Le langage VBA en quelques mots

Les points qui suivent expliquent à grands traits ce qu'est VBA. Nous reviendrons bien sûr en détail sur toute cette matière.

- **Vous exécutez des actions VBA en écrivant ou en enregistrant du code dans un module VBA.** Vous visionnez et éditez les modules VBA avec Visual Basic Editor (VBE).
- **Un module VBA est fait de procédures Sub (sous).** Une procédure Sub n'a rien à voir avec une base de sous-marins. Je parle ici de code informatique exécutant une certaine action avec ou sur des objets (nous reviendrons d'ici peu sur cette notion d'objet). L'exemple qui suit montre une procédure Sub toute simple, nommée Test. Ce faramineux programme donne le résultat de 1 + 1.

```
Sub Test()
    Somme = 1 + 1
    MsgBox "La réponse est " & Somme
End Sub
```

- **Un module VBA peut aussi comporter des procédures Function (fonction).** Une procédure Function retourne une valeur unique. Vous pouvez l'appeler depuis une autre procédure VBA, voire l'utiliser comme fonction dans une formule au sein d'une feuille de calcul. L'exemple qui suit montre une fonction appelée fort judicieusement Addition. Elle accepte deux nombres appelés *arguments* et retourne leur somme :

```
Function Addition(arg1, arg2)
    Addition = arg1 + arg2
End Function
```

- **Le langage VBA manipule des objets.** Excel fournit des dizaines et des dizaines d'objets que vous pouvez manipuler. Ces objets peuvent être un classeur, une feuille de calcul, une plage de cellules, un graphique, une forme…

Il en existe beaucoup d'autres, et tous peuvent être manipulés par du code VBA.

- **Les objets sont organisés hiérarchiquement.** Les objets peuvent être des *conteneurs* pour d'autres objets. Excel se trouve tout en haut de la hiérarchie des objets. Excel lui-même est un objet nommé Application. Il contient d'autres objets nommés, par exemple Workbook (classeur). À son tour, un objet Workbook peut contenir d'autres objets, comme Worksheet (feuille de calcul) ou Chart (graphique). Un objet Worksheet contiendra des objets de niveau inférieur, comme Range (plage) ou PivotTable (tableau croisé dynamique). Le terme *Modèle objet* se rapporte à l'arrangement de ces objets (reportez-vous au Chapitre 4 pour les détails).

- **Des objets d'un même type forment une collection.** Par exemple, la collection Worksheets est l'ensemble de toutes les feuilles de calcul d'un classeur particulier. La collection Charts est l'ensemble de tous les graphiques d'un classeur. Les collections sont elles-mêmes des objets.

- **Vous faites référence à un certain objet en spécifiant sa position dans la hiérarchie des objets grâce à un point de séparation.** Par exemple, vous ferez référence au classeur appelé Classeur1.xlsx sous la forme :

  ```
  Application.Workbooks("Classeur1.xlsx")
  ```

  Il s'agit là de l'objet Classeur1.xlsx de la collection Workbooks. Cette dernière est contenue dans l'objet Application, c'est-à-dire Excel. À un autre niveau, vous ferez référence à la feuille Feuil1, qui se trouve dans le classeur Classeur1.xlsx, sous la forme :

  ```
  Application.Workbooks("Classeur1.xlsx").Worksheets("Feuil1")
  ```

  Comme le montre l'exemple suivant, vous pouvez étendre l'instruction à un niveau supplémentaire et spécifier une cellule spécifique, A1 en l'occurrence :

```
Application.Workbooks("Classeur1.xlsx").Worksheets("Feuil1").
Range("A1")
```

- **Si vous omettez une référence particulière, Excel utilise les objets *actifs*.** Si Classeur1.xlsx est le classeur actif, la référence précédente peut être simplifiée sous la forme suivante :

```
Worksheets("Feuil1").Range("A1")
```

  Si vous savez que Feuil1 est la feuille de calcul active, la référence peut être encore plus simple :

```
Range("A1")
```

- **Les objets ont des propriétés.** Les propriétés sont en quelque sorte les *paramètres* d'un objet. Par exemple, un objet Range a des propriétés comme Value (valeur) et Address (adresse). Un objet Chart a des propriétés comme HasTitle (possède un titre) et Type. Vous pouvez recourir à VBA pour déterminer les propriétés d'un objet ou les modifier.

- **Vous faites référence aux propriétés d'un objet en combinant le nom de cet objet avec celui de la propriété voulue, les deux étant séparés par un point.** Par exemple, il sera fait référence à la valeur contenue dans la cellule A1 de la feuille Feuil1 sous cette forme :

```
Worksheets(« Feuil1 »).Range(« A1 »).Value
```

- **Des valeurs peuvent être affectées à des variables.** Une *variable* est un élément nommé qui contient des informations. Les variables VBA sont capables de stocker des valeurs, du texte ou encore les paramètres d'une propriété. Pour affecter la valeur de la cellule A1 de Feuil1 à la variable *Intérêt*, vous utiliserez l'instruction VBA suivante :

```
Intérêt = Worksheets(« Feuil1 »).Range(« A1 »).Value
```

- **Les objets ont des méthodes.** Une *méthode* est une action qu'Excel exécute avec un objet. Par exemple, l'une des méthodes de l'objet Range est ClearContents (effacer le contenu). Elle efface le contenu de toutes les cellules d'une plage donnée.

- **Une méthode est spécifiée en combinant l'objet et la méthode, séparés par un point.** Par exemple, l'instruction suivante vide la cellule A1 de son contenu :

```
Worksheets(« Feuil1 »).Range(« A1 »).ClearContents
```

- **Le VBA comprend toutes les constructions des langages de programmation modernes, y compris les variables, les tableaux et les boucles.** Si vous prenez le temps de maîtriser les fondamentaux de ce lange, vous deviendrez capable d'écrire du code qui réalisera des choses incroyables.

Incroyable mais vrai, la liste qui précède fait le tour du langage VBA. Le reste sont des broutilles, des détails qui seront étudiés dans les autres chapitres. C'est d'ailleurs pour cela que ce livre ne s'arrête pas à cette page.

Petite incursion dans les versions d'Excel

Pour développer des macros, il est préférable de connaître l'historique d'Excel. Un cours d'histoire ne vous passionne peut-être pas, mais c'est important pour votre culture générale, à ne jamais négliger, et pour éviter à l'avenir certaines fautes de débutant.

Voici la liste des principales versions d'Excel qui se sont succédé ces dernières années, avec un petit mot sur la manière dont elles gèrent les macros :

- **Excel 2 :** apparue en 1987, la première version d'Excel pour le PC s'appelait Excel 2 – et non Excel 1 – afin que la numérotation corresponde à la version Macintosh. Comme plus personne ne l'utilise, vous pouvez même ignorer qu'elle a existé.

- **Excel 3 :** sortie en 1990, cette version était dotée du langage de macro XLM. Plus personne ne l'utilise.
- **Excel 4 :** cette version datant de 1992 utilisait aussi le langage de macros XLM. Quelques très rares personnes adeptes du principe du « tant que ça marche, il n'y a pas de raison de changer » s'en servent encore.
- **Excel 5 :** cette version, apparue au début de l'année 1995, fut la première à utiliser le langage VBA, tout en supportant le XLM. Je me demande si des gens l'utilisent encore...
- **Excel 95 :** appelée aussi Excel 7 (il n'y eut pas de version 6), elle apparut durant l'été 1995. Elle bénéficiait de quelques améliorations au niveau du VBA et supportait le langage XLM.
- **Excel 97 :** cette version – connue aussi sous le nom d'Excel 8 – naquit en janvier 1997. Elle bénéficiait d'un grand nombre d'améliorations, notamment une toute nouvelle interface pour la programmation des macros VBA. Excel 97 se caractérisait aussi par un nouveau format de fichier non reconnu par les versions précédentes. Je crois avoir rencontré un jour un type qui s'en servait encore, mais j'ai oublié où et quand.
- **Excel 2000 :** appelée aussi Excel 9, cette version apparut en 1999 (remarquez les trois zéros de la version, les trois neuf de la date, et celui de la version, un rêve de numérologue…). Des améliorations furent apportées à l'interface utilisateur – notamment pour le travail en réseau –, mais au niveau de la programmation, elles furent mineures. Très peu de gens s'en servent encore.
- **Excel 2002 :** cette version, également nommée Excel 10 ou Excel XP, vit le jour fin 2001. Sa principale innovation fut sans doute la possibilité de récupérer le travail en cours en cas de plantage d'Excel. Excel 2002 a encore quelques fidèles.
- **Excel 2003 :** de toutes les mises à jour que j'ai connues (et je les ai *toutes* connues), Excel 2003 fut sans doute

la plus modeste. Autant dire que les inconditionnels d'Excel (moi y compris) furent terriblement déçus. Mais cette version reste encore assez utilisée, peut-être parce que c'est la dernière avant l'arrivée du fameux ruban.

- **Excel 2007 :** l'aube d'une nouvelle ère... Finis les anciens menus et les barres d'outils. Place au *ruban*. Personnellement, je fus très désappointé en constatant qu'il n'était pas possible de personnaliser le ruban avec VBA. Mais il y avait suffisamment de nouveautés pour me satisfaire, notamment un nouveau format de fichiers et le support de feuilles de calculs de très grande taille (plus d'un million de lignes !).

- **Excel 2010 :** cette version a apporté quelques nouveautés et améliorations, comme les graphiques Sparkline, et elle est plus performante dans certains domaines. Et, à ceux dont les classeurs sont vraiment volumineux, la version 64 bits répond à leur attente. Par contre, j'ai vivement regretté qu'il ne soit toujours pas possible de modifier le ruban en utilisant VBA.

- **Excel 2013 :** ce fut la première version d'Excel à proposer une interface SDI (*Single Document Interface,* « interface à document seul »). D'autres fonctionnalités sont apparues, comme le remplissage instantané et quelques fonctions de calcul. Mais le ruban n'est toujours pas mofiable en VBA !

NOTE TECHNIQUE

Ce livre a été écrit pour les versions 2013 et 2016 d'Excel. Avec les versions plus anciennes, des passages du livre pourraient poser des problèmes.

Que faut-il conclure de ce bref retour sur le passé ? Si vous envisagez de distribuer vos fichiers VBA/Excel à d'autres utilisateurs, il est crucial de savoir quelle version d'Excel ils utilisent. Ceux qui travaillent encore sur d'anciennes versions ne bénéficieront pas des particularités introduites dans les versions récentes. Par exemple, si vous écrivez du code VBA qui fait référence à la cellule XFD1048576 (la toute dernière dans un classeur), les utilisateurs d'Excel 2003 et d'auparavant n'obtiendront qu'un message d'erreur, car lurs feuilles de calcul n'ont que 65 536 lignes et 255 colonnes (soit comme dernière référence IV65536).

À partir d'Excel 2010, de nouveaux objets, méthodes et propriétés ont été implémentés. Si vous les introduisez dans vos codes, les utilisateurs de versions plus anciennes verront apparaître un message d'erreur. Et c'est à vous qu'ils s'en prendront.

La bonne nouvelle, c'est que Microsoft a publié un pack de compatibilité appelé Office Compatibility Pack, qui permet aux utilisateurs d'Excel 2003 et d'Excel XP d'ouvrir et d'enregistrer leurs classeurs dans le nouveau format de fichiers. Ce produit (gratuit, comme il se doit) ne permet pas d'accéder aux fonctionnalités plus récentes d'Excel, mais juste de travailler avec le format XLSX, ce qui n'est déjà pas si mal.

Chapitre 2

Dans le vif du sujet

Dans ce chapitre :

- Développer une macro VBA utile : un exemple pratique ; étape par étape.
- Enregistrer des actions avec l'enregistreur de macros d'Excel.
- Examiner et tester le code enregistré.
- Modifier une macro enregistrée
- Macros enregistrées : questions de sécurité.

Je ne suis pas un très bon nageur, mais je me suis laissé dire que le meilleur moyen de se baigner dans de l'eau froide, c'est de plonger dedans. C'est ce que nous ferons dans ce chapitre.

À la fin de ce chapitre, la programmation devrait vous paraître moins rébarbative et vous ne regretterez pas de vous y être plongé. Vous découvrirez une démonstration, étape par étape, du développement d'une macro simple, mais utile.

Avant de commencer...

Avant de vous autoproclamer Développeur Excel, vous devez passer par des rites d'initiation. En l'occurrence, il va vous falloir apporter quelques petites modifications à Excel pour qu'il affiche un nouvel onglet en haut de l'écran. Faire apparaître cet onglet est facile et n'a besoin d'être fait qu'une seule fois. Suivez simplement ces étapes :

1. **Cliquez du bouton droit quelque part sur le ruban et choisissez dans le menu qui apparaît Personnaliser le ruban.**

   La boîte de dialogue Options Excel va apparaître, la rubrique Personnaliser le ruban étant active.

2. **Dans la seconde colonne, à droite, localisez l'option Développeur. Cochez-la.**

3. **Cliquez sur OK pour confirmer.**

Un nouvel onglet, judicieusement appelé Développeur, apparaît au-dessus du ruban. Lorsque vous cliquez dessus, le ruban affiche des commandes utiles pour les programmeurs, c'est-à-dire pour vous. La Figure 2.1 vous montre à quoi ressemble tout cela dans Excel 2016.

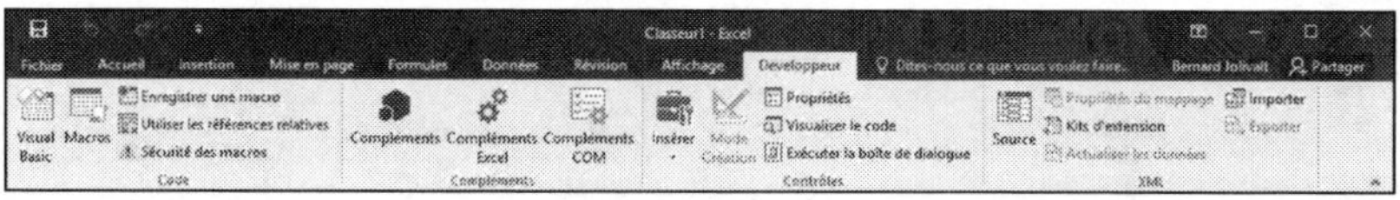

Figure 2.1 : L'onglet Développeur est caché par défaut, mais il est facile à révéler.

Ce que vous allez faire ici

Dans cette section, vous apprendrez à créer votre première macro. Elle vous servira à :

- Taper votre nom dans une cellule.
- Saisir la date et l'heure dans la cellule en dessous de la précédente.
- Mettre en forme les deux cellules pour afficher leur contenu en gras.
- Changer la taille des caractères dans les deux cellules afin qu'elle soit de 16 points.

Bien entendu, cette macro n'a aucune chance de remporter la grande compétition annuelle de programmation en VBA. Mais tout le monde doit bien commencer par quelque chose. Cette macro exécutera notre séquence d'actions d'un seul coup. Comme je l'explique dans les sections qui suivent, vous commencerez par enregistrer toutes les étapes une par une. Vous testerez ensuite la macro pour voir si elle fonctionne correctement. Enfin, vous l'éditerez pour lui ajouter quelques touches finales. Prêt ? Alors, allons-y.

Macros, premiers pas

Cette section décrit les préparatifs qui précèdent l'enregistrement de la macro. En d'autres termes, voici ce que vous devez faire avant de passer aux actes :

1. **Démarrez Excel si ce n'est déjà fait.**
2. **Si nécessaire, créez un nouveau classeur vide.**

   Le raccourci Ctrl+N le fait en un clin d'œil.
3. **Cliquez sur l'onglet Développeur et jetez un coup d'œil sur le bouton Utiliser les références relatives, dans le groupe Code.**

   Si la couleur de ce bouton est différente de celle des autres, vous êtes bien parti. Sinon, cliquez simplement dessus. Il devrait alors devenir vert.

Les références relatives sont expliquées dans le Chapitre 6. Pour le moment, veillez à ce que le bouton Utiliser les références relatives est activé (autrement dit, coloré).

Enregistrer la macro

Nous arrivons à la partie pratique. Exécutez scrupuleusement ces instructions :

1. **Sélectionnez une cellule.**

Peu importe laquelle.

2. **Ouvrez l'onglet Développeur, puis cliquez sur le bouton Enregistrer une macro dans le groupe Code.**

   La boîte de dialogue Enregistrer une macro apparaît (voir la Figure 2.2).

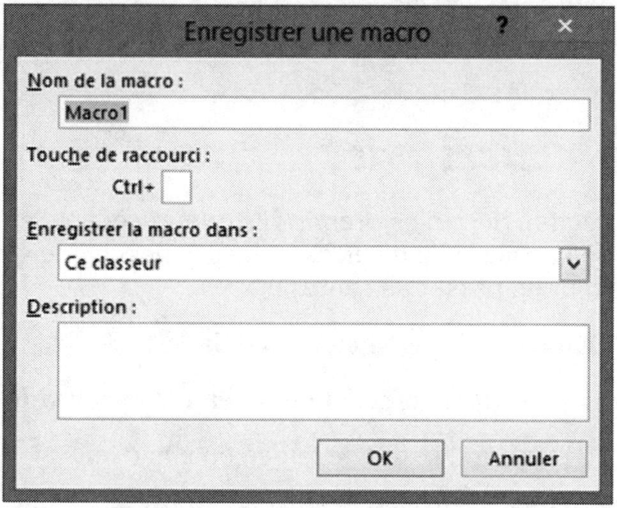

Figure 2.2 : Cette boîte de dialogue sert à enregistrer une macro.

3. **Attribuez un nom à la macro.**

   Excel propose un nom par défaut, Macro1, mais il est préférable d'en choisir un autre, plus évocateur, comme NomDate ou Nom_Date (les espaces n'étant pas acceptés, ils peuvent être remplacés par le caractère de soulignement).

4. **Pour la touche de raccourci, entrez** Maj+N.

   Cliquez dans la case Touche de raccourci. Celui que nous avons défini exigera l'appui sur les touches Ctrl+Maj+N.

   N'OUBLIEZ PAS

   Définir une combinaison de touches pour un raccourci est facultatif.

5. **Assurez-vous que le champ Enregistrer la macro dans, indique bien Ce classeur.**

6. **Si vous le souhaitez, saisissez un commentaire dans le champ Description.**

   Certaines personnes aiment bien préciser ce que fait la macro (ou ce qu'elle est *censée* faire).

7. **Cliquez sur OK.**

   La boîte de dialogue se ferme tandis qu'Excel active l'enregistreur de macros. Dès lors, Excel transcrit toutes vos actions, sans exception, en code VBA. Remarquez que le bouton Enregistrer une macro, dans le groupe Code de l'onglet Développeur, est maintenant remplacé par Arrêter l'enregistrement.

8. **Tapez votre nom dans la cellule active.**

9. **Déplacez le pointeur sur la cellule qui se trouve juste en dessous (il vous suffit en fait d'appuyer sur la touche Entrée). Saisissez alors la formule suivante :**

   ```
   =MANTENANT()
   ```

   Cette formule affiche la date et l'heure courantes.

10. **Validez puis revenez à la cellule précédente, et appuyez sur Ctrl+C pour copier la formule dans le Presse-papiers.**

11. **Activez l'onglet Accueil. Dans le groupe Presse-papiers, cliquez sur la petite pointe qui se trouve sous le bouton Coller, puis sur Valeurs (V) dans la section Coller des valeurs.**

    Cette commande convertit la formule en une simple valeur contenant la date et l'heure courantes.

12. **La cellule qui contient la date et l'heure étant toujours active, appuyez sur la combinaison Maj+flèche haut. Vous sélectionnez de cette manière la cellule courante et celle qui se trouve juste au-dessus (c'est-à-dire votre nom).**

13. **Utilisez les contrôles du groupe Police de l'onglet Accueil pour mettre le contenu des cellules en gras et à une taille de 16 points.**

14. **Revenez à l'onglet Développeur, puis dans le groupe Code, cliquez sur le bouton Arrêter l'enregistrement.**

    L'enregistreur de macros est désactivé.

Bravo ! Vous venez de créer votre première macro Excel en VBA.

Tester la macro

Vous allez maintenant vérifier le bon fonctionnement de la macro. Pour cela, sélectionnez une cellule vide et appuyer sur Ctrl+Maj+N. Excel exécute la macro en un éclair. Votre nom ainsi que la date et l'heure courantes apparaissent en gros caractères gras.

Une autre manière de procéder consiste à cliquer dans le groupe Code de l'onglet Développeur sur le bouton Macros afin d'afficher la boîte de dialogue Macro (vous pouvez aussi utiliser le raccourci Alt+F8). Sélectionnez votre macro dans la liste, en l'occurrence NomDate, ou bien le nom que vous avez défini, puis cliquez sur Exécuter. Assurez-vous au préalable que vous avez bien choisi la cellule dans laquelle vous voulez que votre nom apparaisse.

Examiner la macro

Jusqu'à présent, vous avez enregistré une macro et vous l'avez testée. Pour peu que vous ayez l'esprit curieux, vous vous demandez sans doute à quoi elle ressemble.

Vous vous souvenez que vous avez demandé à Excel de stocker la macro que vous avez enregistrée dans le classeur. Mais vous ne pouvez pas visionner son contenu directement dans

Excel. Pour l'afficher et la modifier, vous devez activer l'éditeur Visual Basic Editor (VBE pour les intimes).

Procédez comme suit pour voir le contenu de la macro :

1. **Sous l'onglet Développeur, cliquez dans le groupe Code sur le bouton Visual Basic (ou appuyez sur Alt+F11).**

   La fenêtre Microsoft Visual Basic apparaît, comme l'illustre la Figure 2.3. Comme elle est très personnalisable, elle peut être sensiblement différente sur votre propre ordinateur. L'éditeur Visual Basic contient plusieurs fenêtres qui vous intriguent certainement. D'ici peu, elles n'auront (presque) plus de secrets pour vous.

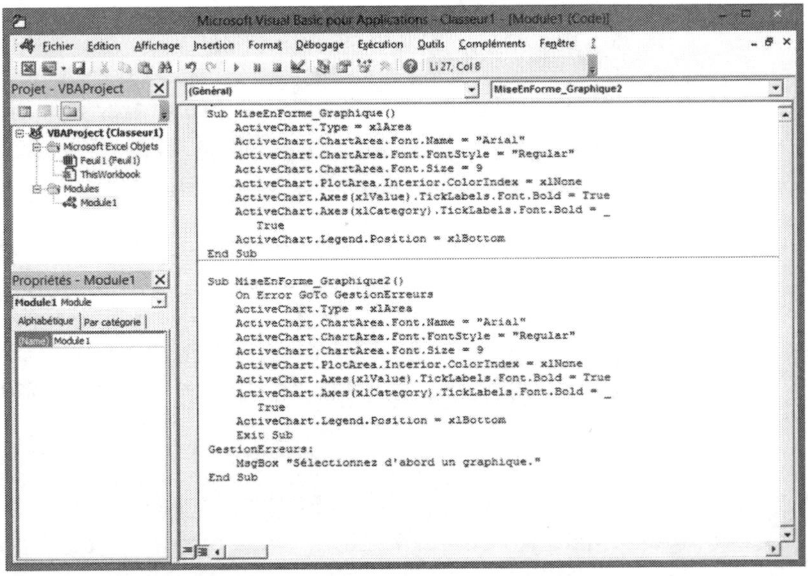

Figure 2.3 : C'est dans la fenêtre de l'éditeur Visual Basic que vous affichez et modifiez le code VBA.

2. **Localisez la fenêtre nommée Projet.**

   La fenêtre Projet – appelée aussi Explorateur de projets – contient la liste de tous les classeurs et compléments actuellement ouverts. Chaque projet est organisé en une *arborescence* qui peut être déployée pour afficher davantage d'informations, ou contractée pour plus de compacité.

L'éditeur VBE est constitué de plusieurs fenêtres qui peuvent être ouvertes ou fermées. Si une fenêtre n'est pas visible dans VBE, déroulez le menu Affichage et choisissez celle que vous désirez ouvrir. Par exemple, si la fenêtre Projet n'est pas ouverte, vous pouvez cliquer sur Explorateur de projets (notez aussi le raccourci Ctrl+R). Les autres fenêtres s'ouvrent d'une manière similaire. Je vous en dirais plus sur les composants de l'éditeur Visual Basic dans le Chapitre 3.

3. **Sélectionnez le projet correspondant au classeur dans lequel vous avez enregistré la macro.**

   Si vous n'avez pas encore enregistré votre classeur, le projet s'appelle sans doute VBAProject (Classeur1).

4. **Cliquez sur le signe plus (+), à gauche du dossier nommé Modules.**

   L'arborescence se déploie pour montrer le nom Module1, qui est à ce stade le seul du projet.

5. **Double-cliquez sur Module1.**

   Le code VBA de ce module s'affiche dans la fenêtre Code (reportez-vous à la Figure 2.3). La présentation peut être légèrement différente sur votre ordinateur. Bien entendu, ce code dépend aussi des actions particulières que vous avez pu exécuter lors de l'enregistrement de la macro.

À ce stade, le contenu de la macro vous semble probablement aussi obscur qu'un grimoire médiéval. Ne vous inquiétez pas : dans quelques chapitres, tout vous sera aussi clair que de l'eau de roche.

La macro NomDate comporte toute une série d'instructions. Excel les exécute les unes après les autres, en allant de haut en bas. Une instruction précédée d'une apostrophe (') est un commentaire. Un commentaire sert uniquement à documenter le programme. Il n'intervient pas dans la programmation et est ignoré par VBA.

La véritable première instruction VBA, qui commence par le mot *Sub*, identifie la macro en tant que *procédure* Sub et lui donne un nom. Le nom est celui que vous aviez tapé dans la boîte de dialogue Enregistrer une macro. L'instruction suivante demande à Excel de copier les cellules sélectionnées. Si vous suivez une à une les lignes de code, certaines vous donneront des renseignements compréhensibles. Vous pouvez par exemple y retrouver votre nom, la formule que vous avez entrée – en fait, la fonction francisée MAINTENANT() est enregistrée par Excel sous sa forme d'origine, soit NOW() – ainsi que du tas de code supplémentaire qui sert à changer le style des caractères. Une procédure Sub s'achève toujours par une instruction End Sub.

Je n'ai jamais enregistré tout ça !

Il a été dit précédemment que l'enregistrement d'une macro était comparable à un enregistrement avec un magnétophone. Quand vous écoutez votre propre voix, vous êtes toujours surpris et vous vous dites : « ce n'est pas ma voix, ça ». C'est pareil avec une macro : vous y trouvez toujours des éléments que vous pensez ne pas avoir enregistrés.

Par exemple, lorsque vous avez enregistré la macro NomDate, vous avez demandé à modifier la taille de la police, mais vous n'avez rien dit quant aux autres paramètres concernant celle-ci, comme le soulignement – Underline –, la mise en exposant – Superscript – et ainsi de suite. Cela arrive fréquemment car, lorsque vous enregistrez une action figurant dans une boîte de dialogue, Excel conserve une trace de toutes les options qui s'y trouvent, en plus de celles que vous validez. Dans un prochain chapitre, vous apprendrez à éliminer toutes ces scories d'une macro.

Modifier la macro

Comme vous vous en doutez certainement déjà, la fenêtre du code dans l'éditeur VBA vous permet non seulement de visualiser votre code, mais aussi de le modifier. Même si votre connaissance actuelle da sa syntaxe ne vous renseigne probablement pas sur ce qu'il est possible de faire à ce stade, voici ce que vous pouvez faire :

- Changer le nom que vous avez entré dans la cellule active, par exemple pour le remplacer par celui de votre chien ou celui de votre belle-mère.
- Modifier le nom ou la taille de la police de caractères.
- Déterminer quelle instruction il faudrait ajouter au code pour mettre le texte en italique, sachant que *True*, est Vrai, et *False*, Faux :

```
Selection.Font.Italic = True
```

TRUC

L'écriture d'un module VBA ressemble beaucoup à du traitement de texte, la frappe au kilomètre et le formatage en moins. C'est pourquoi vous devrez appuyer sur la touche Entrée à la fin de chaque ligne. En fait, la saisie dans l'éditeur Visual Basic ressemble à celle dans l'application Bloc-notes de Windows. Les combinaisons de touches, classiques sous Windows, fonctionnent comme d'habitude.

Les modifications terminées, il suffit de revenir à Excel pour tester la macro révisée afin de voir ce qu'elle donne. De la même manière que vous avez ouvert l'éditeur Visual Basic en appuyant sur Alt+F11, cette même combinaison vous ramène directement à Excel.

Sauvegarder un classeur qui contient des macros

Aprèsi avoir enregistré une ou plusieurs macros dans un classeur, celui-ci doit être enregistré avec le type *Classeur Excel prenant en charge les macros*. En d'autres termes, le fichier doit être sauvegardé avec l'extension XLSM au lieu de l'extension normale XLSX.

Par exemple, pour sauvegarder le classeur contenant la macro NomDate, la boîte de dialogue Enregistrer sous vous propose par défaut le format XLSX. Or celui-ci ne peut *pas* contenir de macros. Si vous persistez, vous verrez s'afficher le message d'avertissement illustré sur la Figure 2.4. Dans ce cas, cliquez sur le bouton Non, puis sélectionnez dans la liste Type l'option *Classeur Excel (prenant en charge les macros) (*.xlsm)*.

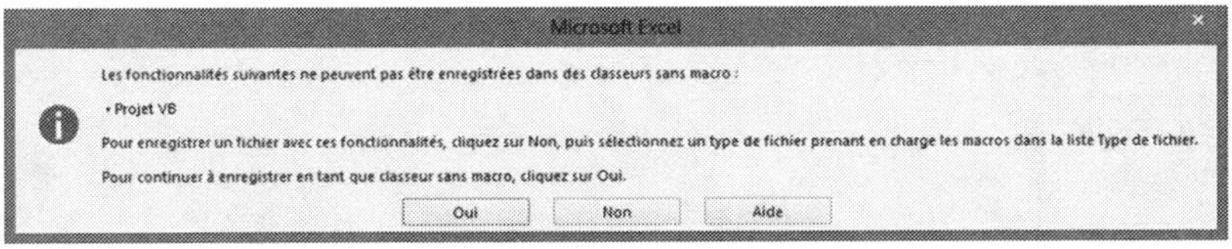

Figure 2.4 : Excel vous avertit qu'un classeur qui contient des macros ne peut pas être enregistré au format XLSX.

Comprendre la sécurité des macros

La sécurité des macros est une fonction essentielle dans Excel. La raison en est évidente : VBA est un langage puissant, et même si puissant qu'il est possible de créer une macro capable d'endommager sérieusement le contenu d'un ordinateur, par exemple en supprimant des fichiers, en envoyant des informations à d'autres ordinateurs, et même en effaçant des parties de Windows, rendant ainsi impossible le démarrage de votre système.

Les fonctions de sécurité des macros sont apparues dans la version 2007 d'Excel. Leur rôle est de prévenir tant que faire se peut ces types de problèmes.

La Figure 2.5 montre la section Paramètres des macros de la boîte de dialogue Centre de gestion de la confidentialité. Pour l'afficher, ouvrez l'onglet Développeur, puis cliquez dans le groupe Code sur le bouton Sécurité des macros.

Par défaut, Excel utilise le mode Désactiver toutes les macros avec l'option Notification. Quand vous ouvrez un classeur qui contient des macros, et si le fichier n'est pas « signé » numériquement ou enregistré dans un emplacement approuvé, Excel affiche un message d'avertissement semblable à celui de la

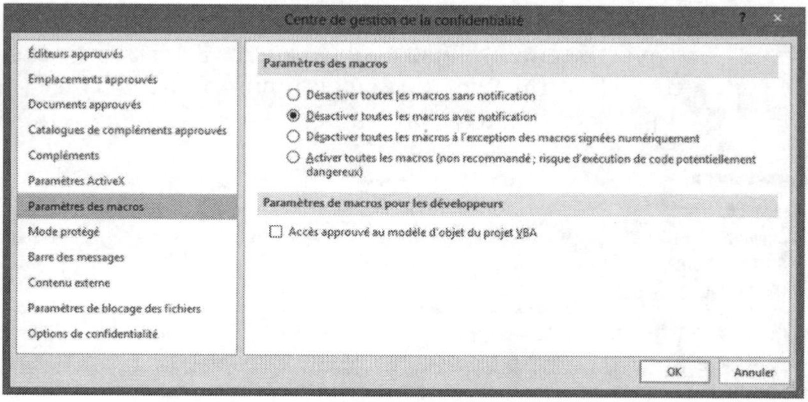

Figure 2.5 : La section Paramètres des macros de la boîte de dialogue Centre de gestion de la confidentialité.

Figure 2.6. Si vous êtes certain que le classeur provient d'une source sûre, cliquez sur le bouton Activer les macros. Dans le cas contraire, cliquez sur Désactiver les macros.

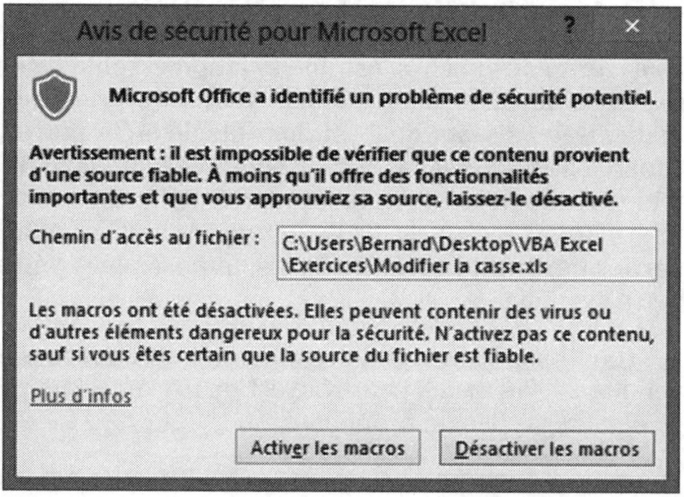

Figure 2.6 : Excel vous prévient que le classeur que vous essayez d'ouvrir contient des macros (cas si l'éditeur Visual Basic est ouvert).

N'OUBLIEZ PAS

Le message de la Figure 2.6 n'est visible que si l'éditeur Visual Basic est ouvert. Sinon, Excel affiche un avertissement de sécurité au-dessus de la barre de formule (Figure 2.7). Si vous savez que le classeur est sûr, cliquez sur le bouton Activer le contenu. Pour utiliser le classeur sans activer les macros, cliquez sur la croix de fermeture, à droite du bandeau de l'avertissement de sécurité.

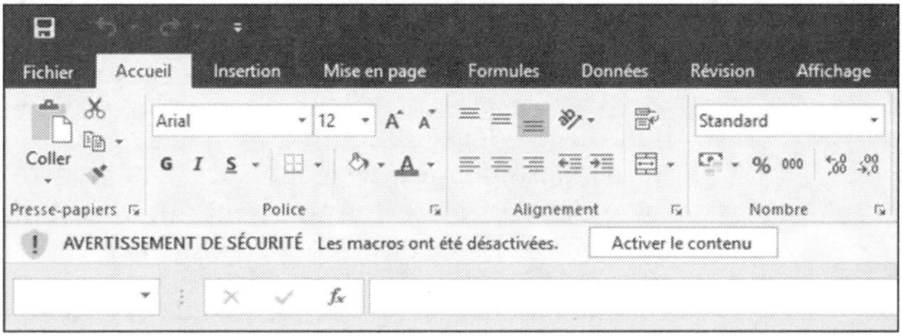

Figure 2.7 : Excel vous prévient que le classeur que vous essayez d'ouvrir contient des macros (cas si l'éditeur Visual Basic est fermé).

Quand vous spécifiez qu'un classeur est sûr, Excel s'en souvient. La prochaine fois que vous l'ouvrirez, vous ne verrez plus le message d'avertissement de sécurité (mais ce n'est pas le cas avec l'antique Excel 2007).

La meilleure manière de gérer cette affaire de sécurité des macros consiste peut-être à définir un ou plusieurs dossiers en tant qu'*emplacements sûrs*. Tous les classeurs enregistrés dedans sont ouverts sans déclencher ce genre de message. Vous spécifiez ces dossiers dans la section Emplacements approuvés du Centre de gestion de la confidentialité.

Pour en savoir plus sur les réglages de sécurité des macros d'Excel, appuyez sur la touche F1 lorsque la section Paramètres des macros de la boîte de dialogue Centre de gestion de la confidentialité est ouverte. L'aide correspondante d'Excel va s'afficher. Lisez ce qu'elle vous indique.

Plus sur la macro NomDate

Lorsque vous aurez terminé ce livre, vous comprendrez pleinement le fonctionnement de la macro NomDate, et vous saurez en plus développer des macros autrement plus sophistiquées. Pour l'instant, voici quelques remarques complémentaires sur l'exemple proposé dans ce chapitre :

- Pour que cette macro fonctionne, son classeur doit être ouvert. S'il est fermé, elle ne fonctionnera pas (et le raccourci clavier Ctrl+Maj+N ne donnera rien).
- Tant que le classeur contenant la macro est ouvert, cette macro peut être exécutée dans n'importe quel autre classeur ouvert. Autrement dit, il n'est pas nécessaire que le classeur qui héberge la macro soit actif.
- Aucune macro n'est parfaite, et celle-ci encore moins que les autres. En particulier, elle écrasera un texte existant sans vous prévenir et ses effets ne pourront pas être annulés.
- Avant de démarrer l'enregistrement de votre macro, vous lui avez affecté une touche de raccourci. Ce n'est là qu'un des nombreux moyens d'exécuter une macro (vous découvrirez d'autres techniques dans le Chapitre 5).
- Vous pourriez programmer la macro manuellement au lieu de l'enregistrer. Mais pour cela, vous devez maîtriser le langage VBA (patience, ça viendra...).
- Vous pourriez stocker cette macro dans votre Classeur de macros personnelles. Elle serait ainsi disponible chaque fois que vous démarrez Excel. Reportez-vous au Chapitre 6 pour en savoir plus sur le Classeur de macros personnelles.
- Un classeur peut aussi être converti en fichier de macro complémentaire.

Félicitations. Vous venez d'être initié au monde mystérieux de la programmation Excel. J'espère que ce chapitre vous aura persuadé qu'elle est à votre portée. Les chapitres qui suivent répondront aux questions que vous vous posez certainement.

Deuxième partie

Comment VBA travaille avec Excel

"Il paraît que ce sont les ingénieurs qui travaillent sur le gros ordinateur qui ont fait le gâteau de cette année."

Dans cette partie...

- Accéder aux composants importants de l'éditeur Visual Basic.
- Découvrir les modules de code VBA (les feuilles qui enregistrent votre code VBA).
- Généralités sur les modèles objets d'Excel.
- Comprendre deux notions essentielles : les propriétés des objets et les méthodes.
- Les différences entre sous-programmes et fonctions.
- Prendre en main l'enregistreur de macros d'Excel.

Chapitre 3

Visual Basic Editor

Dans ce chapitre :

- Comprendre Visual Basic Editor (VBE).
- Découvrir les éléments de Visual Basic Editor.
- Savoir ce que contient un module VBA.
- Les trois moyens d'introduire du code VBA dans un module.
- Personnaliser l'environnement VBA.

En tant qu'utilisateur chevronné d'Excel, vous en savez long sur les classeurs, les formules, les graphiques et autres joyeusetés de ce tableur. Le moment est à présent venu d'élargir vos horizons et de découvrir un aspect tout nouveau d'Excel : Visual Basic Editor, que nous appellerons souvent par commodité « éditeur VBE » (et tant pis pour le pléonasme) ou tout simplement VBE. Dans ce chapitre, vous apprendrez à l'utiliser et aussi à écrire du code VBA pur et dur.

À la découverte de Visual Basic Editor

Visual Basic Editor (VBE), est une application distincte dans laquelle vous écrivez et modifiez les macros en langage Visual Basic (VBA). Il fonctionne dans Excel, ou plus exactement, c'est à partir d'Excel que vous y accédez. Les deux sont donc étroitement liés.

Dans Excel 2016, tous les classeurs sont affichés dans des fenêtres distinctes. Par contre, il n'y a qu'une seule fenêtre VBE, associée à tous les classeurs Excel que vous ouvrez.

VBE ne peut pas être démarré séparément d'Excel. Vous ne pouvez y accéder qu'à partir d'Excel (même si aucun classeur n'est ouvert).

Activer VBE

Le moyen le plus rapide d'activer l'éditeur VBE consiste à appuyer sur Alt+F11, à partir d'Excel. Appuyez de nouveau sur Alt+F11 pour revenir dans Excel. Il est aussi possible, très classiquement, d'obtenir le même résultat en cliquant sur la case de fermeture de VBE, à droite de sa barre de titre.

L'éditeur VBE peut également être ouvert à partir du ruban d'Excel : activez l'onglet Développeur, puis cliquez dans le groupe Code sur le bouton Visual Basic. Si vous ne voyez pas cet onglet, reportez-vous au début du Chapitre 2 où j'explique comment le faire apparaître.

Comprendre les composants de VBE

La Figure 3.1 montre la fenêtre du programme VBE et quelques-uns de ses composants. Comme il se passe beaucoup de choses dans cette fenêtre, agrandissez-la au maximum.

Il est fort probable que la fenêtre de votre éditeur VBE différe quelque peu de celle de la Figure 3.1, car VBE est hautement personnalisable. Les composants peuvent en effet être masqués, redimensionnés, ancrés, redisposés, *etc.*

En réalité, l'éditeur VBE possède bien plus de composants que ceux représentés sur la Figure 3.1. Nous y reviendrons au fil de ce livre, au moment opportun.

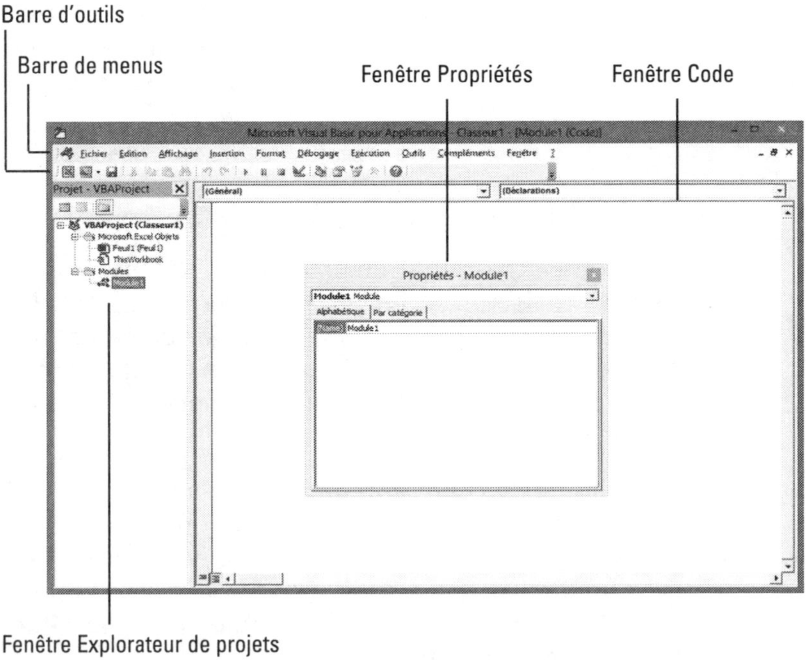

Figure 3.1 : La fenêtre VBE est personnalisable.

La barre de menus

La barre de menus de l'éditeur VBE fonctionne exactement comme toutes celles que vous avez pu rencontrer jusqu'ici. Elle contient les commandes qui permettent d'effectuer diverses actions dans les différentes parties du programme. Bon nombre de ces commandes ont des raccourcis clavier.

TRUC

L'éditeur VBE ne manque pas de raccourcis clavier. Vous les découvrirez comme d'habitude à droite des commandes. Et, toujours comme d'habitude, un clic du bouton droit révèlera un menu contextuel adapté à l'objet concerné.

Les barres d'outils

La barre d'outils Standard, située par défaut juste sous la barre de menus (revoyez la Figure 3.1), est l'une des quatre barres d'outils disponibles dans VBE. Elles fonctionnent toutes sur le même principe que celles que vous trouvez dans bien d'autres programmes, et peuvent par conséquent être personnalisées, déplacées ou masquées. Vous les trouverez dans le menu Affichage > Barres d'outils.

La fenêtre Explorateur de projets

La fenêtre Explorateur de projets affiche l'arborescence de tous les classeurs actuellement ouverts dans Excel, y compris les macros complémentaires et les classeurs masqués. Nous étudierons cette fenêtre plus en détail dans la section « Travailler avec l'Explorateur de projets », plus loin dans ce chapitre.

Si la fenêtre de l'Explorateur de projets n'est pas visible, appuyez sur Ctrl+R ou choisissez Affichage > Explorateur de projets. Pour la refermer, cliquez sur son bouton Fermer, dans la barre de titre, ou cliquez du bouton droit n'importe où dans la fenêtre et, dans le menu contextuel qui apparaît, choisissez la commande Masquer.

La fenêtre Code

La fenêtre Code, parfois appelée « fenêtre Module », contient le code VBA que vous saisissez. Elle est associée à chaque objet d'un projet. Pour voir la fenêtre de code d'un objet, double-cliquez sur celui-ci – sur Feuil1, par exemple – dans la fenêtre Explorateur de projets. Si un objet n'a pas de code VBA, sa fenêtre Code est vide.

Vous en apprendrez davantage dans la section « Travailler dans la fenêtre Code », plus loin dans ce chapitre.

La fenêtre Exécution

La fenêtre Exécution est ou n'est pas visible. Si vous ne la voyez pas, appuyez sur Ctrl+G ou choisissez Affichage > Fenêtre Exécution. Pour la fermer, cliquez sur son bouton Fermer, dans la barre de titre, ou cliquez du bouton droit n'importe où dans la fenêtre et, dans le menu contextuel, choisissez Masquer.

La fenêtre Exécution sert surtout à exécuter directement des instructions VBA, notamment pour déboguer du code. Si vous débutez en VBA, elle ne vous sera pas très utile. Masquez-la pour gagner de la place. Je reviendrais en détail sur cette fenêtre dans le Chapitre 13. Si cela se trouve, vous ne pourrez plus vous en passer.

Quoi de neuf dans Visual Basic Editor ?

Excel 2007 a introduit une interface totalement nouvelle. Les menus et les barres d'outils furent remplacés par le fameux ruban, celui qui a dérouté tant d'utilisateurs habitués à leurs rangées de commandes et de boutons. Par contre, VBE n'a jamais subi cette cure de jouvence et conservé l'ancien style d'interface utilisateur. Menus et barres d'outils sont donc toujours au rendez-vous.

Le langage VBA a été mis à jour pour s'accommoder des nouvelles fonctionnalités d'Excel, mais rien d'autre n'a changé. Microsoft mettra peut-être le VBE à jour, mais je ne parierais rien là-dessus.

En revanche, le système d'aidea évolué. Par le passé, il était était stocké dans votre ordinateur, avec la possibilité d'y accéder par Internet. Dans Excel 2016, tout se passe intégralement sur Internet. L'aide s'affiche désormais dans le navigateur Internet. Bref, vous ne pouvez accéder à l'aide que si l'ordinateur est connecté à Internet.

Travailler avec l'Explorateur de projets

Dans l'éditeur VBE, chaque classeur et macro complémentaire que vous ouvrez est un projet. Un *projet* est en quelque sorte une collection d'objets disposés rationnellement, sous la forme d'une arborescence. Un projet peut être déployé en cliquant sur le signe plus (+) à gauche de son nom, dans la fenêtre Explorateur de projets. Cliquer sur le signe moins (-)

rétracte le projet. Un double clic sur un nom donne le même résultat.

Quand un projet est protégé par un mot de passe, celui-ci vous sera demandé après avoir double-cliqué sur le nom de ce projet. Si vous ne connaissez pas ce mot de passe, vous ne pourrez pas visualiser, et encore moins modifier, le contenu du projet ainsi protégé.

La Figure 3.2 montre trois projets. Le premier correspond au classeur qui a servi d'exemple dans le chapitre précédent, le second à un nouveau classeur en cours d'élaboration, et le troisième au classeur qui me sert à gérer mon planning de travail.

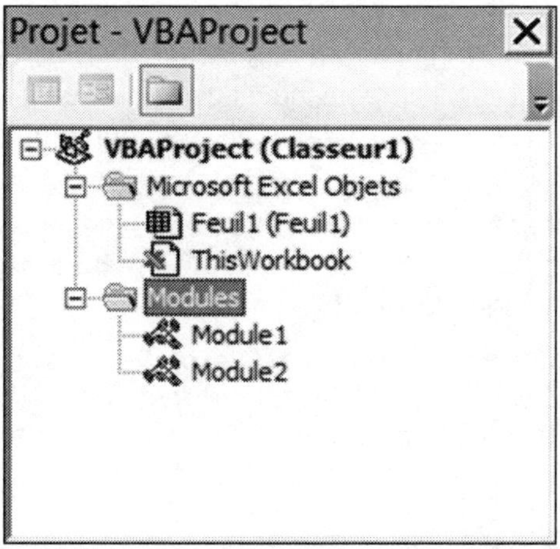

Figure 3.2 : Trois projets sont visibles dans la fenêtre de l'Explorateur.

Lorsqu'il est déployé, un projet révèle au moins un *nœud* appelé Microsoft Excel Objects. Ce nœud peut à son tour être déployé pour afficher chacune des feuilles de calcul du classeur – chaque feuille est considérée comme un objet – et également un autre objet appelé ThisWorkbook (ce classeur). Quand un objet a reçu des modules VBA, l'arborescence du projet les montre aussi. Comme vous le découvrirez dans la quatrième partie, un projet peut également contenir un nœud appelé Forms qui contient des objets UserForm (forme utilisateur), également appelés *boîtes de dialogue personnalisées*.

Cette notion d'objets peut vous sembler quelque peu obscur, mais je vous assure que vous y verrez plus clair dans les chapitres à venir. Ne vous en faites pas si, pour le moment, quelques-unes de ces notions vous échappent encore.

Ajouter un nouveau module VBA

Procédez comme suit pour ajouter un nouveau module VBA à un projet :

1. **Sélectionnez le nom du projet dans la fenêtre Explorateur de projets.**

2. **Choisissez Insertion > Module.**

ou

1. **Cliquez du bouton droit sur le nom du projet.**

2. **Dans le menu contextuel, choisissez Insertion > Module.**

TRUC

Quand vous enregistrez une macro, Excel insère automatiquement un module VBA contenant le code de l'enregistrement. Le classeur concerné est celui qui était actif au moment où vous avez lancé l'enregistrement de la macro.

Supprimer un module VBA

Vous devez retirer un module VBA d'un projet ? Cela peut arriver si, par exemple, vous n'avez plus besoin du code qu'il contient, ou bien encore parce qu'il est vide (vous avez demandé à l'insérer, mais vous avez changé d'avis). Suivez ces étapes :

1. **Sélectionnez le nom du projet dans la fenêtre Explorateur de projets.**

2. **Choisissez Fichier > Supprimer xxx, où xxx est le nom du module.**

ou

1. **Cliquez du bouton droit sur le nom du module.**
2. **Dans le menu contextuel, choisissez Supprimer xxx, où xxx est le nom du module.**

   Excel s'efforce toujours de vous empêcher de commettre une bourde. Il affiche donc un message de confirmation et propose d'exporter le module avant de le supprimer. Si vous êtes tenté de cliquer sur Oui, voyez ce que dit à ce sujet la section suivante.

Vous pouvez supprimer des modules VBA, mais jamais les autres modules de code, notamment des objets de type Feuil (feuille de calcul) ou ThisWorkbook (ce classeur).

Exporter ou importer des objets

Chacun des objets d'un projet VBA peut être sauvegardé dans un fichier séparé. L'enregistrement d'un objet d'un projet est une *exportation*. Il va de soi que l'*importation* est aussi possible. Ces opérations peuvent s'avérer utiles pour réutiliser un objet particulier – comme un module ou un UserForm – dans un autre projet. Ou encore pour en envoyer une copie à un ou une collègue, qui pourra à son tour importer cet objet dans son propre projet.

Procédez comme suit pour exporter un objet :

1. **Sélectionnez un objet dans la fenêtre Explorateur de projets.**
2. **Choisissez Fichier > Exporter un fichier ou appuyez sur Ctrl+E.**

   Une boîte de dialogue vous invite à nommer le fichier. Notez que l'objet lui-même reste présent dans le projet ; seule une copie est exportée. Excel ajoute automatiquement la bonne extension de fivhier pour cet enregistrement, chaque type d'objet étant associé à un type de fichier spécifique. Mais dans tous les cas, il en résulte un fichier de texte qu'il est possible d'ouvrir, par exemple, dans le bloc-notes de Windows afin de jeter un coup d'œil à son contenu.

L'importation d'un fichier dans un projet s'effectue ainsi :

1. **Sélectionnez le nom d'un projet dans la fenêtre Explorateur de projets.**

2. **Choisissez Fichier > Importer un fichier ou appuyez sur Ctrl+M.**

   Une boîte de dialogue demande d'indiquer le fichier à importer.

3. **Localisez le fichier puis cliquez sur le bouton Ouvrir.**

   Ou double-cliquez sur le fichier.

N'importez que des fichiers qui ont été exportés au travers de la procédure Fichier > Exporter.

Travailler dans la fenêtre Code

Quand vous connaîtrez mieux le langage VBA, vous travaillerez beaucoup dans la fenêtre Code. Les macros que vous enregistrez sont stockées dans des modules, mais vous pouvez aussi écrire directement votre propre code dans un module VBA. Juste pour que les choses soient claires, sachez qu'un module VBA contient votre code VBA, tandis que le contenu d'un module VBA est affiché dans la fenêtre Code.

Agrandir et réduire les fenêtres

Quand plusieurs projets sont ouverts, l'éditeur VBE peut être encombré de fenêtres Code, comme l'illustre la Figure 3.3.

À l'instar des feuilles de calcul Excel, les fenêtres Code peuvent être agrandies, réduites, masquées, redisposées, *etc.* La plupart des gens préfèrent les agrandir et bénéficier ainsi

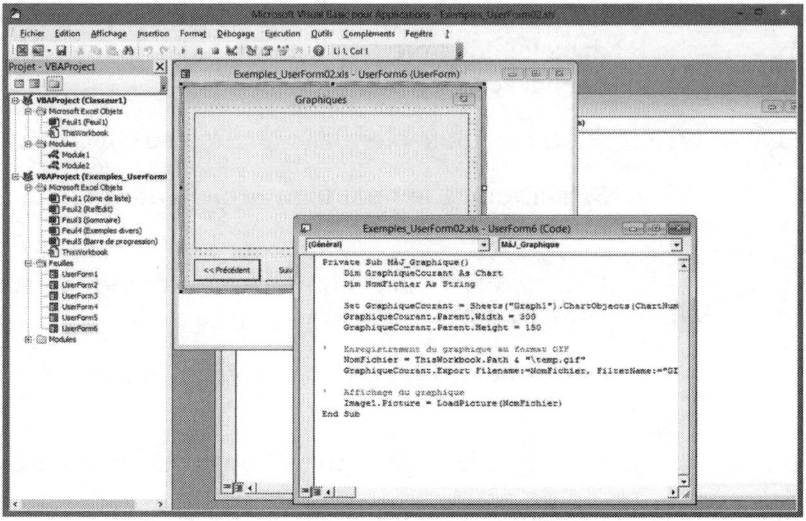

Figure 3.3 : Accumuler des fenêtres Code n'est pas recommandé.

d'une surface de travail plus confortable tout en évitant de se laisser distraire.

Pour maximiser une fenêtre Code, cliquez sur le bouton Agrandir de sa barre de titre. Ou plus simplement, double-cliquez dans la barre de titre. Pour ramener la fenêtre à ses dimensions d'origine, cliquez sur le bouton Restaurer, dans cette même barre de titre.

Vous voudrez parfois afficher simultanément plusieurs fenêtres Code afin de comparer leur contenu ou de procéder à un copier-coller. Les fenêtres peuvent être disposées manuellement ou avec la commande Fenêtre > Mosaïque horizontale, ou Fenêtre > Mosaïque verticale.

La combinaison Ctrl+F6 permet de passer rapidement d'une fenêtre à une autre. Répétez-la jusqu'à ce que la fenêtre voulue passe au premier plan. Pour un déplacement en sens inverse, utilisez la combinaison Ctrl+Maj+F6.

TRUC

Réduire une fenêtre Code l'ôte de la vue. Mais en cliquant sur le bouton Fermer, à droite dans la barre de titre, vous la quittez complètement. Pour rouvrir la fenêtre, double-cliquez sur l'objet approprié, dans l'Explorateur de projets.

Créer un module

En règle générale, un module VBA peut contenir trois types de code :

- **Des déclarations :** ce sont une ou plusieurs instructions fournies à VBA à titre informatif. Par exemple, vous pouvez déclarer le type des variables que vous comptez utiliser, ou encore définir les paramètres d'un module. Les déclarations servent uniquement à écrire un code plus beau et mieux organisé. Elles ne sont pas exécutées.
- **Des procédures Sub :** ce sont des ensembles d'instructions qui exécutent telle ou telle action.
- **Des procédures Function :** ce sont des ensembles d'instructions qui retournent une seule valeur (le principe est celui d'une fonction d'Excel comme SOMME).

Un seul module VBA peut contenir un nombre illimité de procédures Sub, de procédures Function et de déclarations. D'accord, il existe tout de même une limite, qui est de 64 000 caractères par module. À titre de comparaison, ce chapitre contient moitié moins de caractères… Après quinze ans de programmation, je n'ai jamais atteint cette limite, et je ne m'en suis même jamais approché. Dans le pire des cas, la solution est simple : vous insérez un module supplémentaire et le tour est joué.

La manière d'organiser un module VBA ne dépend que de vous. Certains programmeurs aiment réunir tout le code VBA d'une application dans un seul module VBA. D'autres préfèrent le répartir dans plusieurs modules. C'est juste une affaire de choix personnel.

Placer du code VBA dans un module

Un module VBA est un peu comme ces mets factices que l'on voit parfois dans la vitrine de certains restaurants : c'est appétissant, mais pas nutritif. Pour que la fenêtre Code soit opérationnelle, du code VBA doit être introduit dans le module VBA. Vous avez le choix entre trois possibilités :

- Taper le code directement dans la fenêtre.
- Utiliser l'enregistreur de macros d'Excel pour mémoriser vos actions et les convertir en code VBA (nous y reviendrons au Chapitre 6).
- Copier le code d'un module et le coller dans un autre.

NOTE TECHNIQUE

Un peu de terminologie

Tout au long de cet ouvrage, vous rencontrerez les mots ,, et Tous ces termes prêtent quelque peu à confusion. Dans le jargon de la programmation, le mot « procédure » désigne une tâche automatisée. Techniquement, une procédure peut être de type Sub ou Function ; toutes deux sont parfois appelées « routine ». J'utilise souvent un de ces termes à la place de l'autre. Mais, comme je l'expliquerai en détail dans les prochains chapitres, il existe une différence importante entre les procédures Sub et Function. Pour le moment, ne vous souciez pas trop de la terminologie. Contentez-vous d'en assimiler les principes.

Entrer du code directement

La route la plus directe est parfois la meilleure. Entrer du code directement, c'est le taper dans le module en pianotant de vos doigts agiles sur le clavier. Le code ainsi saisi peut être sélectionné, copié, coupé, collé, *etc.*

Appuyez sur la touche Tab pour mettre les lignes en retrait (ce que l'on appelle une *indentation*) et améliorer ainsi la lisibilité du code. Ce n'est pas une obligation, mais c'est toutefois une excellente habitude à acquérir. Vous comprendrez l'intérêt de cette présentation lorsque vous déchiffrerez les programmes proposés dans ce livre.

N'OUBLIEZ PAS

Une ligne de code VBA – appelée aussi *instruction* – peut être aussi longue que vous le désirez. En revanche, pour la faire revenir à la ligne, vous devrez utiliser le caractère de continuation, c'est-à-dire un espace suivi d'un soulignement (_). Voici un exemple d'instruction répartie sur trois lignes :

```
Selection.Sort Key1:=Range("A1"), _
    Ordre:=xlAscending, Header:=xlGuess, _
    Orientation:=xlTopToBottom
```


Cette instruction est exécutée comme si elle avait été saisie sur une seule ligne, sans les caractères de continuation. Remarquez le retrait de la deuxième et de la troisième ligne, qui met en évidence le fait qu'il s'agit d'une seule et même instruction, et non de trois instructions distinctes.

TRUC

Un module VBA possède de multiples niveaux d'annulation et de rétablissement. Vous pouvez donc récupérer une instruction qui n'aurait pas dû être modifiée, ou qui a été supprimée par erreur, en cliquant autant de fois qu'il est nécessaire dans la barre d'outils sur le bouton Annuler pour revenir à une situation saine, ou appuyez sur Ctrl+Z. Le bouton Répéter sert à inverser une annulation. L'utilisation de ces fonctions d'annulation et de rétablissement est plus difficile à décrire qu'à utiliser. Vous comprendrez leur fonctionnement à l'usage.

Prêt à taper du code ? Allons-y :

1. **Créez un nouveau classeur dans Excel.**
2. **Appuyez sur Alt+F11 pour activer l'éditeur VBE.**
3. **Dans la fenêtre de l'Explorateur de projets, cliquez sur le nom du nouveau classeur.**
4. **Choisissez la commande Insertion > Module afin d'insérer un module VBA dans le projet.**
5. **Tapez le code que voici dans le module :**

```
Sub DevineMonNom()
    Msg = "Votre nom est-il " & Application.UserName & "?"
    Réponse = MsgBox(Msg, vbYesNo)
    If Réponse = vbNo Then MsgBox "Oups, autant pour moi."
    If Réponse = vbYes Then MsgBox "Je suis devin (de Bordeaux)"
End Sub
```

6. **Veillez à ce que le curseur se trouve quelque part dans le texte que vous venez de taper, puis enfoncez la touche F5 pour exécuter la procédure.**

   La touche F5 est le raccourci de la commande Exécution > Exécuter Sub-UserForm. Si le code a été entré sans erreur, Excel exécute la procédure. Vous pourrez alors répondre à la question affichée dans la boîte de dialogue de la Figure 3.4. Bien entendu, c'est votre propre nom, tel qu'il a été enregistré lors de l'installation d'Excel, qui devrait vous être proposé.

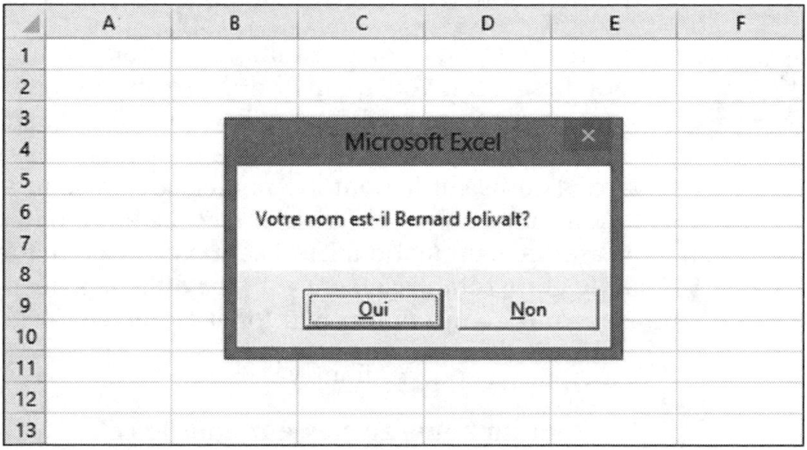

Figure 3.4 : La procédure DevineMonNom affiche cette boîte de dialogue.

Erreur de compilation ?

Il est possible que la macro DevineMonNom ne fonctionne pas. Excel affiche alors un message d'erreur signalant qu'une variable n'est pas définie. Pas de panique ! Le problème est assez simple à résoudre.

Regardez le début de votre module. Si vous y voyez l'expression `Option Explicit`, supprimez simplement cette ligne, et la macro devrait s'exécuter sans problème. Elle indique en effet que vous devez toutes vos variables. Cette question est traitée dans le Chapitre 7. De plus, sa présence indique que VBE a été configuré pour l'ajouter automatiquement. Contentez-vous de la supprimer et oubliez cette interruption intempestive.

En entrant le code listé à l'Étape 5, vous aurez remarqué que l'éditeur VBE a procédé à quelques menues interventions sur le texte que vous avez saisi. Par exemple, après avoir tapé l'instruction Sub, il a automatiquement inséré l'instruction End Sub. Et si vous avez oublié d'insérer un espace avant ou après le signe d'égalité, il l'aura fait à votre place. De plus, l'éditeur VBE modifie la casse et la couleur de certains textes. Rien de plus normal : c'est pour que votre prose soit toujours claire, nette et lisible.

Si vous avez suivi les étapes proposées, vous avez écrit une procédure VBA de type Sub, aussi appelée *macro*. Quand vous appuyez sur F5, Excel exécute le code et suit les instructions. Autrement dit, il évalue chaque instruction et fait ce qu'elles lui ordonnent de faire. Cette macro peut être exécutée et réexécutée à volonté, mais à vrai dire, on s'en lasse assez vite. Elle est fondée sur les principes suivants, sur lesquels nous reviendrons plus loin dans ce livre :

- Définition d'une procédure Sub (à la première ligne).
- Affectation de valeurs aux variables (Msg et Réponse).
- *Concaténation* (mise bout à bout) de chaînes de caractères (avec l'opérateur &).
- Utilisation d'une fonction VBA prédéfinie (MsgBox).
- Utilisation de constantes VBA prédéfinies (vbYesNo, vbNo et vbYes).
- Utilisation d'une construction conditionnelle If-Then (deux fois).
- Achèvement par une procédure Sub (à la dernière ligne).

Pas mal pour un début, non ?

Utiliser l'enregistreur de macros

Un autre moyen d'entrer du code dans un module VBA consiste à enregistrer les actions directement depuis Excel. Si vous avez effectué l'exercice proposé au Chapitre 2, vous avez sans doute une petite expérience de cette technique.

Il n'existe absolument aucune manière d'enregistrer la procédure DevineMonNom programmée à la section précédente. Vous ne pouvez enregistrer que les actions exécutables directement dans Excel. Or, l'affichage d'un message dans une boîte de dialogue ne figure pas dans les commandes du tableur (c'est du VBA pur jus). L'enregistreur de macros est certes utile, mais, dans de nombreux cas, vous devrez ajouter du code manuellement.

Voici un exemple d'enregistrement, étape par étape, d'une macro qui insère une nouvelle feuille de calcul et masque tout, sauf les dix premières lignes et les dix premières colonnes. Commencez par ouvrir un nouveau classeur vierge (utilisez la combinaison Ctrl+N pour aller plus vite) puis suivez ces étapes :

1. **Activez une feuille de calcul du classeur.**

   N'importe laquelle fera l'affaire.

2. **Activez l'onglet Développeur, et assurez-vous que le bouton Utiliser les références relatives est désactivé (pas de fond coloré). Sinon, cliquez dessus.**

   La macro sera enregistrée en utilisant des références (ou adresses) absolues.

3. **Toujours sous l'onglet Développeur, cliquez sur le bouton Enregistrer une macro (ou sur le bouton qui se trouve à droite de l'indicateur Prêt, à gauche de la barre d'état).**

   Excel affiche la boîte de dialogue Enregistrer une macro.

4. **Appelez par exemple votre nouvelle macro DixSurDix, et choisissez la combinaison Maj+T comme touche de raccourci.**

   La macro sera exécutée lorsque vous appuierez sur Ctrl+Maj+T.

5. **Cliquez sur OK pour lancer l'enregistrement.**

   Excel insère automatiquement un nouveau module dans le projet correspondant au classeur actif. Dès lors, Excel convertit toutes vos actions en code VBA. Au cours de l'enregistrement, l'icône de la barre d'état devient un petit carré. C'est une manière de vous rappeler qu'une « prise de vue vidéo » est en cours. Vous pouvez cliquer sur ce bouton pour stopper l'enregistrement.

6. **Cliquez sur le bouton Nouvelle feuille. C'est le signe « + » qui se trouve à droite du dernier onglet de feuille.**

   Excel insère une nouvelle feuille de calcul.

7. **Sélectionnez la 11e colonne en entier en cliquant sur son en-tête (K) puis appuyez sur Ctrl+Maj+flèche droite. Ceci sélectionne toute la partie droite de la feuille de calcul. Cliquez du bouton droit dans la sélection puis, dans le menu contextuel, choisissez la commande Masquer.**

   Excel masque toutes les colonnes sélectionnées.

8. **Sélectionnez la totalité de la ligne 11. Appuyez ensuite sur Ctrl+Maj+flèche bas pour sélectionner toutes les lignes vers le bas. Cliquez du bouton droit dans la sélection puis, dans le menu contextuel, choisissez la commande Masquer.**

   Excel masque toutes les lignes sélectionnées.

9. **Sélectionnez la cellule A1.**

10. **Dans le groupe Code de l'onglet Développeur, cliquez sur le bouton Arrêter l'enregistrement. Ou alors, cliquez sur le petit carré à gauche dans la barre d'état.**

    Excel cesse d'enregistrer vos actions.

Pour voir le contenu de cette nouvelle macro, appuyez sur Alt+F11 afin d'activer l'éditeur VBE. Localisez le nom du classeur dans la fenêtre de l'Éditeur de projets : vous constaterez qu'un nouveau module y a été ajouté. Son nom dépend de l'existence ou non d'autres modules dans le classeur, lorsque vous avez commencé à enregistrer la macro. S'il n'y en avait pas, le module est nommé Module1. Double-cliquez dessus pour voir le code.

Vos actions ont généré le code suivant :

```
Sub DixSurDix()
'
' DixSurDix Macro
'
' Touche de raccourci du clavier: Ctrl+Shift+T
'
    Sheets.Add After:=ActiveSheet
    Columns("K:K").Select
    Range(Selection, Selection.End(xlToRight)).Select
    Selection.EntireColumn.Hidden = True
    Rows("11:11").Select
    Range(Selection, Selection.End(xlDown)).Select
    Selection.EntireRow.Hidden = True
    Range("A1").Select
End Sub
```

Pour tester cette macro, activez une feuille de calcul – n'importe laquelle – et appuyez sur Ctrl+Maj+T, le raccourci défini à l'Étape 4. Ne vous inquiétez pas si vous avez sauté cette étape, car voici comment afficher la liste de toutes les macros disponibles et exécuter celle qui vous intéresse :

1. **Dans le groupe Code de l'onglet Développeur, cliquez sur le bouton Macros.**

   Les amateurs de raccourcis peuvent utiliser la combinaison Alt+F8. Les deux méthodes se valent.

2. **Sélectionnez votre macro dans la liste (en l'occurrence, DixSurDix).**

3. **Cliquez sur le bouton Exécuter.**

   Excel exécute la macro. Vous obtenez une nouvelle feuille vierge dans laquelle seules les dix premières lignes et les dix premières colonnes sont visibles.

Il est possible d'exécuter autant d'actions que l'on veut pendant que l'enregistreur de macros fait sa besogne. Excel transcrira fidèlement toutes vos actions à la souris et au clavier en code VBA.

Bien entendu, il est parfaitement possible de modifier une macro. Essayez par exemple de changer le DixSurDix en NeufSurNeuf. Un bon point de départ pour une grille de Sudoku !

Copier du code VBA

La dernière technique d'introduction de code dans un module VBA consiste à le recopier à partir d'un autre module, ou d'une source différente, comme du code proposé sur un site Internet. Par exemple, une procédure Sub ou Function que vous auriez écrite pour un projet peut fort bien convenir à un autre projet. Au lieu de perdre du temps à ressaisir le code, il est plus efficace d'activer le module et de procéder à un classique copier-coller *via* le Presse-papiers. Après avoir collé le code, modifiez-le au besoin.

Notez qu'il est possible de trouver quantité de code VBA sur le Web. Si vous voulez récupérer une procédure Sub, par exemple, sélectionnez-la dans votre navigateur et appuyez sur Ctrl+C. Activez ensuite un module dans VBE, et appuyez sur Ctrl+V pour coller ce texte.

Du code trouvé sur un site Internet doit parfois être corrigé. Par exemple, des guillemets typographiques doivent parfois être convertis en guillemets droits. Et parfois, de longues lignes sont scindées par un caractère de retour à la ligne. Les instructions erronées sont faciles à détecter dans VBE car elles apparaissent en rouge.

Personnaliser l'environnement VBA

Si vous êtes vraiment motivé par la programmation Excel, vous passerez beaucoup de temps dans la fenêtre Code des modules VBA. Pour rendre le travail plus confortable – inutile de chercher vos charentaises –, l'éditeur VBE dispose de quelques options de personnalisation.

L'éditeur VBE étant actif, choisissez Outils > Options. La boîte de dialogue qui apparaît contient quatre onglets : Éditeur, Format de l'éditeur, Général et Ancrage. Dans les sections qui suivent, nous examinerons les options les plus utiles.

L'onglet Éditeur

La Figure 3.5 montre les paramètres de l'onglet Éditeur de la boîte de dialogue Options. Ils contrôlent le fonctionnement de divers aspects de l'éditeur VBE.

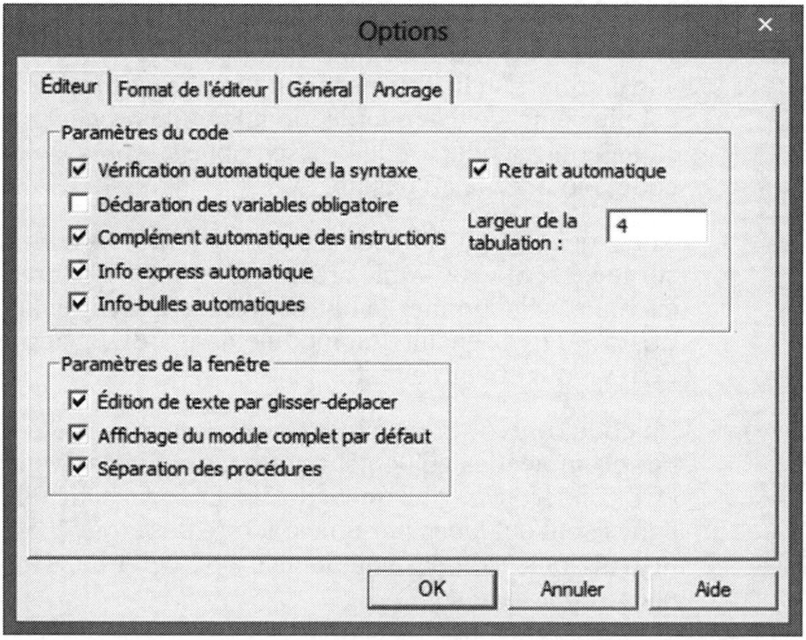

Figure 3.5 : L'onglet Éditeur de la boîte de dialogue Options.

Vérification automatique de la syntaxe

L'option Vérification automatique de la syntaxe sert à afficher ou non une boîte de dialogue si une erreur de syntaxe a été découverte lors de la saisie du code VBA. Elle indique en quelques mots la nature du problème. Si vous ne choisissez pas cette option, l'éditeur VBE signale les erreurs en montrant le code incriminé dans une autre couleur, sans afficher de boîte de dialogue explicative.

Je désactive généralement cette option, car je trouve les boîtes de dialogue envahissantes ; je n'ai généralement pas besoin d'elles pour découvrir ce qui ne va pas. Mais avant d'être un vieux routard du VBA, cette assistance m'était plutôt utile.

Déclaration des variables obligatoire

Quand l'option Déclaration des variables obligatoire est active, l'éditeur VBE insère l'instruction suivante au début de chaque nouveau module que vous créez :

```
Option Explicit
```

La modification de cette option n'affecte que les nouveaux modules et pas ceux déjà existants. Si elle apparaît dans votre module, vous devez explicitement définir chaque variable que vous utilisez. Vous découvrirez au Chapitre 7 pourquoi il est recommandé d'en prendre l'habitude.

Normalement, je laisse cette option désactivée, car je préfère ajouter moi-même l'instruction Option Explicit.

Complément automatique des instructions

Quand l'option Complément automatique des instructions est active, l'éditeur VBE vous assiste quelque peu lors de la saisie du code VBA. Il affiche en effet une liste de ce qui devrait logiquement compléter l'instruction que vous tapez. C'est ce que Microsoft désigne du joli nom d'*IntelliSense*.

J'apprécie cette option, l'une des meilleures de VBE à mon avis, et je la laisse active en permanence. La Figure 3.6 montre un exemple à l'intention de ceux qui débutent dans l'écriture du VBA.

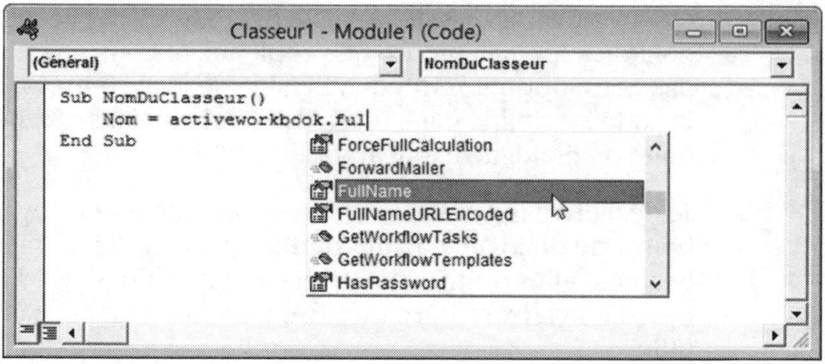

Figure 3.6 : Un exemple de complément automatique d'une instruction.

Info express automatique

L'option Info express automatique affiche une aide concernant les fonctions et les arguments que vous tapez, ce qui peut s'avérer fort utile comme le montre la Figure 3.7.

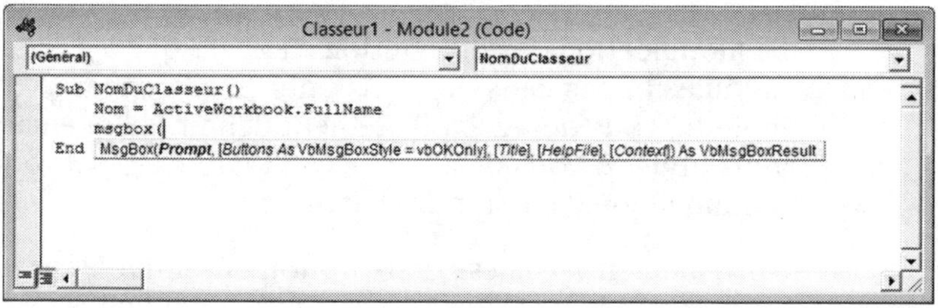

Figure 3.7 : L'Info express automatique fournit la syntaxe d'une fonction, en l'occurrence MsgBox.

Info-bulles automatiques

Si l'option Info-bulles automatiques est active, l'éditeur VBE affiche la valeur de la variable que survole le curseur lorsque vous déboguez du code. Vous apprécierez cette option à sa juste valeur lorsque vous entrerez dans le monde merveilleux du débogage, comme vous le découvrirez au Chapitre 13.

Retrait automatique

L'option Retrait automatique fait commencer chaque nouvelle ligne de code avec le même retrait que la précédente. Les retraits facilitant considérablement la relecture du code, cette option doit toujours être active.

Effectuez les retraits avec la touche Tab, et non en insérant des espaces. Un retrait peut être annulé – retrait négatif – avec la combinaison de touches Maj+Tab. Pour ajouter un retrait à un groupe de lignes, sélectionnez-les et appuyez sur la touche Tab.

La barre d'outils Édition de VBE, qui est masquée par défaut, contient deux boutons fort utiles : Retrait et Retrait négatif. Ils permettent d'effectuer très rapidement la mise en page des blocs de code. Sélectionnez du code puis cliquez sur l'un de ces boutons pour effectuer un retrait dans un sens ou dans l'autre.

Édition de texte par glisser-déplacer

L'option Édition de texte par glisser-déplacer permet de copier et de déplacer du texte en le tirant et en le déposant. Je laisse cette option active, bien que je n'utilise jamais cette fonctionnalité. Je préfère me servir des combinaisons Ctrl+C (copier), Ctrl+X (couper) et Ctrl+V (coller).

Affichage du module complet par défaut

L'option Affichage du module complet par défaut définit l'état par défaut des nouveaux modules (elle n'affecte pas les modules existants). Lorsqu'elle est active – ce qui est mon choix –, les procédures présentes dans la fenêtre Code apparaissent sous la forme d'une liste déroulante. Si l'option est désactivée, vous ne voyez qu'une seule procédure à la fois.

Séparation des procédures

Quand l'option Séparation des procédures est active, une barre de séparation est placée à la fin de chacune des procédures, dans la fenêtre Code. C'est une présentation que j'aime bien.

L'onglet Format de l'éditeur

La Figure 3.8 montre l'onglet Format de l'éditeur de la boîte de dialogue Options. Il permet de personnaliser l'apparence de l'éditeur VBE.

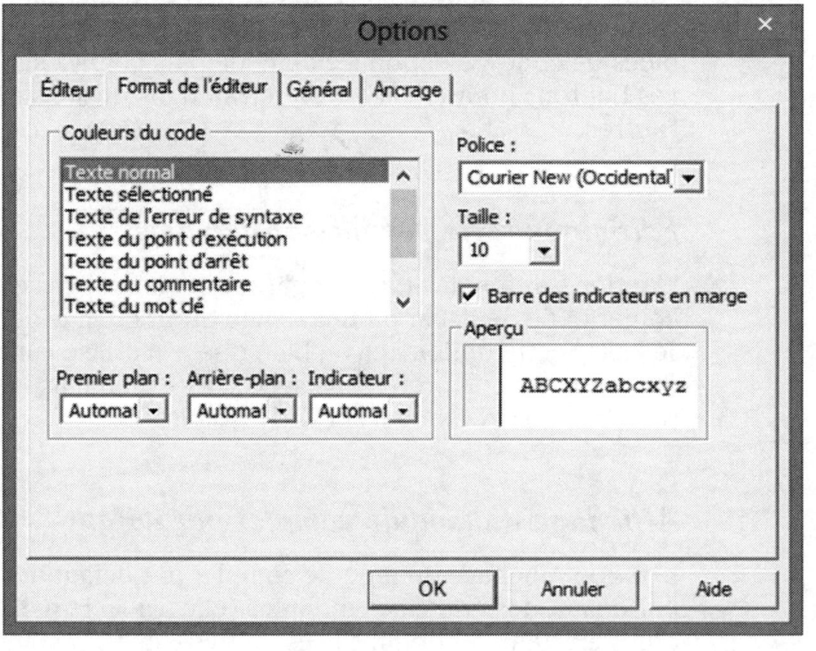

Figure 3.8 : Modifiez l'apparence de l'éditeur VBE grâce à ces options.

Couleurs du code

L'option Couleurs du code permet de définir la couleur du texte et de celle de l'arrière-plan en fonction des différents éléments de code VBA. Ces paramètres dépendent surtout de vos choix personnels. À mon avis, les couleurs par défaut sont parfaites. Il m'arrive cependant de les modifier.

Police

Le menu déroulant Police permet de choisir la fonte utilisée dans les modules VBA. Pour de meilleurs résultats, tenez-vous-en à des polices à espacement fixe, comme le Courier New. Évitez les caractères à espacement proportionnel (comme l'Arial ou le Times New Roman), car les alignements verticaux sont irréguliers, ce qui complique la lecture du code.

Taille

Le paramètre Taille spécifie la hauteur des caractères en points pica dans les modules VBA. Le choix dépend de la résolution de l'écran et de votre acuité visuelle (ou du nombre de carottes ingurgitées).

Barre des indicateurs en marge

Cette option contrôle l'affichage des barres des indicateurs en marge dans les modules VBA. Ne la décochez pas, car, sinon, vous ne verriez plus les indicateurs graphiques si utiles lors du débogage du code.

L'onglet Général

La Figure 3.9 montre les options disponibles sous l'onglet Général de la boîte de dialogue Options. Dans la plupart des cas, les paramètres par défaut sont parfaits. Si vous tenez à entrer dans les détails, reportez-vous à l'aide de VBA.

Le paramètre le plus important concerne la récupération des erreurs. Je vous conseille vivement d'utiliser l'option Arrêt sur les erreurs non gérées (elle est d'ailleurs activée par défaut). Si vous utilisez un autre réglage, votre code de gestion des

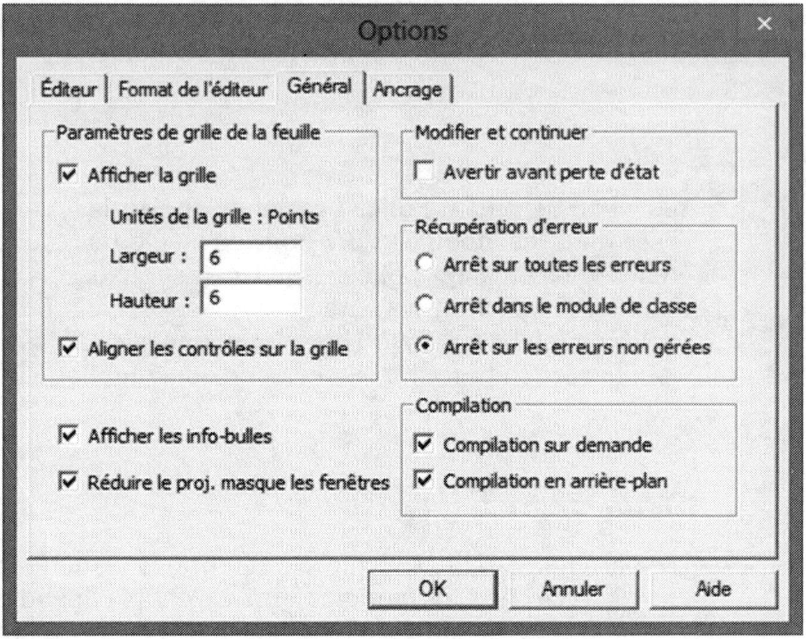

Figure 3.9 : L'onglet Général de la boîte de dialogue Options.

erreurs ne fonctionnera pas. J'y reviendrai plus en détail dans le Chapitre 12.

Si toutes ces options vous intéressent vraiment, cliquez sur le bouton Aide pour avoir des détails.

L'onglet Ancrage

Les options sous l'onglet Ancrage (voir la Figure 3.10) définissent le comportement des diverses fenêtres de l'éditeur VBE. Lorsqu'une fenêtre est *ancrée*, elle est arrimée à l'une des bordures de l'interface de l'éditeur VBE. C'est la présentation conseillée, car les fenêtres sont ainsi plus faciles à identifier et à localiser. En revanche, si vous décochez toutes les cases, vous serez confronté à une belle pagaille de fenêtres. Généralement, les paramètres par défaut sont parfaits.

TRUC

Parfois, VBE semble avoir son propre avis sur l'ancrage des objets. Pour le remettre dans le droit chemin, revenez à cette boîte de dialogue et cochez (ou décochez) les cases voulues.

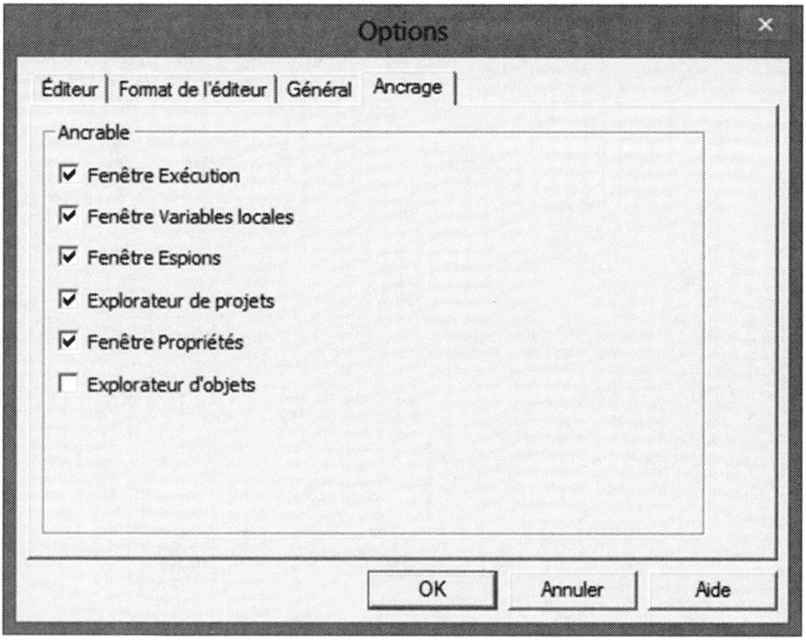

Figure 3.10 : L'onglet Ancrage de la boîte de dialogue Options.

Chapitre 4

Les modèles objets de VBA

Dans ce chapitre :

- Présentation du concept d'objets.
- En savoir plus sur la hiérarchie des objets d'Excel.
- Comprendre les collections d'objets.
- Faire référence à des objets spécifiques dans du code VBA.
- Accéder aux propriétés des objets et les modifier.
- Exécuter des actions à l'aide des méthodes d'un objet.

Chacun sait ce qu'est un *objet.* Mais en informatique, le sens de ce mot est très différent. On le trouve dans des termes comme *Programmation Orientée Objet* (POO). Cette technique repose sur l'idée qu'un logiciel est constitué d'objets distincts comportant des attributs (ou propriétés) susceptibles d'être manipulés. Ces objets ne sont pas matériels ; ils n'existent que sous la forme de bits et d'octets.

Dans ce chapitre, vous découvrirez les modèles objets d'Excel. Il s'agit de l'ensemble des objets contenus dans Excel, et présentés hiérarchiquement. À la fin de ce chapitre, vous aurez de bonnes notions de base de ce qu'est la programmation orientée objet, et vous comprendrez en quoi ces notions vous seront utiles pour bien programmer en VBA. Car après tout, la programmation Excel se ramène à des manipulations d'objets. Ce n'est pas plus compliqué que cela.

Le contenu de ce chapitre peut vous sembler très dense. Croyez-moi, vous avez tout intérêt à l'assimiler, même si de prime abord vous ne saisissez pas tout. Les notions importantes présentées ici prendront tout leur sens au fur et à mesure que vous progresserez dans la lecture de ce livre.

Excel est-il un objet ?

Si vous utilisez Excel depuis quelque temps, vous ne l'avez probablement jamais considéré comme un objet, dans le sens informatique du terme. Mais plus vous pratiquerez le VBA, plus vous le considérerez comme tel. Vous comprendrez qu'Excel est un objet qui en contient d'autres, qui à leur tour en contiennent encore d'autres, et ainsi de suite. Autrement dit, la programmation VBA consiste à travailler sur une hiérarchie d'objets.

Tout en haut de cette hiérarchie trône l'objet Application, qui représente ici Excel lui-même, mère de tous les objets.

Grimper la hiérarchie des objets

L'objet Application contient d'autres objets, dont voici une liste partielle :

- Addin (macro complémentaire).
- Window (fenêtre).
- Workbook (classeur).
- WorksheetFunction (fonction de feuille de calcul).

Chacun des objets présents dans l'objet Application peut en contenir d'autres. Voici par exemple une liste d'objets susceptibles de se trouver dans l'objet Workbook :

- Chart (une feuille de graphique).
- Name (nom).

- VBProject (projet Visual Basic).
- Window (fenêtre).
- Worksheet (feuille de calcul).

À leur tour, chacun de ces objets peut en contenir d'autres. Prenons par exemple un objet Worksheet, qui se trouve dans l'objet Workbook, qui lui-même appartient à l'objet Application. Les objets que peut contenir un objet Workbook sont :

- Comment (commentaire).
- Hyperlink (lien hypertexte).
- Name (nom).
- PageSetup (mise en page).
- PivotTable (tableau croisé dynamique).
- Range (plage de cellules).

Vu sous un autre angle, si vous désirez effectuer une opération sur une plage de cellules d'une certaine feuille de calcul, vous visualiserez cette plage sous la forme d'une hiérarchie dont voici les éléments :

> Plage de cellules >>> de la Feuille de calcul >>> du Classeur >>> d'Excel

Vous commencez à y voir plus clair ?

Avant de vous persuader que vous devrez mémoriser les syntaxes de centaines d'objets, sachez que vous n'utiliserez jamais tous ceux qui sont disponibles. À vrai dire, la plus grande partie de la programmation VBA ne se base généralement que sur quelques-uns. Mieux : vous trouverez souvent l'objet approprié en enregistrant une macro impliquant l'objet en question.

L'esprit de collection

Les collections sont un autre concept-clé de la programmation VBA. Une *collection* est un groupe d'objets du même type. Et pour ajouter à la confusion ambiante, une collection est aussi un objet.

Voici quelques exemples de collections communément utilisées :

- **Workbooks :** collection de tous les objets Workbook (classeur) actuellement ouverts.
- **Worksheets :** collection de tous les objets Worksheet (feuille de calcul) contenus dans un objet Workbook donné.
- **Charts :** collection de tous les objets Chart (feuille de graphique) contenus dans un objet Workbook donné.
- **Sheets :** collection de tous les objets Sheet (feuille de calcul ou de graphique) contenus dans un objet Workbook donné.

Notez que les noms de collections sont au pluriel, ce qui est logique (c'est du moins ce que je pense).

Mais à quoi servent les collections ? La question est légitime. Voici un élément de réponse : vous voulez réaliser une certaine action qui porte non pas sur une seule feuille de calcul, mais sur plusieurs feuilles d'un classeur, voire sur toutes. Votre code VBA peut, grâce à ce concept, passer en revue tous les membres d'une même collection et leur appliquer l'action désirée.

Faire référence à des objets

Les informations qui précèdent ont été fournies pour vous préparer au concept qui en découle : faire référence à des objets dans le code VBA. Savoir faire référence à des objets est important, car vous devez identifier celui avec lequel vous comptez travailler. Le langage VBA ne sait en effet pas lire dans vos pensées (je crois que c'est prévu pour Excel 2019).

Vous pouvez agir d'un seul coup sur toute une collection d'objets. Le plus souvent, cependant, vous aurez à travailler avec tel ou tel objet de la collection, par exemple une feuille de calcul particulière d'un classeur. Pour faire référence à un seul objet d'une collection, vous mettez son nom ou son numéro d'index entre parenthèses, juste après le nom de la collection, comme ceci :


```
Worksheets("Feuil1")
```

Notez que le nom de la feuille de calcul est mis entre guillemets. Si vous les omettez, Excel sera incapable d'identifier l'objet.

Si Feuil1 est la première (ou la seule) feuille de calcul de la collection, vous pouvez utiliser la référence suivante :

```
Worksheets(1)
```

N'OUBLIEZ PAS

Dans ce cas, le numéro ne doit pas être entre guillemets. Ces derniers ne doivent être utilisés que pour les noms d'objets.

Prenons le cas des graphiques. Une feuille dédiée à ce type d'objet contient un unique graphique. Elle possède bien un onglet, mais ce n'est pas pour autant une feuille de calcul. C'est pourquoi il existe une collection spécifique appelée Charts (graphiques). Elle contient évidemment tous les graphiques d'un classeur, du moins ceux qui sont placés dans leur propre feuille. Et, pour rester logique, une autre collection, nommée Sheets, contient toutes les feuilles de calcul et les feuilles de graphique d'un classeur. C'est pratique si vous voulez faire référence au contenu d'un classeur sans vous préoccuper de la nature des feuilles qui s'y trouvent.

De ce fait, une feuille appelée Feuil1 est membre de deux collections : Worksheets et Sheets. Vous pouvez donc y faire référence de deux manières :

```
Worksheets("Feuil1")
Sheets("Feuil1")
```

Naviguer dans la hiérarchie

Rien n'est plus facile que de travailler avec un objet Application : vous commencez par taper le mot Application.

Dans le modèle objet d'Excel, tous les autres objets se trouvent en aval de l'objet Application. Partant de là, vous descendez le long de la hiérarchie en connectant tous les objets que vous rencontrez avec l'opérateur point (.). Pour atteindre un objet Workbook nommé « Classeur1.xlsx », vous commencez par l'objet Application, puis vous naviguez vers le bas jusqu'à l'objet de la collection Workbooks qui vous intéresse, comme ceci :

```
Application.Workbooks("Classeur1.xlsx")
```

Pour aller plus loin et atteindre une feuille de calcul spécifique, vous ajoutez un opérateur « point » et vous accédez à la collection d'objets Worksheets (en l'occurrence, ce sera la première feuille de calcul du classeur) :

```
Application.Workbooks("Classeur1.xlsx").Worksheets(1)
```

Vous voulez aller plus loin encore ? Pour obtenir la valeur contenue dans la cellule A1 de la première feuille de calcul du premier classeur nommé « Classeur1.xlsx », vous devez descendre d'un niveau supplémentaire, jusqu'à l'objet Range :

```
Application.Workbooks("Classeur1.xlsx").Worksheets(1).Range("A1").Value
```

Quand vous faites référence à l'objet Range de cette manière, il s'agit d'une référence *pleinement qualifiée* : vous avez indiqué exactement la plage désirée, dans quelle feuille de quel classeur, sans laisser aucune part à l'imagination. L'imagination, c'est très bien pour vous et moi, mais pas pour les programmes informatiques.

Le fait que le nom du classeur contienne également un point servant à distinguer l'extension du fichier (dans Classeur1.xlsx) est juste une coïncidence. Ce point-là a une existence historique, et n'a aucun rapport avec celui qui permet de descendre dans la hiérarchie des objets.

Simplifier les références aux objets

Si vous deviez qualifier pleinement tous les objets auxquels il est fait référence, votre code serait plutôt long et peut-être difficile à lire. Fort heureusement, Excel propose des raccourcis qui améliorent la lisibilité et réduisent la frappe. Pour commencer, l'objet Application est toujours présumé. Les cas où il faut explicitement l'indiquer sont peu nombreux. Omettre la référence à l'objet Application abrège le dernier exemple en :


```
Workbooks("Classeur1.xlsx").Worksheets(1).Range("A1").Value
```

C'est déjà mieux. Mais on peut faire plus. Si Classeur1.xlsx est le classeur actif, vous pouvez omettre d'y faire référence. Ce qui réduit le code à :

```
Worksheets(1).Range("A1").Value
```

On poursuit sur cette lancée. Vous n'avez pas une petite idée du prochain raccourci ? Eh oui, si la première feuille de calcul est actuellement active, Excel s'y référera automatiquement, ce qui nous amène à ne taper que :

```
Range("A1").Value
```

N'OUBLIEZ PAS

Contrairement à ce que pensent certains, Excel ne possède pas d'objet Cell (cellule). Une *cellule* n'est qu'un objet Range (plage) ne comportant qu'un seul élément.

Les raccourcis décrits ici sont commodes, mais pas sans risque. Que se passe-t-il si vous présumez abusivement que Classeur1.xlsx est le classeur actif ? Vous obtiendriez une erreur ou pire, une valeur erronée sans vous rendre compte qu'elle est fausse. C'est pourquoi il est préférable de qualifier pleinement les références aux objets.

Au Chapitre 14, nous étudierons la structure With-End With (avec, fin avec) qui vous aide à qualifier pleinement vos références tout en améliorant la lisibilité du code et en réduisant la frappe. Elle fournit le meilleur des deux mondes !

Propriétés et méthodes des objets

Il est certes important de savoir comment faire référence aux objets, mais vous ne pourrez rien faire de plus si vous vous en tenez là. Pour que l'instruction soit opérationnelle, vous devez procéder à l'une ou l'autre de ces deux actions :

- Lire ou modifier les *propriétés* d'un objet.
- Spécifier une *méthode* d'action à utiliser avec un objet.

Excel comportant littéralement des milliers de propriétés et de méthodes, il y a de quoi s'y perdre. Je les côtoie depuis des années et je suis pourtant encore *loin* d'en avoir fait le tour. Mais, comme je le disais précédemment, vous n'utiliserez sans doute jamais la plupart des propriétés et des méthodes mises à votre disposition. Pas de panique à bord !

NOTE TECHNIQUE

Mac Do, Mac Obj, Mac Pro et Mac Méth

L'analogie qui suit vous permettra de mieux comprendre les relations entre les objets, les propriétés et les méthodes du langage VBA. Nous comparerons Excel avec une chaîne de restauration rapide (devinez laquelle).

L'unité de base d'Excel est l'objet Workbook. Dans une chaîne de *fast-food,* l'unité de base est un restaurant individuel. Dans Excel, vous pouvez ajouter des classeurs et en fermer. Tous les classeurs ouverts sont appelés Workbooks (une collection d'objets Workbook). De même, la direction d'une chaîne de *fast-food* peut ouvrir de nouveaux restaurants et en fermer. Tous les restaurants de la chaîne peuvent être considérés comme une collection Restaurants (un ensemble d'objets Restaurant).

Un classeur d'Excel est un objet qui en contient d'autres, comme des feuilles de calcul, des graphiques, des modules VBA, *etc.* Qui plus est, chacun des objets d'un classeur peut contenir des objets qui lui sont propres. Par exemple, un objet Worksheet contiendra des objets Range, PivotTable, Shape, *etc.*

Toujours dans notre analogie, à l'instar d'un classeur, le restaurant contiendra des objets Cuisine, Salle, Tables (c'est une collection). De plus, la direction peut ajouter ou ôter des objets de l'objet Restaurant. Par exemple, des tables supplémentaires seront ajoutées à la collection Tables. Et bien sûr, chacun de ces objets en contient d'autres : l'objet Cuisine contient un objet Four, un objet Ventilation, un objet Évier, un objet Cuisinier, *etc.*

Jusqu'à présent, l'analogie est sans faille. Voyons s'il est possible d'aller plus loin.

Les objets d'Excel ont des propriétés. Par exemple, un objet Range (plage) a des propriétés comme Value (valeur) et Name (nom), et un objet Shape (forme) a des propriétés comme Width (largeur), Height (hauteur), *etc.* Sans surprise, les objets du restaurant peuvent eux aussi avoir des propriétés. L'objet Four aura des propriétés Température ou NuméroDePlaque, L'objet Ventilation aura ses propres propriétés, comme AlluméEteint, Vitesse, *etc.*

Dans Excel, les méthodes changent parfois les propriétés d'un objet. La méthode ClearContents (effacer le contenu) d'un objet Range modifie la propriété Value de celui-ci. De même, la méthode VarierLeThermostat d'un objet Four affectera sa valeur Température. En VBA, vous pouvez écrire des procédures qui manipulent les objets d'Excel. Dans un *fast-food,* la direction peut ordonner de manipuler les objets du restaurant : « Allumez le four et augmentez la ventilation. »

La prochaine fois que vous irez dans un – un comme diraient les mauvaises langues – demandez « un objet Burger, avec la propriété Oignons mise sur Faux ».

Les objets et leurs propriétés

Chaque objet a des propriétés. Vous pouvez considérer les *propriétés* comme des attributs qui décrivent l'objet : son apparence, son comportement, voire sa visibilité. Le langage VBA autorise deux interventions sur les propriétés d'un objet :

- L'examen des paramètres courants d'une propriété.
- La modification des paramètres de la propriété.

Par exemple, un objet Range ne couvrant qu'une seule cellule possède une propriété nommée Value qui contient la valeur présente dans la cellule. Vous pouvez écrire du code VBA qui affiche la propriété Value, ou du code VBA qui met la propriété Value à une certaine valeur. La macro qui suit utilise la fonction prédéfinie MsgBox pour afficher la valeur figurant dans la cellule A1 de la feuille de calcul Feuil1 (voir la Figure 4.1).

```
Sub AfficherValeur()
    Contents = Worksheets("Feuil1").Range("A1").Value
    MsgBox Contents
End Sub
```

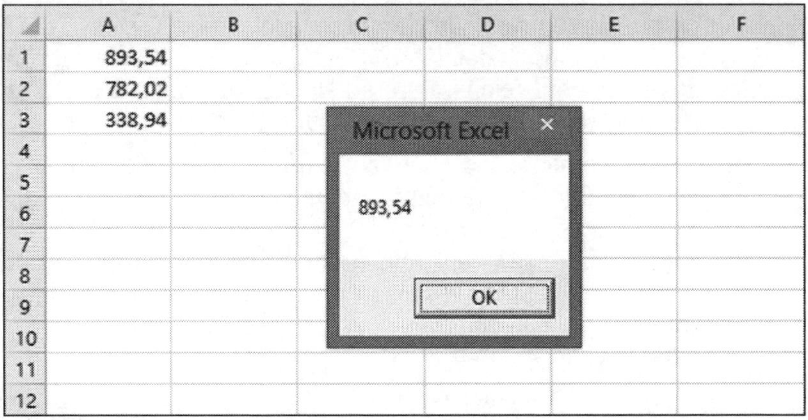

Figure 4.1 : Cette boîte de message affiche la propriété Value de l'objet Range.

MsgBox est une fonction très pratique. Vous y aurez souvent recours pour afficher des résultats pendant qu'Excel exécute votre code VBA. Nous y reviendrons plus en détail au Chapitre 15.

Le code de notre exemple affiche le paramètre courant de la propriété Value d'une cellule, A1 en l'occurrence. Mais comment changer cette propriété ? La macro qui suit vous montre comment modifier la valeur affichée dans la cellule A1 :

```
Sub ModifierValeur()
    Worksheets("Feuil1").Range("A1").Value = 994.92
End Sub
```

Après qu'Excel ait exécuté cette procédure, la cellule A1 de la feuille de calcul Feuil1 du classeur actif contient la valeur 994,92 (notez que notre virgule nationale est remplacée par le point décimal américain). Soit dit en passant, si le classeur actif ne contient pas de feuille nommée Feuil1, la macro renverra un message d'erreur. VBA suit exactement les instructions que vous lui donnez, et il ne peut pas travailler avec une feuille (ou tout autre objet) qui n'existe pas.

Chaque objet a son propre jeu de propriétés et certaines d'entre elles sont communes à plusieurs objets. Par exemple, bon nombre d'objets (mais pas tous) ont une propriété Visible et la plupart ont une propriété Name (nom).

Certaines propriétés sont en lecture seule : la valeur de la propriété est visible, mais elle ne peut pas être modifiée.

Comme je l'ai mentionné précédemment dans ce chapitre, une collection est aussi un objet. Par exemple, vous pouvez connaître le nombre de classeurs ouverts en accédant à la propriété Count (nombre) de la collection Worksheets. La procédure VBA qui suit affiche un message indiquant le nombre de classeurs ouverts :

```
Sub ClasseursOuverts()
    MsgBox Workbooks.Count
End Sub
```

Les méthodes des objets

Outre les propriétés, les objets ont des méthodes. Une *méthode* est une action que effectuée avec un objet. Elle peut modifier les propriétés d'un objet ou faire en sorte que l'objet effectue une certaine action.

Cet exemple simple utilise la méthode ClearContents appliquée à un objet Range pour effacer le contenu de douze cellules de la feuille active :

```
Sub ClearRange()
    Range("A1:A12").ClearContents
End Sub
```

Nombre de méthodes ont un ou plusieurs arguments. Un *argument* est une valeur qui précise l'action à effectuer. Il figure après la méthode, séparé d'elle par un espace. Des arguments multiples sont séparés par une virgule.

L'exemple qui suit active la feuille de calcul Feuil1 (du classeur actif), puis copie le contenu de la cellule A1 vers la cellule B1 grâce à la méthode Copy de l'objet Range. Ici, la méthode Copy n'a qu'un seul argument, qui est la plage de destination de la recopie :

```
Sub CopieUn()
    Worksheets("Feuil1").Activate
    Range("A1").Copy Range("B1")
End Sub
```

Remarquez ici l'absence de la référence à la feuille de calcul sur la ligne Range. Cela ne pose aucun problème, car j'ai utilisé une instruction qui active Feuil1 à l'aide de la méthode Activate.

L'instruction CopieUn aurait aussi pu être rédigée ainsi :

```
Range("A1").Copy Destination:=Range("B1")
```

Sur la Figure 4.2, remarquez le petit message affiché lorsque la ligne est en cours de frappe. Il montre le nom officiel de l'argument.

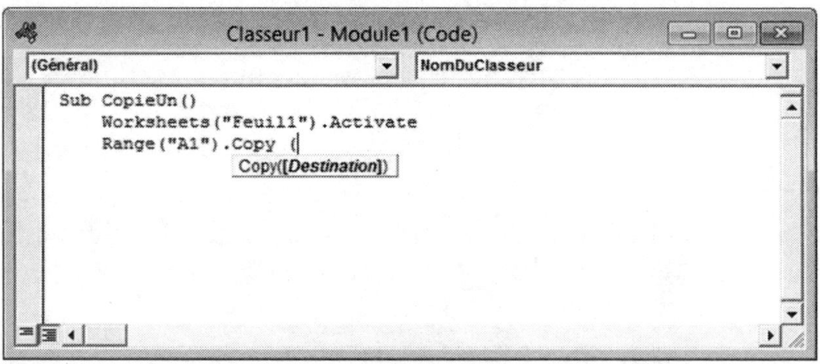

Figure 4.2 : VBE affiche une liste d'arguments en cours de saisie.

N'OUBLIEZ PAS

Les collections étant aussi des objets, elles ont aussi des méthodes. La macro qui suit applique la méthode Add (ajouter) à la collection Workbooks :

```
Sub AjoutClasseur()
    Workbooks.Add
End Sub
```

Cette instruction crée un nouveau classeur. Ou plus précisément, elle ajoute un nouveau classeur à la collection Workbooks. Celui-ci deviend alors le classeur actif.

Les événements des objets

Dans cette section, j'aborde succinctement un sujet que vous devrez connaître : les événements. Les objets réagissent à divers *événements*. Par exemple, lorsque vous travaillez dans Excel et que vous activez un autre classeur, un événement Activate est déclenché. Vous pourriez ainsi créer une macro VBA conçue pour s'exécuter chaque fois qu'un événement Activate se produit pour un classeur particulier.

Excel supporte de nombreux événements, mais tous les objets ne réagissent pas à tous les événements. Et certains ne répondent même à aucun. Ce concept sera développé au Chapitre 11 ainsi que dans la quatrième partie.

En savoir plus

Vous en apprendrez plus sur les objets, les propriétés et les méthodes dans les chapitres qui suivent. En attendant, n'hésitez pas à consulter ces autres excellentes sources d'information :

- Le système d'aide de VBA.
- L'Explorateur d'objets.
- Le complément automatique des instructions.

Le système d'aide de VBA

Le système d'aide de VBA décrit chaque objet, propriété et méthode disponibles. C'est une excellente source d'informations pour en savoir plus sur le langage VBA, sans doute plus complète que n'importe quel livre. Sauf que la lecture de cette aide n'est pas toujours évidente…

N'OUBLIEZ PAS

Excel 2016 – et aussi Excel 2013 –, doit être connecté à Internet pour accéder à l'aide de VBA.

Si vous travaillez sur un module VBA et que vous recherchez des informations concernant un objet, une méthode ou une propriété, immobilisez le curseur sur le mot qui vous intéresse et appuyez sur F1. Un instant plus tard, l'aide à ce sujet apparaît, complète avec des références croisées et parfois même un ou deux exemples.

La Figure 4.3 montre un écran du système d'aide, en l'occurrence celui consacré à un objet Worksheet.

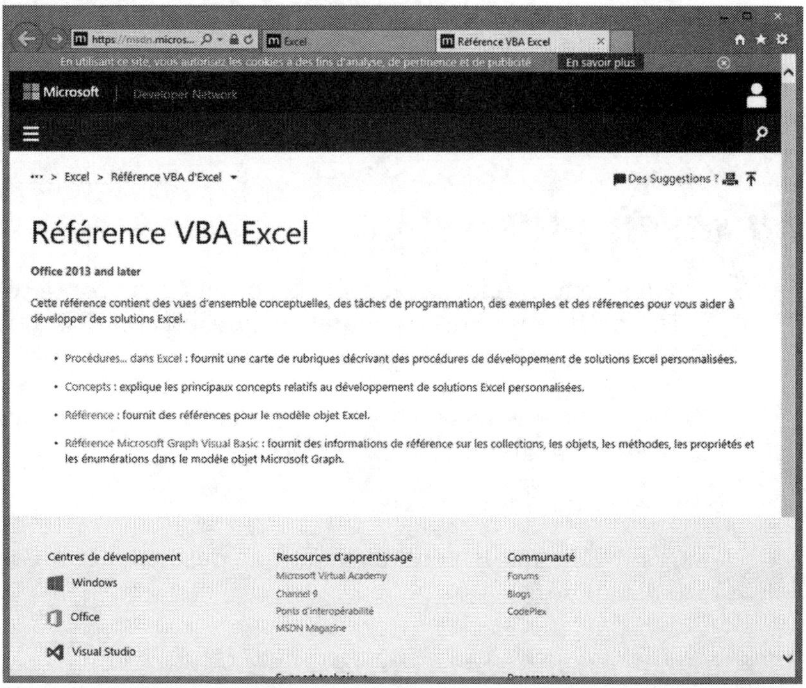

Figure 4.3 : Une page du système d'aide de VBA.

Utiliser l'Explorateur d'objets

L'éditeur VBE dispose d'un autre outil, l'Explorateur d'objets. Comme l'indique son nom, il permet de parcourir les objets disponibles. Pour accéder à l'Explorateur d'objets, appuyez sur F2 (dans VBE) ou choisissez Affichage > Explorateur d'objets. Une fenêtre semblable à celle de la Figure 4.4 s'ouvre.

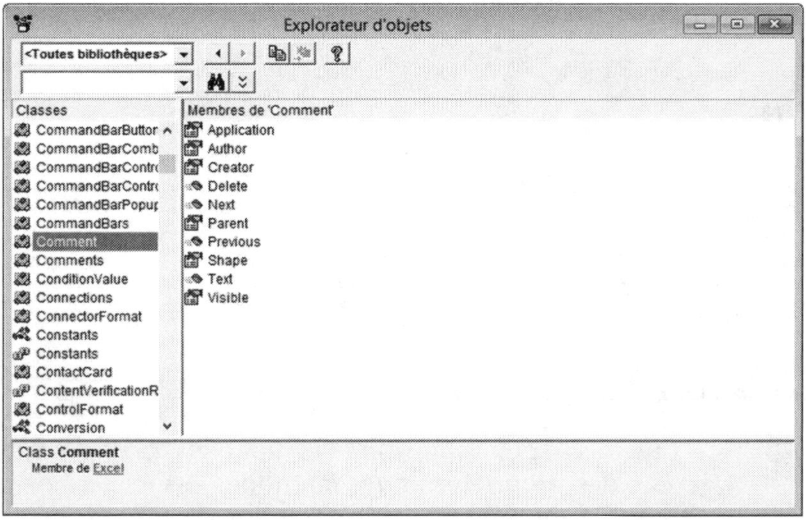

Figure 4.4 : Parcourir les objets avec l'Explorateur d'objets.

La liste déroulante tout en haut contient toutes les bibliothèques d'objets actuellement disponibles. Si vous désirez parcourir les objets d'Excel lui-même, choisissez Excel dans la liste.

Dans le second champ, vous pouvez entrer une chaîne de recherche. Par exemple, si vous recherchez tous les objets d'Excel ayant un rapport avec les commentaires, vous taperez **comment** dans ce champ puis vous cliquerez sur le bouton Rechercher (celui avec les jumelles). La fenêtre Résultats de la recherche affiche tout ce qui, dans la bibliothèque d'objets, contient le mot *comment*. Si un résultat vous paraît digne d'intérêt, sélectionnez-le et appuyez sur F1 pour en savoir plus.

Lister automatiquement les propriétés et les méthodes

Dans le Chapitre 3, j'ai décrit un paramètre bien pratique de VBE appelé Complément automatique des instructions. Cette fonctionnalité permet d'afficher une liste de propriétés et de méthodes au fur et à mesure de votre saisie. La Figure 4.5 en montre un exemple dans le cas de la collection Workbooks.

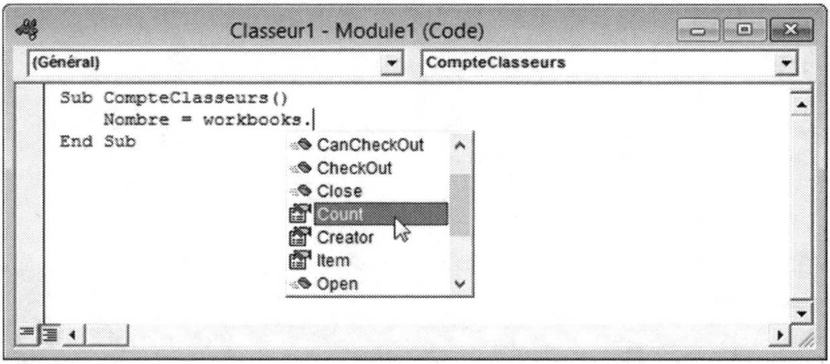

Figure 4.5 : La fonction Complément automatique des instructions vous aide à identifier les propriétés et les méthodes d'un objet.

Une fois le point tapé après le mot *workbooks*, VBE affiche une liste des propriétés et des méthodes associées à cette collection. En entrant ensuite le caractère *c*, cette liste est réduite aux éléments qui commencent par cette lettre. Il suffit alors de mettre la ligne voulue en surbrillance et d'appuyer sur la touche Tab. C'est fait ! Vous avez gagné du temps de saisie, tout en vous assurant que la propriété ou la méthode est correctement orthographiée.

Chapitre 5

Les procédures VBA Sub et Function

Dans ce chapitre :

- Comprendre les différences entre les procédures Sub et Function.
- Exécuter des procédures Sub (de diverses manières).
- Exécuter des procédures Function (de deux manières).

Dans les chapitres précédents, j'ai plusieurs fois mentionné des *procédures Sub* et éludé le fait que les *procédures Function* jouent aussi un rôle déterminant dans le langage VBA. Dans ce chapitre, je lèverai la confusion entre ces deux notions.

Sub et Function

Le code VBA que vous écrivez dans Visual Basic Editor est appelé *procédure*. Les deux types de procédures les plus connues sont Sub et Function.

- Une procédure Sub est un groupe d'instructions VBA qui exécute une ou plusieurs actions avec Excel.
- Une procédure Function est un groupe d'instructions VBA qui exécute un calcul et retourne une seule valeur (ou un tableau de valeurs).

La plupart des macros VBA que vous écrivez sont des procédures Sub. Vous pouvez les considérer comme des commandes : exécutez une procédure Sub et quelque chose se produit. Quoi ? Cela dépend du code VBA, bien sûr.

Une procédure Function diffère sensiblement d'une procédure Sub. La notion de fonction vous est déjà familière. Excel en contient un grand nombre que vous utilisez quotidiennement, ou presque, comme SOMME, VPM ou RECHERCHEV. Ces fonctions sont utilisées dans des formules et chacune accepte un ou plusieurs arguments (quoique quelques-unes n'en aient aucun). Une fonction procède à des calculs en coulisse et retourne une valeur unique. Il en va de même pour les procédures Function que vous développez en VBA.

Procédures Sub

Toute procédure Sub commence par le mot-clé Sub et se termine par l'instruction End Sub. Voici un exemple :

```
Sub AfficheMessage()
    MsgBox "Bonjour tout le monde !"
End Sub
```

Cet exemple montre une procédure nommée AfficheMessage. Une paire de parenthèses suit son nom. La plupart du temps, elles sont vides ; elles peuvent cependant contenir des arguments pour qu'une certaine procédure Sub puisse passer des arguments à d'autres procédures. Dans ce cas, vous listez ces arguments à l'intérieur des parenthèses.

L'enregistrement d'une macro à l'aide de l'enregistreur d'Excel produit toujours une procédure Sub.

Comme vous le constaterez plus loin dans ce chapitre, Excel propose plusieurs manières d'exécuter une procédure VBA Sub.

Procédures Function

Toute procédure Function commence par le mot-clé Function et se termine par l'instruction End Function. En voici un exemple :

```
Function RacineCubique(nombre)
    RacineCubique = nombre ^ (1 / 3)
End Function
```

Cette fonction nommée RacineCubique accepte un argument nommé *nombre,* placé entre parenthèses. Une fonction peut avoir jusqu'à 255 arguments, ou aucun. Lorsque cette fonction est exécutée, elle retourne une seule valeur : la racine cubique de l'argument qui lui est passé.

TRUC : VBA permet de spécifier le type d'information retourné par une procédure Function. Nous verrons au Chapitre 7 comment spécifier des *types de données.*

Une procédure Function ne peut être exécutée que de deux manières : à partir d'une autre procédure (une procédure Sub ou une autre procédure Function) ou dans une formule à l'intérieur d'une feuille de calcul.

N'OUBLIEZ PAS : Une procédure Function ne peut pas être enregistrée à l'aide de l'enregistreur de macros d'Excel. Vous devez la programmer manuellement.

Nommer les procédures Sub et Function

À l'instar des gens, des animaux de compagnie et des cyclones, une procédure Sub ou Function a toujours un nom. Bien qu'il soit parfaitement admis de nommer son chien Face-en-poil ou Sac-à-puces, de telles libertés ne sont pas recommandées pour nommer des procédures. Vous devez en effet respecter quelques règles :

- Les lettres, les chiffres et certains caractères de ponctuation sont admis, mais le nom doit toujours commencer par une lettre.

- Espaces et points sont prohibés dans un nom de procédure.
- Le langage VBA ne fait pas la différence entre les majuscules et les minuscules.
- Les caractères suivants sont interdits dans un nom de procédure : #, $, %, &, @, ^, * et !.
- Quand vous écrivez une procédure Function à utiliser dans une formule, assurez-vous que son nom ne ressemble pas à celui d'une cellule, comme D1 ou AK47. En fait, Excel ne vous interdit pas de le faire. Mais ce serait une source possible de confusion, vous ne trouvez pas ?
- Un nom ne peut excéder 255 caractères, ce qui est déjà très largement suffisant.

Idéalement, le nom d'une procédure devrait évoquer clairement son objet. Une bonne pratique consiste à combiner des mots, comme dans ImpressionRapport, Tri_Tableau ou Vérif_Nomdefichier.

Certains programmeurs préfèrent utiliser des phrases qui décrivent plus précisément la procédure, comme ImprimerRapportDansFichierTexte ou Récup_options_impression_puis_imprimer. Le recours à ces noms à rallonge a son bon et son mauvais côté. D'une part, de tels noms sont plus explicites et sans ambiguïté. Mais d'autre part, ils sont longs à taper. En fait, chacun développe ses propres conventions de nom. Choisissez des noms qui décrivent succinctement l'action, en évitant des généralités comme A_faire, Mise_à_jour, Correction ou, pire encore, Macro1.

Exécuter des procédures Sub

Bien que vous n'ayez actuellement que des notions imprécises sur le développement des procédures Sub, anticipons quelque peu afin d'apprendre à les exécuter. C'est important dans la mesure où une procédure Sub serait inutile si vous ne savez pas le faire.

Soit dit en passant, *exécuter* une procédure a le même sens que *lancer*, *démarrer* ou *appeler* une procédure Sub. Vous pouvez choisir la formulation qui vous convient.

En VBA, une procédure Sub peut être exécutée de diverses manières. C'est d'ailleurs une des raisons qui expliquent leur polyvalence. Voici une liste exhaustive – à ma connaissance – de tous les moyens d'exécuter une procédure Sub :

- Dans l'éditeur VBE, avec la commande Exécution > Exécuter Sub > UserForm. Excel exécute la procédure Sub à partir de la position du curseur. Ce menu propose deux alternatives : la touche F5 ou, dans la barre d'outils Standard, le bouton Exécuter Sub > UserForm. Ces méthodes ne fonctionnent pas si la procédure exige un ou plusieurs arguments.
- À partir de la boîte de dialogue Macro, dans Excel, que vous ouvrez en cliquant dans le groupe Code l'onglet Développeur sur le bouton Macros. Vous pouvez appuyer directement sur Alt+F8. Choisissez la procédure Sub dans la boîte de dialogue Macro (elle ne liste que les procédures n'exigeant pas d'argument), puis cliquez sur le bouton Exécuter.
- En appuyant sur la touche Ctrl et celle du raccourci clavier affecté à la macro, si bien sûr vous lui en avez affecté un.
- En cliquant, dans une feuille de calcul, sur un bouton ou sur une forme. Une procédure Sub doit avoir été affectée à ce bouton ou à cette forme.
- À partir d'une autre procédure Sub que vous avez écrite.
- À partir d'un bouton que vous avez ajouté à la barre d'accès rapide (voir le Chapitre 19).
- À partir d'un élément personnalisé que vous avez ajouté au ruban (voir le Chapitre 19).
- Lorsqu'un événement se produit. Comme vous le découvrirez au Chapitre 11, ces événements sont notamment

l'ouverture ou la fermeture d'un classeur, ou bien son enregistrement, la modification d'une cellule, l'activation d'une feuille, et bien d'autres choses encore.

- À partir de la fenêtre Exécution de l'éditeur VBE : tapez simplement le nom de la bonne procédure Sub et appuyez sur Entrée.

Quelques-unes de ces techniques seront mises en pratique dans les sections qui suivent. Mais auparavant, vous devrez entrer une procédure Sub dans un module VBA.

1. **Partez d'un nouveau classeur.**
2. **Appuyez sur Alt+F11 pour activer l'éditeur VBE.**
3. **Sélectionnez le classeur dans la fenêtre Projets.**
4. **Choisissez Insertion > Module afin d'ajouter un nouveau module au projet.**
5. **Tapez le code suivant dans le module :**

```
Sub RacineCubique()
    Nombre = InputBox("Entrez un nombre positif")
    MsgBox "La racine cubique est : " & Nombre ^ (1 / 3)
End Sub
```

Cette procédure demande à l'utilisateur d'entrer un nombre (entier) puis affiche sa racine cubique dans une boîte de message, comme l'illustrent les Figures 5.1 et 5.2.

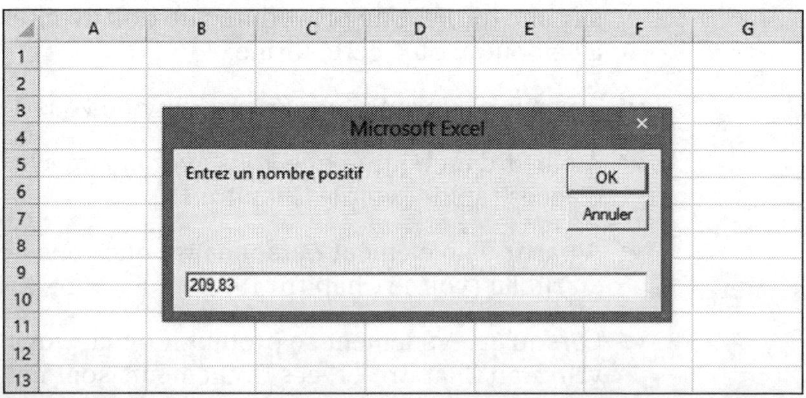

Figure 5.1 : Utilisation de la fonction VBA prédéfinie InputBox pour saisir un nombre.

Figure 5.2 : Affichage de la racine cubique **via** la fonction MsgBox.

RacineCubique n'est toutefois pas un exemple de bonne macro. Comme elle ne vérifie pas la saisie, elle peut facilement se fourvoyer et générer un message d'erreur. Pour vous en rendre compte par vous-même, cliquez sur le bouton Annuler, ou entrez un nombre négatif ou bien encore décimal.

Exécuter directement une procédure Sub

Le moyen le plus rapide d'exécuter cette procédure est de la lancer directement depuis le module VBA dans lequel vous l'avez programmée :

1. **Activez l'éditeur VBE puis sélectionnez le module VBA qui contient la procédure.**
2. **Placez le curseur n'importe où dans le code de la procédure.**
3. **Appuyez sur F5 (ou choisissez Exécution > Exécuter Sub > UserForm).**
4. **Saisissez un nombre dans la boîte de dialogue puis cliquez sur OK.**

La procédure affiche la racine cubique du nombre que vous avez entré.

N'OUBLIEZ PAS

La commande Exécution > Exécuter Sub > UserForm n'est pas utilisable pour lancer une procédure Sub comportant des arguments. Il est en effet impossible dans ce cas de transmettre ces arguments à la procédure. Le seul moyen de l'exécuter consiste à l'appeler à partir d'une autre procédure qui, elle, fournira les arguments voulus.

Exécuter une procédure depuis la boîte de dialogue Macro

Le plus souvent, vous exécuterez les procédures Sub depuis Excel, et non depuis l'éditeur VBE. Les étapes qui suivent expliquent comment exécuter la macro à partir de la boîte de dialogue Macro d'Excel.

1. **Si vous travaillez dans le VBE, activez Excel.**

   Le moyen le plus rapide d'y retourner depuis l'éditeur VBE est d'appuyer sur Alt+F11.

2. **Dans le groupe Code de l'onglet Développeur, cliquez sur le bouton Macros (ou appuyez sur Alt+F8).**

   Excel affiche la boîte de dialogue illustrée sur la Figure 5.3.

3. **Sélectionnez la macro.**

4. **Cliquez sur le bouton Exécuter (ou double-cliquez sur le nom de la macro, dans la liste).**

N'OUBLIEZ PAS

Pour la même raison que ci-dessus, la boîte de dialogue Macro n'affiche pas les procédures Sub qui possèdent des arguments, puisqu'il n'est pas possible de spécifier ceux-ci de cette manière.

Exécuter une procédure par un raccourci clavier

Une autre manière d'exécuter une macro consiste à appuyer sur une combinaison de touches. Mais, auparavant, vous devez définir ce raccourci clavier.

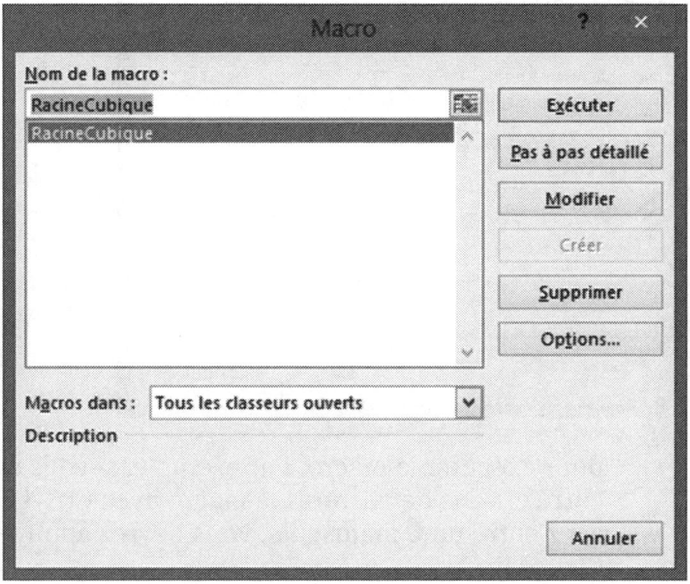

Figure 5.3 : La boîte de dialogue Macro liste toutes les procédures Sub disponibles.

Un raccourci peut être affecté au travers de la boîte de dialogue Enregistrer une macro, avant de commencer l'enregistrement. Si vous créez la procédure d'une autre manière, vous pouvez définir votre raccourci (ou en modifier un) en procédant comme suit :

1. **Dans le groupe Code de l'onglet Développeur, cliquez sur le bouton Macros.**

2. **Sélectionnez le nom de la procédure Sub dans la liste des macros.**

   Dans cet exemple, la macro se nomme RacineCubique.

3. **Cliquez sur le bouton Options.**

   Excel affiche la boîte de dialogue illustrée sur la Figure 5.4.

4. **Sous l'intitulé Touche de raccourci, cliquez dans le champ marqué Ctrl puis tapez une lettre.**

   La lettre que vous venez de saisir fait désormais partie de la combinaison de touches que vous utiliserez

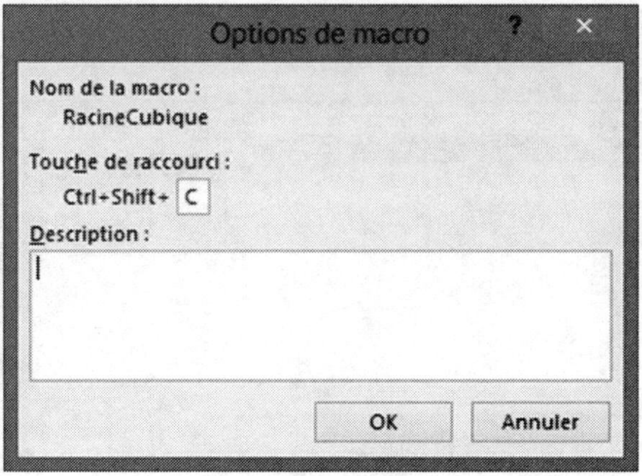

Figure 5.4 : La boîte de dialogue Options de macro permet de définir ou de redéfinir un raccourci clavier.

pour exécuter la macro. Par exemple, si vous avez entré **c**, vous démarrerez la macro avec Ctrl+C. Si vous avez entré un **C** majuscule, vous devrez appuyer sur Ctrl+Maj+C.

5. **Cliquez sur OK pour quitter la boîte de dialogue Options de macro, puis sur la case de fermeture de la boîte de dialogue Macro.**

Le raccourci que vous venez de définir exécutera la macro. Un raccourci ne fonctionne cependant pas lorsqu'il est affecté à une macro utilisant un argument.

Les raccourcis que vous affectez aux macros supplantent ceux d'Excel. Par exemple, si vous avez affecté Ctrl+C à une macro, vous ne pourrez plus utiliser ce raccourci pour copier des données dans le Presse-papiers. Ce n'est cependant pas rédhibitoire, car Excel propose d'autres moyens d'exécuter des commandes.

Exécuter une procédure depuis un bouton ou une forme

Il existe un autre moyen d'exécuter une macro : l'affecter, dans une feuille de calcul, à un bouton ou à toute autre forme. Voici comment :

1. **Activez une feuille.**

2. **Cliquer sur le bouton Insérer, dans le groupe Contrôle de l'onglet Développeur.**

   Pour afficher le groupe Contrôles de formulaire, choisissez Développeur > Contrôles > Insérer (Figure 5.5

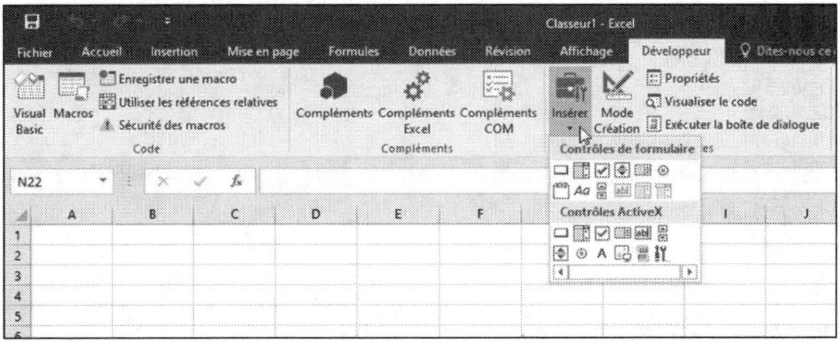

Figure 5.5 : Le ruban propose une série de contrôles lorsque vous cliquez sur le bouton Insérer de l'onglet Développeur.

3. **Dans la liste qui s'affiche, cliquez sur l'outil Bouton, dans le groupe Contrôles de formulaire.**

   C'est le premier bouton dans la première rangée.

4. **Pour créer le bouton, faites glisser le pointeur de la souris sur la feuille de calcul.**

   Après avoir ajouté un bouton dans la feuille de calcul, Excel affiche aussitôt la boîte de dialogue Affecter une macro (voir la Figure 5.6).

5. **Sélectionnez la macro que vous désirez affecter au bouton.**

6. **Cliquez sur OK.**

À partir de maintenant, cliquer sur le bouton exécutera la macro. C'est magique !

N'OUBLIEZ PAS

Quand vous cliquez sur le bouton Insérer, remarquez que les contrôles sont répartis en deux groupes : Contrôles de formulaire et Contrôles ActiveX. Même s'ils se ressemblent en apparence, ils sont en réalité très différents. En pratique, les contrôles de formulaire sont nettement plus faciles à utiliser.

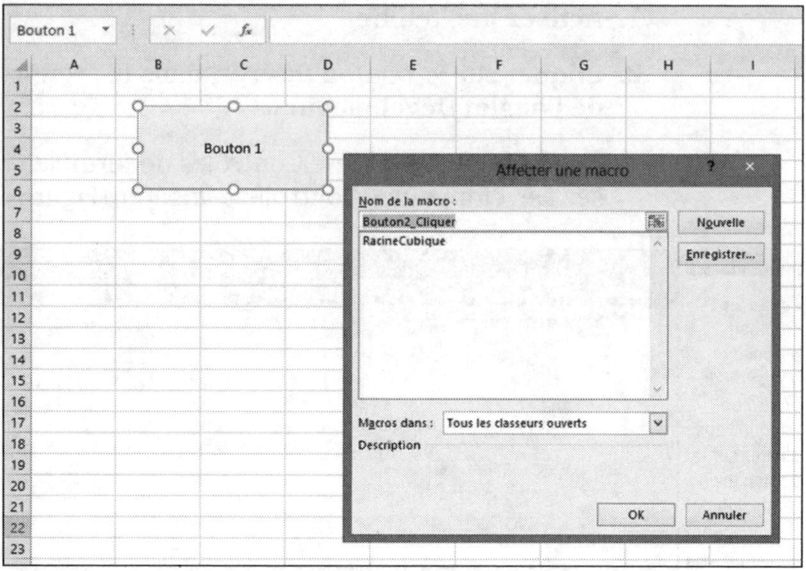

Figure 5.6 : Dès qu'un bouton est ajouté à une feuille de calcul, Excel propose de lui affecter une macro.

Une macro peut être affectée à n'importe quelle forme ou objet. Supposons par exemple que vous désiriez qu'une macro s'exécute lorsque l'utilisateur clique sur un objet Rectangle. Suivez ces étapes :

1. **Créez un objet Rectangle dans la feuille de calcul.**

   Pour cela, activez l'onglet Insertion, puis cliquez sur le bouton Formes dans le groupe Illustrations, et choisissez votre rectangle dans la longue liste des formes disponibles.

2. **Cliquez du bouton droit sur le rectangle.**

3. **Dans le menu contextuel, choisissez Affecter une macro.**

4. **Sélectionnez la macro dans la boîte de dialogue Affecter une macro.**

5. **Cliquez sur OK.**

À présent, cliquer sur le rectangle exécutera la macro. C'est vraiment génial, non ?

Exécuter une procédure à partir d'une autre procédure

Vous pouvez aussi exécuter une procédure à partir d'une autre procédure :

1. **Activez le module VBA contenant la routine RacineCubique.**
2. **Entrez cette nouvelle procédure (avant ou après le code RacineCubique, cela n'importe pas) :**

```
Sub NouveauSub()
    Call RacineCubique
End Sub
```

3. **Exécutez la macro NouveauSub.**

   Le moyen le plus rapide consiste à placer le curseur dans le code et à appuyer sur F5. Remarquez que cette procédure NouveauSub ne fait qu'exécuter la procédure RacineCubique.

Notez que le mot-clé Call (appeler) est facultatif. L'instruction peut se contenter du seul nom de la procédure Sub. Mais, à mon avis, utiliser Call est préférable, car il est ainsi évident qu'il s'agit bien d'un appel de procédure.

Exécuter des procédures Function

Contrairement aux procédures Sub, les procédures Function ne peuvent être exécutées que de deux manières :

- En appelant la fonction depuis une procédure Sub ou une autre procédure Function.
- En utilisant la fonction dans une formule à l'intérieur d'une feuille de calcul.

Essayez cette très élémentaire fonction en la saisissant d'abord dans un module VBA :

```
Function RacineCubique(nombre)
    RacineCubique = nombre ^ (1/3)
End Function
```

Cette fonction est très élémentaire : elle se contente de calculer la racine cubique du nombre passé comme argument. C'est cependant un bon point de départ pour comprendre le principe des fonctions. Elle illustre aussi un concept important : la manière dont une valeur est retournée. Car, vous ne l'avez sans doute pas oublié, les fonctions servent avant tout à retourner des valeurs (ou, plus exactement, *une* valeur).

Remarquez que la ligne de code qui constitue véritablement la procédure est une formule de calcul. Le résultat arithmétique – une mise à la puissance de 1/3 – est affecté à la variable RacineCubique. Notez également que RacineCubique est également le nom de la fonction. Pour indiquer à la fonction la valeur qu'elle doit retourner, vous affectez ladite valeur au nom de la fonction. Simple.

Appeler une fonction à partir d'une procédure Sub

Une fonction ne pouvant pas être exécutée directement, vous devez l'appeler à partir d'une autre procédure. Entrez le code ci-dessous dans le même module VBA que celui contenant la fonction RacineCubique :

```
Sub AppelDeSub()
    Réponse = RacineCubique(125)
    MsgBox Réponse
End Sub
```

Quand vous exécutez la procédure AppelDeSub – à l'aide de n'importe laquelle des techniques décrites précédemment dans ce chapitre –, Excel affiche une boîte de message contenant la valeur de la variable Réponse, qui est 5.

Voici ce qui se passe : la fonction RacineCubique est exécutée avec l'argument 125. La fonction retourne une valeur. Cette dernière est affectée à la variable Réponse. Ensuite, la fonction MsgBox affiche la valeur contenue dans la variable Réponse. Faites un essai en modifiant l'argument passé à la fonction RacineCubique, puis exécutez de nouveau la macro AppelDeSub. Elle fonctionne comme prévu.

Pendant que nous y sommes, la procédure AppelDeSub peut être légèrement simplifiée. La variable Réponse n'est en effet pas vraiment requise. Cette instruction produira le même résultat :


```
MsgBox RacineCubique(125)
```

Appeler une fonction depuis une formule dans une feuille de calcul

Voyons à présent comment cette procédure Function peut être appelée depuis une formule dans une feuille de calcul.

Activez une feuille de calcul du même classeur que celui qui contient la définition de la fonction RacineCubique, et saisissez cette formule dans n'importe quelle cellule :

```
=RacineCubique(1728)
```

Aussitôt, la cellule affiche 12, ce qui est bien la racine cubique de 1728.

Comme vous vous en doutez, vous pouvez utiliser une référence de cellule comme argument pour la fonction RacineCubique. Par exemple, si la cellule A1 contient une valeur, vous entrerez **=RacineCubique(A1)**. Dans ce cas, la fonction retourne le nombre produit par le calcul de la racine cubique de la valeur présente dans A1.

Cette fonction est utilisable autant de fois que vous le désirez dans une feuille de calcul. À l'instar des fonctions prédéfinies d'Excel, vos fonctions personnalisées apparaissent dans la boîte de dialogue Insérer une fonction. Dans la barre de formule, cliquez sur le bouton Insérer une formule, puis choisissez la catégorie Personnalisées. Comme le montre la

Figure 5.7, la syntaxe de la fonction apparaît sous la liste des fonctions personnalisées.

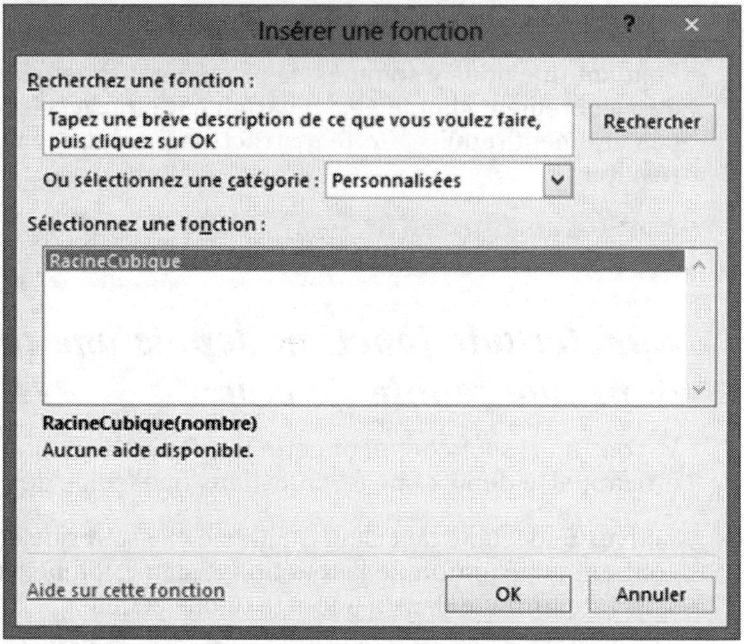

Figure 5.7 : La fonction RacineCubique figure parmi les fonctions de la catégorie Personnalisées.

Pour que la boîte de dialogue Insérer une fonction affiche une description de votre fonction, procédez comme suit :

1. **Dans le groupe Code de l'onglet Développeur, cliquez sur le bouton Macros.**

   Excel affiche la boîte de dialogue Macro, mais RacineCubique n'y figure pas. C'est en effet une procédure Function, or cette boîte de dialogue ne liste que les procédures Sub.

2. **Tapez le nom** RacineCubique **dans le champ Nom de la macro.**

3. **Cliquez sur le bouton Options.**

4. **Entrez une brève légende explicitant la macro dans le champ Description.**

5. **Fermez la boîte de dialogue Options de macro.**
6. **Fermez la boîte de dialogue Macro en cliquant sur le bouton Annuler.**

   La description apparaît dans la boîte de dialogue Insérer une fonction.

La Figure 5.8 illustre l'utilisation de la fonction RacineCubique dans des formules d'une feuille de calcul.

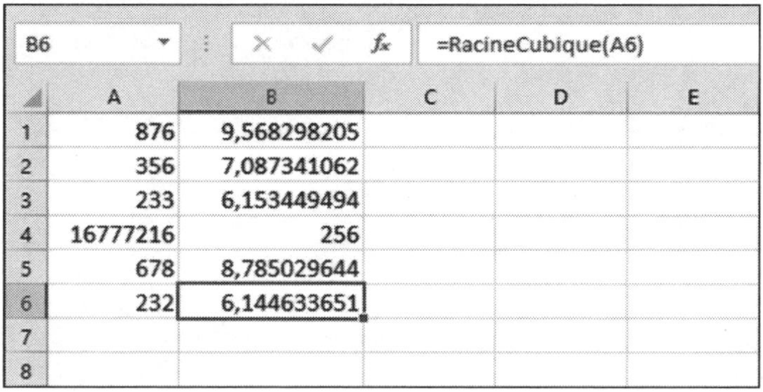

Figure 5.8 : Utiliser la fonction RacineCubique dans des formules.

Les choses commencent à prendre forme (j'aurais bien aimé que ce livre existe quand j'ai commencé à programmer en VBA). Vous en savez désormais beaucoup plus long sur les procédures Sub et Function. Dans le prochain chapitre, vous découvrirez tous les tenants et les aboutissants du développement de macros avec l'enregistreur de macros d'Excel.

Chapitre 6

L'enregistreur de macros d'Excel

Dans ce chapitre :

- Enregistrer les actions avec l'enregistreur de macros d'Excel.
- Les types de macros enregistrables.
- Les options d'enregistrement des macros.
- Évaluer l'efficacité des macros enregistrées

Vous avez le choix entre deux techniques pour créer une macro :

- L'enregistrer avec l'enregistreur de macros.
- L'écrire vous-même.

Ce chapitre est consacré à la seconde option. L'enregistrement d'une macro n'est cependant pas toujours l'approche la plus recommandée. De plus, certaines macros ne peuvent tout simplement pas être enregistrées. Vous verrez que l'enregistreur de macros n'en est pas moins très utile. Même si la macro qu'il produit ne correspond pas exactement à ce que vous désirez, l'enregistreur reste un excellent outil d'apprentissage et il vous conduit presque toujours dans la bonne direction.

Enregistrement ou programmation ?

L'enregistrement d'une macro s'apparente à une prise de vue vidéo : vous la démarrez, vous enregistrez ce qui se passe, puis vous l'arrêtez. L'analogie s'arrête là. Le Tableau 6.1 compare l'enregistrement d'une vidéo avec celui d'une macro.

Les bases de l'enregistrement

L'enregistrement d'une macro s'effectue au travers des étapes qui suivent. Nous y reviendrons plus en détail dans ce chapitre.

1. **Détermination de ce que la macro doit faire.**

   C'est une sorte de cahier des charges de la macro.

2. **Préparation du terrain par une configuration adaptée.**

   De cette phase dépend l'efficacité de la macro.

3. **Décision de rendre les références aux cellules soit relatives, soit absolues.**

4. **Clic sur le bouton d'enregistrement, à gauche de la barre d'état (ou choisissez Développeur > Code > Enregistrer une macro).**

   Excel affiche la boîte de dialogue Enregistrer une macro.

5. **Saisie du nom de la macro, de son raccourci clavier, de son emplacement de stockage et de sa description.**

   Hormis le nom, ces options sont facultatives.

6. **Clic sur le bouton OK, dans la boîte de dialogue Enregistrer une macro.**

   Excel crée automatiquement un module VBA. Dès lors, toutes les actions que vous effectuez sont fidèlement traduites en code VBA. Le bouton d'enregistrement dans la barre des tâches devient un symbole carré pour l'arrêt de l'enregistrement.

Tableau 6.1 : Enregistrement vidéo et enregistrement de macros.

	Enregistreur vidéo	Enregistreur de macros
Équipement nécessaire	Une caméra ou un smartphone.	Un ordinateur et un exemplaire d'Excel.
Données enregistrées	Vidéo et audio.	Actions exécutées dans Excel.
Stockage des données	Sur une carte mémoire.	Dans un module VBA.
Lecture ou exécution	Localiser le fichier et appuyer sur le bouton Lecture.	Localiser la macro dans la boîte de dialogue Macros et cliquer sur Exécuter (ou une autre méthode).
Montage et modifications	Oui, avec un logiciel d'édition vidéo.	Oui, dans VBE, à condition de savoir ce que vous faites.
Copie de l'enregistrement	Oui, comme pour tout autre fichier.	Oui.
Fidélité de la copie	Dépend de la situation et de la qualité du matériel.	Dépend de la manière dont vous vous y prenez lorsque vous enregistrez la macro.
Correction d'une erreur	Par un nouvel enregistrement de la vidéo (ou en éditant celle-ci si c'est possible).	Par un nouvel enregistrement de la macro (ou son édition, si possible).
Visualisation de l'enregistrement	Oui, en ouvrant le fichier dans un logiciel approprié.	Oui, en activant un module dans l'éditeur VBE.
Possibilité de partager l'enregistrement	Oui, par exemple sur YouTube.	Oui, par exemple en postant le code sur un blog ou sur un site Internet.
Peut-on gagner des sous avec l'enregistrement ?	Oui, mais il faut du talent (et savoir monter la vidéo).	Pas impossible, mais après un important travail d'édition.

7. **Exécution de toutes les actions à enregistrer avec la souris ou le clavier.**

8. **Les actions à enregistrer effectuées, clic sur le bouton Arrêter l'enregistrement (ou Développeur > Code > Arrêter l'enregistrement).**

   Excel cesse d'enregistrer vos actions.

9. **Test de la macro afin de vérifier son bon fonctionnement.**

10. **Nettoyage éventuel du code en supprimant des instructions inutiles.**

L'enregistreur de macros convient pour des macros simples et directes. Vous les utiliserez par exemple pour procéder à des mises en forme de plages de cellules ou pour créer des en-têtes de lignes et de colonnes dans une nouvelle feuille de calcul.

N'OUBLIEZ PAS

L'enregistreur de macros n'enregistre que des procédures Sub. Il ne peut pas enregistrer des procédures Function.

L'enregistreur de macros est aussi utile pour développer des macros plus complexes. Il m'arrive souvent d'enregistrer des actions, puis de copier le code ainsi obtenu dans une autre macro, plus sophistiquée. La plupart du temps, vous devrez modifier le code enregistré et ajouter quelques nouvelles instructions VBA.

L'enregistreur de macros est incapable de générer du code pour les tâches suivantes, qui seront abordées ultérieurement dans ce livre :

- L'exécution de tâches répétitives en boucle.
- L'exécution d'actions conditionnelles (à l'aide d'une instruction If-Then).
- L'affectation de valeurs à des variables.
- La spécification de types de données.
- L'affichage de messages pop-up.

- L'affichage de boîtes de dialogue personnalisées.

Les capacités limitées de l'enregistreur de macros ne diminuent en rien son importance. Comme je ne cesse de le rappeler dans ce livre, *l'enregistrement des actions est certainement le meilleur moyen d'apprendre le langage VBA*. En cas de doute, enregistrez ! Le résultat ne sera peut-être pas exactement celui que vous vouliez, mais il vous servira de base pour aller dans la bonne direction.

Préparer l'enregistrement

Avant de franchir le pas et démarrer l'enregistreur de macros, prenez le temps de bien mesurer ce que vous allez faire, c'est-à-dire enregistrer une macro afin qu'Excel puisse répéter fidèlement vos actions.

En définitive, le succès d'une macro enregistrée dépend de cinq facteurs :

- La configuration du classeur au moment de l'enregistrement de la macro.
- Ce qui est sélectionné au moment de commencer l'enregistrement.
- Le mode de référence choisi : absolu ou relatif.
- L'exactitude des actions enregistrées.
- Le contexte dans lequel la macro enregistrée sera utilisée.

L'importance de ces facteurs vous sera évidente lorsque vous aurez effectué les exercices qui vous attendent.

Relatif ou absolu ?

Quand vous enregistrez des actions, Excel enregistre par défaut des références absolues aux cellules. Mais très souvent, ce mode n'est *pas* le bon : les références relatives s'imposent alors. Examinons de plus près la différence entre les références absolues et relatives.

Enregistrement en mode absolu

Les étapes qui suivent expliquent comment enregistrer une macro simple en mode absolu. Celle-ci place tout simplement les noms des mois du premier trimestre dans une feuille de calcul :

1. **Dans le groupe Code de l'onglet Développeur, commencez par vous assurer que le bouton utiliser les références relatives n'est *pas* activé. Cliquez alors sur Enregistrer une macro.**
2. **Nommez cette macro** Absolue.
3. **Cliquez sur le bouton OK afin de démarrer l'enregistrement.**
4. **Activez la cellule B1 et tapez** Janvier.
5. **Activez la cellule C1 et tapez** Février.
6. **Activez la cellule D1 et tapez** Mars.
7. **Cliquez de nouveau dans la cellule B1 afin de la réactiver.**
8. **Arrêtez l'enregistreur de macros.**
9. **Appuyez sur Alt+F11 pour activer l'éditeur VBE.**
10. **Examinez le contenu de Module1.**

    Le code suivant s'y trouve :

```
Sub Absolue()
'
' Absolue Macro
'

'
```

```
    Range("B1").Select
    ActiveCell.FormulaR1C1 = "Janvier"
    Range("C1").Select
    ActiveCell.FormulaR1C1 = "Février"
    Range("D1").Select
    ActiveCell.FormulaR1C1 = "Mars"
    Range("B1").Select
End Sub
```


Lorsque ce code est exécuté, la macro sélectionne la cellule B1 puis elle insère les noms des trois mois dans la plage B1:D1 avant de réactiver la cellule B1.

Ces mêmes actions se succèdent quelle que soit la cellule qui était active au moment de l'exécution de la macro. Une macro enregistrée avec des références absolues produit toujours le même résultat lors de son exécution. En l'occurrence, les noms des trois mois seront systématiquement entrés dans la plage B1:D1.

Enregistrement en mode relatif

Dans certains cas, vous désirerez que la macro enregistrée considère les cellules d'une manière *relative*. Dans notre exemple, vous voudrez que les noms des trois mois soient entrés à partir de la cellule *active*. Vous opterez donc pour un enregistrement relatif.

Vous pouvez modifier la manière par laquelle Excel enregistre les actions en cliquant, dans le groupe Code de l'onglet Développeur, sur le bouton Utiliser les références relatives. Ce bouton est une bascule : si son aspect est normal, l'enregistrement est absolu. Lorsque sa couleur a changé, l'enregistrement est relatif.

N'OUBLIEZ PAS

Le mode d'enregistrement peut être changé à tout moment, même en cours d'enregistrement.

Pour voir comment le mode d'enregistrement relatif fonctionne, effacez la plage B1:D1 et effectuez les étapes suivantes :

1. **Activez la cellule B1.**

2. **Dans le groupe Code de l'onglet Développeur, cliquez sur le bouton Enregistrer une macro.**
3. **Nommez cette macro** Relative.
4. **Cliquez sur OK pour commencer l'enregistrement.**
5. **Toujours dans le même groupe Code, cliquez sur le bouton Utiliser les références relatives.**

   Le bouton prend une couleur différente des autres.
6. **Tapez** Janvier **dans la cellule B1.**
7. **Activez la cellule C1 et tapez** Février.
8. **Activez la cellule D1 et tapez** Mars.
9. **Sélectionnez de nouveau la cellule B1.**
10. **Arrêtez l'enregistreur de macros.**

Remarquez que cette procédure diffère légèrement de la précédente. Ici, vous avez activé la première cellule avant de commencer l'enregistrement. Ce détail est important lorsque vous enregistrez des macros qui doivent débuter dans la cellule active.

Cette macro commence toujours par entrer du texte dans la cellule active. Essayez pour voir : cliquez dans n'importe quelle cellule puis exécutez le macro Relative. Les mois sont toujours entrés à partir de la cellule active.

Lorsque le mode d'enregistrement est relatif, le code généré par Excel diffère sensiblement de celui produit en mode absolu :

```
Sub Relative()
'
' Relative Macro
'
'
    ActiveCell.FormulaR1C1 = "Janvier"
    ActiveCell.Offset(0, 1).Range("A1").Select
    ActiveCell.FormulaR1C1 = "Février"
    ActiveCell.Offset(0, 1).Range("A1").Select
```

```
    ActiveCell.FormulaR1C1 = "Mars"
    ActiveCell.Offset(0, -2).Range("A1").Select
End Sub
```

Pour tester cette macro, activez n'importe quelle cellule *sauf* B1. Les noms des mois apparaissent dans trois cellules, à partir de celle que vous avez activée.

NOTE TECHNIQUE

Observez que le code généré fait référence à la cellule A1. Ceci peut sembler étrange, puisque cette cellule n'a jamais été utilisée dans l'enregistrement de la macro. En fait, il s'agit simplement d'un effet collatéral produit par le fonctionnement de la macro. Nous y reviendrons en détail au Chapitre 8, lorsque nous étudierons la propriété Offset (décalage).

Qu'est-ce qui est enregistré ?

Quand vous lancez l'enregistreur de macros, Excel traduit toutes les actions effectuées à la souris ou au clavier en code VBA. Je pourrais sans doute écrire plusieurs pages pour expliquer comment Excel s'y prend, mais le moyen le plus efficace, pour comprendre ce processus, consiste à observer l'enregistreur à l'œuvre. La Figure 6.1 montre des fenêtres rationnellement disposées pour l'enregistrement.

Procédez comme suit :

1. **Commencez avec un classeur vierge.**
2. **Assurez-vous que la fenêtre d'Excel n'est pas agrandie en mode Plein écran.**
3. **Appuyez sur Alt+F11 pour activer l'éditeur VBE (là encore, veillez à ce que ce programme ne soit pas en mode Plein écran).**
4. **Redimensionnez les deux fenêtres et disposez-les de manière qu'elles soient toutes deux visibles.**

   Le mieux consiste à placer la fenêtre d'Excel en haut de l'écran et la fenêtre de l'éditeur en dessous. Réduisez d'abord toutes les autres applications ouvertes.

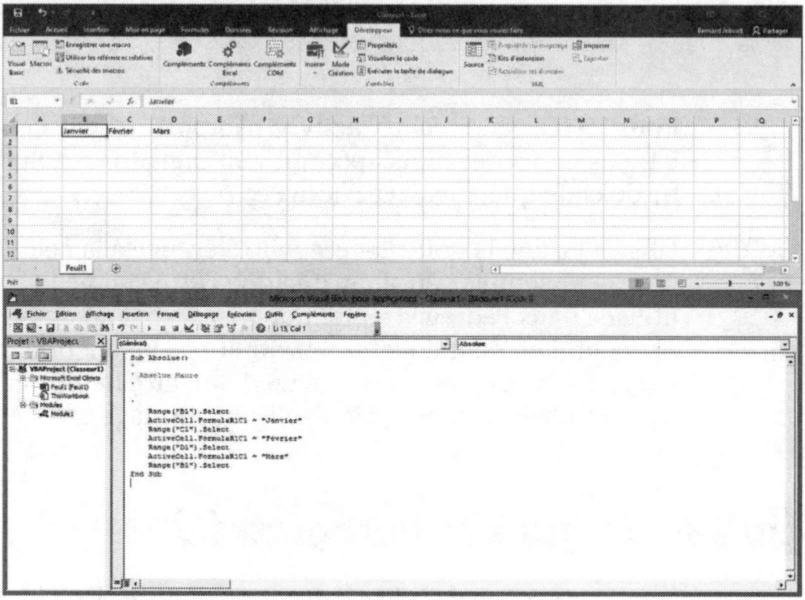

Figure 6.1 : Une disposition rationnelle permet de voir simultanément la fenêtre d'Excel et celle de l'éditeur VBE.

5. **Activez Excel puis choisissez Développeur > Code > Enregistrer une macro.**

6. **Cliquez sur OK pour démarrer l'enregistreur de macros.**

   Excel crée un nouveau module, nommé par défaut Module1, et commence à y enregistrer vos actions.

7. **Activez la fenêtre de l'éditeur VBE.**

8. **Dans la fenêtre de l'Explorateur de projets, double-cliquez sur Module1 pour afficher son contenu dans la fenêtre Code.**

Et maintenant, revenez à Excel et exécutez diverses commandes. Observez comment le code est généré en temps réel dans la fenêtre de l'éditeur VBE : sélectionnez des cellules, entrez des données, mettez les cellules en forme, utilisez les commandes du ruban, créez un graphique, manipulez les objets du graphique, changez la largeur des colonnes, *etc.* Vous serez émerveillé de constater que la programmation du VBA par Excel n'est jamais prise en défaut.

TRUC

Si vous avez la chance d'avoir un ordinateur à deux écrans, l'idéal est d'afficher la fenêtre d'Excel sur l'un, et l'éditeur VBE sur l'autre. C'est ce que je fais habituellement.

Options d'enregistrement

Plusieurs options s'offrent à vous lors de l'enregistrement des actions en code VBA. Rappelez-vous que le bouton Enregistrer une macro, dans le groupe Code de l'onglet Développeur, affiche la boîte de dialogue de même nom *avant* que l'enregistrement proprement dit commence, comme le montre la Figure 6.2.

Figure 6.2 : La boîte de dialogue Enregistrer une macro propose plusieurs options.

La boîte de dialogue Enregistrer une macro offre un certain contrôle sur la macro. Les sections qui suivent détaillent les options.

Nom de la macro

Vous entrez dans ce champ le nom de la procédure Sub que vous enregistrerez. Par défaut, Excel propose les noms Macro1, Macro2, et ainsi de suite pour chaque macro que vous enregistrez. Généralement, j'accepte le nom par défaut. Si la macro fonctionne correctement, je lui donne par la suite un nom plus évocateur dans l'éditeur VBE. Mais rien ne vous empêche de choisir son nom définitif dès le début.

Touche de raccourci

L'option Touche de raccourci permet d'exécuter une macro en appuyant sur une combinaison de touches. Si vous avez entré **w** (en minuscule), vous exécuterez la macro en appuyant sur Ctrl+W. Si vous avez entré **W** (en majuscule) vous devrez appuyer sur Ctrl+Maj+W.

Un raccourci peut être ajouté ou modifié à tout moment. C'est pourquoi il n'y a pas de raison particulière de définir cette option lorsque vous enregistrez une macro. Reportez-vous au Chapitre 5 pour savoir comment affecter un raccourci à une macro existante.

Enregistrer la macro dans...

Cette option indique à Excel où il doit stocker la macro qu'il enregistrera. Par défaut, il la place dans le module du classeur actif. Mais, si vous le préférez, il l'enregistrera dans un nouveau classeur (Excel ouvre dans ce cas un classeur vierge) ou dans le Classeur de macros personnelles.

Le Classeur de macros personnelles est un classeur caché qui s'ouvre automatiquement au démarrage d'Excel. C'est un bon endroit où placer les macros à utiliser dans plusieurs classeurs à la fois. Nommé PERSONAL.XLSB, le Classeur de macros personnelles est automatiquement créé par Excel la première fois que vous le spécifiez comme lieu de stockage pour une macro enregistrée. Si vous avez apporté des modifications à ce fichier, Excel vous demande si vous voulez le sauvegarder avant de se refermer.

Description

Quand vous enregistrez une macro, elle commence par quatre lignes de commentaires – dont trois sont vides – indiquant en particulier son nom. Vous pouvez entrer ce que vous voulez dans ce champ ou rien du tout. Pour ma part, je considère que c'est une perte de temps, car il est finalement plus simple et plus efficace d'ajouter des commentaires dans le code VBA lui-même.

Et l'efficacité ?

Peut-être pensez-vous que l'enregistrement d'une macro génère un code au-dessus de tout reproche, meilleur que tout ce que vous pourriez concocter manuellement. C'est loin d'être le cas. Généralement, l'enregistreur de macros collecte bon nombre de scories, produisant bien souvent un code peu efficace.

Ne me faites pas dire ce que je n'ai pas dit. Je suis un fervent supporteur de l'enregistreur de macros. C'est un outil remarquable pour apprendre à maîtriser la programmation VBA. Toutefois, hormis pour des macros simples, je n'utilise jamais une macro enregistrée sans l'avoir plus ou moins rectifiée.

Pour vous rendre compte combien un code enregistré peut s'avérer *peu* efficace, essayez ceci :

1. **Activez l'enregistreur de macros.**
2. **Ouvrez l'onglet Mise en page, et dans le groupe de même nom, cliquez sur le bouton Orientation. Choisissez le mode Paysage.**
3. **Arrêtez l'enregistreur de macros.**

Pour voir le contenu de la macro, activez la feuille Module1. Cette commande si simple génère le plantureux code que voici :

```
Sub Macro1()
'
' Macro1 Macro
'

'
    Application.PrintCommunication = False
    With ActiveSheet.PageSetup
        .PrintTitleRows = ""
        .PrintTitleColumns = ""
    End With
    Application.PrintCommunication = True
    ActiveSheet.PageSetup.PrintArea = ""
    Application.PrintCommunication = False
    With ActiveSheet.PageSetup
        .LeftHeader = ""
        .CenterHeader = ""
        .RightHeader = ""
        .LeftFooter = ""
        .CenterFooter = ""
        .RightFooter = ""
        .LeftMargin = Application.InchesToPoints(0.7)
        .RightMargin = Application.InchesToPoints(0.7)
        .TopMargin = Application.InchesToPoints(0.75)
        .BottomMargin = Application.InchesToPoints(0.75)
        .HeaderMargin = Application.InchesToPoints(0.3)
        .FooterMargin = Application.InchesToPoints(0.3)
        .PrintHeadings = False
        .PrintGridlines = False
        .PrintComments = xlPrintNoComments
        .PrintQuality = -3
        .CenterHorizontally = False
        .CenterVertically = False
        .Orientation = xlLandscape
        .Draft = False
        .PaperSize = xlPaperA4
        .FirstPageNumber = xlAutomatic
        .Order = xlDownThenOver
        .BlackAndWhite = False
        .Zoom = 100
        .PrintErrors = xlPrintErrorsDisplayed
        .OddAndEvenPagesHeaderFooter = False
        .DifferentFirstPageHeaderFooter = False
        .ScaleWithDocHeaderFooter = True
        .AlignMarginsHeaderFooter = True
```

```
        .EvenPage.LeftHeader.Text = ""
        .EvenPage.CenterHeader.Text = ""
        .EvenPage.RightHeader.Text = ""
        .EvenPage.LeftFooter.Text = ""
        .EvenPage.CenterFooter.Text = ""
        .EvenPage.RightFooter.Text = ""
        .FirstPage.LeftHeader.Text = ""
        .FirstPage.CenterHeader.Text = ""
        .FirstPage.RightHeader.Text = ""
        .FirstPage.LeftFooter.Text = ""
        .FirstPage.CenterFooter.Text = ""
        .FirstPage.RightFooter.Text = ""
    End With
    Application.PrintCommunication = True
End Sub
```


Vous êtes sans doute surpris – comme moi d'ailleurs – de la quantité de code générée par une seule commande. Vous n'avez pourtant changé qu'*un seul* réglage, mais Excel a produit du code qui paramètre la *totalité* des options de mise en page.

C'est là un bel exemple de macro qui en fait trop. Pour qu'elle se contente de basculer le mode d'impression Portrait en mode Paysage, supprimez tout le code superflu. La macro n'en sera que plus lisible, et surtout plus rapide. L'exemple ci-dessus peut se réduire à ceci :

```
Sub Macro1()
    With ActiveSheet.PageSetup
        .Orientation = xlLandscape
    End With
End Sub
```

À l'exception des lignes qui définissent la propriété Orientation, tout le code des autres options a été supprimé. Il est même possible de simplifier davantage le code en éliminant la construction With - End With, dont nous n'avons pas besoin ici (nous y reviendrons au Chapitre 14). Ce qui donne :

```
Sub Macro1()
    ActiveSheet.PageSetup.Orientation = xlLandscape
End Sub
```

Dans ce cas, la macro modifie, dans la feuille active, la propriété Orientation de l'objet PageSetup. Toutes les autres propriétés sont inchangées. À propos, xlLandscape est une constante prédéfinie qui facilite notre tâche en rendant le code plus facile à lire. La valeur de cette constante est 2. De ce fait, l'instruction ci-dessous fonctionne de la même manière, bien qu'elle soit moins facile à lire :

```
ActiveSheet.PageSetup.Orientation = 2
```

Nous étudierons les constantes prédéfinies au Chapitre 7.

Plutôt que d'enregistrer cette macro, vous pourriez l'entrer directement dans un module VBA. Pour ce faire, vous devez savoir quels objets, propriétés et méthodes vous aurez à utiliser. Bien que la macro enregistrée plus haut ne soit pas la panacée, elle vous a permis de découvrir que l'objet PageSetup (mise en page) possède une propriété Orientation. Une preuve de plus que l'enregistreur de macros vous aide à apprendre le VBA. Armé de cette connaissance et après un petit tour sur le système d'aide et probablement un peu d'expérimentation, vous serez très certainement capable d'écrire vous-même la macro les yeux fermés. Ou presque.

Ce chapitre fait quasiment le tour de tout ce qu'il y a à savoir concernant l'enregistreur de macros. Le reste n'est qu'affaire d'expérience. Vous découvrirez par vous-même les instructions superflues qui peuvent être supprimées sans risque. Mieux encore, vous apprendrez vite comment modifier une macro enregistrée afin d'améliorer son efficacité.

Troisième partie

Les concepts de la programmation

"On est très inquiets, Kevin n'est pas comme les autres enfants : il est incapable d'utiliser le raccourci qui permet de passer d'une application à une autre."

Dans cette partie...

- Découvrir les éléments essentiels de la programmation sous Excel : variables, constantes, types de données, opérateurs, tableaux, etc.
- Se familiariser avec les objets Range.
- Comprendre en quoi les fonctions VBA, mais aussi celles d'Excel, sont importantes.
- L'essence de la programmation : les prises de décision et les boucles.
- Faire exécuter automatiquement du code lors de certains événements.
- Comprendre les différents types d'erreurs, et pourquoi les gérer est important.
- Savoir ce qu'il faut faire quand les problèmes surgissent : entrez dans le club des exterminateurs de bogues !

Chapitre 7

Les éléments essentiels du langage VBA

Dans ce chapitre :

- Savoir quand, pourquoi et comment documenter votre code.
- Utiliser des variables et des constantes.
- Indiquer à VBA le type des données utilisées.
- Se familiariser avec les tableaux.
- Savoir pourquoi vous devez parfois utiliser des étiquettes dans vos procédures.

VBA étant un langage de programmation dynamique, il recours à bon nombre d'éléments communs à tous les langages informatiques. Vous en découvrirez plusieurs dans ce chapitre : les commentaires, les variables, les constantes, les types de données, les tableaux et quelques autres gâteries. Si vous avez programmé dans d'autres langages, une partie de tout ce matériel vous est déjà familier. Si vous débutez, par contre, le moment est venu de retrousser vos manches et de mettre les mains dans le cambouis.

Commenter le code VBA

Un *commentaire* est l'instruction VBA la plus élémentaire. Comme le langage l'ignore totalement, vous pouvez y placer tout ce que bon vous semble : un pense-bête, une précision quant au code qui suit…

Vous pouvez user et abuser des commentaires pour décrire à quoi servent les différentes parties de votre code, ce qui n'est pas toujours évident à la seule lecture des lignes de programmation. Bien souvent, un code qui paraît clair aujourd'hui ne l'est plus du tout quelques semaines ou quelques mois plus tard. J'ai connu ça…

Un commentaire commence par une apostrophe ('). Le langage VBA ignore tout ce qui, dans la ligne, se trouve après ce signe. Vous pouvez réserver la totalité d'une ligne à un commentaire, ou l'insérer à la fin d'une ligne de code. L'exemple qui suit montre une procédure VBA comportant quatre commentaires :

```
Sub FormatCells()
'   Quitte si une plage (Range) n'est pas sélectionnée
    If TypeName(Selection) <> "Range" Then
        MsgBox "Sélectionnez une plage de cellules."
        Exit Sub
    End If
'   Formate les cellules
    With Selection
        .HorizontalAlignment = xlRight
        .WrapText = False ' pas de retour à la ligne
        .MergeCells = False ' pas de fusion des cellules
    End With
End Sub
```

La règle de construction des commentaires connaît une exception : VBA n'interprète pas comme un début de commentaire l'apostrophe qui se trouve à l'intérieur des guillemets délimitant une chaîne de caractères. Par exemple, l'instruction suivante ne comporte aucun commentaire bien qu'elle contienne des apostrophes :

```
Msg = "Impossible de continuer"
```

Quand vous écrirez du code, il vous arrivera de vouloir tester une procédure sans la présence de telle ou telle instruction ou groupe d'instructions. Plutôt que de les supprimer – au risque de devoir les retaper plus tard, voire d'oublier leur contenu –, il est préférable de les transformer en commentaires en les faisant précéder d'une apostrophe. Vous pourrez ensuite les rétablir en supprimant ces apostrophes.

TRUC

Voici un procédé qui vous permet de convertir rapidement un bloc d'instructions en commentaires. Dans l'éditeur VBE, choisissez Affichage > Barres d'outils > Édition. Une nouvelle barre d'outils apparaît. Sélectionnez ensuite les lignes à transformer en commentaires, puis dans la barre, cliquez sur le bouton Commenter bloc. Pour retirer les apostrophes, sélectionnez de nouveau les instructions, puis cliquez, toujours dans la barre d'outils Édition, sur le bouton Ne pas commenter bloc.

Chacun développe son propre style de commentaires (en prose, en alexandrins...). Pour être utile, un commentaire doit cependant convoyer une information qui n'est pas immédiatement évidente aux yeux de celui qui lit le programme. Si vous truffez le code de redites et de pléonasmes, les commentaires ne feront que consommer inutilement des octets et alourdir le fichier.

TRUC

Voici quelques conseils pour mieux rédiger vos commentaires :

- Identifiez-vous en tant qu'auteur. Cela servira certainement le jour où vous aurez une promotion bien méritée et que votre remplaçant aura des questions à vous poser sur ce code.
- Décrivez brièvement la raison d'être de chacune des procédures Sub ou Function que vous concoctez.
- Conservez une trace des modifications en les commentant.
- Signalez par un commentaire toute utilisation atypique ou non-standard d'une fonction ou d'une construction.
- Utilisez des commentaires pour décrire les variables utilisées, surtout si leurs noms ne sont pas évidents.
- Commentez précisément toutes les techniques que vous développez pour contourner les bogues dans Excel.

- Écrivez les commentaires au fur et à mesure du développement du code, plutôt qu'à la fin du travail.
- Selon votre environnement de travail, introduire une plaisanterie ou deux dans vos commentaires n'est pas forcément une mauvaise idée. La personne qui vous remplacera le jour où vous aurez eu une promotion (bien méritée) appréciera (peut-être ? Certainement ? ou pas du tout) votre humour.

Variables, constantes et types de données

Le langage VBA sert principalement à manipuler des données. Il les stocke dans la mémoire de l'ordinateur ou sur un support magnétique ou optique (disque, clé USB, carte mémoire, *etc.*). Certaines données – comme le contenu des plages des feuilles de calcul – résident dans des objets. D'autres sont stockées dans les variables que vous créez.

Les variables

Une *variable* est tout simplement un emplacement de stockage nommé, situé dans la mémoire de l'ordinateur. Comme vous disposez d'une grande souplesse pour désigner les variables, veillez à ce que leur nom soit aussi évocateur que possible. Une valeur est affectée à une variable au travers de l'opérateur d'égalité, c'est-à-dire le signe « égal » (=). Nous y reviendrons dans la section « Les instructions d'affectation ».

Dans ces exemples, les noms de variables se trouvent à gauche du signe d'égalité. Remarquez que, dans la dernière ligne, deux variables sont utilisées :

```
x = 1
Taux_d_interêt = 0.075
SalaireTotal = 243089
DonnéeEntrée = False
x = x + 1
NomUtilisateur = "Daffy Duck"
DateInitiale = #8 avr 2016#
MonChiffre = VotreChiffre * 1.25
```

N'OUBLIEZ PAS

Le langage VBA impose quelques règles pour les noms des variables :

- Vous pouvez utiliser des lettres, des chiffres et certains caractères de ponctuation, mais le nom doit toujours commencer par une lettre.
- Le langage VBA ne fait pas la différence entre les majuscules et les minuscules.
- Espaces, points et opérateurs mathématiques ne sont pas admis dans un nom de variable.
- Les caractères suivants ne sont pas utilisables : #, $, %, & et !.
- Un nom peut comporter 255 caractères. Il est rarissime que cette limite soit atteinte, ni même approchée.

Pour faciliter la lisibilité des variables, les programmeurs ont souvent recours au mélange des casses (comme dans SalaireTotal) ou au caractère de soulignement (comme dans Taux_d_intérêt).

Le langage VBA est truffé de mots réservés que vous n'avez pas le droit d'utiliser pour nommer des variables. Ces termes étant tous issus de l'anglais, le risque est faible pour les programmeurs non anglophones. Ce sont notamment des mots comme Dim, End, For, Next, Sqr, Sub, Ucase, With... Si vous en utilisez un en tant que variable, le VBA vous renverra une erreur de compilation. Autrement dit, le code ne pourra pas être exécuté. Donc, si une instruction d'affectation produit un message d'erreur, vérifiez soigneusement le nom des variables qu'elle contient.

De même, VBA n'autorise pas non plus la création de variables dont le nom est déjà utilisé dans le modèle d'objets d'Excel, par exemple Workbook ou Range (mais, là encore, cela ne devrait même pas effleurer l'esprit d'un programmeur non anglophone). Voici à titre d'exemple une macro parfaitement valide (mais qui constitue une source possible de confusion) qui déclare une variable du nom de Range, et l'utilise pour travailler avec une cellule appelée Range dans une feuille de calcul également dénommée Range :

```
Sub RangeConfusion()
    Dim Range As Double
    Range = Sheets("Range").Range("Range")
    MsgBox Range
End Sub
```

Si vous êtes vraiment ami de la langue anglaise, sachez tout de même résister à la tentation, ou ajoutez un préfixe à votre variable, comme dans MyWorkbook ou dans MyRange.

C'est quoi les types de données ?

Un *type de données* est la forme sous laquelle un programme stocke les données en mémoire, par exemple en tant que nombres entiers, nombres réels ou encore chaînes de caractères. Bien que VBA puisse se charger automatiquement de ces détails, il ne le fera pas pour rien (c'est un langage vénal). Lui déléguer la gestion de vos types de données entraînerait un ralentissement de l'exécution du code ainsi qu'une utilisation inefficace de la mémoire. Pour des procédures modestes, ces inconvénients passent généralement inaperçus. Mais pour des applications de plus grande envergure, plus complexes, qui risquent d'être lentes ou d'avoir besoin d'économiser jusqu'au dernier octet de mémoire, vous devez vous familiariser avec la notion de type de données.

Le VBA s'occupe automatiquement de tous les détails sur les données afin de faciliter la vie du programmeur. On ne saurait en dire autant de tous les langages informatiques. Par exemple, certains langages exigent que le type de chacune des variables soit *explicitement* défini par le programmeur.

Pour autant, et même si ce n'est pas une obligation, déclarer le type de chaque variable est assurément une *bonne* pratique. Vous comprendrez mieux pourquoi dans la suite de ce chapitre.

Le langage VBA reconnaît un grand nombre de types de données. Le Tableau 7.1 liste les plus courants.

Tableau 7.1 : Les types de données VBA prédéfinies.

Type de données	Longueur en octets	Plage de valeurs
Boolean (booléen)	2	Vrai ou faux
Byte (octet)	1	De 0 à 255
Integer (entier)	2	-32 768 à 32 767
Long	4	-2 147 483 648 à 2 147 483 647
Single (simple)	4	De -3,40E+38 à -1,40E-45 pour les valeurs négatives, et de 1,40E-45 à 3,40E+38 pour les valeurs positives
Double	8	De 1,79E308 à 1,40E-45 pour les valeurs négatives, et de 4,94E-324 à 1,79E+308 pour les valeurs positives
Currency (monétaire)	8	De -922 337 203 685 477,5808 à 922 337 203 685 477
Date	8	1/1/0100 à 31/12/9999
Object (objet)	4	Tout référence d'objet
String (chaîne)	1 par caractère	Limites variables
Variant (variable de type non explicitement déclarée)	Longueur variable	N'importe quel type de données

De manière générale, choisissez le type de données qui utilise le plus petit nombre d'octets. Mais tous les types sont capables de gérer les informations qui lui sont transmises par le programme.

Il existe une exception à la règle du « plus petit nombre d'octets ». Il s'agit du type Long. La plupart des programmeurs VBA se servent de ce type à la place de Integer, car cela permet un léger gain en termes de performances. Mais, dans le cas de procédures de petite taille, aucune différence notable ne sera perceptible entre les types Long et Integer.

À vos marques, prêt...

À quelle vitesse sera exécuté votre code lorsque vous déclarez des variables ? J'ai concocté une procédure Sub simple utilisant des boucles imbriquées – nous en parlerons au Chapitre 10 – exécutant une série d'opérations arithmétiques. Voici ce code dans lequel, remarquez-le, aucune variable n'est déclarée :

```
Sub TestDeVitesse()
DébutDurée = Timer()
x = 0
y = 0
For i = 1 To 10000
    x = x + 1
    y = x + 1
    For j = 1 To 10000
        A = x + y + i
        B = y - x - i
        C = x / y * i
    Next j
Next i
FinDurée = Timer()
' Affichage de la durée totale
MsgBox Timer() - DébutDurée

        End Sub
```

Timer est une fonction VBA qui retourne le nombre de secondes depuis minuit. Grâce à elle, l'instruction MsgBox affiche la durée d'exécution du code. Sur mon ordinateur, elle était de 9,8 secondes.

J'ai ensuite modifié le code en ajoutant ces instructions, qui déclarent le type de données pour les huit variables utilisées :

```
Dim DébutDurée As Single
Dim x As Long, y As Long
Dim i As Long, j As Long
Dim A As Double, B As
        Double, C As Double
```

Après cette modification, j'ai de nouveau exécuté le code. Cette fois, la durée fut de 5,1 secondes. Un joli gain de performances, non ? Il n'est toutefois significatif que si le code doit effectuer une grande quantité de calculs. Ce test prouve néanmoins que déclarer les variables n'est pas une perte de temps.

Déclaration et portée des variables

Vous en savez à présent un peu plus long sur les variables et les types de données. Dans cette section, vous découvrirez comment déclarer une variable en précisant son type de données.

Si vous ne déclarez pas le type de données d'une variable utilisée dans une routine VBA, celui-ci utilisera le type par défaut : Variant. Une donnée de ce type est une sorte de caméléon ; elle change de type selon ce que vous en faites. Par exemple, si une variable est de type Variant et qu'elle contient une chaîne de caractères qui ressemble à un nombre (comme « 143 »), cette variable sera utilisable aussi bien pour manipuler des chaînes de caractères que pour effectuer des calculs. VBA se chargera alors automatiquement de la conversion. C'est toutefois une solution de facilité, car vous sacrifiez alors la rapidité et la mémoire.

Avant d'utiliser des variables dans une procédure, il est recommandé de les *déclarer,* c'est-à-dire d'indiquer à VBA quel est le type de chacune d'elles. La déclaration des variables accélère l'exécution du programme tout en exploitant la mémoire plus efficacement. Le type de données par défaut, Variant, oblige le langage VBA à répéter sans cesse des contrôles qui prennent du temps, et le force aussi à réserver plus de mémoire qu'il n'est nécessaire. Si VBA connaît le type d'une variable, il n'a plus à le rechercher et il réservera juste la mémoire suffisante pour stocker la valeur voulue.

Pour vous obliger à déclarer toutes les variables utilisées, placez cette instruction en tête du module VBA :

```
Option Explicit
```

Lorsque cette instruction est présente, le code ne pourra pas être exécuté s'il contient une variable non déclarée.

Vous ne devez indiquer Option Explicit qu'une seule fois, au tout début de votre module. Cette instruction ne s'applique en effet qu'à la procédure dans laquelle elle se trouve. Si un projet comporte plusieurs modules, vous devrez placer l'instruction Option Explicit dans chacun d'eux.

Supposons que vous utilisiez une variable non déclarée – donc, de type Variant – nommée TauxCourant. Quelque part dans votre routine, vous écrivez :

```
TauxCourrant = 0.075
```

Cette variable mal orthographiée (il y a un *r* en trop) est difficile à repérer et produira probablement un résultat erroné. Si vous placez l'instruction Option Explicit au début du module – et que vous déclarez TauxCourant –, Excel signalera l'erreur lorsqu'il rencontrera la version mal orthographiée de cette variable. Vous pourrez alors facilement repérer l'étourderie et la corriger.

Pour insérer automatiquement l'instruction Option Explicit dans tous les modules VBA que vous allez créer, activez l'option Déclaration des variables obligatoire. Vous la trouverez en choisissant, dans l'éditeur VBE, Outils > Option, puis l'onglet Éditeur. Je vous recommande vivement de le faire.

Déclarer les variables fait gagner du temps. Tapez simplement les deux ou trois premiers caractères d'un nom de variable puis appuyez sur la combinaison Ctrl+Espace. L'éditeur VBE devrait alors compléter la saisie à votre place. Si plusieurs choix sont possibles, ils apparaîtront dans une liste. Bien entendu, tous les mots-clés réservés (procédures et fonctions) seront également proposés. La Figure 7.1 illustre ce genre de comportement.

Vous connaissez à présent les avantages de la déclaration des variables. Reste à savoir *comment* le faire. La manière la plus courante de procéder consiste à utiliser une instruction Dim. Voyons quelques exemples :

```
Dim VotreNom As String
Dim Janvier_Inventaire As Double
Dim MontantDu As Double
Dim NuméroLigne As Long
Dim X
```

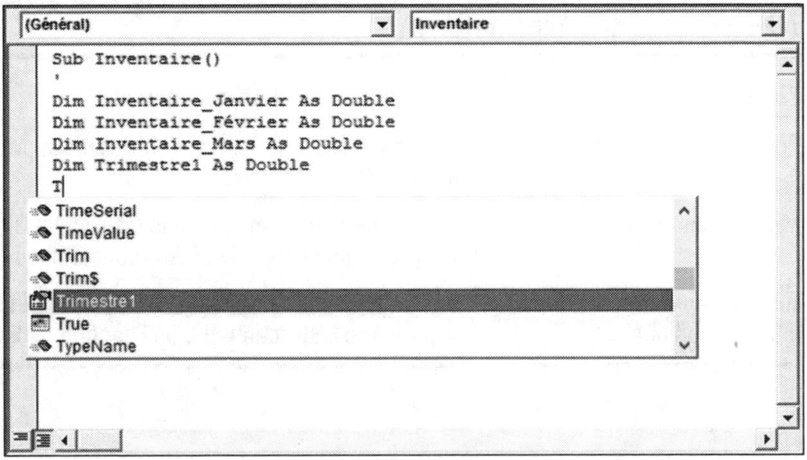

Figure 7.1 : Appuyer sur Ctrl+Espace affiche une liste de noms, ainsi que des mots et fonctions réservés.

Remarquez que les quatre premières variables ont un type bien défini. Ce n'est pas le cas de la dernière variable, X. Elle sera donc considérée comme étant de type Variant, et pourra donc contenir n'importe quoi.

En plus de Dim, le langage VBA reconnaît trois autres modes de déclaration :

- Static
- Public
- Private

Nous y reviendrons un peu plus loin. Mais auparavant, nous devons aborder deux autres sujets : la portée d'une variable et la durée de vie de celle-ci.

Vous savez déjà qu'un classeur peut comporter un nombre illimité de modules VBA, et qu'un module VBA peut avoir un nombre quelconque de procédures Sub et Function. La *portée* d'une variable définit quels modules et quelles procédures seront capables d'utiliser celle-ci. Le Tableau 7.2 détaille cette question.

Ne vous inquiétez pas si certaines notions vous échappent. Nous reviendrons sur tout ceci dans les prochaines sections.

Tableau 7.2 : Portée d'une variable.

Portée	Comment la variable est déclarée
Procédure seulement	Par une instruction Dim ou Static, dans la procédure où la variable est utilisée.
Module seulement	En plaçant dans le module une instruction Dim ou Private avant la première instruction Sub ou Function.
Toutes les procédures dans tous les modules	En plaçant dans le module une instruction Public avant la première instruction Sub ou Function.

Les variables de procédure

La portée la plus faible d'une variable est celle qui se situe au niveau « procédure » (qui est forcément de type Sub ou Function). Les variables ayant cette portée ne peuvent être utilisées que dans la procédure dans laquelle elles ont été déclarées. Lorsque la procédure se termine, ces variables cessent d'exister (certains prétendent qu'elles s'échappent par un trou dans la couche d'ozone) et Excel libère la mémoire correspondante. Si vous lancez à nouveau la procédure, les variables sont réinitialisées, et les valeurs qu'elles contenaient à la fin de l'exécution précédente sont donc perdues.

La manière la plus courante de déclarer une variable de procédure consiste à placer une instruction Dim entre des instructions Sub et End Sub, ou entre des instructions Function et End Function. Le mot-clé Dim est une abréviation de *dimension,* terme utilisé pour la réservation de la mémoire pour une variable. Généralement, l'instruction Dim est placée immédiatement après l'instruction Sub ou Function, et avant le code de la procédure.

L'exemple qui suit montre des variables de procédures déclarées à l'aide d'instructions Dim :

Quelques déclarations humoristiques

Déclarer des variables, des types de données, gérer la portée de ces variables et ainsi de suite, ce n'est pas ce qu'il y a de plus amusant à faire en programmation. L'humour n'étant pas interdit, je vous propose donc quelques exemples de déclarations un peu plus drôles (du moins, je l'espère), et toutes parfaitement valides :

```
Dim King As String, Kong As Long
Dim Bouchée as Byte
Dim Julien As Boolean
Dim Célibataire As Single
Dim Virgule As Decimal
Dim Trouble As Double
Dim Route_Sinueuse As Long
Dim BonneAnnée As Date
Public Nuisance
Private PremièreClasse
Static Electricité
Dim CartesPostales As New Collection
Dim Collier As String
```

Je suis sûr que vous trouverez bien d'autres exemples !

```
Sub MonSub()
    Dim x As Long
    Dim Premier As Long
    Dim Taux_d_intérêt As Single
    Dim DateDuJour As Date
    Dim NomUtilisateur As String
    Dim MaValeur
'   ... [Le code de la procédure est inséré ici] ...
End Sub
```

Remarquez que la dernière instruction Dim ne déclare pas un type de données, mais seulement la variable elle-même. Il en résulte que MaValeur sera de type Variant.

Soit dit en passant, plusieurs variables peuvent être déclarées avec une seule instruction Dim, comme ici :

```
Dim x As Integer, y As Integer, z As Integer
Dim Premier As Long, Dernier As Double
```

ATTENTION !

Contrairement à certains langages, VBA n'autorise pas la déclaration globale du type de données d'un ensemble de variables séparées par des virgules. Par exemple, bien que valide, l'instruction ci-dessous ne déclare pas toutes les variables comme entiers :

```
Dim, i, j, k As Integer
```

Dans cet exemple, seule la variable k est déclarée comme entier. Les autres sont simplement déclarées comme étant de type Variant.

Quand vous déclarez une variable dont la portée se limite à la procédure, les autres procédures du même module peuvent utiliser le même nom, mais chaque instance sera unique et limitée à la procédure qui l'héberge. En général, les variables déclarées au niveau « procédure » sont les plus efficaces, car, une fois la fin de la procédure atteinte, le langage VBA libère la mémoire qu'elles utilisaient.

Les variables de module

Parfois, une variable devra être disponible pour toutes les procédures d'un même module. Il suffit pour cela de la déclarer (avec Dim ou Private) *avant* la première instruction Sub ou Function, c'est-à-dire hors de toute procédure. Ceci s'effectue dans la section Déclarations, au début du module (c'est aussi à cet endroit que se trouve l'instruction Option Explicit étudiée précédemment dans ce chapitre).

La Figure 7.2 montre la fenêtre du module lorsque vous travaillez dans la section Déclarations. Utilisez la liste de droite pour accéder directement à la section Déclarations. Ne passez pas par la case Départ et ne touchez pas 20 000 euros.

Supposons que vous désiriez déclarer la variable ValeurCourante afin de la rendre disponible dans toutes les procédures du module. Il suffit pour cela d'utiliser l'instruction Dim dans la section Déclarations :

```
Dim ValeurCourante As Double
```

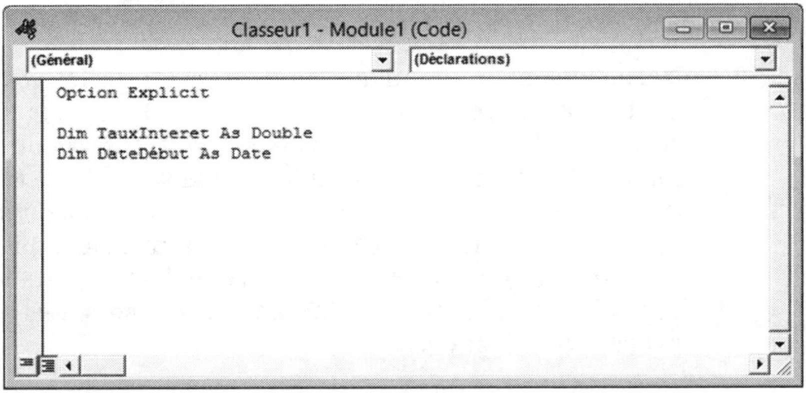

Figure 7.2 : Chaque module VBA comporte une section Déclarations qui apparaît avant toute procédure Sub ou Function.

Une fois cette déclaration en place – et à la bonne place –, la variable ValeurCourante est utilisable par n'importe quelle autre procédure du module. Elle conserve la même valeur en passant d'une procédure à une autre.

Les variables Public

Si une variable doit être disponible pour toutes les procédures de tous les modules VBA d'un classeur, déclarez-la au niveau « module » (dans la section Déclarations) en la faisant précéder du mot-clé Public. Par exemple :

```
Public TauxCourant As Long
```

Le mot-clé Public rend la variable TauxCourant disponible pour n'importe quelle procédure du classeur, même celles qui se trouvent dans d'autres modules VBA de celui-ci. Cette instruction doit être placée avant la première instruction Sub ou Function d'un module.

NOTE TECHNIQUE

Si une variable doit être disponible pour les modules d'autres classeurs, vous devez la déclarer comme publique puis établir une référence au classeur contenant la déclaration de la variable. Définissez la référence en choisissant dans l'éditeur VBE la commande Outils > Références. En fait, c'est une pratique extrêmement rare. D'ailleurs, je ne m'en suis jamais servi dans toute ma carrière de programmeur. Mais je suppose qu'il n'est pas inutile de savoir que c'est possible…

Les variables Static

Normalement, à la fin d'une procédure, toutes les variables sont réinitialisées. Les *variables statiques* font exception à la règle dans la mesure où elles conservent leur valeur même lorsque la procédure est terminée. Une variable de type statique est déclarée au niveau « procédure ». Elle peut s'avérer utile lorsque vous désirez par exemple savoir combien de fois une procédure a été exécutée. Vous déclarez à cette fin une variable statique que vous incrémentez chaque fois que la procédure est lancée.

Comme le montre l'exemple qui suit, les variables statiques sont déclarées par le mot-clé Static :

```
Sub MonSub()
    Static Compteur As Integer
    Dim Msg As String
    Compteur = Compteur + 1
    Msg = "Nombre d'exécutions : " & Compteur
    MsgBox Msg
End Sub
```

Ce code conserve dans la variable Compteur la trace du nombre de fois que la procédure a été exécutée. Cette valeur n'est pas réinitialisée lorsque la procédure se termine.

Bien que la valeur d'une variable déclarée comme Static soit conservée lorsque la procédure se termine, elle n'est pas disponible dans les autres procédures. Dans l'exemple MonSub précédent, la variable Compteur et sa valeur ne sont accessibles qu'à l'intérieur de la procédure MonSub. Autrement dit, il s'agit bien d'une variable de procédure.

La durée de vie des variables

Nul n'est éternel et les variables moins encore que quiconque. La portée d'une variable détermine non seulement la ou les procédures où elle peut être invoquée, mais aussi les circonstances dans lesquelles elle est effacée purement et simplement de la mémoire.

Vous pouvez purger toutes les variables présentes en mémoire de trois manières différentes :

- En cliquant sur le bouton Réinitialiser (c'est le petit carré bleu qui se trouve dans la barre d'outils Standard de VBE).
- En cliquant sur OK ou sur Terminer lorsqu'un message d'erreur apparaît.
- En plaçant une instruction End (fin) quelque part dans votre code. Cette instruction cesse l'exécution, mais elle est différente de End Sub ou End Function.

Sinon, seules les variables de procédure sont supprimées de la mémoire une fois le code de la macro entièrement exécuté. Les variables statiques, celles au niveau du module et les variables globales (publiques) gardent leur valeur entre deux exécutions du code.

ATTENTION !

Quand vous utilisez une variable au niveau module ou global, assurez-vous que sa valeur est celle qui est censée être la sienne. Vous ne savez en effet jamais si l'une des situations que je viens de mentionner ne lui aurait pas fait perdre son contenu.

Travailler avec les constantes

La valeur d'une variable peut changer – et c'est généralement le cas – au cours de l'exécution d'une procédure. C'est d'ailleurs pour cela que l'on parle de « variable ». Mais vous devrez parfois faire référence à une valeur ou à une chaîne qui ne change jamais, et qui est de ce fait une *constante*. Par définition, une constante est immuable.

Comme le montrent les instructions qui suivent, les constantes sont déclarées par l'instruction Const qui spécifie également leur valeur :

```
Const NombreTrim As Integer = 4
Const Taux = .0725, Période = 12
Const NomMod As String = "Macros Budget"
Public Const NomApplic As String = "Application Budget"
```

L'utilisation de constantes à la place de valeurs spécifiques ou de chaînes est une excellente habitude de programmation. Par exemple, si une procédure doit se référer plusieurs fois à une valeur spécifique, comme un taux d'intérêt, il est préférable de déclarer cette valeur comme constante puis de se référer à son nom plutôt qu'à la valeur correspondante. Le code est ainsi plus lisible et plus facile à modifier. Si un changement s'impose, vous n'aurez ainsi à modifier qu'une instruction au lieu de plusieurs.

À l'instar des variables, les constantes ont une portée. Rappelez-vous que :

- Pour qu'une constante ne soit disponible que dans une seule procédure, déclarez-la après l'instruction Sub ou Function.
- Pour qu'une constante soit disponible dans toutes les procédures d'un module, définissez-la dans la section Déclarations du module.
- Pour qu'une constante soit disponible dans tous les modules d'un classeur, faites-la précéder du mot-clé Public et définissez-la dans la section Déclarations d'un module quelconque de ce classeur.

Contrairement à celle d'une variable, la valeur d'une constante ne change jamais. Si vous tentez de modifier la valeur d'une constante dans une routine VBA, vous obtenez une erreur. Ce n'est pas étonnant, car une constante doit rester… constante ! Si vous devez modifier la valeur d'une constante, c'est une variable qu'il vous faut.

Constantes prédéfinies

Excel et le langage VBA contiennent de nombreuses constantes prédéfinies que vous pouvez utiliser sans avoir à les déclarer. Vous n'avez pas *a priori* à connaître leur valeur pour les utiliser. L'enregistreur de macros utilise généralement des constantes plutôt que de véritables valeurs. La procédure simple qui suit utilise une constante prédéfinie (xlCalculationManual) pour modifier la propriété Calculation de l'objet Application. Autrement dit, elle met le mode de recalcul d'Excel en mode manuel.

```
Sub CalculManuel()
    Application.Calculation = xlCalculationManual
End Sub
```


J'ai découvert la constante xlCalculationManual en enregistrant une macro qui modifie le mode de recalcul d'Excel. Du coup, j'ai fait une recherche dans le système d'aide d'Excel pour apprendre ce qui suit :

Nom	**Valeur**	**Description**
xlCalculationAutomatic	-4105	Excel contrôle les recalculs.
xlCalculationManual	-4135	Les recalculs sont effectués à la demande de l'utilisateur.
xlCalculationSemiautomatic	2	Excel contrôle les recalculs, mais ignore les modifications dans les tables.

La véritable valeur de la constante xlCalculationManual est donc de -4135. Il est de toute évidence plus facile de recourir à un nom de constante plutôt que de rechercher la valeu, même si vous savez où elle se trouve. Comme vous le constatez, de nombreuses constantes prédéfinies ne sont que des chiffres arbitraires qui n'ont de sens que dans le langage VBA.

TRUC

Pour connaître la véritable valeur d'une constante prédéfinie, ouvrez la fenêtre d'exécution de VBE et tapez une instruction du même genre que celle-ci :

```
? xlCalculationAutomatic
```

Si la fenêtre Exécution n'est pas visible, appuyez sur Ctrl+G. Le point d'interrogation est un raccourci pour la commande Print (afficher).

Travailler avec les chaînes de caractères

Excel étant capable de traiter des nombres et aussi du texte, il va de soi que VBA sait en faire autant. En programmation, du texte est souvent appelé *chaîne de caractères*, ou plus simplement *chaîne*. Il existe deux sortes de chaînes dans le langage VBA :

- **Les chaînes de longueur fixe.** Le nombre de caractères qu'elles peuvent contenir est préalablement déclaré. La longueur maximale est de 65 526 caractères. C'est très long ! Pour fixer les idées, c'est bien plus que le nombre des caractères, espaces compris, de ce chapitre.
- **Les chaînes de longueur variable.** Théoriquement, elles peuvent contenir plus de deux milliards de caractères. Si vous êtes capable de saisir cinq caractères par seconde, il vous faudra environ 760 jours pour remplir entièrement une telle chaîne. À condition de ne jamais manger, ni dormir ni faire de pause…

Quand une variable de chaîne est déclarée par une instruction Dim, vous pouvez spécifier sa longueur si vous la connaissez – c'est alors une chaîne de longueur fixe – ou laisser VBA gérer dynamiquement l'affectation (chaîne de longueur variable). Dans l'exemple qui suit, la variable MaChaîne est déclarée comme chaîne d'une longueur maximale de 50 caractères (utilisez l'astérisque pour spécifier le nombre de caractères, jusqu'à concurrence de 65 526). La variable VotreChaîne est déclarée comme chaîne, mais sa longueur n'est pas spécifiée :

```
Dim MaChaîne As String * 50
Dim VotreChaîne As String
```

Quand vous déclarez une chaîne de longueur fixe excédant 999 caractères, n'utilisez jamais le séparateur de milliers (la virgule en l'occurrence, car VBA utilise les règles de numération anglo-saxonnes). En fait, vous ne devez jamais utiliser la virgule comme séparateur de milliers pour les valeurs. VBA n'aime pas cela.

Travailler avec les dates

Les dates sont un autre type de données fort utile. Elles peuvent certes être stockées dans une variable de type String, mais, dans ce cas, vous ne pourrez pas les utiliser dans des calculs. Le type de données Date procure une bien meilleure souplesse. Il permet en effet de calculer par exemple une durée entre deux dates, ce qui est impossible (ou du moins très difficile) avec des chaînes de caractères.

Une variable définie en tant que date peut s'étendre du 1er janvier de l'an 100 au 31 décembre 9999, ce qui permet de voir venir. Cette plage de temps ouvre de vastes perspectives pour les simulations financières les plus teigneuses. Le type de données Date peut aussi servir à spécifier des heures ; c'est une bonne nouvelle dans la mesure où VBA manque d'un type de données horaire.

Voici quelques exemples de déclaration de variables et de constantes avec le type de données Date :

```
Dim Aujourdhui As Date
Dim Heure2départ As Date
Const PremierJour as Date = #1/1/2014#
Const Midi = #12:00:00#
```

Notez l'absence d'apostrophe dans la variable « Aujourdhui », pour des raisons de respect de la syntaxe VBA. Et comme le montrent les deux derniers exemples, les dates et les heures explicites doivent être placées entre des dièses.

Les variables de type Date affichent la date et l'heure conformément au format de l'ordinateur, c'est-à-dire « jour mois année » ou sur 12 ou 24 heures. Ces paramètres, stockés dans la Base de registre de Windows, peuvent être modifiés dans la boîte de dialogue Options régionales et linguistiques du Panneau de configuration. Ce qu'affichera VBA dépend donc de ce paramétrage. Par contre, vous devez spécifier vos dates dans le format que vous utilisez (normalement jj/mm/aaaa). Ce n'est pas parce que vous transmettez votre code à un collègue américain que vous devez vous servir du format US ! Et rassurez-vous : #10/02/2016# donnera bien le 10 février 2016 chez lui, et non le 2 octobre 2016.

Les instructions d'affectation

Une *instruction d'affectation* est une instruction VBA qui affecte le résultat d'une expression à une variable ou à un objet. Le système d'aide de VBA définit ainsi le terme expression :

> « … une combinaison de mots-clés, d'opérateurs, de variables et de constantes qui produit une chaîne, un nombre ou un objet. Une expression peut être utilisée pour effectuer un calcul, manipuler des caractères ou encore tester des données. »

Je ne saurais mieux dire. Je ne m'y risquerais même pas.

Une grande partie de votre travail en VBA implique le développement – et le débogage – d'expressions. Si vous savez construire des formules dans Excel, vous n'aurez aucun problème pour créer des expressions. Quand la formule se trouve dans une feuille de calcul, Excel affiche le résultat dans une cellule. Une expression VBA, elle, peut être affectée à une variable.

Quelques instructions d'affectation

Dans les exemples d'instructions d'affectation qui suivent, les expressions se trouvent à droite du signe « égal » :

```
x = 1
x = x + 1
x = (y * 2) / (z * 2)
PrixMaison = 375000
FichierOuvert = True
Range("AnnéeCourante").Value = 2013
```

TRUC

La longueur d'une expression n'est pas limitée, et celle-ci peut-être aussi complexe qu'il est nécessaire. Utilisez le caractère de continuation (espace suivi d'un soulignement) pour passer à la ligne et rendre le code plus lisible.

Les expressions utilisent souvent des fonctions : fonctions VBA prédéfinies, fonctions de feuille de calcul d'Excel ou celles que vous développez en VBA. Les fonctions sont décrites au Chapitre 9.

À propos du signe égal

Comme vous le constatez dans les exemples précédents, le langage VBA utilise le signe « égal » comme opérateur d'affectation. Or, pour vous, ce signe est probablement le symbole arithmétique de l'égalité. C'est pourquoi une instruction comme celle-ci risque de vous faire bondir :

```
z = z + 1
```

Car, comment `z` serait-il égal à `z + 1` ? Réponse : c'est impossible. Dans ce cas de figure, l'instruction d'affectation augmente la valeur de `z` de `1`. Retenez simplement qu'une affectation utilise le signe « égal » comme opérateur, et non comme symbole d'égalité.

Les autres opérateurs

Les opérateurs jouent un rôle majeur dans le langage VBA. En plus du signe « égal » évoqué dans la section précédente, il en existe plusieurs autres qui ne vous sont pas inconnus si vous avez déjà saisi des formules dans une feuille de calcul (à l'exception de Modulo). Sinon, vous les découvrirez dans le Tableau 7.3.

Tableau 7.3 : Les opérateurs VBA.

Fonction	Opérateur
Addition	+
Multiplication	*
Division	/
Soustraction	-
Puissance	^

Fonction	Opérateur
Concaténation de chaînes	&
Division entière (sans reste)	\
Modulo (reste d'une division)	Mod

En jargon informatique, la *concaténation* est une mise bout à bout. Lorsque vous concaténez les trois chaînes « Bonne », «   » et « année » (remarquez la chaîne avec l'espace, au milieu), vous produisez une seule chaîne « Bonne année ».

Comme le montre le Tableau 7.4, le langage VBA dispose aussi d'un ensemble d'opérateurs logiques.

Tableau 7.4 : Les opérateurs logiques de VBA.

Opérateur	Action	Description
Not	Non	Négation logique d'une expression
And	Et	Union logique de deux expressions
Or	Ou	Désunion logique de deux expressions
Xor	Ou exclusif	Exclusion logique d'une des deux expressions
Eqv	Équivalence	Équivalence logique d'une des deux expressions
Imp	Implication	Implication logique d'une des deux expressions

Les opérateurs logiques les plus utilisés sont Not, And et Or. Personnellement, je ne connais personne qui aurait utilisé les trois autres.

L'ordre de priorité des opérateurs VBA est exactement le même que dans les formules d'Excel. La mise à la puissance bénéficie de la priorité la plus élevée. Arrivent ensuite la multiplication et la division, suivies de l'addition et de la soustraction. L'ordre des priorités peut être modifié par des parenthèses : ce qui est entre parenthèses est toujours traité avant un opérateur.

Prenons un exemple simple :

```
x = 3
y = 2
z = x + 5 * y
```

Quelle est la valeur de z une fois ce code exécuté ? Si vous répondez 13, vous avez gagné une médaille d'or qui prouve que vous avez compris la notion de priorité des opérateurs. Si vous avez répondu 16, lisez ceci : la multiplication a priorité sur l'addition, et l'opération 5 * y est donc calculée en premier, ce qui donne 10, qui est alors ajouté à la valeur de x pour donner 13. Et si vous avez donné une autre réponse que 13 ou 16, vous avez tout faux…

En pratique, comme j'ai des choses bien plus importantes à faire que me rappeler des règles de priorité des opérateurs, j'utilise abondamment les parenthèses, même quand elles ne sont pas indispensables. Par exemple, au quotidien, j'écrirai la dernière des trois instruction, ci-dessus, de la manière suivante :

```
z = x + (5 * y)
```

TRUC

En cas de doute, n'hésitez pas à ajouter des parenthèses pour bien regrouper vos opérations, surtout si cela vous facilite la relecture du code. Ni moi ni VBA ne vous en voudrons.

Travailler avec les tableaux

La plupart des langages de programmation gèrent les tableaux. Un *tableau* est un ensemble de variables qui ont en commun leur nom. Il est fait référence à une variable spécifique d'un tableau en utilisant le nom de celui-ci suivi d'un numéro d'index (ou d'indice). Vous définirez par exemple un tableau de 12 variables de type String pour y placer les mois de l'année. Si le nom du tableau est Mois, vous ferez référence au premier élément de ce tableau sous la forme Mois(1), au deuxième sous la forme Mois(2), et ainsi de suite.

Déclarer des tableaux

Avant de pouvoir utiliser des tableaux, vous *devez* les déclarer à l'aide d'une instruction Dim ou Public, comme vous le feriez pour des variables. Cette déclaration est obligatoire, et VBA est intransigeant à ce sujet.

Vous devez également spécifier le nombre d'éléments du tableau. Cette opération s'effectue en entrant le premier indice, le mot-clé `To` et le dernier indice, le tout entre parenthèses. Cet exemple déclare un tableau de 100 chiffres entiers :

```
Dim MonTableau(1 To 100) As Integer
```

Quand vous déclarez un tableau, vous pouvez choisir de ne spécifier que l'indice supérieur : le langage VBA présumera alors que l'indice inférieur est 0. Par conséquent, les instructions suivantes déclarent chacune un tableau de 101 éléments (et non 100) :

```
Dim MonTableau(0 to 100) As Integer
Dim MonTableau(100) As Integer
```

TRUC

Si vous voulez que VBA considère que l'indice inférieur du tableau est 1, placez l'instruction suivante dans la section Déclarations du module :

```
Option Base 1
```

Cette instruction force VBA à utiliser 1 comme premier indice d'un tableau dont la déclaration ne comporte que l'indice supérieur. Lorsque l'instruction ci-dessus est présente, les instructions qui suivent sont identiques, car elles déclarent chacune un tableau de 100 éléments :

```
Dim MonTableau(1 to 100) As Integer
Dim MonTableau(100) As Integer
```

Les tableaux multidimensionnels

Les tableaux créés avec les exemples précédents ne possèdent qu'une seule dimension. C'est un peu comme si leurs données étaient sagement rangées en file indienne. Or, en VBA, un tableau peut avoir jusqu'à soixante dimensions ! En fait, vous n'aurez que rarement besoin de plus de deux ou trois dimensions. L'exemple ci-dessous déclare un tableau de 81 chiffres entiers à deux dimensions :

```
Dim MonTableau(1 to 9, 1 to 9) As Integer
```


Vous pouvez imaginer ce tableau sous la forme d'une matrice de 9 cases sur 9. Parfait pour une grille de Sudoku !

Pour faire référence à un élément spécifique d'un tableau, vous devez alors fournir deux numéros d'indice. L'exemple qui suit montre comment une valeur peut être affectée à un élément de ce tableau :

```
MonTableau(3, 4) = 125
```

Cette instruction affecte une valeur à un seul élément du tableau. Si vous avez adopté la représentation sous la forme d'une matrice de 9 x 9 éléments, la valeur 125 est affectée à l'élément situé à l'intersection de la troisième rangée et de la quatrième colonne.

Un tableau à trois dimensions peut être considéré comme un cube. Par exemple, la déclaration suivante crée un tableau tridimensionnel de 1 000 éléments entiers :

```
Dim MonTableau3D(1 to 10, 1 to 10, 1 To 10) As Integer
```

En gros, il s'agit d'un cube. Visualiser des tableaux de plus de trois dimensions n'est pas facile. Désolé, je ne me suis jamais aventuré dans *La Quatrième Dimension.*

Les tableaux dynamiques

Vous pouvez aussi créer des *tableaux dynamiques* dont le nombre d'éléments n'est pas prédéfini. Un tableau dynamique est déclaré en ne mettant rien entre les parenthèses :

```
MonTableau() As Integer
```

Avant de pouvoir utiliser ce tableau, vous devez utiliser l'instruction ReDim pour indiquer à VBA le nombre d'éléments qu'il comporte. Généralement, ce nombre est déterminé pendant que le code est exécuté. Vous pouvez utiliser l'instruction ReDim autant de fois que vous le désirez et modifier la taille du tableau aussi souvent que nécessaire. L'exemple qui suit montre comment modifier le nombre d'éléments d'un tableau dynamique. Nous supposerons que la variable NombreElements contient une valeur calculée par votre code.

```
ReDim MonTableau(1 To NombreElements)
```

ATTENTION !

Redimensionnez un tableau avec ReDim efface toutes les valeurs qu'il contient. Ceci peut être évité avec le mot-clé Preserve :

```
ReDim Preserve MonTableau(1 To NombreElements)
```

Si MonTableau contient dix éléments au moment où vous exécutez l'instruction ci-dessus, et que NombreElements est égal à 12, les dix premiers restent intacts, laissant de la place pour les deux supplémentaires. Par contre, si NombreElements vaut 7, les sept premiers éléments seront bien conservés, mais les trois derniers disparaîtront dans les limbes de l'enfer.

Nous reviendrons sur les tableaux au Chapitre 10, quand il sera question des boucles.

Utiliser des étiquettes

Dans les toutes premières versions du vieux langage BASIC (*Beginner's All purpose Symbolic Instruction Code*), chaque ligne de code devait être numérotée. Par exemple, quand vous écriviez un programme en BASIC à la fin des années 1970 (avec l'accoutrement qui allait avec : pantalon à pattes d'éléphant, chemise à fleurs et le *Guide du Routard* dans la musette), un programme ressemblait à ça :

```
010: LET X=5
020: LET Y=3
030: LET Z=X*Y
```

```
040: PRINT Z
050: END
```

D'accord, vous n'étiez pas né dans les années 1970 (moi, si).

Le langage VBA autorise la numérotation des lignes et même les étiquettes. Vous n'en placerez pas à chaque ligne, mais il vous arrivera de devoir en utiliser. Vous insérerez par exemple une étiquette lorsque vous utiliserez une instruction GoTo (aller à), comme nous le verrons au Chapitre 10. Une étiquette commence au premier caractère non vide d'une ligne et se termine par un signe « deux-points ».

Le contenu de ce chapitre vous paraîtra plus clair lorsque vous aurez lu ceux qui suivent. Reportez-vous à l'aide de VBA pour en savoir plus sur les éléments du langage. Vous y trouverez tous les détails dont vous pouvez avoir besoin.

[illegible]

Chapitre 8

Travailler avec les objets Range

Dans ce chapitre :

- Comprendre pourquoi les objets Range sont si importants.
- Aborder les différentes manières de faire référence aux plages.
- Découvrir les propriétés des objets Range les plus utiles.
- Dévoiler quelques-unes des méthodes d'objet Range les plus utiles.

Au Chapitre 4, j'ai pris l'incommensurable risque de vous saturer les méninges avec la notion de modèle objet. Dans ce chapitre, j'ai aussi présenté les bases des propriétés et des méthodes. Dans celui-ci, nous examinerons de plus près les objets Range (plage). Pourquoi nous attarder dessus ? Parce que la plus grande partie de votre travail dans Excel est consacré à des objets Range. Vous me remercierez plus tard.

Un petit rappel

Un *objet Range* représente une plage dans un objet Worksheet (une feuille de calcul). Comme tous les objets, Range possède des propriétés, que vous pouvez examiner et parfois changer, ainsi que des méthodes qui servent à exécuter certaines actions.

Un objet Range peut se réduire à une seule cellule, comme B4, ou à une plage couvrant les 17 179 869 184 d'une feuille – excusez du peu – soit A1:XFD1048576.

Il est fait référence à un objet Range sous cette forme :

```
Range("A1:C5")
```

Même si la plage ne contient qu'une seule cellule, les guillemets sont obligatoires, comme dans :

```
Range("K9")
```

Si la plage est nommée, par exemple avec la comande Définir un nom dans le groupe Noms définis de l'onglet Formules, il est possible de s'y référer par une expression comme celle-ci :

```
Range("Liste_Prix")
```

À moins de lui avoir expressément indiqué le contraire, Excel présume qu'il est fait référence à une plage de la feuille de calcul active. Si un autre genre de feuille est actif (une feuille de graphique, par exemple), la référence à la plage échoue et la macro affiche un message d'erreur avant de s'arrêter.

Comme le montre l'exemple suivant, vous pouvez faire référence à une plage en dehors de la feuille active en qualifiant la référence à cette plage avec un nom de feuille du classeur courant :

```
Worksheets("Feuil1").Range("A1:C5")
```

Si vous devez faire référence à une plage située dans un autre classeur que celui qui est actuellement actif, vous pouvez utiliser une instruction comme celle-ci :

```
Workbooks("Budget.xls").Worksheets("Feuil1").Range("A1:C5")
```

Un objet Range peut consister en une ou plusieurs lignes ou colonnes entières. Vous ferez référence à une ligne entière dans Excel (ici, la ligne 3) en utilisant ce genre de syntaxe :

```
Range ("3:3")
```

Vous ferez référence à une colonne entière (ici, la quatrième colonne) comme ceci :

```
Range ("D:D")
```

Il est même possible de travailler sur des plages non contiguës. Dans Excel, vous les sélectionnez en maintenant la touche Ctrl enfoncée, ce qu'illustre la Figure 8.1. L'expression qui suit fait référence à deux plages distinctes. Remarquez la virgule qui les sépare.


```
Range ("A1:B8,D9:G16")
```

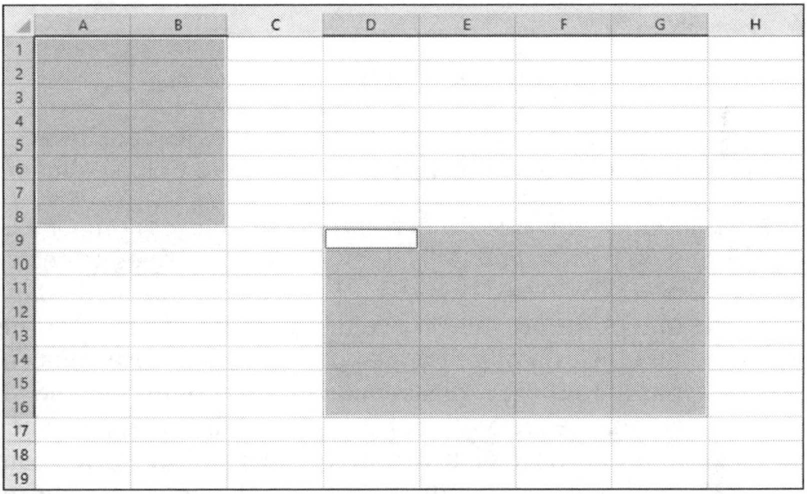

Figure 8.1 : Sélection d'une plage non contiguë de cellules.

ATTENTION !

Certaines méthodes et propriétés ne supportent pas les plages de cellules non contiguës et peuvent de ce fait poser de gros problèmes. Dans ce cas, chaque « section » de la plage devra être traitée séparément à l'aide d'une boucle.

D'autres façons de faire référence aux plages

Plus vous programmerez en VBA, plus vous vous rendrez compte que ce langage est bien conçu et très logique, en dépit de ce que vous pourriez penser pour le moment. Il propose souvent plusieurs manières d'effectuer une action, vous laissant libre de choisir la solution la plus appropriée à votre problème. Cette section est consacrée aux autres façons de faire référence à une plage.

Ce chapitre ne fait qu'effleurer les propriétés et méthodes d'un objet Range. Par la suite, lorsque vous programmerez de vos propres ailes (si l'on ose dire...), vous devrez probablement accéder à d'autres propriétés et méthodes. C'est dans l'aide de VBA que vous trouverez des informations complémentaires. Il est aussi très profitable d'enregistrer des actions et d'analyser le code ainsi généré. D'accord, vous êtes peut-être fatigué de lire toujours le même conseil, mais c'est un *bon* conseil.

La propriété Cells

Plutôt que de recourir au mot-clé Range, vous pouvez faire référence à une plage par sa propriété Cells (cellules).

Remarquez que j'ai écrit *propriété* Cells et non *objet* Cells, ou même *collection* Cells. Bien que ce nom évoque celui d'un objet (ou d'une collection), ce n'en est pas un. En fait, Cells est une propriété qui est évaluée par VBA et qui retourne ensuite un objet, un objet Range pour être précis. Ne vous en faites pas si tout cela vous semble un peu confus ; même Microsoft semble se mélanger les pinceaux. Dans quelques anciennes versions d'Excel, la propriété Cells était désignée comme méthode Cells. Quoi qu'il en soit, il suffit de retenir que Cells est un moyen commode de faire référence à une plage.

La propriété Cells accepte deux arguments : un numéro de ligne et un numéro de colonne. Par exemple, l'expression suivante fait référence à la cellule C2 de la feuille Feuil2 :

```
Worksheets("Feuil2").Cells(2, 3)
```

Soit effectivement la seconde ligne et la troisième colonne (C).

Vous pouvez aussi demander à la propriété Cells de faire référence à une plage multicellulaire. Par exemple :

```
Range(Cells(1, 1), Cells(10, 8))
```

Cette expression fait référence à une plage de 80 cellules qui s'étend de la cellule A1 (ligne 1, colonne 1) à la cellule H10 (ligne 10, colonne 8).

Les instructions qui suivent produisent toutes deux le même résultat : elles entrent la valeur 99 dans une plage de 10 x 8 cellules. Plus spécifiquement, elles définissent la propriété Value de l'objet Range :


```
Range("A1:H10").Value = 99
Range(Cells(1, 1), Cells(10, 8)).Value = 99
```

TRUC

L'avantage de faire référence aux plages avec la méthode Cells apparaît lorsque vous utilisez des variables comme arguments de Cells, plutôt que des valeurs numériques. Et les choses sérieuses commenceront véritablement lorsque vous saurez programmer des boucles, ce que vous découvrirez au Chapitre 10.

La propriété Offset

La propriété Offset (décalage) propose un autre moyen fort commode de faire référence aux plages. Opérant sur un objet Range, elle retourne un autre objet Range, vous laissant faire référence à une cellule qui se trouve à un certain nombre de lignes et de colonnes de distance d'une autre cellule.

À l'instar de la propriété Cells, Offset accepte deux arguments. Le premier représente le nombre de lignes du décalage, le second le nombre de colonnes de ce même décalage.

L'expression qui suit fait référence à une cellule qui se trouve une ligne sous la cellule A1 et deux colonnes à sa droite. Autrement dit, elle fait référence à la cellule plus connue sous le nom de C2 :

```
Range("A1").Offset(1, 2)
```

La propriété Offset peut aussi recevoir des arguments négatifs. Un décalage de ligne négatif fait référence à une ligne située *au-dessus* de la plage. Un décalage de colonne négatif fait référence à une colonne située *à gauche* de la plage. Partant de C2, l'exemple qui suit fait référence à la cellule A1 :

```
Range("C2").Offset(-1, -2)
```

Comme vous vous en doutez, il est possible d'utiliser 0 comme argument(s) pour Offset. L'exemple qui suit fait référence à la cellule A1 :

```
Range("A1").Offset(0, 0)
```

Voici une instruction qui insère l'heure actuelle dans la cellule qui se trouve juste à droite de la cellule active :

```
ActiveCell.Offset(0,1) = Time
```

Lorsque vous enregistrez une macro avec des références relatives, Excel use et abuse de la propriété Offset. Reportez-vous au Chapitre 6 pour en voir un exemple.

TRUC

La propriété Offset est surtout appréciable lorsque vous utilisez des variables comme arguments, plutôt que des chiffres. Le Chapitre 10 présente quelques exemples réalisés dans cet esprit.

Quelques propriétés utiles d'objet Range

Un objet Range possède des dizaines de propriétés. Vous pourriez écrire des programmes Excel non-stop pendant les quarante années à venir sans les utiliser toutes. Dans cette section, je décris une partie des plus couramment employées. Pour des détails plus exhaustifs, reportez-vous à l'aide de VBA.

N'OUBLIEZ PAS

Certaines propriétés Range sont en *lecture seule,* ce qui interdit de les modifier. Par exemple, chaque objet Range a une propriété Address qui contient l'adresse de la plage. Vous pouvez lire son contenu, mais pas le changer. Ce qui, en l'occurrence, est parfaitement censé.

Les exemples qui suivent sont des instructions plutôt que des procédures complètes. Si vous le désirez, vous pouvez les essayer (je vous y encourage) en les intégrant dans une procédure Sub. Beaucoup de ces instructions ne fonctionnent correctement que si la feuille de calcul est la feuille active.

La propriété Value

La propriété Value représente la valeur contenue dans une cellule. Elle est en lecture-écriture, ce qui permet au code VBA de lire ou de modifier cette valeur.

L'instruction qui suit affiche une boîte de message qui indique la valeur de la cellule A1 de Feuil1 :

```
MsgBox Worksheets("Feuil1").Range("A1").Value
```

Vous ne pouvez bien sûr lire la propriété Value que pour un objet Range limité à une seule cellule. Par exemple, l'instruction que voici générerait une erreur :

```
MsgBox Worksheets("Feuil1").Range("A1:C3").Value
```

NOTE TECHNIQUE

Affecter à une variable les valeurs d'une plage étendue

En écrivant « Il va de soi que vous ne pouvez lire la propriété Value que pour un objet Range limité à une seule cellule. », je ne vous ai pas dit toute la vérité. En fait, il est possible d'affecter à une variable les valeurs contenues dans une plage multicellulaire, à condition que cette variable soit de type Variant. Ceci vient du fait que les variants peuvent se comporter comme des tableaux. En voici un exemple :

```
Dim x As Variant
x = Range("A1:C3").Value
```

La variable x peut dès lors être traitée comme un tableau. L'instruction suivante retournerait donc la valeur de la cellule B1 :

```
MsgBox x(1, 2)
```

Il est cependant possible de modifier la propriété Value d'une plage entière, quelle que soit sa taille. Cette instruction entre le nombre 123 dans chacune des cellules d'une plage :

```
Worksheets("Feuil1").Range("A1:C3").Value = 123
```

Value est la propriété par défaut d'un objet Range. En d'autres termes, si vous omettez de spécifier une propriété pour Range, Excel utilisera sa propriété Value. Ces instructions entrent toutes deux la valeur 75 dans la cellule A1 de Feuil1 :

```
Worksheets("Feuil1").Range("A1").Value = 75
Worksheets(«Feuil1»).Range(«A1») = 75
```

La propriété Text

La propriété Text retourne une chaîne qui représente le texte tel qu'il est affiché dans la cellule, c'est-à-dire la valeur mise en forme. Elle est en lecture seule. Par exemple, supposons que la cellule A1 contienne la valeur 12,3 et qu'elle soit mise en forme pour afficher deux décimales suivies d'une espace et du symbole de l'euro (12,30 €). L'instruction suivante affiche une boîte de message contenant 12,30 € :

```
MsgBox Worksheets("Feuil1").Range("A1").Text
```

En revanche, cette instruction affiche simplement une boîte de message contenant 12,3 :

```
MsgBox Worksheets("Feuil1").Range("A1").Value
```

Si la cellule contient une formule, la propriété Text renverra le résultat de cette formule. Et si la cellule contient du texte, les deux propriétés Value et Text donneront la même chose, car, contrairement aux nombres, les textes ne peuvent pas être formatés pour s'afficher différemment (ne confondez pas formater et appliquer un style).

La propriété Count

La propriété Count, en lecture seule, retourne le nombre de cellules d'une plage (la totalité, pas uniquement les cellules non vides). L'instruction qui suit accède à la propriété Count d'une plage et affiche le résultat (9) dans une boîte de message :

```
MsgBox Range("A1:C3").Count
```

Les propriétés Column et Row

La propriété Column retourne le numéro de colonne d'une plage d'une seule cellule. Et sa cousine germaine, la propriété Row, retourne le numéro de ligne d'une plage d'une seule cellule. Toutes deux sont en lecture seule. L'instruction ci-dessous affiche 6, car la cellule F3 se trouve dans la sixième colonne :

```
MsgBox Sheets("Feuil1").Range("F3").Column
```

Cette instruction affiche 3 puisque la cellule F3 se trouve sur la troisième ligne :

```
MsgBox Sheets("Feuil1").Range("F3").Row
```

N'OUBLIEZ PAS

Si l'objet Range couvre plus d'une cellule, la propriété Column retourne le numéro de la première colonne de la plage, tandis que la propriété Row retourne le numéro de la première ligne de la plage.

ATTENTION !

Ne confondez pas les propriétés Column et Row avec les propriétés Columns et Rows étudiées précédemment dans ce chapitre. Les premières, Column et Row, ne retournent qu'une seule valeur. En revanche, les propriétés Columns et Rows renvoient un objet Range. D'où l'importance du « s ».

La propriété Address

La propriété Address, qui est en lecture seule, affiche l'adresse d'un objet Range en notation absolue (avec le signe « dollar » avant la lettre de la colonne et le chiffre de la ligne). Cette instruction affiche la boîte de message de la Figure 8.2 :

```
MsgBox Range(Cells(1, 1), Cells(5, 5)).Address
```

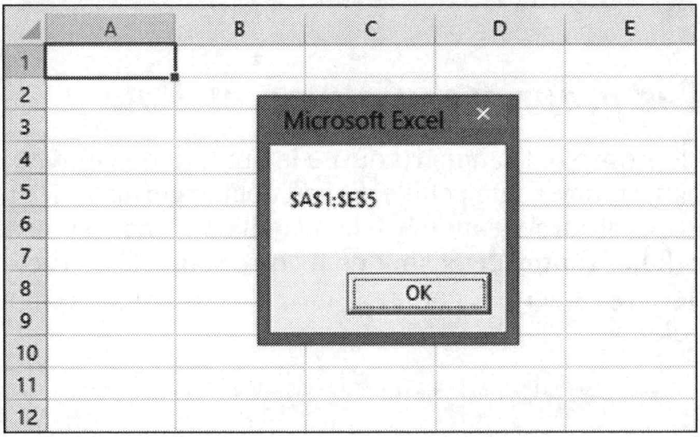

Figure 8.2 : Cette boîte de message affiche la propriété Address d'une plage de cellules.

La propriété HasFormula

La propriété HasFormula (a une formule), qui est en lecture seule, retourne True (vrai) si la plage d'une seule cellule contient une formule. Si cette plage englobe plusieurs cellules, VBA ne retourne True que si toutes les cellules de la plage contiennent une formule ou False (faux) si aucune cellule de la plage n'a de formule. La propriété retourne Null si la plage contient à la fois des cellules avec et sans formule. Si la réponse n'est ni True ni False, la réponse est donc dans ce cas indéterminée : n'importe quelle cellule de la plage peut contenir ou ne pas contenir de formule.

Faites très attention quand vous travaillez avec des propriétés susceptibles de retourner Null. Plus spécifiquement, le seul type de données capable de gérer Null est le type Variant.

Supposons par exemple que la cellule A1 contienne une valeur et la cellule A2 une formule. Les instructions qui suivent produisent une erreur, car la plage n'est pas constituée uniquement de cellules sans formule, ou uniquement de cellules contenant des formules.

```
Dim TestFormule As Boolean
TestFormule = Range("A1:A2").HasFormula
```

Le type booléen (Boolean) ne peut gérer que deux valeurs : True ou False. Or, ici, la propriété va renvoyer Null. Excel n'est pas content, et il affiche un message d'erreur. Pour corriger cette situation, la meilleure solution consiste à vérifier que la variable TestFormule est déclarée comme Variant plutôt que comme Boolean. Pour se prémunir totalement contre toute réaction désagréable, le code VBA qui suit fait appel à une fonction bien pratique, TypeName (nom du type de donnée), ainsi qu'à une construction If-Then-Else. Si la plage contient une mixture de formules et de valeurs, la boîte de message affichera *Mélange !* Sinon, elle indiquera *True* ou *False*.

```
Sub TestFormules()
    Dim FormulaTest As Variant
    FormulaTest = Range("A1:A2").HasFormula
    If TypeName(FormulaTest) = "Null" Then
        MsgBox "Mélange !"
    Else
        MsgBox FormulaTest
    End If
End Sub
```

Voyez le Chapitre 10 pour en apprendre plus sur la construction If-Then-Else.

La propriété Font

Comme je l'ai mentionné auparavant dans ce chapitre (voir "La propriété Cells"), une propriété peut retourner un objet. En voici un autre exemple : la *propriété* Font (police) d'un objet Range retourne un *objet* Font.

Un objet Font possède de nombreuses propriétés accessibles. Pour modifier un des aspects de la police d'une plage, vous devez d'abord accéder à l'objet Range de cette plage, puis manipuler les propriétés de cet objet. Tout ceci paraît compliqué, mais il y a une logique à cela.

L'expression ci-dessous retourne l'objet Font d'une plage :

```
Range("A1").Font
```

L'instruction suivante met sur True la propriété Bold (gras) de l'objet Font contenu dans l'objet Range : la cellule affiche son contenu en gras.

```
Range("A1").Font.Bold = True
```

En fait, vous n'avez pas réellement besoin de savoir que vous travaillez avec un objet spécial (Font) qui est contenu dans un autre objet (Range). Dès lors que vous utilisez la syntaxe de la propriété, tout ira bien. Et souvent, enregistrer vos actions au cours de l'enregistrement d'une macro vous apprendra tout ce qu'il faut savoir au sujet de la syntaxe à respecter.

Reportez-vous au Chapitre 6 pour savoir comment enregistrer une macro.

La propriété Interior

Voici un autre exemple de propriété qui retourne un objet. La propriété Interior de l'objet Range retourne un objet Interior. La référence à ce type d'objet s'effectue comme pour la propriété Font décrite dans la section précédente.

Par exemple, l'instruction qui suit met à la valeur 8421504 la propriété ColorIndex de l'objet Interior contenu dans l'objet Range :

```
Range("A1").Interior.ColorIndex = 8 421 504
```

Autrement dit, cette instruction affiche la couleur d'arrière-plan de la cellule dans un gris moyen. Comment, vous ne le saviez pas ? Pour pénétrer un peu plus dans le merveilleux monde des couleurs d'Excel, voyez l'encadré « Une palette de couleurs ».

Une palette de couleurs

Avant Excel 2007, Microsoft tentait de convaincre tout le monde que 56 couleurs suffisaient largement pour des feuilles de calcul. Mais les choses ont changées et vous pouvez maintenant faire appel à plus de 16 millions de nuances,16 777 216 pour être précis.

La plupart des objets ont une propriété Color (couleur), et cette propriété accepte une valeur allant de 0 à 16777215. Bien entendu, personne n'est capable de savoir à quelle teinte correspond une valeur. Il est plus simple de faire appel à la fonction RGB du langage VBA. Elle est basée sur le fait que chaque teinte est représentée par un dosage de rouge, de vert et de bleu. Les trois arguments que reçoit cette fonction correspondent justement à ces trois couleurs primaires. Ce sont des entiers compris entre 0 et 255.

Comme *de* par hasard, 256 * 256* 256 donne 16 777 216, soit le nombre total de couleurs possibles. Vous ne trouvez pas que les mathématiques sont bien faites ?

Voici une fonction qui change aléatoirement la couleur d'arrière-plan d'une cellule :

```
Range("A1").Interior.Color = Int(16777216 * Rnd)
```

Et voici maintenant quelques exemples d'utilisation de la fonction RGB pour changer la couleur d'arrière-plan d'une cellule :

```
Range("A1").Interior.Color = RGB(0, 0, 0) ' noir
Range("A1").Interior.Color = RGB(255, 0, 0) ' rouge pur
Range("A1").Interior.Color = RGB(0, 0, 255) ' bleu pur
Range("A1").Interior.Color = RGB(200, 89, 18) ' orange-brun
Range("A1").Interior.Color = RGB(128, 128, 128) ' gris moyen
```

Vous vous demandez quelle est la valeur de RGB (128, 128, 128) ? Cette instruction vous donne la réponse, qui est 8 421 504 :

```
MsgBox RGB(128, 128, 128)
```

Si vous préférez utiliser des couleurs standards, vous disposez bien entendu de constantes prédéfinies : vbBlack, vbRed, vbGreen, vbYellow, vbBlue, vbMagenta, vbCyan ou vbWhite. Par exemple, l'instruction qui suit met en jaune le fond de la cellule A1 :

```
Range("A1").Interior.Color = vbYellow
```

Excel 2007 a également introduit la notion de *couleurs du thème*. Il s'agit de la palette qui apparaît lorsque vous cliquez par exemple sur le bouton Couleur de remplissage, dans le groupe Police de l'onglet Accueil. Essayez d'enregistrer une macro pendant que vous changez des couleurs, et vous obtiendrez quelque chose comme ceci :

```
Range("A1").Interior.ThemeColor = xlThemeColorAccent4
Range("A1").Interior.TintAndShade = 0.399975585192419
```

Et voici encore deux propriétés de plus pour les couleurs ! Ici, nous avons une couleur de thème de base spécifiée au travers d'une constante prédéfinie, et une valeur « teinte et ombrage » qui spécifie un degré de luminosité ou d'assombrissement. TintAndShade peut prendre une valeur comprise entre -1.0 et +1.0, en allant du plus sombre au plus clair. Quand vous appliquez une couleur avec la propriété ThemeColor, celle-ci changera si vous choisissez un nouveau thème pour le document, depuis le bouton Thèmes, dans le groupe Thème de l'onglet Mise en page.

La propriété Formula

La propriété Formula représente une formule contenue dans une cellule. Comme elle est en lecture-écriture, vous pouvez y accéder pour insérer une formule dans une cellule. Par exemple, cette instruction insère une fonction SOMME dans la cellule A13 :

```
Range("A13").Formula = "=SUM(A1:A12)"
```

Notez que la formule est une chaîne de caractères. C'est pourquoi elle est placée entre guillemets.

Si la formule elle-même contient des guillemets, la situation devient un peu plus compliquée. Supposons par exemple que vous vouliez insérer cette formule en utilisant le langage VBA :

```
=SUM(A1:A12)&" Produits"
```

Le but est d'afficher une valeur suivie du mot *Produits*. Bien. Pour que VBA l'accepte, vous allez devoir doubler chaque guillemet. Sinon, VBA couinera qu'il y a une erreur de syntaxe et il aura bien raison. Voici la syntaxe d'une instruction insérant une formule contenant des guillemets :

```
Range("A13").Formula = "=SUM(A1:A12)&"" Produits"""
```

Vous pouvez accéder à la propriété Formula d'une cellule même si cette dernière ne contient pas de formule. Lorsqu'une cellule ne contient pas de formule, la propriété de Formula renvoie simplement à la propriété Value de cette cellule.

N'oubliez pas que VBA parle en anglo-américain. Somme, c'est donc SUM. Pour pouvoir changer de langue, reportez-vous à la propriété FormulaLocal, dans l'aide de VBA.

La propriété NumberFormat

La propriété NumberFormat représente le format d'un nombre, exprimé sous la forme d'une chaîne de caractères, de l'objet Range. Cette propriété étant en lecture-écriture, le code VBA peut modifier la mise en forme des nombres. L'instruction qui suit applique à la colonne A une mise en forme « pourcentage » à deux décimales :

```
Columns("A:A").NumberFormat = "0.00%"
```

Procédez comme suit pour voir une liste d'autres formats de nombre :

1. **Activez une feuille de calcul.**
2. **Ouvrez la boîte de dialogue Format de cellule en appuyant sur Ctrl+Maj+1.**
3. **Cliquez sur l'onglet Nombre.**
4. **Dans la liste Catégorie, sélectionnez Personnalisée. Vous accédez ainsi à des chaînes de caractères correspondant à des mises en forme supplémentaires que vous pourrez utiliser avec la propriété NumberFormat.**

Quelques méthodes utiles d'objet Range

Comme vous le savez, une méthode VBA exécute une action. Un objet Range en possède des dizaines, mais, là encore, vous ne les utiliserez jamais toutes. Dans cette section, je recense les méthodes d'objet Range les plus communément utilisées.

La méthode Select

La méthode Select sert à sélectionner une plage de cellules. Cette instruction sélectionne une plage dans la feuille de calcul active :

```
Range("A1:C12").Select
```

Avant de sélectionner une plage, assurez-vous que la feuille de calcul où elle se trouve est active. Sinon, vous obtiendrez un message d'erreur, ou alors une plage erronée sera sélectionnée. Par exemple, si Feuil1 contient la plage à sélectionner, utilisez de préférence ces deux instructions :

```
Sheets("Feuil1").Activate
Range("A1:C12").Select
```

Contrairement à ce que vous pourriez penser, l'instruction ci-dessous génère une erreur. Autrement dit, vous devez utiliser deux instructions au lieu d'une : la première pour activer la feuille, la seconde pour sélectionner la plage.

```
Sheets("Feuil1").Range("A1:C12").Select
```

Si vous vous servez de la méthode GoTo de l'objet Application pour sélectionner une plage, vous pouvez fort bien oublier d'activer d'abord la bonne feuille de calcul. Cette instruction fonctionne en deux temps : elle active d'abord la feuille, puis elle sélectionne la plage de cellules :

```
Application.Goto Sheets("Sheet1").Range("A1:C12")
```

La méthode GoTo est l'équivalent, en VBA, d'un appui sur la touche F5 dans Excel, qui affiche la boîte de dialogue Atteindre.

Les méthodes Copy et Paste

Vous pouvez effectuer des opérations Copier et Coller en VBA en recourant aux méthodes Copy et Paste. En toute logique, la méthode Copy s'applique à l'objet Range, mais, par contre, la méthode Paste s'applique à l'objet Worksheet. C'est d'ailleurs logique : vous copiez une plage, et vous la collez quelque part dans une feuille de calcul.

Cette petite macro copie la plage A1:A12 puis la colle dans une plage qui commence à la cellule C1 :

```
Sub CopiePlage()
    Range("A1:A12").Select
    Selection.Copy
    Range("C1").Select
    ActiveSheet.Paste
End Sub
```

TRUC

Remarquez dans l'exemple ci-dessus, réalisé avec l'enregistreur de macros, que l'objet ActiveSheet (feuille active) est utilisé avec la méthode Paste. Il s'agit là d'une version spéciale de l'objet Worksheet qui fait référence à la feuille de calcul présentement active. Notez aussi que la macro sélectionne la plage avant de la copier ; il n'est donc pas nécessaire de le faire avant d'utiliser cette macro. En fait, la procédure qui suit accomplit la même tâche que l'exemple ci-dessus, mais avec une seule instruction :

```
Sub CopiePlage2()
    Range("A1:A12").Copy Range("C1")
End Sub
```

Cette procédure exploite le fait que la méthode Copy peut utiliser un argument correspondant à la plage de destination de l'opération de copie. Pour plus de précisions, reportez-vous à l'aide de VBA.

La méthode Clear

La méthode Clear efface le contenu d'une plage de cellules ainsi que sa mise en forme. Par exemple, pour nettoyer complètement la colonne D, vous lui appliquerez cette instruction :

```
Columns("D:D").Clear
```

Sachez qu'il existe deux autres variantes. La méthode ClearContents efface le contenu d'une plage, mais conserve sa mise en forme. La méthode ClearFormats supprime la mise en forme de la plage, mais pas le contenu des cellules.

La méthode Delete

Effacer une plage n'est pas la même chose que la supprimer. Quand vous *supprimez* une plage, Excel décale les cellules voisines pour combler l'emplacement vide.

Cet exemple utilise la méthode Delete pour supprimer la ligne 6 :

```
Rows("6:6").Delete
```

Quand vous supprimez une plage qui ne représente qu'une partie d'une ligne ou d'une colonne, Excel doit savoir dans quelle direction il doit décaler les cellules voisines (pour mieux comprendre de quoi il s'agit, cliquez sur le bouton Supprimer dans le groupe Cellules de l'onglet Accueil).

L'instruction suivante supprime une plage, puis elle remplit l'espace vacant en décalant les autres cellules vers la gauche :

```
Range("C6:C10").Delete xlToLeft
```

La méthode Delete accepte un argument indiquant à Excel comment il doit décaler les cellules restantes. En l'occurrence, nous avons utilisé une constante prédéfinie (xlToLeft) comme argument. Mais nous aurions pu faire appel à xlUp, une autre constante nommée qui décale les cellules vers le haut.

Chapitre 9

VBA et les fonctions de feuille de calcul

Dans ce chapitre :

- Augmenter la puissance des expressions VBA grâce à des fonctions.
- Utiliser les fonctions VBA prédéfinies.
- Utiliser les fonctions de feuille de calcul Excel dans votre code VBA.
- Écrire des fonctions personnalisées.

Dans les chapitres précédents, j'ai fait allusion au fait qu'il est possible d'utiliser des fonctions dans vos expressions VBA. Il existe en fait trois sortes de fonctions : celles qui font partie de VBA (vanille), celles d'Excel lui-même (framboise) et enfin celles que vous écrivez vous-même en VBA ou que vous récupérez à partir de sources externes (chocolat). Vous trouverez toutes les explications dont vous avez besoin dans ce chapitre. Les fonctions améliorent l'efficacité de votre code VBA sans exiger de grandes capacités de programmation.

Qu'est-ce qu'une fonction ?

Tous les utilisateurs connaissant un tant soit peu Excel, à part peut-être ceux qui le confondent avec un traitement de texte, utilisent des fonctions dans les formules de leurs feuilles de calcul. La plus connue est SOMME, mais il en existe plus de 500 autres.

Une *fonction* effectue essentiellement un calcul et retourne une seule valeur. La fonction SOMME retourne le total d'une plage de cellules. Il en va de même pour les fonctions utilisées dans les expressions VBA : chacune exécute une tâche et retourne une seule valeur.

Les fonctions que vous utilisez en VBA proviennent de trois sources :

- Les fonctions prédéfinies fournies par VBA.
- Les fonctions de feuille de calcul fournies par Excel.
- Les fonctions personnalisées écrites en VBA par vous, ou par quelqu'un d'autre.

La suite de ce chapitre approfondira chacune de ces sources et vous convaincra – je l'espère – de la grande utilité des fonctions dans votre code VBA.

Utiliser les fonctions VBA

VBA fournit de nombreuses fonctions prédéfinies. Certaines reçoivent des arguments, d'autres non.

Des exemples de fonctions VBA

Dans cette section, je présente quelques exemples d'utilisation de fonctions VBA dans du code. Dans bon nombre d'entre eux, la fonction MsgBox est mise à contribution pour afficher une valeur dans une boîte de dialogue. Eh oui ! MsgBox est une fonction VBA, certes inhabituelle, mais elle en est une. Pour en savoir plus sur elle, reportez-vous au Chapitre 15.

TRUC

Les exemples de ce chapitre se trouvent dans le fichier téléchargeable depuis le site `www.pourlesnuls.fr`.

Afficher la date ou l'heure du système

Ce premier exemple utilise la fonction Date de VBA pour afficher la date du système dans une boîte de message :

```
Sub ShowDate()
    MsgBox "Nous sommes le: " & Date
End Sub
```


Notez que la fonction Date n'a aucun argument. Contrairement aux fonctions de feuille de calcul, une fonction VBA sans arguments n'exige pas la présence de parenthèses vides. En fait, si vous les ajoutez, le langage VBA les supprime.

TRUC

Pour obtenir la date et l'heure de l'ordinateur, utilisez la fonction Now plutôt que la fonction Date. Pour n'obtenir que l'heure, utilisez la fonction Time.

Déterminer la longueur d'une chaîne

La procédure suivante utilise la fonction VBA Len, qui retourne la longueur d'une chaîne de caractères. Elle accepte un seul argument : la chaîne à évaluer. Lorsque vous exécutez cette fonction, la boîte de message affiche votre nom d'utilisateur Microsoft Office, ainsi que la longueur de ce nom (voir la Figure 9.1).

```
Sub LongueurNom()
    Dim Nom As String
    Dim LongueurChaîne As Integer
    Nom = Application.UserName
    LongueurChaîne = Len(Nom)
    MsgBox Nom & " contient " & LongueurChaîne & " caractères."
End Sub
```

Excel a une fonction équivalente (NBCAR()) utilisable dans les formules d'une feuille de calcul. Les versions Excel et VBA de ces fonctions agissent de la même manière.

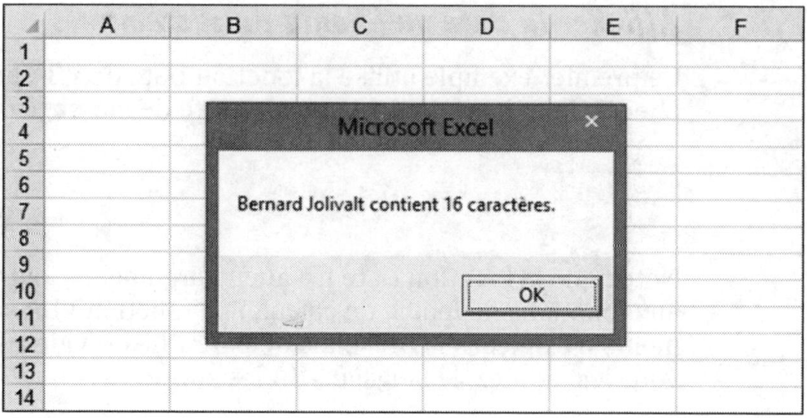

Figure 9.1 : Calculer la longueur d'un nom.

Afficher le nom d'un mois

La procédure suivante utilise la fonction MonthName, qui retourne un nom de mois. Elle reçoit un argument compris entre 1 et 12 :

```
Sub NomDuMois()
    Dim CeMois As Long
    CeMois = Month(Date)
    MsgBox MonthName(CeMois)
End Sub
```

Ici, la fonction Month (mois) récupère le mois courant sous forme de valeur. Cette dernière est affectée à une variable, qui est ensuite transmise à CeMois pour obtenir le résultat voulu sous forme de texte. En fait, le passage par une variable intermédiaire n'est pas nécessaire. Vous obtiendriez la même réponse en imbriquant trois fonctions VBA :

```
MonthName(Month(Date))
```

Ici, la date courante sert d'argument à la fonction Month, qui retourne le numéro du mois, lui-même étant transmis à la fonction MonthDate.

Déterminer la taille d'un fichier

La procédure Sub proposée ici affiche la taille en octets d'un fichier, le fichier exécutable du tableur (Excel.exe) en l'occurrence. Elle utilise pour cela la fonction FileLen :

```
Sub TailleDuFichier()
    Dim Fichier As String
    Fichier = "C:\Program Files (x86)\Microsoft Office\Office15\EXCEL.EXE"
    MsgBox FileLen(Fichier)
End Sub
```

Remarquez que, dans cette routine, l'emplacement du fichier est explicitement indiqué. Ce n'est généralement pas une bonne idée, car le fichier peut ne pas se trouver dans le lecteur C, ni même dans le dossier ou le sous-dossier mentionné. Cette instruction est bien meilleure :

```
Fichier = Application.Path & "\EXCEL.EXE"
```

Path (chemin) est une propriété de l'objet Application. Elle retourne le nom du dossier dans lequel l'application, Excel en l'occurrence, est installée , sans barre oblique à la fin.

Identifier le type de l'objet sélectionné

Cette procédure utilise la fonction TypeName qui retourne le type de l'objet sélectionné sous la forme d'une chaîne :

```
Sub TypeSélection()
    Dim TypeSel As String
    TypeSel = TypeName(Selection)
    MsgBox TypeSel
End Sub
```

Selon l'objet sélectionné, la boîte de message affichera Range, ChartObject, TextBox, *etc.*

TRUC

La fonction TypeName est très souple. Vous pouvez aussi l'utiliser pour déterminer le type de données d'une variable.

Les fonctions VBA qui font plus que retourner une valeur

Quelques fonctions VBA font mieux que de ne retourner qu'une seule valeur. Vous les trouverez dans le Tableau 9.1.

Tableau 9.1 : Les fonctions qui en font plus.

Fonction	Ce qu'elle fait
MsgBox	Affiche une boîte de dialogue contenant un message et des boutons. La fonction retourne un code qui identifie le bouton sur lequel l'utilisateur a cliqué. Pour les détails, reportez-vous au Chapitre 15.
InputBox	Affiche une boîte de dialogue simplifiée dans laquelle l'utilisateur tape une donnée. La fonction retourne ce qui a été entré dans cette boîte. Nous y reviendrons au Chapitre 15.
Shell	Exécute un autre programme. La fonction retourne l'*identificateur de tâche* unique de l'autre programme (ou une erreur si elle ne parvient pas à le démarrer).

Découvrir les fonctions VBA

Comment savoir quelles sont les fonctions proposées par le langage VBA ? Bonne question. La meilleure source se trouve dans l'aide de VBA. Une autre technique consiste à taper dans la fenêtre de code le mot **vba** suivi d'un point. Vous obtenez alors une liste de propositions (voir la Figure 9.2). Celles qui sont précédées d'une icône verte sont des fonctions. Si cela ne fonctionne pas, ouvrez dans l'éditeur VBE la boîte de dialogue Options – depuis le menu Outils – et sous l'onglet Éditeur, cochez l'option Complément automatique des instructions.

Vous trouverez dans le Tableau 9.2 une liste des plus importantes de ces fonctions. J'ai fait l'impasse sur les plus spécialisées et les plus obscures.

TRUC

Pour obtenir tous les détails d'une fonction, tapez son nom dans un module VBA, placez le curseur sur ce nom et appuyez sur F1.

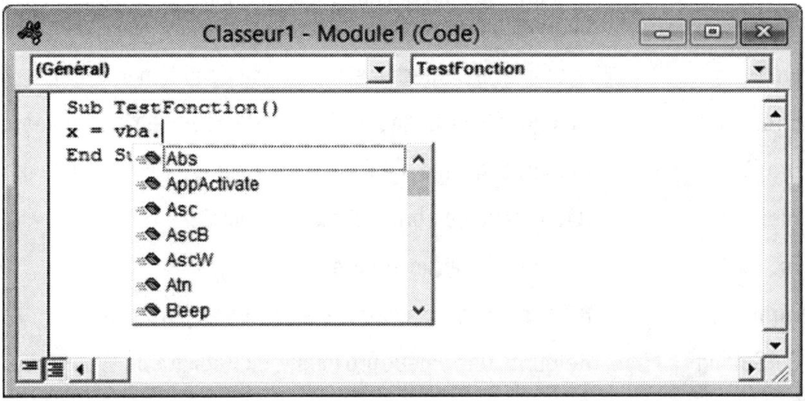

Figure 9.2 : Afficher une liste de fonctions VBA.

Tableau 9.2 : Les principales fonctions prédéfinies.

Fonction	Ce qu'elle fait
Abs	Retourne la valeur absolue d'un nombre.
Array	Retourne une variable de type Variant contenant un tableau.
Choose	Retourne une valeur provenant d'une liste d'éléments.
Chr	Convertit une valeur ANSI en chaîne de caractères.
CurDir	Retourne le chemin courant.
Date	Retourne la date courante du système.
DateAdd	Retourne une date à laquelle un intervalle de temps spécifié a été ajouté (par exemple, un mois d'une date particulière).
DateDiff	Retourne un entier indiquant l'intervalle de temps entre deux dates (par exemple, le nombre de mois entre votre date de naissance et aujourd'hui).
DatePart	Retourne un entier contenant une partie d'une date (le jour d'une année, par exemple).
DateSerial	Convertit une date en numéro de série temporel.
DateValue	Convertit une chaîne en date.

Fonction	Ce qu'elle fait
Day	Retourne une valeur représentant le jour du mois.
Dir	Retourne le nom du fichier ou du répertoire correspondant à la chaîne de recherche.
Err	Retourne le numéro d'erreur d'une condition d'erreur.
Error	Retourne le message d'erreur correspondant à un numéro d'erreur.
Exp	Retourne la base d'un logarithme naturel (e) mis à une puissance.
FileLen	Retourne le nombre d'octets d'un fichier.
Fix	Retourne la partie entière d'un nombre.
Format	Affiche une expression dans un format particulier.
GetSetting	Retourne une valeur provenant du Registre de Windows.
Hour	Retourne la partie « heure » d'une expression de temps.
InputBox	Affiche une boîte de saisie.
InStr	Retourne la position d'une chaîne à l'intérieur d'une autre chaîne.
InStrRev	Retourne la position d'une chaîne à l'intérieur d'une autre chaîne, mais en partant de la fin.
Int	Retourne la partie entière d'un nombre.
IsArray	Retourne True si la variable est un tableau.
IsDate	Retourne True si l'expression est une date.
IsEmpty	Retourne True si la variable n'a pas été initialisée.
IsError	Retourne True si une expression est une valeur d'erreur.
IsMissing	Retourne True si un argument facultatif n'a pas été passé à une procédure.
IsNull	Retourne True si une expression ne contient pas de données valides.
IsNumeric	Retourne True si une expression peut être évaluée comme nombre.
LBound	Retourne le plus petit indice pour la dimension d'un tableau.
LCase	Retourne une chaîne convertie en minuscules.

Fonction	Ce qu'elle fait
Left	Retourne le nombre de caractères spécifié à partir de la gauche d'une chaîne.
Len	Retourne le nombre de caractères d'une chaîne.
Mid	Retourne un nombre spécifié de caractères prélevés à l'intérieur d'une chaîne.
Minute	Retourne la partie « minutes » d'une heure.
Month	Retourne la partie « mois » d'une date.
MsgBox	Affiche une boîte et retourne facultativement une valeur.
Now	Retourne la date et l'heure courante du système.
Replace	Remplace une partie d'une chaîne de caractères par une autre sous-chaîne.
RGB	Retourne la valeur numérique RVB représentant une couleur.
Right	Retourne le nombre de caractères spécifié à partir de la droite d'une chaîne.
Rnd	Retourne un nombre aléatoire entre 0 et 1.
Second	Retourne la partie « secondes » d'une heure.
Shell	Démarre un fichier exécutable.
Space	Retourne une chaîne formée du nombre d'espaces spécifiés.
Split	Scinde une chaîne en plusieurs parties à l'aide d'un caractère de délimitation.
Sqr	Retourne la racine carrée d'un nombre.
String	Retourne une chaîne formée par la répétition d'un caractère.
Time	Retourne l'heure courante du système.
Timer	Retourne le nombre de secondes écoulées depuis minuit.
TimeSerial	Retourne l'heure pour l'heure, la minute et la seconde spécifiées.
TimeValue	Convertit une chaîne en numéro de série temporel.
Trim	Retourne une chaîne sans les espaces qui la précédaient ou la suivaient.
TypeName	Retourne une chaîne décrivant le type de données d'une variable.

Fonction	Ce qu'elle fait
UBound	Retourne le plus grand indice pour la dimension d'un tableau.
UCase	Retourne une chaîne convertie en majuscules.
Val	Retourne le nombre représenté sous forme de chaîne.
Weekday	Retourne un nombre correspondant au jour de la semaine.
Year	Retourne la partie « année » d'une date.

Utiliser les fonctions de feuille de calcul en VBA

Bien que le langage VBA propose un ensemble conséquent de fonctions prédéfinies, vous n'y trouverez pas forcément celle qu'il vous faut. Fort heureusement, il est possible d'utiliser la plupart des fonctions de feuille de calcul d'Excel dans les procédures VBA. Les seules qui ne sont pas utilisables sont celles qui ont un équivalent en VBA. Par exemple, vous pouvez pas utiliser la fonction Excel ALEA, qui génère un nombre aléatoire, car VBA possède une fonction équivalente nommée Rnd.

Le langage VBA rend les fonctions de feuille de calcul d'Excel disponibles grâce à l'objet WorksheetFunction contenu dans l'objet Application. Voici un exemple de l'utilisation de la fonction SOMME dans une instruction VBA :

```
Total = Application.WorksheetFunction.Sum(Range("A1:A12"))
```

Vous pouvez en fait oublier la partie Application de l'expression, car elle est implicite. Et il est d'ailleurs aussi possible d'omettre la partie WorksheetFunction, car VBA saura que vous comptez utiliser une fonction de feuille de calcul. Mais, dans ce cas, vous devez inclure la partie Application. Par conséquent, ces trois expressions qui calculent la somme d'une plage fonctionnent toutes de la même manière :

```
Total = Application.WorksheetFunction.Sum(Range("A1:A12"))
Total = WorksheetFunction.Sum(Range("A1:A12"))
Total = Application.Sum(Range("A1:A12"))
```

Ma préférence va à la deuxième formulation, WorksheetFunction, car elle indique clairement que le code utilise une fonction d'Excel.

Exemples de fonctions de feuille de calcul

Dans cette section, vous apprendrez à utiliser des fonctions de feuille de calcul dans vos expressions VBA.

Obtenir la valeur maximale d'une plage

Cet exemple montre comment utiliser la fonction MAX dans une procédure VBA. Elle affiche la valeur maximale présente dans la colonne A de la feuille de calcul active (voir la Figure 9.3).

```
Sub AfficherMax()
    Dim ValMax As Double
    ValMax = WorksheetFunction.Max(Range("A:A"))
    MsgBox ValMax
End Sub
```

Vous pourriez aussi utiliser la fonction MIN pour obtenir la valeur la plus faible de la plage. Et bien sûr, d'autres fonctions de feuille de calcul sont utilisables de la même manière. Par exemple, la fonction LARGE servira à déterminer la *énième* plus grande valeur de la plage, comme dans :

```
SecondeValeur = WorksheetFunction.LARGE(Range("A:A"),2)
```

Notez que la fonction LARGE utilise deux arguments. Le deuxième représente la énième plus grande valeur (la seconde ici).

Microsoft n'a pas facilité la tâche des programmeurs non anglophones. En VBA, les fonctions d'Excel ne peuvent pas être utilisées telles qu'elles apparaissent – en français – dans la boîte de dialogue Insérer une fonction. Seule la version an-

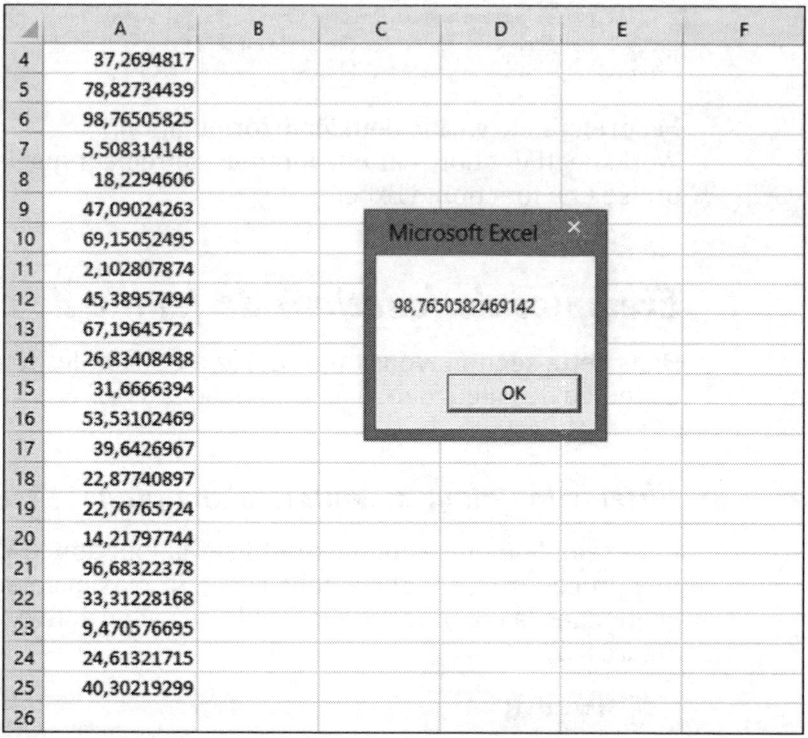

Figure 9.3 : Utiliser une fonction de feuille de calcul dans du code VBA.

glaise est reconnue par le langage VBA. C'est ainsi que, dans la fonction ci-dessus, LARGE est l'équivalent, en langage VBA, de la fonction d'Excel GRANDE.VALEUR, inutilisable telle quelle dans un module. Pour obtenir la traduction en anglais d'une fonction d'Excel, enregistrez-la sous forme de macro : vous trouverez ensuite son équivalent VBA dans le code automatiquement généré. Sachez aussi qu'il est possible d'accéder à une liste des fonctions de feuilles de calcul reconnues par le VBA, comme nous le verrons un peu plus loin dans la section « Entrer des fonctions de feuille de calcul ».

Calculer le remboursement d'un emprunt

Le prochain exemple utilise la fonction de calcul PMT (VMP, dans la version française) pour calculer le remboursement d'un emprunt. Trois variables sont utilisées pour stocker les données passées comme arguments à la fonction PMT. Une boîte de message affiche le remboursement.

```
Sub CalculVPM()
    Dim Taux As Double
    Dim Emprunt As Double
    Dim Périodes As Integer
    Taux = 0.0825 / 12
    Périodes = 30 * 12
    Emprunt = 150000
    MsgBox WorksheetFunction.Pmt(Taux, Périodes, -Emprunt)
End Sub
```

Les valeurs pourraient aussi être entrées directement comme arguments de la fonction :

```
MsgBox WorksheetFunction.Pmt(0.0825 /12, 360, -150000)
```

Le stockage des paramètres dans des variables est toutefois plus commode, car le code est alors beaucoup plus facile à lire et à modifier.

Utiliser une fonction de recherche

L'exemple qui suit utilise les fonctions VBA InputBox et MsgBox, ainsi que la fonction VLOOKUP d'Excel. Elle demande un numéro de pièce et retourne ensuite le prix de celle-ci en effectuant une recherche dans une plage de cellules. Sur la Figure 9.4, la plage A1:B13 est nommée ListePrix.

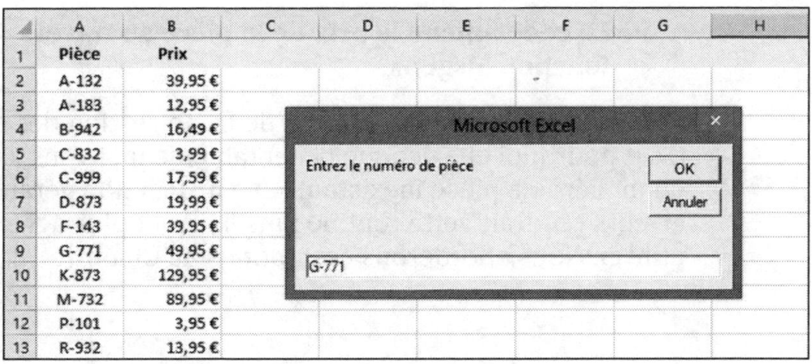

Figure 9.4 : La plage – nommée ListePrix – contient les prix des pièces.

```
Sub ConnaîtreLePrix()
    Dim NumPièce As Variant
    Dim PrixPièce As Double
    NumPièce = InputBox("Entrez le numéro de pièce")
    Sheets("Prix").Activate
    Prix = WorksheetFunction. _
      VLookup(NumPièce, Range("ListePrix"), 2, False)
    MsgBox NumPièce & " coûte " & PrixPièce & " €"
End Sub
```

La procédure se déroule de cette manière :

1. **Après que l'utilisateur a cliqué sur le gros bouton gris, la fonction VBA InputBox lui demande d'entrer le numéro d'une pièce.**

2. **L'instruction affecte à la variable NumPièce le numéro de la pièce entré par l'utilisateur.**

3. **L'instruction suivante active la feuille de calcul Prix, pour le cas où elle ne serait pas actuellement la feuille courante.**

4. **Le code utilise la fonction VLookup (RECHERCHEV en français) pour trouver la pièce dans la table.**

   Remarquez que les arguments utilisés dans cette instruction sont les mêmes que ceux que vous utiliseriez, dans la feuille de calcul, avec la fonction RECHERCHEV. Cette instruction affecte le résultat de la fonction à la variable PrixPièce.

5. **Le code affiche le prix de la pièce au travers de la fonction MsgBox.**

Cette procédure est dépourvue de toute gestion des erreurs. C'est pourquoi elle échoue lamentablement si vous saisissez un numéro de pièce inexistant. Une instruction gérant les erreurs rendrait cette routine plus fiable et plus agréable à utiliser. Nous aborderons ces notions au Chapitre 12.

Entrer des fonctions de feuille de calcul

Il n'est pas possible d'utiliser la boîte de dialogue Insérer une fonction pour placer une fonction de calcul dans un module VBA. Vous devez l'entrer à l'ancienne : à la main. Par contre, la boîte de dialogue Insérer une fonction peut toutefois servir à identifier la fonction à utiliser et à voir quels sont ses arguments.

TRUC

Il est aussi possible de tirer profit de l'option Complément automatique des instructions de VBE afin d'afficher une liste de toutes les fonctions de feuille de calcul (en anglais, *of course*). Tapez simplement **Application.WorksheetFunction** puis un point. Vous voyez alors apparaître la liste des fonctions disponibles (voir la Figure 9.5). Si cela ne fonctionne pas, ouvrez dans l'éditeur VBE la boîte de dialogue Options, depuis le menu Outils, et cochez sous l'onglet Éditeur l'option Complément automatique des instructions.

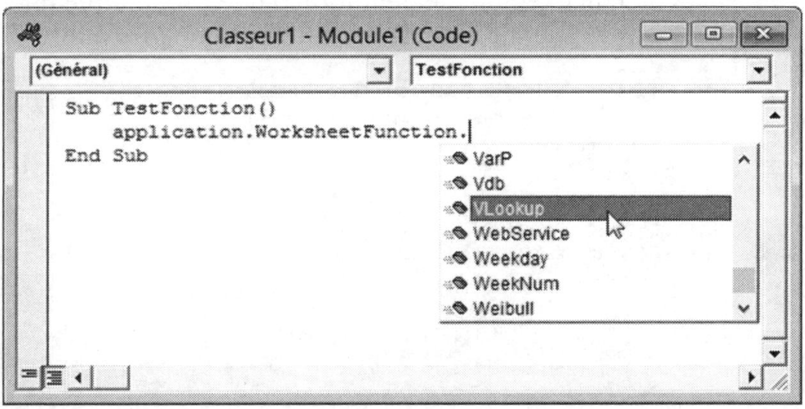

Figure 9.5 : Obtenir la liste des fonctions de feuille de calcul que vous pouvez utiliser dans votre code VBA.

Plus sur les fonctions de feuille de calcul

Les débutants confondent souvent les fonctions prédéfinies de VBA avec les fonctions de feuille de calcul d'Excel. VBA n'essaie jamais de réinventer la roue : en règle générale, vous n'y trouverez pas d'équivalent à une fonction de feuille de calcul.

TRUC

Quand vous avez besoin d'une fonction, commencez d'abord par voir si le langage VBA en propose une répondant à vos besoins. Sinon, recherchez parmi les fonctions de feuille de calcul. Si rien ne convient, vous devrez peut-être la programmer vous-même sous la forme d'une fonction VBA personnalisée.

Utiliser des fonctions personnalisées

Nous venons de voir les fonctions VBA et les fonctions de feuille de calcul. La troisième catégorie de fonctions utilisables dans des procédures VBA est celle des fonctions personnalisées. Une *fonction personnalisée* est une fonction que vous avez vous-même programmée en VBA. Pour l'utiliser, vous devez la définir dans le classeur où vous en aurez besoin, ou bien l'enregistrer dans un complément.

Voici un exemple de définition d'une procédure Function simple, puis de son utilisation dans une procédure VBA Sub :

```
Function MultiplieParDeux(nombre1, nombre2)
    MultiplieParDeux = nombre1 * nombre2
End Function

Sub AfficherRésultat()
    Dim nb1 As Double, nb2 As Double
    Dim Résultat As Double
    nb1 = 123
    nb2 = 544
    Résultat = MultiplieParDeux (nb1, nb2)
    MsgBox Résultat
End Sub
```

La fonction personnalisée MultiplieParDeux possède deux arguments. La procédure Sub nommée AfficherRésultat affiche une boîte de message montrant la valeur retournée par la fonction MultiplieParDeux.

La fonction MultiplieParDeux ne sert pas à grand-chose. Il est beaucoup plus efficace d'effectuer la multiplication dans la procédure Sub AfficherRésultat. Je n'ai proposé cet exemple que pour montrer comment une procédure Sub peut exploiter une fonction personnalisée.

Les fonctions personnalisées sont aussi utilisables dans les formules d'une feuille de calcul. Par exemple, si MultipliePparDeux était définie dans votre classeur, vous pourriez écrire une formule comme celle-ci :

```
= MultiplieParDeux(A1,A2)
```

Cette formule retourne le produit des valeurs placées dans les cellules A1 et A2.

Chapitre 10

Contrôler le déroulement du programme et prendre des décisions

Dans ce chapitre :

- Découvrir les techniques de contrôle du déroulement des routines VBA.
- L'incontournable instruction GoTo.
- Les structures If-Then et Select Case.
- Exécuter des boucles dans les procédures.

Certaines procédures démarrent au commencement du code puis s'exécutent ligne par ligne jusqu'à la fin, sans jamais déroger à ce mouvement linéaire. C'est le cas des macros que vous enregistrez dans Excel. Mais bien souvent, vous devrez pouvoir contrôler le déroulement de votre code, pouvoir sauter des instructions, en exécuter d'autres plusieurs fois, ou tester des conditions qui détermineront ce que la procédure devra faire. C'est de tout cela qu'il est question dans ce chapitre, et c'est l'essence même de la programmation.

Un long fleuve peu tranquille

Ceux qui découvrent l'informatique ont du mal à comprendre comment le tas de ferraille qu'est l'ordinateur est capable de prendre des décisions intelligentes. Le secret réside dans les structures de programmation supportées par la plupart des langages informatiques. Le Tableau 10.1 les résume succinctement. Nous reviendrons cependant sur ces notions plus loin dans ce chapitre.

Tableau 10.1 : Les constructions de programmation capables de prendre des décisions.

Construction	Action	Ce qu'elle fait
GoTo	(Aller à)	Saute des lignes de code jusqu'à l'instruction spécifiée.
If-Then	(Si-alors)	Exécute une action si la condition est vérifiée (True).
Select Case	(Choix)	Exécute une action parmi plusieurs, selon la valeur retournée.
For-Next	(Pour-ensuite)	Exécute une série d'instructions en boucle autant de fois que spécifié.
Do-While	(Exécuter-tant que)	Exécute une série d'instructions en boucle tant que la condition est vraie (True).
Do-Until	(Exécuter-jusqu'à ce que)	Exécute une série d'instructions en boucle jusqu'à ce que la condition soit vraie (True).

L'instruction GoTo

L'instruction GoTo est le moyen le plus radical de changer le cours d'un programme. Elle transfère en effet le contrôle de celui-ci à une nouvelle instruction, précédée d'une étiquette.

Les routines VBA peuvent contenir autant d'étiquettes que vous le désirez. Une *étiquette* est un texte suivi par le signe « deux-points » (reportez-vous au Chapitre 7 pour en savoir plus sur les étiquettes).

Cette procédure démontre le fonctionnement d'une instruction GoTo :

```
Sub Démo_GoTo()
    NomUtilisateur = InputBox("Tapez votre nom : ")
    If NomUtilisateur <> "Steve Ballmer" Then GoTo NomErroné
    MsgBox ("Bienvenue Steve...")
'   ...[Tripotée de lignes de code ici] ...
    Exit Sub
NomErroné:
    MsgBox "Désolé, vous n'êtes pas Steve Ballmer."
End Sub
```

La procédure utilise la fonction InputBox pour obtenir le nom de l'utilisateur. Si celui-ci saisit un autre nom que « Steve Ballmer », le programme saute à l'étiquette NomErroné, affiche un message – une fin de non-recevoir –, puis la procédure se termine. En revanche, si le nom « Steve Ballmer » est entré, la procédure affiche un message de bienvenue puis exécute le code adéquat, non détaillé dans l'exemple.

L'instruction Exit Sub fin à la procédure avant que la deuxième fonction MsgBox soit exécutée. Autrement, sans Exit Sub, les deux fonctions MsgBox seraient exécutées.

Cette routine simple fonctionne, mais VBA permet de faire mieux – et plus structuré – que de recourir à GoTo. En général, vous n'utiliserez GoTo que si vous n'avez pas d'autres moyens d'exécuter une action. En pratique, le seul cas où vous devez faire appel à une instruction GoTo est la détection des erreurs (nous y reviendrons au Chapitre 12).

ATTENTION !

Beaucoup de programmeurs ont une profonde aversion pour les instructions GoTo, car leur usage inconsidéré tend à produire du « code-spaghetti » difficile à lire. Évitez ce sujet qui fâche lorsque vous prenez un pot avec eux.

Vous avez dit « programmation structurée » ?

Dans une discussion entre programmeurs, il sera question à un moment ou à un autre de *programmation structurée*. Ce terme ne date pas d'hier et il est clair qu'une programmation structurée est supérieure à une programmation qui ne l'est pas. Mais de quoi s'agit-il exactement et peut-on faire de la programmation structurée en VBA ?

La règle de base, en programmation structurée, est qu'une routine ou un bloc de code ne devrait avoir qu'un seul point d'entrée et un seul point de sortie. En d'autres termes, un bloc de code doit être une unité indépendante. Un programme ne peut pas se brancher au milieu de cette unité, ni la quitter autrement que par l'unique point de sortie. Lorsque vous écrivez du code structuré, la programmation progresse en bon ordre et elle est facile à suivre, contrairement à un programme désordonné qui se déroule de-ci de-là, au hasard des sauts et des branchements, ce que les instructions GoTo ont tendance à favoriser.

En règle générale, un programme structuré est plus facile à lire et à comprendre. Il est aussi plus simple à modifier, ce qui est appréciable.

VBA est bien sûr un langage structuré. Il offre pour cela des constructions standard comme les branchements If-Then-Else, les boucles For-Next, Do-Until et Do-While, et les structures Select Case. Qui plus est, il supporte pleinement les constructions modulaires. Si vous débutez dans la programmation, je vous recommande vivement d'adopter dès le début de bonnes habitudes de programmation structurée. Vous vous en féliciterez. Fin de la lecture.

Décisions, décisions...

La clé du succès réside souvent dans la prise de bonnes décisions. Et il en va de même pour les macros Excel. Si ce livre produit les effets attendus, vous partagerez très bientôt ma philosophie : la réussite d'une application Excel réside dans sa capacité à prendre des décisions et agir sur elles.

Dans cette section, nous étudierons deux structures de programmation qui agrémenteront vos procédures VBA de deux impressionnantes capacités de prise de décisions : If-Then et Select Case.

La structure If-Then

Que ce soit dit une bonne fois pour toutes : la structure de contrôle If-Then est la plus importante du VBA. Vous l'utiliserez probablement quotidiennement, comme je le fais.

Utilisez la structure If-Then pour exécuter une ou plusieurs instructions sur la base d'une condition vérifiée. La clause facultative Else, si elle est présente, vous permet d'exécuter un autre jeu d'instructions dans le cas où la condition que vous testez n'est *pas* vraie. La syntaxe d'une structure If-Then est la suivante :

```
If condition Then instructions [Else autres_instructions]
```

Ce qui peut se traduire par : si *la condition est vérifiée,* alors *il faut exécuter ces instructions,* sinon *les autres*.

Reprenons l'exemple donné plus haut, et réécrivons-le en faisant cette fois appel à une structure If-Then-Else :

```
Sub VérifUtilisateur2()
    NomUtilisateur = InputBox("Entrez votre nom : ")
    If NomUtilisateur = "Steve Ballmer" Then
        MsgBox ("Bienvenue Steve...")
'       ...[le code continue ici] ...
    Else
        MsgBox "Désolé. Seul Steve Ballmer peut exécuter ceci."
    End If
End Sub
```

Reconnaissez honnêtement que cette version est plus facile à suivre…

TRUC

Les exemples de ce chapitre se trouvent dans le fichier téléchargeable depuis le site `www.pourlesnuls.fr`.

Exemples If-Then

La routine suivante démontre une structure If-Then sans la clause facultative Else :

```
Sub Bonjour()
    If Time < 0.5 Then MsgBox "Bonne matinée !"
End Sub
```

Cette procédure utilise la fonction Time de VBA pour récupérer l'heure du système. Si elle est inférieure à 0,5 (c'est-à-dire avant midi), la routine affiche un message. Si Time est supérieur ou égal à 0,5, la fonction s'achève sans que rien ne se passe.

Pour afficher un message lorsque Time est égal ou supérieur à 0,5, nous ajouterons une autre instruction If-Then après la première :

```
Sub Bonjour2()
    If Time < 0.5 Then MsgBox "Bonne matinée !"
    If Time >= 0.5 Then MsgBox "Bon après-midi !"
End Sub
```

Remarquez l'utilisation de l'opérateur >= (supérieur ou égal) dans la deuxième instruction If-Then. L'égalité garantit que le programme fonctionne même s'il est démarré exactement à 12:00 heures. C'est sans doute assez improbable, mais nous ne voulons prendre aucun risque dans un programme d'une importance aussi cruciale.

Un exemple If-Then-Else

Une autre approche du problème précédent implique le recours à la clause Else. Voici le même programme, mais avec une structure If-Then-Else :

```
Sub Bonjour3()
    If Time < 0.5 Then MsgBox "Bonne matinée !" Else _
      MsgBox "Bon après-midi !"
End Sub
```

Notez la présence des caractères de continuation (espace et soulignement). If-Then-Else est en effet une seule et même instruction. VBA offre cependant une manière légèrement différente de coder une construction If-Then-Else, basée sur l'utilisation d'une instruction End If. La procédure Bonjour peut donc être réécrite sous la forme :

```
Sub Bonjour4()
    If Time < 0.5 Then
        MsgBox "Bonne matinée !"
```

```
    Else
        MsgBox "Bon après-midi !"
    End If
End Sub
```

En fait, vous pouvez insérer n'importe quel nombre d'instructions sous la partie If, et n'importe quel nombre d'instructions sous la partie Else. Je préfère d'ailleurs cette syntaxe, car elle est plus facile à lire et diminue la longueur des instructions.

Serait-il possible d'étendre cette routine afin qu'elle gère trois conditions : le matin, l'après-midi et le soir ? Vous avez deux options : utiliser des instructions If-Then ou utiliser une structure If-Then-Else *imbriquée*. L'imbrication consiste à placer une structure If-Then-Else à l'intérieur d'une autre. La première approche, avec trois instructions If-Then, est la plus simple :

```
Sub Bonjour5()
  Dim Msg As String
  If Time < 0.5 Then Msg = "matinée"
  If Time >= 0.5 And Time < 0.75 Then Msg = "fin de journée"
  If Time >= 0.75 Then Msg = "soirée"
  MsgBox "Bonne " & Msg
End Sub
```

J'ai introduit une variable, Msg, qui affiche différents textes selon le moment de la journée. La dernière instruction MsgBox affiche les salutations : Bonne matinée, Bon fin de journée ou Bonne soirée.

La variante qui suit effectue la même action, mais en scindant les structures If-Then en If-Then-End If pour gagner en lisibilité :

```
Sub Bonjour6()
    Dim Msg As String
    If Time < 0.5 Then
        Msg = "matinée"
    End If
    If Time >= 0.5 And Time < 0.75 Then
        Msg = "fin de journée"
    End If
    If Time >= 0.75 Then
        Msg = "soirée"
    End If
```

```
    MsgBox "Bonne " & Msg
End Sub
```

D'accord, ces formules de politesse sont un peu limites, car si vous utilisez *Bon* au lieu de *Bonne,* vous aurez du mal à obtenir des formules de politesse en bon français. Inutile pour autant de se plonger dans les arcanes du traitement des chaînes de caractères ! Il suffit tout simplement de bouger quelques espaces. Par exemple :

```
Sub Bonjour6a()
    Dim Msg As String
    If Time < 0.5 Then
        Msg = "Bonjour"
    End If
    If Time >= 0.5 And Time < 0.75 Then
        Msg = "Bon après-midi"
    End If
    If Time >= 0.75 Then
        Msg = "Bonsoir"
    End If
    MsgBox Msg
End Sub
```

Utiliser ElseIf

Dans chacun des exemples précédents, chaque instruction de la routine est exécutée, même le matin. Une structure un peu plus efficace quitterait la routine dès qu'une condition est vraie. Dans notre exemple, la structure devrait afficher le message « Bonjour » puis sortir sans évaluer les autres conditions, désormais superflues.

Pour une routine aussi courte que celle de notre exemple, vous n'avez pas à vous soucier de la vitesse d'exécution. En revanche, pour des applications de grande envergure, où la rapidité compte, vous avez intérêt à connaître une autre syntaxe de la structure If-Then : la variante If-Then-ElseIf.

Reprenons notre exemple (avec les formules de politesse revisitées) :

```
Sub Bonjour7()
  Dim Msg As String
```

```
    If Time < 0.5 Then
       Msg = "Bonjour"
    ElseIf Time >= 0.5 And Time < 0.75 Then
       Msg = "Bon après-midi"
    Else
       Msg = "Bonsoir"
    End If
    MsgBox Msg
End Sub
```


Quand une condition est vraie, VBA exécute les instructions conditionnelles et la structure If s'achève. Autrement dit, VBA ne perd pas son temps à évaluer les conditions superflues, d'où une meilleure efficacité de cette procédure par rapport aux exemples précédents. L'inconvénient – car il y en a toujours un – est que le code est plus difficile à comprendre (mais vous l'aviez déjà remarqué).

Un autre exemple If-Then

Voici un autre exemple qui utilise la forme simple de la structure If-Then. Cette procédure demande une quantité à l'utilisateur, puis il affiche le rabais approprié, basé sur la quantité spécifiée :

```
Sub AfficherRabais()
    Dim Quantité As Integer
    Dim Rabais As Double
    Quantité = InputBox("Entrez une quantité :")
    If Quantité > 0 Then Rabais = 0.1
    If Quantité >= 25 Then Rabais = 0.15
    If Quantité >= 50 Then Rabais = 0.2
    If Quantité >= 75 Then Rabais = 0.25
    MsgBox "Remise : " & Rabais
End Sub
```

Remarquez que, dans cette routine, chaque instruction If-Then est exécutée et que la valeur de la remise (Rabais) peut varier au cours de l'exécution des instructions. Mais en fin de compte, c'est toujours la valeur correcte de la remise qui est affichée, car les instructions If-Then sont placées dans l'ordre croissant des quantités.

La procédure qui suit exécute la même tâche, mais en utilisant la syntaxe ElseIf. Dans ce cas, la routine s'achève juste après l'exécution d'une instruction dont la condition est vraie :

```
Sub AfficherRabais2()
  Dim Quantité As Integer
  Dim Rabais As Double
  Quantité = InputBox("Entrez une quantité : ")
  If Quantité > 0 And Quantité < 25 Then
    Rabais = 0.1
  ElseIf Quantité >= 25 And Quantité < 50 Then
    Rabais = 0.15
  ElseIf Quantité >= 50 And Quantité < 75 Then
    Rabais = 0.2
  ElseIf Quantité >= 75 Then
    Rabais = 0.25
  End If
  MsgBox "Remise : " & Rabais
End Sub
```

Personnellement, je trouve ces multiples structures If-Then plutôt lourdes. Je n'utilise généralement une structure If-Then que pour de simples décisions binaires. Dès qu'une décision porte sur trois choix ou plus, la structure Select Case offre une approche plus simple, plus élégante et plus efficace.

La structure Select Case

La structure Select Case est utile pour des décisions impliquant trois options ou plus, bien qu'elle fonctionne aussi avec deux options, ce qui en fait une alternative à la structure If-Then-Else.

Un exemple Select Case

L'exemple qui suit montre comment utiliser la structure Select Case. Il s'agit là aussi d'un autre moyen de coder les exemples présentés dans la section précédente :

```
Sub SAfficherRabais3()
    Dim Quantité As Integer
    Dim Rabais As Double
    Quantité = InputBox("Entrez une quantité : ")
```

```
    Select Case Quantité
        Case 0 To 24
            Rabais = 0.1
        Case 25 To 49
            Rabais = 0.15
        Case 50 To 74
            Rabais = 0.2
        Case Is >= 75
            Rabais = 0.25
    End Select
    MsgBox "Remise : " & Rabais
End Sub
```


Dans cet exemple, la variable Quantité est évaluée. La routine vérifie différents cas de figure, de 0 à 24, de 25 à 49, de 50 à 74, et de 75 ou plus.

Chaque Case peut être suivie d'un nombre quelconque d'instructions. Elles seront toutes exécutées si la condition définie par Case est vraie. Si vous n'utilisez qu'une seule instruction, comme dans cet exemple, vous pouvez la placer sur la même ligne que le mot-clé Case, précédée par un signe « deux-points » (le caractère de séparation des instructions, dans le langage VBA). À mon avis, cette présentation rend le code plus compact et un peu plus clair. Voici la même routine présentée dans ce format :

```
Sub AfficherRabais4()
    Dim Quantité As Integer
    Dim Rabais As Double
    Quantité = InputBox("Entrez une quantité : ")
    Select Case Quantité
        Case 0 To 24: Rabais = 0.1
        Case 25 To 49: Rabais = 0.15
        Case 50 To 74: Rabais = 0.2
        Case Is >= 75: Rabais = 0.25
    End Select
    MsgBox "Remise : " & Rabais
End Sub
```

Lorsque VBA exécute une structure Select Case, celle-ci est quittée dès qu'une condition s'est révélée vraie et que les instructions correspondantes ont été exécutées.

Un exemple de Select Case imbriquée

Des structures Select Case peuvent être imbriquées. Cette routine examine la cellule active et affiche un message décrivant son contenu. Notez que la procédure comporte trois structures Select Case, qui ont chacune leur propre instruction End Select.

```
Sub VérifCellule()
   Dim Msg As String
    Select Case IsEmpty(ActiveCell)
       Case True
          Msg = "est vide."
       Case Else
          Select Case ActiveCell.HasFormula
             Case True
                Msg = "a une formule"
             Case Else
                Select Case IsNumeric(ActiveCell)
                   Case True
                      Msg = "est un nombre"
                    Case Else
                      Msg = "est du texte"
                 End Select
          End Select
    End Select
   MsgBox "La cellule " & ActiveCell.Address & " " & Msg
End Sub
```

La logique de cette structure se présente ainsi :

1. Déterminer si la cellule est vide.
2. Si elle n'est pas vide, déterminer si elle contient une formule.
3. Si ce n'est pas une formule, déterminer si elle contient une valeur numérique ou du texte.

À la fin de la routine, la variable Msg contient une chaîne décrivant le contenu de la cellule, comme l'illustre la Figure 10.1.

Les structures Select Case peuvent être imbriquées avec autant de niveaux que vous le désirez. Veillez cependant à ce que chaque instruction Select Case soit associée à une instruction End Select correspondante.

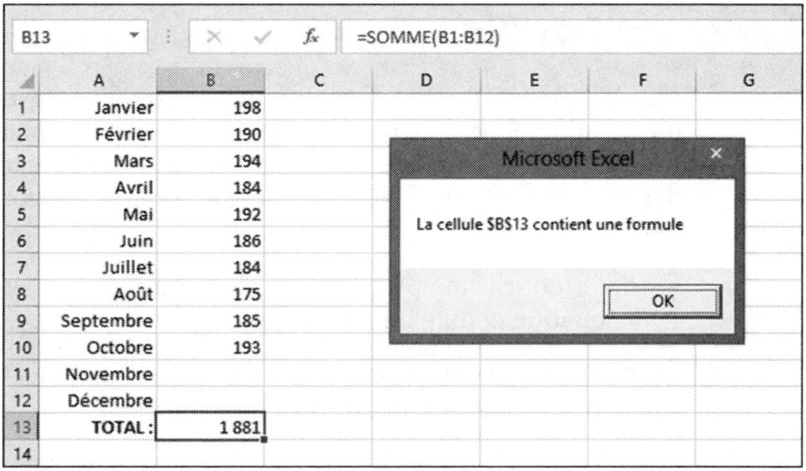

Figure 10.1 : Un message affiché par la procédure VérifCellule.

TRUC

Comme vous le constatez ci-dessus, les retraits rendent le code beaucoup plus compréhensible. Pour vous en convaincre, voici le même programme sans aucun retrait :

```
Sub VérifCellule()
Dim Msg As String
Select Case IsEmpty(ActiveCell)
Case True
Msg = "est vide."
Case Else
Select Case ActiveCell.HasFormula
Case True
Msg = "a une formule"
Case Else
Select Case IsNumeric(ActiveCell)
Case True
Msg = "est un nombre"
Case Else
Msg = "est du texte"
End Select
End Select
End Select
MsgBox "La cellule " & ActiveCell.Address & " " & Msg
End Sub
```

Pas très clair, n'est-ce pas ?

Coder en boucle

Une *boucle* est un bloc d'instructions VBA qui est exécuté un certain nombre de fois. Le nombre de boucles peut être fixé par vous ou imposé par une variable. Pourquoi utiliser des boucles ? Pour de nombreuses raisons. Ainsi, votre code peut :

- Parcourir une plage de cellules, tout en agissant sur chaque cellule en particulier.
- Parcourir tous les classeurs ouverts – la collection Workbooks –et agir dans chacun d'eux.
- Parcourir toutes les feuilles de calcul d'un classeur – la collection Worksheets – et agir dans chacune d'elles.
- Parcourir tous les éléments d'un tableau.
- Parcourir tous les caractères d'une cellule.
- Parcourir tous les graphiques d'un classeur – la collection ChartObjects – et agir sur chacun d'eux.
- Parcourir tout un tas d'autres objets auxquels je n'ai pas pensé.

Les boucles For-Next

La plus simple des boucles est celle basée sur une structure For-Next. Elle est contrôlée par une variable servant de compteur, et qui commence à une valeur pour s'arrêter à une autre. Les instructions placées entre l'instruction For et l'instruction Next sont celles qui sont répétées au cours de la boucle. Un exemple nous en dira bien plus que moult explications.

Un exemple de boucle For-Next

L'exemple qui suit montre une boucle For-Next basique. Elle calcule la somme des 1000 premiers entiers. Au départ, la variable Total vaut zéro. La boucle se lance. Son compteur est défini par la variable Cnt. Elle débute à 1, et est automatiquement incrémentée d'une unité à chaque passage dans la boucle. Celle-ci se termine lorsque Cnt a dépassé 1000.

L'intérieur de la boucle ne contient qu'une seule instruction qui additionne les valeurs de Cnt et de Total. En sortie de boucle, on affiche la valeur obtenue, soit effectivement la somme des mille premiers entiers.

```
Sub AjoutNombres()
    Dim Total As Double
    Dim Cnt As Integer
    Total = 0
    For Cnt = 1 To 1000
        Total = Total + Cnt
    Next Cnt
    MsgBox Total
End Sub
```

Le compteur de boucles étant une variable normale, vous pouvez modifier sa valeur à l'intérieur du bloc de code entre les instructions For et Next. C'est toutefois une pratique *très* vivement déconseillée, car ce genre d'intervention peut entraîner des résultats imprévisibles. Assurez-vous toujours soigneusement que le code ne modifie jamais directement la valeur d'un compteur de boucles.

Une boucle For-Next avec Step

La valeur Step sert à fixer un pas dans une boucle For-Next. Voici la même procédure que dans la section précédente, mais remaniée pour ne totaliser que les valeurs entières impaires entre 1 et 1000 :

```
Sub AjoutNombresImpairs()
    Dim Total As Double
    Dim Cnt As Integer
    Total = 0
    For Cnt = 1 To 1000 Step 2
        Total = Total + Cnt
    Next Cnt
    MsgBox Total
End Sub
```

Cette fois, la valeur Cnt démarre bien à partir de 1, mais elle est maintenant incrémentée de deux unités à chaque boucle. Elle prendra donc pour valeur 3, 5, 7 et ainsi de suite. Notez au passage que la valeur de sortie de boucle, soit 1000, n'est pas utilisée, car dans cette procédure, le plus grand nombre impair est 999.

Prenons un autre exemple, cette fois avec un pas de trois unités. La procédure qui suit applique dans la feuille de calcul active une teinte de fond grisée toutes les trois lignes, à l'intérieur de la plage comprise entre la ligne 1 et la ligne 100 :

```
Sub OmbrageUneLigneSurTrois()
    Dim i As Long
    For i = 1 To 100 Step 3
        Rows(i).Interior.Color = RGB(200, 200, 200)
    Next i
End Sub
```

La Figure 10.2 illustre le résultat produit par cette macro.

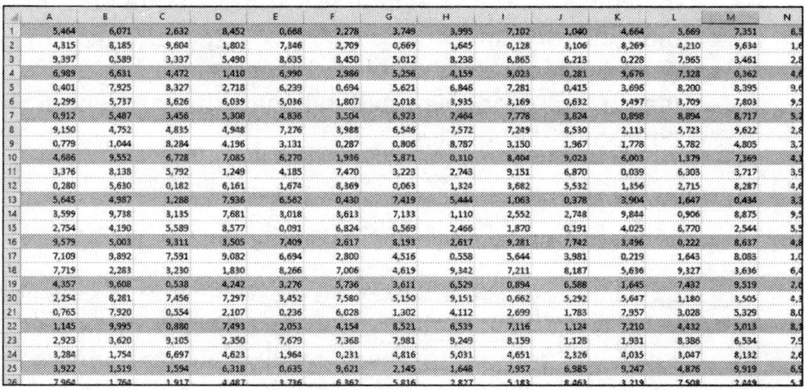

	A	B	C	D	E	F	G	H	I	J	K	L	M	N
1	5,464	6,071	2,632	8,452	0,668	2,278	3,749	3,995	7,102	1,040	4,664	5,669	7,351	6,5
2	4,315	8,185	9,604	1,802	7,346	2,709	0,669	1,645	0,128	3,106	8,269	4,210	9,634	1,6
3	9,397	0,589	3,337	5,490	8,635	8,450	5,012	8,238	6,865	6,213	0,228	7,965	3,461	2,8
4	6,989	6,631	4,472	1,410	6,990	2,986	5,256	4,159	9,023	0,281	9,676	7,328	0,362	4,6
5	0,401	7,925	8,327	2,718	6,239	0,694	5,621	6,846	7,281	0,415	3,696	8,200	8,395	9,6
6	2,299	5,737	3,626	6,039	5,036	1,807	2,018	3,935	3,169	0,632	9,497	3,709	7,803	9,5
7	0,912	5,487	3,456	5,308	4,836	3,504	6,923	7,464	7,778	3,824	0,898	8,894	8,717	5,2
8	9,150	4,752	4,835	4,948	7,276	3,988	6,546	7,572	7,249	8,530	2,113	5,723	9,622	2,8
9	0,779	1,044	8,284	4,196	3,131	0,287	0,806	8,787	3,150	1,967	1,778	5,782	4,805	3,7
10	4,686	9,552	6,728	7,085	6,270	1,936	5,871	0,310	8,404	9,023	6,003	1,379	7,369	4,1
11	3,376	8,138	5,792	1,249	4,185	7,470	3,223	2,743	9,151	6,870	0,039	6,303	3,717	3,9
12	0,280	5,630	0,182	6,161	1,674	8,369	0,063	1,324	3,682	5,532	1,356	2,715	8,287	4,6
13	5,645	4,987	1,288	7,936	6,562	0,430	7,419	5,444	1,063	0,378	3,904	1,647	0,434	3,3
14	3,599	9,738	3,135	7,681	3,018	3,613	7,133	1,110	2,552	2,748	9,844	0,906	8,875	9,5
15	2,754	4,190	5,589	8,577	0,091	6,824	0,569	2,466	1,870	0,191	4,025	6,770	2,544	5,5
16	9,579	5,003	9,311	3,505	7,409	2,617	8,193	2,617	9,281	7,742	3,496	0,222	8,637	4,8
17	7,109	9,892	7,591	9,082	6,694	2,800	4,516	0,558	5,644	3,981	0,219	1,643	8,083	1,0
18	7,719	2,283	3,230	1,830	8,266	7,006	4,619	9,342	7,211	8,187	5,636	9,327	3,636	6,4
19	4,357	9,608	0,538	4,242	3,276	5,736	3,611	6,529	0,894	6,588	1,645	7,432	9,519	2,6
20	2,254	8,281	7,456	7,297	3,452	7,580	5,150	9,151	0,662	5,292	5,647	1,180	3,505	4,3
21	0,765	7,920	0,554	2,107	0,236	6,028	1,302	4,112	2,699	1,783	7,957	3,028	5,329	8,0
22	1,145	9,995	0,880	7,493	2,053	4,154	8,521	6,539	7,116	1,124	7,210	4,432	5,013	8,1
23	2,923	3,620	9,105	2,350	7,679	7,368	7,981	9,249	8,159	1,128	1,931	8,386	6,534	7,9
24	3,284	1,754	6,697	4,623	1,964	0,231	4,816	5,031	4,651	2,326	4,035	3,047	8,132	2,6
25	3,922	1,519	1,594	6,318	0,635	9,621	2,145	1,648	7,957	6,985	9,247	4,876	9,919	6,9
26	7,964	1,764	1,917	4,487	3,736	6,362	5,816	3,827	5,183	8,463	3,219	7,508	2,449	5,1

Figure 10.2 : Utiliser une boucle pour appliquer une couleur de fond à des cellules.

C'est rapide comment, une boucle ?

C'est vraiment rapide, une boucle en VBA ? Est-ce que certains systèmes exécutent du code plus vite que d'autres, du moins d'une manière significative ? Il y a quelques années de cela, j'avais publié le code VBA suivant sur mon site Web et demandé aux visiteurs de poster leurs résultats :

```
Sub TestDurée2()
```

```
'100 million de nombres aléatoires, tests, et opérations mathématiques
Dim x As Long
Dim StartTime As Single
Dim i As Long
x = 0
StartTime = Timer
For i = 1 To 100000000
  If Rnd <= 0.5 Then x = x + 1 Else x = x - 1
Next i
TotalTime = Timer - StartTime
MsgBox "Temps pour exécuter 1 boucle 100 millions de fois : " & TotalTime
         & " secondes"
End Sub
```

Ce code boucle sur lui-même cent millions de fois en effectuant certaines opérations. Il génère un nombre aléatoire, fait une comparaison If-Then, puis effectue un calcul mathématique simple. Sur mon propre système, cette boucle est exécutée en un peu plus de 4,3 secondes. Quelque 150 réponses plus tard, j'avais une plage de valeurs allant d'environ 2 à 30 secondes. Autrement dit, certains ordinateurs sont quinze fois plus rapides que d'autres. C'est bon à savoir.

Mais la vraie question est J'ai commencé par écrire **0** sur un bout de papier. J'ai fait ensuite comme si mon cerveau pouvait générer un nombre aléatoire compris entre 0 et 1. Disons, 0,3. J'ai ajouté 1. Puis j'ai pensé à 0,6. J'ai donc enlevé. Et ainsi de suite. J'ai recommencé 10 fois. Le tout m'avait pris 42 secondes (je sais, je suis un peu lent, tout le monde me le dit). Donc ma « boucle » intérieure unitaire était de 4,2 secondes, soit 13,3 années pour répéter 100 millions de fois cette tâche, à condition bien sûr de ne jamais m'arrêter (d'accord, si j'ai écrit une procédure VBA, c'est pour faire ce calcul à ma place). Conclusion : mon ordinateur est plus de 120 millions de fois plus rapide que moi.

Une boucle For-Next / Exit For

Une boucle For-Next peut aussi comporter une ou plusieurs instructions Exit For. Lorsque VBA rencontre cette instruction, la boucle s'arrête aussitôt.

L'exemple suivant montre l'utilisation de l'instruction Exit For. Il s'agit d'une procédure Function destinée à être utilisée dans une formule d'une feuille de calcul. Elle accepte un argument – une variable appelée Chaîne – et renvoie les caractères qui se trouvent à gauche du premier chiffre rencontré. Si, par exemple, l'argument est « KBR98Z », la fonction retournera « KBR ».

```
Function FragmentTexte(Str)
    TextPart = ""
    For i = 1 To Len(Chaîne)
        If IsNumeric(Mid(Chaîne, i, 1)) Then
            Exit For
        Else
            TextPart = TextPart & Mid(Chaîne, i, 1)
        End If
    Next i
End Function
```

La boucle For-Next commence à 1 et se termine dès que la longueur de la chaîne passée en argument est dépassée. Le code utilise la fonction Mid afin d'extraire un unique caractère. Si c'est un chiffre, l'instruction Exit For est exécutée, et la boucle se termine prématurément. Sinon, le caractère est ajouté à la chaîne qui doit être retournée (elle est définie par le nom de la fonction). La totalité du contenu de l'argument ne sera examinée que si celui-ci ne contient aucun caractère numérique.

Vous pourriez rétorquer qu'une procédure devrait toujours n'avoir qu'un seul point de sortie. C'est vrai et votre remarque prouve que vous avez déjà bien compris la programmation structurée. Mais, dans certains cas, ignorer cette règle est une sage décision. Dans cet exemple, la transgression est efficace, car il n'y a aucune raison pour que la boucle se poursuive une fois le premier caractère numérique trouvé.

Un exemple de For-Next imbriquée

Jusqu'à présent, nos exemples ont utilisé des boucles relativement simples. Mais en vérité, vous pouvez placer n'importe quel nombre d'instructions dans une boucle et de boucles For-Next à l'intérieur d'autres boucles For-Next.

L'exemple qui suit utilise une boucle For-Next pour insérer des nombres aléatoires dans une plage de cellules de 12 lignes sur 5 colonnes, comme l'illustre la Figure 10.3. Remarquez que la routine exécute une *boucle interne* (boucle avec le compteur Row - ligne) à chaque itération de la *boucle externe* (boucle avec le compteur Col - colonne). Autrement dit, la routine exécute 60 fois l'instruction Cells(Row,Col) = Rnd.

	A	B	C	D	E	F
1	0,410073221	0,785212219	0,022629201	0,243845165	0,938545167	
2	0,412766814	0,378902555	0,543360591	0,979077935	0,654499412	
3	0,712730467	0,289665043	0,916163981	0,060916245	0,506087363	
4	0,326206207	0,919377089	0,430261135	0,390291452	0,390471458	
5	0,63317889	0,631742418	0,6779477	0,36499542	0,107375324	
6	0,207561135	0,627642035	0,502453923	0,489894748	0,783995271	
7	0,18601352	0,428456366	0,5137375	0,155663073	0,459640801	
8	0,583359003	0,097973824	0,462980032	0,474459171	0,753688097	
9	0,080714643	0,561040103	0,35347265	0,257267654	0,596094549	
10	0,457971454	0,694485307	0,404834151	0,628751874	0,832730174	
11	0,90572983	0,913717568	0,269731581	0,54207021	0,018758357	
12	0,261368275	0,834817171	0,055593491	0,156302214	0,210368633	
13						
14						

Figure 10.3 : Ces cellules ont été remplies avec une boucle For-Next.

```
Sub RemplirPlage()
    Dim Col As Long
    Dim Row As Long
    For Col = 1 To 5
        For Row = 1 To 12
            Cells(Row, Col) = Rnd
        Next Row
    Next Col
End Sub
```

Le prochain exemple utilise des boucles For-Next pour remettre à la valeur 100 le contenu d'un tableau à trois dimensions. La routine exécute l'instruction au milieu de toutes les boucles (instruction d'affectation) un millier de fois avec, à chaque fois, une combinaison de valeurs `i`, `j` et `k` différente.

```
Sub BouclesImbriquées()
    Dim Tableau(10, 10, 10)
    Dim i As Integer
    Dim j As Integer
    Dim k As Integer
    For i = 1 To 10
        For j = 1 To 10
            For k = 1 To 10
                Tableau(i, j, k) = 100
            Next k
        Next j
    Next i
    ' D'autres instructions peuvent venir ici
End Sub
```

Reportez-vous au Chapitre 7 pour en savoir plus sur les tableaux.

Voici un dernier exemple qui utilise des boucles For-Next imbriquées pour créer le dessin d'un échiquier (ou de dames américaines) en coloriant l'arrière-plan d'une cellule sur deux (Figure 10.4).

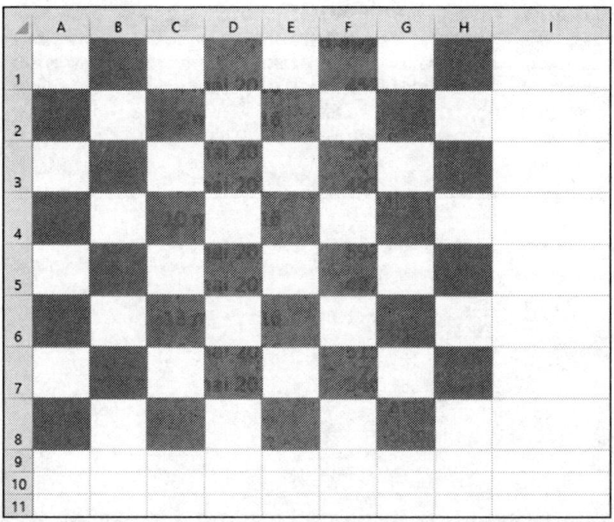

Figure 10.4 : Utilisation de boucles pour créer un échiquier.

Le compteur L (ligne) débute à 1 et s'incrémente jusqu'à 8. Une construction If-Then détermine à quelle structure For-Next imbriquée il convient de faire appel. Pour les lignes impaires, le compteur C (colonne) débute à la valeur 2. Pour les lignes paires, il part de 1. Les deux boucles sont définies avec une valeur Step (pas) de 2 deux afin d'alterner les cellules.

```
Sub CréerEchiquier()
    Dim L As Long, C As Long
    For L = 1 To 8
        If WorksheetFunction.IsOdd(L) Then
            For C = 2 To 8 Step 2
                Cells(L, C).Interior.Color = 255
            Next C
        Else
            For C = 1 To 8 Step 2
                Cells(L, C).Interior.Color = 255
            Next C
        End If
    Next L
    Rows("1:8").RowHeight = 35
    Columns("A:H").ColumnWidth = 6.5
End Sub
```

La boucle Do-While

Le langage VBA supporte un autre type de structure en boucle : Do-While. Contrairement à une boucle For-Next, la boucle Do-While s'exécute jusqu'à ce que la condition spécifiée soit devenue vraie.

L'exemple ci-dessous est basé sur une boucle Do-While. Cette routine utilise la cellule active comme point de départ, puis elle descend dans la colonne, multipliant par deux la valeur présente dans chaque cellule. La boucle continue ainsi jusqu'à ce que la routine rencontre une cellule vide.

```
Sub DémoDoWhile()
    Do While ActiveCell.Value <> Empty
        ActiveCell.Value = ActiveCell.Value * 2
        ActiveCell.Offset(1, 0).Select
    Loop
End Sub
```

Certains programmeurs préfèrent une variante : la boucle Do-Loop While. Cet exemple se comporte exactement comme la procédure précédente, mais la syntaxe de sa boucle est différente :

```
Sub DémoDoLoopWhile()
    Do
        ActiveCell.Value = ActiveCell.Value * 2
        ActiveCell.Offset(1, 0).Select
    Loop While ActiveCell.Value <> Empty
End Sub
```

La boucle Do-Until

La structure de la boucle Do-Until est similaire à celle de la boucle Do-While. Elles diffèrent en revanche au niveau de leur gestion de la condition testée. Le programme exécute une boucle Do-While *aussi longtemps* que la condition est vraie. Dans une boucle Do-Until, le programme exécute le programme *jusqu'à ce que* la condition soit vraie.

L'exemple qui suit est le même que celui présenté pour la boucle Do-While, sauf qu'il a été réécrit en fonction d'une boucle Do-Until :

```
Sub DémoDoUntil()
    Do Until IsEmpty (ActiveCell.Value)
        ActiveCell.Value = ActiveCell.Value * 2
        ActiveCell.Offset(1, 0).Select
    Loop
End Sub
```

Effectuer une boucle dans une collection

Le langage VBA supporte un autre type de boucle : la boucle qui s'exécute sur chacun des objets d'une collection. Vous vous rappelez qu'une collection est un ensemble d'objets du même type. Par exemple, chaque classeur comporte une collection de feuilles de calcul (la collection Worksheets), et Excel contient une collection de tous les classeurs ouverts (la collection Workbooks).

Quand vous devez effectuer une boucle à travers chacun des objets d'une collection, utilisez la structure For Each-Next. L'exemple que voici effectue une boucle à travers chacune des feuilles de calcul du classeur actif et supprime une feuille si elle est vide :

```
Sub SupprimeFeuillesVides()
    Dim Feuille As Worksheet
    Application.DisplayAlerts = False
    For Each Feuille In ActiveWorkbook.Worksheets
        If WorksheetFunction.CountA(Feuille.Cells) = 0 Then
            Feuille.Delete
        End If
    Next Feuille
    Application.DisplayAlerts = True
End Sub
```

Dans cet exemple, la variable Feuille est une variable d'objet qui représente chacune des feuilles de calcul du classeur actif.

Le code passe en revue chaque feuille et détermine son état en comptant le nombre de cellules non vides qu'elle contient. Si cette valeur est nulle, c'est que la feuille est vide, et elle est supprimée. Remarquez que le paramètre DisplayAlerts est désactivé pendant la durée de la boucle. Sinon, Excel afficherait à chaque suppression un message de confirmation. Le paramètre est, comme il se doit, rétabli à la fin de la procédure.

Dans cet autre exemple, une boucle For Each-Next va masquer toutes les feuilles d'un classeur, sauf celle qui est active :

```
Sub MasquerFeuilles()
    Dim Feuil As Worksheet
    For Each Feuil In ActiveWorkbook.Worksheets
        If Feuil.Name <> ActiveSheet.Name Then
            Feuil.Visible = xlSheetHidden
        End If
    Next Feuille
End Sub
```

La procédure regarde quel est le nom de la feuille courante dans la collection. Si ce n'est pas celui de la feuille active, cet élément est masqué. Remarquez au passage que la propriété Visible n'est pas une simple valeur booléenne. En fait, Excel réserve à cet usage trois constantes prédéfinies : visible, masqué, et… si la troisième possibilité vous intéresse, reportez-vous à l'aide en ligne.

Ce qui peut être masqué est éventuellement susceptible d'être démasqué. La macro qui effectuerait le travail inverse de la précédente se présenterait donc ainsi :

```
Sub AfficherFeuilles()
    Dim Feuil As Worksheet
    For Each Feuil In ActiveWorkbook.Worksheets
        Feuil.Visible = xlSheetVisible
    Next Feuil
End Sub
```

Sans surprise, vous pouvez créer des boucles For Each-Next imbriquées. La procédure ci-dessous effectue une boucle à travers chaque cellule de la plage utilisée, et ce pour chaque feuille de chaque classeur ouvert. Elle affiche ensuite le nombre de celles qui sont en caractères gras :

```
Sub CompteGras()
    Dim Classeur As Workbook
    Dim Feuille As Worksheet
    Dim Cellule As Range
    Dim compte As Long
    For Each Classeur In Workbooks
        For Each Feuille In Classeur.Worksheets
            For Each Cellule In Feuille.UsedRange
               If Cell.Font.Bold = True Then compte = compte + 1
            Next Cellule
        Next Feuille
    Next Classeur
    MsgBox compte & " cellules en caractères gras trouvées"
End Sub
```

Chapitre 11

Procédures et événements automatiques

Dans ce chapitre :

- Connaître les types d'événements qui peuvent déclencher une exécution.
- Savoir où placer votre gestionnaire d'événement dans le code VBA.
- Exécuter une macro à l'ouverture ou à la fermeture d'un classeur.
- Exécuter une macro quand un classeur ou une feuille de calcul est activé.

Il existe bien des manières d'exécuter une procédure Sub. L'une d'entre elles consiste à faire en sorte qu'elle le soit automatiquement. Dans ce chapitre, vous découvrirez tout ce qu'il faut savoir pour exploiter ces fonctionnalités particulièrement puissantes. Je vous expliquerai comment préparer le terrain pour qu'une macro soit déclenchée lorsqu'un événement particulier se produit.

Se préparer aux grands événements

De quels types d'événements est-il question ici ? C'est une bonne question. Un *événement* est fondamentalement quelque chose qui se produit dans Excel (on ne saurait être plus précis). En voici quelques exemples :

- L'ouverture ou la fermeture d'un classeur.
- L'activation ou la désactivation d'une fenêtre.
- L'activation ou la désactivation d'une feuille de calcul.
- L'entrée de données dans une cellule, ou la modification d'une cellule.
- L'enregistrement du classeur.
- Un clic sur un objet (un bouton par exemple).
- L'appui sur une touche ou sur une combinaison de touches.
- La survenance d'une heure du jour particulière.
- Une erreur.

Dans ce chapitre, nous étudierons les événements les plus communément utilisés. Pour faire simple, nous n'en aborderons que deux : les événements de classeurs et les événements de feuilles de calcul.

Le Tableau 11.1 liste les plus courants des événements liés à un classeur. La liste complète figure dans l'aide de VBA.

Tableau 11.1 : Les événements de classeur (objet Workbook).

Événement	Lorsqu'il est déclenché :
Activate	Le classeur est activé.
BeforeClose	Le classeur est fermé.
BeforePrint	Le classeur est imprimé.
BeforeSave	Le classeur est enregistré.
Deactivate	Le classeur est désactivé.
NewSheet	Une nouvelle feuille de calcul est insérée dans le classeur.

Événement	Lorsqu'il est déclenché :
Open	Le classeur est ouvert.
SheetActivate	Une feuille de calcul du classeur est activée.
SheetBeforeDoubleClick	Un double clic se produit dans une cellule de la feuille de calcul.
SheetBeforeRightClick	Un clic du bouton droit se produit dans une cellule de la feuille de calcul.
SheetChange	Une cellule du classeur est modifiée.
SheetSelectionChange	La sélection est modifiée.
WindowActivate	La fenêtre du classeur est activée.
WindowDeactivate	La fenêtre du classeur est désactivée.

Le Tableau 11.2 liste les événements de feuille de calcul les plus courants.

Tableau 11.2 : Les événements de feuille de calcul les plus courants.

Événement	Lorsqu'il est déclenché
Activate	La feuille de calcul est activée.
BeforeDoubleClick	Un double clic se produit dans la feuille de calcul.
BeforeRightClick	Un clic du bouton droit se produit dans la feuille de calcul.
Change	Une cellule de la feuille de calcul est modifiée.
Deactivate	La feuille de calcul est désactivée.
SelectionChange	La sélection est modifiée.

Les événements sont-ils utiles ?

Vous vous demandez certainement en quoi ces événements peuvent être utiles. Voici un exemple.

Supposons un classeur dans lequel vous entrez des valeurs dans la colonne A. Votre patron, un type très compulsif, vous dit qu'il a besoin de savoir quand chaque nombre a été saisi. Le fait d'entrer des données est un événement, plus précisément un événement appelé Worksheet_Change. Vous pouvez écrire une macro qui réagisse à cet événement. Cette macro sera déclenchée chaque fois que la feuille de calcul est modifiée. Si cette modification a été faite dans la colonne A, elle écrira la date et l'heure dans la colonne B, juste à droite de la cellule qui a été éditée.

À titre de curiosité, voyons à quoi une telle macro pourrait bien ressembler :

```
Private Sub Worksheet_Change(ByVal Target As Range)
    If Target.Column = 1 Then
        Target.Offset(0, 1) = Now
    End If
End Sub
```

C'est un peu plus simple que vous le pensiez, non ?

Les macros qui répondent à des événements sont très attentives à l'endroit où elles sont enregistrées. Par exemple, cette macro Worksheet_Change *doit* être placée dans le module de code associé à *cette* feuille de calcul. Mettez-la ailleurs, et elle ne fonctionnera pas. Nous allons y revenir un peu plus loin, dans la section « Où placer le code VBA ? ».

Ce n'est pas parce qu'un classeur contient des procédures qui répondent à des événements que celles-ci sont obligatoirement exécutées. Comme vous le savez, il est possible d'ouvrir un classeur dont les macros sont désactivées. Dans ce cas, aucune ne fonctionnera, événements ou pas. Pensez-y lorsque vous créez des classeurs basés sur des procédures de gestion d'événements.

Programmer des procédures de gestion d'événement

En langage VBA, une procédure de gestion d'événement, ou *procédure d'événement*, est une procédure qui s'exécute en réponse à un événement. Elle est toujours de type Sub (et non

Function). Une fois que vous en aurez assimilé le principe, l'écriture d'une procédure d'événement ne posera pas de problème particulier.

La programmation d'un gestionnaire d'événements se réduit à ces quelques étapes :

1. **Identifiez l'événement qui doit déclencher la procédure.**
2. **Appuyez sur Alt+F11 pour activer l'éditeur VBE.**
3. **Dans la fenêtre Projet de l'éditeur VBE, double-cliquez sur l'objet approprié listé sous l'intitulé Microsoft Excel Objets.**

   Pour un événement lié au classeur, l'objet est ThisWorkbook. Pour un événement lié à la feuille de calcul, l'objet est un objet de type Worksheet (comme Feuil1).
4. **Dans la fenêtre Code de l'objet, écrivez la procédure d'événement qui devra être exécutée lorsque ledit événement se produira.**

   Cette procédure aura un nom spécial qui l'identifie en tant que procédure d'événement.

Ces étapes vous paraîtront plus claires en progressant dans ce chapitre.

Où placer le code VBA ?

Il est très important de comprendre où le code de votre gestionnaire d'événement doit être placé. Il doit résider dans la fenêtre Code d'un module Objet. La procédure ne fonctionnerait pas si elle était placée dans un module VBA standard. Et aucun message d'erreur ne viendrait attirer votre attention là-dessus.

La Figure 11.1 montre la fenêtre VBE avec un projet affiché dans la fenêtre Projet (reportez-vous au Chapitre 3 pour les

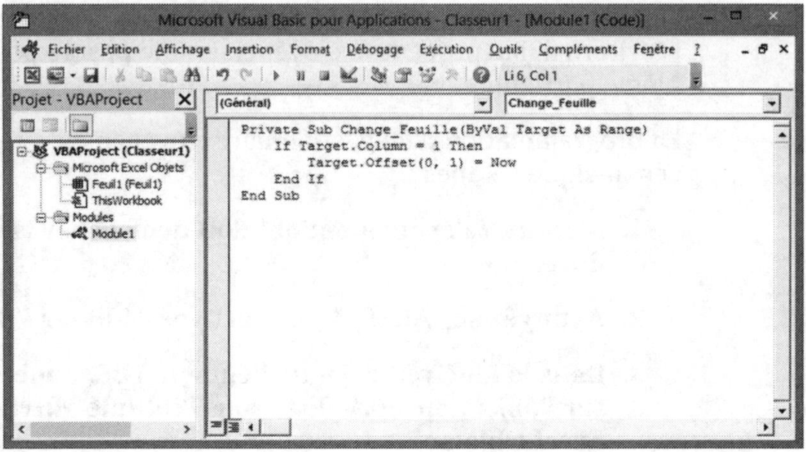

Figure 11.1 : L'éditeur VBE affiche les éléments d'un seul projet.

généralités sur l'éditeur VBE). Remarquez que le projet est constitué de plusieurs objets :

- Un objet pour chacune des feuilles du classeur (en l'occurrence, les trois objets Feuil).
- Un objet nommé ThisWorkbook.
- Un module VBA inséré manuellement avec la commande Insertion > Module.

Double-cliquer sur n'importe lequel de ces objets affiche le code associé à l'élément (s'il existe).

La procédure d'événement doit être écrite dans la fenêtre Code de l'élément ThisWorkbook (si l'événement concerne le classeur) ou dans l'un des objets Feuil (si l'événement concerne une feuille de calcul ou de graphique). Dans le cas de la Figure 11.1, il s'agit de la feuille de calcul Feuil1, et c'est d'ailleurs la seule procédure qui y soit définie. À nouveau, notez les deux listes déroulantes affichées en haut de la fenêtre Code. Ce sont vos alliées.

Écrire une procédure d'événement

Lors de l'écriture d'une procédure d'événement, l'éditeur VBE vous vient en aide en affichant une liste de tous les événements disponibles pour l'objet sélectionné.

Deux listes déroulantes se trouvent en haut de chaque fenêtre Code :

- La liste Objet (à gauche)
- La liste Procédure (à droite).

Par défaut, la liste Objet affiche Général.

Pour écrire une procédure d'événement, vous devez la dérouler et sélectionner l'unique autre option, Workbook.

Si la procédure d'événement est destinée à une feuille, double-cliquez sur l'élément Feuil approprié, dans la fenêtre Projet, avant de sélectionner Worksheet dans la liste Objet. Là encore, c'est l'unique choix.

Après avoir fait votre choix dans la liste déroulante Objet, vous pouvez choisir un événement dans la liste déroulante Procédure. La Figure 11.2 montre un choix pour un événement de classeur.

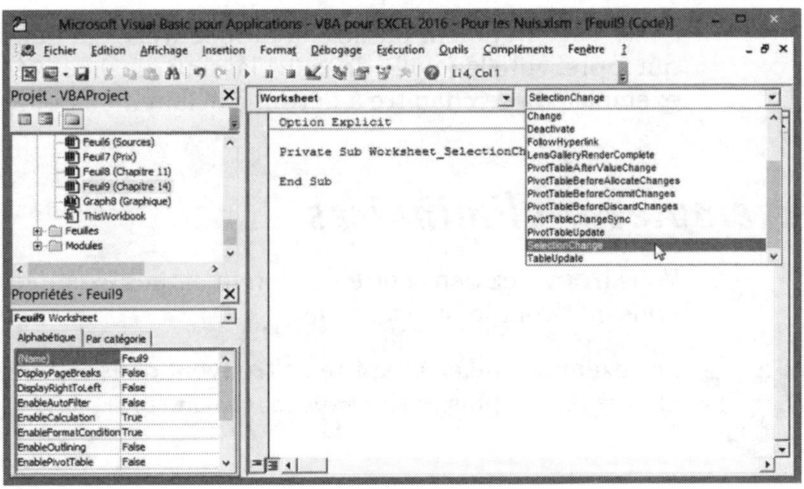

Figure 11.2 : Le choix d'un événement dans le fenêtre Code pour un objet ThisWorkbook.

Quand vous sélectionnez un événement dans la liste de droite, l'éditeur VBE crée automatiquement une procédure d'événement à votre place. C'est tout à fait pratique, puisque vous savez immédiatement quels sont les arguments éventuels à fournir.

Si vous avez d'abord sélectionné Workbook dans la liste Objet, l'éditeur présumera que vous désirez une procédure d'événement pour l'événement Open (ouvrir) et la créera. Ce qui est un peu moins intéressant. Mais il vous suffit de l'effacer et d'en choisir une autre.

L'éditeur VBE n'en fait pas plus. Il insère les instructions Sub et End Sub, mais ce qui se trouve entre elles, c'est à vous de l'écrire.

N'OUBLIEZ PAS

Il n'est pas obligatoire d'utiliser les deux listes déroulantes disponibles en haut de la fenêtre Code. Mais c'est une aide précieuse, car la syntaxe du nom d'une procédure d'événement est d'une importance critique. De plus, l'instruction Sub de certaines procédures d'événement exige un ou plusieurs arguments. Et rien d'autre ne viendra vous rappeler de quoi il s'agit ! Par exemple, si vous avez sélectionné SheetActivate dans la liste des événements d'un objet Workbook, l'éditeur VBE écrira cette instruction Sub :

```
Private Sub Workbook_SheetActivate(ByVal Sh As Object)
```

Ici, `Sh` est l'argument passé à la procédure. C'est une variable qui représente la feuille dans le classeur ainsi activé. Les exemples de ce chapitre aideront à éclaircir ce point.

Exemples préliminaires

Vous trouverez dans cette section quelques exemples qui vous mettront le pied à l'étrier.

TRUC

Les exemples de ce chapitre se trouvent dans le fichier téléchargeable depuis le site `www.pourlesnuls.fr`.

L'événement de classeur Open

L'un des événements les plus communément utilisés est l'événement de classeur Open. Imaginons un classeur que vous utilisez quotidiennement. Dans cet exemple, la procédure Workbook_Open est exécutée chaque fois que ce classeur est ouvert. Elle vérifie le jour de la semaine : si c'est vendredi, le code affiche un message de rappel.

Procédez comme suit pour exécuter cette procédure exécutée chaque fois que l'événement Workbook_Open se produit :

1. **Ouvrez le classeur.**

   N'importe quel classeur convient.

2. **Appuyez sur Alt+F11 pour activer l'éditeur VBE.**
3. **Localisez le classeur dans la fenêtre Projet.**
4. **Double-cliquez si nécessaire sur le nom du projet pour déployer ses éléments.**
5. **Double-cliquez sur l'élément ThisWorkbook.**

   L'éditeur VBE affiche une fenêtre Code vide pour l'objet ThisWorkbook.

6. **Dans la fenêtre Code, sélectionnez Workbook dans la liste déroulante Objet (à gauche).**

   L'éditeur VBE entre les instructions de début et de fin de la procédure Workbook_Open.

7. **Tapez les instructions suivantes :**

```
Private Sub Workbook_Open()
    Dim Msg As String
    If WeekDay(Now) = 6 Then
        Msg = "Nous somme Vendredi. "
        Msg = Msg & "Pensez à sauvegarder votre travail."
        MsgBox Msg
    End If
End Sub
```

La fenêtre Code se présente maintenant comme sur la Figure 11.3.

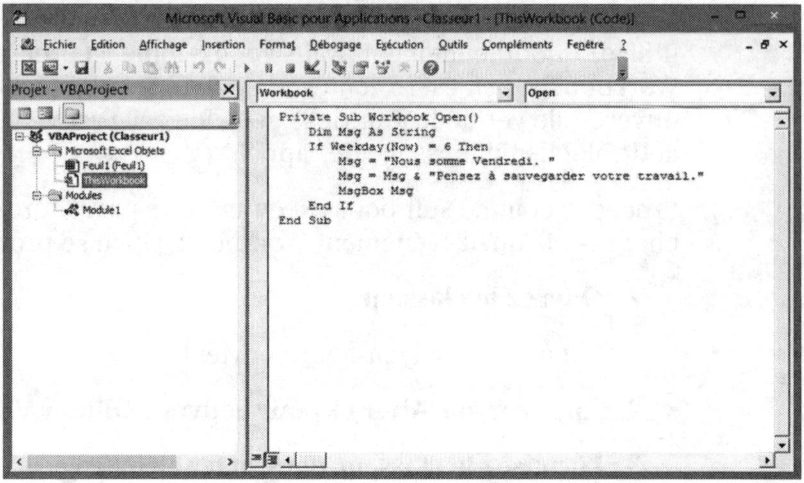

Figure 11.3 : La procédure d'événement est exécutée au moment de l'ouverture du dossier.

La procédure Workbook_Open est exécutée automatiquement chaque fois que le classeur est ouvert. Elle utilise la fonction WeekDay de VBA pour déterminer le jour de la semaine. Si c'est vendredi (jour 6 chez les Anglo-saxons), un message rappelle à l'utilisateur qu'il doit effectuer sa sauvegarde hebdomadaire. Les autres jours, rien ne se produit.

Vous aurez du mal à tester cette procédure un autre jour que le vendredi. Il existe cependant un moyen de la vérifier, en la modifiant. Par exemple, la version qui suit affiche un message chaque fois que le classeur est ouvert (mais au bout d'un moment, croyez-moi, elle devient insupportable) :

```
Private Sub Workbook_Open()
    Msg = "C'est un chouette classeur, ça !"
    MsgBox Msg
End Sub
```

Une procédure Workbook_Open peut presque tout faire. Elle est souvent utilisée pour :

- Afficher un message de bienvenue (comme « Au travail prolétaire ! »).

- Ouvrir d'autres classeurs.
- Activer une feuille particulière du classeur.
- Définir des raccourcis personnalisés.

Voyons un dernier exemple d'utilisation de la procédure Workbook_Open. Elle se sert des fonctions GetSetting et SaveSetting pour mémoriser le nombre de fois où le classeur a été ouvert. La fonction SaveSetting enregistre une valeur dans le Registre de Windows, tandis que GetSetting retrouve cette valeur (reportez-vous à l'aide en ligne pour plus d'informations).

Le code qui suit retrouve ce décompte en consultant le Registre, l'incrémente, puis le sauvegarde à nouveau. L'information, placée dans la variable Cnt, est également affichée à des fins de contrôle (voir la Figure 11.4) :

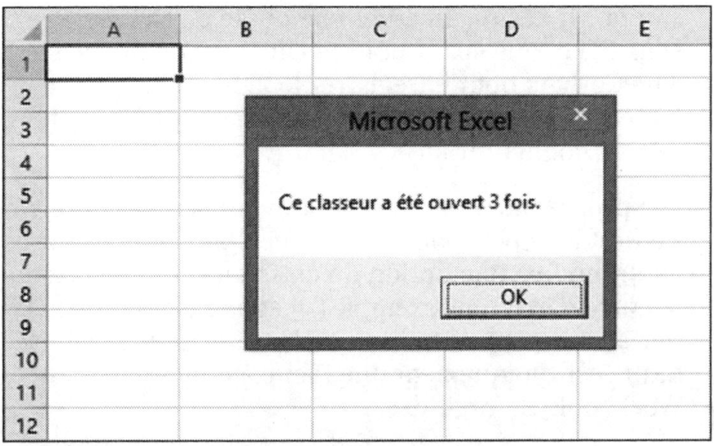

Figure 11.4 : Une procédure Workbook_Open permet de savoir combien de fois un classeur a été ouvert.

```
Private Sub Workbook_Open()
    Dim Cnt As Long
    Cnt = GetSetting("MyApp", "Settings", "Open", 0)
    Cnt = Cnt + 1
    SaveSetting "MyApp", "Settings", "Open", Cnt
    MsgBox "Ce classeur a été ouvert " & Cnt & " fois."
End Sub
```

L'événement de classeur BeforeClose

Voyons à présent la procédure d'événement BeforeClose. Exécutée juste avant que le classeur se ferme, elle est localisée dans la fenêtre Code de l'objet ThisWorkbook. Par exemple :

```
Private Sub Workbook_BeforeClose(Cancel As Boolean)
    Dim Msg As String
    Dim Réponse As Integer
    Dim FName As String
    Msg = "Désirez-vous sauvegarder ce fichier ?"
    Réponse = MsgBox(Msg, vbYesNo)
    If Réponse = vbYes Then
        FName = "F:\SAUVEGARDES\" & ThisWorkbook.Name
        ThisWorkbook.SaveCopyAs NomFichier
    End If
End Sub
```

Cette routine affiche une boîte de message demandant à l'utilisateur s'il désire effectuer une copie de sauvegarde du classeur. S'il clique sur le bouton Oui, le code utilise la méthode SaveCopyAs pour enregistrer le fichier sur le lecteur `F` (le lecteur et le chemin devraient bien sûr être adaptés à votre propre configuration).

Les programmeurs utilisent souvent la procédure Workbook_BeforeClose pour faire le ménage. Par exemple, après avoir modifié une option du classeur (comme masquer la barre d'état, par exemple), il est approprié de la rétablir au moment de quitter le classeur. Ce ménage électronique est typiquement une tâche à confier à la procédure Workbook_BeforeClose.

Cet événement présente cependant un inconvénient. Si vous refermez Excel et qu'un fichier ouvert a été modifié depuis la dernière sauvegarde, l'application vous demandera comme d'habitude si vous voulez enregistrer les changements opérés. Le fait de cliquer sur le bouton Annuler clôt le processus de fermeture d'Excel. Mais la procédure Workbook_BeforeClose aura tout de même été exécutée.

L'événement de classeur BeforeSave

L'événement BeforeSave est déclenché avant l'enregistrement d'un classeur. Il se produit lorsque vous utilisez la commande Fichier > Enregistrer ou la commande Fichier > Enregistrer sous.

Placée dans la fenêtre Code d'un objet ThisWorkbook, la procédure suivante démontre le fonctionnement de cet événement. La routine met à jour la valeur de la cellule A1 de Feuil1 chaque fois que le classeur est enregistré. En d'autres termes, la cellule A1 sert de compteur indiquant le nombre de fois que le fichier a été sauvegardé.

```
Private Sub Workbook_BeforeSave(ByVal SaveAsUI _
   As Boolean, Cancel As Boolean)
    Sheets("Feuil1").Range("A1").Value = _
       Sheets("Feuil1").Range("A1").Value +1
End Sub
```

Notez que la procédure Workbook_BeforeSave a deux arguments : SaveAsUI et Cancel. Pour comprendre leur fonctionnement, examinez la macro suivante, qui est exécutée avant l'enregistrement du classeur. Elle essaie d'empêcher l'utilisateur de sauvegarder le classeur sous un autre nom. Si celui-ci choisit la commande Fichier > Enregistrer sous, l'argument SaveAsUI est True (vrai).

Lorsque le code est exécuté, il vérifie la valeur de SaveAsUI. Si sa valeur renvoie True, la procédure affiche un message et met Cancel également sur True, ce qui annule l'opération de sauvegarde.

```
Private Sub Workbook_BeforeSave(ByVal SaveAsUI _
   As Boolean, Cancel As Boolean)
    If SaveAsUI Then
        MsgBox "vous ne pouvez pas enregistrer de copie _
                de ce classeur !"
        Cancel = True
    End If
End Sub
```

En fait, cette procédure n'empêche pas réellement quelqu'un d'enregistrer le classeur sous un nom différent. Il suffit d'ouvrir le classeur avec ses macros désactivées, et le tour est joué. En effet, dans ce cas, toutes les procédures de gestion d'événements sont elles aussi désactivées. Ce qui est parfaitement logique, puisque ce sont aussi des macros…

Exemples d'événements d'activation

Une autre catégorie d'événements active et désactive des objets, notamment des feuilles et des fenêtres.

Activer et désactiver des événements dans une feuille

Excel peut détecter si une feuille est activée ou désactivée et exécuter une macro lorsque l'un ou l'autre de ces événements se produit. Ces procédures d'événement doivent être placées dans la fenêtre Code de l'objet Feuil.

TRUC

Pour accéder rapidement à la fenêtre de code d'une feuille, cliquez du bouton droit sur l'onglet de celle-ci et choisissez la commande Visualiser le code.

L'exemple qui suit montre une procédure simple qui est exécutée chaque fois qu'une feuille donnée est activée. Elle ouvre une boîte de message qui affiche le nom de la feuille active :

```
Private Sub Worksheet_Activate ()
    MsgBox "Vous venez d'activer la feuille " & ActiveSheet.Name
End Sub
```

Voici un autre exemple qui rend la cellule A1 courante chaque fois qu'une feuille est activée :

```
Private Sub Worksheet_Activate()
    Range("A1").Activate
End Sub
```

Ces exemples sont très élémentaires, mais une procédure d'événement peut être beaucoup plus complexe.

La procédure qui suit – stockée dans la fenêtre Code de l'objet Feuil1 – utilise l'événement Deactivate pour empêcher l'utilisateur d'activer toute autre feuille du classeur. Lorsque Feuil1 est désactivée, c'est-à-dire qu'une autre feuille est activée, un message est affiché puis Feuil1 est de nouveau activé :

```
Private Sub Worksheet_Deactivate()
    MsgBox "Vous devez rester dans Feuil1."
    Sheets("Feuil1").Activate
End Sub
```

Pour autant, je ne vous conseille pas d'utiliser ce genre de procédure pour essayer de court-circuiter Excel. Cela pourrait être très frustrant et source de confusion pour l'utilisateur d'une part, et d'autre part facile à contourner en désactivant les macros. Il vaut mieux profiter de ces possibilités pour aider vos utilisateurs à se servir correctement de votre application.

Activer et désactiver des événements dans un classeur

Les exemples précédents s'appliquaient à des feuilles de calcul ou de graphique. L'objet ThisWorkbook est aussi capable de prendre en charge des événements concernant l'activation et la désactivation d'une feuille. La procédure suivante, stockée dans la fenêtre Code de l'objet ThisWorkbook, est exécutée lorsqu'une feuille – n'importe laquelle – du classeur est activée.

```
Private Sub Workbook_SheetActivate(ByVal Sh As Object)
    MsgBox Sh.Name
End Sub
```

La procédure Workbook_SheetActivate utilise l'argument `Sh` (il s'agit d'une variable qui représente l'objet actif Feuil). La boîte de message affiche la propriété Name (nom) de cet objet.

Le prochain exemple est contenu dans la fenêtre Code de ThisWorkbook. Il comporte deux procédures d'événement :

- **Workbook_SheetDeactivate :** est exécuté lorsqu'une feuille est désactivée. Elle stocke la feuille désactivée dans une variable d'objet, mais seulement si la feuille est une feuille de calcul. Le mot-clé Set créé une variable d'objet disponible dans tous les modules des procédures.

- **Workbook_SheetActivate :** Cette procédure est xécutée lorsqu'une feuille du classeur est active. Elle vérifie avec la fonction TypeName le type de la feuille qui est activée. Si la feuille est une feuille de graphique, un message est affiché (Figure 11.5). Cliquer sur OK renvoie alors à la feuille précédente, celle stockée dans la variable OldSheet.

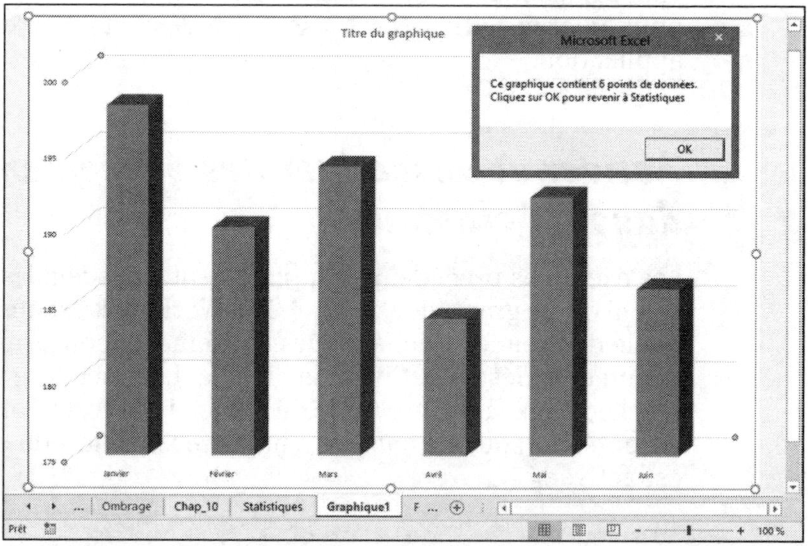

Figure 11.5 : Lorsqu'une feuille de graphique est désactivée, l'utilisateur voit un message comme celui-ci.

```
Dim OldSheet As Object

Private Sub Workbook_SheetDeactivate(ByVal Sh As Object)
    Set OldSheet = Sh
End Sub
Private Sub Workbook_SheetActivate(ByVal Sh As Object)
    Dim Msg As String
    If TypeName(Sh) = "Chart" Then
        Msg = "Ce graphique contient "
        Msg = Msg & ActiveChart.SeriesCollection(1).Points.Count
```

```
        Msg = Msg & " points de données." & vbNewLine
        Msg = Msg & "Cliquez sur OK pour revenir à " & OldSheet.Name
        MsgBox Msg
        OldSheet.Activate
    End If
End Sub
```


Les événements d'activation de classeur

Excel reconnaît l'événement qui se produit lorsque vous activez ou désactivez un classeur particulier. Le code qui suit, contenu dans la fenêtre Code de l'objet ThisWorkbook, est exécuté chaque fois que le classeur est activé. La procédure agrandit la fenêtre du classeur.

```
Private Sub Workbook_Activate()
    ActiveWindow.WindowState = xlMaximized
End Sub
```

Le code Workbook_Deactivate, ci-dessous, est exécuté lorsque le classeur est désactivé. Cette procédure copie la plage sélectionnée chaque fois que le classeur est désactivé. Ceci peut s'avérer fort utile lorsque vous copiez des données dans un grand nombre de zones et que vous les collez dans un autre classeur. Lorsque cette procédure d'événement est en place, vous pouvez sélectionner la plage à copier, activer l'autre classeur, sélectionner la destination et appuyer sur Ctrl+V, ou sur la touche Entrée, pour coller les données copiées.

```
Private Sub Workbook_Deactivate()
    ThisWorkbook.Windows(1).RangeSelection.Copy
End Sub
```

Aussi simple qu'elle paraisse, cette procédure nécessite un peu d'expérimentation avec de trouver la bonne formule. J'ai d'abord essayé ceci :

```
Selection.Copy
```

Mais cela ne fonctionne pas. En effet, cette instruction copie la page du second classeur, et non du premier (celui qui est désactivé). C'est parce que ce second classeur est devenu le classeur actif après que l'événement de désactivation se soit produit.

L'instruction suivante n'est pas non plus correcte, et elle produit même une erreur de compilation :

```
ThisWorkbook.ActiveSheet.Selection.Copy
```

Seule la propriété RangeSelection.Copy d'un objet Window (fenêtre) donne la bonne solution.

Autres événements de feuille

Dans la section précédente, nous avons abordé des exemples d'événements d'activation et de désactivation de feuille. Nous allons voir à présent trois autres événements susceptibles de se produire dans des feuilles de calcul : le double clic dans une cellule, le clic du bouton droit dans une cellule et la modification d'une cellule.

L'événement BeforeDoubleClick

Il est possible de définir une procédure VBA exécutée lorsque l'utilisateur double-clique dans une cellule. Dans l'exemple suivant, stocké dans la fenêtre Code d'un objet Feuil, double-cliquer dans une cellule met son contenu en gras s'il est en caractères maigres, et inversement.

```
Private Sub Worksheet_BeforeDoubleClick _
   (ByVal Target As Excel.Range, Cancel As Boolean)
    Target.Font.Bold = Not Target.Font.Bold
    Cancel = True
End Sub
```

La procédure Worksheet_BeforeDoubleClick a deux arguments : Target et Cancel. Target est la cellule (un objet Range) qui est double-cliquée. Si Cancel est sur True, l'action par défaut du double clic ne se produit pas.

Notez que Cancel est défini avec la valeur True. Cela empêche l'action par défaut – activer le mode édition d'Excel par un double-clic dans une cellule – de se produire.

L'événement BeforeRightClick

L'événement BeforeRightClick ressemble beaucoup à l'événement BeforeDoubleClick, sauf qu'il concerne le clic dans la cellule avec le bouton droit de la souris. La procédure qui suit vérifie si la cellule dans laquelle il a été cliqué du bouton droit contient une valeur numérique. Si oui, le code affiche l'onglet Nombre de la boîte de dialogue Format de cellule et met l'argument Cancel sur True, ce qui évite l'affichage du menu contextuel. Si la cellule ne contient pas de valeur numérique, il ne se passe rien ; le menu contextuel est affiché comme d'habitude.

```
Private Sub Worksheet_BeforeRightClick _
   (ByVal Target As Excel.Range, Cancel As Boolean)
    If IsNumeric(Target) And Not IsEmpty(Target) Then
        Application.CommandBars.ExecuteMso ("NumberFormatsDialog")
        Cancel = True
    End If
End Sub
```

TRUC

Cette procédure se trouve dans le fichier téléchargeable. Notez qu'un test supplémentaire est effectué, pour vérifier si la cellule est vide ou non. Le langage VBA considère en effet qu'une cellule vide est de type numérique. Ne me demandez pas pourquoi, c'est ainsi.

L'événement Change

Un événement Change se produit chaque fois qu'une cellule de la feuille de calcul est modifiée. Dans l'exemple qui suit, la procédure Worksheet_Change empêche effectivement un utilisateur d'entrer une valeur non numérique dans la cellule A1. Ce listing est stocké dans la fenêtre Code de l'objet Feuil.

```
Private Sub Worksheet_Change(ByVal Target As Range)
    If Target.Address = "$A$1" Then
        If Not IsNumeric(Target) Then
```

```
            MsgBox "Entrez un nombre dans la cellule A1."
            Range("A1").ClearContents
            Range("A1").Activate
        End If
    End If
End Sub
```

L'unique argument Target de la procédure Worksheet_Change représente la plage qui a été modifiée. La première instruction vérifie si l'adresse de la cellule est bien $A$1. Si oui, le code utilise la fonction IsNumeric pour déterminer si elle contient une valeur numérique. Si ce n'est pas le cas, un message apparaît et la valeur de la cellule est effacée. La cellule A1 est ensuite réactivée, ce qui est commode lorsque le pointeur de la cellule s'est déplacé après la saisie. Si une cellule autre que A1 est modifiée, il ne se passe rien.

Pourquoi ne pas utiliser la commande Validation ?

La commande Données > Outils de données > Validation des données vous est peut-être familière. C'est une fonction très commode qui permet de s'assurer facilement que les données entrées dans une plage sont bien du type requis. Elle ne met toutefois pas à l'abri de toutes les fausses manœuvres.

Pour vous en convaincre, placez des données dans une feuille. Par exemple, vous pouvez la mettre en forme de manière à ce qu'elle n'accepte qu'une valeur numérique. C'est parfait jusqu'au moment où vous copiez une autre cellule et que vous la collez dans la cellule de validation des données. Le collage supprime la validation de données. C'est comme si elle ne s'y était jamais trouvée. La sévérité des conséquences de ce défaut dépendent de votre application. Nous verrons dans la prochaine section comment utiliser un événement Change pour améliorer la validation.

NOTE TECHNIQUE

Le collage efface les données de validation, car, pour Excel, la validation équivaut à une mise en forme de la cellule. Elle est considérée au même titre que la police, la couleur ou tout autre attribut. Quand vous collez une cellule, vous remplacez la mise en forme de la cellule de destination par celle de la cellule source. Il en va malheureusement de même pour les critères de validation.

Empêcher la destruction de la validation de données

La procédure proposée ici montre comment empêcher qu'un utilisateur ne puisse contourner une règle de validation en copiant tout simplement des données. Cet exemple suppose que la feuille de calcul contient une plage nommée PlageSaisie, et que cette plage contienne une quelconque règle de validation de saisie, configurée en cliquant sur Données > Outils de données > Validation de données. La plage peut contenir n'importe quelle règle de validation que vous voulez.

```
Private Sub Worksheet_Change(ByVal Target As Range)
    Dim VT As Long
    ' est-ce que toutes les cellules dans la plage
    ' ont encore une validation?
    On Error Resume Next
    VT = Range("PlageSaisie").Validation.Type
    If Err.Number <> 0 Then
        Application.Undo
        MsgBox "Votre dernière opération a été annulée." & _
        " Elle aurait détruit les règles de validation des données.",
          vbCritical
    End If
End Sub
```

La procédure est exécutée chaque fois qu'une cellule est modifiée. Elle contrôle le type de validation de la plage appelée PlageSaisie, celle-ci étant *supposée* posséder une règle de validation. Si la variable VT contient une erreur, cela signifie qu'une ou plusieurs cellules de la page PlageSaisie n'ont plus de règle validation, vraisemblablement parce que l'utilisateur y a copié certaines données. Dans ce cas, le code exécute la méthode Undo (Annuler) de l'objet Application afin d'inverser la dernière action. Il affiche ensuite un message qui rappelle la règle à respecter (voir la Figure 11.6).

Résultat ? Il devient impossible de détruire ou contourner les règles de validation des données par de simples Copier/Coller. C'est dans un tel cas que l'on comprend mieux comment VBA peut venir au secours d'Excel !

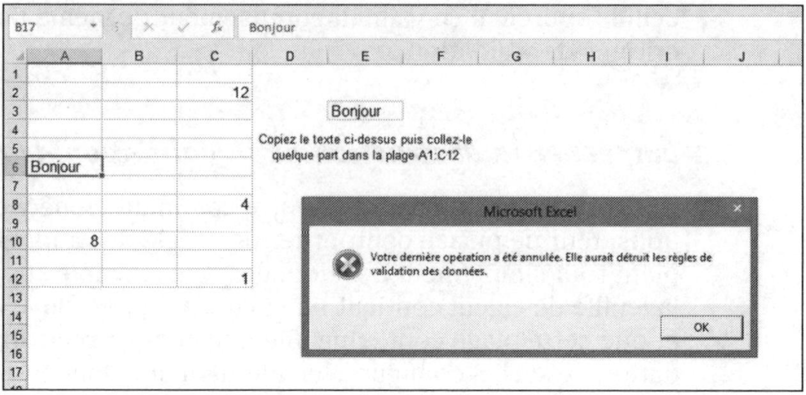

Figure 11.6 : Contrôle de validation des données dans une procédure d'événement.

Événements non associés à des objets

Les événements dont il a été question précédemment dans ce chapitre sont associés soit à un objet Classeur, soit à un objet Feuille. Dans cette section, nous aborderons deux types d'événements qui ne sont pas liés à des objets : les événements temporels et les appuis sur une touche.

N'OUBLIEZ PAS

Les événements temporels et les appuis sur une touche n'étant pas associés à un objet particulier, comme un classeur ou une feuille de calcul, vous les programmez dans un module VBA normal.

L'événement OnTime

L'événement OnTime se produit à une certaine heure. L'exemple qui suit montre comment programmer Excel pour qu'il émette un bip et affiche un message à 15 heures :

```
Sub DéfinirAlarme()
    Application.OnTime 0.625, "AfficherAlarme"
End Sub

Sub AfficherAlarme()
    Beep
    MsgBox "C'est l'heure de la pause !"
End Sub
```

Dans cet exemple, j'utilise la méthode OnTime de l'objet Application. Elle accepte deux arguments : l'heure (0,625, soit 15 heures) et le code à exécuter lorsque ce moment arrive (AfficherAlarme).

Cette procédure est très commode pour vous rappeler un rendez-vous lorsque vous êtes absorbé dans vos tâches. Il suffit de redéfinir l'événement OnTime.

TRUC

La plupart des gens – moi y compris – ont du mal à se figurer l'heure selon le système de numération d'Excel. C'est pourquoi vous pouvez préférer utiliser la fonction VBA TimeValue pour représenter une heure. Elle convertit une chaîne formatée en temps normal en valeur qu'Excel est capable de gérer. L'instruction qui suit est beaucoup plus pratique pour programmer un événement à 15 heures :

```
Application.OnTime TimeValue("15:00:00"), "AfficherAlarme"
```

Pour programmer un événement par rapport à l'heure courante – dans vingt minutes par exemple –, vous utiliserez l'instruction suivante :

```
Application.OnTime Now + TimeValue("00:20:00"), "AfficherAlarme"
```

La méthode OnTime peut aussi servir à démarrer une procédure VBA un jour en particulier. Il faudra bien sûr que le classeur soit ouvert avant que le moment soit venu. L'instruction suivante démarre la procédure AfficherAlarme le 31 décembre 2014 à 17 heures :

```
Application.OnTime DateValue("31/12/2014 17:00"), "AfficherAlarme"
```

Ce code sera bien utile pour vous arracher le jour venu à vos rudes tâches et vous rappeler que le moment est venu de quitter votre costume-cravate, mettre votre chapeau pointu à paillettes et votre nez rouge, et vous préparer pour les festivités du réveillon.

Voyons un autre exemple basé sur l'événement OnTime. Exécuter la procédure UpdateClock écrit l'heure dans la cellule A1 puis programme un autre événement cinq secondes plus tard. Cet événement, à son tour, relance la procédure

UpdateClock. Pour tout arrêter, exécutez la procédure StopClock. Celle-ci annule l'événement. Notez que NextClick est une variable au niveau du module qui sert à mémoriser l'heure d'un prochain événement.

```
Dim NextTick As Date

Sub UpdateClock()
'   Remplit la cellule A1 avec l'heure courante
    ThisWorkbook.Sheets(1).Range("A1") = Time
'   Prochain événement dans 5 secondes !
    NextTick = Now + TimeValue("00:00:05")
    Application.OnTime NextTick, "UpdateClock"
End Sub

Sub StopClock()
'   Annule l'événement OnTime event (stoppe l'horloge)
    On Error Resume Next
    Application.OnTime NextTick, "UpdateClock", , False
End Sub
```

L'événement OnTime persiste même une fois le classeur fermé. En d'autres termes, si vous refermez le classeur sans avoir exécuté la procédure StopClock, le classeur se rouvrira de lui-même dans cinq secondes. Pour éviter cela, insérez une procédure d'événement Workbook_BeforeClose contenant l'instruction suivante :

```
Call StopClock
```

La méthode OnTime a deux arguments supplémentaires. Si vous comptez l'utiliser, reportez-vous à l'aide d'Excel pour de plus amples détails.

Dans les exemples que vous pouvez télécharger sur le Web, vous trouvez dans le sous-dossier Chapitre 11 un exemple plus développé (voyez le fichier `horloge graphique VBA.xlsm`). Il propose une horloge numérique (Figure 11.7) ou analogique, qui est en réalité basée sur un graphique. L'heure est actualisée chaque seconde. C'est sans doute superflu, mais amusant et intéressant en termes de programmation.

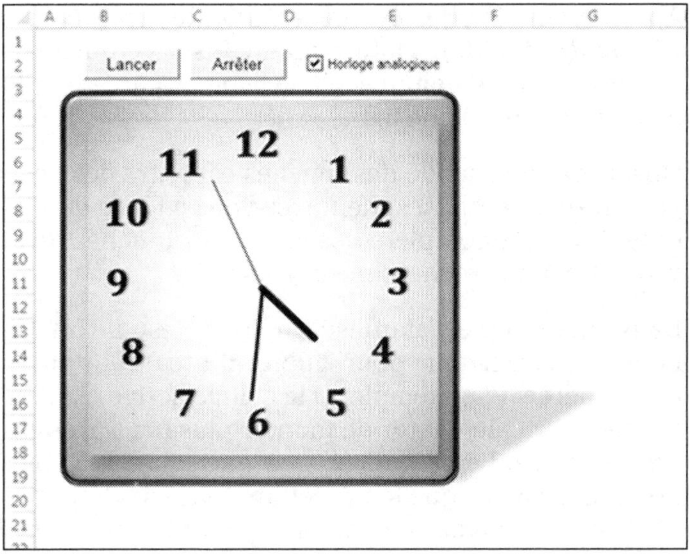

Figure 11.7 : Ma petite horloge analogique.

Les événements de touche

Excel intercepte les touches sur lesquelles vous appuyez. C'est pourquoi l'appui sur une touche ou une combinaison de touches peut ainsi être défini pour exécuter une procédure.

Voici un exemple qui réaffecte les touches PageHaut et PageBas :

```
Sub Redéfinition_OnKey()
    Application.OnKey "{PgDn}", "PageBas"
    Application.OnKey "{PgUp}", "PageHaut"
End Sub

Sub PageBas()
    On Error Resume Next
    If TypeName(ActiveSheet) = "Worksheet" _
      Then ActiveCell.Offset(1, 0).Activate
End Sub

Sub PageHaut()
    On Error Resume Next
    If TypeName(ActiveSheet) = "Worksheet" _
      Then ActiveCell.Offset(-1, 0).Activate
End Sub
```

Après avoir défini les événements OnKey en exécutant la procédure Redéfinition_OnKey, appuyer sur la touche PageBas fait descendre le pointeur d'une ligne. Appuyer sur PageHaut le fait remonter d'une ligne.

Observez que le code des touches est entre des accolades, et non entre parenthèses. Reportez-vous à l'aide de VBA pour obtenir la liste complète des codes des touches du clavier ; procédez à une recherche sur *OnKey*.

Dans cet exemple, j'ai utilisé On Error Resume Next (continuer en cas d'erreur) pour ignorer toute erreur qui pourrait être générée. Par exemple, si la cellule active est dans la première rangée, tenter de monter plus haut produit une erreur qui peut être ignorée sans que cela tire à conséquence. Remarquez aussi que la procédure tente de déterminer le type de la feuille active ; elle ne réaffecte les touches PageHaut et PageBas que si la feuille courante est bien une feuille de calcul.

La routine suivante annule les événements OnKey :

```
Sub Annule_OnKey()
    Application.OnKey "{PgDn}"
    Application.OnKey "{PgUp}"
End Sub
```

L'utilisation d'une chaîne vide comme deuxième argument de la méthode OnKey n'efface pas du tout l'événement OnKey. En réalité, cette syntaxe fait qu'Excel ignore simplement l'appui sur la touche. Par exemple, l'instruction qui suit demande à Excel d'ignorer l'appui sur Alt+F4 (la touche Alt est représentée par le signe de pourcentage) :

```
Application.OnKey "%{F4}", ""
```

Bien que la méthode OnKey puisse affecter un raccourci clavier à une macro, vous devriez cependant utiliser la boîte de dialogue Options de macro (reportez-vous au Chapitre 5 pour en savoir plus).

Si vous refermez le classeur qui contient ce code sans quitter Excel, la méthode OnKey ne sera pas réinitialisée.

Conséquence : appuyer sur le raccourci provoquera automatiquement la réouverture du classeur qui contient la macro. Pour éviter cela, vous devriez inclure dans l'événement Workbook_BeforeClose du classeur du code qui réinitialise l'événement OnKey afin de rétablir le comportement par défaut de la touche ou de la combinaison de touches.

Chapitre 12

Les techniques de gestion des erreurs

Dans ce chapitre :

- Comprendre les différences entre erreurs de programmation et erreurs d'exécution.
- Détecter et gérer les erreurs d'exécution.
- Utiliser les instructions VBA On Error et Resume.
- Exploiter une erreur à votre avantage.

L'erreur est humaine. Anticiper une erreur relève de l'ordre divin. Quand vous travaillez en VBA, vous devez connaître les deux grandes catégories d'erreurs : les erreurs de *programmation* et les erreurs d'*exécution* (les erreurs de programmation, ou « bogues », sont traitées au prochain chapitre).

Un programme bien écrit gère les erreurs comme Fred Astaire lorsqu'il dansait : avec élégance. Fort heureusement, le langage VBA est doté de plusieurs outils qui traquent les erreurs et en viennent à bout avec cette même élégance.

Les types d'erreurs

TRUC

Les exemples de ce chapitre se trouvent dans le fichier téléchargeable depuis le site `www.pourlesnuls.fr`.

Si vous avez essayé de réécrire les exemples de ce livre, vous avez sans doute rencontré des messages d'erreur. Certains sont causés par une faute de frappe dans le code VBA ou par une mauvaise syntaxe. Dans ce cas, le programme refusera de fonctionner aussi longtemps que vous n'aurez pas corrigé votre bourde.

Ce chapitre n'est pas consacré à ce type d'erreurs, mais aux erreurs d'exécution, c'est-à-dire celles qui se produisent pendant qu'Excel exécute le code VBA. Plus spécifiquement, ce chapitre aborde les sujets suivants :

- Identifier les erreurs.
- Réagir lors d'une erreur.
- Reprendre la main après une erreur.
- Créer des erreurs intentionnelles (eh oui ! une erreur est parfois profitable).

Le but ultime de la gestion des erreurs est d'écrire du code qui évite autant que faire se peut l'affichage des messages d'erreur d'Excel. En d'autres termes, vous devrez anticiper les erreurs potentielles et vous en occuper avant qu'Excel n'ait une chance d'afficher un de ces messages si peu informatifs.

Un exemple erroné

Comme point de départ, j'ai développé une macro VBA courte et simple.

Activez l'éditeur VBE, insérez un module et entrez ce code :

```
Sub ExtractionRacineCarrée()
    Dim Nombre As Double
'   Demande une valeur
    Nombre = InputBox("Entrez une valeur")

'   Insertion de la racine carrée
    ActiveCell.Value = Sqr(Nombre)
End Sub
```

Comme le montre la Figure 12.1, cette procédure demande à l'utilisateur d'entrer une valeur. Elle place ensuite la racine carrée de la valeur dans la cellule active.

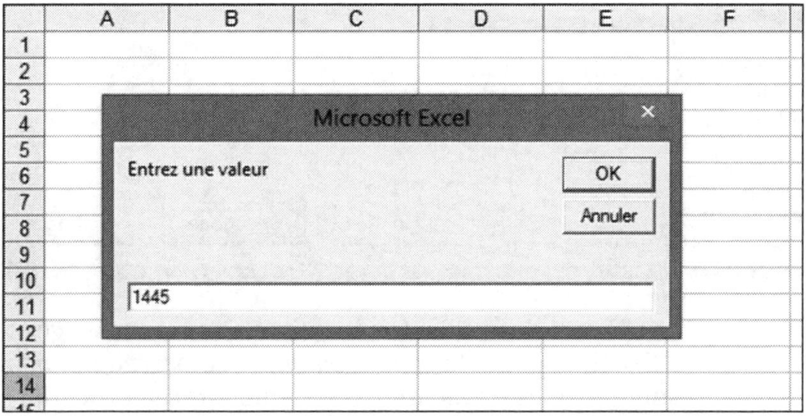

Figure 12.1 : La fonction InputBox affiche une boîte de saisie.

TRUC

Vous pouvez exécuter cette procédure directement depuis l'éditeur VBE en appuyant sur F5. Ou alors, vous pouvez placer un bouton sur la feuille de calcul (ouvrez l'onglet Développeur, puis cliquez sur le bouton Insérer dans le groupe Contrôles, et cliquez ensuite sur Bouton et affectez-lui la macro). Vous lancerez ensuite la procédure en cliquant sur ce bouton.

La macro n'est pas parfaite

Essayez d'obtenir une racine carrée : la macro fonctionne parfaitement, n'est-ce pas ? Entrez maintenant un nombre négatif lorsqu'il vous le sera demandé. Oups… L'extraction d'une racine carrée négative n'est tolérée nulle part sur cette planète (ni sur les autres au demeurant).

Excel réagit par le message d'erreur que montre la Figure 12.2. Elle indique que le code a généré une erreur d'exécution. Pour le moment, contentez-vous de cliquer sur le bouton Fin. Ou alors, cliquez sur le bouton Débogage. Excel suspend l'exécution de la macro de manière à vous permettre d'intervenir avec les outils de débogage (ces outils sont décrits au Chapitre 13).

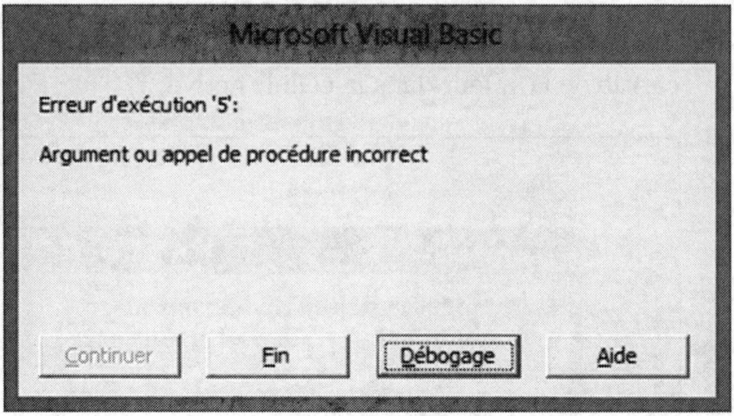

Figure 12.2 : Excel affiche ce message lorsque la procédure tente d'extraire la racine carrée d'un nombre négatif.

La plupart des utilisateurs estime que les messages d'erreur d'Excel, comme *Argument ou appel de procédure incorrect,* ne sont pas très explicatifs. Pour améliorer la procédure, vous devez anticiper l'erreur et la gérer plus élégamment.

Voici une version modifiée de ExtractionRacineCarrée :

```
Sub ExtractionRacineCarrée2()
    Dim Nombre As Double
'   Demande une valeur
    Nombre = InputBox("Entrez une valeur")

'   Vérification du signe de la valeur
    If Nombre < 0 Then
        MsgBox "Vous devez entrer un nombre positif !"
        Exit Sub
    End If

'   Insère la racine carrée
    ActiveCell.Value = Sqr(Nombre)
End Sub
```

La structure If-Then vérifie la valeur contenue dans la variable Nombre. Si elle est inférieure à 0, la procédure affiche une boîte de message compréhensible par le commun des mortels. La procédure s'achevant par l'instruction Exit Sub, l'erreur d'exécution n'a aucune chance de se produire.

La macro n'est toujours pas parfaite

Et maintenant, la macro modifiée ExtractionRacineCarrée est-elle irréprochable ? Pas vraiment. Essayez d'entrer du texte ou encore de cliquer sur le bouton Annuler. Ces deux actions provoquent une erreur (incompatibilité de type).

Le code modifié, ci-dessous, utilise la fonction IsNumeric pour s'assurer que la variable Num est bien de type numérique. Si l'utilisateur entre autre chose qu'un nombre, la procédure affiche un message et s'arrête. Remarquez aussi que la variable Num est à présent définie comme étant de type Variant. Si elle avait été définie comme Double, le code aurait généré une erreur non prise en charge si l'utilisateur avait entré une valeur autre que numérique dans la boîte de saisie.

```
Sub ExtractionRacineCarrée3()
    Dim Num As Variant
'   Demande une valeur
    Num = InputBox("Entrez une valeur")

'   Make sure Num is a number
    If Not IsNumeric(Num) Then
        MsgBox "Vous devez entrer un nombre."
        Exit Sub
    End If

 '   Vérifie que le nom n'est pas négatif
    If Num < 0 Then
        MsgBox " Vous devez entrer un nombre positif !"
        Exit Sub
    End If

'   Insère la racine carrée
    ActiveCell.Value = Sqr(Num)
End Sub
```

La macro est maintenant parfaite ?

Il n'y a plus rien à redire à présent, non ? Eh bien si ! Essayez de démarrer cette procédure sur une feuille de graphique. Comme le montre la Figure 12.3, Excel – qui a plus d'un message d'erreur dans sa besace – affiche la redoutable Erreur 91.

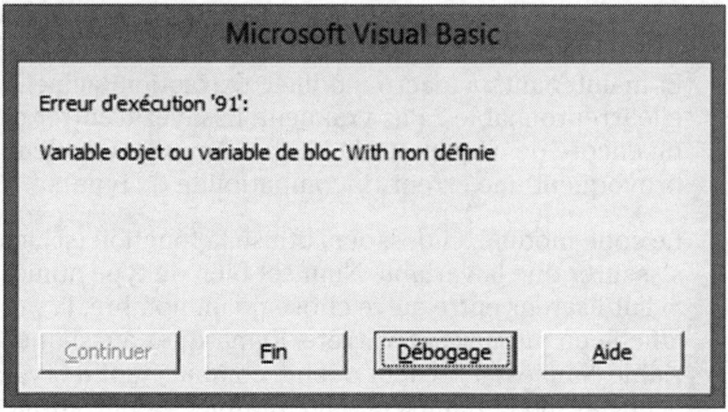

Figure 12.3 : Exécuter la procédure sur une feuille de graphique provoque cette erreur.

Elle se produit lorsqu'il n'existe pas de cellule active dans une feuille de graphique, ou si un autre élément qu'une plage est sélectionné.

Le listing qui suit utilise la fonction TypeName pour s'assurer que la sélection est une plage. Si un autre élément est sélectionné, la procédure affiche un message et quitte.

```
Sub ExtractionRacineCarrée4()
    Dim Nombre As Variant
'   S'assurer qu'une feuille de calcul est active
    If TypeName(Selection)<>"Range" Then
        MsgBox "Sélectionnez d'abord une plage."
        Exit Sub
    End If

'   Demande d'une valeur
    Nombre = InputBox("Entrez une valeur :")

'   S'assurer que Nombre est un chiffre
    If Not IsNumeric(Nombre) Then
        MsgBox "Vous devez entrer un nombre !"
        Exit Sub
    End If

'   Vérification du signe de la valeur
    If Nombre < 0 Then
        MsgBox "Vous devez entrer un nombre positif !"
        Exit Sub
    End If

'   Insertion de la racine carrée
```

```
    ActiveCell.Value = Sqr(Nombre)
End Sub
```

Avis aux perfectionnistes

Pour le moment, cette procédure doit seulement être parfaite, rien de plus.

Protégez la feuille de calcul en cliquant sur Révision > Modifications > Protéger la feuille, puis démarrez le code. Eh oui ! Une feuille protégée produit une autre erreur. Et encore, nous sommes loin d'avoir fait le tour de toutes celles qui peuvent survenir.

Une autre manière de gérer les erreurs

Comment identifier et gérer toutes les erreurs possibles et imaginables ? La réponse est que c'est le plus souvent impossible. Mais le langage VBA propose néanmoins quelques autres manières de traiter les erreurs.

Revisiter la procédure ExtractionRacineCarrée

Examinons le code qui suit. La routine a été modifiée par l'ajout d'une instruction On Error qui intercepte toutes les erreurs, ainsi que par un contrôle qui vérifie si InputBox a été annulée.

```
Sub ExtractionRacineCarrée5()
    Dim Num As Variant
    Dim Msg As String

'   Configure le gestionnaire d'erreur
    On Error GoTo MauvaiseEntree

'   Demande une valeur
    Num = InputBox("Entrez une valeur")
```

```
'   Quitte si annulation
    If Num = "" Then Exit Sub

'   Insère la racine carrée
    ActiveCell.Value = Sqr(Num)
    Exit Sub

MauvaiseEntree:
    Msg = "Une erreur s'est produite." & vbNewLine & vbNewLine
    Msg = Msg & "Vérifiez qu'une plage est sélectionnée, "
    Msg = Msg & "que la feuille n'est pas protégée, "
    Msg = Msg & "et que votre valeur n'est pas négative."
    MsgBox Msg, vbCritical
End Sub
```

Cette routine intercepte n'importe quel type d'erreur d'exécution. Après en avoir détecté une, la procédure révisée ExtractionRacineCarrée affiche le message illustré sur la Figure 12.4. La boîte de dialogue indique généralement la cause de l'erreur.

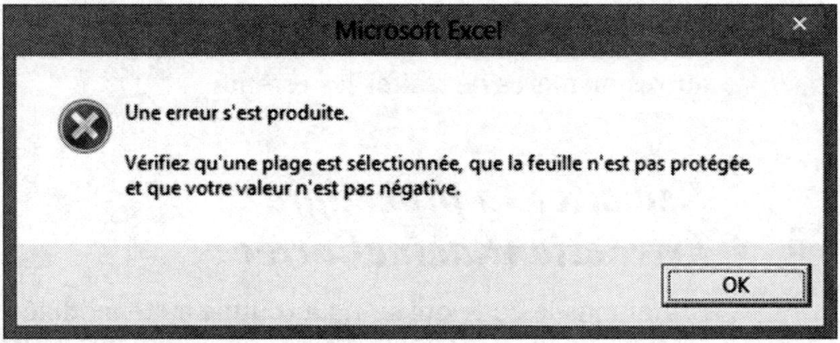

Figure 12.4 : Une erreur d'exécution produit ce message d'erreur.

À propos de l'instruction On Error

Quand une instruction On Error est placée dans du code VBA, Excel n'utilise plus son système de gestion d'erreurs intégré, mais fait appel au vôtre. Dans l'exemple précédent, une erreur d'exécution entraîne le branchement à l'instruction nommée MauvaiseEntree. Ceci évite l'affichage des rébarbatifs messages d'erreur d'Excel, car ce sont les vôtres – un peu plus conviviaux, je l'espère – que l'utilisateur voit apparaître.

TRUC

Remarquez que, dans cet exemple, une instruction Exit Sub est placée juste avant l'étiquette MauvaiseEntree. Elle est indispensable, car le code d'interception des erreurs ne doit pas être exécuté si tout va bien.

TRUC

Il a laissé passer une erreur ?

Si une instruction On Error semble ne pas avoir détecté d'erreur, vous devrez modifier quelques paramètres :

1. **Activez l'éditeur VBE.**
2. **Choisissez la commande Outils > Options.**
3. **Cliquez sur l'onglet Général de la boîte de dialogue Options.**
4. **Assurez-vous que l'option Arrêt sur toutes les erreurs n'est pas sélectionnée.**

Quand cette option est sélectionnée, Excel ignore toutes les instructions On Error. Normalement, dans la rubrique Récupération d'erreur, c'est l'option Arrêt sur les erreurs non gérées qui doit être active.

Gestion d'erreurs : les détails

L'instruction On Error peut être utilisée de trois manières, comme le montre le Tableau 12.1.

Tableau 12.1 : Utilisations de l'instruction On Error.

Syntaxe	Ce qu'elle produit
On Error GoTo *étiquette*	Après avoir exécuté cette instruction, le langage VBA reprend l'instruction GoTo à l'étiquette figurant à la ligne spécifiée. Une étiquette doit être suivie d'un signe « deux-points » pour être reconnue comme telle par VBA.
On Error GoTo 0	Après avoir exécuté cette instruction, le langage VBA reprend son comportement normal pour la gestion des erreurs. Utilisez-la après l'une des deux précédentes ou pour supprimer la gestion des erreurs dans votre procédure.

Syntaxe	Ce qu'elle produit
On Error Resume Next	Après avoir exécuté cette instruction, le langage VBA ignore toutes les erreurs et reprend l'exécution à l'instruction suivante.

Reprendre après une erreur

Dans certains cas, vous voudrez que la routine s'achève élégamment lorsqu'une erreur survient. Un message décrivant l'erreur est alors produit, puis la procédure s'achève. Cette technique est utilisée dans l'exemple ExtractionRacineCarrée5. Dans d'autres cas, vous voudrez récupérer de l'erreur afin que la procédure puisse poursuivre son cours.

Pour récupérer d'une erreur, vous devez recourir à l'instruction Resume. Elle supprime la condition d'erreur et permet de reprendre l'exécution à un certain point. L'instruction Resume est utilisable de trois façons, comme le révèle le Tableau 12.2.

Tableau 12.2 : Utilisations de l'instruction Resume.

Syntaxe	Ce qu'elle produit
Resume	L'exécution reprend à l'instruction qui a provoqué l'erreur. Utilisez cette instruction si votre code de gestion des erreurs corrige le problème, permettant ainsi de continuer la procédure normalement.
Resume Next	L'exécution reprend à l'instruction qui suit immédiatement l'instruction qui a provoqué l'erreur. En fait, l'erreur est ignorée.
Resume *étiquette*	L'exécution reprend à l'étiquette mentionnée.

L'exemple suivant a recours à l'instruction Resume après une erreur :

```
Sub ExtractionRacineCarrée6()
    Dim Num As Variant
    Dim Msg As String
    Dim Réponse As Integer
NouvelEssai:
'   Configure le gestionnaire d'erreur
    On Error GoTo MauvaiseEntree

'   Demande une valeur
    Num = InputBox("Entrez une valeur")
    If Num = "" Then Exit Sub

'   Insère la racine carrée
    ActiveCell.Value = Sqr(Num)
    Exit Sub

MauvaiseEntree:
    Msg = Err.Number & " : " & Error(Err.Number)
    Msg = Msg & vbNewLine & vbNewLine
    Msg = Msg & "Vérifiez qu'une plage est sélectionnée, "
    Msg = Msg & "que la feuille n'est pas protégée, "
    Msg = Msg & "et que votre valeur n'est pas négative."
    Msg = Msg & vbNewLine & vbNewLine & "Essayez à nouveau !"
    Réponse = MsgBox(Msg, vbYesNo + vbCritical)
    If Réponse = vbYes Then Resume NouvelEssai
End Sub
```

Cette procédure possède une autre étiquette : NouvelEssai. Lorsqu'une erreur se produit, l'exécution continue après l'étiquette MauvaiseEntree, puis le code affiche le message que montre la Figure 12.5. Si l'utilisateur répond en cliquant sur Oui, l'instruction Resume reprend l'exécution à l'étiquette NouvelEssai. Si l'utilisateur clique sur Non, la procédure s'achève.

Rappelez-vous que l'instruction Resume supprime la condition d'erreur avant de continuer. Pour le constater par vous-même, substituez l'instruction suivante à l'avant-dernière, dans l'exemple précédent :

```
If Réponse = vbYes Then GoTo NouvelEssai
```

Ce code ne fonctionne pas correctement si vous utilisez GoTo (comme dans l'alternative proposée) au lieu de Resume. Pour vous en convaincre, entrez une valeur négative : le message d'erreur apparaît. Cliquez sur Oui afin de réessayer puis en-

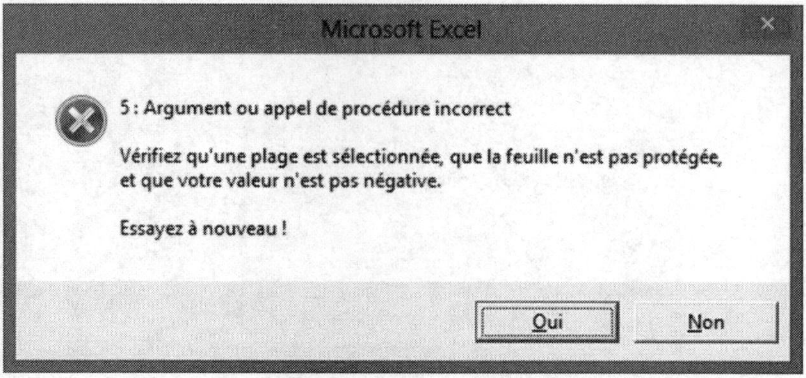

Figure 12.5 : En cas d'erreur, l'utilisateur peut choisir de réessayer.

trez de nouveau un nombre négatif. Cette fois, la deuxième erreur n'est pas interceptée, car la condition d'erreur originale n'a pas été supprimée.

La gestion d'erreurs en quelques mots

Pour vous permettre de gérer les erreurs plus efficacement, je vous ai concocté un petit résumé. Une routine d'erreur présente les caractéristiques suivantes :

- Elle commence immédiatement après l'étiquette spécifiée dans l'instruction On Error.
- Elle ne doit être accessible que si une erreur se produit. Autrement dit, vous devez placer une instruction comme Exit Sub ou Exit Function juste avant l'étiquette.
- Elle peut exiger une instruction Resume. Si vous avez choisi de ne pas mettre fin à la procédure lorsqu'une erreur se produit, vous devez exécuter une instruction Resume avant de revenir au code principal.

Savoir quand il faut ignorer les erreurs

Dans certains cas, il est parfaitement admis de ne pas tenir compte d'une erreur. C'est là que l'instruction On Error Resume Next entre en jeu.

L'exemple suivant effectue une boucle à travers chacune des cellules d'une plage sélectionnée, puis il extrait la racine carrée de chacune des valeurs. Cette procédure génère un message d'erreur si l'une des cellules contient un nombre négatif ou du texte :

```
Sub RacineCarréeSelection()
    Dim cellule As Range
    If TypeName(Selection) <> "Range" Then Exit Sub
    For Each cellule In Selection
        cellule.Value = Sqr(cellule.Value)
    Next cellule
End Sub
```


L'idéal serait de passer toutes les cellules contenant une valeur dont la racine carrée n'est pas extractible. C'est faisable à l'aide d'instructions de détection des erreurs basées sur des structures If-Then. Mais une solution meilleure et plus simple – donc plus élégante – consiste à ignorer simplement les erreurs qui pourraient se produire.

C'est ce que fait la routine qui suit, grâce à l'ajout d'une instruction On Error Resume Next :

```
Sub RacineCarréeSelectionOERN()
    Dim cellule As Range
    If TypeName(Selection) <> "Range" Then Exit Sub
    On Error Resume Next
    For Each cellule In Selection
        cellule.Value = Sqr(cellule.Value)
    Next cellule
End Sub
```

En général, vous utiliserez l'instruction On Error Resume Next si vous estimez que les erreurs ne compromettent pas votre tâche.

Identifier des erreurs spécifiques

Toutes les erreurs ne se valent pas. Certaines sont sérieuses, d'autres le sont moins. Bien que vous puissiez ignorer celles qui ne tirent pas à conséquence, vous ne sauriez oublier les erreurs les plus graves. Parfois, vous devrez pouvoir identifier la nature de celle qui s'est produite.

Chaque type d'erreur a un numéro bien précis. Quand une erreur survient, Excel le stocke dans la propriété Number d'un objet nommé Err. Cette propriété d'objet Number contient le numéro d'erreur et la propriété Description contient une explication succincte. Par exemple, l'instruction suivante affiche le numéro d'erreur, le signe deux-points et la description :

```
MsgBox Err.Number & ": " & Err.Description
```

La Figure 12.5, précédemment dans ce chapitre, illustre ce mécanisme (voir plus haut dans ce chapitre). Certes, les messages d'erreur d'Excel ne sont pas toujours très utiles, mais ça, vous l'aviez déjà compris.

La procédure suivante montre comment déterminer le type d'erreur qui est survenu. Dans ce cas, vous pouvez en toute sécurité ignorer l'erreur causée par la tentative d'extraction de la racine carrée d'un nombre non positif (erreur 5) ou celle produite par la tentative de l'extraire d'une valeur non numérique (erreur 13). Par ailleurs, vous devez informer l'utilisateur si, la feuille de calcul étant protégée, la plage contient une ou plusieurs cellules verrouillées. Dans le cas contraire, l'utilisateur pourrait penser que la macro a fonctionné, ce qui n'a pas été le cas. Ce type d'événement produit l'erreur 1004.

```
Sub RacineCarréeSelection()
    Dim cell As Range
    Dim ErrMsg As String
    If TypeName(Selection) <> "Range" Then Exit Sub
    On Error GoTo ErrorHandler
    For Each cell In Selection
        cell.Value = Sqr(cell.Value)
    Next cell
    Exit Sub

ErrorHandler:
    Select Case Err.Number
       Case 5 'Nombre négatif
         Resume Next
       Case 13 'Erreur de type
         Resume Next
       Case 1004 'Cellule verrouillée, feuille protégée
```

```
        MsgBox "La cellule est verrouillée. Essayez à nouveau.",
            vbCritical, cell.Address
        Exit Sub
      Case Else
        ErrMsg = Error(Err.Number)
        MsgBox "ERREUR : " & ErrMsg, vbCritical, cell.Address
        Exit Sub
    End Select
End Sub
```


Quand une erreur d'exécution se produit, le programme saute à l'étiquette ErrorHandler. La structure Select Case, étudiée dans le Chapitre 10, teste les trois erreurs les plus communes. Si le numéro d'erreur est 5 ou 13, l'exécution reprend à la prochaine instruction. Autrement dit, l'erreur est ignorée. Mais si le numéro d'erreur est 1004, la routine prévient l'utilisateur et s'achève. Le dernier cas, un fourre-tout pour les erreurs imprévues, intercepte toutes les autres erreurs et affiche le message approprié.

Une erreur intentionnelle

Une erreur peut parfois être exploitée à votre avantage. Supposons par exemple qu'une de vos macros ne fonctionne que si un classeur particulier est ouvert. Comment pourrez-vous déterminer que le classeur en question est effectivement ouvert ? La meilleure solution est sans doute d'écrire une fonction généraliste qui accepte un seul argument (le nom d'un classeur) et retourne True si le classeur est ouvert, False s'il ne l'est pas.

Voici cette fonction :

```
Function ClasseurOuvert(Classeur As String) As Boolean
    Dim NomClasseur As String
    On Error GoTo PasOuvert
    NomClasseur = Workbooks(Classeur).Name
    ClasseurOuvert = True
    Exit Function

PasOuvert:
    ClasseurOuvert = False
End Function
```

Cette fonction exploite le fait qu'Excel génère une erreur si vous faites référence à un classeur qui n'est pas ouvert. Par exemple, l'instruction suivante produit une erreur si le classeur nommé MonClasseur.xlsx n'est pas ouvert :

```
NomClasseur = Workbooks("MonClasseur.xlsx").Name
```

Dans la fonction ClasseurOuvert, l'instruction On Error demande à VBA de reprendre la macro à l'instruction PasOuvert si une erreur se produit. La génération d'une erreur signifie que le classeur n'est pas ouvert et, par conséquent, la fonction retourne False. Si le classeur est ouvert, aucune erreur n'est générée et la fonction retourne True.

Voici une autre variante de la fonction ClasseurOuvert. Elle utilise l'instruction On Error Resume Next pour ignorer l'erreur. En revanche, le code vérifie correctement la propriété Number de Err. Si la valeur de Err.Number est 0, aucune erreur ne s'est produite, car le classeur est ouvert. Si la valeur de Err. Number est différente de 0, une erreur a eu lieu, car le classeur n'est pas ouvert.

```
Function ClasseurOuvert(Classeur) As Boolean
    Dim NomClasseur As String
    On Error Resume Next
    NomClasseur = Workbooks(Classeur).Name
    If Err.Number = 0 Then ClasseurOuvert = True _
      Else ClasseurOuvert = False
End Function
```

L'exemple suivant montre comment utiliser cette fonction dans une procédure Sub :

```
Sub MajPrix()
    If Not ClasseurOuvert("Prix.xlsx") Then
        MsgBox "Ouvrez d'abord le classeur Prix.xlsx, SVP."
        Exit Sub
    End If

'   [Le restant du code ici]
End Sub
```

La procédure MajPrix – qui doit se trouver dans le même projet que ClasseurOuvert – appelle la fonction ClasseurOuvert et lui transmet le nom du classeur (Prix.xlsx) comme argument.

La fonction ClasseurOuvert retourne True ou False. De ce fait, si le classeur n'est pas ouvert, la procédure le signale à l'utilisateur. Si le classeur est d'ores et déjà ouvert, la macro continue.

La gestion des erreurs peut s'avérer délicate. Des erreurs très différentes sont susceptibles de survenir, et il est réellement difficile de toutes les anticiper. En règle générale, et autant que faire se peut, vous devez intercepter les erreurs et assainir la situation *avant* qu'Excel n'intervienne. L'écriture d'un programme de correction des erreurs exige une vaste connaissance d'Excel ainsi qu'une excellente compréhension de la gestion des erreurs par le langage VBA lui-même. Les chapitres qui suivent contiennent d'autres exemples de gestion des erreurs.

Chapitre 13

Les techniques d'éradication des bogues

Dans ce chapitre :

- Définir un bogue et trouver de bonnes raisons de l'éliminer.
- Reconnaître les types de bogues qui sévissent.
- Utiliser des techniques de débogage.
- Les outils de débogage intégrés au VBA.
- Quelques conseils pour limiter les bogues

Les sortes de bogues

Une bogue, c'est l'enveloppe hérissée de piquants du marron et de la châtaigne. Un bogue, c'est un défaut dans un programme informatique. Le terme dérive de l'anglais *bug,* « bestiole », par allusion à un papillon de nuit qui, en 1945, se serait égaré dans les circuits électriques d'un vénérable ordinateur Mark II.

Les programmes un tant soit peu complexes que vous écrirez en VBA contiendront peut-être eux aussi des bogues. Ils peuvent être classés en plusieurs catégories :

- **Les imperfections logiques :** ces bogues peuvent souvent être évités en analysant attentivement le problème pour en découvrir la source.
- **Les bogues conjoncturels :** ils se manifestent lorsque vous tentez d'effectuer une action au mauvais moment. Comme tenter d'écrire des données dans une cellule d'une feuille active qui n'est pas une feuille de calcul (et qui donc ne contient pas de cellules).
- **Les bogues extrêmes :** ceux-ci montrent le bout de leur nez lorsque vous rencontrez des données inattendues comme, par exemple, des nombres extrêmement grands ou petits.
- **Les bogues de données erronées :** ils se produisent lorsque vous tentez de traiter un type de donnée incompatible. Exemple : extraire la racine carrée d'une chaîne de caractères.
- **Les bogues de versions :** ce type de bogue est directement lié aux différentes versions d'Excel. Une macro développée pour Excel 2016 peut ne pas fonctionner avec Excel 2003. Ce genre de problème est généralement évitable en s'abstenant d'utiliser les fonctionnalités propres à telle ou telle version. Une bonne pratique consiste à développer les applications avec la plus ancienne des versions d'Excel qu'un utilisateur est susceptible d'utiliser.
- **Les bogues insaisissables :** ce sont les plus énervants. L'exemple le plus classique est celui d'une mise à jour mineure, mais non documentée, d'Excel par Microsoft, qui plante la macro que vous aviez longuement concoctée. Les mises à jour de sécurité sont réputées pour engendrer ce genre de problème.

Le *débogage* est l'identification et la correction des bogues d'un programme informatique. Développer de bonnes compétences dans ce domaine exige du temps. Soyez persévérant, même si au début la tâche vous semble ingrate.

Il est important de faire la différence entre les *bogues* et les *erreurs de syntaxe*. Une erreur de syntaxe est une erreur au niveau du langage (faute de frappe, omission de l'instruction Next d'une boucle For-Next, parenthèse non fermée…). Les erreurs de syntaxe doivent être corrigées avant de pouvoir exécuter la procédure. Un bogue de programmation est autrement plus retord : la routine peut être exécutée, mais elle ne se comporte pas comme prévu.

Identifier les bogues

Avant de vous lancer dans le débogage, vous devez d'abord déterminer si des bogues existent effectivement. C'est le cas si le programme ne fonctionne pas comme il le devrait.

Souvent – mais pas toujours –, le bogue se révèle lorsqu'Excel affiche un message d'erreur d'exécution comme celui de la Figure 13.1. Remarquez qu'il comporte un bouton Débogage. Nous y reviendrons ultérieurement, à la section « À propos du débogueur ».

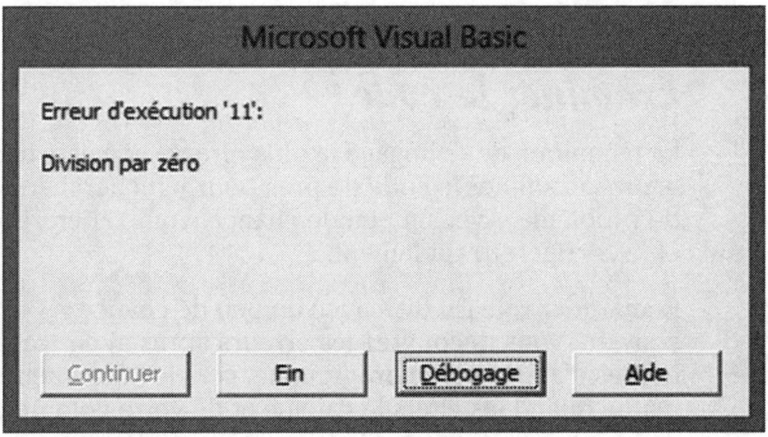

Figure 13.1 : Un message d'erreur comme celui-ci indique souvent que votre programme est bogué.

Un fait bien connu de tous les programmeurs, c'est que les bogues apparaissent de préférence au moment où on les attend le moins. Ce n'est pas parce que le programme se comporte à merveille avec un ensemble de données qu'il en fera de même avec un autre ensemble de données.

La meilleure stratégie de débogage consiste à lancer des batteries de tests, en se plaçant dans les conditions d'utilisation réelles. Et comme toute modification apportée à un classeur par votre code VBA ne peut pas être annulée, il est toujours bon de travailler sur une copie de sauvegarde du classeur pour effectuer vos tests. Personnellement, je crée plusieurs copies dans un dossier temporaire en éditant leurs noms afin de préciser ce que je veux contrôler.

Les techniques de débogage

Dans cette section, nous aborderons les quatre techniques les plus courantes pour déboguer du code VBA dans Excel :

- L'examen du code.
- L'insertion de fonctions MsgBox à différents endroits du code.
- L'insertion d'instructions Debug.Print.
- L'utilisation des outils de débogage intégrés d'Excel.

Examiner le code

La technique de débogage la plus directe consiste tout simplement à examiner le code de près pour y rechercher l'origine du problème. Avec un peu de chance, vous repérerez l'erreur et la corrigerez rapidement.

Remarquez que j'ai dit « avec un peu de chance ». Car bien souvent, vous découvrez les erreurs après avoir travaillé huit heures d'affilée sur le programme, vers les deux heures du matin, quand les effets la caféine et de votre volonté de fer – et de bien faire – commencent à s'estomper. Dans ces conditions, c'est un miracle d'avoir encore les yeux en face des trous pour arriver à lire le code. Alors, pour ce qui est de le déboguer… C'est pourquoi, ne soyez pas surpris si le seul examen du code ne l'expurge pas de toutes ses imperfections.

Utiliser la fonction MsgBox

Un problème très fréquent dans de nombreux programmes est causé par des variables qui ne prennent pas la valeur attendue. Dans ce cas, la surveillance de cette ou ces variables au cours de l'exécution du code est une technique souvent efficace. Une manière de s'y prendre consiste à insérer temporairement des fonctions MsgBox dans votre routine. Par exemple, si vous utilisez une variable CompteCellules, vous pourrez insérer cette instruction :

```
MsgBox CompteCellules
```

Quand vous exécutez la routine, la fonction MsgBox affiche la valeur de CompteCellules.

Il est souvent utile d'afficher les valeurs de plusieurs variables dans la boîte de message. L'instruction ci-dessous affiche la valeur courante de CompteBoucles et de CompteCellules :

```
MsgBox CompteBoucles & " " & CompteCellules
```

Notez que les deux variables ont été réunies avec les opérateurs de concaténation (&) ainsi qu'un espace placé entre eux. Sinon, les deux valeurs se suivraient bout à bout pour n'en former qu'une seule, évidemment dépourvue de sens. Vous pouvez aussi utiliser la constante prédéfinie vbNewLine, à la place de l'espace. Elle insère un renvoi à la ligne. Cette instruction affiche trois variables, chacune sur une ligne distincte (voir la Figure 13.2) :

```
MsgBox CompteBoucles & vbNewLine & CompteCellules & vbNewLine & UneValeur
```

Cette technique ne se limite pas qu'au suivi des variables. Une boîte de message peut servir à afficher toutes sortes d'informations utiles pendant l'exécution du code. Par exemple, si votre code effectue une boucle impliquant une série de feuilles, l'instruction suivante affichera le nom et le type de la feuille active :

```
MsgBox ActiveSheet.Name & " " & TypeName(ActiveSheet)
```

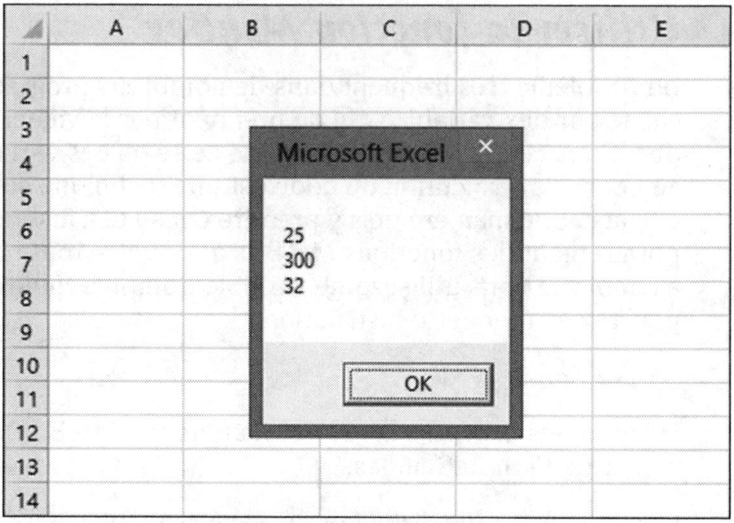

Figure 13.2 : Cette boîte de message affiche la valeur de trois variables.

Si votre boîte de message affiche quelque chose d'inattendu, appuyez sur la combinaison Ctrl+Pause. Une boîte de dialogue indiquera que l'exécution du code a été interrompue. Comme l'illustre la Figure 13.3, vous disposez alors de quatre choix :

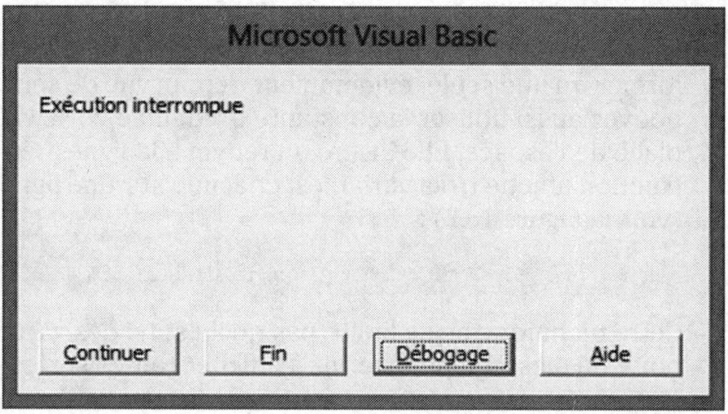

Figure 13.3 : Appuyer sur Ctrl+Pause interrompt l'exécution du code et vous propose plusieurs choix.

- Cliquer sur le bouton Continuer. L'exécution du code se poursuit.
- Cliquer sur le bouton Fin. L'exécution s'arrête.

- Cliquer sur le bouton Débogage. VBE passe en mode Débogage, sujet sur lequel nous allons revenir un peu plus loin.
- Cliquer sur le bouton Aide. En fait, vous allez simplement voir s'ouvrir votre navigateur par défaut pour apprendre que le programme a été interrompu. Comme vous le saviez déjà, ce n'est pas bien utile.

J'utilise fréquemment les fonctions MsgBox pour déboguer mes codes. Si vous faites comme moi, n'oubliez pas de les supprimer une fois que tous vos problèmes ont été identifiés et résolus.

Insérer des instructions Debug.Print

Une alternative à l'utilisation de fonctions MsgBox dans le code consiste à insérer une ou plusieurs instructions temporaires Debug.Print. Elles servent à afficher la valeur d'une ou plusieurs variables dans la fenêtre Exécution. Par exemple, cette instruction affiche la valeur de trois variables :

```
Debug.Print CompteBoucles, CompteCellules, UneValeur
```

Observez que les variables sont séparées par des virgules. L'instruction Debug.Print permet d'afficher autant de variables que vous le désirez.

L'instruction Debug.Print se manifeste dans la fenêtre Exécution (voir Figure 13.4) même lorsque cette dernière est masquée. Appuyez sur Ctrl+G pour l'afficher, ou cliquez sur Affichage > Fenêtre Exécution.

Contrairement à MsgBox, l'instruction Debug.Print n'interrompt pas le cours de votre code. Vous devez donc surveiller attentivement ce qui s'affiche dans la fenêtre Exécution pour voir ce qui s'y passe.

N'oubliez pas de supprimer toutes les instructions Debug. Print après avoir débogué votre code. Sachez que même des sociétés importantes arrivent à oublier ce genre de « détail ».

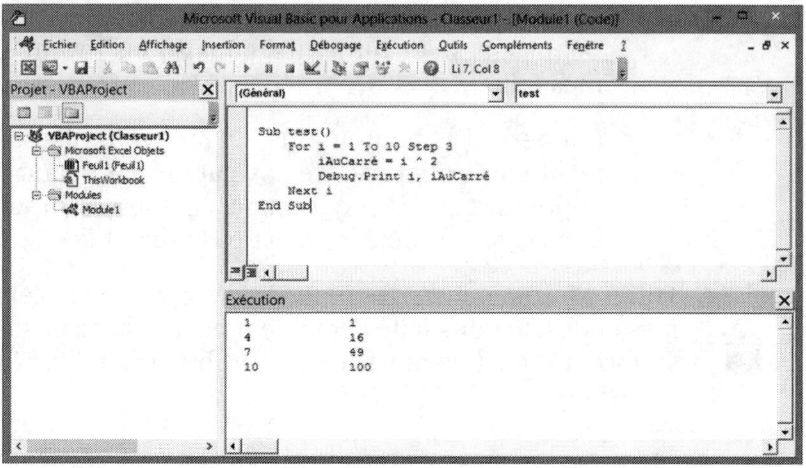

Figure 13.4 : L'instruction Debug.Print affiche des données dans la fenêtre Exécution.

C'est d'ailleurs ce qui s'était produit dans plusieurs anciennes versions d'Excel…

Utiliser le débogueur VBA

La notion de bogue est très familière aux concepteurs d'Excel. C'est pourquoi ce logiciel comporte une panoplie d'outils de débogage qui vous aideront à corriger les problèmes dans votre code VBA. La prochaine section est consacrée au débogueur VBA.

À propos du débogueur

Dans cette section, nous verrons en détail comment utiliser les outils de débogage de VBA. Ils sont beaucoup plus puissants que les techniques évoquées précédemment. Mais qui dit puissance, dit maîtrise et responsabilité. L'utilisation de ces outils exige quelques travaux de paramétrage préliminaire.

Placer des points d'arrêt dans le code

Plus haut dans ce chapitre, j'ai évoqué l'utilisation des fonctions MsgBox dans votre code pour surveiller les valeurs de certaines variables. L'affichage d'une boîte de message interrompt le code au cours de son exécution, et cliquer sur le bouton OK reprend cette exécution.

Ne serait-il pas fabuleux de pouvoir interrompre l'exécution d'une routine, d'examiner *n'importe* laquelle de vos variables, puis de reprendre normalement l'exécution ? Eh bien, c'est exactement ce que permettent les *points d'arrêt*.

Il existe plusieurs façons de définir des points d'arrêt dans du code VBA. Vous pouvez :

- Placer le curseur dans l'instruction où l'exécution doit s'arrêter et appuyer sur F9.
- Cliquer dans la marge grise, à gauche de l'instruction à laquelle l'exécution doit s'interrompre.
- Positionner le point d'insertion sur l'instruction à laquelle l'exécution doit s'interrompre et choisir Débogage > Basculer le point d'arrêt.
- Cliquer du bouton droit dans une instruction et, dans le menu contextuel, choisir Basculer > Point d'arrêt.

La Figure 13.5 montre un point d'arrêt placé dans une procédure : la ligne est en surbrillance, pour indiquer qu'un point d'arrêt a été défini à cet endroit, et un gros point apparaît dans la marge.

Quand la procédure est exécutée, VBA passe en *mode Pas à pas* au moment où la ligne signalée par le point d'arrêt est exécutée. Dans ce mode, le mot [arrêt] est affiché dans la barre de titre de l'éditeur VBE. Pour quitter le mode Pas à pas et continuer l'exécution, appuyez sur F5. Vous pouvez aussi cliquer sur le bouton Continuer dans la barre d'outils de VBE, ou choisir la commande de même nom dans le menu Exécution. Reportez-vous à la section « Pas à pas dans le code », plus loin dans ce chapitre, pour en savoir plus.

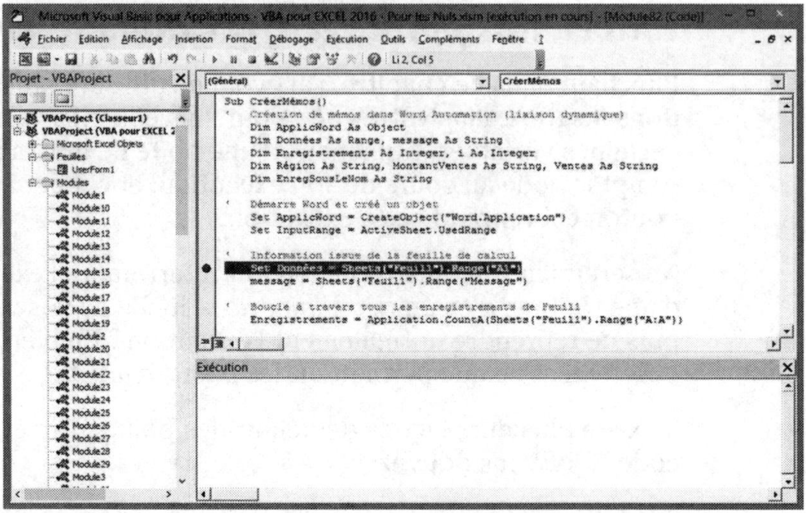

Figure 13.5 : La mise en surbrillance de l'instruction révèle qu'un point d'arrêt a été défini dans cette procédure.

TRUC

Pour supprimer rapidement un point d'arrêt, cliquez sur le gros point dans la marge ou placez le curseur dans la ligne en surbrillance et appuyez sur F9. Pour ôter tous les points d'arrêt du module, appuyez sur Ctrl+Maj+F9.

VBA dispose en plus d'un mot-clé que vous pouvez insérer dans votre code :

```
Stop
```

Lorsqu'il rencontre cette instruction (nettement impérative) lors de l'exécution du code, VBA s'arrête et passe en mode Pas à pas.

Mais au fait, c'est quoi le mode Pas à pas ? C'est comme appuyer sur le bouton Pause pendant la lecture d'un film. L'exécution du code est suspendue et l'instruction courante est mise en surbrillance jaune vif. Le mode Pas à pas permet diverses actions :

- Taper des instructions VBA dans la fenêtre Exécution (voyez les détails dans la section suivante).
- Appuyer sur la touche F8 pour parcourir les lignes de code une par une (c'est le Pas à pas détaillé) afin de contrôler diverses choses.

- Placer le pointeur de la souris au-dessus d'une variable pour afficher sa valeur dans une petite bulle.
- Passer la ou les instructions qui suivent et poursuivre l'exécution ailleurs (ou même revenir en arrière de quelques instructions).
- Éditer une instruction puis continuer.

TRUC

La Figure 13.6 illustre plusieurs actions de débogage. Un point d'arrêt a été défini (notez le gros point dans la marge), et j'ai utilisé la touche F8 pour exécuter le code ligne par ligne (remarquez en marge la flèche qui signale l'instruction courante). Je me suis aussi servi de la fenêtre Exécution pour vérifier quelques valeurs. Enfin, le pointeur de la souris survole une variable dont VBE affiche alors la valeur actuelle.

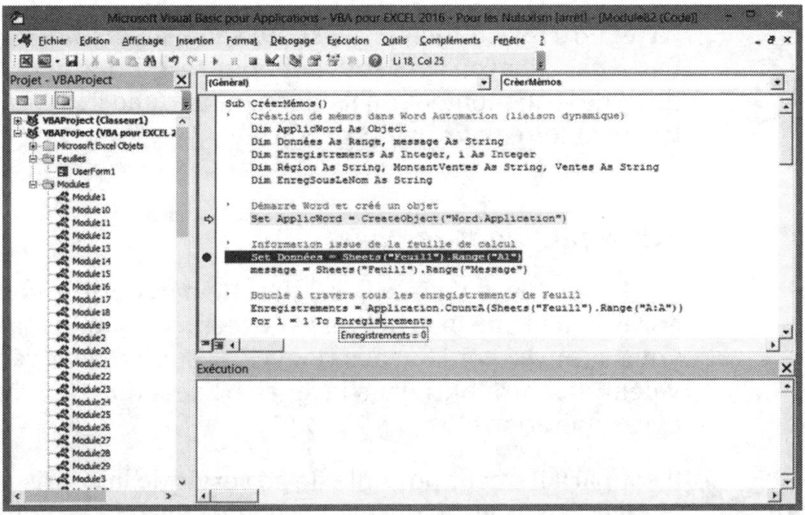

Figure 13.6 : Une scène typique en mode Pas à pas.

Utiliser la fenêtre Exécution

La fenêtre Exécution n'est peut-être pas visible dans l'éditeur VBE. Pour l'afficher, appuyez sur Ctrl+G.

En mode Pas à pas, la fenêtre Exécution est particulièrement utile pour connaître la valeur de n'importe quelle variable du programme. Par exemple, si vous désirez connaître la valeur courante de la variable nommée CompteCellules, vous entrerez cette instruction dans la fenêtre Exécution, suivie de l'appui sur Entrée :

```
Print CompteCellules
```

TRUC

Vous gagnerez peut-être quelques millisecondes en remplaçant Print par un point d'interrogation :

```
? CompteCellules
```

Outre la vérification des variables, la fenêtre Exécution permet d'effectuer bien d'autres choses. Il est par exemple possible de modifier la valeur d'une variable, d'activer une autre feuille, voire d'ouvrir un nouveau classeur. Assurez-vous simplement que la commande entrée est une instruction VBA valide.

TRUC

La fenêtre Exécution est aussi utilisable en dehors du mode Pas à pas. Je m'en sers souvent pour tester des petits bouts de code – du moment qu'ils tiennent sur une ligne – avant de les introduire dans une procédure.

Pas à pas dans le code

Il est possible, en mode Pas à pas, de parcourir le code ligne après ligne : une instruction est exécutée chaque fois que vous appuyez sur F8. Vous pouvez à tout moment vérifier la valeur des variables dans la fenêtre Exécution tout au long de cette opération.

TRUC

Il est parfaitement possible de se servir de la souris pour choisir l'instruction qui sera exécutée ensuite. Si vous placez votre pointeur au-dessus de la flèche (généralement jaune) qui indique la position de l'instruction courante dans le code, ce pointeur prend lui-même l'apparence d'une flèche pointant vers la droite. Cliquez et faites glisser le pointeur jusqu'à l'instruction voulue. Celle-ci est à son tour surlignée en jaune pour indiquer la nouvelle instruction courante dans le code.

Espionner le code

Dans certaines circonstances, vous voudrez savoir si une certaine variable ou expression prend une valeur particulière. Par exemple, supposons que la procédure effectue une boucle à travers 1 000 cellules. Vous décelez un problème à la 900e itération de la boucle. Vous pourriez bien sûr insérer un point d'arrêt dans la boucle, mais cela supposerait 899 interruptions avant de parvenir à l'itération incriminée, ce qui serait terriblement fastidieux (il existe une intéressante littérature Shadok sur le nombre de tentatives qu'il faut se dépêcher de rater lorsqu'on a une chance sur un million de réussir). Une solution plus efficace consiste à placer une *expression-espionne.*

Vous pourriez ainsi créer une expression-espionne qui mette la procédure en mode Pas à pas chaque fois qu'une variable est à une valeur spécifique, par exemple Compteur = 900. Pour créer une expression-espionne, choisissez Débogage > Ajouter un espion. L'éditeur VBE affiche la boîte de dialogue illustrée sur la Figure 13.7.

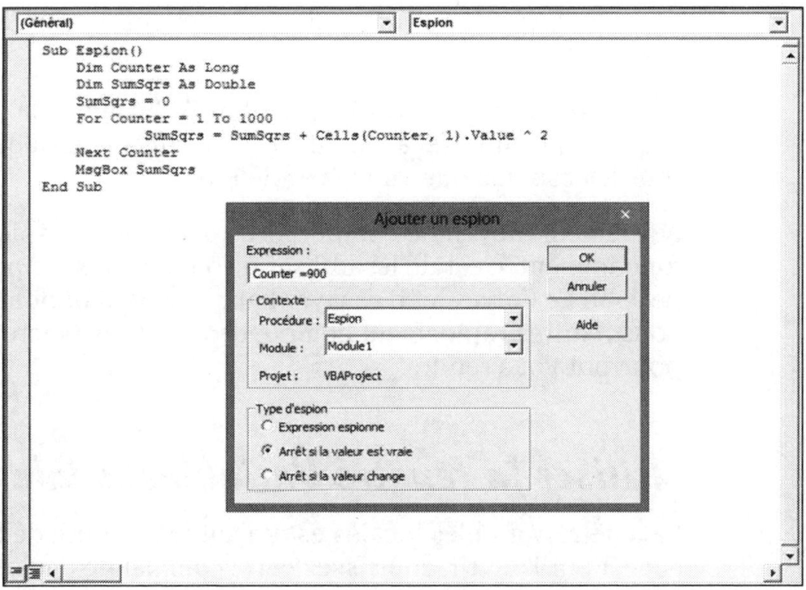

Figure 13.7 : La boîte de dialogue Ajouter un espion permet de spécifier une condition qui entraîne un arrêt.

La boîte de dialogue Ajouter un espion est divisée en trois parties :

- **Expression :** entrez ici une expression valide VBA ou une variable. Exemples : *Compteur=900* ou seulement *Compteur.*
- **Contexte :** sélectionnez la procédure et le module à espionner. Notez qu'il est possible de choisir Toutes les procédures et Tous les modules.
- **Type d'espion :** choisissez l'un des trois types d'espion en cliquant sur le bouton approprié (rien n'est prévu pour les agents doubles). Le choix dépend de l'expression entrée. Le premier, Expression-espionne, ne cause pas d'arrêt ; il affiche uniquement la valeur de l'expression lorsqu'un arrêt se produit.

Exécutez la procédure après avoir placé la ou les expressions-espionnes. Elle s'exécute normalement jusqu'à ce que cette expression-espionne soit satisfaite, selon le Type d'espion sélectionné. Dès lors, Excel passe en mode Pas à pas (sauf si le type d'espion est Expression-espionne). À partir de là, vous pouvez parcourir le code ou le déboguer dans la fenêtre Exécution.

Quand vous créez un espion, l'éditeur VBE affiche la fenêtre Espions que montre la Figure 13.8. Elle affiche la valeur de tous les espions que vous avez définis.

Le meilleur moyen de comprendre comment les espions fonctionnent, c'est de les utiliser – comme dans les polars de John Le Carré – et d'essayer leurs diverses options. Vous vous rendrez rapidement compte des services (secrets) qu'ils pourront vous rendre.

Utiliser la fenêtre Variables locales

La fenêtre Variables locales est un autre bon outil de débogage. Pour l'ouvrir, choisissez cette commande dans le menu Affichage. Lorsque vous êtes en mode Pas à pas, elle montre la liste de toutes les variables qui sont locales à la procédure courante (voir la Figure 13.9).

L'intérêt principal de cette fenêtre, c'est que vous n'avez pas à ajouter manuellement des tas et des tas d'espions à votre solde pour visualiser le contenu de multiples variables. C'est VBE qui fait tout le sale boulot pour vous.

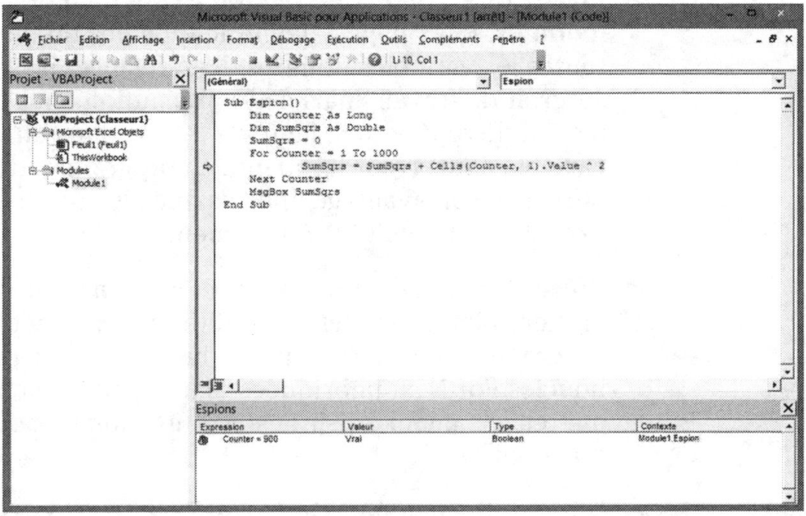

Figure 13.8 : Les espions sortent de l'ombre dans cette fenêtre.

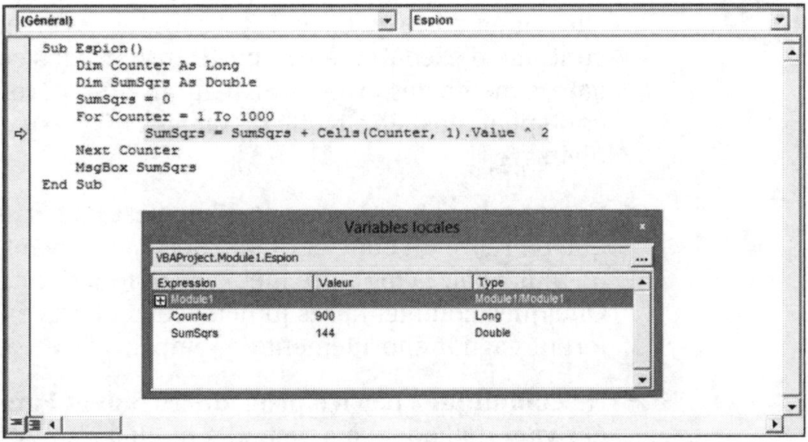

Figure 13.9 : Afficher les variables locales et leur valeur.

Conseils antibogues

Je ne possède pas la formule magique qui ferait disparaître comme par magie tous les bogues d'un programme, mais je peux vous prodiguer quelques conseils pour les limiter au maximum :

- **Placez une instruction Option Explicit au début de vos modules.** Elle oblige à définir le type des données pour toutes les variables utilisées. Il en résulte certes un léger surcroît de travail, mais cette précaution vous permettra de repérer une faute de frappe dans un nom de variable, une erreur fréquente en programmation. Elle offre aussi un avantage appréciable : les routines sont exécutées un peu plus rapidement.

- **Présentez le code avec des indentations.** Les retraits mettent bien en évidence les différents segments d'un programme. Lorsqu'une procédure comporte plusieurs boucles For-Next imbriquées, par exemple, ils permettent de mieux saisir la structure globale de la programmation.

- **Utilisez l'instruction On Error Resume Next avec circonspection.** Comme je l'ai mentionné au Chapitre 12, elle fait en sorte qu'Excel ignore toutes les erreurs et continue d'exécuter la routine. Dans certains cas, il ignore même des erreurs qu'il aurait dû repérer. Votre code peut ainsi être truffé de bogues « à l'insu de votre plein gré ».

- **Commentez abondamment.** Rien n'est plus frustrant que de relire du code écrit six mois auparavant et de ne plus avoir la moindre idée de son fonctionnement. Quelques commentaires judicieusement placés vous feront gagner énormément de temps.

- **Ne compliquez pas les procédures Sub et Function.** En écrivant du code dans de petits modules ayant chacun une seule fonction bien précise, vous faciliterez considérablement le débogage.

- **Utilisez l'enregistreur de macros pour identifier les propriétés et les méthodes.** Quand je ne parviens plus à me souvenir du nom d'une syntaxe, d'une propriété ou d'une méthode, j'enregistre une petite macro et je l'analyse.

- **Familiarisez-vous avec le débogueur VBA d'Excel.** Bien qu'il soit de prime abord rébarbatif, le débogueur n'en est pas moins un remarquable outil. Prenez le temps de bien le connaître.

Le débogage n'est pas mon activité favorite – rechercher la petite bête dans des lignes de code ferait presque de moi un contrôleur fiscal –, mais il est incontournable. Heureusement, plus vous maîtriserez le langage VBA, plus votre débogage sera efficace (et moins vous en aurez besoin grâce à la qualité de votre code).

Chapitre 14

Des exemples de programmation VBA

Dans ce chapitre :

- Agir sur les plages avec du code VBA
- Changer les paramètres booléens et non bouléens
- Modifier des graphiques avec du code VBA.
- Accélérer au maximum l'exécution du code VBA.

L'enseignement de la programmation des macros tel que je le conçois est essentiellement fondé sur les exemples. Car, à mon avis, un exemple est beaucoup plus didactique que de longues explications théoriques. Ce chapitre présente donc plusieurs exemples qui illustrent les techniques VBA les plus communes.

Ces exemples sont classés en trois catégories :

- Les plages de cellules.
- La modification des paramètres d'Excel.
- Les graphiques.
- L'accélération du code VBA.

Bien que certains de ces exemples soient utilisables directement, il vous faudra souvent les adapter à vos propres besoins.

Agir sur des plages de cellules

La plupart de votre programmation VBA concerne probablement des plages de cellules. Gardez ces points en mémoire lorsque vous travaillez avec des objets Range (expliqués au Chapitre 8) :

- Il n'est pas nécessaire que VBA *sélectionne* une plage pour travailler sur cette dernière.
- Si le code sélectionne une plage, la feuille de calcul où elle se trouve doit être active.
- L'enregistreur de macros ne génère pas toujours le code le plus efficace. Vous pourrez souvent créer la macro avec l'enregistreur, mais vous devrez ensuite la modifier pour l'améliorer.
- Il est recommandé d'utiliser des plages nommées, dans le code VBA. Une appellation comme Range(Total) est beaucoup plus commode que Range(D45). Dans ce dernier cas, si vous ajoutiez une ligne au-dessus de la cellule D45, vous seriez obligé de modifier la macro afin qu'elle utilise la plage correcte, c'est-à-dire (D46). Rappelez-vous que, dans Excel, vous nommez une plage de cellules en cliquant sur Formules > Noms définis > Définir un nom.
- Quand vous exécutez une macro qui agit sur la sélection courante d'une plage, l'utilisateur peut avoir sélectionné des colonnes ou des lignes entières. Le plus souvent, la macro ne devra pas scruter chacune des cellules de la sélection, ce qui serait très long. C'est pourquoi la macro doit contenir un sous-ensemble de la sélection ne contenant que les cellules non vides.
- Excel autorise les sélections multiples (en appuyant sur Ctrl au cours des sélections effectuées avec la souris). Vous pouvez tester cette action dans la macro et choisir les actions appropriées.

Les exemples de ce chapitre se trouvent dans le fichier téléchargeable depuis le site www.pourlesnuls.fr.

Si vous préférez saisir ces exemples vous-même, appuyez sur Alt+F11 pour activer l'éditeur VBE. Insérez ensuite un module et tapez le code. Assurez-vous que le classeur est correctement configuré. Si l'exemple fait appel à deux feuilles nommées Feuil1 et Feuil2, veillez à ce qu'elles se trouvent dans le classeur.

Copier une plage

La copie d'une plage de cellules est sans doute l'opération la plus fréquente dans Excel. Quand vous activez l'enregistreur de macros et que vous recopiez la plage A1:A5 dans la plage B1:B5, vous obtenez le code VBA suivant :

```
Sub CopyRange()
    Range("A1:A5").Select
    Selection.Copy
    Range("B1").Select
    ActiveSheet.Paste
    Application.CutCopyMode = False
End Sub
```

Remarquez la dernière instruction. Elle a été générée par l'appui sur la touche Échap qui efface le contour de sélection animé, visible dans la feuille de calcul quand vous copiez une plage.

Cette macro fonctionne bien, mais vous pouvez copier une plage beaucoup plus efficacement que cela. Vous obtiendrez le même résultat avec cette macro en une ligne, qui ne sélectionne aucune cellule et qui n'exige pas l'instruction CutCopyMode = False :

```
Sub CopierPlage()
    Range("A1:A5").Copy Range("B1")
End Sub
```

Cette procédure exploite le fait que la méthode Copy peut recevoir un argument indiquant la destination. Cet exemple démontre aussi que le générateur de macros ne produit pas le code le plus concis.

Copier une plage de taille variable

Dans bien des cas, vous devrez copier une plage de cellules sans connaître sa dimension exacte. Un exemple typique est celui d'un classeur contenant des ventes hebdomadaires : le nombre de lignes change chaque fois que vous ajoutez de nouveaux chiffres.

La Figure 14.1 montre une plage de cellules. Elle est constituée de plusieurs lignes dont le nombre varie de jour en jour. Comme vous ne connaissez pas l'adresse exacte voulue à un moment donné, écrire la macro qui copie la plage risque d'être ardu.

	A	B	C	D
1	Date	Nombre d'appels	Nombre de commandes	
2	4 mai 2016	452	89	
3	5 mai 2016	546	102	
4	6 mai 2016	587	132	
5	9 mai 2016	443	65	
6	10 mai 2016	609	156	
7	11 mai 2016	592	92	
8	12 mai 2016	487	95	
9	13 mai 2016	601	105	
10	16 mai 2016	515	133	
11	17 mai 2016	540	122	
12				
13				

Figure 14.1 : Cette plage peut comporter n'importe quel nombre de lignes.

La macro suivante montre comment copier cette plage de la feuille Feuil1 vers la feuille Feuil2, à partir de la cellule A1. Nous utilisons ici la propriété CurrentRegion, qui retourne l'objet Range correspondant à un bloc de cellules autour d'une cellule particulière, A1 en l'occurrence.

```
Sub CopieZoneCourante()
    Range("A1").CurrentRegion.Copy
    Sheets("Feuil2").Select
    Range("A1").Select
    ActiveSheet.Paste
    Sheets("Feuil1").Select
    Application.CutCopyMode = False
End Sub
```

Utiliser la propriété CurrentRegion équivaut à choisir Accueil > Édition > Rechercher et sélectionner > Atteindre, puis cliquer dans la boîte de dialogue sur le bouton Cellules et à sélectionner l'option Zone en cours. Pour le vérifier, enregistrez une macro contenant ces commandes. Généralement, CurrentRegion désigne un bloc de cellules rectangulaire entouré d'une ou plusieurs lignes ou colonnes vides.

L'efficacité de cette macro peut être notablement améliorée en ne sélectionnant pas la destination. La macro ci-dessous exploite la possibilité de spécifier la plage de destination en tant qu'argument de la méthode Copy :

```
Sub CopieZoneCourante2()
    Range("A1").CurrentRegion.Copy _
       Sheets("Feuil2").Range("A1")
End Sub
```

La situation est même un peu plus simple lorsque les données se présentent sous la forme d'un tableau (créé dans Excel en cliquant sur Insertion > Tableaux > Tableau). En effet, un tableau est défini par un nom, comme Tableau1, et s'étend automatiquement lorsque de nouvelles données lui sont ajoutées.

```
Sub CopieTableau()
    Range("Tableau1").Copy Sheets("Feuil2").Range("A1")
End Sub
```

Si vous essayez cette technique, vous constaterez que la ligne d'en-tête du tableau n'est pas copiée, car le nom Tableau1 ne contient pas cette ligne. Pour inclure celle-ci, changez la référence au tableau en :

```
Range("Tableau1[#All]")
```

Sélectionner jusqu'à la fin d'une ligne ou d'une colonne

Vous avez probablement pris l'habitude d'utiliser une combinaison de touches comme Ctrl+Maj+Flèche droite et Ctrl+Maj+Flèche bas pour sélectionner une plage s'étendant de la colonne active à la fin de la ligne ou de la colonne. Vous pouvez bien entendu écrire des macros exécutant ce type de sélection.

Vous utiliserez la propriété CurrentRegion pour sélectionner un bloc entier de cellules. Mais comment ferez-vous pour, disons, ne sélectionner qu'une colonne d'un bloc de cellules ? Le langage VBA sait heureusement faire cela. La procédure qui suit sélectionne la plage qui s'étend de la cellule active en allant vers le bas, jusqu'à la cellule située au-dessus de la première cellule vide de la colonne. Après avoir sélectionné cette plage, vous pouvez en faire ce que vous voulez : la copier, la déplacer, la mettre en forme, *etc.*

```
Sub Sélection_VersLeBas()
    Range(ActiveCell, ActiveCell.End(xlDown)).Select
End Sub
```

Cet exemple utilise la méthode End de l'objet ActiveCell, qui retourne un objet Range. La méthode End accepte un seul argument, qui peut être l'une de ces constantes :

- xlUp (haut)
- xlDown (bas)
- xlToLeft (gauche)
- xlToRight (droite)

Rappelez-vous qu'il n'est pas nécessaire de sélectionner une plage pour pouvoir intervenir dessus. La macro suivante applique une mise en forme Gras à une plage de dimensions variables sans la sélectionner :

```
Sub MettreEnGras()
    Range(ActiveCell, ActiveCell.End(xlDown)) _
```

```
        .Font.Bold = True
End Sub
```

Sélectionner une ligne ou une colonne

La procédure suivante montre comment sélectionner la colonne contenant la cellule active. Elle utilise la propriété EntireColumn, qui retourne un objet Range formé de la colonne entière :

```
Sub SelectionColonne()
    ActiveCell.EntireColumn.Select
End Sub
```

Comme vous l'aurez deviné, le langage VBA propose aussi une propriété EntireRow qui retourne un objet Range formé d'une ligne entière.

Déplacer une plage

Vous déplacez une plage en la coupant – elle transite par le Presse-papiers – et en la collant ailleurs. Si vous enregistrez cette action avec l'enregistreur de macros, le code se présente ainsi :

```
Sub DéplacerPlage()
    Range("A1:C6").Select
    Selection.Cut
    Range("A10").Select
    ActiveSheet.Paste
End Sub
```

À l'instar de l'exemple de copie de plage décrit précédemment dans ce chapitre, ce n'est pas le moyen le plus efficace de procéder. En fait, une plage peut être déplacée à l'aide d'une seule instruction VBA :

```
Sub DéplacerPlage()
    Range("A1:C6").Cut Range("A10")
End Sub
```

Cette macro exploite le fait que la méthode Cut accepte un argument qui spécifie la destination. Notez aussi que la plage n'a pas été sélectionnée. Le pointeur de cellule reste à sa position d'origine.

Programmer des boucles efficaces

Beaucoup de macros effectuent une opération sur chaque cellule d'une plage, ou encore des actions basées sur le contenu de chacune des cellules. Elles comportent généralement une boucle For-Next qui permet de traiter chaque cellule de la plage.

L'exemple qui suit montre comment effectuer une boucle à travers une plage de cellules. Cette plage est la sélection courante. Une variable objet nommée Cellule pointe vers la cellule traitée. L'unique instruction à l'intérieur de la boucle For Each-Next évalue la cellule et modifie sa couleur de fond si la valeur qu'elle contient est positive.

```
Sub TraitementCellules()
    Dim Cellule As Range
    For Each Cellule In Selection
        If Cellule.Value > 0 Then Cellule.Interior.ColorIndex = 6
    Next Cellule
End Sub
```

Cet exemple fonctionne. Mais qu'en est-il si la sélection s'étend sur la totalité d'une colonne ou d'une ligne ? Ce cas de figure n'est pas rare, car Excel permet d'effectuer des opérations sur des colonnes et des lignes entières. Dans ce cas, la macro semble s'éterniser, car, pendant la boucle, elle scrute chacune des cellules de la sélection, même celles qui sont vides. Car n'oubliez pas qu'une colonne entière contient 1 048 576 cellules. Pour rendre la macro plus efficace, vous devez disposer d'un moyen permettant de ne traiter que les cellules non vides.

C'est ce que fait la routine suivante, grâce à la méthode SpecialCells (reportez-vous à l'aide de VBA pour connaître ses arguments). Elle utilise le mot-clé Set pour créer deux nouveaux objets : un sous-ensemble de la sélection formé de cellules contenant des constantes, et un autre sous-ensemble de cette sélection formé de cellules contenant des formules. La routine ne traite que ces sous-ensembles, omettant ainsi les cellules vides. Astucieux, n'est-ce pas ?

```
Sub SauterCellulesVides()
    Dim Constantes As Range
    Dim Formules As Range
    Dim cellule As Range
'   Ignorer les erreurs
    On Error Resume Next
'   Traitement des constantes
    Set Constantes = Selection _
       .SpecialCells(xlConstants)
    For Each cellule In Constantes
        If cellule.Value > 0 Then
            cellule.Interior.ColorIndex = 6
        End If
    Next cellule
'   Traitement des formules
    Set Formules = Selection _
       .SpecialCells(xlFormulas)
    For Each cellule In Formules
        If cellule.Value > 0 Then
            cellule.Interior.ColorIndex = 6
        End If
    Next cellule
End Sub
```

La rapidité de la procédure SauterCellulesVides est identique quelle que soit la sélection, qu'il s'agisse d'une plage, de toutes les colonnes ou lignes d'une plage, voire d'une feuille de calcul toute entière. C'est là une amélioration énorme de la procédure TraitementCellules présentée juste auparavant.

Remarquez l'utilisation, dans le code, de l'instruction suivante :

```
On Error Resume Next
```

Elle demande à Excel d'ignorer toutes les erreurs qui pourraient se produire et de passer à l'instruction suivante (reportez-vous au Chapitre 12 pour en savoir plus sur la gestion des erreurs). Cette instruction est indispensable, car la méthode SpecialCells produit une erreur quand une cellule n'est pas qualifiée.

Utiliser la méthode SpecialCells équivaut à choisir sous l'onglet Accueil la commande Rechercher et sélectionner > Atteindre dans le groupe Édition, puis à cliquer sur le bouton Cellules et à sélectionner l'option Constantes ou Formules. Pour vous faire une meilleure idée de tout cela, faites divers essais d'options en enregistrant vos actions.

Programmer des boucles efficaces (acte 2)

Et maintenant, la suite. Cette section montre une autre méthode pour traiter des cellules de manière efficace. Elle est basée sur la propriété UsedRange, qui renvoie un objet Range contenant uniquement les régions utilisées dans la feuille de calcul. Elle se sert aussi de la méthode Intersect, qui retourne un objet Range formé de cellules qui ont une plage en commun.

Voici cette variante de la procédure SauterCellulesVides présentée dans la section précédente :

```
Sub SauterCellulesVides2()
    Dim PlageTravail As Range
    Dim cellule As Range
    Set PlageTravail = Intersect(Selection, ActiveSheet.UsedRange)
    For Each cellule In PlageTravail
        If cellule.Value > 0 Then
            cellule.Font.Bold = True
        End If
    Next cell
End Sub
```

La variable objet PlageTravail est formée de cellules qui sont communes à la sélection de l'utilisateur et à la plage des cellules utilisées dans la feuille de calcul. Si, par exemple, l'utilisateur a sélectionné une colonne entière, PlageTravail ne contiendra que ce qui se trouve à la fois dans cette cellule et dans la plage des cellules utilisées dans la feuille. C'est rapide et efficace, car tout le reste est directement ignoré.

Inviter à entrer une valeur

Comme le montre la Figure 14.2, vous pouvez utiliser la fonction InputBox pour demander la saisie d'une valeur puis la placer dans une cellule. La procédure suivante invite l'utilisateur à taper la valeur qui sera placée dans la cellule A1 de la feuille de calcul active. Une seule instruction suffit :

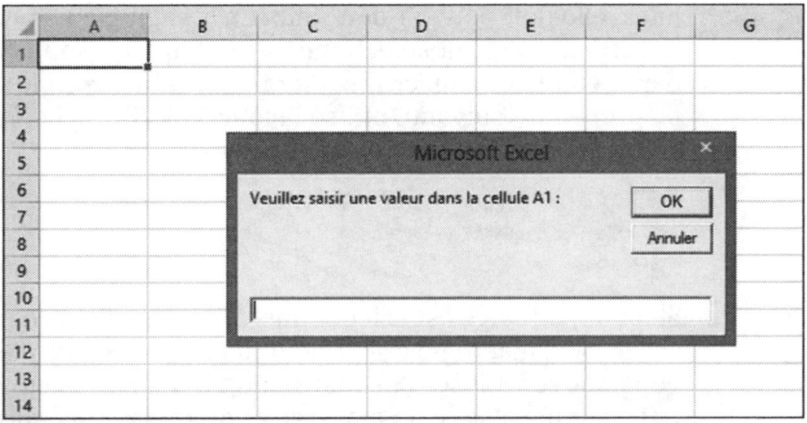

Figure 14.2 : Utilisez la fonction InputBox pour récupérer la valeur tapée par l'utilisateur.

```
Sub SaisieValeur()
    Range("A1").Value = InputBox( _
    "Ayez l'extrême amabilité de taper la valeur pour la cellule A1 :")
End Sub
```

Lorsque vous testerez cet exemple, vous vous apercevrez que cliquer sur le bouton Annuler, dans la boîte de saisie, efface la valeur courante déjà présente dans la cellule A1. La macro suivante propose une meilleure approche, fondée sur l'utilisation d'une variable (x) pour stocker la valeur entrée par l'utilisateur. Si la valeur n'est pas vide – c'est-à-dire si l'utilisateur n'a pas cliqué sur Annuler –, la valeur de x est placée dans la cellule A1. Sinon, il ne se passe rien.

```
Sub SaisieValeur ()
    Dim x as Variant
    x = InputBox("Entrez une valeur pour la cellule A1")
    If x <> "" Then Range("A1").Value = x
End Sub
```

La variable x est définie en tant que Variant, car elle peut être un nombre ou, si l'utilisateur clique sur Annuler, une chaîne vide.

Déterminer le type de la sélection

Si la macro que vous écrivez s'applique à une sélection de cellules, elle doit pouvoir déterminer s'il s'agit bien d'une plage. Si autre chose était sélectionné – un graphique ou une forme, par exemple –, la macro risquerait probablement de planter. La procédure suivante utilise la fonction VBA TypeName pour identifier le type d'objet actuellement sélectionné :

```
Sub TypeSelectionné()
    MsgBox TypeName(Selection)
End Sub
```

Si un objet Range est sélectionné, MsgBox affiche le mot `Range`. Si la macro ne doit fonctionner qu'avec des plages, vous pouvez utiliser une instruction If pour vous en assurer. Cet exemple affiche un message et quitte la procédure si la sélection courante n'est pas un objet Range :

```
Sub VérifSélection()
    If TypeName(Selection) <> "Range" Then
        MsgBox "Sélectionnez une plage."
        Exit Sub
    End If
'   ... [Autres instructions]
End Sub
```

Identifier une sélection multiple

Comme vous le savez, Excel autorise les sélections multiples en maintenant la touche Ctrl enfoncée pendant que vous choisissez les objets ou les plages. Cette fonctionnalité peut causer des problèmes avec certaines macros. Par exemple, il n'est pas possible de copier une sélection multiple faite de plages non adjacentes. Essayez, et vous verrez s'afficher le message illustré sur la Figure 14.3.

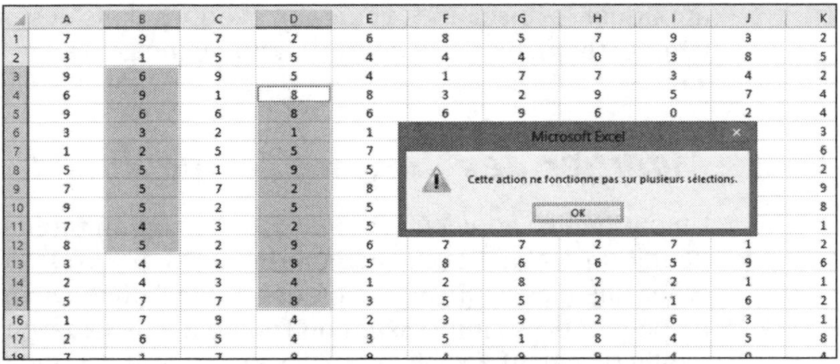

Figure 14.3 : Excel refuse de copier une sélection multiple.

La macro suivante détermine si l'utilisateur a procédé à une sélection multiple, ce qui lui permet d'entreprendre l'action appropriée :

```
Sub SélectionsMultiples()
    If Selection.Areas.Count > 1 Then
        MsgBox "Les sélections multiples ne sont pas autorisées."
        Exit Sub
    End If
  '  ... [Autres instructions]
End Sub
```

Cet exemple est basé sur la méthode Areas qui retourne une collection de toutes les plages présentes dans la sélection. La propriété Count retourne le nombre d'objets de cette collection.

Modifier les paramètres d'Excel

Certaines des macros les plus utiles sont de simples procédures qui modifient un ou plusieurs paramètres d'Excel. Par exemple, rien que le fait de changer le mode de recalcul automatique d'Excel, pour le mettre en manuel, exige de nombreuses étapes. Vous vous épargnerez quelques appuis sur des touches et des errances dans les menus et les panneaux en créant une macro qui automatise ces tâches.

Cette section présente deux exemples qui montrent comment modifier des paramètres d'Excel. Vous pourrez ensuite appliquer les principes généraux évoqués dans ces pages à n'importe quelle autre opération du même genre.

Modifier des paramètres booléens

Un paramètre *booléen* est une sorte de commutateur qui définit un état actif ou inactif. Supposons que vous désiriez créer une macro qui active ou désactive l'affichage des sauts de page. Après l'impression ou l'affichage de l'aperçu d'une feuille de calcul, Excel insère des lignes tiretées pour marquer l'emplacement des sauts de page. Si vous voulez (comme moi) vous en débarrasser, vous devez malheureusement ouvrir la boîte de dialogue Options, cliquer sur l'onglet Options avancées, faire défiler la liste des options, à droite de la fenêtre pour localiser la ligne qui indique Afficher les sauts de page, la décocher et enfin refermer la boîte de dialogue Options. Quand vous enregistrez toutes ces actions, Excel génère le code suivant :

```
ActiveSheet.DisplayPageBreaks = False
```

En revanche, si les sauts de page sont masqués lorsque vous enregistrez la macro, Excel génère ce code :

```
ActiveSheet.DisplayPageBreaks = True
```

Ceci vous laisse à penser qu'il faudra deux macros : l'une pour afficher les en-têtes, l'autre pour les masquer. Eh non ! La procédure suivante fait appel à l'opérateur logique Not pour basculer en réalité l'affichage de True en False et de False en True :

```
Sub BasculeSautsPage()
    On Error Resume Next
    ActiveSheet.DisplayPageBreaks = Not _
      ActiveSheet.DisplayPageBreaks
End Sub
```

La première instruction s'assure que vous ne serez pas ennuyé par un message d'erreur si l'élément actif à ce moment n'est pas une feuille de calcul. Par exemple, un graphique n'affiche pas les sauts de page.

Cette technique est utilisable avec n'importe quel paramètre ayant une valeur booléenne (True ou False).

Modifier des paramètres non booléens

Vous pouvez utiliser une structure Select Case pour modifier des paramètres non booléens. Cet exemple bascule le mode de calcul entre Automatique et Manuel et affiche un message indiquant le mode actuel :

```
Sub BasculeModeCalcul()
    Select Case Application.Calculation
        Case xlManual
            Application.Calculation = xlCalculationAutomatic
            MsgBox "Mode de calcul : Automatique"
        Case xlAutomatic
            Application.Calculation = xlCalculationManual
            MsgBox " Mode de calcul : Manuel"
    End Select
End Sub
```

Cette technique peut être adaptée pour changer d'autres paramètres non booléens.

Travailler avec des graphiques

Comme les graphiques comportent différents objets, leur manipulation en VBA peut s'avérer compliquée. Pour en avoir une idée, démarrez l'enregistreur de macros, créez un graphique puis effectuez quelques banales tâches d'édition. Vous serez surpris de la profusion de code généré par Excel. Après avoir compris ce que sont les objets qui forment un graphique, vous pourrez élaborer des macros fort utiles. Mais, avant d'aller plus loin, il me faut souligner un problème potentiellement délicat.

Dans Excel 2016, j'ai entré quelques valeurs numériques dans la plage A1:A3, puis sélectionné cette plage. J'ai ensuite activé l'enregistreur de macros et créé un graphique simple, en occurrence un histogramme avec trois points de données. J'ai supprimé les lignes de quadrillage du graphique et changé son titre. Et voici la macro qui a été enregistrée :

```
Sub Macro1()
'   Macro enregistrée avec Excel 2016
    ActiveSheet.Shapes.AddChart2(201, xlColumnClustered).Select
    ActiveChart.SetSourceData Source:=Range("Sheet1!$A$1:$A$3")
    ActiveChart.SetElement (msoElementPrimaryValueGridLinesNone)
    ActiveChart.ChartTitle.Select
    ActiveChart.ChartTitle.Text = "Voici mon graphique"
End Sub
```

La méthode AddChart2 date d'Excel 2013. Quand vous enregistrez les mêmes actions dans Excel 2010, par exemple, vous obtenez ceci :

```
Sub Macro1()
'   Macro enregistrée avec Excel 2010
    ActiveSheet.Shapes.AddChart.Select
    ActiveChart.ChartType = xlColumnClustered
    ActiveChart.SetSourceData Source:=Range("Sheet1!$A$1:$A$3")
    ActiveChart.Axes(xlValue).MajorGridlines.Select
    Selection.Delete
    ActiveChart.SetElement (msoElementChartTitleAboveChart)
    ActiveChart.ChartTitle.Text = "Voici mon graphique"
End Sub
```

Cela signifie quoi ? Tout simplement qu'une macro enregistrée avec Excel 2013 ou 2016 ne fonctionnera pas dans Excel 2010. En revanche, celle enregistrée avec Excel 2010 fonctionnera dans Excel 2013 et ultérieur. En d'autres termes, Excel 2010 offre une compatibilité descendante, mais il n'existe pas de compatibilité ascendante pour Excel 2013 et ultérieur.

Un utilisateur lambda d'Excel se souciera probablement peu de cette question de compatibilité qui se rapporte à la création de graphiques. Par contre, si vous confiez vos macros à quelqu'un qui se sert d'une version plus ancienne d'Excel, le problème risque d'apparaître très vite. La morale de cette histoire est simple : si vous vous basez sur l'enregistreur de macros pour automatiser des actions concernant des graphiques, testez les résultats avec toutes les versions d'Excel susceptibles de les exécuter.

AddChart versus AddChart2

Voici la version officielle de la méthode AddChart, compatible avec Excel 2007 et ultérieur :

```
.AddChart(Type, Left, Top, Width, Height)
```

Et voici maintenant la syntaxe de cette même méthode AddChart2, qui n'est compatible qu'avec Excel 2013 et 201- :

```
.AddChart2 (Style, XlChartType, Left, Top, Width, Height, NewLayout)
```

On y retrouve quatre arguments communs : la position du bord gauche (Left), celle du bord haut (Top), la largeur (Width) et enfin la hauteur (Height) du graphique. Comme vous pouvez le constater, la méthode AddChart2 possède plusieurs autres arguments : un style, un type de graphique, ou encore une maquette. De son côté, AddChart ne fait que créer un graphique vide. Les autres paramètres du graphique doivent être définis dans des arguments supplémentaires.

Examiner le code enregistré révèle quelques informations utiles pour écrire vos propres macros liées à la production de graphiques. Voici par exemple une version personnalisée de la macro qui sert à générer un graphique à partir de la plage sélectionnée :

```
Sub CreerUnGraphique()
    Dim ChartData As Range
    Dim ChartShape As Shape
    Dim NewChart As Chart

'   Crée des variables objets
    Set ChartData = ActiveWindow.RangeSelection
    Set ChartShape = ActiveSheet.Shapes.AddChart
    Set NewChart = ChartShape.Chart

    With NewChart
      .ChartType = xlColumnClustered
      .SetSourceData Source:=Range(ChartData.Address)
      .SetElement (msoElementLegendRight)
      .SetElement (msoElementChartTitleAboveChart)
      .ChartTitle.Text = "Voici mon graphique"
    End With
End Sub
```

Cette macro est compatible avec Excel 2007 et ultérieur. Le code produit un histogramme ainsi qu'une légende et un titre. Bien entendu, tout cela peut-être personnalisé facilement. Une manière de procéder consiste à enregistrer vos actions pendant que vous modifiez le graphique, puis à utiliser le résultat pour vous guider.

En tout état de cause, nous reviendrons un peu plus loin dans ce chapitre sur la construction With End-With. C'est un procédé pratique pour vous épargner un tas de saisie et rendre votre code plus facile à lire.

Si vous devez écrire du code VBA servant à manipuler des graphiques, vous devez comprendre certains termes particuliers. Ainsi, si un graphique est *incorporé* dans une feuille de calcul, cela signifie qu'il s'agit d'un objet de type ChartObject. Vous pouvez l'activer comme vous le faites pour une feuille. Par exemple, l'exemple ci-dessous active l'objet ChartObject appelé Graphique1 :

```
ActiveSheet.ChartObjects("Graphique1").Activate
```

Une fois le graphique activé, il peut y être fait référence dans votre code VBA comme étant l'objet ActiveChart. Si ce graphique se trouve sur une feuille distincte, il devient alors l'élément courant.

Un objet ChartObject est également une forme (Shape), ce qui peut être source de confusion. En fait, lorsque votre code VBA crée un graphique, il commence par ajouter une nouvelle forme. Vous pouvez donc activer un graphique en sélectionnant l'objet Shape qui le contient :

```
ActiveSheet.Shapes("Graphique1").Select
```

Je préfère utiliser dans mon code l'objet ChartObject, simplement pour qu'il soit clair que je suis bien en train de travailler avec un graphique.

Quand vous cliquez sur un graphique incorporé, Excel sélectionne en réalité un objet *à l'intérieur* de l'objet ChartObject. Vous pouvez sélectionner l'objet ChartObject lui-même en maintenant la touche Ctrl enfoncée tout en cliquant dans un graphique incorporé.

Modifier le type d'un graphique

Voici une assertion à méditer : un objet ChartObject agit comme conteneur d'un objet Chart (c'est-à-dire d'un graphique).

Il n'est pas nécessaire d'activer un graphique pour le modifier avec VBA. En fait, la méthode Chart peut retourner le graphique contenu dans ChartObject. Un peu confus, non ? Les deux procédures qui suivent vous permettront d'y voir plus clair. Elles ont toutes le même effet : elles changent un graphique nommé Graphique 1 en graphique en aires. La première procédure active le graphique en premier ; la deuxième ne le fait pas. La constante prédéfinie xlArea représente un graphique en aires.

```
Sub ModifierGraph1()
    ActiveSheet.ChartObjects("Graphique 1").Activate
    ActiveChart.Type = xlArea
    ActiveWindow.Visible = False
End Sub


Sub ModifierGraph2()
    ActiveSheet.ChartObjects("Graphique 1").Chart.Type = xlArea
End Sub
```

Effectuer une boucle dans une collection ChartObjects

L'exemple ci-dessous modifie le type de n'importe quel graphique incorporé dans la feuille active. La procédure est basée sur une boucle For-Next permettant de parcourir chacun des objets de la collection ChartObjects, d'accéder à leur objet Chart et d'en modifier la propriété Type.

```
Sub TypeGraph()
    Dim objet As ChartObject
```

```
    For Each objet In ActiveSheet.ChartObjects
        objet.Chart.Type = xlArea
    Next objet
End Sub
```

La macro qui suit exécute la même fonction, mais elle est utilisable dans toutes les feuilles de graphique du classeur actif :

```
Sub TypeGraph2()
    Dim objet As Chart
    For Each objet In ActiveWorkbook.Charts
        objet.Type = xlArea
    Next objet
End Sub
```

Modifier les propriétés d'un graphique

L'exemple suivant remplace la police de la légende dans tous les graphiques de la feuille active. Il fait appel à une boucle For-Next pour traiter tous les objets ChartObject :

```
Sub ModifPoliceLégende()
    Dim objet As ChartObject
    For Each objet In ActiveSheet.ChartObjects
        With objet.Chart.Legend.Font
            .Name = "Arial"
            .FontStyle = "Bold"
            .Size = 12
        End With
    Next objet
End Sub
```

Remarquez que l'objet Font est contenu dans l'objet Legend, qui est contenu dans l'objet Chart, qui est lui-même contenu dans la collection ChartObjects. Vous comprenez pourquoi on appelle cela une *hiérarchie d'objets ?* Bien qu'à vrai dire, il s'agisse plutôt là d'une histoire de poupées russes…

Appliquer une mise en forme au graphique

Cet exemple applique diverses mises en forme au graphique actif. J'ai d'abord utilisé l'enregistreur de macros, puis simplifié le code pour obtenir le résultat voulu :

```
Sub MiseEnForme_Graphique()
    ActiveChart.Type = xlArea
    ActiveChart.ChartArea.Font.Name = "Calibri"
    ActiveChart.ChartArea.Font.FontStyle = "Regular"
    ActiveChart.ChartArea.Font.Size = 9
    ActiveChart.PlotArea.Interior.ColorIndex = xlNone
    ActiveChart.Axes(xlValue).TickLabels.Font.Bold = True
    ActiveChart.Axes(xlCategory).TickLabels.Font.Bold = _
       True
    ActiveChart.Legend.Position = xlBottom
End Sub
```


Vous devez activer un graphique avant d'exécuter cette macro. Cliquez dessus si c'est un graphique incorporé. Sinon, cliquez sur l'onglet de la feuille de graphique.

Pour vous assurer que le graphique est sélectionné, vous pouvez lui adjoindre une routine de gestion des erreurs. Voici une macro modifiée, qui affiche un message si un graphique n'est pas sélectionné :

```
Sub MiseEnForme_Graphique2()
    On Error GoTo GestionErreurs
    ActiveChart.Type = xlArea
    ActiveChart.ChartArea.Font.Name = "Calibri"
    ActiveChart.ChartArea.Font.FontStyle = "Regular"
    ActiveChart.ChartArea.Font.Size = 9
    ActiveChart.PlotArea.Interior.ColorIndex = xlNone
    ActiveChart.Axes(xlValue).TickLabels.Font.Bold = True
    ActiveChart.Axes(xlCategory).TickLabels.Font.Bold = _
       True
    ActiveChart.Legend.Position = xlBottom
    Exit Sub
GestionErreurs:
    MsgBox "Sélectionnez d'abord un graphique."
End Sub
```

La troisième version utilise la construction With-End With pour réduire la xsaisie et rendre le code un peu plus clair :

```
Sub MiseEnForme_Graphique3()
    If ActiveChart Is Nothing Then
        MsgBox " Sélectionnez d'abord un graphique."
        Exit Sub
    End If
    With ActiveChart
       .Type = xlArea
```

```
        .ChartArea.Font.Name = "Calibri"
        .ChartArea.Font.FontStyle = "Regular"
        .ChartArea.Font.Size = 9
        .PlotArea.Interior.ColorIndex = xlNone
        .Axes(xlValue).TickLabels.Font.Bold = True
        .Axes(xlCategory).TickLabels.Font.Bold = True
        .Legend.Position = xlBottom
    End With
End Sub
```

Je n'ai fait ici qu'effleurer la question des graphiques. Il y aurait évidemment encore bien d'autres choses à expliquer à leur sujet. Mais cette introduction de base vous permettra du moins de vous diriger dans la bonne direction.

Des conseils pour accélérer le code VBA

Le langage VBA est rapide, mais pas toujours autant qu'il le faudrait (un logiciel ne va jamais assez vite). Cette section présente quelques exemples de programmation que vous pourrez mettre à profit pour accélérer vos macros.

Désactivez la mise à jour de l'écran

Quand vous exécutez une macro, vous pouvez vous assoir tranquillement, et voir tout ce qui se passe à l'intérieur de celle-ci. C'est certes intéressant, mais une fois que la macro fonctionne correctement, cette fonctionnalité est plutôt ennuyeuse et, surtout, elle risque de ralentir considérablement l'exécution. Il est fort heureusement possible de désactiver la mise à jour automatique et systématique de l'écran grâce à cette instruction :

```
Application.ScreenUpdating = False
```

Pour que l'utilisateur puisse voir ce qui se passe à n'importe quelle phase du déroulement de la macro, rétablissez le rafraîchissement de l'écran avec la même instruction :

```
Application.ScreenUpdating = True
```

Pour constater par vous-même la différence de vitesse d'exécution que cette simple ligne de code peut engendrer, exécutez cette macro qui remplit une plage avec des chiffres :

```
Sub RemplirPlage()
    Dim r as Long, c As Integer
    Dim Nombre as Long
    Nombre = 0
    For r = 1 To 50
        For c = 1 To 50
            Nombre = Nombre + 1
            Cells(r, c).Select
            Cells(r, c).Value = Nombre
        Next c
    Next r
End Sub
```

Vous voyez les chiffres remplir les cellules. Placez à présent cette instruction au début de la procédure et exécutez-la :

```
Application.ScreenUpdating = False
```

La plage est remplie instantanément. Le résultat final est en effet affiché d'un seul coup à la fin de l'exécution, et non au fur et à mesure des boucles comme précédemment.

TRUC

Lors du débogage du code, il se peut très bien qu'un programme se termine brutalement sans que le rafraîchissement de l'écran ne soit réactivé (cela m'est aussi arrivé). Parfois, cela se traduit par le fait que la fenêtre d'Excel ne réagit plus. Pour la décoincer, revenez à VBE et entrez cette instruction dans la fenêtre Exécution :

```
Application.ScreenUpdating = True
```

Désactivez le calcul automatique

Quand une feuille est truffée de formules complexes, vous accélérerez considérablement votre travail en mettant le mode de calcul sur manuel pendant que la macro est exécutée. Lorsqu'elle a fini, rétablissez le mode de calcul automatique.

L'instruction suivante met Excel en mode de calcul manuel :

```
Application.Calculation = xlCalculationManual
```

Quant à celle-ci, elle remet le mode de calcul en automatique :

```
Application.Calculation = xlCalculationAutomatic
```

ATTENTION !

Si votre code utilise des cellules contenant des résultats fournis par des formules, n'oubliez pas que la désactivation du calcul automatique signifie que ces cellules ne seront pas recalculées, à moins de demander explicitement à Excel de le faire !

Éliminez ces satanés messages d'alerte

Comme vous le savez, une macro peut exécuter automatiquement une série d'actions. Bien souvent, vous pouvez démarrer une macro et faire une pause à la machine à café pendant qu'Excel besogne dans son coin. Toutefois, certaines opérations exécutées dans Excel affichent un message qui exige une intervention humaine. Par exemple, si la macro supprime une feuille, Excel affiche le message de la Figure 14.4. À cause de ce genre d'intervention, vous ne pouvez pas vous éloigner d'Excel pendant que la macro mouline. Sauf si vous connaissez le *truc secret*...

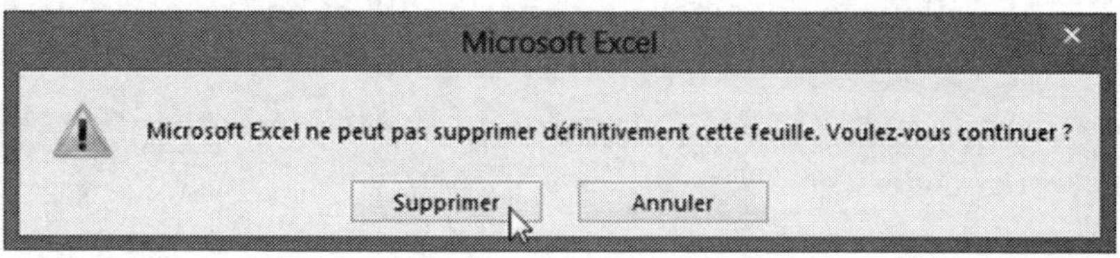

Figure 14.4 : Vous pouvez demander à Excel de ne pas afficher ce genre d'alerte pendant l'exécution d'une macro.

Pour éviter les messages d'alerte, insérez cette instruction dans votre macro :

```
Application.DisplayAlerts = False
```

Dans ce cas, Excel exécute l'opération par défaut pour ce type de message. Dans cet exemple, la feuille serait purement et simplement supprimée sans autre forme de procès. Si vous n'êtes pas certain de la nature de cette opération par défaut, faites d'abord un test.

À la fin de la procédure, Excel remet automatiquement la propriété DisplayAlerts sur True, qui est son état normal. Si vous devez rétablir les alertes avant la fin de la procédure, insérez cette instruction :


```
Application.DisplayAlerts = True
```

Simplifiez les références aux objets

Comme vous le savez déjà, les références aux objets peuvent être assez longues. Par exemple, une référence pleinement qualifiée à un objet Range peut se présenter ainsi :

```
Workbooks("MonClasseur.xlsx").Worksheets("Feuil1") _
    .Range("TauxIntérêt")
```

Si votre macro utilise fréquemment cette plage, il sera préférable de créer une variable d'objet avec la commande Set. Par exemple, l'instruction suivante affecte cet objet Range à une variable objet nommée Taux :

```
Set Taux = Workbooks("MonClasseur.xlsx") _
    .Worksheets("Feuil1").Range("TauxIntérêt")
```

Après avoir défini cette variable objet, vous utiliserez la variable Taux plutôt que la référence à rallonge. Vous pourrez par exemple changer la valeur de la cellule nommée TauxIntérêt :

```
Taux.Value = 0.085
```

Cette syntaxe est beaucoup plus facile à écrire et à lire que celle-ci :

```
Workbooks("MonClasseur.xlsx").Worksheets("Feuil1"). _
     Range("TauxIntérêt") = 0.085
```

Pour grappiller quelques infimes octets, sachez que, dans la plupart des langages informatiques, un chiffre comme 0.085 peut être écrit sous la forme .085 (cette notation simplifiée peut toutefois induire en erreur lorsque le point décimal est peu visible).

Outre la simplification du code, l'usage des variables objet accélère considérablement les macros. Pour certaines, la vitesse d'exécution est doublée.

Déclarez les types des variables

Vous n'avez généralement pas à vous soucier du type des données que vous assignez à une variable, car Excel s'occupe en coulisse de tous les détails. Par exemple, si vous avez créé une variable nommée MaVar, vous pouvez lui affecter un nombre de n'importe quel type. Vous pouvez même lui affecter ultérieurement une chaîne de caractères.

Mais si vous désirez que vos procédures s'exécutent aussi rapidement que possible (tout en évitant le risque de problèmes potentiellement difficiles à résoudre), indiquez à Excel le type de données qui sera affecté à chaque variable. Cette opération est appelée *déclaration du type de la variable* (reportez-vous au Chapitre 7 pour plus de détails). Prenez toujours la bonne habitude de déclarer toutes les variables que vous utilisez.

En général, vous devez utiliser pour une variable le type exigeant le plus petit nombre d'octets suffisant pour gérer toutes les données qu'elle est susceptible de recevoir. Quand VBA travaille sur des données, la vitesse d'exécution dépend du nombre d'octets dont il dispose. En d'autres termes, moins la donnée comporte d'octets, plus vite VBA y accède et la traite. Il existe cependant une exception : le type entier (Integer). Si la rapidité d'exécution est essentielle, utilisez à la place le type Long.

Si vous utilisez une variable objet (voyez la section précédente), vous pouvez la déclarer comme type d'objet particulier. Voici un exemple :

```
Dim Taux as Range
Set Taux = Workbooks("MonClasseur.xlsx") _
    .Worksheets("Feuil1").Range("TauxIntérêt")
```

Utilisez la structure With-End With

Vous devez définir un certain nombre de propriétés d'un objet ? Votre code ira plus vite avec une structure With-End With, et il sera plus lisible.

Le code suivant n'utilise pas With-End With :

```
Selection.HorizontalAlignment = xlCenter
Selection.VerticalAlignment = xlCenter
Selection.WrapText = True
Selection.Orientation = 0
Selection.ShrinkToFit = False
Selection.MergeCells = False
```

Voici le même code, réécrit avec With-End With :

```
With Selection
    .HorizontalAlignment = xlCenter
    .VerticalAlignment = xlCenter
    .WrapText = True
    .Orientation = 0
    .ShrinkToFit = False
    .MergeCells = False
End With
```

Si cette structure vous rappelle quelque chose, c'est sans doute parce l'enregistreur de macros utilise la structure With-End With chaque fois qu'il le peut. J'en ai présenté d'autres exemples dans ce chapitre. Un dernier point, lorsque vous utilisez With-End With : veillez à ce que chaque instruction commence par un point.

Quatrième partie

Communiquer avec vos utilisateurs

"Un beau graphique, Frank,
mais pas vraiment nécessaire"

Dans cette partie...

- Gagner du temps en utilisant des boîtes de dialogue standard personnalisées.
- Découvrir comment développer vos propres boîtes de dialogue (les objets UserForms).
- Travailler avec les contrôles des boîtes de dialogue, comme les boutons, les listes et les cases à cocher.
- Connaître les trucs et astuces utiles pour créer des boîtes de dialogue personnalisées.
- Modifier l'interface utilisateur d'Excel pour faciliter l'exécution de vos macros.

Chapitre 15

Excel et ses boîtes de dialogue

Dans ce chapitre :

- Gagner du temps avec des boîtes de dialogue personnalisées.
- Obtenir des informations de l'utilisateur grâce aux fonctions InputBox et MsgBox.
- Obtenir un nom de fichier et son chemin de la part de l'utilisateur.
- Obtenir un nom de dossier de la part de l'utilisateur.
- Écrire du code VBA qui exécute des commandes du ruban pour afficher les boîtes de dialogue prédéfinies d'Excel.

Impossible d'utiliser Excel sans être confronté, à un moment ou à un autre, à des boîtes de dialogue. Elles apparaissent à foison chaque fois que l'on sélectionne une commande. À l'instar de la plupart des logiciels tournant sous Windows, Excel ouvre une boîte de dialogue pour obtenir des informations, clarifier des commandes et afficher des messages. Le langage VBA vous permet de créer vos propres boîtes de dialogue, qui fonctionnent sur le même modèle que celles qui sont prédéfinies dans Excel. En VBA, on les appelle des formulaires utilisateur (UserForms).

Ce chapitre n'épuise pas le sujet. Il décrit en fait quelques techniques pratiques. En revanche, les trois chapitres qui suivent vous diront tout sur l'art de rendre vos applications plus attrayantes grâce aux *UserForms*.

Pourquoi créer des boîtes de dialogue ?

Certaines des macros VBA que vous créez se comportent de la même manière chaque fois que vous les exécutez. Par exemple, vous pourriez créer une macro qui entre la liste du personnel dans une plage d'une feuille de calcul. Elle produira toujours le même résultat et n'exige aucune entrée d'informations supplémentaire.

Mais d'autres macros peuvent se comporter différemment selon les circonstances, ou proposer des options à l'utilisateur. Dans ce cas, il est intéressant de leur associer une boîte de dialogue personnalisée. C'est un moyen facile et convivial d'obtenir une information de la part de l'utilisateur. La macro se base ensuite sur ce renseignement pour savoir ce qu'elle doit faire.

Les boîtes de dialogue définies par l'utilisateur (UserForms) peuvent être utiles, mais les créer exige du temps. Avant d'aborder leur création au prochain chapitre, vous devez connaître quelques solutions qui font gagner du temps.

Le langage VBA permet d'afficher cinq sortes de boîtes de dialogue que vous pourrez parfois utiliser à la place des boîtes de dialogue personnalisées. Elles sont plus ou moins modifiables, mais sans offrir toutes les possibilités d'une véritable boîte de dialogue personnalisée.

Dans ce chapitre, vous (re)découvrirez :

- La fonction MsgBox.
- La fonction InputBox.
- La méthode GetOpenFilename.
- La méthode GetSaveAsFilename.
- La méthode FileDialog.

Nous verrons aussi comment utiliser VBA pour afficher les boîtes de dialogue prédéfinies d'Excel, c'est-à-dire celles qu'il utilise habituellement pour vous soutirer des informations.

La fonction MsgBox

La fonction MsgBox vous est certainement familière : nous l'avons abondamment utilisée dans les exemples de ce livre. Commode pour afficher des informations et obtenir une réponse très simple, elle accepte les arguments que montre le Tableau 15.1. Une fonction, comme vous vous en souvenez, retourne une valeur. En l'occurrence, elle se sert d'une boîte de dialogue pour obtenir cette valeur.

Tableau 15.1 : Les arguments de la fonction MsgBox.

Argument	Description
invite	Texte qu'Excel affiche dans la boîte de message.
boutons	Boutons (et icônes correspondantes) qui apparaissent dans la boîte de message.
titre	Texte qui apparaît dans la barre de titre de la boîte de message.

La version simplifiée de la syntaxe est la suivante :

```
MsgBox(invite[, boutons][, titre])
```

Afficher une boîte de message simple

Une fonction MsgBox est utilisable de deux manières :

- **Pour afficher un message à destination à l'utilisateur :** dans ce cas, vous ne vous souciez pas du résultat renvoyé par la fonction.
- **Obtenir une réponse de la part de l'utilisateur :** Dans ce cas, vous tenez compte du résultat retourné par la fonction. Il dépend du bouton sur lequel l'utilisateur à cliqué.

Si vous désirez utiliser cette fonction pour elle-même, ne mettez pas ses arguments entre parenthèses. L'exemple suivant se contente d'afficher un message sans retourner de résultat. Dès que le message est affiché, le code s'arrête jusqu'à ce que l'utilisateur ait cliqué sur OK :

```
Sub DémoMsgBox()
    MsgBox "Cliquez sur OK pour lancer l'impression."
    Sheets("Résultats").PrintOut
End Sub
```

La Figure 15.1 montre le message ainsi obtenu. Dans ce cas, l'impression commence une fois que l'utilisateur a cliqué sur OK. Mais rien n'est prévu pour annuler cette opération. Nous allons voir dans la prochaine section comment améliorer cela.

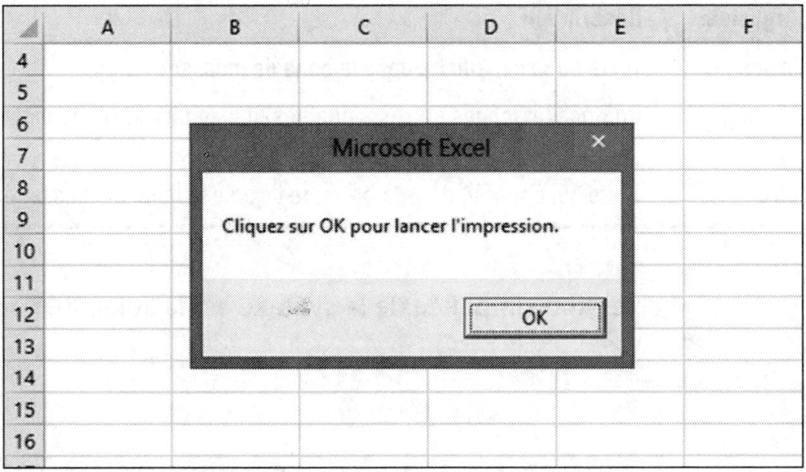

Figure 15.1 : Une boîte de message minimaliste.

Obtenir une réponse d'une boîte de message

Lorsque le message qui devra être affiché contient plus de boutons qu'un simple bouton OK, le programme VBA doit savoir sur lequel l'utilisateur à cliqué. La fonction MsgBox est heureusement capable de retrouver une valeur associée au bouton qui a été cliqué. Le résultat de la fonction MasgBox peut être affecté à une variable.

Dans le code suivant, quelques constantes prédéfinies, décrites plus loin dans le Tableau 15.2, facilitent le travail à partir des valeurs retournées par MsgBox :

```
Sub ObtenirUneRéponse()
    Dim Réponse As Integer
    Réponse = MsgBox("Lancer l'impression ?", vbYesNo)
    Select Case Réponse
        Case vbYes
'           ...[code si la réponse est Oui]...
        Case vbNo
'           ...[ code si la réponse est Oui]...
    End Select
End Sub
```


La Figure 15.2 montre le résultat. Quand vous exécutez cette procédure, la variable Réponse reçoit la valeur produite, soit vbYes ou vbNo selon le bouton qui a été cliqué. L'instruction Select Case utilise la valeur Réponse pour déterminer l'action que la routine doit accomplir.

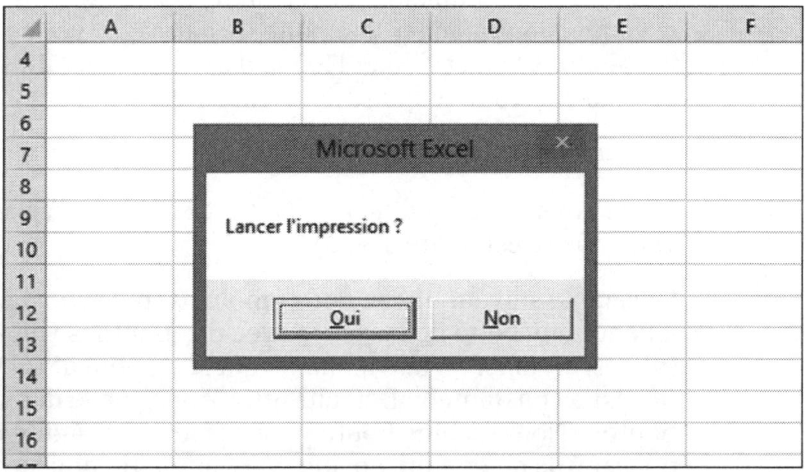

Figure 15.2 : Une boîte de message simple, avec deux boutons.

Vous pouvez aussi utiliser le résultat de la fonction MsgBox sans passer par une variable, comme le démontre la variante suivante :

```
Sub ObtenirUneRéponse2()
    If MsgBox("Lancer l'impression ?", vbYesNo) = vbYes Then
'       ...[code si clic sur Oui]...
```

```
    Else
'       ...[ code si pas de clic sur Oui]...
    End If
End Sub
```

Personnaliser les boîtes de message

La souplesse de l'argument Boutons facilite la personnalisation des boîtes de message. Vous pouvez en effet spécifier quels boutons doivent être affichés, décider si une icône doit apparaître et également quel sera le bouton par défaut (celui qui sera « cliqué » si l'utilisateur appuie sur la touche Entrée). Le Tableau 15.2 répertorie certaines des constantes utilisables comme argument de bouton. Si vous le préférez, vous pouvez utiliser la valeur plutôt que la constante (mais, à mon avis, les constantes prédéfinies sont nettement préférables).

Pour utiliser plusieurs de ces constantes comme argument, connectez-les simplement avec un opérateur + (plus). Par exemple, pour afficher une boîte de message avec seulement les boutons Oui et Non et l'icône d'exclamation, utilisez l'expression suivante comme deuxième argument MsgBox :

```
vbYesNo + vbExclamation
```

Ou, si vous aimez la difficulté ou les codes illisibles, utilisez la valeur 52 (c'est-à-dire 4 + 48).

L'exemple suivant utilise une combinaison de constantes pour afficher une boîte de message avec des boutons Oui et Non (vbYesNo) ainsi qu'une icône de questionnement (vbQuestion). La constante vbDefaultButton2 désigne le deuxième bouton (Non) comme bouton par défaut, c'est-à-dire celui qui est pris en compte en appuyant sur la touche Entrée. Par souci de simplicité, j'affecte ces constantes à la variable Config, qui est ensuite utilisée comme second argument de la fonction MsgBox :

```
Sub ObtenirUneRéponse3()
    Dim Config As Long
    Dim Réponse As Integer
    Config = vbYesNo + vbQuestion + vbDefaultButton2
```

Tableau 15.2 : Les constantes de la fonction MsgBox.

Constante	Valeur	Description
vbOKOnly	0	N'affiche que le bouton OK.
vbOKCancel	1	Affiche les boutons de commande OK et Annuler.
vbAbortRetryIgnore	2	Affiche les boutons de commande Abandonner, Recommencer et Ignorer.
vbYesNoCancel	3	Affiche les boutons de commande Oui, Non et Annuler.
vbYesNo	4	Affiche les boutons de commande Oui et Non.
vbRetryCancel	5	Affiche les boutons de commande Recommencer et Annuler.
vbCritical	16	Affiche l'icône de message critique (cercle rond avec le X blanc) et émet le son associé.
vbQuestion	32	Affiche l'icône de question (phylactère bleu avec un point d'interrogation) et émet le son associé.
vbExclamation	48	Affiche l'icône d'alerte (triangle jaune avec le point d'exclamation) et émet le son associé.
vbInformation	64	Affiche l'icône d'information (phylactère bleu avec un i) et émet le son associé.
vbDefaultButton1	0	Le premier bouton est le bouton par défaut.
vbDefaultButton2	256	Le deuxième bouton est le bouton par défaut.
vbDefaultButton3	512	Le troisième bouton est le bouton par défaut.
vbDefaultButton4	768	Le quatrième bouton est le bouton par défaut.

Livre II : VBA

```
    Réponse = MsgBox(«Traiter le rapport mensuel ?», Config)
    If Réponse = vbYes Then LancerRapport
End Sub
```

La Figure 15.3 montre la boîte de message affichée par Excel lorsque la procédure ObtenirUneRéponse3 est exécutée. Si l'utilisateur clique sur le bouton Oui, la routine exécute la procédure nommée LancerRapport (elle n'est pas mentionnée

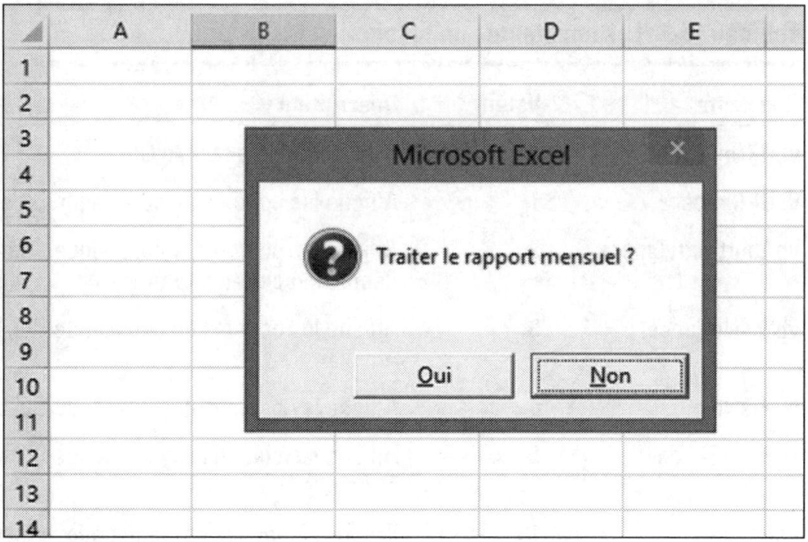

Figure 15.3 : L'argument Bouton de la fonction MsgBox définit le bouton par défaut.

dans le listing). S'il clique sur le bouton Non, ou s'il appuie sur Entrée, la routine s'achève sans qu'aucune action soit entreprise. Comme l'argument Titre a été omis dans la fonction MsgBox, Excel affiche le titre par défaut : Microsoft Excel.

La prochaine routine est un autre exemple de fonction MsgBox :

```
Sub ObtenirUneRéponse4()
    Dim Msg As String, Title As String
    Dim Config As Integer, Réponse As Integer
    Msg = "Voulez-vous traiter le rapport mensuel ?"
    Msg = Msg & vbNewLine & vbNewLine
    Msg = Msg & "Le traitement du rapport mensuel "
    Msg = Msg & "exigera 15 minutes environ. Il "
    Msg = Msg & "produira un document de 30 pages "
    Msg = Msg & "récapitulant la totalité des "
    Msg = Msg & "ventes du mois écoulé."
    Title = "Société GaBuZoMeu"
    Config = vbYesNo + vbQuestion
    Réponse = MsgBox(Msg, Config, Title)
    If Réponse = vbYes Then LancerRapport
End Sub
```

Cet exemple montre comment placer efficacement un texte long dans une boîte de message. Une variable (Msg) et un opérateur de concaténation (&) ont été utilisés pour construire le message par une succession d'instructions. La constante vbNewLine insère un retour à la ligne (il faut donc l'utiliser deux fois pour produire une ligne vierge). Le nom de la société a été placé dans la barre de titre grâce à l'argument de titre de MsgBox. La Figure 15.4 montre la boîte de dialogue affichée par Excel lorsque cette procédure est exécutée.

Le Tableau 15.3 donne les constantes utilisées comme valeurs de retour par la fonction MsgBox.

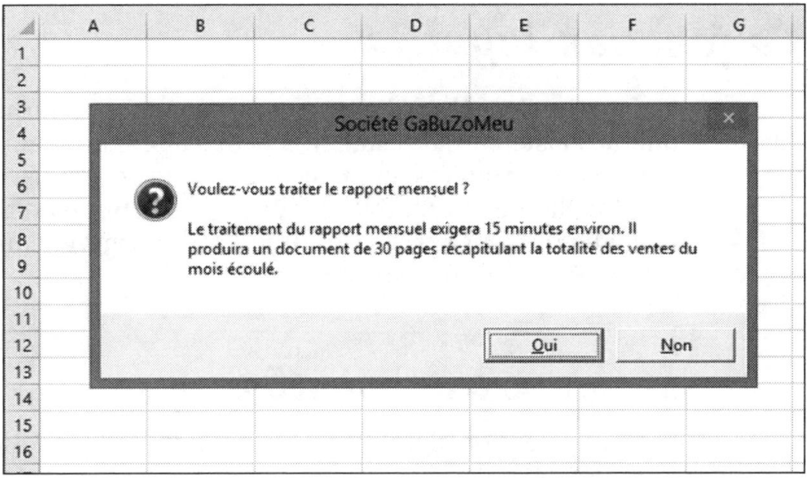

Figure 15.4 : Une boîte de dialogue affichée par la fonction MsgBox, avec un titre, une icône et deux boutons.

Tableau 15.3 : Les constantes utilisées comme valeurs de retour par la fonction MsgBox.

Constante	Valeur	Signification
vbOK	1	L'utilisateur a cliqué sur OK.
vbCancel	2	L'utilisateur a cliqué sur Annuler.
vbAbort	3	L'utilisateur a cliqué sur Abandonner.
vbRetry	4	L'utilisateur a cliqué sur Recommencer.
vbIgnore	5	L'utilisateur a cliqué sur Ignorer.
vbYes	6	L'utilisateur a cliqué sur Oui.
vbNo	7	L'utilisateur a cliqué sur Non.

C'est à peu près tout ce qu'il y a à savoir sur la fonction MsgBox. Servez-vous-en cependant avec prudence. Il n'y a *a priori* aucune raison valable pour afficher une boîte de message n'ayant aucun rôle particulier. Par exemple, vos utilisateurs vont très vite vous détester si, chaque fois qu'ils arrivent au bureau, ils voient apparaître un message qui leur dit : « Bonjour. J'espère que vous avez bien dormi. Merci d'avoir ouvert le classeur Projection Budgétaire. »

La fonction InputBox

La fonction InputBox du langage VBA sert à obtenir une valeur unique saisie par l'utilisateur. Il peut s'agir d'un nombre, d'une chaîne de caractères, et même d'une plage d'adresses. C'est une excellente alternative au développement de boîtes de dialogue personnalisées (les objets UserForms) quand le but est de récupérer une seule valeur.

La syntaxe de InputBox

Voici une version simplifiée de la syntaxe de la fonction InputBox :

```
InputBox(invite[, titre][, parDéfaut])
```

La fonction InputBox accepte les arguments répertoriés dans le Tableau 15.4.

Tableau 15.4 : Les arguments de la fonction InputBox.

Argument	Description
invite	Le texte affiché dans la boîte de saisie.
titre	Spécifie le texte affiché dans la barre de titre de la boîte de saisie (facultatif).
parDéfaut	Définit la valeur par défaut (facultatif).

InputBox, un premier exemple

Voici un exemple illustrant l'utilisation de la fonction InputBox :

```
LeNom = InputBox("Quel est votre nom ?", "Bonjour !")
```

Quand vous exécutez cette instruction VBA, Excel affiche la boîte de dialogue que montre la Figure 15.5. Remarquez que cet exemple n'utilise que les deux premiers arguments et ne fournit pas de valeur par défaut. Lorsque l'utilisateur entre une valeur et clique sur OK, la routine affecte la valeur à la variable LeNom.

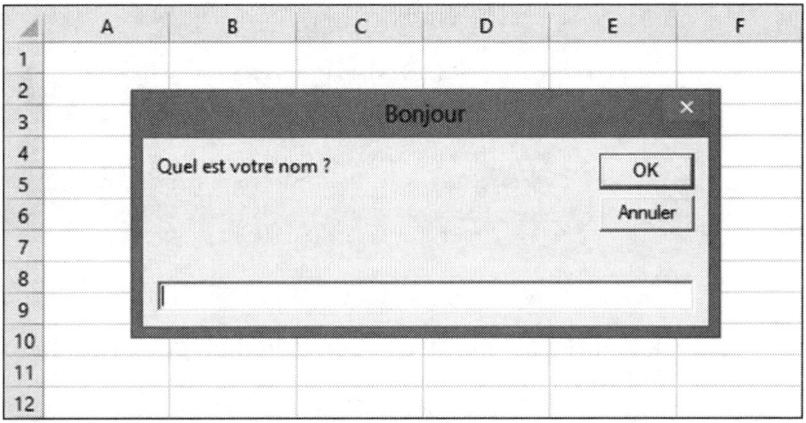

Figure 15.5 : La fonction InputBox affiche cette boîte de dialogue.

Dans l'exemple qui suit, le troisième argument est utilisé afin de proposer une valeur par défaut. Il s'agit en l'occurrence du nom de l'utilisateur stocké dans Excel (la propriété UserName de l'objet Application).

```
Sub RécupNom()
    Dim Nom As String
    Nom = InputBox("Quel est votre nom ?", _
       "Bonjour", Application.UserName)
End Sub
```

La fonction InputBox affiche toujours un bouton Annuler. Si l'utilisateur clique sur celui-ci, la fonction renvoie une chaîne vide.

La fonction VBA InputBox retourne toujours une chaîne. Vous devrez au besoin la convertir en valeur numérique en effectuant les contrôles nécessaires. L'exemple qui suit fait appel à la fonction InputBox pour demander un nombre. Si la chaîne renvoyée contient effectivement une valeur numérique, tout continue normalement. Sinon, le code affiche un message d'erreur.

```
Sub AjouteFeuilles()
    Dim Invite As String
    Dim Titre As String
    Dim DefValeur As Integer
    Dim NombFeuilles As String

    Invite = "Combien de feuilles voulez-vous ajouter ?"
    Titre = "Dites-moi..."
    DefValeur = 1
    NombFeuilles = InputBox(Invite, Titre, DefValeur)

    If NombFeuilles = "" Then Exit Sub 'Annulation
    If IsNumeric(NombFeuilles) Then
        If NombFeuilles > 0 Then Sheets.Add Count:=NombFeuilles
    Else
        MsgBox "Entrez un nombre valide !"
    End If
End Sub
```

La Figure 15.6 montre la boîte de dialogue produite par cette routine.

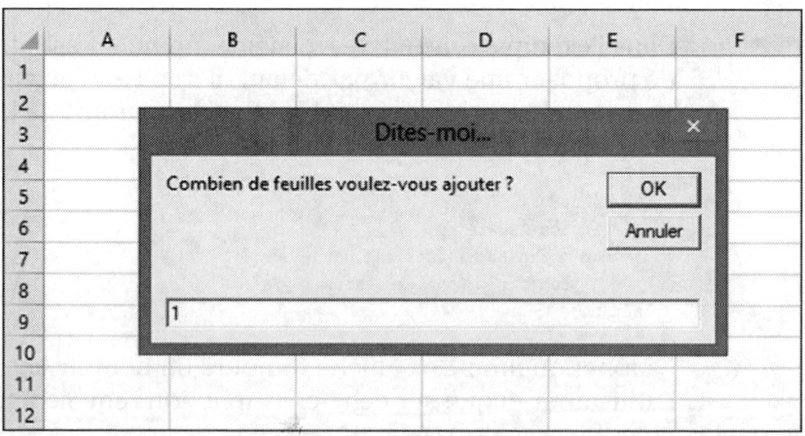

Figure 15.6 : Un autre exemple d'utilisation de la fonction InputBox.

Un autre type d'utilisation de InputBox

Les informations fournies dans cette section s'appliquent à la fonction InputBox de VBA. Mais vous avez en plus accès à la méthode InputBox, qui est une méthode de l'objet Application.

L'un des grands avantage de la méthode Application InputBox est la possibilité de demander à l'utilisateur de sélectionner une plage au clavier ou avec la souris. Voici un bref exemple :


```
Sub LitPlage()
    Dim Rng As Range
    On Error Resume Next
    Set Rng = Application.InputBox _
      (prompt:="Spécifiez une plage:", Type:=8)
    If Rng Is Nothing Then Exit Sub
    MsgBox "Vous avez sélectionné la plage " & Rng.Address
End Sub
```

Cet exemple est illustré dans la Figure 15.7.

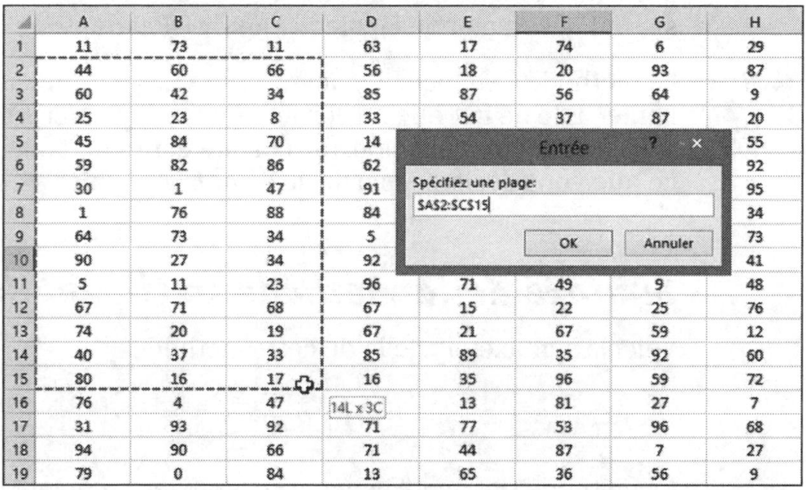

Figure 15.7 : Utiliser la méthode InputBox de l'objet Application pour sélectionner une plage de cellules.

Ici, le code se contente d'indiquer à l'utilisateur l'adresse de la page de cellules qui a été sélectionnée. Dans la vie réelle, votre code devrait se servir de cette information pour réaliser des actions utiles. Un bon point, c'est qu'Excel se charge de gérer les erreurs. Si vous entrez autre chose qu'une plage, Excel vous en avertit et vous permet de recommencer.

La méthode Application.InputBox est similaire à la fonction InputBox de VBA, mais elles présentent quelques différences. Consultez le système d'aide pour plus de détails.

La méthode GetOpenFilename

Si une procédure VBA doit demander à l'utilisateur de spécifier un nom de fichier, vous *pourriez* le faire avec la fonction InputBox. Mais ce n'est généralement pas l'outil le plus approprié pour ce genre de tâche, car la plupart des utilisateurs ont des difficultés à se souvenir des chemins et des noms de répertoires, sans compter les risques d'erreurs de saisie.

Pour éviter ces problèmes, utilisez de préférence la méthode GetOpenFilename de l'objet Application. Elle garantit en effet que l'application obtiendra un nom de fichier valide, y compris son chemin complet. Cette méthode affiche la classique boîte de dialogue Ouvrir, c'est-à-dire celle qui apparaît en choisissant la commande Fichier > Ouvrir > Parcourir.

La méthode GetOpenFilename n'ouvre pas véritablement le fichier. Elle ne fait que retourner le nom du fichier sélectionné par l'utilisateur. Vous pourrez ensuite écrire du code qui fera ce que vous désirez à partir de ce nom de fichier.

Syntaxe de la méthode GetOpenFilename

Voici la syntaxe officielle de cette méthode :

```
object.GetOpenFilename([filtrageFichiers], [indexFiltrage], [titre],
  [texteBouton], [sélectionsMultiples])
```

La méthode GetOpenFilename accepte les arguments facultatifs répertoriés dans le Tableau 15.5.

Tableau 15.5 : Les arguments de la méthode GetOpenFilename.

Argument	Description
filtrageFichiers	Définit le type de fichier apparaissant dans la boîte de dialogue (Exemple : *.txt). Vous pouvez spécifier différents filtres parmi lesquels l'utilisateur fera son choix.
indexFiltrage	Définit le type de filtre proposé par défaut dans la boîte de dialogue.
titre	Spécifie la légende qui sera affichée dans la barre de titre de la boîte de dialogue.
texteBouton	Ignoré sur PC (n'est utilisable que dans la version d'Excel pour le Mac).
sélectionsMultiples	Si True (vrai), l'utilisateur peut sélectionner plusieurs fichiers.

Exemple d'utilisation de GetOpenFilename

L'argument filtrageFichiers sert à indiquer ce qui doit apparaître dans la liste Types de fichiers, en bas de la boîte de dialogue Ouvrir. Il est constitué d'une paire de chaînes pour le filtrage de fichiers, suivie par la spécification de celui-ci grâce à des caractères de substitution. Les deux éléments sont séparés par une virgule. Si l'argument est omis, l'argument suivant est utilisé par défaut :

```
Tous les fichiers (*.*), *.*
```

Remarquez que la chaîne est constituée de deux parties :

```
Tous les fichiers (*.*)
```

et

```
*.*
```

La première partie de cette chaîne est le texte affiché dans la liste déroulante Types de fichiers. La seconde partie définit quels sont les fichiers affichés dans la boîte de dialogue. Par exemple, *.* signifie *tous les fichiers.*

Dans l'exemple suivant, le code ouvre une boîte de dialogue qui demande à l'utilisateur de choisir un nom de fichier. La procédure définit cinq filtres. Remarquez l'utilisation, dans le programme VBA, des caractères de continuation pour définir la variable Filtre. Procéder ainsi simplifie la lecture de cet argument plutôt compliqué.

```
Sub RécupNomFichier()
    Dim typeFichier As String
    Dim filtreIndex As Integer
    Dim Titre As String
    Dim nomFichier As Variant

'   Etablissement de la liste des filtres de fichiers
    typeFichier = "Fichiers texte (*.txt),*.txt," & _
               "Fichiers Lotus (*.prn),*.prn," & _
               "Texte (séparateur : point-virgule) (*.csv),*.csv," & _
               "Fichiers ASCII (*.asc),*.asc," & _
               "Tous les fichiers (*.*),*.*"

'   Affichage par défaut = *.*
    filtreIndex = 5

'   Définition du message de la barre de titre
    Titre = "Sélectionnez le fichier à importer"

'   Récupération du nom de fichier
    nomFichier = Application.GetOpenFilename(typeFichier, _
       filtreIndex, Titre)

'   Gestion des données provenant de la boîte de dialogue
    If nomFichier = False Then
        MsgBox "Aucun fichier n'a été sélectionné."
    Else
        MsgBox "Vous avez sélectionné le fichier " & nomFichier
    End If
End Sub
```

La Figure 15.8 montre la boîte de dialogue affichée par Excel lorsque vous utilisez cette procédure. Bien entendu, son apparence peut varier en fonction de votre propre version de Windows.

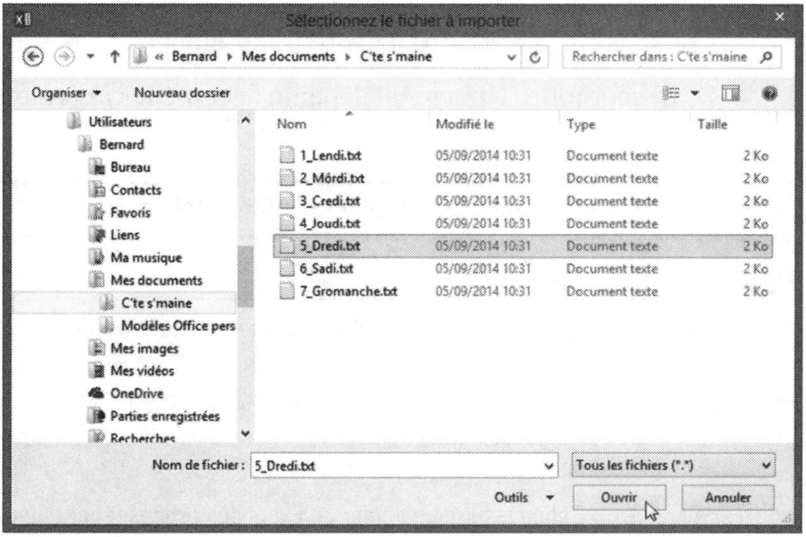

Figure 15.8 : La méthode GetOpenFilename affiche une boîte de dialogue personnalisée. Elle retourne aussi le nom du fichier sélectionné et son chemin. Elle n'ouvre toutefois pas le fichier.

Dans une application opérationnelle, vous feriez quelque chose de plus utile, comme ouvrir le fichier avec une instruction comme celle-ci :

```
Workbooks.Open nomFichier
```

NOTE TECHNIQUE

Remarquez que la variable nomFichier est déclarée comme variable de type Variant. Si l'utilisateur clique sur Annuler, cette variable contient une valeur de type Boolean (False). Sinon, nomFichier est une chaîne de caractères. D'où le choix d'une variable Variant, car elle prend en charge les deux types de possibilité.

La méthode GetSaveAsFilename

La méthode GetSaveAsFilename fonctionne comme la méthode GetOpenFilename, sauf qu'elle affiche la boîte de dialogue Enregistrer sous d'Excel à la place d'Ouvrir. Elle récupère le chemin et le nom de fichier indiqués par l'utilisateur, mais n'en fait rien. Autrement dit, c'est à vous d'écrire le code qui sauvegarde effectivement le fichier.

Voici la syntaxe de cette méthode :

```
object.GetSaveAsFilename([nomFichierInitial], [filtrageFichiers],
        [indexFiltrage], [titre], [texteBouton])
```

La méthode GetSaveAsFilename accepte les arguments du Tableau 15.6, qui sont tous facultatifs.

Tableau 15.6 : Les arguments de la méthode GetSaveAsFilename.

Argument	Description
nomFichierInitial	Spécifie le nom par défaut qui apparaît dans le champ Nom de fichier.
filtrageFichiers	Définit les types de fichiers affichés par Excel, comme par exemple *.txt. Plusieurs filtres peuvent être utilisés afin de proposer un choix plus large à l'utilisateur.
indexFiltrage	Définit le filtre de fichier qu'Excel doit proposer par défaut.
titre	Contient le texte affiché dans la barre de titre de la boîte de dialogue.

Récupérer un nom de dossier

Parfois, vous voulez simplement récupérer un nom de dossier, sans vous soucier de tel ou tel fichier particulier. Dans ce cas, voici ce que dit l'ordonnance du docteur : prenez une boîte de dialogue FileDialog.

La procédure qui suit affiche une boîte de dialogue qui permet à l'utilisateur de sélectionner un dossier. Le nom de ce dossier (ou le message « Annulé ») est ensuite affiché à l'aide de la fonction MsgBox :

```
Sub RecupDossier()
    With Application.FileDialog(msoFileDialogFolderPicker)
       .InitialFileName = Application.DefaultFilePath & "\"
       .Title = "Sélectionnez un emplacement pour la sauvegarde"
       .Show
       If .SelectedItems.Count = 0 Then
           MsgBox "Annulé"
       Else
```

```
            MsgBox .SelectedItems(1)
        End If
    End With
End Sub
```

L'objet FileDialog permet de spécifier le chemin d'accès initial en fournissant celui-ci dans la propriété InitialFileName. En l'occurrence, ce code se sert de point de départ du chemin par défaut utilisé par Excel.

Afficher les boîtes de dialogue prédéfinies d'Excel

Vous pouvez écrire du code VBA qui exécute des actions comme si elles avaient été sélectionnées dans le ruban ou dans une boîte de dialogue, sans même qu'Excel affiche quoi que ce soit de particulier.

Par exemple, l'instruction ci-dessus est équivalente au fait de choisir, dans le groupe Noms définis de l'onglet Formules, la commande Définir un nom pour afficher la boîte de dialogue Nouveau nom, puis de spécifier dans le champ Nom la valeur NomsMois, et enfin de cliquer sur OK :

```
Range("A1:A12").Name = "NomsMois"
```

Quand vous exécutez cette instruction, la boîte de dialogue Nouveau nom n'apparaît pas. Et c'est pratiquement toujours ce que vous désirez. Il ne faudrait en effet pas qu'une boîte de dialogue surgisse tout d'un coup sur l'écran lors de l'exécution de la macro.

Dans d'autres circonstances, vous *voulez* en revanche que le code affiche l'une des nombreuses boîtes de dialogue d'Excel, permettant ainsi à l'utilisateur de faire ses choix. Vous pouvez obtenir ce résultat en utilisant VBA pour exécuter une commande du ruban.

À la différence du précédent, l'exemple suivant affiche la boîte de dialogue Nouveau nom. La plage qui apparaît dans le champ fait référence à est celle qui était sélectionnée au moment où la commande est exécutée (voir la Figure 15.9) :

```
Application.CommandBars.ExecuteMso "NameDefine"
```

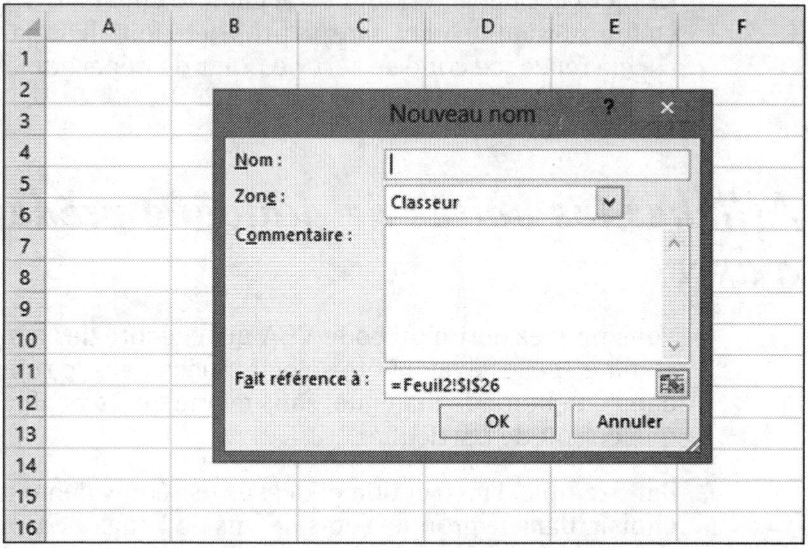

Figure 15.9 : Afficher une boîte de dialogue d'Excel en utilisant VBA.

Vous pourriez être tenté de croire que la boîte de dialogue vous fournit des informations sur ce qu'elle contient, par exemple un nom entré par l'utilisateur ou encore une plage de cellules. Absolument pas.

ExecuteMso est une méthode de l'objet CommandBars. Elle accepte un seul argument, qui est un paramètre idMso représentant un contrôle du ruban. Malheureusement, ces paramètres ne sont pas listés dans l'aide de VBA. Et comme le ruban est un concept relativement récent, le code qui fait appel à la méthode ExecuteMso n'est pas compatible avec les versions antérieures à Excel 2007.

Voici un autre exemple d'application de la méthode ExecuteMso. Lorsqu'elle est exécutée, cette instruction affiche l'onglet Police de la boîte de dialogue Format de cellule :

```
Application.CommandBars.ExecuteMso "FormatCellsFontDialog"
```

Si vous tentez d'afficher une boîte de dialogue prédéfinie dans un contexte invalide, Excel le signale par un message d'erreur.

```
Application.CommandBars.ExecuteMso "NumberFormatsDialog"
```

Essayez d'exécuter cette commande alors qu'une forme, par exemple, est sélectionnée. Excel réagit aussitôt pour indiquer que la méthode ExecuteMso de l'objet CommandBars a échoué.

Excel contient des milliers de commandes. Comment connaître leur nom ? Une manière de procéder consiste à faire appel à l'onglet Personnaliser le ruban de sa boîte de dialogue Options. Pour y accéder rapidement, cliquez du bouton droit sur le ruban, et choisissez dans le menu qui apparaît la commande Personnaliser le ruban. Le volet de gauche liste pratiquement toutes les commandes disponibles. Localisez celle qui vous intéresse, et laissez le pointeur de la souris planer quelques instants au-dessus de la ligne correspondante. Le nom secret de la commande apparaîtra entre parenthèses, comme le montre la Figure 15.10.

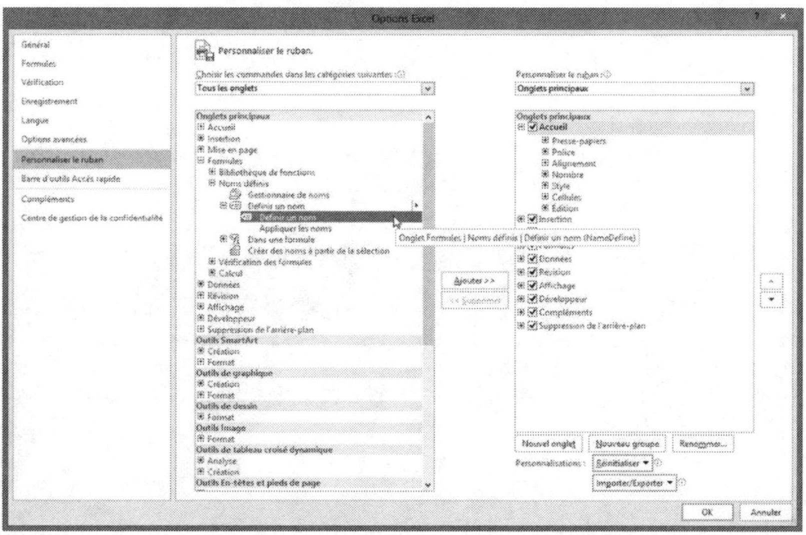

Figure 15.10 : Utilisez le volet Personnaliser le ruban pour découvrir le nom caché des commandes d'Excel.

Chapitre 16

Boîtes de dialogue personnalisées : les bases

Dans ce chapitre :

- Savoir quand utiliser une boîte de dialogue personnalisée (un objet UserForm).
- Comprendre les objets UserForm.
- Afficher un objet UserForm.
- Créer une boîte de dialogue personnalisée et l'associer à une macro.

Une boîte de dialogue personnalisée, autrement dit un objet UserForm, est utile quand la macro VBA doit marquer une pause pour obtenir certaines informations fournies par l'utilisateur. Par exemple, la macro pourra avoir besoin des options sélectionnées dans une boîte de dialogue personnalisée. Si ces informations sont élémentaires, comme une réponse par Oui ou par Non à une chaîne de caractères, les techniques expliquées dans le Chapitre 15 devraient suffire. Mais si elles doivent récolter plus d'informations, vous devrez confectionner une boîte de dialogue personnalisée. Dans ce chapitre, vous découvrirez les notions essentielles pour les créer et les utiliser.

Savoir quand utiliser une boîte de dialogue personnalisée (ou UserForm)

Cette section décrit une situation dans laquelle une boîte de dialogue personnalisée serait la bienvenue. La macro ci-dessous convertit le texte en majuscules dans chacune des cellules d'une sélection grâce à la fonction VBA prédéfinie UCase.

```
Sub ChangeCase()
    Dim WorkRange As Range

'   Quitte si aucune plage n'est sélectionnée
    If TypeName(Selection) <> "Range" Then Exit Sub

'   Traite uniquement les cellules de texte, pas les formules
    On Error Resume Next
    Set WorkRange = Selection.SpecialCells _
       (xlCellTypeConstants, xlCellTypeConstants)
    For Each cell In WorkRange
        cell.Value = UCase(cell.Value)
    Next cell
End Sub
```

Cette macro peut être rendue plus utile encore. Par exemple, il serait bien qu'elle puisse non seulement mettre le texte en majuscules, mais aussi en minuscules, voire mettre la première lettre de chaque mot en capitale. Une autre approche consiste à modifier la macro afin qu'elle prenne les autres options en compte. Mais, même dans ce cas, vous devez pouvoir demander à l'utilisateur d'exprimer son choix.

La solution réside dans l'affichage d'une boîte de dialogue comme celle de la Figure 16.1. Vous la créez à partir d'un objet UserForm dans l'éditeur VBE, puis vous l'affichez avec une macro VBA. Dans la prochaine section, vous découvrirez les instructions pas à pas qui vous permettront de créer cette boîte de dialogue. Mais auparavant, nous devons préparer le terrain.

NOTE TECHNIQUE

Dans Excel, une boîte de dialogue personnalisée est appelée UserForm. Mais, en réalité, un UserForm est un objet contenant ce que l'on appelle communément une *boîte de dialogue*.

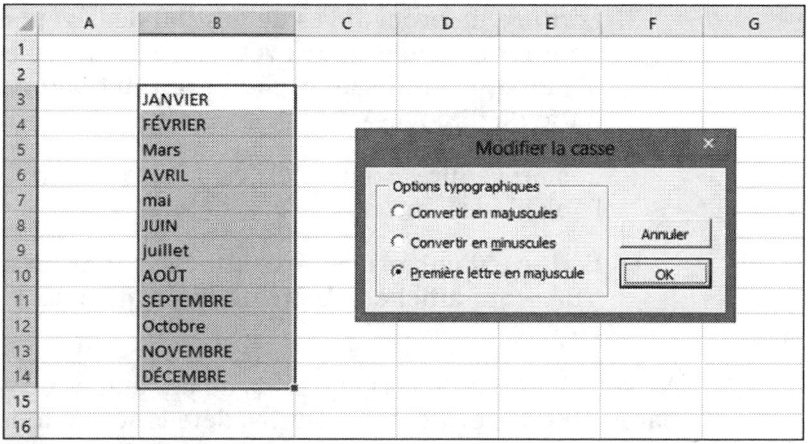

Figure 16.1 : Vous pouvez demander des informations à l'utilisateur au travers d'une boîte de dialogue personnalisée.

Cette distinction n'étant pas importante, les deux termes seront utilisés de manière interchangeable.

Créer une boîte de dialogue personnalisée : vue d'ensemble

Pour créer une boîte de dialogue personnalisée, vous suivrez généralement ces étapes :

1. **Détermination de la manière dont la boîte de dialogue sera utilisée et de l'endroit où elle apparaîtra dans la macro VBA.**

2. **Appui sur Alt+F11 afin d'activer l'éditeur VBE et d'insérer un nouvel objet UserForm.**

   Un objet UserForm ne contient qu'une seule boîte de dialogue personnalisée.

3. **Ajout de contrôles à l'objet UserForm.**

   Les contrôles sont notamment des boîtes de texte, des boutons, des cases à cocher et des zones de liste.

4. **Utilisation de la fenêtre Propriétés pour modifier les propriétés des contrôles ou l'objet UserForm lui-même.**

5. **Écriture de procédures de gestion des événements pour les contrôles (par exemple, une macro est exécutée lorsque l'utilisateur clique sur un bouton dans la boîte de dialogue).**

   Ces procédures sont stockées dans la fenêtre Code de l'objet UserForm.

6. **Écriture d'une procédure – stockée dans un module VBA – qui affiche la boîte de dialogue pour l'utilisateur.**

Ne vous inquiétez pas si certaines de ces étapes ne vous paraissent pas évidentes. Tous les détails seront fournis au moment opportun, en même temps que les directives étape par étape menant à la création de la boîte de dialogue.

Une boîte de dialogue personnalisée participe de l'interface utilisateur de votre application. Vous devez donc réfléchir à son aspect, et à la manière dont vos utilisateurs vont, ou devraient, interagir avec les composants de l'objet UserForm. Essayez de les guider en leur proposant quelque chose de facilement compréhensible, logiquement organisé et avec des légendes aussi claires que possible. Comme c'est pratiquement toujours le cas, plus votre travail en amont sera approfondi, et meilleur sera le résultat.

Travailler avec les objets UserForm

Chacune des boîtes de dialogue personnalisées que vous créez est stockée dans son propre objet UserForm (à raison d'une boîte par objet). Vous créez ces objets UserForm, et vous y accédez dans Visual Basic Editor.

Insérer un nouvel objet UserForm

Procédez comme suit pour insérer un objet UserForm :

1. **Activez l'éditeur VBE en appuyant sur Alt+F11.**

2. **Sélectionnez le classeur dans la fenêtre Projet.**

3. **Choisissez Insertion > UserForm.**

   L'éditeur VBE insère un nouvel objet UserForm contenant une boîte de dialogue vide.

La Figure 16.2 montre l'objet UserForm : c'est une boîte de dialogue vide. Votre mission, si vous l'acceptez, consistera à ajouter plusieurs contrôles à cette boîte de dialogue personnalisée.

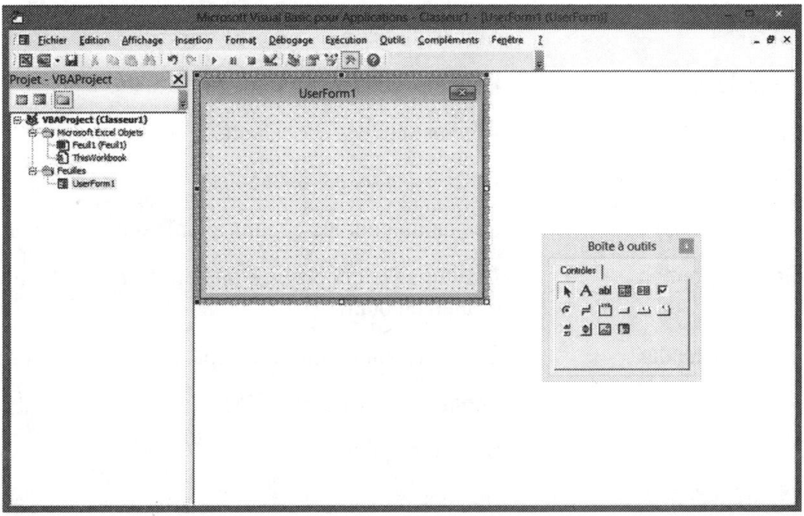

Figure 16.2 : Un nouvel objet UserForm.

Ajouter des contrôles à l'objet UserForm

Quand vous activez un objet UserForm, l'éditeur VBE affiche dans une fenêtre flottante la boîte à outils que vous pouvez voir sur la Figure 16.2. C'est avec ces outils que vous allez ajouter des contrôles à vos boîtes de dialogue personnalisées. Si vous ne voyez pas cette fenêtre, choisissez la commande Affichage > Boîte à outils.

Pour ajouter un contrôle, cliquez dessus puis faites-le glisser sur la boîte de dialogue pour l'insérer à l'intérieur de celle-ci.

Vous pouvez ensuite le déplacer et le redimensionner à l'aide des techniques habituelles.

Le Tableau 16.1 présente les différents outils ainsi que leurs fonctionnalités. Pour les identifier, immobilisez le pointeur de la souris au-dessus d'un outil pour afficher une petite description dans une info-bulle.

Tableau 16.1 : Les contrôles de la boîte à outils.

Contrôle	Description
Intitulé	Stocke du texte.
Zone de texte	Permet à l'utilisateur d'entrer du texte.
Zone de liste modifiable	Affiche une liste déroulante.
Zone de liste	Affiche une liste d'éléments.
Case à cocher	Commode pour les options actif/inactif et oui/non.
Bouton d'option	N'autorise le choix que d'une option parmi d'autres du groupe de boutons.
Bouton bascule	Commutateur à deux positions.
Cadre	Contient d'autres contrôles.
Bouton de commande	Bouton cliquable.
Contrôle onglet	Onglets.
Multipage	Conteneur à onglets pour d'autres objets.
Barre de défilement	Barre avec un ascenseur.
Toupie	Bouton cliquable servant généralement à modifier une valeur.
Image	Contient une image.
RefEdit	Permet à l'utilisateur de sélectionner une plage.

Modifier les propriétés d'un contrôle UserForm

Chacun des contrôles d'un objet UserForm contient des propriétés qui déterminent son apparence ou son comportement. Ces propriétés sont modifiables. La Figure 16.3 montre la fenêtre Propriétés lorsqu'un contrôle CommandButton est sélectionné.

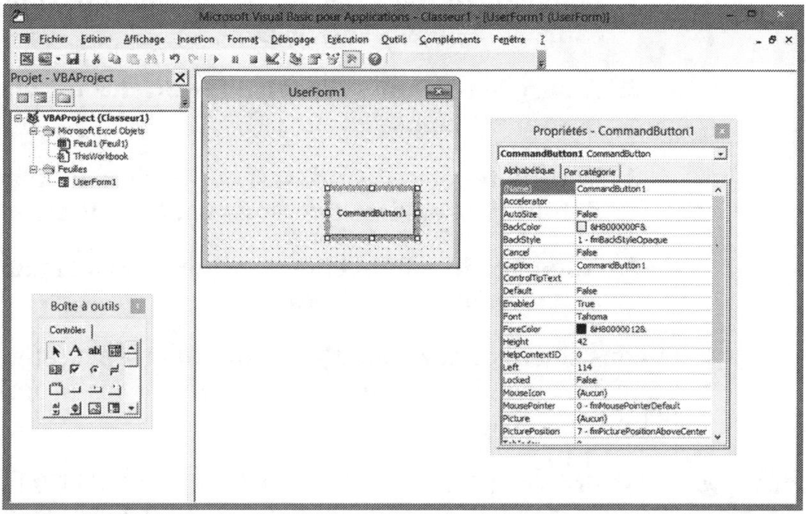

Figure 16.3 : Utilisez la fenêtre Propriétés pour modifier les propriétés d'un contrôle UserForm.

La fenêtre Propriétés apparaît en appuyant sur F4. Les propriétés affichées dépendent évidemment de ce qui a été sélectionné et changent par exemple d'un contrôle à un autre. Pour la masquer, cliquez sur sa case de fermeture. La touche F4 la ramènera à la vie lorsque vous en aurez à nouveau besoin.

Voici quelques propriétés de contrôles, suivies de leur traduction :

- Name (nom)
- Width (largeur)
- Height (hauteur)
- Value (valeur)

- Caption (légende)

Chaque contrôle possède son propre jeu de propriétés, bien que bon nombre d'entre eux aient des propriétés communes. Le prochain chapitre vous révèlera tout ce que vous devez savoir sur les contrôles des boîtes de dialogue.

Pour modifier une propriété d'un contrôle, procédez comme suit :

1. **Commencez par sélectionner le contrôle voulu dans le cadre de l'objet UserForm.**
2. **Assurez-vous que la fenêtre Propriétés est visible (si besoin est, appuyez sur F4).**
3. **Dans la fenêtre Propriétés, cliquez sur la ligne qui définit la propriété que vous voulez éditer.**
4. **Apportez les changements voulus dans la partie droite de la fenêtre Propriétés.**

Si vous sélectionnez l'objet UserForm lui-même (et non un de ses contrôles), la fenêtre Propriétés affiche les propriétés de la boîte de dialogue proprement dite.

Certaines des propriétés de l'objet UserForm servent de valeur par défaut pour les nouveaux contrôles que vous lui ajoutez. Par exemple, si vous modifiez sa propriété Font, tous les contrôles que vous allez insérer utiliseront cette police de caractères. Par contre, les contrôles déjà présents ne sont pas affectés.

La fenêtre Code de l'objet UserForm

Chaque objet UserForm est doté d'une fenêtre Code qui contient le code VBA (les procédures d'événement) exécuté lorsque l'utilisateur interagit avec la boîte de dialogue. Appuyez sur F7 pour afficher la fenêtre Code. Elle reste vide tant que vous n'avez pas ajouté de procédures. Appuyez sur Maj+F7 pour revenir à la boîte de dialogue.

Un autre moyen de passer de la fenêtre Code à la fenêtre UserForm consiste à cliquer, dans la barre de titre de l'objet Propriétés, sur les boutons Afficher le code et Afficher l'objet. Il est également possible de cliquer du bouton droit sur l'objet UserForm et de choisir Code dans le menu qui apparaît. Faites alors un double clic sur le nom de l'objet UserForm dans la fenêtre Projet pour le réafficher.

Afficher une boîte de dialogue personnalisée

Vous pouvez afficher une boîte de dialogue personnalisée en utilisant la méthode Show de l'objet UserForm, dans une procédure VBA.

La macro qui affiche la boîte de dialogue doit se trouver dans le module VBA, et non dans la fenêtre Code de l'objet UserForm.

La procédure suivante affiche la boîte de dialogue nommée UserForm1 :

```
Sub AfficherBoîteDialogue()
    UserForm1.Show
'   [Placez ici les autres instructions]
End Sub
```

Quand Excel affiche la boîte de dialogue, la macro s'interrompt jusqu'à ce que l'utilisateur la referme. Le langage VBA exécute ensuite les instructions restantes de la procédure. Le plus souvent, celle-ci ne comportera aucun code supplémentaire. Comme vous le verrez plus tard, vous allez définir vos gestionnaires d'événements dans la fenêtre Code de l'objet UserForm. Elles sont alors automatiquement déclenchées lorsque l'utilisateur interagit avec les contrôles de la boîte de dialogue personnalisée.

Utiliser les informations fournies par une boîte de dialogue personnalisée

L'éditeur VBE attribue un nom à chacun des contrôles que vous ajoutez à un objet UserForm. Ce nom est celui qui est présent dans la propriété Name. Utilisez-le dans votre code pour faire référence à tel ou tel contrôle. Par exemple, si vous avez placé un contrôle Case à cocher dans un objet UserForm nommé UserForm1, par défaut le contrôle Case à cocher sera nommé CheckBox1. L'instruction ci-dessous fait apparaître le contrôle déjà coché :

```
UserForm1.CheckBox1.Value = True
```

La plupart du temps, votre code sera inséré dans le module de code l'objet UserForm lui-même. Vous pouvez alors omettre son nom et simplifier vos instructions, comme ici :

```
CheckBox1.Value = True
```

Le code VBA peut aussi vérifier diverses propriétés des contrôles et entreprendre les actions appropriées. L'instruction qui suit exécute une macro nommée ImpressionRapport si la case (nommée CheckBox1) est cochée :

```
If CheckBox1.Value = True Then Call ImpressionRapport
```

Nous y reviendrons en détail au prochain chapitre.

TRUC

En règle générale, il est conseillé de changer le nom attribué par défaut aux contrôles pour les rendre plus « parlants ». Dans l'exemple ci-dessus, l'intitulé CheckBox1 ne vous dit rien sur le fait que ce contrôle concerne l'impression d'un rapport. Un nom tel que cacImpRapport serait certainement plus compréhensible (notez les trois premiers caractères, qui servent à rappeler que ce contrôle est une case à cocher).

Un exemple de boîte de dialogue personnalisée

L'exemple d'objet UserForm figurant dans cette section est la version améliorée de la macro ChangeCasse présentée au début de ce chapitre. Rappelons qu'elle met en majuscules le texte qui se trouve dans la ou les cellules sélectionnées. Cette nouvelle version affiche une boîte de dialogue personnalisée qui demande à l'utilisateur quel type de modification il veut effectuer : mettre en majuscules, mettre en minuscules ou ne mettre en majuscule que l'initiale de chaque mot.

Cette boîte de dialogue n'attend qu'une seule information de l'utilisateur : le type de modification à effectuer. Comme trois choix lui sont proposés et qu'il ne peut en sélectionner qu'un seul, la meilleure solution est un groupe de boutons d'option (appelés aussi improprement « boutons radio »). Deux autres boutons devront se trouver dans la boîte de dialogue : un bouton OK et un bouton Annuler. Cliquer sur OK démarre le code de conversion des caractères, cliquer sur Annuler met fin à la macro sans que rien ne se soit produit.

TRUC

Les exemples de ce chapitre se trouvent dans le fichier téléchargeable depuis le site `www.pourlesnuls.fr`. Mais ces exercices vous seront plus profitables si vous les refaites entièrement par vous-même.

Créer la boîte de dialogue personnalisée

Ces étapes créent la boîte de dialogue personnalisée. Commencez avec un classeur vide.

1. **Appuyez sur Alt+F11 pour activer l'éditeur VBE.**

2. **Si plusieurs projets se trouvent dans la fenêtre Projet, sélectionnez celui correspondant au classeur que vous utilisez.**

3. **Choisissez Insertion > UserForm.**

L'éditeur VBE insère un nouvel objet UserForm contenant une boîte de dialogue vide.

4. **Appuyez sur F4 pour afficher la fenêtre Propriétés.**
5. **Dans la fenêtre Propriétés, cliquez à droite de la propriété Caption puis tapez** Modifier la casse.
6. **La boîte de dialogue proposée par défaut est un peu grande. Redimensionnez-la en tirant sur ses poignées.**

   Cette étape peut être réalisée après avoir placé les divers contrôles dans la boîte de dialogue.

Ajouter les boutons de commande

Procédez comme suit pour placer les boutons de commande OK et Annuler :

1. **Assurez-vous que la Boîte à outils est affichée. Sinon, choisissez Affichage > Boîte à outils.**
2. **Si la boîte de dialogue Propriétés n'est pas visible, appuyez sur F4 pour l'afficher.**
3. **Depuis la boîte à outils, tirez un contrôle Bouton de commande jusque sur la boîte de dialogue.**

   Ce bouton a un nom par défaut, CommandButton1, qui figure également dans la fenêtre Propriétés.

4. **Assurez-vous que le contrôle CommandButton1 est sélectionné. Activez ensuite la fenêtre Propriétés et modifiez les paramètres suivants :**

La propriété	devient
Name	**btnOK**
Caption	**OK**
Default	**True**

5. **Ajoutez un deuxième contrôle Bouton de commande à l'objet UserForm et modifiez ses propriétés comme suit :**

La propriété	devient
Name	**btnAnnuler**
Caption	**Annuler**
Default	**True**

6. **Réglez la taille et la position des contrôles en vous inspirant de la Figure 16.4.**

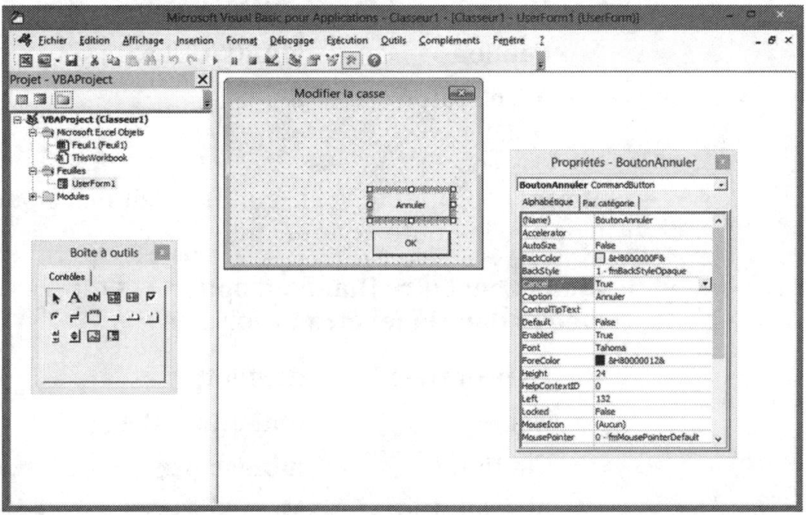

Figure 16.4 : L'objet UserForm avec deux boutons de commande.

Ajouter des boutons d'option

Dans cette section, nous placerons trois boutons d'option dans la boîte de dialogue. Mais auparavant, il faudra ajouter un objet Cadre qui les contiendra ; il n'est pas indispensable, mais donnera un aspect plus soigné à la boîte de dialogue.

1. **Dans la boîte à outils, cliquez sur l'outil Cadre et faites-le glisser jusque dans la boîte de dialogue.**

   Vous créez ainsi un cadre qui entourera les options.

2. **Dans la fenêtre Propriétés, tapez** Options **à droite de la propriété Caption.**

3. **Dans la Boîte à outils, cliquez sur l'option Bouton d'option puis tirez dans la boîte de dialogue, à l'intérieur du cadre.**

   Vous créez ainsi un bouton d'option.

4. **Le bouton d'option sélectionné, allez dans la fenêtre Propriétés et modifiez les paramètres comme suit :**

La propriété	devient
Name	**optMajuscules**
Caption	**MAJUSCULES**
Accelerator	**J**
Value	**True**

   Mettre la propriété Value sur True fait de ce bouton d'option le bouton par défaut.

5. **Ajoutez un autre Bouton d'option et entrez ces paramètres dans la fenêtre Propriétés :**

La propriété	devient
Name	**optMinuscules**
Caption	**minuscules**
Accelerator	**M**

6. **Ajoutez un troisième Bouton d'option et paramétrez-le comme suit dans la fenêtre Propriétés :**

La propriété	devient
Name	**optCapitales**
Caption	**1ère Lettre En Capitale**
Accelerator	**P**

7. **Réglez la position et les dimensions des boutons d'option ainsi que du cadre.**

Votre objet UserForm devrait à présent ressembler à celui de la Figure 16.5.

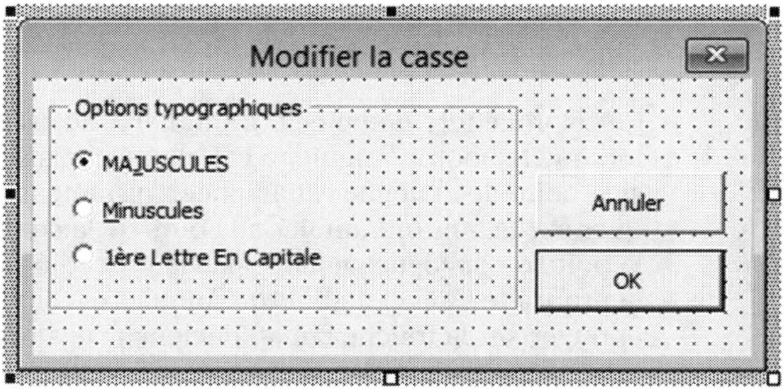

Figure 16.5 : L'objet UserForm après l'ajout des trois boutons d'option dans un cadre et la mise en place des différents éléments.

La propriété Accelerator sert à définir une lettre de raccourci. Par exemple, dans notre cas, la conversion en majuscules s'opérera en choisissant Alt+J, car cette lettre est soulignée dans la boîte de dialogue (MAJUSCULES). Les accélérateurs sont facultatifs, mais certains utilisateurs préfèrent naviguer dans les boîtes de dialogue en se servant de leur clavier.

Vous vous demandez peut-être pourquoi les outils Bouton d'option sont dotés d'une propriété Accelerator, mais pas les outils Bouton de commande. En fait, les boutons OK et Annuler n'en ont jamais, car ils sont toujours accessibles depuis le clavier. Appuyer sur Entrée est l'équivalent d'un clic sur OK, car la propriété Default de cette commande est sur True. Appuyer sur la touche Échap est l'équivalent d'un clic sur le bouton Annuler.

Ajouter des procédures d'événement

Il est maintenant temps de donner vie à notre boîte de dialogue personnalisée. Voici comment ajouter une procédure d'événement aux boutons OK et Annuler :

1. **Double-cliquez sur le bouton Annuler.**

L'éditeur VBE active la fenêtre Code de l'objet UserForm et insère une procédure vide :

```
Private Sub btnAnnuler_Clic()

End Sub
```

Cette procédure nommée btnAnnuler_Clic est exécutée lorsque le bouton Annuler a été cliqué, mais seulement si la boîte de dialogue est affichée. Autrement dit, cliquer sur le bouton Annuler au cours de la conception de la boîte de dialogue ne lance pas la procédure. Comme la propriété Cancel du bouton Annuler est sur True, appuyer sur la touche Échap déclenche également la procédure btnAnnuler_Clic.

2. **Insérez l'instruction suivante dans la procédure (avant l'instruction End Sub) :**

```
Unload UserForm1
```

Cette instruction ferme l'objet UserForm lors d'un clic sur le bouton Annuler.

3. **Appuyez sur Maj+F7 pour retourner dans l'objet UserForm.**

4. **Double-cliquez à présent sur le bouton OK.**

L'éditeur VBE active la fenêtre Code de l'objet UserForm et insère une procédure vide nommée btnOK_Clic. Cliquer sur OK exécute cette procédure. Comme la propriété Default de ce bouton est sur True, appuyer sur Entrée lance aussi cette procédure.

5. **Entrez le code suivant dans la procédure :**

```
Private Sub btnOK_Clic()
    Dim PlageTravail As Range
    Dim cell As Range

'   Traite uniquement du texte, pas des formules
    On Error Resume Next
        Set PlageTravail = Selection.SpecialCells _
        (xlCellTypeConstants, xlCellTypeConstants)
```

```
'   Majuscules
    If optionMajuscules Then
        For Each cell In PlageTravail
            cell.Value = UCase(cell.Value)
        Next cell
    End If

'   Minuscules
    If optionMinuscules Then
        For Each cell In PlageTravail
            cell.Value = LCase(cell.Value)
        Next cell
    End If

'   Standard
    If optionCapitales Then
        For Each cell In PlageTravail
            cell.Value = Application. _
              WorksheetFunction.Proper(cell.Value)
        Next cell
    End If
    Unload UserForm1
End Sub
```

Le code ci-dessus est une version améliorée de la macro ChangeCasse présentée au début de ce chapitre. Elle est constituée de trois blocs de code distincts et utilise trois structures If-Then ayant chacune une boucle For Each. Un seul de ces blocs est exécuté, selon le bouton d'option qui a été activé. La dernière instruction, Unload, ferme la boîte de dialogue à la fin de la tâche.

Notez que VBA est doté de fonctions UCase et LCase, mais pas d'une fonction qui met le premier caractère de chaque mot en majuscule. C'est pourquoi je fais appel à la fonction d'Excel PROPER (l'équivalent, en langage VBA, de la fonction d'Excel NOMPROPRE), précédée par Application.WorksheetFunction, pour procéder à la conversion.

Une autre option consiste à utiliser la fonction StrConv (reportez-vous à l'aide de VBA pour les détails). Mais, comme elle n'est pas disponible dans toutes les versions d'Excel, il est préférable de recourir à la fonction de feuille de calcul PROPER. Celle-ci est tout de même moins intéressante que StrConv, car elle met aussi en majuscule la lettre qui suit une apostrophe, ce qui n'est généralement pas ce que l'on souhaite.

Créer une macro qui affiche la boîte de dialogue

Notre projet est presque terminé. Il ne manque plus qu'un moyen d'afficher la boîte de dialogue. Procédez comme suit pour élaborer la procédure qui la fait apparaître :

1. **Dans le menu de l'éditeur VBE, choisissez Insertion > Module.**

   L'éditeur VBE ajoute un module vide, nommé Module1, au projet.

2. **Entrez le code suivant :**

```
Sub ChangeCasse()
    If TypeName(Selection) = "Range" Then
        UserForm1.Show
    Else
        MsgBox "Sélectionnez une plage.", vbCritical
    End If
End Sub
```

Cette procédure est simple. Elle vérifie qu'une plage est sélectionnée. Si ce n'est pas le cas, la macro s'achève sans rien faire. Sinon, la boîte de dialogue est affichée grâce à la méthode Show. L'utilisateur interagit ensuite avec la boîte de dialogue et le code contenu dans la fenêtre Code de l'objet UserForm est exécuté.

Rendre la macro disponible

Jusqu'à présent, tout devrait fonctionner comme prévu. Il faut cependant pouvoir exécuter la macro. Nous lui affecterons à cette fin le raccourci Ctrl+Maj+C qui exécutera la macro ChangeCasse :

1. **Activez la fenêtre d'Excel en appuyant sur Alt+F11.**

2. **Cliquez sur le bouton Macros dans le groupe Code de l'onglet Développeur, ou appuyez sur Alt+F8.**
3. **Dans la boîte de dialogue Macro, sélectionnez la macro ChangeCasse.**
4. **Cliquez sur le bouton Options.**

   Excel affiche la boîte de dialogue Options de macro.
5. **Appuyez sur la combinaison Maj+C dans le champ Touche de raccourci (voir Figure 16.6).**

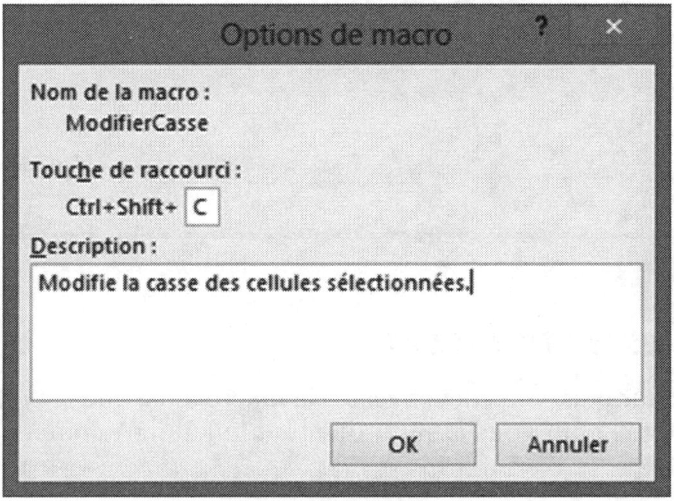

Figure 16.6 : Affectation de la touche de raccourci à la macro ChangeCasse.

6. **Tapez une brève description de la macro dans le champ Description.**
7. **Cliquez sur OK.**
8. **De retour dans la boîte de dialogue Macro, cliquez sur Annuler.**

Après avoir effectué cette opération, appuyer sur Ctrl+Maj+C exécute la macro ChangeCasse et affiche la boîte de dialogue personnalisée.

Une autre méthode possible consiste à rendre cette macro disponible dans la barre d'outils Accès rapide. Cliquez du bouton droit sur celle-ci, puis choisissez Personnaliser la barre d'outils Accès rapide. La boîte de dialogue Options Excel apparaît. Vous retrouverez ChangeCasse dans la catégorie Macros (voir la Figure 16.7).

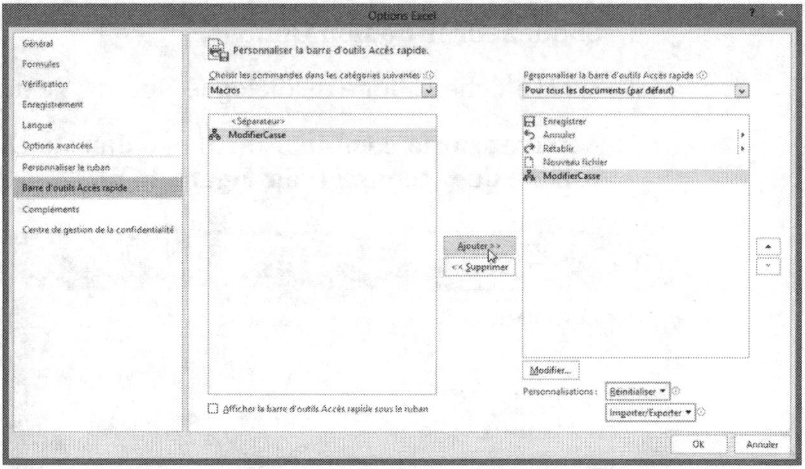

Figure 16.7 : Ajouter la macro ChangeCasse à la barre d'outils Accès rapide.

Tester la macro

Pour finir, vous devez tester la macro ainsi que la boîte de dialogue pour vous assurer que tout fonctionne comme prévu.

1. **Activez une feuille de calcul.**

   N'importe laquelle dans n'importe quel classeur.

2. **Sélectionnez des cellules contenant du texte.**

3. **Appuyez sur Ctrl+Maj+C.**

   La boîte de dialogue personnalisée apparaît (voir Figure 16.8).

4. **Faites votre choix puis cliquez sur OK.**

   Si tout s'est bien passé, la macro modifie le contenu des cellules comme prévu.

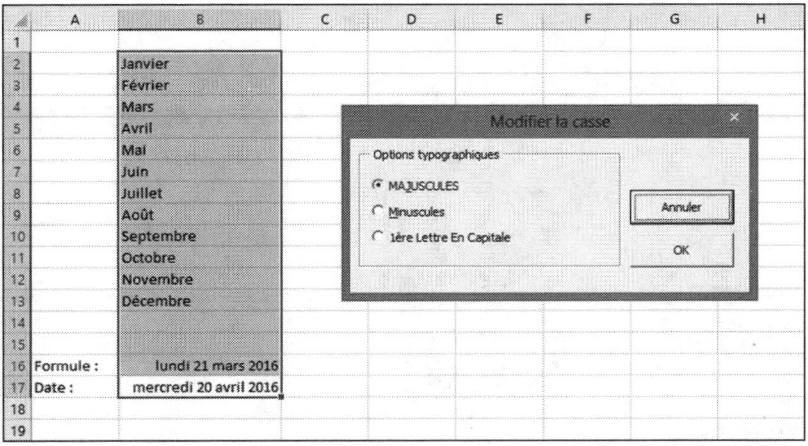

Figure 16.8 : La boîte de dialogue personnalisée à l'œuvre.

Lorsque cette procédure est testée alors qu'une seule cellule est sélectionnée, vous vous apercevez que *toutes* les cellules de la feuille de calcul ont été traitées. Ce comportement est un effet collatéral de l'utilisation de la méthode SpecialCells. Pour n'agir que sur une seule cellule, replacez le premier bloc du code par celui-ci :

```
If Selection.Count = 1 Then
    Set PlageTravail = Selection
Else
    Set PlageTravail = Selection.SpecialCells _
    (xlCellTypeConstants, xlCellTypeConstants)
End If
```

La figure 16.9 montre la feuille de calcul après la conversion du texte en majuscules. Remarquez que le contenu des cellules B15 et B16 n'a pas changé. La macro ne fonctionne en effet que sur des cellules de type Texte.

Tant que le classeur est ouvert, la macro peut être exécutée à partir de n'importe quel autre classeur. Mais si vous fermez ce classeur, la combinaison de touches Ctrl+Maj+C ne donnera plus rien.

Si la macro ne fonctionne pas correctement, vérifiez attentivement le code et recherchez l'erreur. Ne vous alarmez pas ; le débogage fait partie du développement des macros.

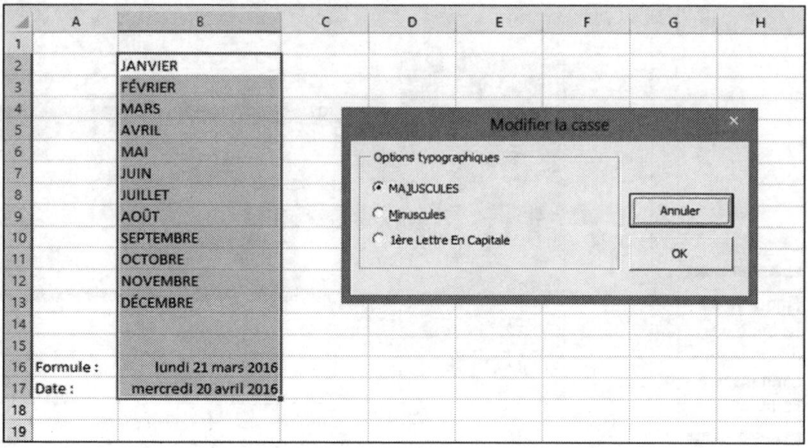

Figure 16.9 : Le texte a été converti en majuscules.

Chapitre 17

Les contrôles des boîtes de dialogue

Dans ce chapitre :

- Comprendre les différents types de contrôles de boîtes de dialogue.
- Modifier les propriétés des contrôles.
- Travailler avec les contrôles de boîte de dialogue.

Un utilisateur répond à une boîte de dialogue personnalisée – appelée *UserForm* dans l'éditeur VBE – grâce aux divers contrôles (boutons de commande, d'option, champs de saisie…) qu'elle contient. Le code VBA exploite ensuite ses réponses pour déterminer l'action qu'il doit entreprendre. Les contrôles ne manquent pas, comme vous le découvrirez dans ce chapitre.

Si vous avez réalisé les exemples du chapitre précédent, vous avez d'ores et déjà une petite expérience des contrôles d'un objet UserForm. Ce chapitre approfondira ces connaissances.

Tout contrôler

Dans cette section, vous apprendrez comment ajouter des contrôles à un objet UserForm, les nommer de façon appropriée et paramétrer certaines de leurs propriétés.

N'OUBLIEZ PAS

Avant tout, vous devez disposer d'un objet UserForm. Pour ce faire, dans l'éditeur VBE, choisissez Insertion > UserForm. Quand vous ajoutez un objet UserForm, assurez-vous que le projet correct est sélectionné dans la fenêtre Projet.

Ajouter des contrôles

Bizarrement, l'éditeur VBE n'est pas équipé d'un menu permettant d'ajouter des contrôles dans une boîte de dialogue. Vous devez pour cela utiliser la boîte à outils flottante décrite au chapitre précédent. Elle apparaît normalement dès que vous activez un objet UserForm dans l'éditeur VBE. Si ce n'est pas le cas, choisissez Affichage > Boîte à outils.

Procédez comme suit pour placer un contrôle dans une boîte de dialogue personnalisée :

1. **Dans la boîte à outils, cliquez sur le contrôle à ajouter.**
2. **Cliquez dans l'objet UserForm.**
3. **Tirez pour dimensionner le contrôle.**

   Ou alors, tirez et déposez le contrôle afin de conserver ses dimensions par défaut. La Figure 17.1 montre un objet UserForm contenant quelques contrôles.

TRUC

Un objet UserForm peut afficher un réseau de points qui facilitent l'alignement des objets. Ils s'accrochent spontanément à ces repères, comme s'ils étaient magnétisés. Si cette fonctionnalité vous gêne – elle empêche les positionnements intermédiaires –, vous pouvez la désactiver :

1. **Dans l'éditeur VBE, choisissez Outils > Options.**
2. **Dans la boîte de dialogue Options, cliquez sur l'onglet Général.**
3. **Définissez vos préférences dans la rubrique Paramètres de la grille de la feuille.**

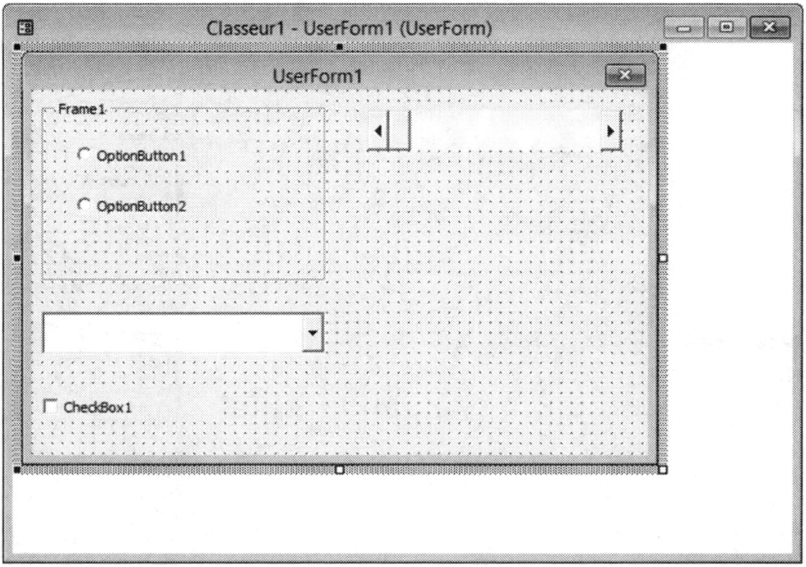

Figure 17.1 : Un objet UserForm agrémenté de quelques contrôles.

Introduction aux propriétés des contrôles

Chaque contrôle que vous placez dans un objet UserForm a des propriétés qui définissent son apparence et son comportement. Les propriétés d'un contrôle peuvent être modifiées à deux moments :

- Lors de la conception de l'objet UserForm. Les modifications sont effectuées manuellement, dans la fenêtre Propriétés.
- Pendant l'exécution. Vous écrivez à cette fin un programme VBA spécifique. Ces changements sont toujours temporaires, car ils sont effectués dans la *copie* de la boîte de dialogue personnalisée qui est montrée par le programme, et non dans l'objet UserForm tel qu'il est enregistré dans le classeur.

Quand vous ajoutez un contrôle à un objet UserForm, vous devez presque toujours procéder à quelques paramétrages de ses propriétés. Ils s'effectuent dans la fenêtre Propriétés, affichée en appuyant sur F4. La Figure 17.2 montre la fenêtre

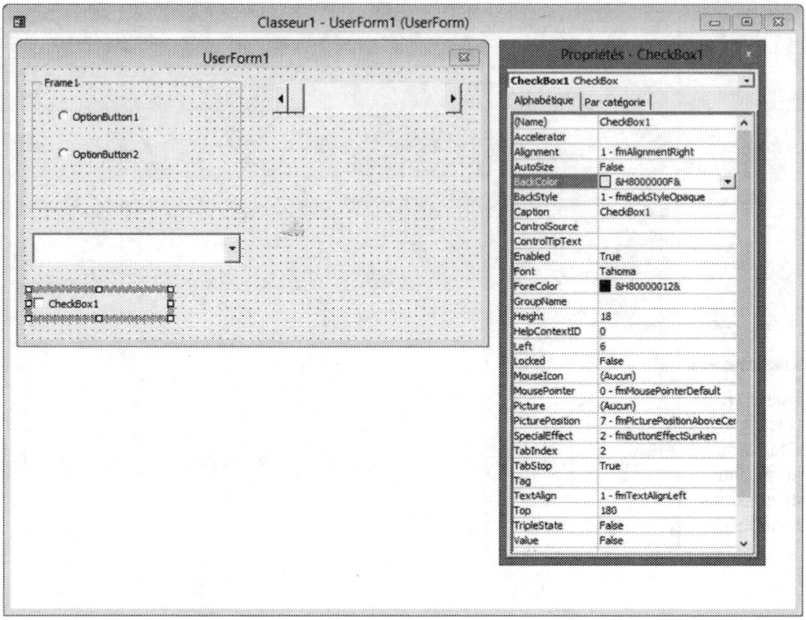

Figure 17.2 : Pendant la conception, les propriétés d'un contrôle sont paramétrées dans la fenêtre Propriétés.

Propriétés d'un contrôle sélectionné dans l'objet UserForm (en l'occurrence d'une case à cocher).

Pour modifier les propriétés d'un contrôle pendant l'exécution, vous devez écrire du code VBA spécifique. Par exemple, si vous désirez masquer un contrôle lorsque telle ou telle case a été cochée par l'utilisateur, votre code doit modifier la propriété Visible du contrôle.

Chaque contrôle est doté de son propre jeu de propriétés. Mais tous ont des propriétés en commun comme Name, Width, ou encore Height. Le Tableau 17.1 répertorie les principales propriétés communes à la plupart des contrôles :

Quand vous sélectionnez un contrôle, ses propriétés apparaissent dans la fenêtre Propriétés. Pour en modifier une, sélectionnez-la puis modifiez son contenu. Certaines vous aident un peu. Par exemple, si vous désirez modifier la valeur de TextAlign, la fenêtre Propriétés déroulera un menu contenant toutes les valeurs valides, comme le montre la Figure 17.3.

Tableau 17.1 : Les propriétés communes des contrôles.

Propriété	Action
Accelerator	Souligne la première occurrence de la lettre dans le libellé, pour en faire un raccourci clavier. L'utilisateur appuie sur Alt+*lettre* pour sélectionner la commande.
AutoSize	Si elle est sur True, le contrôle se redimensionne automatiquement selon la longueur du texte présent dans son intitulé (Caption).
BackColor	Définit la couleur d'arrière-plan du contrôle.
BackStyle	Définit le style (transparent ou opaque) de l'arrière-plan.
Caption	Texte du contrôle.
Left et Top	Valeurs définissant la position du contrôle (bord gauche, bord supérieur).
Name	Le nom du contrôle. Par défaut, le nom d'un contrôle est basé sur son type. Vous pouvez choisir n'importe quel nom valide (la syntaxe est la même que celle des noms de macro). Chaque contrôle doit toutefois avoir un nom unique dans la boîte de dialogue.
Picture	Image à afficher. Elle peut se trouver dans un fichier graphique. Vous pouvez également sélectionner la propriété Picture et coller une image préalablement copiée dans le Presse-papiers.
Value	Valeur du contrôle.
Visible	Si False, le contrôle est masqué.
Width et Height	Valeurs définissant la largeur et la hauteur du contrôle.

Les contrôles en détail

Dans les sections qui suivent, nous aborderons chacun des types de contrôles susceptibles d'être utilisés dans des boîtes de dialogue et nous étudierons leurs propriétés les plus utiles. Nous ne verrons toutefois pas toutes les propriétés de chacun d'eux car ce serait trop long – en temps et en pagination – et finalement assez ennuyeux.

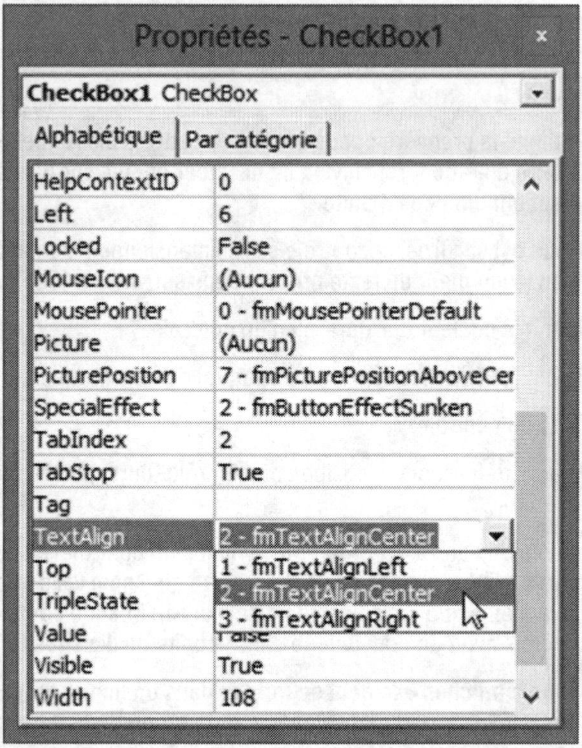

Figure 17.3 : Certaines propriétés peuvent être modifiées en choisissant une valeur dans une liste déroulante.

L'aide de VBA sur les contrôles et leurs propriétés est copieuse. Pour obtenir des détails sur une propriété en particulier, sélectionnez-la dans la fenêtre Propriétés et appuyez sur F1.

Rappelons que tous les exemples de ce chapitre sont téléchargeables. Ne manquez pas de consulter les propriétés de chacun d'eux pour mieux comprendre comment ils ont été configurés.

NdT : La fenêtre Propriétés comporte deux onglets : Alphabétique et Par catégorie. Si vous ne maîtrisez pas bien l'anglais – les noms des propriétés sont dans cette langue –, cliquez sur l'onglet Par catégorie. Les noms des catégories étant en français (Apparence, Comportement, Données, Police, Position…), il est plus facile de s'y retrouver. Rappelez-vous que, si un nom de propriété en anglais vous est incompréhensible, le sélectionner et appuyer sur F1 ouvre l'aide sur cette propriété, ce qui vous éclairera sur son sens.

Le contrôle Case à cocher

Un contrôle Case à cocher est commode pour exprimer un choix binaire : oui ou non, vrai ou faux, actif ou inactif, *etc.* La Figure 17.4 montre quelques cases à cocher.

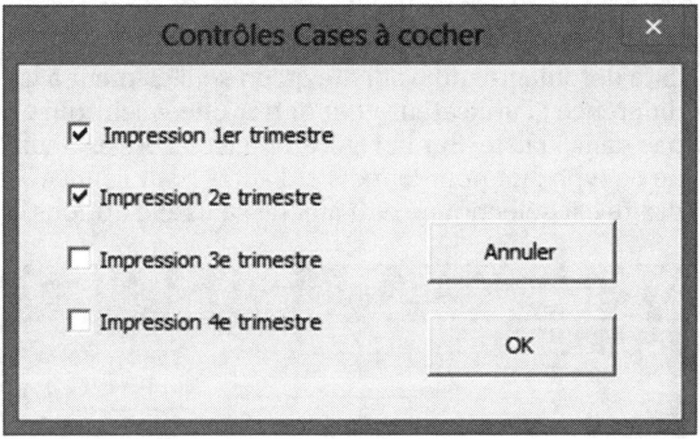

Figure 17.4 : Des contrôles Case à cocher.

Voici une description des propriétés de contrôle Case à cocher les plus utiles :

- **Accelerator :** souligne la première occurrence de la lettre dans le libellé, pour en faire un raccourci clavier. Si la lettre est **a**, appuyer sur Alt+A modifie la valeur du contrôle Case à cocher : la case est alors affichée cochée ou décochée. Remarquez sur la Figure 17.4 que les raccourcis sont formés à partir des numéros des trimestres.
- **ControlSource :** adresse de la cellule d'une feuille de calcul liée au contrôle Case à cocher. Dans Excel, la cellule affiche VRAI si le contrôle est coché ou FAUX s'il ne l'est pas. Cette propriété est facultative, et, la plupart du temps, une case à cocher n'est pas liée à une cellule.

- **Value :** si elle est sur True, la case contient une coche. Si elle est sur False, la case est vide.

ATTENTION !

Ne confondez pas cases à cocher et boutons d'option. Ces deux contrôles se ressemblent, mais ils répondent à des besoins différents.

Le contrôle Zone de liste modifiable

Un contrôle Zone de liste modifiable est similaire à la commande Zone de liste décrite plus loin. Il s'en distingue par sa liste déroulante qui n'affiche qu'un seul élément à la fois. Autre différence : l'utilisateur peut entrer une valeur qui ne figure pas dans la liste. Sur la Figure 17.5, vous voyez deux contrôles de ce type : un pour le mois et l'autre pour l'année. Celui de droite est sélectionné et il affiche sa liste d'options.

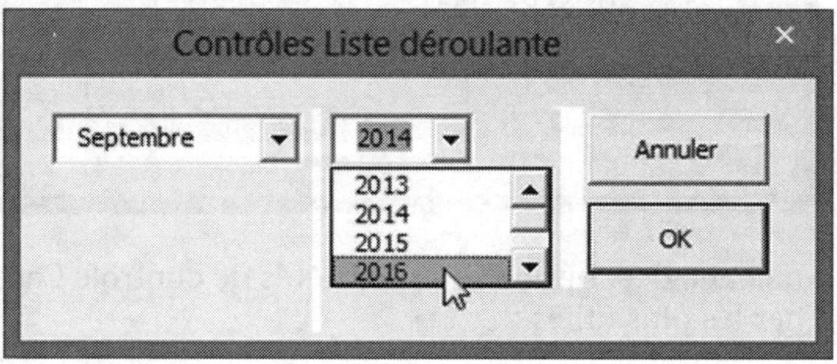

Figure 17.5 : Deux contrôles Zone de liste modifiable.

Voici une description des principales propriétés de zone de liste modifiable :

- **ControlSource :** cellule contenant la valeur affichée dans le champ de saisie.
- **ListRows :** nombre d'éléments à afficher lorsque la liste est déployée.
- **ListStyle :** apparence de la liste d'éléments.
- **RowSource :** plage d'adresses (dans la feuille de calcul) contenant la liste des éléments affichés dans la Zone de liste modifiable.

- **Style :** indique si le contrôle doit agir comme liste déroulante ou comme zone de liste. Une simple liste déroulante n'autorise pas l'utilisateur à entrer manuellement une nouvelle valeur.
- **Value :** texte de l'élément sélectionné par l'utilisateur et affiché dans la zone de liste modifiable.

NOTE TECHNIQUE

Si la liste d'éléments ne se trouve pas dans une feuille de calcul, il est possible de les ajouter à la liste à l'aide de la méthode AddItem. Nous y reviendrons au Chapitre 18.

Le contrôle Bouton de commande

Le contrôle Bouton de commande est un simple bouton cliquable. Il ne sert à rien tant que vous ne lui avez pas attribué une procédure d'événement à exécuter lors du clic. La Figure 17.6 montre une boîte de dialogue contenant quelques boutons. Vous remarquerez que deux de ces boutons contiennent une image qui a été insérée par copier/coller dans leur champ Picture.

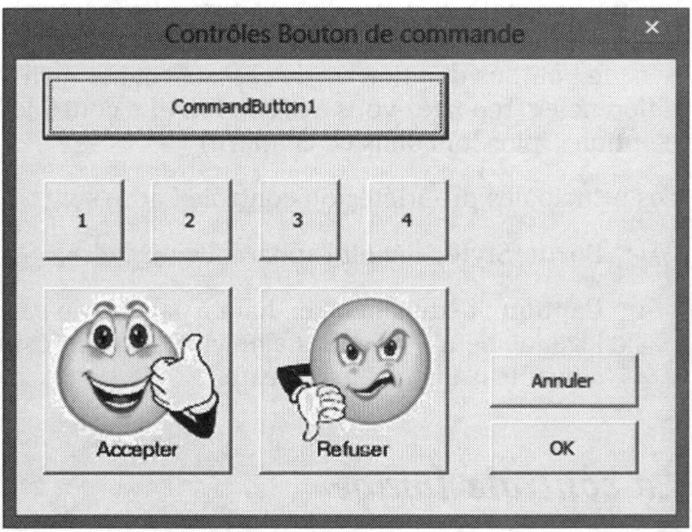

Figure 17.6 : Des contrôles de type Bouton de commande.

Quand un bouton de commande est cliqué, il exécute une macro dont le nom est celui du bouton de commande, suivi d'un signe de soulignement et du mot *Click*. Par exemple, si le nom du contrôle Bouton de commande est CeBouton, cliquer dessus exécutera la macro nommée CeBouton_Click. Cette macro est stockée dans la fenêtre Code de l'objet UserForm.

Voici la description des principales propriétés du contrôle Bouton de commande :

- **Annuler :** si True, appuyer sur Échap exécute la macro associée au bouton. Un seul bouton devrait être associé à cette valeur.
- **Default :** si True, appuyer sur Entrée exécute la macro associée au bouton. À nouveau, un seul bouton devrait être associé à cette valeur.

Le contrôle Cadre

Le contrôle Cadre entoure d'autres contrôles. Vous vous en servirez, soit pour des raisons esthétiques, soit pour regrouper un ensemble de contrôles. Le contrôle Cadre est particulièrement utile lorsque la boîte de dialogue contient plusieurs jeux de boutons d'option ou de cases à cocher qu'il faut différencier (reportez-vous à la section « Le contrôle Bouton d'option », plus loin dans ce chapitre).

Les principales propriétés du contrôle Cadre sont :

- **BorderStyle :** définit l'apparence du cadre.
- **Caption :** texte affiché en haut à gauche du cadre. La légende peut être une chaîne vide si vous désirez que le contrôle n'affiche aucun texte.

Le contrôle Image

Un contrôle Image affiche une image (le contraire eut été étonnant). Vous l'utiliserez par exemple pour afficher le logo de l'entreprise ou personnaliser une boîte de dialogue avec une photo d'identité. La Figure 17.7 montre la photo d'un chaton.

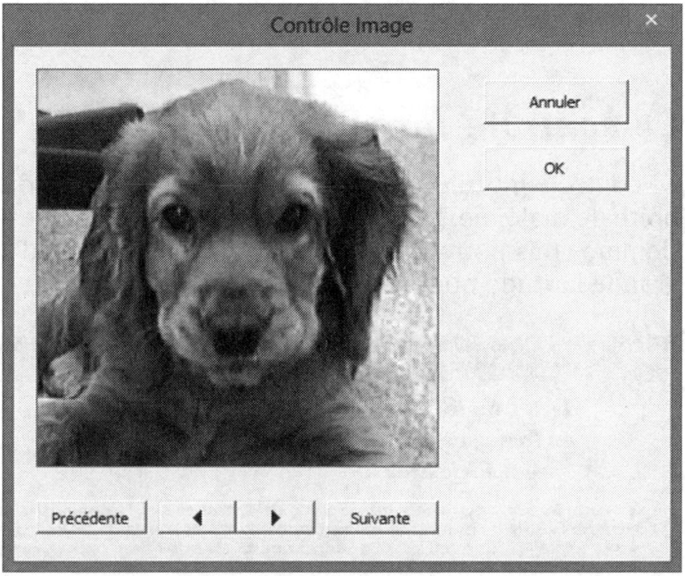

Figure 17.7 : Un contrôle Image peut afficher une photo.

Les principales propriétés du contrôle Image sont :

- **Image :** le fichier d'image à afficher.
- **PictureSizeMode :** le mode d'affichage de l'image si ses dimensions ne sont pas homothétiques avec celles de la fenêtre définie dans la boîte de dialogue.

Quand vous cliquez dans la propriété Image, l'éditeur VBE demande un nom de fichier. L'image choisie est stockée dans le classeur de sorte que, si vous remettez ce classeur à une tierce personne, il n'est pas nécessaire de joindre le fichier graphique.

TRUC

Voici un moyen rapide de configurer la propriété Image : copiez l'image dans le Presse-papiers et sélectionnez Image dans la fenêtre Propriétés. Appuyez ensuite sur Ctrl+V pour coller l'image. Vous pouvez aussi vous servir des boutons du groupe Illustrations, sous l'onglet Insertion, pour choisir une image sur votre disque dur ou sur le Web.

Certaines images peuvent augmenter considérablement la taille du classeur en termes d'octets. C'est pourquoi vous devriez choisir de préférence un fichier d'image dans un format compressé (le format JPEG par exemple).

Le contrôle Intitulé

Le contrôle Intitulé se contente d'afficher du texte dans la boîte de dialogue. La Figure 17.8 en montre quelques-uns. Comme vous pouvez le constater, vous bénéficiez d'une grande latitude pour formater vos textes.

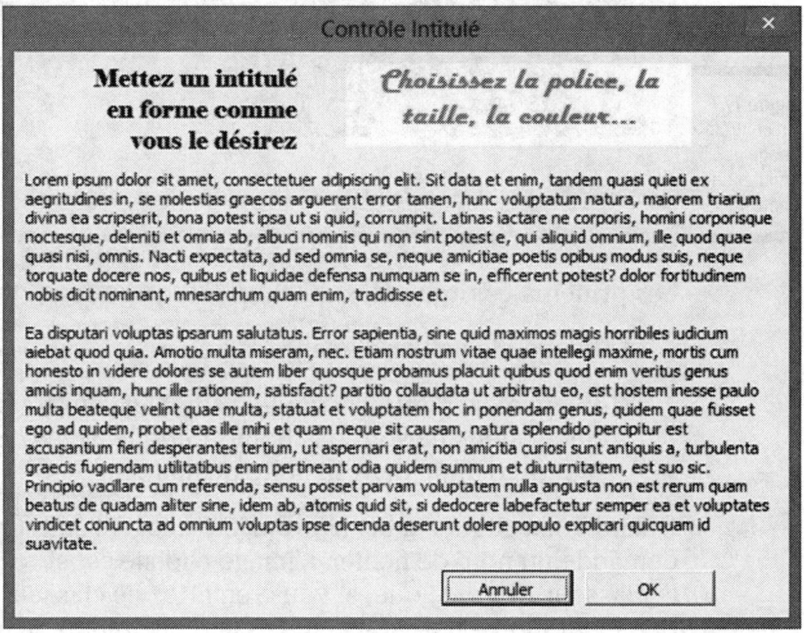

Figure 17.8 : Les contrôles Intitulé autorisent beaucoup de fantaisie.

Le contrôle Zone de liste

Un contrôle Zone de liste présente une liste d'éléments dans laquelle l'utilisateur fait son choix. La Figure 17.9 montre une boîte de dialogue contenant deux contrôles Zone de liste.

Figure 17.9 : Des contrôles Zone de liste.

Les contrôles Zone de liste sont très souples. Vous pouvez par exemple spécifier la plage qui, dans une feuille de calcul, contient les éléments à prendre en compte. Cette plage peut comporter plusieurs colonnes. La liste peut également être produite par du code VBA.

N'OUBLIEZ PAS

Si tous les éléments d'une liste ne peuvent pas être affichés simultanément, une barre de défilement apparaît de manière à ce que l'utilisateur puisse faire défiler la liste.

Voici les principales propriétés d'un contrôle Zone de liste :

- **ControlSource :** cellule contenant la valeur affichée dans la zone de liste.
- **IntegralHeight :** True si la hauteur de la liste doit s'ajuster automatiquement pour afficher la totalité d'une longue ligne de texte lors d'un défilement vertical. Si la valeur est False, le texte est tronqué si nécessaire. Notez que la hauteur réelle de la liste peut légèrement différer de ce que vous avez spécifié lors de sa conception. En fait, Excel ajuste cette hauteur de manière à ce que la dernière entrée soit entièrement visible.
- **ListStyle :** apparence des éléments de la liste.
- **MultiSelect :** autorise ou non l'utilisateur à sélectionner plusieurs éléments dans la liste.
- **RowSource :** plage d'adresses de la feuille de calcul contenant les éléments affichés dans la zone de liste.

- **Value :** texte de l'élément sélectionné par l'utilisateur, tel qu'il est affiché dans la zone de liste.

Si la propriété MultiSelect d'une zone de liste est 1 ou 2, l'utilisateur peut sélectionner plusieurs éléments à la fois. Dans ce cas, la propriété ControlSource ne peut pas être spécifiée. Vous devrez alors écrire une macro qui détermine les éléments sélectionnés. Vous apprendrez à le faire au Chapitre 18.

Le contrôle Multipage

Un contrôle Multipage permet de créer des boîtes de dialogue à onglets. La Figure 17.10 montre une boîte de dialogue personnalisée comportant trois pages, ou onglets.

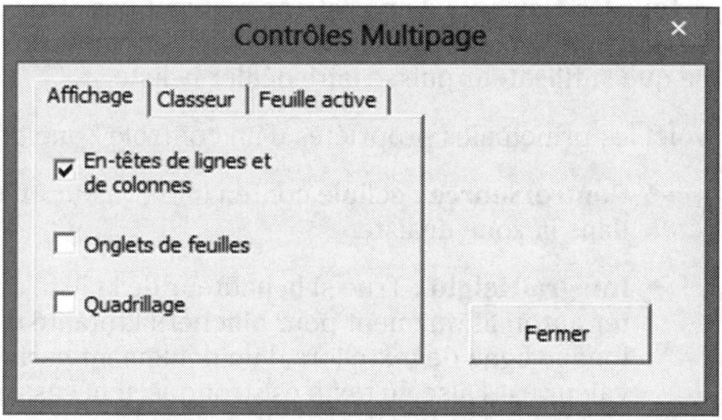

Figure 17.10 : Un contrôle Multipage sert à créer une boîte de dialogue à onglets.

Les principales propriétés d'un contrôle Multipage sont :

- **Style :** définit l'apparence du contrôle. Les onglets peuvent apparaître comme normalement (en haut), ou à gauche, ou sous la forme de boutons ou encore masqués. Dans ce cas, les onglets ne sont pas affichés. La page affichée par défaut est définie par la propriété Value (voir ci-dessous).
- **Value :** définit la page ou onglet à afficher par défaut. La valeur 0 affiche la première page, la valeur 1 la deuxième, et ainsi de suite.

Par défaut, le contrôle Multipage affiche deux pages. Pour en ajouter, cliquez du bouton droit sur un onglet et, dans le menu contextuel, choisissez Nouvelle page. Pour modifier l'ordre des pages, procédez de la même façon, mais choisissez la commande Déplacer.

Le contrôle Bouton d'option

Les boutons d'option sont commodes lorsqu'il s'agit de sélectionner un petit nombre d'éléments. Ils sont toujours utilisés par groupe d'au moins deux. La Figure 17.11 montre deux groupes nommés Destination Rapport et Orientation. L'un permet de choisir la sortie du document (une seule), l'autre l'orientation du papier.

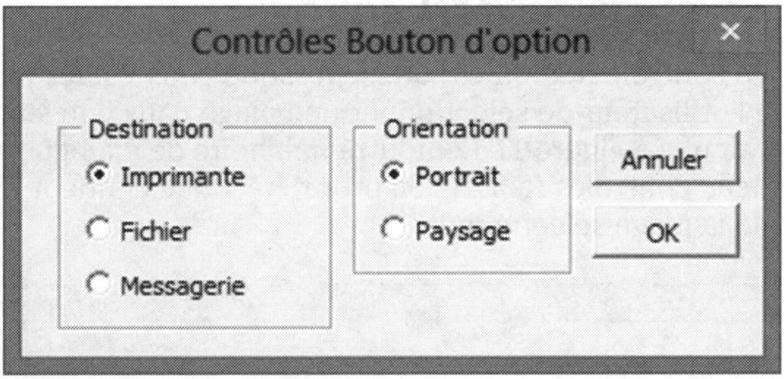

Figure 17.11 : Deux groupes de boutons d'option, entourés chacun par un contrôle Cadre.

Les principales propriétés d'un contrôle Bouton d'option sont :

- **Accelerator :** raccourci utilisé pour sélectionner un bouton. Si la lettre est **c**, appuyer sur Alt+C sélectionne le bouton d'option en question.
- **GroupName :** nom qui indique que le bouton d'option appartient à un même groupe, c'est-à-dire un ensemble de boutons ayant tous le même nom dans la propriété GroupName. Celle-ci permet de définir plusieurs groupes de boutons dans une même boîte de dialogue.

- **ControlSource :** cellule qui, dans la feuille de calcul, est liée au bouton d'option. La cellule affiche VRAI si le bouton est sélectionné et FAUX s'il ne l'est pas.
- **Value :** si True, le bouton d'option est sélectionné. Si False, il ne l'est pas.

N'OUBLIEZ PAS

Si votre boîte de dialogue doit contenir plusieurs ensembles de boutons d'options, vous devrez obligatoirement définir la propriété GroupName de chacun de ces ensembles. Sinon, tous les boutons appartiendraient au même groupe. Si un ensemble de boutons est placé dans un contrôle Cadre, tous les boutons qui en font partie seront automatiquement regroupés.

Le contrôle RefEdit

Le contrôle RefEdit est utilisé lorsque vous voulez permettre à l'utilisateur de sélectionner une plage dans une feuille de calcul. La Figure 17.12 montre une boîte de dialogue dotée de deux contrôles RefEdit. Sa propriété Value contient l'adresse de la plage sélectionnée.

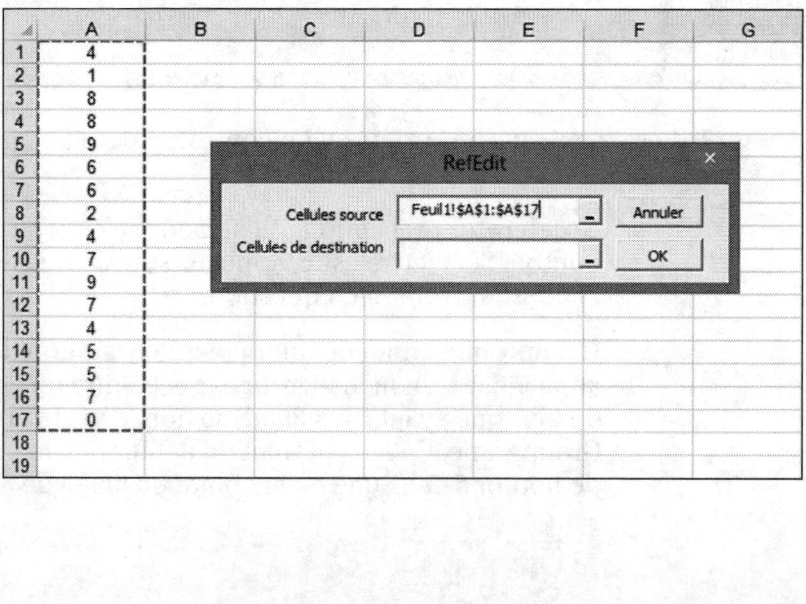

Figure 17.12 : Des contrôles RefEdit.

Le contrôle Barre de défilement

Le contrôle Barre de défilement peut être disposé horizontalement ou verticalement. Il est similaire au contrôle Toupie décrit plus loin, mais la principale différence réside dans la présence d'un curseur de défilement (ou ascenseur) permettant de varier rapidement les valeurs de large amplitude. Autre différence : lorsque vous cliquez sur le bouton du haut dans une barre de défilement, la valeur correspondante décroit.

La Figure 17.13 montre un contrôle Barre de défilement. La valeur est affichée dans un contrôle Intitulé.

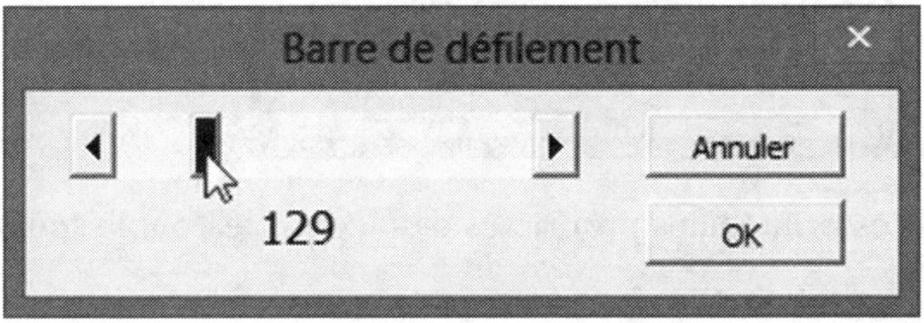

Figure 17.13 : Un contrôle Barre de défilement avec, dessous, un contrôle Intitulé.

Les principales propriétés d'un contrôle Barre de défilement sont :

- **Value :** valeur courante du contrôle.
- **Min :** valeur minimum du contrôle.
- **Max :** valeur maximum du contrôle.
- **ControlSource :** cellule qui, dans la feuille de calcul, affiche la valeur courante du contrôle.
- **SmallChange :** variation de la valeur du contrôle produite par un clic.
- **LargeChange :** variation de la valeur du contrôle produite par un clic sur l'un des boutons d'extrémité.

Le contrôle Barre de défilement sert surtout à spécifier une valeur dans une plage de valeurs de grande amplitude.

Le contrôle Toupie

Le contrôle Toupie permet à l'utilisateur de sélectionner une valeur en cliquant sur l'un de ses deux boutons fléchés (l'un qui augmente la valeur, l'autre qui la réduit). La Figure 17.14 montre une boîte de dialogue comportant deux contrôles Toupie. Les chiffres à droite sont affichés par un contrôle Intitulé. Dans un contexte opérationnel, ils sont liés aux toupies par une procédure VBA.

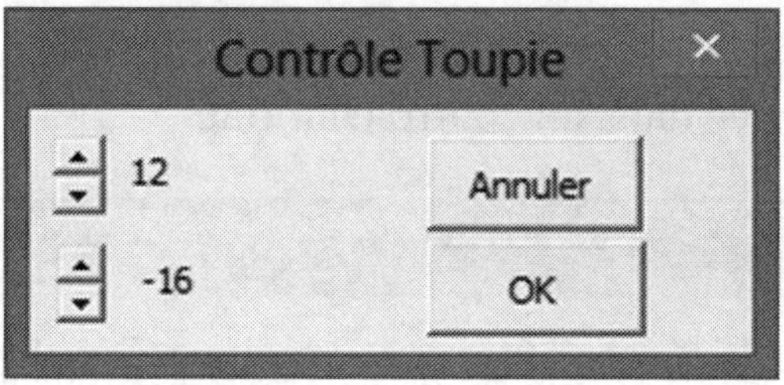

Figure 17.14 : Deux contrôles Toupie.

Les principales propriétés d'un contrôle Toupie sont :

- **Value :** valeur courante du contrôle.
- **Min :** valeur minimum du contrôle.
- **Max :** valeur maximum du contrôle.
- **ControlSource :** cellule qui, dans la feuille de calcul, affiche la valeur courante du contrôle.
- **SmallChange :** variation de la valeur du contrôle produite par un clic. Par défaut, cette valeur est 1, mais vous pouvez en spécifier une autre.

ATTENTION !

Quand vous utilisez la propriété ControlSource d'une toupie, sachez que la feuille de calcul est recalculée chaque fois que la valeur du contrôle change. Par conséquent, si l'utilisateur fait passer la valeur de 0 à 12, la feuille est recalculée 12 fois. Si la feuille est complexe, et donc lente à recalculer, il est recommandé de ne pas stocker la valeur dans la propriété ControlSource.

Le contrôle Onglet

Un contrôle Onglet est similaire au contrôle Multipage, sauf qu'il n'est pas si facile à utiliser. Je me demande même pourquoi ce contrôle est proposé. Vous pouvez l'ignorer et utiliser à la place le contrôle Multipage.

Le contrôle Zone de texte

Un contrôle Zone de texte permet à l'utilisateur d'y placer du texte. La Figure 17.15 montre une boîte de dialogue contenant deux de ces contrôles.

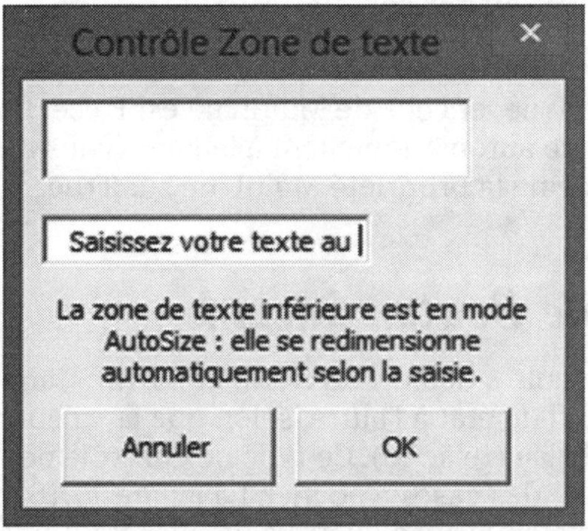

Figure 17.15 : Deux contrôles Zone de texte.

Les principales propriétés d'un contrôle Zone de texte sont :

- **AutoSize :** si True, la zone de texte se redimensionne automatiquement selon la quantité de texte saisie (dans ce mode, le renvoi à la ligne n'est plus géré).
- **ControlSource :** adresse de la cellule contenant le texte affiché dans la zone de texte.
- **IntegralHeight :** si True, la zone de texte s'ajuste automatiquement pour afficher des lignes de texte complètes lors d'un défilement vertical. Si False, des lignes peuvent être tronquées.

- **MaxLength :** nombre maximum de caractères autorisés dans le champ. Si la valeur est zéro, le nombre de caractères est illimité.
- **MultiLine :** si True, la zone de texte peut afficher plusieurs lignes (ne s'applique pas avec la propriété AutoSize).
- **TextAlign :** définit l'alignement du texte dans la zone de texte (à gauche, centré ou à droite).
- **WordWrap :** autorise le renvoi à la ligne automatique (sauf en mode AutoSize).
- **Scrollbars :** permet d'afficher une barre de défilement verticale et/ou horizontale.

TRUC

Quand vous insérez un contrôle Zone de texte, sa propriété Wordwrap est True, et celle de MultiLine est False. Pour que le texte revienne automatiquement à la ligne, vous devez donc mettre vous-même la propriété MultiLine sur True.

Le contrôle Bouton bascule

Un bouton bascule a deux états : actif et inactif. Cliquer dessus fait passer d'un état à l'autre, selon que la valeur est True (enfoncé) ou False (relâché). Ce type de contrôle peut être utilisé à la place des cases à cocher. La Figure 17.16 montre une boîte de dialogue avec quatre contrôles Bouton bascule. Le second est enfoncé.

Je ne me sers jamais de ce contrôle. Je préfère les cases à cocher.

Travailler avec les boîtes de dialogue

Dans cette section, nous verrons comment régler et configurer les contrôles de boîtes de dialogue placées dans un objet UserForm.

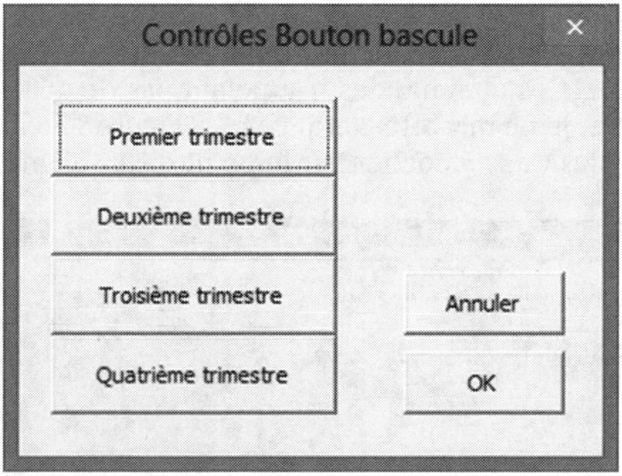

Figure 17.16 : Quatre contrôles Bouton bascule.

Déplacer et redimensionner des contrôles

Une fois un contrôle placé dans une boîte de dialogue, il peut être déplacé et redimensionné à la souris à l'aide des techniques standard. Ou alors, pour un contrôle plus précis, vous entrerez des valeurs exactes dans ses propriétés Height, Width, Left ou Top.

Vous pouvez aussi sélectionner plusieurs contrôles à la fois en cliquant dessus avec la touche Ctrl enfoncée, ou encore sélectionner un groupe de contrôles au lasso. Quand plusieurs contrôles sont sélectionnés, la fenêtre Propriétés n'affiche que leurs propriétés communes. Si vous y changez quelque chose, la nouvelle valeur de propriété s'appliquera à tous les contrôles sélectionnés, ce qui est bien plus rapide que de le faire individuellement.

Un contrôle peut en cacher un autre, car ils sont empilables. À moins d'avoir de bonnes raisons de le faire, éviter de les faire se chevaucher.

Aligner et espacer des contrôles

Dans l'éditeur VBE, le menu Format contient plusieurs commandes qui facilitent l'alignement et l'espacement précis des contrôles dans une boîte de dialogue. Vous devez bien sûr sélectionner préalablement les contrôles auxquels vous les appliquerez. Ces commandes n'appelant pas de commentaires particuliers, je ne m'y attarderai pas. La Figure 17.17 montre des contrôles Case à cocher sur le point d'être alignés.

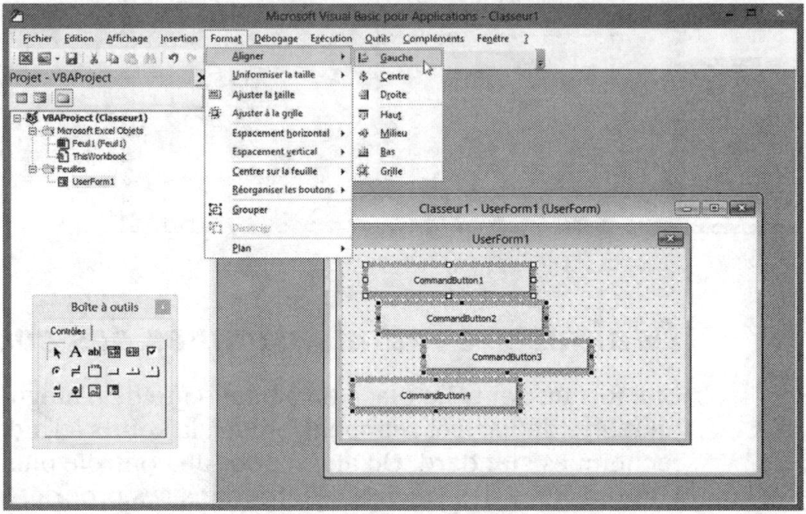

Figure 17.17 : Choisissez la commande Format > Aligner pour disposer impeccablement les contrôles dans l'objet UserForm.

TRUC

Quand vous sélectionnez plusieurs contrôles, le dernier est entouré de poignées blanches, au lieu des habituelles poignées noires. Le contrôle avec les poignées blanches est celui sur lequel se basent les commandes d'alignement et de redimensionnement du menu Format.

Penser au clavier

Beaucoup d'utilisateurs – j'en fais partie – préfèrent parcourir les boîtes de dialogue à l'aide des touches du clavier : appuyer sur Tab et sur Maj+Tab fait parcourir les contrôles dans un sens ou dans un autre, et appuyer sur un raccourci active instantanément le contrôle en question.

Pour que vos boîtes de dialogue fassent le bonheur des utilisateurs du clavier, vous devez penser à deux choses :

- L'ordre de tabulation.
- Les touches de raccourci.

Changer l'ordre de tabulation

L'ordre de tabulation définit l'ordre dans lequel les contrôles sont activés lorsque l'utilisateur appuie sur Tab ou sur Maj+Tab. Il définit aussi le contrôle qui a le *focus* initial, c'est-à-dire le contrôle actif par défaut lorsque la boîte de dialogue vient d'apparaître. Par exemple, lorsqu'un utilisateur entre du texte dans un contrôle Zone de texte, c'est celui-ci qui a le focus. Si l'utilisateur clique sur un contrôle Bouton d'option, c'est le bouton d'option qui a le focus. Dans l'ordre de tabulation, c'est le premier contrôle qui a le focus lorsqu'Excel ouvre une boîte de dialogue.

Pour définir l'ordre de tabulation, choisissez Affichage > Ordre de tabulation. Vous pouvez aussi cliquer du bouton droit dans la boîte de dialogue et choisir Ordre de tabulation dans le menu contextuel. Dans les deux cas, l'éditeur VBE affiche la boîte de dialogue Ordre de tabulation que montre la Figure 17.18.

La boîte de dialogue Ordre de tabulation contient la liste de tous les contrôles définis dans l'objet UserForm. L'ordre de

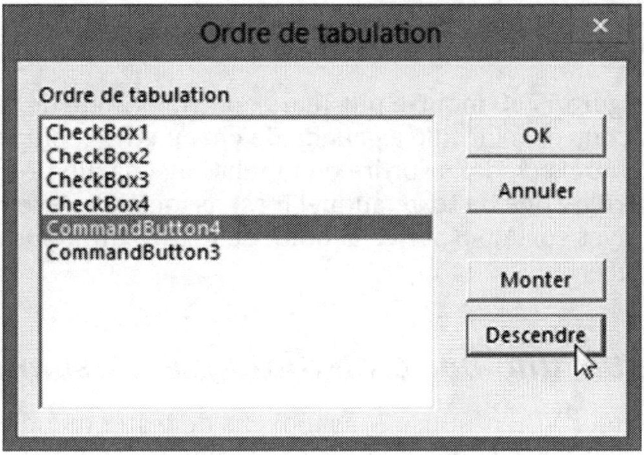

Figure 17.18 : Cette boîte de dialogue régit l'ordre des tabulations.

tabulation correspond à l'ordre des éléments de la liste. Pour le modifier, sélectionnez un contrôle puis cliquez sur l'un des boutons Monter ou Descendre. Il est possible d'en déplacer plusieurs à la fois, en les sélectionnant par les techniques habituelles : touche Maj ou Ctrl enfoncée.

Plutôt que d'utiliser la boîte de dialogue Ordre de tabulation, vous pouvez définir l'ordre d'un contrôle directement dans la fenêtre Propriétés. La propriété TabIndex du premier est 0. Pour ôter un contrôle de l'ordre des tabulations, mettez la propriété TabStop sur False.

Certains contrôles, comme Cadre et Multipage, sont des conteneurs d'autres contrôles. Ces derniers ont leur propre ordre de tabulation. Pour définir celui d'un groupe de boutons d'option à l'intérieur d'un cadre, sélectionnez le contrôle Cadre avant de choisir la commande Afficher > Ordre de tabulation.

Définir des raccourcis

Normalement, vous définirez un raccourci pour chacune des commandes d'une boîte de dialogue en spécifiant la lettre voulue dans la propriété Accelerator du contrôle. Si un contrôle ne possède pas cette propriété (c'est le cas du contrôle Zone de texte), vous pouvez cependant définir un accès direct par une touche en utilisant un contrôle Intitulé : ce dernier ayant reçu la lettre du raccourci. Placez le contrôle Intitulé juste avant le contrôle Zone de texte, dans l'ordre de tabulation.

La Figure 17.19 montre plusieurs contrôles Zone de texte. Les contrôles Intitulé à gauche de chacun d'eux ont reçu des raccourcis et, dans l'ordre de tabulation, chacun précède le contrôle Zone de texte auquel il est associé. Par exemple, appuyer sur Alt+S active la boîte de texte à droite de l'intitulé Service.

Tester une boîte de dialogue personnalisée

L'éditeur VBE propose trois moyens de tester un objet UserForm sans devoir l'appeler par une procédure :

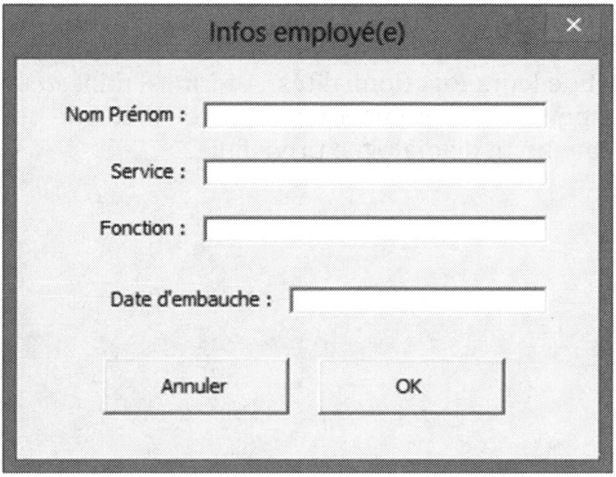

Figure 17.19 : Les contrôles Intitulé produisent un accès direct aux contrôles dépourvus de touche de raccourci.

- En choisissant la commande Exécution > Exécuter Sub/UserForm.
- En appuyant sur F5.
- En cliquant, dans la barre d'outils, sur le bouton Exécuter Sub/UserForm.

Quand une boîte de dialogue est ainsi affichée, vous pouvez aussi tester l'ordre de tabulation ainsi que les raccourcis.

L'esthétique des boîtes de dialogue

Une boîte de dialogue peut être réalisée avec beaucoup de goût, moche à en hurler, ou entre les deux. Une boîte de dialogue bien conçue est rationnelle et lisible. Une boîte de dialogue bâclée, avec des éléments disposés n'importe comment, est confuse et ne donne pas envie de l'utiliser. Elle donne surtout l'impression que son auteur n'était pas à la hauteur.

Efforcez-vous de limiter le nombre de contrôles dans vos formulaires. Si vous avez vraiment besoin d'en placer beaucoup : une dizaine au maximum, si possible. Tâchez de les répartir logiquement à l'intérieur d'un contrôle Multipage.

Pour réaliser de belles boîtes de dialogue, inspirez-vous de celles d'Excel. L'expérience aidant, vous pourrez reproduire la plupart de leurs fonctionnalités. À terme, l'utilisateur devrait ne pas pouvoir différencier une boîte de dialogue personnalisée d'une boîte de dialogue prédéfinie.

Chapitre 18

Techniques et conseils pour les objets UserForm

Dans ce chapitre :

- Boîte de dialogue : un exemple prêt à l'emploi.
- Travailler avec les contrôles Zone de liste.
- Laisser l'utilisateur sélectionner une plage à partir d'une boîte de dialogue personnalisée.
- Afficher une barre de progression.
- Créer une boîte de dialogue restant au premier plan.
- Afficher un graphique dans une boîte de dialogue.
- La check-list pour la création des boîtes de dialogue.

Les chapitres précédents vous ont expliqué comment insérer un objet UserForm (qui contient une boîte de dialogue personnalisée), comment y placer des contrôles et comment configurer certaines de leurs propriétés. Ces connaissances ne sont cependant que de peu d'utilité si vous ne savez pas comment exploiter vos boîtes de dialogue grâce à du code VBA. C'est le propos de ce chapitre, qui présente quelques techniques et conseils intéressants.

Utiliser les boîtes de dialogue

Quand vous utilisez une boîte de dialogue dans votre application, vous écrivez en principe du code VBA pour :

- Initialiser des contrôles de l'objet UserForm. Vous écrirez par exemple du code qui définit les valeurs par défaut de ces contrôles.
- Afficher la boîte de dialogue avec la méthode Show de l'objet UserForm.
- Écrire des procédures d'événement pour les divers contrôles, comme par exemple le fait de cliquer sur un bouton de commande.
- Valider la ou les informations fournies par l'utilisateur, s'il n'a pas cliqué sur Annuler. Cette étape n'est pas toujours nécessaire.
- Entreprendre des actions à partir des informations fournies par l'utilisateur, si elles sont valides.

Un exemple d'objet UserForm

TRUC

Les exemples de ce chapitre se trouvent dans le fichier téléchargeable depuis le site `www.pourlesnuls.fr`.

L'exemple qui suit met en œuvre les cinq points mentionnés dans la section précédente. Vous utiliserez ici une boîte de dialogue chargée de recueillir deux informations : le nom d'une personne et son sexe. La boîte de dialogue utilise un contrôle Zone de texte pour la saisie du nom et trois boutons pour l'indication du sexe (Masculin, Féminin, Inconnu). L'information collectée par la boîte de dialogue sera automatiquement placée dans la prochaine ligne vide de la feuille de calcul.

Création de la boîte de dialogue

La Figure 18.1 montre la boîte de dialogue terminée. Pour travailler dans les meilleures conditions, ouvrez un nouveau classeur ne comportant qu'une seule feuille de calcul.

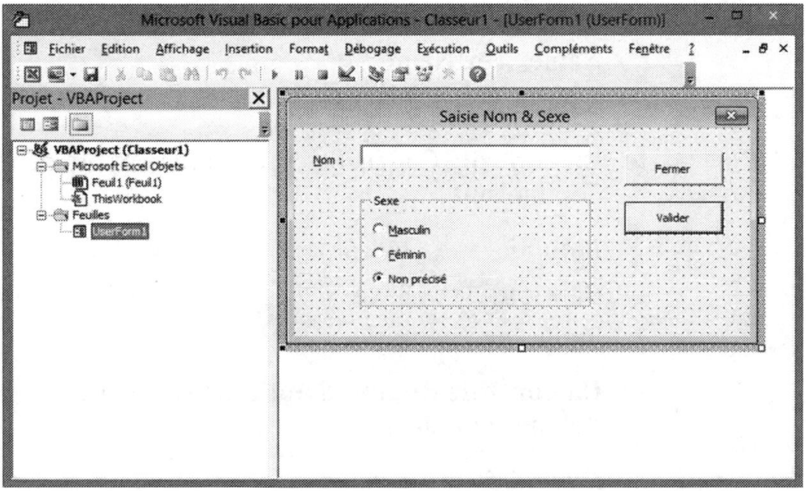

Figure 18.1 : Cette boîte de dialogue demande à l'utilisateur d'entrer un nom et de préciser le sexe.

1. **Appuyez sur Alt+F11 pour activer l'éditeur VBE.**
2. **Dans la fenêtre Projet, sélectionnez le classeur vide puis choisissez Insertion > UserForm.**

   Un objet UserForm vide est ajouté au projet.
3. **Dans la propriété Caption de l'objet UserForm, tapez** Saisie Nom et sexe**.**

   Si la fenêtre Propriétés n'est pas affichée, appuyez sur F4.

La boîte de dialogue comporte huit contrôles :

- **Un contrôle Intitulé.** Ses propriétés ont été définies comme suit :

Propriété	*Valeur*
Accelerator	N
Caption	Nom
TabIndex	0

- **Un contrôle Zone de texte.** Ses propriétés ont été définies comme suit :

Propriété	*Valeur*
Name	TextName
TabIndex	1

- **Un contrôle Cadre.** Ses propriétés ont été définies comme suit :

Propriété	*Valeur*
Caption	Sexe
TabIndex	2

- **Un contrôle Bouton d'option.** Ses propriétés ont été définies comme suit :

Propriété	*Valeur*
Accelerator	M
Caption	Masculin
Name	OptionMale
TabIndex	0

- **Un autre contrôle Bouton d'option.** Ses propriétés ont été définies comme suit :

Propriété	*Valeur*
Accelerator	F
Caption	Féminin
Name	OptionFemale
TabIndex	1

- **Encore un contrôle Bouton d'option.** Ses propriétés ont été définies comme suit :

Propriété	*Valeur*
Accelerator	I
Caption	Inconnu
Name	OptionUnknown
TabIndex	2
Value	True

- **Un contrôle Bouton de commande.** Ses propriétés ont été définies comme suit :

Propriété	*Valeur*
Caption	Valider
Default	True
Name	EnterButton
TabIndex	3

- **Un autre contrôle Bouton de commande.** Ses propriétés ont été définies comme suit :

Propriété	*Valeur*
Caption	Fermer
Cancel	True
Name	CloseButton
TabIndex	4

Si vous faites cet exercice – ce qui est vivement recommandé –, prenez la peine de créer un UserForm identique à celui-ci. Veillez à créer l'objet Cadre avant de placer les boutons d'option.

TRUC

Il est parfois plus commode de copier un contrôle plutôt que d'en créer un nouveau. Pour cela, tirez le contrôle en maintenant la touche Ctrl enfoncée.

Code pour afficher la boîte de dialogue

Après avoir ajouté des contrôles à l'objet UserForm, vous devrez écrire un peu de code VBA pour afficher la boîte de dialogue :

1. **Dans l'éditeur VBE, choisissez Insertion > Module.**
2. **Entrez la macro suivante :**

```
Sub ObtenirInfos()
    UserForm1.Show
End Sub
```

Cette courte procédure utilise la méthode Show de l'objet UserForm pour afficher la boîte de dialogue.

Rendre la macro disponible

La phase suivante – indispensable pour exécuter la procédure – est des plus faciles :

1. **Activez Excel.**
2. **Dans le groupe Contrôles de l'onglet Développeur, cliquez sur le bouton Insérer.**
3. **Faites glisser le pointeur sur la feuille de calcul pour créer un bouton d'option.**

   La boîte de dialogue Affecter une macro apparaît.

4. **Affectez la macro GetData au bouton.**
5. **Éditez la légende du bouton d'option pour afficher par exemple Saisie des données.**

Si vous en avez envie, vous pouvez ajouter votre macro à la barre d'outils Accès rapide, comme expliqué dans le prochain chapitre.

Essayer la boîte de dialogue

Procédez comme suit pour tester la boîte de dialogue :

1. **Dans la feuille de calcul, cliquez sur le bouton Saisie des données.**

   La boîte de dialogue de la Figure 18.2 apparaît.

2. **Tapez du texte dans le champ de saisie.**
3. **Cliquez sur Valider ou sur Fermer.**

   Il ne se passe rien, ce qui est compréhensible, car, pour le moment, vous n'avez créé aucune procédure.

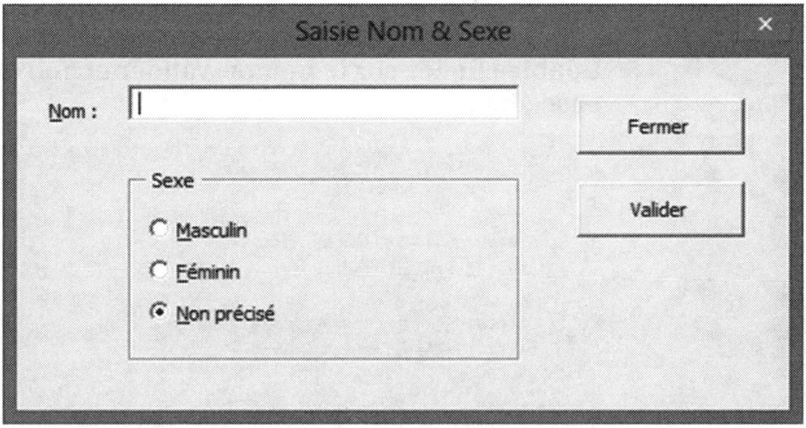

Figure 18.2 : L'exécution de la procédure GetData affiche cette boîte de dialogue.

4. **Cliquez sur la case de fermeture, dans la barre de titre, pour faire disparaître la boîte de dialogue.**

Ajouter des procédures d'événement

Dans cette section, vous découvrirez comment écrire des procédures qui régissent les événements qui se produisent lorsque la boîte de dialogue est affichée.

1. **Appuyez sur Alt+F11 pour activer l'éditeur VBE. Assurez-vous que l'objet UserForm est affiché.**

2. **Double-cliquez sur le contrôle Fermer.**

   L'éditeur VBE active la fenêtre Code de l'objet UserForm et fournit une procédure vide nommée CloseButton_Click.

3. **Modifiez la procédure comme suit :**

```
Private Sub CloseButton_Click()
    Unload UserForm1
End Sub
```

   Cette procédure, exécutée lorsque l'utilisateur clique sur le bouton Fermer, décharge la boîte de dialogue de la mémoire. Autrement, elle la ferme.

4. **Appuyez sur Maj+F7 pour réafficher l'objet UserForm.**

5. **Double-cliquez sur le bouton Valider et entrez cette procédure :**

```
Private Sub EnterButton_Click()
    Dim NextRow As Long

'   S'assure que Feuil1 est active
    Sheets("Feuil1").Activate

'   Détermine la prochaine ligne vide
    NextRow = Application.WorksheetFunction. _
       CountA(Range("A:A")) + 1

'   Transfère le nom
    Cells(NextRow, 1) = TextName.Text

'   Transfère le sexe
    If OptionMale Then Cells(NextRow, 2) = "Masculin"
    If OptionFemale Then Cells(NextRow, 2) = "Féminin"
    If OptionUnknown Then Cells(NextRow, 2) = "Inconnu"

'   Efface les contrôles pour la saisie suivante
    TextName.Text = ""
    OptionUnknown = True
    TextName.SetFocus
End Sub
```

6. **Activez à présent Excel et redémarrez la procédure en cliquant sur le bouton Saisie des données.**

   La boîte de dialogue fonctionne parfaitement. La Figure 18.3 la montre en action.

Voici comment ce programme fonctionne :

- La procédure commence par s'assurer que la feuille de calcul correcte, Feuil1 en l'occurrence, est active.
- Elle utilise ensuite la fonction Excel COUNTA pour compter le nombre d'entrées présentes dans la colonne A et découvrir la prochaine cellule vide qui s'y trouve.
- La procédure transfère ensuite le contenu de la zone de texte dans la colonne A.

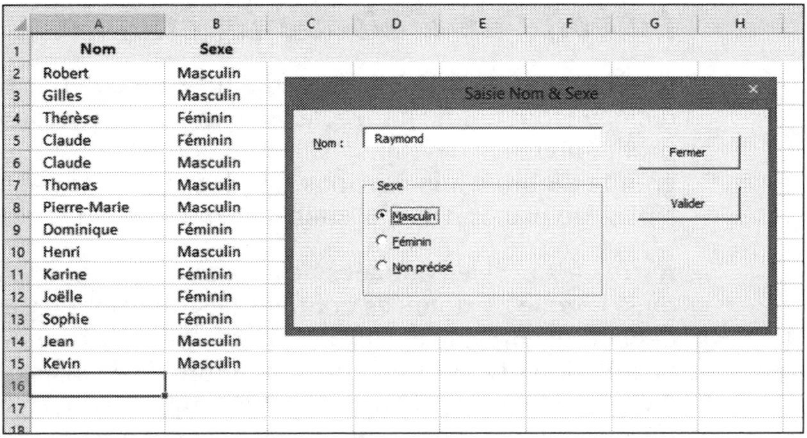

Figure 18.3 : Saisie de données à l'aide d'une boîte de dialogue personnalisée.

- Une série d'instructions If détermine ensuite le bouton d'option qui a été sélectionné et place la chaîne de caractères – Masculin, Féminin ou Inconnu – dans la colonne B.
- Enfin, la boîte de dialogue est réinitialisée pour la prochaine saisie. Remarquez que le clic sur le bouton Valider ne ferme pas la boîte de dialogue. Pour mettre fin à la saisie des données, il faut cliquer sur Fermer.

Valider les données

Essayez cette routine et vous constaterez que la macro pose un petit problème : rien ne garantit qu'un nom ait été tapé dans la zone de texte. Le code qui suit doit être inséré dans la procédure EnterButton_click, avant le transfert du nom dans la feuille de calcul. Il s'assure que la zone de texte n'est pas vide. Si c'est le cas, un message est affiché et la routine s'arrête :

```
'   Vérifie qu'un nom a été entré
    If TextName.Text = "" Then
        MsgBox "Vous devez entrer un nom."
        Exit Sub
    End If
```

La boîte de dialogue fonctionne

Après avoir procédé à cette petite mise au point, la boîte de dialogue fonctionne impeccablement. Dans un contexte de production, elle devrait sans aucun doute collecter un plus grand nombre d'informations. Le principe est le même. Il vous suffira de placer d'autres contrôles dans l'objet UserForm.

Autre chose. Si les données ne commencent pas à la ligne 1, ou si la zone de données contient des rangées vierges, le décompte enregistré dans la variable NextRow sera erroné. La fonction COUNTA compte le nombre de cellules présentes dans la colonne A, et son utilisation suppose qu'il n'y a pas d'emplacement vide au-dessus du dernier nom présent dans la colonne. Voici un autre moyen de procéder pour déterminer la dernière ligne vide :

```
NextRow = Cells(Rows.Count, 1).End(xlUp).Row + 1
```

Cette instruction simule l'activation de la dernière cellule dans la colonne A, un appui sur la touche Fin, puis sur la flèche vers le haut, et enfin un déplacement d'une cellule vers le bas. Si vous effectuez ces actions manuellement, vous constaterez que vous obtenez bien le résultat voulu, même si les données ne commencent pas à la première ligne de la colonne A, et même si certaines cellules intermédiaires sont vides.

D'autres d'exemples d'objets UserForm

Un livre bien épais pourrait être consacré aux techniques de création des boîtes de dialogue personnalisées. Mais, comme nous n'avons pas la pagination nécessaire pour proposer ce gros pavé, nous nous en tiendrons à quelques exemples significatifs.

Un exemple de Zone de liste

Les zones de liste sont d'intéressants contrôles, mais les créer s'avère parfois délicat. Avant d'afficher une telle boîte de dialogue, la liste devra contenir des éléments. L'utilisateur en sélectionnera un avant de fermer la boîte de dialogue.

Pour créer une Zone de liste, vous devez connaître les propriétés et méthodes suivantes :

- **AddItem :** cette méthode sert à ajouter un élément à la zone de liste.
- **ListCount :** cette propriété retourne le nombre d'éléments de la zone de liste.
- **ListIndex :** cette propriété retourne le numéro d'index de l'élément sélectionné ou définit le numéro d'index de l'élément sélectionné (une seule sélection à la fois). Le numéro d'index du premier élément de la liste est 0 (et non 1).
- **MultiSelect :** cette propriété autorise ou non l'utilisateur à sélectionner plus d'un élément dans la zone de liste.
- **RemoveAllItems :** cette méthode supprime tous les éléments d'une zone de liste.
- **Selected :** cette propriété retourne un tableau indiquant les éléments sélectionnés (applicable seulement à une sélection multiple).
- **Value :** cette propriété retourne l'élément sélectionné dans une zone de liste.

La plupart des méthodes et des propriétés d'un contrôle Zone de liste s'appliquent aussi aux contrôles Zone de liste modifiable.

Remplir une zone de liste

Pour faire simple, commencez avec un classeur vide. L'exemple qui suit présume que :

- Vous avez inséré un objet UserForm.
- L'objet UserForm contient un contrôle Zone de liste nommé par défaut LitsBox1.

- L'objet UserForm contient un contrôle Bouton de commande nommé OKButton.
- L'objet UserForm contient un contrôle Bouton de commande nommé CancelButton, auquel la procédure d'événement suivante a été ajoutée :

```
Private Sub CancelButton_Click()
    Unload UserForm1
End Sub
```

La procédure suivante est stockée dans la procédure d'événement Initialize de l'objet UserForm :

1. **Sélectionnez l'objet UserForm et appuyez sur F7.**

   L'éditeur VBE affiche la fenêtre Code de votre UserForm, prête à recevoir le code pour l'événement Initialize.

2. **Déployez la liste Procédure, en haut de la fenêtre Code, et choisissez Initialize.**

3. **Ajoutez le code d'initialisation pour l'objet UserForm :**

```
Sub UserForm_Initialize()
'   Remplissage la zone de liste
    With ListBox1
        .AddItem "Janvier"
        .AddItem "Février"
        .AddItem "Mars"
        .AddItem "Avril"
        .AddItem "Mai"
        .AddItem "Juin"
        .AddItem "Juillet"
        .AddItem "Août"
        .AddItem "Septembre"
        .AddItem "Octobre"
        .AddItem "Novembre"
        .AddItem "Décembre"
    End With

'   Sélection du premier élément de la liste
    ListBox1.ListIndex = 0
End Sub
```

   Cette routine d'initialisation est automatiquement démarrée chaque fois que l'objet UserForm est chargé.

C'est pourquoi, lorsque la méthode Show de l'objet UserForm est utilisée, ce code est aussitôt exécuté et la liste remplie par douze éléments, chacun étant ajouté par la méthode AddItem.

4. **Pour pouvoir afficher la boîte de dialogue, créez un module VBA contenant cette courte procédure :**

```
Sub ShowList()
    UserForm1.Show
End Sub
```


Déterminer l'élément sélectionné

Le code qui précède se contente d'afficher une boîte de dialogue contenant une zone de liste présentant les mois de l'année. Il manque une procédure permettant de connaître le mois sélectionné.

Ajoutez le code ci-dessous à la procédure OKButton_Click :

```
Private Sub OKButton_Click()
    Dim Msg As String
    Msg = "Vous avez sélectionné l'élément n° "
    Msg = Msg & ListBox1.ListIndex
    Msg = Msg & vbNewLine
    Msg = Msg & ListBox1.Value
    MsgBox Msg
    Unload UserForm1
End Sub
```

Cette procédure affiche une boîte de message indiquant le numéro d'ordre de l'élément sélectionné ainsi que son nom, comme l'illustre la Figure 18.4.

NOTE TECHNIQUE

Le numéro du premier élément d'une liste est 0, et non 1. C'est toujours ainsi, même si vous utilisez l'instruction Option Base 1 pour changer cette valeur de départ.

Définir des sélections multiples

Si la zone de liste a été configurée de manière à ce que l'utilisateur puisse sélectionner plusieurs éléments, vous vous aper-

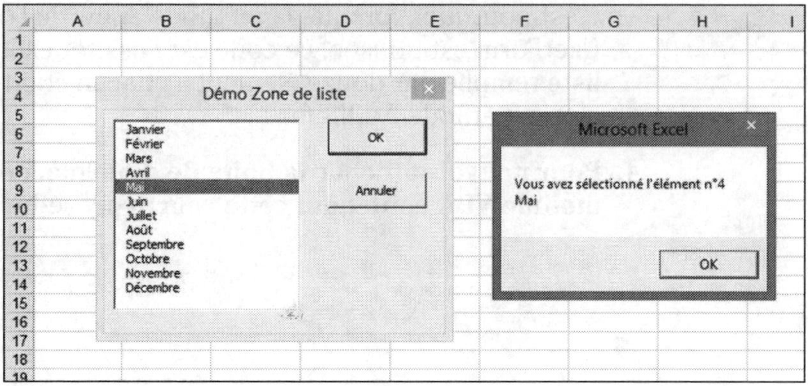

Figure 18.4 : Détermination du numéro de l'élément sélectionné dans la zone de liste.

cevrez que la propriété ListIndex ne retourne que le dernier élément choisi. Pour conserver tous les éléments sélectionnés, vous devrez utiliser la propriété Selected, qui contient un tableau.

N'OUBLIEZ PAS

Pour autoriser des sélections multiples dans une zone de liste, la propriété MultiSelect doit être sur 1 ou sur 2. Ce choix s'effectue lors de la phase de conception, dans la fenêtre Propriétés, en ajoutant une instruction de ce type :

```
UserForm1.ListBox1.MultiSelect = 1
```

La propriété MultiSelect accepte les trois paramètres qui figurent dans le Tableau 18.1.

Tableau 18.1 : Les paramètres de la propriété MultiSelect.

Valeur	Constante VBA	Description
0	fmMultiSelectSingle	Un seul élément peut être sélectionné.
1	fmMultiSelectMulti	Cliquer sur un élément ou appuyer sur la touche Espace sélectionne ou désélectionne un élément de la liste.
2	fmMultiSelectExtended	Les éléments sont ajoutés ou ôtés du jeu de sélection de la manière traditionnelle : en maintenant la touche Maj ou Ctrl enfoncée lorsque vous cliquez dessus.

La procédure ci-dessous affiche un message répertoriant tous les éléments sélectionnés dans la Zone de liste (voir la Figure 18.5).

```
Private Sub OKButton_Click()
    Dim Msg As String
    Dim i As Integer
    Dim Counter As Integer
    Msg = "Vous avez sélectionné :" & vbNewLine
    For i = 0 To ListBox1.ListCount - 1
        If ListBox1.Selected(i) Then
            Counter = Counter + 1
            Msg = Msg & ListBox1.List(i) & vbNewLine
        End If
    Next i
    If Counter = 0 Then Msg = Msg & "(rien)"
    MsgBox Msg
    Unload UserForm1
End Sub
```

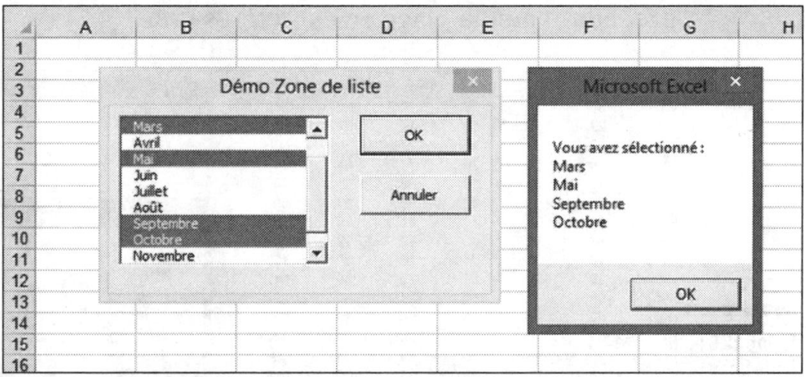

Figure 18.5 : Le paramétrage de la propriété MultiSelect permet de sélectionner plusieurs éléments dans une liste.

Dans cette routine, une boucle For-Next permet de parcourir chacun des éléments de la Zone de liste. Remarquez qu'elle démarre à 0 (le premier élément) et se termine au dernier, déterminé par la valeur de la propriété ListCount moins 1. Si la propriété Selected d'un élément est True, cela signifie qu'il est sélectionné. Le code utilise également une variable (Counter) pour conserver la trace du nombre d'éléments sélectionnés. Une instruction If-Then traite le cas où rien n'a été sélectionné.

TRUC

Cet exemple est téléchargeable.

Sélectionner une plage

Dans certains cas, l'utilisateur devra pouvoir sélectionner une plage de cellules pendant que la boîte de dialogue est affichée. Un exemple classique de cette situation est illustré par la deuxième étape de l'Assistant Graphique : il détermine par lui-même la plage à représenter graphiquement, mais l'utilisateur est libre d'en définir une autre directement dans la boîte de dialogue.

Pour permettre de sélectionner une plage au travers d'une boîte de dialogue, vous devrez utiliser un contrôle RefEdit. L'exemple qui suit affiche une boîte de dialogue contenant l'adresse de la sélection définie par le contrôle RefEdit, comme le montre la Figure 18.6. Cette région est un bloc de cellules non vides contenant la cellule active. L'utilisateur peut accepter ou modifier cette plage. Après avoir cliqué sur OK, la procédure met la plage en caractères gras.

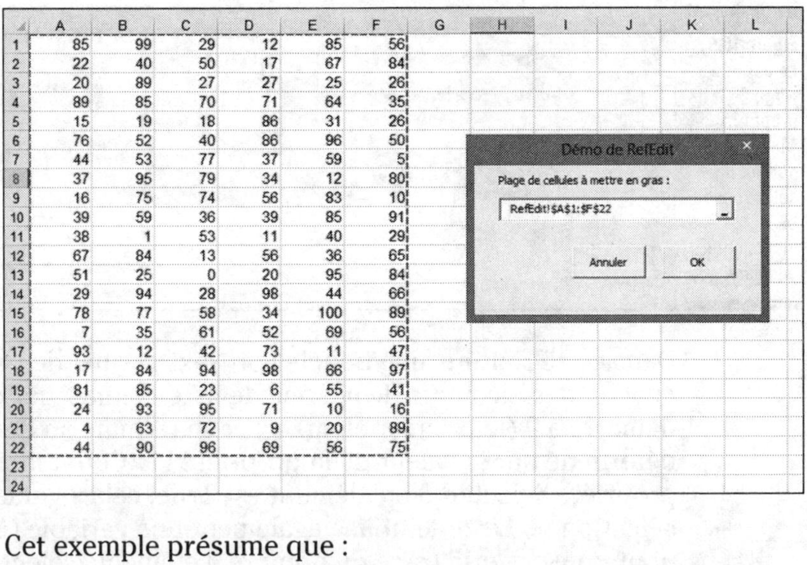

Figure 18.6 : Cette boîte de dialogue permet à l'utilisateur de sélectionner une plage de cellules.

Cet exemple présume que :

- Vous avez créé un objet UserForm nommé UserForm1.
- L'objet UserForm contient un contrôle Bouton de commande nommé OKButton.

- L'objet UserForm contient un contrôle Bouton de commande nommé CancelButton.
- L'objet UserForm contient un contrôle RefEdit nommé RefEdit1.

Le code ci-dessous, stocké dans un module VBA, effectue deux actions : il initialise la boîte de dialogue en assignant l'adresse de la zone courante au contrôle RefEdit et il affiche ensuite l'objet UserForm.

```
Sub BoldCells()
'   Quitte si ce n'est pas une feuille de calcul
    If TypeName(ActiveSheet) <> "Worksheet" Then Exit Sub

'   Sélectionne la région courante
    ActiveCell.CurrentRegion.Select

'   Initialise le contrôle RefEdit
    UserForm1.RefEdit1.Text = Selection.Address

'   Affiche la boîte de dialogue
    UserForm1.Show
End Sub
```

La procédure suivante est exécutée lorsque le bouton OK est cliqué. Elle procède à une simple vérification pour s'assurer que la plage spécifiée dans le contrôle RefEdit est valide.

```
Private Sub OKButton_Click()
    On Error GoTo BadRange
    Range(RefEdit1.Text).Font.Bold = True
    Unload UserForm1
    Exit Sub
BadRange:
    MsgBox "La plage spécifiée n'est pas valide."
End Sub
```

Lorsqu'une une erreur se produit, le plus souvent à cause d'une spécification de plage erronée dans le contrôle RefEdit, le code se branche à l'étiquette BadRange puis une boîte de message est affichée. La boîte de dialogue reste ouverte afin que l'utilisateur puisse sélectionner une autre plage.

TRUC

Si récupérer une plage définie par l'utilisateur est la *seule* fonction effectuée par votre boîte de dialogue, vous pouvez simplifier la situation en faisant appel à la méthode InputBox de l'objet Application. Voyez à ce sujet le Chapitre 15.

Utiliser plusieurs groupes de boutons d'option

La Figure 18.7 montre une boîte de dialogue personnalisée comportant trois groupes de boutons d'option. Chacun doit fonctionner indépendamment des autres. Pour ce faire, vous avez le choix entre deux approches :

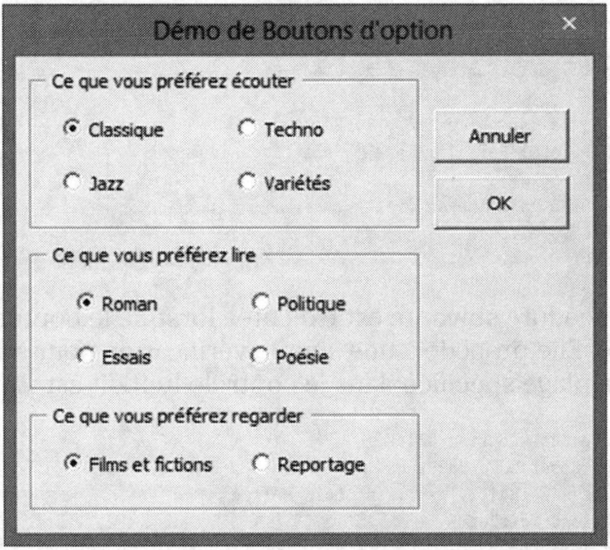

Figure 18.7 : Cette boîte de dialogue contient trois groupes de boutons.

- Placer chaque ensemble de contrôles Bouton d'option dans un contrôle Cadre. Cette approche est recommandée, car, en plus, elle améliore la présentation de la boîte de dialogue. Il est plus facile de créer le cadre en premier. Des boutons d'option déjà existants peuvent cependant être glissés et déposés dans un cadre.
- Attribuer, dans la propriété GroupName, un même nom aux contrôles Bouton d'option appartenant à un même ensemble. Si les boutons sont réunis dans un contrôle

Cadre, vous n'avez pas besoin de préciser la propriété GroupName.

N'OUBLIEZ PAS

Dans un groupe, un seul bouton d'option peut avoir sa propriété Value mise sur True. C'est cela, en effet, qui spécifie le bouton actif par défaut, dans la boîte de dialogue. Cette propriété est définie dans la fenêtre Propriété du bouton ou par cette instruction VBA :

```
UserForm1.OptionButton1.Value = True
```


Utiliser les contrôles Toupie et Zone de texte

Un contrôle Toupie permet à l'utilisateur de spécifier un nombre en cliquant sur des boutons fléchés. Une option consiste à utiliser un contrôle Intitulé, mais elle présente un inconvénient : l'impossibilité, pour l'utilisateur, de taper la valeur désirée dans un champ de saisie. Un meilleur choix consiste à recourir à une zone de texte.

Un contrôle Toupie et un contrôle Zone de texte forment une paire naturelle, courante dans Excel (jetez un coup d'œil à la boîte de dialogue Imprimer pour en voir quelques-unes). Idéalement, ces deux contrôles doivent être associés : si l'utilisateur clique sur un bouton de la toupie, la valeur est affichée dans la zone de texte. Et s'il tape la valeur directement dans la zone de texte, la toupie doit l'indiquer. La Figure 18.8 montre une boîte de dialogue montrant l'association des contrôles Toupie et Zone de texte.

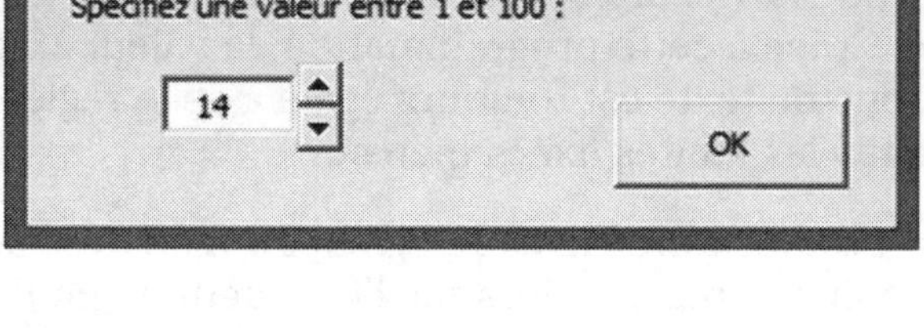

Figure 18.8 : Un objet UserForm avec des contrôles Toupie et Zone de texte.

Cet objet UserForm contient les contrôles suivants :

- Un contrôle Toupie nommé SpinButton1, dont la propriété Min est 1 et la propriété Max est 100.
- Un contrôle Zone de texte nommé TextBox1.
- Un contrôle Bouton de commande nommé OKButton.

La procédure d'événement de la toupie suit. Elle régit l'événement Change qui est déclenché chaque fois que la valeur du contrôle Toupie est modifiée par un clic. La procédure affecte alors la valeur du contrôle Toupie au contrôle Zone de texte. Pour créer cette procédure, double-cliquez sur le contrôle SpinButton1 afin d'activer la fenêtre Code de l'objet UserForm.

```
Private Sub SpinButton1_Change()
    TextBox1.Text = SpinButton1.Value
End Sub
```

La procédure d'événement du contrôle Zone de texte est un peu plus compliquée. Pour la créer, double-cliquez sur la zone de texte afin d'activer la fenêtre Code de l'objet UserForm. La procédure est exécutée chaque fois que l'utilisateur modifie le texte dans le champ de saisie.

```
Private Sub TextBox1_Change()
    Dim NewVal As Integer

    NewVal = Val(TextBox1.Text)
    If NewVal >= SpinButton1.Min And _
        NewVal <= SpinButton1.Max Then _
        SpinButton1.Value = NewVal
End Sub
```

Cette procédure fait appel à une variable qui stocke le texte figurant dans le contrôle TextBox1. Elle est convertie en valeur par la fonction VAL. Un contrôle est ensuite effectué pour s'assurer que la valeur est comprise dans la plage de valeurs spécifiée. Grâce à cette programmation, la valeur affichée dans la zone de texte est toujours égale à celle réglée avec la toupie, dans les limites fixées bien sûr.

Quand vous exécuterez le code ligne par ligne avec la touche F8, vous constaterez que, lorsque l'instruction SpinButton1.

Value = NewVal est exécutée, l'événement Change du contrôle SpinButton est immédiatement déclenché. À son tour, cet événement définit la valeur du contrôle TexBox1. Fort heureusement, l'événement TetBox1_Change n'est pas exécuté. Pourquoi ? Tout simplement parce que SpinButton1_Change n'a pas modifié la valeur contenue dans la zone de texte. Mais vous pouvez imaginer le genre d'effet surprenant que ce comportement pourrait engendrer s'il n'était pas maîtrisé. C'est un peu confus ? Faites l'expérience, et souvenez-vous qu'événement Change d'un contrôle est déclenché chaque fois que sa propriété Value est modifiée.

Afficher une barre de progression

Il m'a souvent été demandé comment réaliser un objet UserForm affichant une barre de progression, lorsqu'une macro est longue à s'exécuter, juste pour se rendre compte si Excel a ou non planté.

Il est facile, avec une boîte de dialogue personnalisée, de créer une barre de progression attrayante, semblable à celle de la Figure 18.9. Sa réalisation exige cependant quelques petites astuces que vous découvrirez d'ici peu.

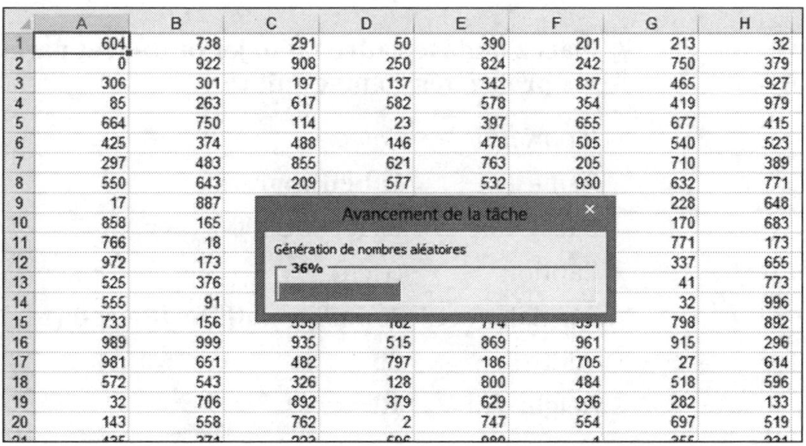

Figure 18.9 : Cet objet UserForm est une barre de progression qui indique où en est la macro.

Création de la boîte de dialogue

Il faut avant tout créer l'objet UserForm. Dans cet exemple, la boîte de dialogue affiche la barre de progression pendant que la macro insère laborieusement dans la feuille active des nombres aléatoires dans un ensemble de 100 colonnes sur 1000 lignes.

Procédez comme suit pour réaliser la boîte de dialogue :

1. **Activez l'éditeur VBE puis insérez un nouvel objet UserForm.**

2. **Dans la propriété Caption de l'objet UserForm, tapez** Progression.

3. **Ajoutez un contrôle Cadre et définissez ses propriétés comme suit :**

Propriété	*Valeur*
Caption	**0 %**
Name	**FrameProgress**
SpecialEffect	**2 - fmSpecialEffectSunken**
Width	**204**
Heigth	**28**

4. **Placez dans le cadre un objet Intitulé et paramétrez ses propriétés comme suit :**

Propriété	*Valeur*
Name	**LabelProgress**
BackColor	**&H0000C000& (vert)**
Caption	(rien)
SpecialEffect	**1 - fmSpecialEffectRaised** (relevé)
Width	**20**
Height	**13**
Top	**5**
Left	**2**

5. **Placez un autre contrôle Intitulé au-dessus du cadre et, dans Caption, tapez** Génération de nombres aléatoires...

   À présent, l'objet UserForm se présente comme sur la Figure 18.10.

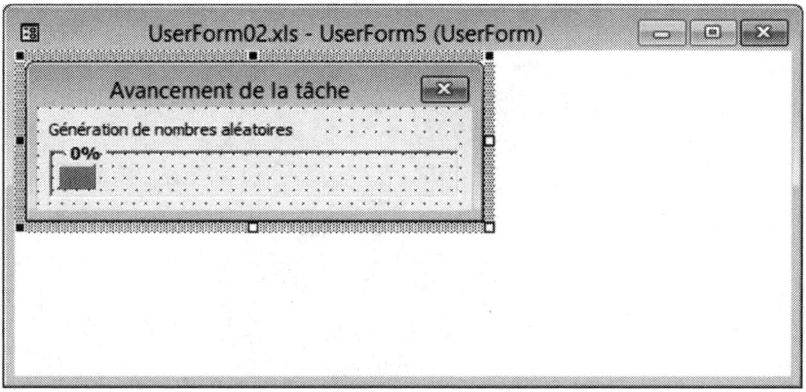

Figure 18.10 : L'objet UserForm de la barre de progression.

Les procédures

Cet exemple utilise deux procédures et une variable au niveau du module :

- **Variable au niveau du module :** elle est placée dans le module VBA. Elle contient la copie de la boîte de dialogue personnalisée :

```
Dim ProgressIndicator As UserForm1
```

- **EnterRandomNumbers :** c'est elle qui est exécutée lorsque le formulaire apparaît et qui fait tout le travail. Remarquez qu'elle appelle la procédure UpdateProgress, chargée d'actualiser l'indicateur de progression dans la boîte de dialogue :

```
Sub EnterRandomNumbers()
'   Insère des nombres aléatoires dans la feuille active
    Dim Counter As Long
    Dim RowMax As Long, ColMax As Long
    Dim r As Long, c As Long
```

```
    Dim PctDone As Single

'   Créé une copie du formulaire dans une variable
    Set ProgressIndicator = New UserForm1

'   Montre ProgressIndicator dans l'état vbModeless
    ProgressIndicator.Show vbModeless
    If TypeName(ActiveSheet) <> "Worksheet" Then
        Unload ProgressIndicator
        Exit Sub
    End If
    Cells.Clear
    Counter = 1
    RowMax = 1000
    ColMax = 100
    For r = 1 To RowMax
        For c = 1 To ColMax
            Cells(r, c) = Int(Rnd * 1000)
            Counter = Counter + 1
        Next c
        PctDone = Counter / (RowMax * ColMax)
        Call UpdateProgress(PctDone)
    Next r
    Unload ProgressIndicator
    Set ProgressIndicator = Nothing
End Sub
```

- **UpdateProcess :** cette procédure accepte un argument dont il se sert pour actualiser l'indicateur de progression dans la boîte de dialogue :

```
Sub UpdateProgress(pct)
    With ProgressIndicator
        .FrameProgress.Caption = Format(pct, "0%")
        .LabelProgress.Width = pct * (.FrameProgress _
          .Width - 10)
    End With
'   DoEvents met à jour le formulaire
    DoEvents
End Sub
```

Comment cet exemple fonctionne

Quand la procédure EnterRandomNumbers est exécutée, elle met la barre de progression à zéro puis elle charge une copie de l'objet UserForm dans la variable au niveau du module appelé ProgressIndicator. Elle met alors à zéro la largeur de la barre de progression, et affiche l'objet UserForm de manière non modale afin que le code puisse continuer à s'exécuter normalement.

La procédure EnterRandomNumbers vérifie la feuille active. Si ce n'est pas une feuille de calcul, l'objet UserForm (ProgressIndicator) est fermé et la procédure se termine sans rien faire. Si la feuille active est une feuille de calcul, la procédure exécute les actions suivantes :

1. **Effacement de toutes les cellules dans la feuille de calcul active.**
2. **Boucles à travers les lignes et les colonnes (spécifiées par les variables RowMax et ColMax) et insertion d'un nombre aléatoire.**
3. **Incrémentation de la variable Counter et calcul du pourcentage réalisé (stocké dans la variable PctDone).**
4. **Appel de la procédure UpdateProgress qui affiche le pourcentage effectué en changeant la largeur de l'intitulé LabelProgress ainsi que la valeur affichée dans la propriété Caption du cadre.**
5. **Enfin, déchargement de l'objet UserForm.**

Bien entendu, ce genre de technique ralentit légèrement votre code, puisqu'il doit mettre l'objet UserForm à jour en plus d'effectuer son travail normal.

Si vous adaptez cette technique pour un autre usage, vous devrez déterminer par vous-même ce qui doit être évalué par la barre de progression. Pour cela, vous devez appeler périodiquement la procédure UpdateProgress pendant que la macro s'exécute.

Créer une boîte de dialogue à onglets

Les boîtes de dialogue à onglets sont utiles, car elles présentent des informations sous la forme de modules distincts, bien séparés les uns des autres. Par exemple, la boîte de dialogue Format de cellule d'Excel, affichée en cliquant droit sur une cellule et en choisissant cette option dans le menu contextuel, en est une bonne représentante. Notre exemple se limitera à trois onglets qui serviront à configurer différentes options d'affichage d'Excel.

Grâce au contrôle Multipage, la création de boîtes de dialogue à onglets est relativement facile. La Figure 18.11 en montre une comportant trois pages, ou *onglets*. Cliquer sur l'un des onglets affiche la page correspondante et seuls les contrôles de cette page apparaissent.

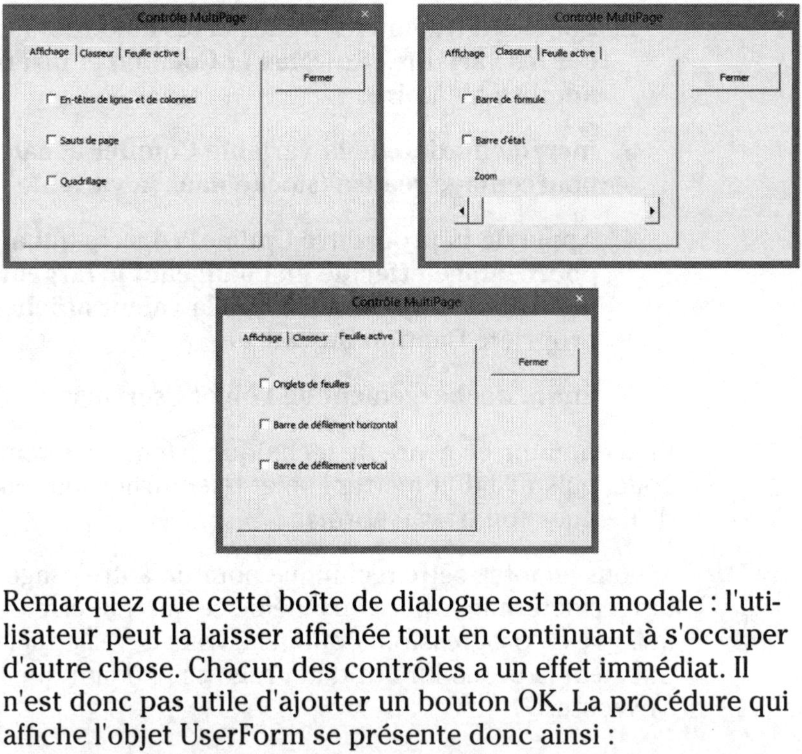

Figure 18.11 : Cette boîte de dialogue contient un contrôle Multipage avec trois onglets.

Remarquez que cette boîte de dialogue est non modale : l'utilisateur peut la laisser affichée tout en continuant à s'occuper d'autre chose. Chacun des contrôles a un effet immédiat. Il n'est donc pas utile d'ajouter un bouton OK. La procédure qui affiche l'objet UserForm se présente donc ainsi :

```
Sub ShowDialog()
    UserForm1.Show vbModeless
End Sub
```

Une boîte de dialogue Modeless fonctionne un peu différemment dans Excel 2013 et dans Excel 2016 à cause de son interface de document seul (chaque classeur est affiché dans une fenêtre distincte). Dans les versions précédentes d'Excel, la boîte de dialogue non modale restait au premier plan, par-dessus les autres, quel que soit le classeur actif.

N'OUBLIEZ PAS

Souvenez-vous de ces quelques recommandations quand vous utilisez un contrôle Multipage pour réaliser une boîte de dialogue à onglets :

- N'utilisez qu'un seul contrôle Multipage par boîte de dialogue.
- Veillez à utiliser le contrôle Multipage et non le contrôle Onglet, beaucoup plus difficile à mettre en œuvre.
- Mettez les autres contrôles, comme les boutons OK, Annuler ou Fermer, bien en vue. Placez-les hors du contrôle Multipage.
- Cliquer du bouton droit sur l'onglet d'un contrôle Multipage affiche un menu contextuel permettant d'ajouter un onglet, de l'ôter, de le renommer ou de le déplacer.
- En phase de conception, cliquez sur un onglet pour activer sa page. Après l'avoir désactivé, ajoutez d'autres contrôles à la page, comme d'ordinaire.
- Pour sélectionner le contrôle Multipage lui-même – et non une des pages –, cliquez sur la bordure du contrôle. Gardez un œil sur la fenêtre Propriétés, qui affiche le nom du contrôle ou de l'élément de contrôle sélectionné. Vous pouvez aussi sélectionner le contrôle Multipage en choisissant son nom dans la liste déroulante de la fenêtre Propriétés.
- L'apparence du contrôle Multipage peut être changée avec la propriété Style (choix entre Onglets et Boutons) et TabOrientation (onglets ou boutons en haut de la boîte de dialogue, en bas, à gauche ou à droite).

- La propriété Value du contrôle Multipage indique la page affichée. Par exemple, si vous avez écrit du code qui met la propriété Value à 0, c'est la première page qui sera affichée.

Afficher un graphique dans une boîte de dialogue

Si vous devez afficher un graphique dans un objet UserForm, vous découvrirez qu'Excel ne facilite pas la tâche. C'est pourquoi vous devrez faire preuve d'astuce. Cette section explique comment afficher un ou plusieurs graphiques dans un objet UserForm.

Un objet UserForm peut recevoir un contrôle Image. L'astuce consiste à utiliser le code VBA pour enregistrer le graphique sous la forme d'un fichier d'image au format GIF, puis le récupérer grâce à la propriété Picture du contrôle Image.

La Figure 18.12 montre un exemple qui permet d'afficher trois graphiques. Les boutons Précédent et Suivant permettent de passer de l'un à l'autre.

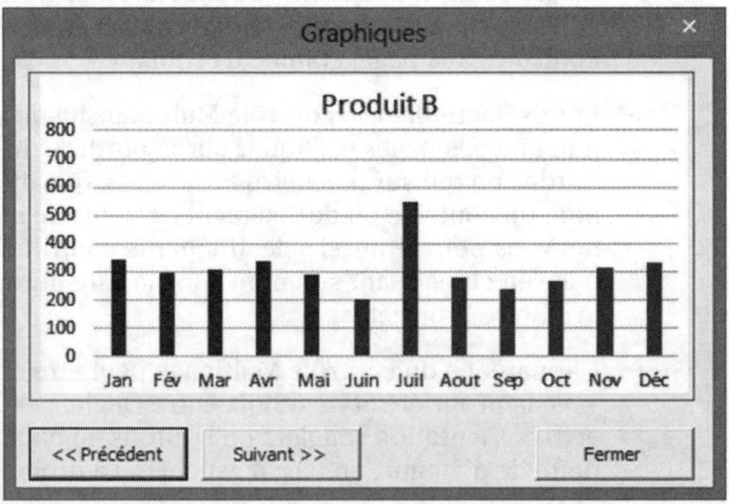

Figure 18.12 : Affichage d'un graphique dans un objet UserForm.

Pour intégrer plusieurs graphiques dans un même objet UserForm, ils doivent tous se trouver dans une même feuille, nommée ici Graphiques. Le numéro de chaque graphique est stocké dans une variable Public nommée ChartNum, accessible à toutes les procédures. Une procédure nommée UpdateChart, dont voici le listing, se charge du travail :


```
Private Sub UpdateChart()
    Dim CurrentChart As Chart
    Dim Fname As String

    Set CurrentChart = _
      Sheets("Graphiques").ChartObjects(ChartNum).Chart
    CurrentChart.Parent.Width = 300
    CurrentChart.Parent.Height = 150

'   Sauve le graphique comme image GIF
    Fname = ThisWorkbook.Path & "\temp.gif"
    CurrentChart.Export FileName:=Fname, FilterName:="GIF"

'   Montre le graphique
    Image1.Picture = LoadPicture(Fname)
End Sub
```

Cette procédure définit le nom du graphique enregistré. Elle utilise ensuite la méthode Export pour exporter le fichier au format GIF. Enfin, la fonction LoadPicture spécifie la propriété Picture de l'objet Image.

Boîtes de dialogue : la check-list

Je clos ce chapitre par une check-list à laquelle vous pourrez vous référer lors de la création de vos boîtes de dialogue :

- Les contrôles sont-ils tous alignés les uns par rapport aux autres ?
- Les contrôles similaires ont-ils tous la même taille ?
- Les contrôles sont-ils régulièrement espacés ?
- La boîte de dialogue a-t-elle reçu un titre approprié ?

- La boîte de dialogue est-elle surchargée ? Si oui, il faudra en créer plusieurs ou répartir les options sous les onglets d'un contrôle Multipage.
- L'utilisateur peut-il accéder à tous les contrôles par un raccourci ?
- Existe-t-il des raccourcis en double ?
- Les contrôles sont-ils groupés logiquement, par fonction ?
- L'ordre de tabulation est-il correctement défini ? L'utilisateur doit pouvoir parcourir les boîtes de dialogue et accéder logiquement aux contrôles dans l'ordre où ils sont présentés.
- Si vous envisagez de placer une boîte de dialogue dans une macro complémentaire, l'avez-vous testée entièrement après la création du complément ?
- Le code VBA effectuera-t-il les actions appropriées lorsque l'utilisateur cliquera sur le bouton Annuler ou appuiera sur la touche Échap ?
- Des fautes d'orthographe subsistent-elles dans le texte ? Le correcteur orthographique d'Excel ne fonctionne hélas pas avec les objets UserForm. C'est donc à vous de faire attention.
- La boîte de dialogue s'accommodera-t-elle des résolutions d'écran faibles (1024 x 768, généralement). Autrement dit, si vous développez vos boîtes de dialogue en haute résolution, ne risqueront-elles pas d'être envahissantes, voire seulement partiellement visibles, sur un écran dont la résolution est moindre ?
- Tous les contrôles Zone de texte contiennent-ils les paramètres de validation appropriés ?
- Les valeurs de tous les contrôles de type Barre de défilement et Toupie ont-elles été limitées ?

- La propriété MultiSelect des contrôles Zone de liste a-t-elle été correctement définie ?

Le meilleur moyen de maîtriser la création des boîtes de dialogue, c'est d'en créer. Et même d'en créer beaucoup. Commencez par expérimenter les contrôles et leurs propriétés. Et n'oubliez pas l'aide de VBA. C'est la meilleure source pour obtenir tous les détails sur chacun des contrôles et de leurs propriétés.

Chapitre 19

Accéder aux macros via l'interface utilisateur

Dans ce chapitre :

- Les différents moyens de personnaliser le ruban.
- Ajouter des icônes à la barre d'outils Accès rapide.
- Modifier les raccourcis.

Avant Excel 2007, le ruban n'existait tout simplement pas. C'était l'ère des menus déroulants et des barres d'outils. Aujourd'hui, le ruban est devenu la marque de fabrique de Microsoft Office. Il a même migré dans d'autres logiciels, et jusque dans Windows lui-même.

Vous pourriez vous attendre à pouvoir créer des commandes de ruban personnalisées grâce à des procédures et des instructions VBA. La mauvaise nouvelle, c'est que vous ne pouvez pas vous servir de celui-ci pour modifier le ruban. La bonne nouvelle, c'est que tout n'est pas perdu. Ce chapitre vous présente donc quelques-unes des techniques dont vous disposez pour gérer l'interface utilisateur d'Excel.

Personnaliser le ruban

Cette section décrit des procédés vous permettant de personnaliser le ruban. Vous pouvez le faire manuellement, mais hélas pas depuis une macro VBA. Par exemple, si vous écrivez une application et que vous voulez ajouter quelques boutons supplémentaires au ruban, il vous faut le programmer à l'extérieur d'Excel, en recourant à un élément qui s'appelle RibbonX.

Personnaliser le ruban... manuellement

Il est très facile d'apporter manuellement des modifications au ruban, mais à la condition de disposer d'Excel 2010, 2013 ou 2016. Si vous en êtes resté à Excel 2007, désolé, mais cette section ne vous concerne pas.

Le ruban peut être personnalisé de trois manières :

- Onglets :
  - Ajouter un nouvel onglet personnalisé.
  - Supprimer des onglets personnalisés.
  - Ajouter un nouveau groupe à un onglet.
  - Modifier l'ordre des onglets.
  - Changer le nom d'un onglet.
  - Masquer des onglets prédéfinis.
- Groupes :
  - Ajouter de nouveaux groupes personnalisés.
  - Ajouter des commandes à un groupe personnalisé.
  - Supprimer des commandes dans des groupes personnalisés.
  - Supprimer des groupes d'un onglet.
  - Déplacer un groupe vers un autre onglet.
  - Changer l'ordre des groupes à l'intérieur d'un onglet.
  - Renommer un groupe.

Cette liste est assez exhaustive, mais des tâches sont irréalisables quoi que vous fassiez. Il est par exemple inutile d'essayer de :

- Supprimer les onglets prédéfinis, mais il est possible de les *masquer*.
- Supprimer des commandes dans les groupes prédéfinis.
- Modifier l'ordre des commandes dans un groupe prédéfini.

Pour modifier manuellement le ruban, ouvrez la boîte de dialogue Options Excel et choisissez le volet Personnaliser le ruban (voir la Figure 19.1).

TRUC

Pour accéder à cette boîte de dialogue, le plus rapide consiste à cliquer du bouton droit dans le ruban, puis à choisir dans le menu qui s'affiche la commande Personnaliser le ruban.

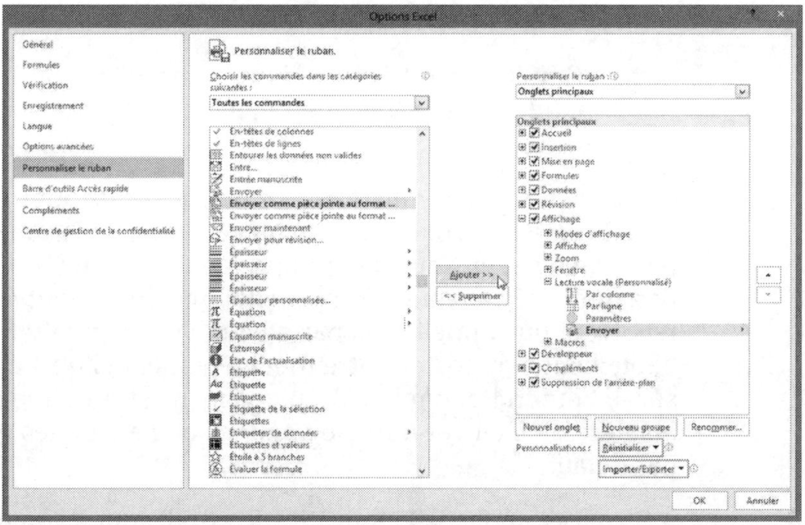

Figure 19.1 : L'onglet Personnaliser le ruban de la boîte de dialogue Options Excel.

Le mode opératoire est très proche de celui de la personnalisation de la barre d'outils Accès rapide (nous y reviendrons un peu plus loin dans ce chapitre). La procédure générale est la suivante :

1. **Servez-vous de la liste déroulante, en haut à gauche, intitulée Choisir les commandes dans les catégories suivantes, pour afficher divers groupes de commandes.**

2. **Localisez la commande qui vous intéresse dans la liste de gauche et sélectionnez-la.**

3. **Dans la liste déroulante Personnaliser le ruban, en haut à droite, choisissez un groupe d'onglets.**

   La catégorie Onglets principaux fait référence à ceux qui sont toujours visibles. Onglets d'outils désignent ceux qui apparaissent lorsqu'un type particulier d'objet est activé.

4. **Dans la liste de droite, sélectionnez l'onglet et le groupe où vous voudriez insérer la commande.**

   Cliquez sur le signe + (plus) placé devant une ligne pour étendre la liste hiérarchique.

5. **Cliquez sur le bouton Ajouter afin d'insérer la commande choisie à gauche dans le groupe activé à droite.**

Notez bien que vous disposez de plus de deux boutons situés sous la liste de droite : Nouvel onglet (pour créer un onglet personnalisé) et Nouveau groupe (pour créer un groupe personnalisé). Comme les éléments que vous ajoutez ainsi reçoivent une appellation par défaut, vous souhaiterez probablement y apporter votre touche personnelle en cliquant sur le bouton Renommer. Au passage, il est possible de cette manière de changer aussi le nom des onglets et des groupes par défaut.

À titre d'exemple, la Figure 19.2 illustre l'ajout à l'onglet Affichage d'un groupe Lecture vocale comportant quatre commandes.

N'OUBLIEZ PAS

Il est impossible de supprimer un onglet prédéfini, mais il peut être masqué en ôtant la coche qui se trouve devant son nom, dans la boîte de dialogue Options Excel.

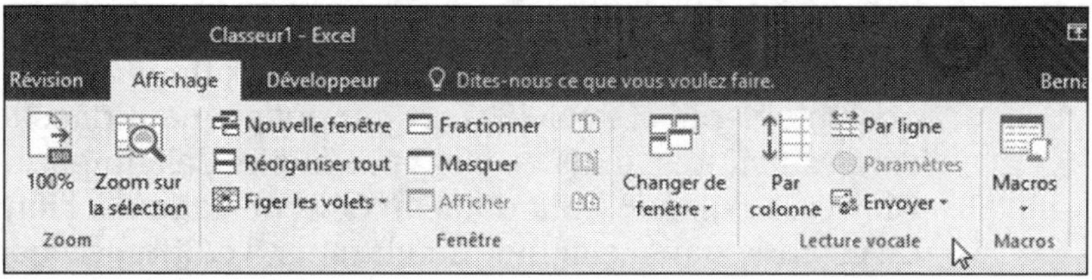

Figure 19.2 : L'onglet Affichage est personnalisé avec un nouveau groupe de commandes appelé Lecture vocale.

Ajouter une macro au ruban

Fort heureusement, vous pouvez toujours ajouter des macros au ruban. Pour cela, suivez les étapes de la section précédentes. Mais, lors de l'Étape 1, choisissez cette fois dans la liste déroulante l'option Macros. Les noms de toutes les macros disponibles sont alors affichés. Il ne vous reste plus qu'à en sélectionner une, puis à décider sous quel onglet et dans quel groupe vous voulez la voir apparaître.

Lorsque vous faites appel à cette possibilité, sachez que le bouton de commande associé à votre macro dans le ruban sera visible, et ce même si le classeur qui la contient est fermé. Le fait de cliquer sur ce bouton provoquera alors l'ouverture du classeur correspondant.

N'OUBLIEZ PAS

Quand vous ajoutez au ruban un bouton qui exécute une macro, cette modification ne s'appliquera qu'à votre propre copie d'Excel. En effet, elles ne sont pas stockées dans un classeur, mais dans les données internes d'Excel. En d'autres termes, vous aurez beau transmettre votre classeur à un collègue, il ne verra pas *votre* ruban, mais seulement le sien.

Personnaliser le ruban avec XML

Dans certaines situations, vous voudrez pouvoir modifier le ruban automatiquement, par exemple lorsqu'un certain classeur ou un complément est ouvert. Cela faciliterait le travail de ceux qui utiliseront votre classeur, et leur éviterait de devoir adapter manuellement leur interface comme nous l'avons vu plus haut.

Apporter automatiquement des modifications au ruban est possible depuis Excel 2007, et par conséquent dans les versions suivantes, mais ce n'est pas facile. Cela implique en effet l'écriture du code XML dans un éditeur de texte, l'importation de ce code dans le fichier du classeur, l'édition de quantité de fichiers XML pas évidents à trouver, puis l'écriture de procédures VBA afin de gérer les clics sur les contrôles que vous aurez placés dans le fichier XML. Rien que cela !

Il existe certes un logiciel capable de vous aider dans cette rude épreuve. Mais vous devrez néanmoins avoir d'excellentes notion de langage XML…

Voyons comment procéder (le classeur correspondant, nommé Personnalisation ruban.xlsm, est téléchargeable) :

1. **Créez un nouveau classeur Excel.**
2. **Sauvegardez le classeur en le nommant Personnalisation ruban.xlsm.**
3. **Refermez le classeur.**
4. **Lancez le programme Custom UI Editor for Microsoft Office.**

   Si ce n'est déjà fait, téléchargez cet outil, qui n'existe qu'en anglais. Reportez-vous à ce sujet à l'encadré « Il est où, le logiciel ? ».

5. **Dans la fenêtre de l'éditeur, choisissez File > Open** (Fichier > Ouvrir) **et localisez le classeur sauvegardé lors de l'Étape 2.**
6. **Choisissez maintenant la commande Insert > Office 2007 Custom UI Part** (Insertion > Élément d'interface personnalisé pour Office 2007).

   Ne vous préoccupez pas de votre propre version d'Excel.

Il est où, le logiciel ?

Si vous vous intéressez à ce sujet et que vous désirez aller plus loin, vous devrez d'abord télécharger un petit programme appelé Custom UI Editor for Microsoft Office (éditeur d'interface utilisateur personnalisée pour Microsoft Office). Il est gratuit et il simplifie grandement le processus de personnalisation du ruban dans Office. Il laisse certes une bonne quantité de travail à réaliser, mais c'est tout de même bien moins compliqué que de devoir tout faire manuellement.

L'emplacement exact du téléchargement peut évoluer dans le temps, aussi le mieux est de faire une recherche sur le nom du programme. Il est léger et, répétons-le, gratuit.

Rentrer dans tous les arcanes de la personnalisation du ruban déborderait évidemment très largement du cadre de ce livre. Mais je vais vous proposer un exemple simple qui vous montrera comment on peut ajouter un nouveau groupe à l'onglet Accueil. Ce groupe sera appelé Excel VBA pour les Nuls, et il comportera un unique bouton intitulé Cliquez Moi qui affichera un message VBA de félicitations.

7. **Saisissez le code suivant dans le panneau de droite (en regard de la ligne appelée customUI.xml). Le résultat devrait ressembler à ce que montre la Figure 19.3.**

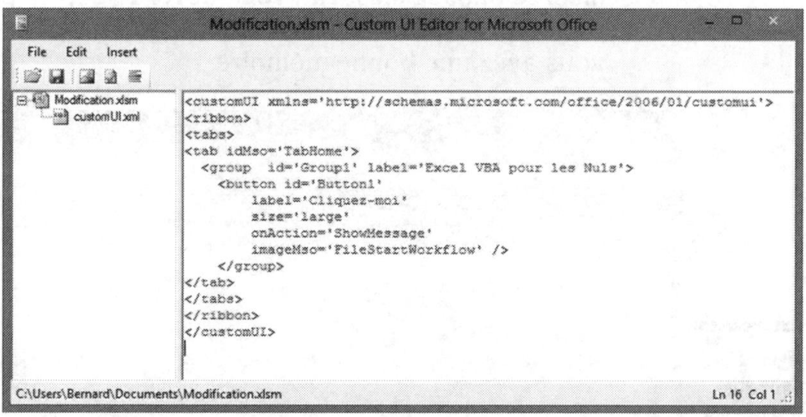

Figure 19.3 : Code affiché dans le programme Custom UI Editor.

```
<customUI xmlns='http://schemas.microsoft.com/office/2006/01/
     customui'>
```

```
<ribbon>
<tabs>
<tab idMso='TabHome'>
  <group  id='Group1' label='Excel VBA pour les Nuls'>
    <button id='Button1'
        label='Cliquez Moi'
        size='large'
        onAction='ShowMessage'
        imageMso='FileStartWorkflow' />
    </group>
</tab>
</tabs>
</ribbon>
</customUI>
```

8. **Cliquez sur le bouton Validate** (Valider) **de la barre d'outils.**

   Si le code comporte des erreurs, un message décrira le problème. Corrigez-les puis cliquez à nouveau sur le bouton de validation.

9. **Cliquez sur le bouton Generate callbacks** (Générer les rappels).

   Le programme génère une procédure VBA Sub qui sera exécutée lorsque l'utilisateur cliquera sur le bouton (voir la Figure 19.4). Comme cette procédure n'est pas insérée dans le classeur, vous devez la copier pour la réinsérer le moment venu, ou l'apprendre par cœur si vous avez une bonne mémoire.

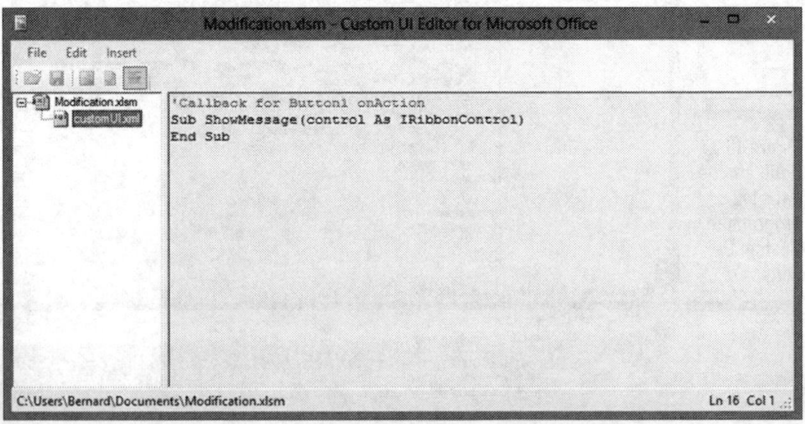

Figure 19.4 : Cette procédure sera exécutée lors d'un clic sur le bouton.

10. **Revenez au module customUI.xml, et choisissez File > Save** (Fichier > Enregistrer). **Vous pouvez aussi cliquer sur le second bouton de la barre d'outils.**

11. **Refermez le fichier en cliquant sur File > Close** (Fichier > Fermer).

12. **Revenez à Excel et ouvrez votre classeur. Activez l'onglet Accueil.**

    Vous devriez voir votre nouveau groupe ainsi que votre bouton personnalisé. Mais, pour l'instant, il ne fait rien.

13. **Appuyez sur Alt+F11 afin d'activer l'éditeur VBE.**

14. **Insérez un nouveau module et collez – ou tapez – la procédure dite de *callback* générée lors de l'Étape 9. Ajoutez une instruction MsgBox afin de savoir si tout fonctionne comme prévu :**

```
Sub ShowMessage(control As IRibbonControl)
    MsgBox "Vous avez trouvé la nouvelle commande du ruban."
End Sub
```

15. **Appuyez sur Alt+F11 pour revenir à Excel. Cliquez sur le nouveau bouton du ruban.**

    Si vous avez suivi correctement toutes les étapes, vous allez voir s'afficher le message illustré sur la Figure 19.5.

N'OUBLIEZ PAS

Lorsqu'à l'étape 6 vous cliquez sur Insert > Office 2007 Custom UI Part, vous insérez du code XML conçu pour cette version. Vous aurez sans doute remarqué l'autre option prévue pour Excel 2010, mais rien sur Excel 2013 et 2016. La compatibilité n'en est pas moins maximale.

Il est évident que modifier le ruban à l'aide de XML n'a rien d'intuitif. Même avec un bon outil à ses côtés, comme Custom UI Editor, vous devez comprendre la programmation XML. Si le sujet vous passionne, faites des recherches sur le Web (mais vous ne trouverez pas de livre spécialisé sur les rapports entre Excel et le XML).

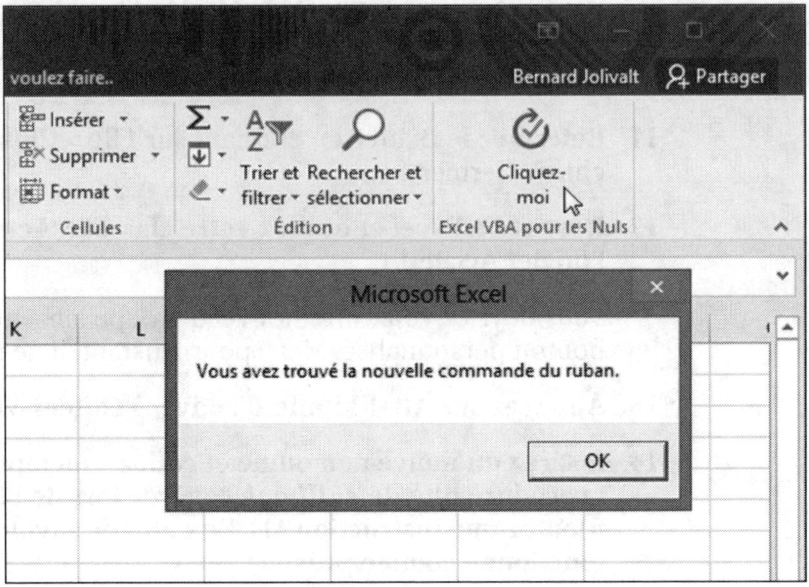

Figure 19.5 : Ajouter une nouvelle commande au ruban grâce à XML, c'est possible !

Tout cela est trop complexe pour le développeur VBA débutant. Dans le reste de ce chapitre, nous allons donc en revenir aux bonnes vieilles méthodes de personnalisation *via* VBA. Ce n'est pas aussi efficace, mais c'est plus simple, et vous pourrez quand même accéder rapidement à vos macros.

Personnaliser les menus contextuels

TRUC

Les exemples de ce chapitre se trouvent dans le fichier téléchargeable depuis le site `www.pourlesnuls.fr`.

Avant Excel 2007, les programmeurs en VBA utilisaient l'objet CommandBar pour créer des menus personnalisés, des barres d'outils personnalisées ou encore des menus contextuels personnalisés.

Depuis Excel 2007, l'objet CommandBar s'est retrouvé dans une situation délicate car, quand vous écrivez du code pour personnaliser un menu ou une barre d'outils en faisant appel à cet objet, Excel intercepte ce code et ignore la plupart des commandes. Au lieu d'afficher l'interface améliorée, il place

Ajouter un bouton à la barre d'outils Accès rapide

Quand vous créez une macro que vous utiliserez fréquemment, pourquoi ne pas lui associer un bouton dans la barre d'outils Accès rapide ? C'est facile, mais vous devez le faire manuellement. La batte d'outils Accès rapide est conçue pour être personnalisée par l'utilisateur final, pas par les programmeurs. Voici comment procéder :

1. **Cliquez du bouton droit sur la barre d'outils Accès rapide. Dans le menu contextuel, choisissez la commande Personnaliser la barre d'outils Accès rapide.**
2. **Dans la boîte de dialogue Options Excel, choisissez dans la liste des catégories, en haut et à gauche, l'option Macros.**
3. **Sélectionnez votre macro dans la liste.**
4. **Cliquez sur le bouton Ajouter.**

   La macro est ajoutée à la suite des autres commandes, dans la barre Accès rapide.
5. **Si vous le souhaitez, cliquez sur le bouton Modifier pour changer l'icône et aussi le nom de la macro.**

Quand vous cliquez sur un bouton de macro dans la barre d'outils Accès rapide, le classeur qui la contient est ouvert (s'il ne l'était pas déjà). Dit autrement, elle est disponible pour n'importe quel classeur.

Il est également possible de n'associer le bouton personnalisé qu'à un certain classeur. Pour cela, choisissez ce classeur dans la liste déroulante qui se trouve en haut et à droite de la boîte de dialogue Options Excel (à la place de la proposition par défaut, Pour tous les documents).

Enfin, si votre macro est vraiment d'un intérêt tout à fait général, pensez à l'enregistrer dans le classeur spécial PERSONAL.XLSB.

simplement vos commandes dans un groupe sans grand intérêt présent dans un onglet fourre-tout appelé Compléments.

Par contre, la personnalisation des menus contextuels est restée basée sur les mêmes techniques. C'est donc cela qui nous occupera dans ce qui suit.

Ajouter une nouvelle option dans un menu contextuel

Cette section contient du code ajoutant une nouvelle option au menu contextuel qui apparaît lors d'un clic du bouton droit dans une cellule. Je ne m'attarderai pas sur les détails techniques, mais cela ne vous empêchera pas d'adapter ces exemples à vos propres besoins.

Dans le Chapitre 16 se trouve un exemple modifiant la casse des caractères dans une cellule contenant du texte. L'objectif est ici de proposer cette option dans le menu contextuel lié aux cellules.

TRUC

Vous retrouverez cet exemple dans le classeur téléchargeable *ChangerCasse avec menu contextuel.xlsm.*

La procédure AddToShortCut ajoute une nouvelle option au menu contextuel des cellules. Vous pouvez l'adapter à vos propres macros en modifiant les propriétés Caption et OnAction de l'objet NewControl.

```
Sub AddToShortCut()
    Dim Bar As CommandBar
    Dim NewControl As CommandBarButton
    DeleteFromShortcut
    Set Bar = Application.CommandBars("Cell")
    Set NewControl = Bar.Controls.Add _
        (Type:=msoControlButton, ID:=1, _
         temporary:=True)
    With NewControl
        .Caption = "&Changer la casse"
        .OnAction = "ChangeCase"
        .Style = msoButtonIconAndCaption
    End With
End Sub
```

N'OUBLIEZ PAS

Quand vous modifiez un menu contextuel, ce changement perdure jusqu'à ce que vous redémarriez Excel. Autrement dit, il ne suffit pas de refermer le classeur qui contient le code pour que le menu contextuel soit réinitialisé. Vous devez explicitement le faire en écrivant le code qui annule l'effet de la modification. C'est ce que fait la procédure DeleteFromShortcut :

```
Sub DeleteFromShortcut()
    On Error Resume Next
    Application.CommandBars("Cell").Controls _
      ("&Changer la casse").Delete
End Sub
```

La Figure 19.6 illustre la manière dont se présente notre nouveau menu contextuel.

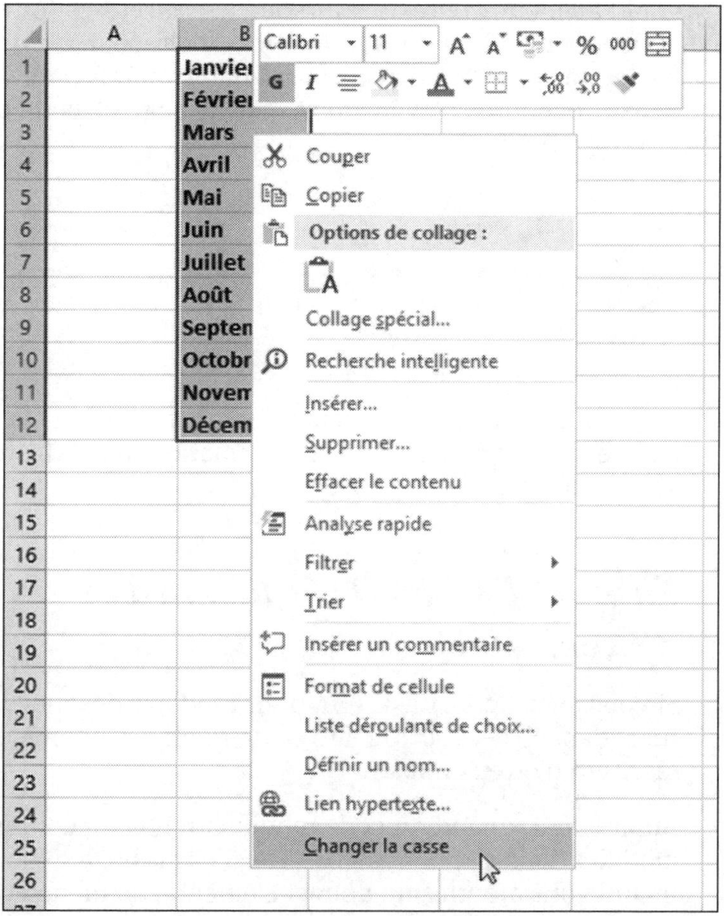

Figure 19.6 : Le menu contextuel des cellules contient une nouvelle option, Changer la casse.

La première instruction exécutée après la déclaration d'une paire de variables appelle la procédure DeleteFromShortcut. Cela permet de s'assurer qu'une seule occurrence de la nouvelle commande apparaîtra dans le menu contextuel. Essayez par exemple de transformer cette instruction en commentaire en insérant une apostrophe en début de ligne, puis exécutez plusieurs fois la procédure. Cliquez du bouton droit ensuite sur une cellule, et vous allez voir autant d'instances de l'élément Changer la casse. Supprimez toutes les entrées en exécutant plusieurs fois la procédure DeleteFromShortcut.

Finalement, vous avez besoin de pouvoir ajouter l'élément voulu au menu contextuel lorsque le classeur est ouvert, et de le retirer lors de la fermeture du classeur. C'est très facile... à condition d'avoir lu le Chapitre 11. Ajoutez ces deux procédures d'événement dans la page de code de l'objet ThisWorkbook :

```
Private Sub Workbook_Open()
    Call AddToShortCut
End Sub

Private Sub Workbook_BeforeClose(Cancel As Boolean)
    Call DeleteFromShortcut
End Sub
```

La première s'exécute automatiquement à l'ouverture du classeur, et la seconde, tout aussi automatiquement, juste avant sa fermeture. Nettoyage assuré.

En quoi Excel 2016 diffère-t-il d'Excel 2013 ?

Si vous avez déjà utilisé VBA pour modifier des menus contextuels dans Excel 2007 ou antérieur, quelques changements méritent d'être connus.

Auparavant, quand du code modifiait un menu contextuel, ces modifications s'appliquaient à tous les classeurs. Par exemple, quand vous ajoutiez un nouvel élément à un menu contextuel, il était accessible par un clic du bouton droit *dans n'importe quel classeur,* y compris ceux que vous ouvriez par la suite. Bref, la modification du menu contextuel était faite au niveau *Application.*

Excel 2013 et Excel 2016 sont dotés d'une interface à document seul, ce qui a une incidence sur les menus contextuels. Les chengement n'affectent que la fenêtre du classeur actif. Quand le code modifiant le menu déroulant est exécuté, le menu contextuel des fenêtres autres que la fenêtre active ne change pas. C'est un comportement radicalement différent.

Une autre subtilité : quand l'utilisateur ouvre un classeur ou en créé un alors que la fenêtre active affiche le menu contextuel modifié, ce nouveau classeur affiche lui aussi le menu modifié. Autrement dit, les nouvelles fenêtres affichent le même menu contextuel que celui de la fenêtre qui était active lorsque la nouvelle fenêtre a été ouverte.

Ce qu'il faut rettenir : si autrefois, ouvrir un classeur ou un complément dont le menu contextuel avait été modifié garantissait que ce menu modifié était disponible dans tous les classeurs, ce n'est plus le cas aujourd'hui.

Index Excel 2016

A

B

C

D

L

M

N

O

P

Q

R

S

T

U

V

W

X

Z

Index VBA

D

E

F

G

H

I

M

N

O

P

R

S

T

V

X

Z

Notes

Notes

Notes

Notes

Notes

Notes